BIBLIOTECA NUN

DIRECTOR DE COLECCIÓN
RAÚL LÓPEZ LÓPEZ

Tejedores, escribas y reyes

ERASMUS

AMANDA H. PODANY

Tejedores, escribas y reyes

Una nueva historia del Próximo Oriente Antiguo

ERASMUS

MUSEO LICEO EGIPCIO

TÍTULO ORIGINAL: *Weavers, Scribes, and Kings*

ERASMUS EDICIONES

Editorial Almuzara
www.erasmuslibros.com
Parque Logístico de Córdoba. Ctra. Palma del Río, km 4
C/8, Nave 12, nº 3. 14005 - Córdoba

Diseño de cubierta Estudio da Vinci
Composición JesMart
Impresión y encuadernación Liberdúplex

Director editorial Raúl López López
Primera edición abril de 2024
I.S.B.N: 978-84-10199-91-0

Depósito Legal: CO-390-2024

Hecho e impreso en España - Made and printed in Spain

Para mi madre
Margaret Graham Hills
con amor y agradecimiento

ÍNDICE

INTRODUCCIÓN

Hace unos años, el mundo descubrió a Ea-nasir. Un artículo de una arqueóloga llamada Kristina Killgrove en la revista *Forbes* se titulaba "Conozca al peor hombre de negocios del siglo XVIII a.C.".[1] Killgrove detallaba los problemas financieros de un comerciante, Ea-nasir, que vivía en una gran casa en la ciudad de Ur, en lo que hoy es Irak. Para demostrar su ineptitud, citó cartas que había recibido de clientes descontentos, que no sabían qué hacer para que les enviara los productos que les había prometido o les reembolsara lo que no les había entregado. Killgrove cita una carta completa. La había escrito un hombre llamado Nanni, y parecía una diatriba airada a un departamento de reclamaciones. En la parte central de la carta, Nanni escribía: "¿Quién soy yo para que me traten así, con tanto desprecio? ... Le he escrito para que me devuelva mi dinero, pero no lo ha hecho".[2]

Lo sorprendente de este frustrante caso de incompetencia es que los dos implicados llevan muertos muchos miles de años. Ea-nasir vivió hace casi 3.800 años. Es difícil imaginar cuánto tiempo hace de eso. Vivió 2.400 años antes de la época de Mahoma y del comienzo del Islam, 1.300 años, incluso, antes de la *fundación* de la República Romana. Y sin embargo, como muestra el artículo, reconocemos a Ea-nasir. Es el vendedor que no responde a nuestros correos electrónicos y llamadas telefónicas, y cualquiera de nosotros podría haber escrito la carta de Nanni. Sólo que no la escribiríamos en escritura cuneiforme sobre una tablilla de arcilla.

El artículo resonó claramente entre los lectores y suscitó un gran interés en las redes sociales. Muchos de mis amigos y alumnos me lo enviaron. Aparecieron otros artículos sobre Ea-nasir, y el mercader, muerto hacía mucho tiempo, subió de repente a lo más alto del ciclo de noticias y se convirtió (aunque brevemente) en un nombre familiar. De repente, algo en mi oscuro campo de especialización cobró sentido para personas que habían estado desconcertadas sobre lo que realmente estudio, sobre lo que está escrito en las tablillas de arcilla sobre las que escribo y enseño.

Pero el archivo de cartas de queja de Ea-nasir no era un descubrimiento nuevo cuando apareció el artículo. Las tablillas se encontraron hace un siglo, durante unas excavaciones realizadas en la antigua ciudad de Ur en la década de 1920, y desde entonces se conservan en el Museo Británico. Cuando se publicó el artículo de *Forbes, ya se había* hablado de Ea-nasir en al menos veinte artículos académicos, el primero de ellos en 1931.[3] Ya en 1967, la carta de Nanni se tradujo al inglés y se incluyó en un libro titulado *Cartas desde Mesopotamia*.[4] Ea-nasir era bien conocido en el campo de la asiriología, pero había escapado a la atención pública, por lo que parecía una revelación. ¿Quién habría imaginado que alguien que vivió hace tanto tiempo podría haber sido tan incompetente de una forma tan ordinaria?

Otra sorpresa. No estaba solo. Hubo cientos, quizá miles, de Ea-nasir. No quiero decir que todos los habitantes del Próximo Oriente antiguo fueran incompetentes –Ea-nasir destacaba en ese aspecto–, sino que eran muy humanos y, en conjunto, dejaron cientos de miles de documentos que lo demuestran. Si hubiéramos podido escuchar en cualquier puerta de Ur, o en cualquier puerta de cualquier ciudad antigua de Oriente Próximo durante la Antigüedad, habríamos oído historias que nos resultan familiares. La gente habría hablado de prometedores negocios, complicados planes de boda, viajes largamente planeados, jefes injustos y tíos locos; habrías oído discusiones durante la cena y canciones de cuna a la hora de dormir.

En este libro le llevaré detrás de muchas de esas puertas para escuchar a hombres y mujeres del pasado más remoto. Algunos de ellos fueron famosos en su época y quisieron ser recordados; sin duda les encantaría saber que sus nombres han perdurado tanto tiempo después de su muerte. Otros no tenían forma de dejar huella en la historia; eran analfabetos e impotentes, sujetos a los caprichos de sus jefes y dirigentes o a los caprichos del clima y las plagas agrícolas. Pero de todos modos sabemos de ellos.

Esto se debe a que los escribas escribían sobre las cosas que importaban, las cosas sobre las que se les pedía que escribieran. Los escribas eran profesionales que dominaban la escritura cuneiforme tras años de formación; la mayoría de la gente no sabía leer ni escribir. Algunos de los escribas de más alto rango redactaban inscripciones reales y proclamas por orden de reyes y reinas –documentos que se redactaban con la intención de impresionar a los dioses y a los pueblos en el futuro–, pero eso representaba sólo un pequeño porcentaje de lo que se escribía. La mayoría de los escribas llevaban la cuenta de los detalles administrativos con fines burocráticos. Hacían listas con los nombres de los trabajadores y las raciones o pagos mensuales que recibían, los nombres de los contribuyentes y las cantidades de sus contribuciones, el número de soldados llamados a filas para una campaña y su procedencia, el número de ovejas dedicadas a un festival en particular, y así sucesivamente. Otros escribas eran contratados para registrar contratos y redactar cartas, como las enviadas a Ea-nasir.

En algunas épocas de la historia del Próximo Oriente antiguo sabemos mucho sobre el mundo político de los dirigentes: Reyes y reinas, sacerdotisas y sacerdotes. En otras épocas sabemos muy poco sobre los gobernantes y sus logros, y sólo los vislumbramos tangencialmente. Una importante misión diplomática puede revelársenos sólo gracias a la supervivencia de un texto administrativo que registra la requisición de un regalo para un gobernante extranjero. En este documento, los actores principales son el artesano que hizo el regalo y el funcionario que lo solicitó. En una situación así, yo no podría escribir una historia de la dinastía ni aunque lo intentara, nadie podría. En todas las épocas del Próximo Oriente antiguo, los nombres de los plebeyos que aparecen en las listas, contratos y cartas superan con creces a los de los reyes y reinas (aunque, hay que reconocerlo, a menudo los nombres de esos plebeyos son todo lo que sabemos de ellos).

La historia del Próximo Oriente antiguo es, por tanto, más un mosaico alterado que una gran narración. Algunas partes son ricas en detalles, otras están frustrantemente vacías. Sin duda, desconocemos por completo las guerras más importantes, las embajadas diplomáticas, los golpes de estado y los logros reales. Nuestras únicas fuentes de conocimiento son los documentos recuperados al azar de los yacimientos arqueológicos y los contextos físicos en los que se encontraron. Iluminan rincones extraños del antiguo mundo del Próximo Oriente, pero a menudo ni siquiera podemos adivinar lo que podrían contener los documentos que no sobrevivieron o que aún no se han encontrado. Así que no puedo afirmar que este libro abarque todos los personajes y acontecimientos más influyentes. En su lugar, viajaremos a través de 3.000 años de historia llamando a las puertas e instalándonos un rato con individuos cuyas vidas nos dicen algo sobre la época en que vivieron. Algunos de esos individuos fueron líderes políticos y religiosos, otros funcionarios y escribas, y otros tejedores, ladrilleros y cerveceros. Entre todos ellos, te ayudarán a ver la historia del antiguo Próximo Oriente de una forma más íntima de lo que permite la historia política clásica.

Cada una de las docenas de personas cuyas vidas visitaremos cambió el mundo a su manera, desde el rey o la sacerdotisa más poderosos hasta el campesino más pobre. A veces se puede trazar una línea directa desde sus decisiones e innovaciones originales hasta el mundo que vemos ahora a nuestro alrededor. Descubrieron cómo convivir en ciudades, cómo cocer ladrillos, cómo seguir el calendario, cómo entender los cielos nocturnos, cómo inspeccionar un campo, cómo examinar las pruebas en un juicio, cómo negociar un tratado de paz, cómo fabricar cerveza, cómo escribir, cómo comerciar a larga distancia, cómo crear un plan de estudios y mucho más. Estas cosas ocurrieron también en otros lugares, y no estoy afirmando que los pueblos del antiguo Oriente Próximo fueran los únicos que cambiaron el mundo, pero llegaron muy pronto a la fiesta y tuvieron un impacto tremendo. En muchos casos, estas innovaciones nunca se olvidaron; se transmitieron de generación en generación.

Es posible que haya oído hablar de algunas de las personas que conocerá en este libro pero, a menos que sea un erudito en el campo de la historia del Próximo Oriente antiguo, estoy bastante seguro de que muchas de ellas le resultarán completamente nuevas y sorprendentes. Muchos de ellos eran completamente nuevos para todos en el mundo moderno hasta hace poco, cuando se descubrieron y leyeron textos antiguos que los mencionaban. La vida de estos antiguos individuos distaba mucho de ser aburrida; ellos (como la gente de todas las épocas) se preocupaban apasionadamente por los acontecimientos de su tiempo, sin tener ni idea de lo que les deparaba el futuro, y la humanidad que comparten con nosotros puede resultar encantadora.

Es asombroso lo mucho que sabemos sobre algunos pueblos del Próximo Oriente antiguoy lo profundamente que podemos sumergirnos en su mundo, pero también es sorprendente lo poco que este conocimiento ha penetrado en la conciencia general de las personas cultas de hoy en día. En cambio, otras culturas antiguas que compartían la misma región general del mundo –Egipto, Israel, Grecia y Roma– nos son totalmente familiares y están bien representadas en libros y documentales sobre la antigüedad. Esta disparidad no siempre existió. A mediados del siglo XX, varios libros captaron la atención de un amplio público con sus evocadoras representaciones de la historia y la arqueología del Próximo Oriente. Entre ellos se encuentran *Ur de los caldeos,* de Charles Leonard Woolley,[5] *La historia comienza en Sumer,* de Samuel Noah Kramer,[6] y *Tesoros de la oscuridad,* de Thorkild Jacobsen.[7] El Próximo Oriente antiguo merece nuestra atención ahora más que nunca debido a los extraordinarios descubrimientos de las últimas décadas, que les presentaré en los próximos capítulos.

Este libro comienza en la ciudad de Uruk, en el sur de Irak, alrededor del año 3500 a.C.. Uruk fue la primera ciudad auténtica del Próximo Oriente antiguo y, probablemente, la ciudad más grande de la Tierra en aquella época. También fue allí donde se inventó la escritura cuneiforme en forma de cuña y donde los escribas empezaron a aprender a leer y escribir en las escuelas de escribas. Tenemos mucho que agradecer a los escribas. No sólo escribieron los documentos prácticos en tablillas de arcilla que han sobrevivido –todavía perfectamente legibles– como recuerdos y registros de las épocas en las que se escribieron, sino que generaciones de escribas en las escuelas también copiaron importantes obras literarias, himnos e inscripciones reales que, de otro modo, se habrían perdido para nosotros. Cada documento que cito en este libro, y el registro de cada persona que conocemos por su nombre y con la que podemos pasar tiempo, existe realmente porque los escribas los escribieron en algún momento y porque las tablillas y otras obras escritas han sido descubiertas en el suelo por los arqueólogos. Es una suerte para nosotros que escribieran en arcilla y piedra, que han perdurado mucho mejor que los documentos en papiro y pergamino de otras culturas antiguas.

Los capítulos avanzan en el tiempo desde Uruk, en el año 3500 a.C., hasta el siglo IV a.C. y a medida que lleguemos a cada nueva época nos detendremos para conocer a diferentes personas. En los primeros periodos, cuando la alfabetización estaba monopolizada por las grandes instituciones –los templos y palacios–, muchos de los hombres y mujeres que conoceremos serán reyes, reinas, funcionarios y sacerdotisas. Con el paso del tiempo, cada vez más personas contrataron escribas, cayeron dentro de la órbita de las grandes instituciones o se alfabetizaron ellos mismos, de modo que podemos empezar a visitar a albañiles, esclavos, soldados, mercaderes, músicos, traductores, escultores, adivinos, jardineros, cerveceros y personas de muchas otras profesiones. La historia de cada persona se convierte en una ventana a su época. Imagínese que pudiera sentarse con cada uno de ellos a tomar una cerveza (que era la bebida preferida de casi todo el mundo), en su casa o en una taberna local, y pudiera hablar de sus vidas. Aprenderías mucho más sobre su mundo que con una descripción general en una encuesta. Espero haber recreado la vida de cada uno de ellos lo suficientemente bien como para que tengas la misma sensación.

La arqueología también contribuye decisivamente a nuestra comprensión. Las evidencias arqueológicas –cerámica, herramientas, hornos, joyas, muros, canales, restos de alimentos, cualquier cosa que haya sobrevivido en el suelo– complementan en gran medida las pruebas textuales a la hora de reconstruir el pasado. De hecho, los propios documentos cuneiformes son pruebas arqueológicas, ya que todos y cada uno de ellos han sido encontrados enterrados después de haber estado perdidos y olvidados durante miles de años.

Como puede imaginar, muchas cosas cambiaron a lo largo de los 3.000 años de historia que abarca este libro. Una lengua tras otra dominaron las distintas regiones; las gentes emigraron; las tecnologías cambiaron; los templos y palacios perdieron y luego recuperaron su protagonismo en las economías; los reinos fueron y vinieron; las ciudades y a veces regiones enteras fueron abandonadas pero más tarde repobladas; las crisis climáticas provocaron sequías y hambrunas; las epidemias asolaron las poblaciones pero acabaron remitiendo; los reyes se presentaron unas veces como amables pastores y otras como terroríficos señores de la guerra. Esta no es una historia de progreso; la historia nunca lo es realmente. Por ejemplo, las mujeres tenían más protagonismo y poder en la sociedad en el tercer milenio a.C. que 2.000 años después. Los carros se hicieron más maniobrables, pero el trato a los enemigos derrotados se hizo más duro. Se me ocurren muchos ejemplos: la vida mejoró, empeoró y volvió a mejorar, y nunca para todos los grupos de la sociedad al mismo tiempo.

Pero ciertas cosas permanecieron más o menos iguales y proporcionan hilos que atraviesan las culturas, como las hebras de un telar.

Una continuidad fue el sistema de escritura y el sistema de formación de los escribas. Limito las regiones tratadas en este libro a las que utilizaban la escritura cuneiforme; es decir, el antiguo Irak (Mesopotamia), Siria, partes de Turquía (Anatolia), partes septentrionales del Levante (las tierras costeras del Mediterráneo oriental) y partes de Irán (Elam y más tarde Persia). Ocasionalmente, el cuneiforme se extendió a otras regiones, como Egipto, Bahrein (Dilmun), la región del lago Van (Urartu) y el Levante meridional, en cuyos casos estas regiones harán breves apariciones. Los escribas que escriben en cuneiforme, sobre todo en tablillas de arcilla, serán nuestros guías en todo momento.

Otra continuidad a través de las épocas fue la apasionada confianza de la gente en la familia como fundamento de la sociedad. Durante la mayor parte del tiempo, hombres y mujeres tuvieron poco interés en encasillar a sus amigos, vecinos o (en el caso de los reyes) a sus súbditos como miembros de determinadas clases sociales. La identificación con un determinado grupo, ciudad o estado iba y venía. Pero la familia siempre era crucial. La familia también servía como metáfora de muchas otras relaciones, como con jefes, subordinados, aliados y gobernantes, y ayudaba a definir jerarquías, que siempre fueron importantes en esta época y región.

Una tercera continuidad se encuentra en lo que hoy consideramos religión. Los antiguos dioses y diosas que eran venerados en Uruk cuando se convirtió en ciudad seguían siéndolo cuando Alejandro de Macedonia conquistó la región más de 3.000 años después. En todo Próximo Oriente, casi todos los pueblos consideraban que las deidades de cada uno eran reales y poderosas. Pero no pensaban en las deidades como parte de algo que pudieran separar, en sus mentes, del resto de la vida. No tenían un concepto abstracto de la religión. Para ellos, los dioses y diosas existían, eran reales, lo controlaban todo y planteaban exigencias innegociables a sus súbditos humanos. Gran parte de la vida consistía en discernir lo que querían, proveerles y no caerles mal. Los juramentos servían para pedir a los dioses que evaluaran la veracidad de una afirmación y obligaran a la gente a cumplir sus promesas; los juramentos nunca se tomaban a la ligera. Este sistema de pensamiento tenía mucho sentido y encajaba con la evidencia de sus sentidos. El mundo no ofrecía otra explicación. El gobierno no podía desvincularse lo más mínimo del mundo de los dioses: Los reyes gobernaban porque los dioses querían que lo hicieran y tenían que gastar una gran cantidad de energía y riqueza en las necesidades de los dioses. A lo largo de la historia del Próximo Oriente, los templos fueron el hogar de los dioses (en forma de estatuas) y el hogar de las estatuas de los reyes que les rendían culto. A menudo, esos templos permanecieron exactamente en los mismos lugares de las ciudades durante miles de años, reconstruidos de vez en cuando pero casi nunca trasladados.

Los reyes proporcionan una cuarta continuidad a través del tiempo. Los pueblos del Próximo Oriente antiguo creían que los dioses querían que fueran gobernados por reyes, y en tres milenios nunca se desarrolló un sistema alternativo viable de gobierno. A veces, los reyes eran asesorados por consejos, asambleas o altos funcionarios, y esas personas podían tener una influencia considerable, pero en casi todos los lugares y épocas se puede identificar a un rey que estaba en la cima de la jerarquía administrativa. El suyo era un mundo dominado por hombres poderosos, la mayoría de los cuales habían heredado el poder de sus padres. Dicho esto, también era un mundo con muchas mujeres poderosas, incluyendo reinas que aconsejaban o incluso gobernaban con sus maridos o hijos. Las sacerdotisas, en particular, supervisaban muchas de las interacciones humanas con los dioses y adquirían autoridad y riqueza administrando vastas propiedades pertenecientes a los templos.

También encontraremos otras continuidades. Siempre se buscaba la justicia y se condenaba la corrupción. Uno de los motivos por los que se conservan tantos documentos es que los contratos debían redactarse con fines muy diversos, por si alguno de los implicados en una transacción tenía que acudir a los tribunales. La propiedad y el uso de los bienes inmuebles desempeñaron un profundo papel a lo largo de la historia antigua de la región, al igual que el empleo y el pago de una vasta mano de obra por parte de las grandes instituciones. Las amplias disparidades de riqueza separaban a los ricos funcionarios de la corte de los campesinos arrendatarios y los trabajadores manuales. La esclavitud existió en todas las épocas (como en tantas sociedades antiguas), pero las economías no se basaban en ella. Y los tejedores mencionados en el título de este libro desempeñaron un papel importante en todas las épocas. El textil representaba muchas cosas: Una mercancía creada en talleres de palacios y templos, una valiosa exportación, un arte y una ocupación para casi todas las mujeres. Incluso las que no eran trabajadoras textiles profesionales pasaban muchas de sus horas de vigilia hilando hilo para la ropa de sus familias. Dondequiera que vivieran, algunas personas (normalmente mujeres) tejían.

Contrariamente a las ideas erróneas populares, el Próximo Oriente antiguo no era un lugar perpetuamente violento. No cabe duda de que hubo guerras; en algunas épocas, debieron de parecer interminables a los pueblos que las vivieron. Pero casi siempre se intentaba la diplomacia antes de que se declararan los conflictos militares, y los combatientes casi siempre buscaban la paz. Las fuerzas conquistadoras solían tratar con dureza a los ejércitos derrotados y a sus líderes, pero en las ciudades y comunidades la gente era extraordinariamente civilizada. Existían tribunales para evitar la justicia por mano propia, los jueces sopesaban cuidadosamente las pruebas y la gente aceptaba sus decisiones. Las leyes podían prescribir castigos severos para los delitos, pero la mayoría de los castigos reales (como se refleja en los relatos escritos de los juicios) adoptaban la forma de multas monetarias. A lo largo de los milenios, los crímenes aleatorios contra extraños parecen haber sido poco frecuentes, y se producían sobre todo en situaciones fuera del contexto de las ciudades, por ejemplo, cuando los mercaderes eran asaltados durante un viaje. Incluso entonces, los reyes indignados que representaban a los mercaderes insistían en que los gobernantes de la tierra en la que se había producido el robo hicieran justicia.

En resumen, en este libro descubrirá que visita un lugar desconocido pero apasionante, innovador y, en general, civilizado y humano (exceptuando, eso sí, el comportamiento de algunos de los individuos más brutales, que parecen aparecer a lo largo de la historia). Fue un lugar y una época que han ejercido una enorme influencia en las culturas que le siguieron. Los pueblos del Oriente Próximo antiguo desarrollaron la diplomacia casi al mismo tiempo que la guerra organizada, redactaron contratos legales casi tan pronto como pudieron escribir algo y, en su mayor parte, se preocupaban por sus semejantes. Y querían ser recordados. Me complace poder contribuir un poco a hacer realidad este último deseo de unas cuantas docenas de antiguos que no tenían ni la más remota idea del mundo futuro en el que sus nombres serían recordados. Merecen nuestra atención.

En primer lugar, casi todas las fechas que aparecen en el libro son de antes de la era común, también denominadas "a.C.". Por supuesto, la gente de la época tenía sus propias maneras de identificar los años. A veces los nombraban por un gran acontecimiento o por el nombre de un alto funcionario. A veces numeraban los años dentro del reinado de un rey en particular. La correlación entre sus fechas y nuestros años a.C. no es inamovible; los eruditos siguen trabajando para perfeccionar la cronología. Yo utilizo las fechas de la llamada Cronología Media, ampliamente utilizada y que cada vez parece más correcta. Las fechas más tempranas del libro son las menos seguras, pero se vuelven gradualmente más fiables a medida que uno se acerca al primer milenio a.C. El orden relativo de los acontecimientos que han reconstruido los historiadores es fiable, y las fechas de los cuatro últimos capítulos del libro no se discuten en su mayoría. He indicado las fechas de reinado de los reyes entre paréntesis tras sus nombres, si esos datos son conocidos.

En segundo lugar, parece que las palabras antiguas se pronunciaban más o menos como se escriben. En este libro he simplificado las grafías. Por ejemplo, no he distinguido entre dos tipos de sonido "s" (escrito como "s" y "ṣ" en las obras académicas), ni entre dos tipos de sonido "t" (escrito "t" y "ṭ"). Muchas de las antiguas lenguas del Próximo Oriente incluían un sonido similar a la "ch" de la palabra escocesa "loch" y se escribía "ḫ". Aquí se representa como "h", excepto en algunos casos en los que la ortografía convencional de un nombre lo tiene como "kh". Una "e" al principio o al final de una palabra no era muda y (al final de una palabra) no cambiaba el sonido de ninguna vocal anterior. La "e" se pronunciaba como el sonido "ey" en "bay". Así, por ejemplo, el nombre del dios que se deletreaba Ea se pronunciaba "Ey-a".

Los nombres antiguos pueden parecer desconocidos y quizá difíciles de recordar, pero le animo a que intente pronunciarlos en voz alta para acostumbrarse a ellos. Al final del libro hay un elenco de los personajes principales por si necesita recordar quién era alguien. Algunos personajes del Próximo Oriente ya eran conocidos por los escritos de autores griegos, romanos o bíblicos antes de que se recuperaran los registros de su propia época. En estos casos, para simplificar, utilizo los nombres más conocidos, en lugar de los que utilizaron en su tiempo.

En tercer lugar, he citado fuentes antiguas a lo largo de todo el libro para que las voces antiguas puedan aparecer y contar sus propias historias. Pero como escribieron sobre documentos que ahora suelen estar fragmentados o desgastados, hay lugares en los que faltan palabras. Estas interrupciones en el original se identifican con corchetes. Las palabras antiguas que no se traducen aparecen en cursiva[8], y las palabras entre paréntesis dentro de una cita se han añadido para ayudar a explicar el significado.

En cuarto lugar, debo señalar que otras culturas de regiones colindantes también tuvieron ricas historias con profundas repercusiones en la historia mundial, y estuvieron periódicamente en contacto con los pueblos en los que se centra este libro, especialmente a través del comercio. Esto incluía no sólo Egipto, Nubia y gran parte de Levante, sino también la cultura Jiroft de Irán; la cultura Harappan del valle del Indo y las culturas posteriores del sur de Asia; las culturas minoica, micénica y griega posterior del Egeo; y Magán, junto con la cultura Qedarita y otras culturas de Arabia. Sin embargo, estas regiones no utilizaban el cuneiforme como principal medio de comunicación escrita, por lo que decidí no incluirlas en este libro. Esto me ha permitido centrarme en los individuos y sus vidas, y trazar continuidades a través de la historia cuneiforme. Pero la red de conexiones entre los pueblos antiguos era profunda y duradera, con influencias que fluían en todas direcciones.[9]

Y, por último, no, Ea-nasir no está entre las personas que aparecen en este libro. Ha tenido su momento de gloria; no dude en buscarlo en Internet. Otros personajes del antiguo Cercano Oriente eran igual de interesantes.

PARTE I

EL PERIODO DE URUK, 3500-2900 A.C.

CAPÍTULO 1

CONSTRUCTORES Y ORGANIZADORES

Alrededor del año 3500 a.C. se produjo un enorme cambio en el sur de Mesopotamia, que tuvo ramificaciones para el resto de la historia de la humanidad: Un gran número de personas empezaron a vivir en comunidades densamente pobladas con miles de otras personas, es decir, en ciudades. Y una vez que empezaron a vivir en ciudades, se produjeron muchos cambios en la forma en que las personas interactuaban entre sí, en la forma en que se gobernaban, en los tipos de tecnología que utilizaban y en muchos otros aspectos de la vida.

Para entonces, los humanos llevaban millones de años viviendo en el planeta, los humanos modernos (*Homo sapiens sapiens*) unos 200.000 años. Hablaban lenguas plenamente desarrolladas desde hacía al menos decenas de miles de años. Habían emigrado y se habían asentado por todo el planeta. A lo largo de todos estos milenios, la gente se desplazaba, siguiendo estacionalmente sus fuentes de alimento a medida que los animales migraban y las plantas maduraban en distintas zonas. Los arqueólogos encuentran enterramientos, pinturas rupestres, intrincadas herramientas de piedra y hueso, y pequeñas esculturas: Pruebas tentadoras de personas con tecnologías e ideas sofisticadas y, sin duda, con creencias religiosas y explicaciones del mundo que veían a su alrededor.

En ocasiones, estos cazadores y recolectores crearon monumentos extraordinarios cuya construcción supondría un reto para los hombres de cualquier época, sobre todo sin la tecnología moderna. El más conocido es el de Göbekli Tepe, en el sureste de Anatolia (actual Turquía), pero debió de haber otros similares. Hace doce mil años, cientos de personas se reunieron en Göbekli Tepe para crear una serie de círculos de piedras grabadas erectas con forma de T, la mayor de las cuales pesa 16 toneladas. Las imágenes incisas son de animales de presa, tal como leones, escorpiones, buitres y serpientes. Debió de ser un lugar de gran importancia para quienes lo construyeron y visitaron. Pero como la escritura no se desarrolló hasta 7.000 años después de su construcción, sólo podemos adivinar su significado.

Alrededor de la misma época en que se construyó el monumento de Göbekli Tepe, los humanos de algunos lugares de Próximo Oriente se asentaron por primera vez en pequeñas comunidades que ocupaban durante todo el año. Al principio, los habitantes de estas comunidades se mantenían de la caza de animales salvajes y de la recolección de plantas disponibles en la zona. No es casualidad que los primeros poblados de Próximo Oriente estuvieran situados cerca de plantaciones de trigo y cebada silvestres que, una vez cosechados, podían almacenarse durante largos periodos para alimentar a la población asentada. Hasta que no se asentaron, no empezaron a cultivar la tierra. Esta transformación se ha denominado a veces la "revolución agrícola", pero la gente que la vivió no experimentó nada revolucionario. La agricultura y la ganadería parecen haberse introducido sigilosamente en la economía, sustituyendo muy gradualmente a la caza y la recolección. Este periodo se denomina Neolítico y en Próximo Oriente duró desde el año 10000 a.C. hasta el 5300 a.C. aproximadamente.

Durante el Neolítico, los pueblos de Próximo Oriente comerciaban con los bienes que necesitaban y con los artículos de lujo que deseaban, en vastas zonas y durante mucho tiempo. Las conchas se extendieron desde el Mar Rojo, pasando de persona a persona y siendo atesoradas en muchos lugares. La obsidiana, un vidrio volcánico especialmente afilado y útil para las herramientas de piedra, se extendió desde el centro de Anatolia, la actual Turquía. Otras piedras preciosas fueron transportadas desde Afganistán hasta Mesopotamia, el actual Irak.

Hacia el año 6500 a.C., los especialistas ya fabricaban algunas de las mejores cerámicas de toda la historia. La gente vivía en casas rectangulares de ladrillo o piedra con suelos emplastecidos. La mayoría de las comunidades neolíticas eran pequeñas –apenas unas docenas de personas– pero algunas alcanzaron un tamaño considerable. Çatalhöyük, en la actual Turquía, contaba con una población notablemente numerosa de entre 3.500 y 8.000 habitantes a mediados del séptimo milenio a.C.[1] Su población parece haber sido igualitaria, con una distribución equitativa de la riqueza, y la ciudad no estaba dominada por edificios monumentales como las ciudades posteriores. Aunque Çatalhöyük puede calificarse de ciudad por el tamaño de su población, no dio lugar a una cultura urbana en su región.

A finales del Neolítico, la población se había trasladado al sur de Mesopotamia. La costa del golfo Pérsico estaba bastante más al norte de lo que está ahora (aunque los estudiosos no se ponen de acuerdo sobre su localizacion)[2] y los ríos Tigris y Éufrates, que nacían en la actual Turquía, seguían cursos serpenteantes y separados a través de la llanura aluvial del sur de Irak, calurosa y casi sin lluvias, hasta llegar a las marismas y desembocar en el golfo. En el quinto milenio a.C., la población se asentó al norte de las marismas, en una zona ideal para sus necesidades: El suelo era rico gracias al limo que arrastraban los ríos; el agua era dulce, no salada, y se extendía por el paisaje en abanicos de pequeños canales[3]. Estas corrientes podrían gestionarse para que pudieran utilizarse más tiempo. Para ello, se empezaron a construir diques y presas con el fin de crear reservorios y poder lograr esto[4]. Esto se conoce como riego desde reservorio, que proporcionaba agua suficiente para las cosechas anuales de cebada y trigo. Las comunidades en las que se asentaba la gente se hicieron más grandes que las aldeas, más grandes que las ciudades.

Todo esto quiere decir que, a mediados del cuarto milenio a.C., el mundo ya era un lugar sofisticado con mucha historia y tradición y, a pesar del clima cálido y seco, el sur de Mesopotamia era un lugar excelente para vivir.

La gente de la época tenía intereses y habilidades, sin duda hablaban de cosas fascinantes, querían a sus familias, se preocupaban por las cosechas y tenían conocimientos que la mayoría de nosotros hemos perdido hace tiempo. Sabían cómo almacenar su grano para que estuviera a salvo de alimañas e insectos. Sabían cómo hilar el lino y convertirlo en hilo de lino utilizando un huso y cómo tejer el hilo para obtener la tela. Sabían crear una hoja perfecta astillando un bloque de sílex.

Las ciudades se desarrollaron de forma independiente en otras regiones del planeta, por supuesto, pero, por lo que sabemos, en el año 3500 a.C. la ciudad más grande de la Tierra, y una de las más antiguas, se encontraba en el sur de Mesopotamia. La ciudad se llamaba Uruk. Estaba situada junto al río Éufrates, justo en esa zona ideal donde el riego desde reservorios producía abundantes cosechas, a unos 120 kilómetros (75 millas) de lo que entonces era la costa del golfo.[5]

Para este primer capítulo no puedo proporcionarles los nombres de los habitantes de Uruk cuyas vidas nos interesan. La gente de mediados del cuarto milenio a.C. ciertamente los tenía, cada uno una frase u oración que tenía significado en su lengua, pero todos se han perdido para nosotros. En épocas posteriores, los escribas escribieron cartas, listas, inscripciones, contratos y muchos otros tipos de documentos que nos proporcionan pruebas sobre las personas que vivían en aquella época. Pero hasta finales del cuarto milenio a.C., la escritura aún no se había desarrollado. Nos resulta mucho más difícil ver el mundo a través de sus ojos sin textos más detallados que nos ayuden. Así pues, cuando empecemos a ver cómo era la vida en Uruk antes de que apareciera la escritura, exploraremos otros tipos de pruebas de individuos que vivieron alrededor del año 3500 a.C. y experimentaron algunos de los mayores cambios de toda la historia de la humanidad al acostumbrarse a la vida urbana.

En aquella época, quizá vivían en Uruk hasta 40.000 personas recién urbanizadas. Hoy en día, una reunión de tantas personas en un estadio de fútbol no tendría nada de extraordinario, y una ciudad de 40.000 habitantes no es un lugar grande en el mundo moderno. Pero para el cuarto milenio a.C., era asombroso. El mundo nunca había visto nada igual. De hecho, una ciudad tan grande siguió siendo una rareza durante milenios. Uruk tenía una extensión de 2,5 kilómetros cuadrados (una milla cuadrada) y se encontraba en una escala completamente diferente a la de sus vecinos. Diez veces el tamaño, de hecho, de la siguiente ciudad más grande de la región.[6] Uruk ya tenía el mismo tamaño que Atenas en el 500 a.C., 3.000 años después.[7]

Uruk, en el cuarto milenio a.C., era un lugar extraordinario. La gente que vivía allí experimentó un estilo de vida que nunca antes había existido. Creó el molde para todas las ciudades mesopotámicas venideras.[8] Este periodo también fue testigo de la creación del estilo artístico de los mesopotámicos. Fue testigo del desarrollo de un sistema de contabilidad y de pesos y medidas que dotó de una base sólida a las posteriores economías mesopotámicas. Se inventó un sistema de escritura que permitió que la información sobre su cultura se transmitiera a través de los siglos. Increíblemente, tras este comienzo abrupto y casi insólito, estas instituciones y otras continuaron durante miles de años y tuvieron también un impacto en las culturas circundantes.

Uruk había existido como una comunidad más pequeña durante al menos mil años antes de esto[9], pero ahora que había crecido tanto, su gente se enfrentaba a nuevos retos. Por un lado, la ciudad necesitaba organizarse. Tendemos a suponer que cualquier grupo grande de personas en tiempos antiguos debe haber tenido un hombre poderoso al mando. Después de todo, una vez que la monarquía se desarrollaba en cualquier región, ese sistema de gobierno tendía a establecerse profundamente y era prácticamente inexpugnable. Sin embargo, Uruk no tenía un palacio real claro en esta época, y no se conservan nombres de reyes una vez que empezaron a escribir, y aun así alguna persona –o algún grupo de personas– debió de dirigir el lugar. Los arqueólogos e historiadores de esta época han ido en busca de estos individuos. ¿Quiénes eran?

EXCAVACIONES EN URUK

Cuando los primeros arqueólogos excavaron en Uruk en 1913, se encontraron con un yacimiento inmenso e inexplorado. Entonces no se sabía mucho sobre los inicios de la cultura urbana; los descubrimientos de Uruk y los de otros arqueólogos en el sur de Irak ampliaron enormemente el conocimiento mundial sobre las primeras ciudades. A lo largo de décadas, el equipo alemán que dirigía la excavación regresó año tras año (con interrupciones por guerras mundiales y conflictos locales) y descubrió templos, palacios y murallas que se habían construido a lo largo de un periodo de unos 5.000 años, desde el quinto milenio a.C. hasta el siglo V d.C. Imagínese: Una ciudad se mantuvo exactamente en el mismo lugar durante 5.000 años, al *final* de los cuales aún existía el Imperio Romano. Lo que agrupamos como historia antigua duró muchísimo tiempo.

De hecho, Uruk duró lo suficiente como para que, a lo largo de los siglos, la ciudad se elevara cada vez más por encima de la llanura aluvial. Esto ocurría en todas las ciudades antiguas de Próximo Oriente. Los escombros que se generaban por el mero hecho de vivir –los muros rotos, los suelos abandonados y la basura olvidada– rara vez eran barridos. Los escombros se quedaban exactamente donde estaban y, una y otra vez, se incorporaban a nuevos suelos y calles a medida que se construían nuevos edificios. Los gigantescos montículos que se formaron se llaman ahora, y se llamaban entonces, "tells". Incluso la palabra es antigua.

Los arqueólogos alemanes de Uruk excavaron a través de muchas capas de ocupación; la ciudad siguió siendo importante mucho después del cuarto milenio. En 1928 empezaron a excavar los niveles que se establecieron durante el cuarto milenio a.C., y lo que encontraron fueron edificios y artefactos de una sofisticación imprevista y asombrosa. Los arqueólogos asignaron números romanos a estos niveles de ocupación, empezando por el I para el nivel superior, el más reciente, y siguiendo por el II, el III y así sucesivamente para los niveles anteriores. De forma un tanto confusa, los números se van reduciendo a medida que se avanza en el tiempo, de modo que la ciudad de Uruk de nivel VI existió antes que Uruk V, que existió antes que Uruk IV, que existió antes que Uruk III.[10] En conjunto, estos niveles (del VI al III) constituyen lo que se denomina el periodo de Uruk, llamado así por la ciudad porque Uruk parece haber tomado la delantera en innovación tecnológica y social, proporcionando un modelo para otras ciudades de todo Próximo Oriente.

UN VISITANTE EN EL TEMPLO DE LOS CONOS DE PIEDRA

Dos grandes complejos de templos dominaban la ciudad en el periodo de Uruk. Sabemos por épocas posteriores que uno estaba dedicado al dios An, el dios de los cielos, y el otro a la diosa Inana, que controlaba el amor y la guerra. El complejo del templo de Inana se llamaba Eanna, la "casa de los cielos".

Dentro del Eanna había un edificio realmente extraordinario. A menudo calificamos las cosas de "únicas" a sabiendas de que no es cierto, pero este edificio era exactamente eso. Nunca se había encontrado nada ni remotamente parecido. Se construyó durante lo que los excavadores llamaron el Nivel VI, alrededor de 3500 a.C. aproximadamente. Los arqueólogos sólo descubrieron sus cimientos y las capas de escombros de cuando fue abandonado, pero es posible reconstruir su aspecto cuando estaba recién construido y explorar algunas de las extraordinarias innovaciones que el arquitecto o arquitectos introdujeron en él.

Un hombre de otra ciudad antigua, digamos la ciudad de Ur al sur, podría haber venido a visitar el Eanna durante el Nivel VI, llegando a Uruk por una puerta meridional en la muralla de la ciudad. Al darse la vuelta para contemplar el paisaje antes de entrar, el visitante habría quedado impresionado por la llanura del paisaje. El río Éufrates fluía junto a la ciudad, una ancha franja de agua que se dirigía hacia el mar Inferior (el golfo Pérsico, para nosotros) más allá del horizonte. Barcos de juncos con altas proas navegaban hacia el sur, siguiendo la corriente. Los barcos que se dirigían al norte eran remolcados con cuerdas por personas que

Fig. 1.1 Conos de piedra utilizados para mosaicos en el periodo Uruk, mediados del cuarto milenio A.C. *(Metropolitan Museum, Nueva York)*

caminaban por un sendero ribereño. Hasta donde alcanzaba la vista y más allá –todo el sur de Mesopotamia– había un amplio valle fluvial. Hacia el este, aunque no era visible desde Uruk, fluía el río gemelo del Éufrates, el Tigris. Entre ellos, estos dos grandes ríos habían depositado un vasto paisaje de limo. Esta característica dominante dio origen al nombre que los antiguos griegos dieron a la región. Era "entre"–*meso-*"los ríos"-*potamia.*

Los campos rodeados de riberas se extendían a lo largo de los canales naturales alrededor de la base del tell sobre el que se alzaba Uruk, y los granjeros habrían estado trabajando por todas partes. Sus ciudades y aldeas también salpicaban el paisaje, y las más grandes se levantaban en la llanura sobre sus propios tells. En los alrededores de Uruk, los arqueólogos han encontrado restos de muchas comunidades más pequeñas, que dependían de la ciudad. Junto a la orilla del río y el camino ribereño había huertos de palmeras datileras, plantadas a una altura ligeramente superior a la de los campos, creciendo en los diques naturales que se habían formado en la orilla del Éufrates.

El visitante entró en Uruk y se dirigió hacia el centro de la ciudad. Era una experiencia muy diferente vivir en una ciudad que en una aldea o pueblo pequeño. La gente de la calle era en su mayoría desconocida, incluso para otros habitantes de Uruk. Cualquier persona podía conocer sólo a una pequeña parte de la población de la ciudad. Vivir tan cerca de tantos extraños era una experiencia inusual en ese momento de la historia humana, aunque en cualquier vecindario la gente probablemente vivía cerca de sus familiares. Esto era cierto en toda la historia de Mesopotamia; los lazos familiares eran muy estrechos.

El visitante siguió caminando por las polvorientas calles, bordeadas de casas de adobe sin ventanas, sin espacios entre ellas. (Los excavadores no exploraron los barrios de Uruk, pero tenemos una idea de cómo habrían sido gracias a las excavaciones de otros pueblos y ciudades de la misma época). Algunas casas se abrían a agradables patios interiores, otras tenían largos vestíbulos centrales con habitaciones que se abrían a ellos, pero cada casa guardaba sus secretos para la gente de la calle. No había patios delanteros ni espacios entre las casas: las casas contiguas compartían muros.[11] Probablemente, el visitante de Ur se mantenía cerca de los muros para aprovechar su sombra; el clima en el sur de Mesopotamia era caluroso la mayor parte del año, y el sol implacable.

Los modernos damos por sentada la vida en las ciudades: Esperamos servicios como camiones que se lleven nuestra basura, tuberías que traigan agua limpia, sistemas de alcantarillado que eliminen nuestros residuos, tiendas de comestibles que proporcionen alimentos frescos y hospitales que nos ayuden cuando estemos enfermos, todo lo cual hace que la vida en una comunidad densamente poblada sea manejable. Los habitantes de Uruk compartían con nosotros muchas de las mismas necesidades, pero no tenían ninguna de las comodidades. Necesitaban agua y alimentos, además de aceite para iluminar sus hogares, lana para confeccionar sus ropas, ladrillos y arcilla para reparar sus casas. Todo esto había que llevarlo a la ciudad. Mientras tanto, producían todo tipo de desperdicios y basura, que arrojaban a la calle o dejaban caer desde el borde del tell. Debían de molestarles los ruidos de los animales y la gente en la calle, y debían de ser vulnerables a las enfermedades, que podían propagarse fácilmente en una comunidad tan unida. En conjunto, la vida allí era una especie de caos. Las antiguas jerarquías aldeanas basadas en familias, que habrían mantenido la paz en las aldeas, no habrían funcionado para contener los caprichos, planes y pasiones de decenas de miles de personas.

Entonces, ¿Era peligroso y caótico vivir en Uruk? Parece que no. Las pruebas sugieren que era un lugar bien administrado y que la gente no vivía allí bajo coacción, sino voluntariamente. Los estudios de los restos óseos han demostrado que, no sólo en Uruk sino en toda Mesopotamia en esta época, la gente tenía menos probabilidades de ser golpeada en la cabeza que en las regiones circundantes.[12] No era un lugar especialmente violento.

Desde la distancia, el visitante habría divisado el elemento más destacado del horizonte de Uruk: Un templo elevado sobre una plataforma. Probablemente estaba dedicado al dios de los cielos, conocido como An, al que se rindió culto en un templo situado en ese lugar durante muchos siglos. La plataforma y el templo se habían construido y reconstruido a lo largo de los siglos, y el propio templo estaba enlucido y habría brillado de un blanco resplandeciente a la luz del sol. Los excavadores lo llamaron el Templo Blanco[13].

El visitante optó por no ir allí: su destino era el templo de Eanna, dedicado a la diosa Inana. Al acercarse, habría observado una larga pared enlucida que, desde lejos, parecía pintada con rayas verticales oscuras. Al acercarse, se habría dado cuenta de que las rayas eran las sombras de docenas de contrafuertes verticales, espaciados uniformemente a lo largo de las paredes que rodeaban un recinto rectangular. No habría podido darse cuenta (por el revestimiento de yeso), pero este muro estaba construido con piedra caliza, no con el habitual adobe que se había utilizado en la construcción durante siglos.[14]

Para la mayoría de los urukianos, éste era probablemente el límite de su acceso a este lugar sagrado, pero digamos que nuestro visitante era una persona de alto rango a la que se le permitía entrar en la muralla. Allí se encontró con un deslumbrante espacio de patio resplandeciente de colores brillantes en patrones geométricos regulares. La cara interior de la muralla y las paredes del impresionante templo que rodeaba estaban decoradas con mosaicos. En el muro circundante aparecían diversos motivos geométricos, simétricos, azules y amarillo verdosos[15], mientras que las paredes del edificio del interior del recinto estaban decoradas con rombos de mosaico rojos, blancos y negros[16].

Toda la piedra de los mosaicos del templo había sido cuidadosamente tallada en innumerables conos pequeños, cada uno de unos diez o quince centímetros de largo. Sólo los extremos circulares y planos de los conos formaban los mosaicos; sus puntas afiladas se incrustaban en la pared. Son los mosaicos más antiguos que se conocen. Alguien había encontrado una forma de mantener los conos en su sitio: Los arqueólogos hallaron miles de placas rectangulares de arcilla, de unos 21 centímetros de largo cada una, con los extremos curvados y pequeños agujeros en cada extremo. Habían sido colocadas en hileras horizontales, sobresaliendo de las paredes, entre cada capa de material de construcción. Tal vez se ensartó una rejilla a través de los agujeros, que servía de estructura de soporte para los pequeños pero pesados conos de piedra y para asegurarse de que estaban colocados con precisión, como los nudos de una alfombra de piedra gigante.[17]

Los arqueólogos alemanes que excavaron el edificio lo llamaron Steinstifttempel o templo de los Conos de Piedra, pero el antiguo visitante no habría sido consciente de los conos, sólo de los bellos dibujos de diamantes en colores brillantes que sus extremos circulares pulidos formaban en las paredes.[18] Daban a todo el edificio el aspecto de un joyero gigante.[19]

Quizá la característica más extraña del Templo de los Conos de Piedra fuera la composición de los muros que sostenían los mosaicos. Durante miles de años, los habitantes de Próximo Oriente habían construido estructuras con cañas y adobe, o con piedra si vivían cerca de una fuente de piedra de construcción. (Nótese, sin embargo, que hasta la época del templo de los Conos de Piedra, la piedra casi nunca se había utilizado para construir en los tramos meridionales del valle fluvial mesopotámico porque no se daba allí de forma natural). En algunas regiones, el emplasto se utilizaba a menudo como revestimiento de paredes y suelos. Se creaba quemando piedra caliza a unos 600 grados C (más de 1100 grados F) para convertirla en un polvo seco. Al igual que con el yeso de París moderno, se añadía agua al polvo seco, lo que lo hacía maleable o extensible. Una vez seco, el emplasto se volvía duro y resistente al agua.

La gente llevaba más de 4.000 años fabricando emplasto calcáreo de esta forma antes de que se construyera el Templo de los Conos de Piedra; incluso era anterior a la invención de la cerámica. En el octavo y séptimo milenios a.C., en regiones del Levante, se había probado brevemente el emplasto como soporte para vasijas y esculturas,[20] pero la arcilla había demostrado que hacía vasijas superiores (las de emplasto se desintegraban al fuego), y la piedra hacía esculturas más duraderas, por lo que sus equivalentes en emplasto habían pasado de moda hacía tiempo.

Sin embargo, alguien que participó en la planificación del templo de los Conos de Piedra tuvo una brillante idea sobre el emplasto. Tal vez, pensó esta persona, la cal quemada combinada con ladrillos triturados podría constituir un material de construcción nuevo y resistente.[21] Podría verterse en moldes por capas y fraguaría con dureza.[22] Los arqueólogos que excavaron el templo reconocieron que las paredes estaban hechas de una forma de hormigón, utilizado en un contexto histórico confusamente temprano.

La mayoría de las innovaciones antiguas pueden rastrearse durante un largo periodo de desarrollo y siguieron perfeccionándose, por lo que es difícil imaginar una sola mente detrás de ellas; casi no hay antiguos Thomas Edisons. Pero los muros del templo de los Conos de Piedra son tan extraños que sugieren la existencia de un inventor anónimo que probó una nueva técnica de construcción experimental.

Los arquitectos debían de ser conscientes de las complicaciones estructurales derivadas del peso de los muros de hormigón del templo de los Conos de Piedra, además del peso de los propios conos.[23] El edificio tiene unos cimientos de piedra caliza y arcilla mucho más sólidos de lo normal, y parece que se añadieron específicamente para soportar el peso extra del edificio.[24] Los estudiosos también han calculado que el Templo del Cono de Piedra fue mucho más costoso, en términos del esfuerzo que supuso su construcción, que cualquier otro edificio monumental comparable del periodo de Uruk, aunque no fuera el más grande.[25]

Sin embargo, nuestro visitante del templo no se habría percatado de los profundos cimientos ni de los muros de hormigón, invisibles bajo los mosaicos de piedra. En el interior del templo, en la relativa frescura de las salas de techos altos, las paredes seguían decoradas con mosaicos en forma de diamante. El núcleo del templo era una sala alargada flanqueada por otras más pequeñas a ambos lados. Este diseño en tres partes se ha denominado "templo tripartito" y se convirtió en el modelo clásico de los templos del periodo de Uruk (aunque los templos tripartitos posteriores se construyeron con ladrillos de barro).

Sin embargo, una vez más, el templo de los Conos de Piedra rompió el molde y no se parecía a ningún otro templo tripartito. Esto se debe a que contenía una gran piscina en forma de L de 13,7 metros de largo (45 pies) y 0,8 metros de profundidad (2,5 pies) que ocupaba toda una sala.[26] La piscina había sido creada para ser impermeable, y no era la única sala en la que esto era cierto. Los suelos de todo el templo se impermeabilizaron con betún importado. En la larga sala central, el betún estaba, a su vez, recubierto con un enlucido de cal impermeable, y un canal cruzaba su suelo en diagonal para permitir que el agua fluyera.[27] De hecho, *todo* en el templo de los Conos de Piedra estaba diseñado para ser impermeable – incluso los propios conos de piedra no se habrían visto afectados por una larga exposición al agua.[28] Así que quizá el agua no se limitaba a la piscina, sino que podía cubrir el suelo y fluir desde las puertas hasta el patio durante algunos ritos o festivales.[29] A diferencia de los conos de arcilla, los de piedra no se habrían erosionado con el agua, y los muros de hormigón habrían resistido mucho mejor que los de adobe.

En el suelo de la sala central había agujeros en los que se colocaban varas de bronce de dos metros de altura. Tal vez sostuvieran un dosel bajo el que se sentaría una estatua del dios (o un sacerdote).[30] Estas varas se conservaron más tarde, enterradas todas juntas en una cabaña de ladrillo en el patio, con el enlucido de cal del suelo de la sala todavía pegado a sus extremos.[31]

Si nuestro visitante hubiera llegado un día de fiesta, podría haber presenciado una ceremonia en la que todo el complejo se convertía en un gigantesco estanque reflectante, reflejando los brillantes mosaicos de las paredes y el azul del cielo. En la puerta de acceso a la estructura había estandartes de bronce[32], y el dios en persona (en forma de estatua) podía verse bajo un dosel en la sala central. El dios del agua, llamado Enki, se representaba a menudo de esta forma en los sellos cilindricos[33].

Pero, ¿para qué servía la piscina en forma de L? Nadie lo sabe, pero sin duda el agua desempeñaba un papel importante en la vida del templo. La diosa Inana, a quien se dedicó este complejo de templos en épocas históricas posteriores, no era una deidad del agua, por lo que este edificio probablemente no era suyo.

Aproximadamente un siglo más tarde, el templo de los Conos de Piedra fue destruido ritualmente,[34] y luego, como si hubiera sido una persona importante, fue, en cierto modo, enterrado en un monumento de ladrillo.[35] Se trataba de una estructura cuadrada, subterránea y sin puertas, construida justo en una esquina de las ruinas del templo de los Conos de Piedra.[36] Parece una tumba, pero no se encontró ningún cuerpo en su interior.[37] Esta estructura más pequeña y nueva, construida conservadoramente con ladrillos de barro en lugar de hormigón, estaba llena de todo tipo de tesoros, desde vasijas de cobre y piedra hasta joyas, armas, muebles y jarras de almacenamiento, y también de huesos de animales.[38] Habían sido apilados a más de 60 centímetros de altura en un pasillo y cubiertos con esteras. El "entierro" del templo de los Conos de Piedra se completó entonces, cuando los espacios que quedaban en las habitaciones del edificio más nuevo se llenaron de escombros de la estructura anterior. Un incendio que calcinó y decoloró las paredes de la cámara central de la tumba pudo ser accidental o ceremonial. Los ladrones saquearon algunas secciones de la "tumba" en la antigüedad, pero muchos de los ricos bienes que habían sido enterrados quedaron intactos. Uno se pregunta quién los dejó allí y por qué el templo de los Conos de Piedra era tan importante como para merecer este trato.

CONSTRUCCIÓN DEL TEMPLO DE LOS CONOS DE PIEDRA

Aunque hay mucho misterio, la planificación del templo de los Conos de Piedra puede adivinarse; resulta notable y nos dice mucho sobre la más primitiva de las ciudades. La mera existencia de la estructura demuestra que la innovación contaba con el apoyo de quienquiera que estuviera al mando y también demuestra que los habitantes de Uruk trabajaban (por millares) para crear monumentos verdaderamente gloriosos para sus dioses. Los templos, a su vez, pueden haber atraído a más residentes a Uruk, ya que la presencia de las deidades proporcionaba protección divina a la población. Es casi seguro que los trabajadores fueran llamados de entre la población libre, como un deber laboral para con el estado, conocido como trabajo corvea. Al igual que un hombre podía ser reclutado para servir en el ejército, también podía serlo para construir un edificio. A lo largo de la historia del Próximo Oriente, los trabajadores de las corvea trabajaron en proyectos estatales.

Una vez finalizados los planos y reclutados los trabajadores (por quien tuviera esta autoridad), había que conseguir los materiales de construcción, y la mayoría de éstos procedían de regiones alejadas de Uruk. Si se hubiera tratado de un templo normal de adobe como los anteriores, o como el templo contemporáneo al dios An en un barrio cercano, la fabricación de ladrillos podría haber comenzado allí mismo en la ciudad, pero los constructores del templo de los Conos de Piedra eran más ambiciosos. Afortunadamente, los urukianos no vivían aislados del mundo más allá de su ciudad: Sabían dónde encontrar los materiales de construcción que necesitaban.

La piedra caliza para el muro de cerramiento y los cimientos, y para quemar para el hormigón, pudo importarse desde relativamente cerca;

había una fuente a unos 50 kilómetros (31 millas) al oeste.[39] Los estudiosos han calculado las cantidades de cada material utilizado en el templo,[40] y estiman que los muros necesitaron unos 1.400 metros cúbicos (casi 49.500 pies cúbicos) de hormigón y los cimientos y el muro de cerramiento utilizaron casi 1.300 metros cúbicos (46.000 pies cúbicos) de piedra caliza. Cada metro cúbico de piedra caliza pesa 2.711 kilogramos (5.977 libras), por lo que puede estimarse que el peso de la piedra en los muros y cimientos fue de 3.795.400 kilogramos (7.770.100 libras o 3.886 tons). Esto no incluye la piedra caliza de los muros de hormigón.

Transportar semejante cantidad de piedra caliza por tierra no era tarea fácil. Puede que aún no se utilizaran carros –la rueda ya se había inventado y se utilizaba en Mesopotamia en la época de Uruk–, pero construir un carro con éxito requiere mucho trabajo y es poco probable que aún tuvieran uno, y mucho menos uno que pudiera soportar el peso de grandes cantidades de piedra de construcción. Así que la piedra caliza puede haber sido arrastrada en trineos, y 50 kilómetros es un largo camino cuando estás arrastrando piedras pesadas. Probablemente, miles de trabajadores participaron en la extracción y el transporte.

La fuente del betún se encontraba a unos 400 kilómetros (250 millas) al norte de Uruk, en el Éufrates,[41] y las piedras de colores para los conos decorativos y los largos troncos necesarios para techar los espacios interiores tenían que viajar mucho más lejos, desde las montañas situadas muy al norte.[42] El betún y la piedra se habrían transportado en barcos, y los troncos podrían flotar río abajo, atados como balsas, pero alguien tenía que viajar primero a los lugares donde estaban disponibles y negociar las grandes cantidades necesarias. Estos recursos naturales se encontraban en zonas pobladas y, desde luego, no estaban al alcance de cualquiera que se presentara. Una vez cerrado el trato, probablemente un funcionario también supervisaba la explotación de las canteras y la tala, y vigilaba que todo se cargara correctamente. Se calcula que para construir el edificio de los Conos de Piedra se necesitaron unos 50 metros cúbicos de betún, 40 metros cúbicos de piedra fina coloreada para los conos y más de 100 metros cúbicos de madera.[43]

Tras la llegada de los materiales, los obreros de la corvea (casi con toda seguridad hombres, que formaban la mano de obra para los trabajos duros en todas las épocas posteriores de la historia de Mesopotamia) debieron de calcinar piedra caliza en hornos, mezclar ladrillos triturados y esperar añadir agua en la cantidad justa para que fraguara como debía. Otros fabricaban y cocían las placas de terracota que debían colocarse entre las capas de hormigón. Y otros se pasaban el día tallando y puliendo piedras de colores para crear los miles de conos (Fig. 1.1).

Cuando se iniciaba la construcción, cada fase del proceso debía planificarse cuidadosamente. Los materiales debían estar en la obra y a disposición de los obreros que los necesitaran. El hormigón debía verterse en los moldes de los muros y dejarse fraguar el tiempo adecuado; los conos debían colocarse meticulosamente antes de que se secara el hormigón, presumiblemente siguiendo una cuadrícula marcada en el muro.

Todos los obreros empleados en el proyecto también necesitaban abundante agua para beber en aquel clima caluroso, además de alimentos para comer. La administración que los contrató debió de proporcionárselos. Parece probable que no hubiera nada imprevisto en toda esta operación. La conclusión obvia de todo esto debe ser que alguien, o algún grupo de personas, estaban al mando.

ORGANIZAR LA MANO DE OBRA

Los excavadores de Uruk calcularon que en la construcción de una terraza de adobe en el recinto de Eanna trabajaron 1.500 hombres diez horas al día durante cinco años[44]. La demanda de mano de obra debió de ser bastante constante. ¿Cómo se pagaba a los trabajadores? ¿Quién les pagaba? ¿Quién y cómo organizaba los turnos de trabajo? Todo esto ocurrió antes de que se inventara la escritura, así que ¿Cómo se llevaba la cuenta de todos los materiales, las cuadrillas, los horarios de construcción y las provisiones? Para estas preguntas, por suerte, tenemos algo más que conjeturas. Los estudiosos han tomado fragmentos de pruebas y han reconstruido una imagen de cómo funcionaba todo.

En las ruinas del templo de los Conos de Piedra, los arqueólogos encontraron algunos objetos bastante prosaicos que ayudaron a dar respuestas: Bolas de arcilla, fichas de arcilla y cerámica rota.[45] Las bolas de arcilla, a menudo llamadas bullae, pueden resultar poco impresionantes a la vista, pero representaban una forma ingeniosa de llevar la cuenta de las mercancías y quizá de las personas.

Supongamos que alguien quería registrar una cantidad de betún que se enviaba a Uruk, y asegurarse de que todo el betún llegaba, sin robos por el camino. El cargador fabricaba pequeñas fichas de arcilla con la forma acordada para representar los tarros de betún (las fichas se parecen un poco a las piezas de un juego) y las colocaba dentro de una bola de arcilla que no se hubiera endurecido. Selló la bola, la coció al sol y la envió junto con el cargamento. Cuando todo llegaba, el funcionario de Uruk podía contar el número de jarras del cargamento y cotejarlo con el número de fichas. Si coincidían, todo estaba bien. Si no, habría tenido preguntas para el transportista. Las fichas y las bullae tenían muchos otros usos, como llevar un registro o recordar el número de mercancías y personas; se utilizaban en todo el Próximo Oriente desde mucho antes del nivel VI de Uruk. De hecho, se encontraron dieciséis bullae bajo los cimientos del templo de los Conos de Piedra, que habían sido usadas y desechadas incluso antes de su construcción[46]. Representaban una herramienta administrativa muy útil.

El exterior de las bullae no estaba necesariamente en blanco. Algunas de las que se encontraban bajo el templo de los Conos de Piedra habían sido selladas.[47] Tal vez el agente que transportaba el betún desde la región del norte quería asegurarse de que nadie hacía trampas rompiendo la bulla, sacando un par de fichas para ocultar su robo de jarras y fabricando una nueva con menos fichas. El transportista se aseguraba de que no se produjera tal manipulación haciendo rodar su sello cilíndrico por la superficie de la bulla original. Mientras el agente receptor en Uruk reconociera la impresión del sello, podría estar seguro de que el envío había llegado intacto.

Mientras que las bullae y las fichas de arcilla ya eran antiguas en el año 3500 a.C., los sellos cilíndricos eran relativamente nuevos. Los sellos de estampado existían desde hacía miles de años[48], por lo que el concepto de sellado resultaba familiar, pero un sello cilíndrico tenía la ventaja de que podía sellar toda la superficie de una bulla. Para fabricar un sello de este tipo, un artesano tallaba una escena o un intrincado dibujo en relieve inverso sobre la superficie de una cuenta cilíndrica, de modo que, cuando se enrollaba sobre arcilla, la impresión podía ser tan larga como fuera necesario, repitiéndose una y otra vez. En esta época, cada sello cilíndrico parece haber sido controlado por una persona concreta o, más probablemente, por una oficina,[49] de modo que el sellado podía "leerse", identificando quién había sellado la bulla y adjuntado las fichas y, por tanto, era responsable del envío.

La gente empezó a sellar también otras cosas, habitaciones y tarros en particular. La arcilla era omnipresente, por lo que resultaba fácil colocar

Fig. 1.2 Cuenco de borde biselado de Nippur, finales del cuarto milenio A.C. *(Metropolitan Museum, Nueva York)*

un trozo sobre un tarro cerrado o sobre el pestillo de una puerta cerrada y hacer rodar un sello cilíndrico sobre la arcilla. Cualquiera podía ver si el sello estaba roto, y la impresión del sello identificaba quién había estado por última vez en la habitación, o quién había sellado el tarro. Al igual que las bullae y las fichas, los sellos creaban un mensaje que podía ser comprendido más tarde, y por personas que no tenían que hablar directamente con el sellador original.

Los fragmentos de cerámica hallados en las ruinas del templo de los Conos de Piedra indican cómo se abastecía a los trabajadores del recinto de Eanna, incluidos todos los obreros que construían el propio templo. Las vasijas del periodo de Uruk eran principalmente de dos tipos. Alrededor de una quinta parte de las vasijas halladas en los niveles del periodo Uruk procedían de cerámicas hechas a torno. Esto supuso un importante avance tecnológico, ya que podían fabricarse más rápidamente que las vasijas hechas a mano cuidadosamente en torno de épocas anteriores; se había hecho posible un tipo de producción en masa de cerámica de buena calidad. Las otras cuatro quintas partes de las vasijas –la gran mayoría– procedían de cuencos gruesos, poco profundos, de forma cónica, con paredes gruesas y borde biselado, que podían fabricarse incluso más rápidamente que los creados a torno (Fig. 1.2).[50] Se fabricaban simplemente presionando la arcilla en un molde y horneando el cuenco resultante,[51] y cada uno contenía aproximadamente un litro de una sustancia seca.[52] (Eran porosos, por lo que habrían sido inútiles para contener líquidos.) A diferencia de tantos objetos del periodo de Uruk, estos cuencos de borde biselado no se hicieron con cuidado ni pulcritud. Por otro lado, son tan omnipresentes en los yacimientos del periodo Uruk en todo Oriente Próximo que está claro que eran esenciales y desechables a la vez: Los vasos de Starbucks de su época. Un estudioso calculó que una sola familia podría haber tirado hasta 280 de estos cuencos al año[53].

Los estudiosos no se ponen de acuerdo sobre si los cuencos de borde biselado eran recipientes para las raciones diarias de grano de los trabajadores[54] o si eran moldes de pan.[55] En cualquier caso, estaban asociados a la comida. Lo sabemos porque el símbolo del pan y la comida en el sistema de escritura cuneiforme posterior tenía exactamente la forma de este tipo de cuenco[6], y el símbolo de "comer" era una cabeza con un cuenco de este tipo en los labios. Tanto si eran para grano como para pan, parece que una institución (casi con toda seguridad un templo) fabricaba los cuencos y los utilizaba para distribuir raciones a los trabajadores, incluidos los que trabajaban en todas las obras de construcción del templo de los Conos de Piedra. Este sistema era anterior al templo –ya se habían encontrado cuencos cientos de años antes, en el nivel X de Uruk[57]– y durante todo ese tiempo se había proporcionado comida a un gran número de personas de forma justa y eficiente.

Por tanto, la basura encontrada en las ruinas del templo nos dice mucho: Que los trabajadores recibían comida en cuencos baratos y estandarizados; que los registros de los materiales utilizados se llevaban mediante fichas de arcilla selladas en bullae; y que la contabilidad de los almacenes y los envíos se mejoraba con sellos cilíndricos impresos en arcilla.

En conjunto, sin embargo, y a pesar de los esfuerzos por comprender su construcción, el templo de los Conos de Piedra es un glorioso enigma. No sabemos qué ocurrió en su interior, por qué tenía sus características únicas y por qué mereció más tarde su propia tumba, pero es evidente que significaba mucho para la gente. También parece que en última instancia se consideró un fracaso de la ingeniería. Por un lado, está claro que los hermosos mosaicos de piedra en forma de cono no estaban bien sujetos por el enlucido de cal, y secciones enteras de ellos se desprendieron de la pared.[58] Y no parece que los habitantes de Uruk volvieran a intentar construir con este tipo de hormigón.[59] Realmente no hay nada parecido al templo de los Conos de Piedra en ningún otro lugar.

EL REY-SACERDOTE DE URUK

Los sellos cilíndricos también tienen otra historia que contar que va más allá de sus aplicaciones administrativas. Las escenas grabadas en ellos ofrecen ventanas en miniatura a la vida en Uruk hace más de 5.000 años. Con un naturalismo sorprendente (sobre todo teniendo en cuenta la diminuta escala de los sellos), los artesanos que los fabricaron revelaron detalles cotidianos, como escenas de animales pastando en praderas y personas cultivando, regando sus campos, pescando y tejiendo[60]. La elección del diseño puede no haber sido arbitraria; puede haber reflejado el cargo o la persona para la que se hizo el sello.[61] Así, por ejemplo, varios sellos muestran a mujeres alineadas, tejiendo en telares, aparentemente trabajando en algún tipo de taller textil.[62] El propietario de este sello podría haber sido el supervisor de dicho taller.

En épocas posteriores, las inscripciones de los sellos identificaban a los propietarios, pero en este momento, anterior a la escritura, tiene sentido que las figuras y actividades representadas tuvieran la misma función. De ser así, los sellos podrían representar una forma de comunicación grabada.

Algunos de los sellos más intrincados encontrados en los primeros niveles de Uruk estaban tallados con escenas rituales, y en ellos a menudo se puede distinguir un objeto concreto que tenía un profundo significado simbólico para los uruquianos: Un alto haz de juncos con un anillo en la parte superior y una serpentina colgando. Era el símbolo de la gran diosa de la tierra, Inana. Un dibujo del haz de juncos se convirtió en la forma de escribir su nombre. El Eanna, como hemos visto, era el complejo del templo de Inana.

Las escenas rituales de los sellos también muestran a menudo a un hombre que parece haber ocupado un cargo importante. Por lo general, se le representaba siempre de la misma manera, vistiendo ropas específicas. Cada vez estamos más cerca de poder crearnos una imagen mental de un líder que pudo haber dirigido la complicada maquinaria de la administración de Uruk.

Se puede ver a este hombre en un sello cilíndrico que se encuentra actualmente en el Museo Británico[63] y en otro de la colección de Yale (Fig. 1.3).[64] Lleva barba, una cinta en la cabeza y una túnica hecha de una especie de red abierta que le llega casi hasta los tobillos.[65] El artista ha conseguido representar el delicado tejido de la red sobre las piernas y el cuerpo del hombre. En este sello tiende dos ramas a un grupo de animales y, en la escena del sello del Museo Británico, el artista también incluyó tres de los haces de juncos que representan a Inana.

En un grupo de otros cinco sellos cilíndricos que se encontraron juntos en Uruk, la misma figura, de nuevo con la túnica de red, aparece con la diosa misma (reconocible de nuevo por los haces de juncos). Entre las dos figuras hay dos altas cestas cónicas llenas de ofrendas.[66] De un modo u otro, el hombre de la túnica de red suele aparecer asociado con Inana[67] cuando se está llevando a cabo una ofrenda ritual, proporciona comida a la diosa.

En otros sellos, sin embargo, se muestra a un hombre con las mismas características cazando, a veces sin rastro alguno de la diosa. Unas pocas escenas de lucha en sellos lo representan con una larga lanza, acompañado de soldados victoriosos, que están de pie, junto con soldados vencidos, que están desnudos y encogidos en el suelo, con las manos atadas.[68] Esto sugiere que la guerra ya era una actividad organizada, dirigida por el mismo hombre que tenía un papel sacerdotal. Por ello, se le ha denominado el "rey-sacerdote" de Uruk.[69]

El rey-sacerdote no sólo aparece en los sellos cilíndricos. Una de las obras de arte más notables halladas por los arqueólogos en el complejo del templo de Eanna fue un estrecho jarrón de alabastro, de más de un metro de altura, tallado con escenas que lo envuelven, casi como si hubiera sido impreso con enormes sellos cilíndricos. Se conoce como el vaso de Uruk. Aquí también aparecía el rey-sacerdote. La escena superior, justo debajo del borde, tiene un gran parecido con las escenas rituales de los sellos cilíndricos.

Al igual que en los sellos, Inana aparece en el lado derecho de la escena, junto a su símbolo del haz de juncos. Lleva el mismo pelo largo y la misma túnica lisa con una banda en la parte inferior que en los sellos cilíndricos. Delante de ella, de nuevo, se ve una cesta cónica llena de ofrendas, como en los sellos, pero esta vez la lleva una figura masculina desnuda. A la izquierda, el rey-sacerdote con su falda de red mira hacia Inana, igual que en los sellos rituales cilíndricos. Desgraciadamente, en el jarrón, la mayor parte de la figura del rey-sacerdote está rota; su imagen puede haber sido recortada a propósito. Sólo quedan sus pies y la parte inferior de su falda de red. Pero está claro que es él. En el jarrón, incluso tiene detrás a un asistente de pelo largo que sujeta lo que parece ser un fajín a su falda de red.

Fig. 1.3 Sello cilíndrico del periodo Uruk que muestra a un rey-sacerdote de Uruk vestido con una falda de red, acompañado de animales. (Universidad de Yale, Museo Peabody)

Este registro superior del vaso incluye algunos detalles, a la derecha, que no se encuentran en los sellos cilíndricos: detrás de Inana y los dos haces de juncos, que habrían marcado la entrada al santuario de la diosa, hay algunos objetos que se habrían encontrado en el interior. Se trata de otros dos cestos cónicos, dos vasos altos (con una forma muy parecida a la del propio vaso de Uruk) y dos pequeños animales.

Sin embargo, los objetos más extraños de este grupo son dos pequeñas figuras sobre pedestales que, a su vez, están colocados sobre lomos de carneros barbudos. La figura del fondo va acompañada del símbolo del haz de juncos de Inana, mientras que la de delante lleva una caja plana con una pila de lo que parecen cuencos de borde biselado. Y he aquí lo más sorprendente de esas pilas de cuencos: se convirtieron en un signo del primitivo sistema de escritura pictográfica exactamente igual. Se leía *"en"*, que significaba "señor" o "sacerdote". Es casi como si el artista del jarrón de Uruk nos estuviera dando leyendas para sus dos personajes principales. Uno era Inana, identificada por su pictograma (el haz de juncos) y el otro era el rey-sacerdote *en*, identificado por su pictograma (la pila de cuencos).

Tres escenas más adornan el vaso de Uruk, en registros inferiores al que muestra al rey-sacerdote e Inana. El agua, en el registro inferior, está representada por dos líneas onduladas. Cuando se inventó la escritura, la palabra para agua – *"a"*– pasó a expresarse mediante dos líneas onduladas.[70] Encima del agua hay una hilera de plantas: Palmeras datileras y lino.[71] La palmera datilera –como ya se habrá adivinado– se parece mucho al símbolo escrito posterior de "palmera datilera". No está claro si los primeros escritores tomaron prestados sus símbolos de obras de arte como el jarrón de Uruk, o si el artista del jarrón utilizaba signos ya existentes en el sistema de escritura para "subtitular" las escenas. Volveremos sobre el sistema de escritura en el próximo capítulo.

Un nivel más arriba en el jarrón de Uruk se encuentra una procesión de ovejas y carneros barbudos, caminando hacia la derecha. Aquí están los productos de la tierra en forma simplificada: animales que producían carne y lana, plantas que producían dátiles y lino. Justo debajo de la escena del rey-sacerdote e Inana, una procesión de hombres desnudos idénticos camina hacia la izquierda, cada uno llevando una ofrenda como una cesta cónica de comida o un jarrón. En este registro, las materias primas procedentes de los animales y las plantas que se muestran a continuación se han convertido en productos para el consumo de la diosa. Los hombres que los portan no sólo están desnudos, sino que son calvos e imberbes. Esto era un signo de pureza ritual y puede representar a hombres que estaban empleados en el templo[72]. La figura desnuda que lleva la cesta en la fila superior, entre *el en* e Inana, encabeza claramente la procesión de los dadores de regalos.

El artista ha contado una historia, como si se tratara de un libro ilustrado. Los artistas mesopotámicos posteriores solían hacer lo mismo, utilizando registros horizontales llenos de imágenes que deben leerse de abajo arriba. Es una historia sobre la riqueza de Uruk, la autoridad del *en* y su relación nutricia con la diosa, y la gloria de Inana. Otras imágenes del sacerdote *en*, o rey-sacerdote, a pesar de algunas escenas de guerra, son en su mayoría pacíficas y rituales, como aquí en el vaso de Uruk. Tal vez esto refleje que su papel no era el de un tirano opresor, sino el de un organizador de la economía y la población, y un intermediario con los dioses. Por lo tanto, es posible que en esta época Uruk aún no hubiera trascendido las estructuras de parentesco y domésticas que unían a las comunidades más pequeñas; no estaba dirigida por una administración burocrática impersonal.[73] El *en* era simplemente el jefe de una casa –la casa de la diosa– y un padre para su población. Pero Uruk *era* una ciudad. El hecho de que no responda a algunas de nuestras expectativas modernas sobre lo que debe ser una ciudad no la hace menos extraordinaria.

Estos primeros urukianos nos han contado tanto sobre su mundo sin, a estas alturas, haber escrito una sola palabra. Casi todo lo que hacían, al final, era para Inana y los otros dioses. En el próximo capítulo veremos cómo cambiaron las cosas cuando se generalizó el uso de la escritura.

CAPÍTULO 2

COLONIZADORES, ESCRIBAS Y DIOSES

Cuando se estaba planificando el templo de los Conos de Piedra y había que adquirir madera para techar sus amplios pasillos, es posible que los uruquianos no estuvieran tratando con extranjeros cuando negociaron la compra de los troncos. Sí, los proveedores de la madera vivían a cientos de kilómetros de distancia –muy al norte del Éufrates, cerca de la frontera moderna entre Turquía y Siria–, pero es posible que vivieran en una ciudad que a alguien de Uruk le habría parecido su hogar. De hecho, es posible que vivieran en una colonia fundada por mesopotámicos del sur, un lugar que ahora se llama Habuba Kabira (se desconoce su nombre antiguo). Esto puede sonar a ciencia ficción –¿cómo pudo un pueblo sin sistema de escritura, sin ninguna forma de comunicación a larga distancia excepto ir en persona– tener la idea de colonizar una tierra lejana a cientos de kilómetros de su hogar? Pero eso es justo lo que ocurrió, y no sólo en Habuba Kabira. En la primera mitad del cuarto milenio a.C., por todo Oriente Próximo, los habitantes de Uruk no sólo comerciaban con tierras lejanas, sino que se presentaban en persona y se instalaban en ellas.

EXPANSIÓN DE URUK

Habuba Kabira parece haber sido un lugar desocupado junto al Éufrates sin ningún asentamiento local en el momento en que los uruquianos llegaron allí.[1] Lo que se construyó en ese terreno vacío fue una mini-Uruk, una ciudad rectangular con una imponente (y presumiblemente eficaz) muralla que estaba tachonada de torres defensivas cuadradas. Las dos puertas principales del lado este de la ciudad tenían garitas a ambos lados, por lo que los colonos estaban bien protegidos. Vivían en casas tripartitas

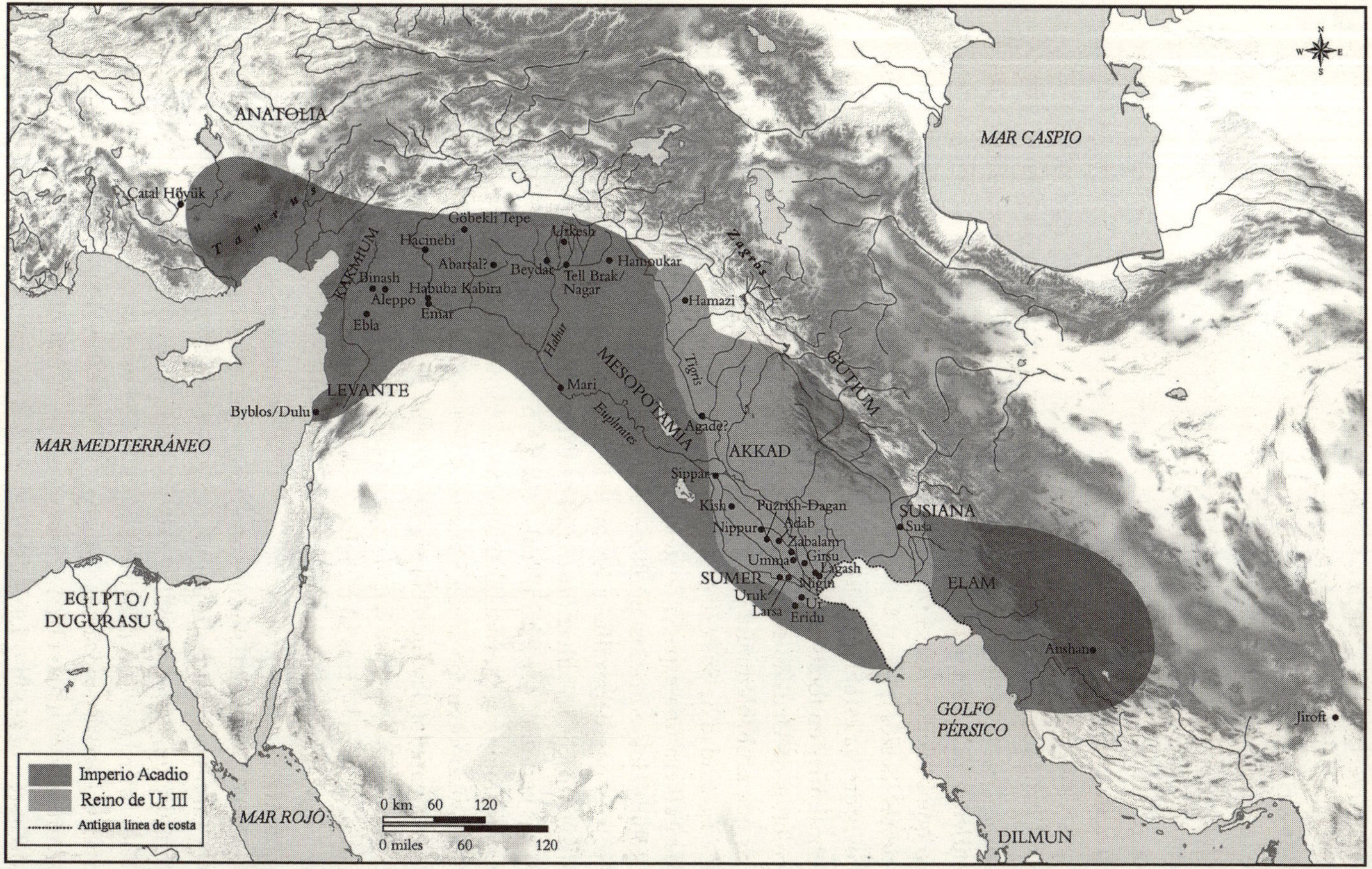

Mapa 1 Próximo Oriente, tercer milenio a.C.

en el interior de las murallas, donde comían en cerámicas de estilo Uruk, recibían el pan o las raciones en cuencos de borde biselado, enrollaban sus sellos cilíndricos de estilo Uruk en bullae de arcilla que contenían fichas e incluso decoraban algunas paredes de los edificios públicos con mosaicos de conos de arcilla.[2] Su ciudad no se parecía en nada a los asentamientos locales cercanos. Eran forasteros, tal vez enviados expresamente por el gobierno de Uruk para establecer un puesto en el Éufrates y facilitar la adquisición de bienes como madera y minerales metálicos de regiones más al norte y al oeste.[3]

Otros habitantes de Uruk optaron por asentarse no en nuevas colonias, sino en ciudades ya existentes. Durante el milenio anterior, el quinto milenio a.C., habían florecido ciudades por todo Próximo Oriente durante lo que se denomina el periodo Ubaid. Todas estas ciudades tenían tradiciones locales distintas en cuanto a edificios, sellos y algunos otros objetos, pero ya estaban en contacto entre sí: La cerámica del periodo Ubaid era similar en todas partes. Así pues, algunos de los lugares en los que los colonos de Uruk querían vivir ya estaban ocupados, y por personas con las que probablemente ya mantenían relaciones.

La ciudad de Susa, al este de Mesopotamia, en lo que hoy es Irán occidental, era una especie de gemela de Uruk. Allí, al igual que en Habuba Kabira, los edificios públicos estaban adornados con nichos verticales y conos de arcilla, y los arqueólogos encontraron sellos cilíndricos de estilo Uruk, bullae de arcilla con fichas, cuencos de borde biselado y otras cerámicas de estilo Uruk.[4] Parece probable que algunas personas de Uruk hubieran cruzado la extensión pantanosa que separaba el valle fluvial mesopotámico desde Susiana (la tierra alrededor de Susa) y se hubieran asentado, llevando consigo su cultura material. Pero, a diferencia de Habuba Kabira, Susa había existido durante siglos antes de que llegaran los urukianos y, tras su marcha, los habitantes de Susa volvieron a su cultura local y la ciudad siguió siendo una importante metrópolis durante milenios. Los susianos adoptaron con entusiasmo las ideas y tecnologías de Uruk, pero sólo durante un tiempo limitado.

En otras comunidades alejadas del sur de Mesopotamia, se puede distinguir un pequeño enclave de colonos de Uruk en medio de una ciudad; se les puede ver insistiendo en su arquitectura y menaje familiares, incluso en sus mosaicos cónicos y sellos cilíndricos, pero rodeados de gente que vivía de otra manera.[5] Y en algunas comunidades, los cuencos de borde biselado o las bullae con fichas que se encontraron pueden ser sólo el resultado de la poderosa influencia de Uruk, más que una señal de la presencia de colonos reales.

Esta explosión de la cultura urukiana no era un imperio. No hay indicios de que el *en* de Uruk –*el* rey–sacerdote con falda de red que parece haber desempeñado un papel tan importante allí- gobernara directamente estas lejanas regiones. En cambio, parece haber representado una época en la que los habitantes de Uruk miraban hacia el exterior y partían en busca de las materias primas que necesitaban y deseaban, asentándose en zonas y comunidades que les fueran útiles e, idealmente, no hostiles.

Por otra parte, la colonización no fue un proceso exclusivamente pacífico y, como es lógico, los urukianos pudieron no ser bien recibidos en algunas regiones. En el norte de Siria, dos ciudades, Tell Brak y Tell Hamoukar, parecen haber sido atacadas justo antes de que los urukianos se establecieran allí, alrededor del año 3500 a.C. Los ataques se debieron muy posiblemente a sus futuros colonizadores[6]. Ambas ciudades eran prósperas con anterioridad, con murallas y una cultura local muy definida. En esta época, Tell Brak es conocida por sus figuritas planas de piedra con hombros esquemáticos y ojos gigantes. Parecen caricaturas de alienígenas espaciales (aunque sin narices ni bocas), y se les llama "ídolos oculares", pero nadie está completamente seguro de si representan a dioses o no.

Los colonos de Uruk (si es que fueron ellos quienes atacaron) dispararon bolas de arcilla sobre la muralla de Hamoukar: 1.200 pequeñas y 120 más del tamaño de pelotas de softball. Luego quemaron los edificios. Construyeron sus estructuras al estilo Uruk sobre las ruinas.[7] ¿O no? Las bolas de arcilla eran bastante blandas, ¿podrían haber estado preparadas para algún propósito más aburrido, como la administración? ¿Podría el fuego haber tenido otra causa? Parece revelador, sin embargo, que gran parte de la cultura local fuera reemplazada tras el incendio.

El alcance más lejano del pueblo de Uruk parece haber sido -increíblemente- Egipto. Egipto estaba floreciendo y ya había desarrollado sus propios estilos arquitectónicos y cerámicos, tradiciones funerarias, economía, a así sucesivamente. Aún faltaban 1.000 años para la construcción de las Grandes Pirámides, y los egipcios seguían un camino paralelo al de los mesopotámicos hacia el urbanismo, la realeza y la escritura. Pero durante un periodo conocido como la fase Naqada II (que duró entre 3500 y 3200 a.C. aproximadamente), empezaron a aparecer en Egipto claros signos de contacto con Mesopotamia. Al parecer, en una antigua comunidad de un yacimiento hoy llamado Buto, cerca de la costa mediterránea, se utilizaban conos de arcilla coloreada en rojo, negro y blanco para hacer mosaicos.[8] Podrían haberlos obtenido mediante el comercio; no hay mucho más en el norte de Egipto que sugiera un contacto con Uruk. Pero más al sur, a lo largo del Nilo, las conexiones son claras. Los habitantes de varias ciudades adoptaron sellos cilíndricos, utilizando los importados de Mesopotamia o fabricando los suyos propios. Empezaron a construir con ladrillos de barro, algo que no era tradicional en Egipto, y a utilizarlos para crear edificios monumentales de aspecto mesopotámico con líneas de nichos verticales. La fachada clásica de un palacio egipcio conservó estos nichos durante siglos.

Algunos artesanos egipcios incluso incorporaron motivos mesopotámicos a sus obras de arte: Un hombre flanqueado por dos animales que crían, por ejemplo, o una barca mesopotámica de grandes proas.[9] No se ha encontrado ninguna colonia de Uruk entre los yacimientos egipcios, pero parece probable que los urukianos vivieran allí en algún lugar, aunque fuera temporalmente, como hicieron en otras ciudades de Próximo Oriente. Una teoría fascinante, aunque tal vez improbable, es que los habitantes de Uruk navegaron en sus barcos de vela alta hacia el sur por el Éufrates, continuaron por el Golfo Pérsico y rodearon Arabia, luego hacia el norte por el Mar Rojo, desembarcaron en algún lugar de sus costas occidentales y atravesaron el desierto hasta el Alto Egipto[10]. Se trata de un viaje por mar casi incomprensiblemente largo y difícil para una época tan temprana, pero al menos explicaría cómo los objetos del periodo de Uruk acabaron en el valle del río Nilo mientras que la parte norte de Egipto no se vio afectada (aparte de esos pocos conos de arcilla de Buto). Tal vez sea más probable que la influencia sobre Egipto llegara a través de Siria occidental, en lugar de directamente desde Uruk.[11] En este escenario, los bienes urukianos de Habuba Kabira pasaron hacia el oeste hasta la costa siria, fueron comercializados hacia el sur a través del Levante (las tierras que bordean las costas orientales del Mediterráneo) hasta Egipto, y desde allí por el Nilo.

Independientemente de cómo ocurriera, o de la forma exacta que adoptaran las diversas colonias y comunidades, los habitantes de Uruk tuvieron un tremendo impacto en la población de todo el Próximo Oriente y de Egipto durante los mismos siglos en que su ciudad natal crecía hasta convertirse en una impresionante urbe.

EL EANNA EN SIGLOS POSTERIORES

A principios del Nivel IV en Uruk, se construyeron muchos edificios monumentales nuevos en el recinto sagrado del Eanna, en el corazón de la ciudad.[12] A estas alturas, el complejo era inmenso; cubría unas 9 hectáreas (22 acres).[13] Para hacernos una idea de la escala, se trata de un área unas tres veces mayor que la acrópolis de Atenas, mucho más tardía. Los edificios de la zona de los témenos fueron designados por los excavadores como Edificio A, Edificio B, Edificio C, etc., pero no está claro cuáles eran templos, cuáles (si los había) eran palacios, cuáles (si los había) estaban abiertos al público y cuáles eran privados, sólo para sacerdotes y funcionarios.

En ese momento, alrededor del año 3300 a.C., un visitante podría haberse acercado a las nuevas estructuras pasando por delante de la tumba de ladrillo que incorporaba las ruinas del templo de los Conos de Piedra. Muchos de los edificios presentaban contrafuertes nítidos separados por nichos que creaban el mismo aspecto exterior rayado que el muro que rodeaba el anterior templo de los Conos de Piedra. Este tipo de contrafuertes fue una característica distintiva de la arquitectura de los templos mesopotámicos durante siglos. Ahora todo estaba construido con ladrillos de barro; no había ni un muro de hormigón ni un cono de piedra.

A un visitante podría haberle sorprendido lo accesible que parecía todo. Había, por ejemplo, tres o más puertas en cada uno de los lados largos de cada edificio y, una vez que uno se aventuraba dentro de un edificio, en el sombreado interior, múltiples puertas permitían la entrada al pasillo principal, una desde cada una de las salas laterales.[14] No parece que los constructores se preocuparan por defender las estructuras. Aunque el recinto del templo en su conjunto estaba amurallado, dentro de él la gente podía moverse fácilmente entre un edificio y otro, y había muchos puntos de entrada al corazón de cada estructura. A diferencia de los templos mesopotámicos posteriores, cada uno de los cuales tenía un santuario sagrado al que normalmente se accedía por una sola puerta y que sólo estaba abierto a unos pocos sacerdotes y sacerdotisas de alto rango, los edificios de Eanna, incluido el que fuera el templo principal, parecen haber sido abiertos y acogedores.

Muchos de ellos estaban decorados con el mismo tipo de mosaicos cónicos creados por primera vez en el templo de los Conos de Piedra. Pero los constructores habían descubierto que podían crear el mismo efecto visual deslumbrante, que antes se había logrado con conos de piedra, utilizando conos de arcilla cocida con los extremos pintados. (Estos, lamentablemente, se han desvanecido con el paso de los milenios y no conservan los vivos colores de los conos de piedra ni de los conos vidriados del templo de los Conos de Piedra). En una zona del patio, una hilera de grandes columnas sin espacios entre ellas tenía cada una un diseño de mosaico diferente, alternando grandes diamantes, luego líneas en zig-zag, luego pequeños triángulos, vuelta a los grandes diamantes, y así sucesivamente. El efecto habría sido casi de vértigo.[15]

Todo el complejo estaba magníficamente diseñado. No había nada descuidado o incompleto; los detalles se habían estudiado cuidadosamente y ejecutado con maestría artística. El complejo fue un hogar espectacular para Inana, que siguió viviendo allí durante miles de años.

INICIO DE LA ESCRITURA

A medida que crecían los edificios del nivel IV y sus salas se llenaban de sacerdotes, sacerdotisas, artesanos, trabajadores y administradores, todo el trabajo de dirigir el Eanna debió de convertirse en un creciente quebradero de cabeza para sus responsables. Había que pagar o dar raciones a la gente que trabajaba para el templo y sus propiedades, y había que memorizar un sinfín de detalles administrativos: las cantidades de cosechas producidas por los campos, el número de animales en los rebaños, las cantidades de bienes que debían presentarse a la diosa, y un sinfín de detalles más. En algún momento, alguien en el poder ideó un sistema para llevar la cuenta de las cosas. Las tablillas de arcilla utilizadas para este sistema se encontraron en Uruk, dentro del Eanna, desechadas en montones de basura cuando ya no eran útiles.

En retrospectiva, actualmente consideramos que estas tablillas de arcilla representan la primera escritura (y las tablillas halladas en Eanna parecen ser las primeras del Próximo Oriente). Parece un gran avance. La gente empezaba a plasmar las palabras por escrito. Pero lo cierto es que este sistema primitivo tenía poco en común con lo que luego fue la escritura. De hecho, no representaba un intento de registrar el lenguaje, ni era un sistema utilizado para expresar ideas.[16] Los signos ni siquiera aparecían en el orden en que se pronunciaban las palabras. Tenían más en común con las fichas de arcilla y las bullae que con las palabras de esta página que estás leyendo. El sistema que creó el pueblo de Uruk se ha denominado "protocuneiforme", porque la escritura posterior se conoce como cuneiforme, pero las personas que lo desarrollaron no tenían ni idea de que su innovación fuera "proto" nada, de que se desarrollaría más en el futuro. Era simplemente una herramienta útil para llevar la cuenta de las mercancías, y funcionaba bien.

La fecha en que se escribieron esas primeras tablillas protocuneiformes no está clara; sólo sabemos que fueron arrojadas como basura inservible en una época en la que el templo de los Conos de Piedra ya no estaba en uso pero los templos posteriores de Eanna prosperaban. Los estudiosos han sugerido que las primeras podrían haber sido escritas en una fecha tan temprana como el 3500 a.C.[17] o tan tardía como el 3200 a.C. (aunque esta última parece demasiado tardía, dado el nivel en el que fueron encontradas).

Sea cual fuere la fecha, el nuevo sistema de registro de datos administrativos respondía a una necesidad acuciante. En un influyente libro publicado en 1992, Denise Schmandt-Besserat, profesora de la Universidad de Texas en Austin, propuso que las fichas y bolas de arcilla de épocas anteriores eran precursoras de la escritura, que los administradores habían pasado de colocar fichas de arcilla dentro de bullae, primero, a crear el mismo registro presionando las fichas de arcilla sobre un bulto de arcilla sin que éste tuviera que estar hueco y, después, a presionar el extremo de un estilete sobre la arcilla para indicar números y dibujar figuras (a veces dibujos de las fichas) con una punta afilada, para indicar sustantivos.[18] Es una teoría ingeniosa que ha influido en los estudiosos de este campo durante décadas. Los arqueólogos que trabajan en el yacimiento de Tell Sabi Abyad, lejos de Uruk, en el norte de Siria, han hallado fichas utilizadas como algún tipo de dispositivo de recuento ya en el año 6000 a.C., aunque no observaron ningún indicio de que evolucionasen o aumentasen con el tiempo.[19] Lo que está claro es que, a principios del periodo Uruk, la forma en que los administradores pensaban en los números y las mercancías cuando utilizaban fichas era muy similar a la forma en que pensaban en los números y las mercancías cuando utilizaban el protocuneiforme.[20] Ninguno de los dos sistemas tenía realmente nada que ver con el lenguaje.

En las primeras tablillas protocuneiformes, los administradores incluían signos numéricos impresos con un estilete, de diversas formas, sin indicación de lo que se contaba. Al cabo de un tiempo, empezaron a

Fig. 2.1 Tablilla protocuneiforme con impresiones de sello, que registra la distribución de cebada, c. 3100-2900 a.C. (Metropolitan Museum, Nueva York)

dividir la superficie de la tablilla de arcilla con líneas incisas y a añadir pictogramas para identificar los productos (véase la Fig. 2.1). Cada casilla del frente de la tablilla -el anverso- solía contener un número y un dibujo. Algunos eran pequeños esbozos de lo que se rastreaba -un pez, una espiga de cereal o una vasija, por ejemplo- y otros reproducían la forma de una ficha que se había utilizado para una mercancía, como un círculo con una cruz dentro para representar "oveja". A veces, los signos también indicaban la profesión o el nombre de una persona, tal vez la que recibía las cosas enumeradas. En el reverso de la tablilla no solía figurar más que la suma total de las mercancías indicadas en el anverso.

La gran mayoría de las tablillas protocuneiformes halladas en los escombros de Uruk eran listas administrativas de bienes y personas, listas que se elaboraban durante el funcionamiento cotidiano de los templos. La mayoría registraba un único conjunto de transacciones, y unas pocas combinaban la información de varias tablillas más pequeñas en un libro mayor.[21] Las tablillas aún no están completamente descifradas, pero está claro que los mecanismos de la administración ya eran bastante sofisticados.[22]

Los productos enumerados pueden decirnos bastante sobre la vida en los almacenes del templo y, más en general, en la ciudad de Uruk durante este periodo. No es sorprendente que se mencione mucho el trigo y la cebada, que se distribuían como raciones para los trabajadores del templo.[23] El sistema de raciones tenía en cuenta el estatus de cada persona: Los supervisores recibían más que los trabajadores ordinarios, que a su vez recibían más que las mujeres. El templo también se ocupaba de los productos lácteos[24] y de la carne.[25] De nuevo, los individuos de mayor rango recibían un trato preferente en las distribuciones de carne, que parece que se suministraba para los banquetes. Una revelación sorprendente de estas listas aparentemente aburridas es lo centralizada que parece haber estado la economía en una época tan temprana. El templo empleaba y mantenía a mucha gente y debía de tener muchos alimentos almacenados en graneros y almacenes.

Sin embargo, no todas las tablillas se referían a alimentos y animales. Muchas otras registraban la producción de tejidos de lana. Cada uno de los quince tipos diferentes de oveja se identificaba con su propio pictograma, incluido uno que se especificaba que era la "oveja de la lana".[26] Con el tiempo, como se verá en capítulos posteriores, la tela se convirtió en una de las exportaciones más importantes de Mesopotamia. Ya en los inicios de la cultura urbana, su producción estaba controlada, al menos en parte, por los templos, y era esencial para la economía mesopotámica.[27] Antes del periodo de Uruk, parece que el lino se utilizaba más comúnmente como tejido, pero su fabricación requería más trabajo que la de la lana, y se hacía a partir de plantas de lino que tenían que cultivarse en campos que, de otro modo, podrían haber producido alimentos. Las ovejas, en cambio, podían pastar en tierras que no eran en absoluto aptas para la agricultura, por lo que, una vez que algunos tipos de ovejas fueron criados para producir lana que pudiera hilarse y tejerse, la producción de telas se decantó mayoritariamente por la lana.[28]

Afortunadamente para nosotros, toda esta producción estaba controlada por funcionarios, que utilizaban tablillas de arcilla impresas con pictogramas protocuneiformes y signos numéricos. Sin ellas, poco sabríamos de los notables mecanismos que se habían creado para que todo funcionara a la perfección.

¿Quiénes eran los habitantes de Uruk? Un pictograma puede leerse en cualquier idioma, por lo que es imposible estar seguro de la lengua que hablaban los usuarios del protocuneiforme. A lo largo de los siglos en que se utilizaron los signos, los pictogramas fueron dejando de parecerse a dibujos. El estilete de caña que utilizaban para escribir tenía una punta muy parecida al extremo cuadrado de un moderno palillo de madera fabricado en serie. Si se presiona el borde del extremo cuadrado sobre la arcilla, se hace una línea nítida, con un pequeño triángulo en la parte superior, y si se presiona la esquina sobre la arcilla, sólo se hace el triángulo. Los escribas apresurados descubrieron que podían hacer las formas de los pictogramas a partir de líneas rectas y triángulos presionando el estilete en la arcilla de esta manera. En algún momento, los signos, cada uno hecho de combinaciones de líneas y triángulos, dejaron de ser reconocibles como algo. Ya no eran pictogramas.

Lo que más llama la atención de estos signos más desarrollados es la omnipresencia de las formas triangulares. Dan a la escritura un aspecto bastante extravagante, como un manuscrito medieval sobre esteroides: Parece haber triángulos por todas partes. Pero no eran florituras innecesarias. Eran necesarias para que los signos se distinguieran unos de otros. A finales del siglo XVII de nuestra era, un médico alemán y viajero por el mundo llamado Engelbert Kämpfer pasó una temporada en Persia y produjo una hermosa copia de un ejemplo de esta escritura en forma de cuña (aunque escrita mucho después del periodo de Uruk). La escritura no fue descifrada durante su vida, por lo que nunca supo lo que registraba, pero se le ocurrió un nombre: "cuneiforme", porque "cuneus" significa cuña en latín. El término caló.[29]

Los usuarios del protocuneiforme parecen haberse apañado bien con su sistema, a pesar de que su gama de expresiones era muy limitada. Número-sustantivo-persona, número-sustantivo-persona, número-sustantivo-persona. Total. Persona responsable. Esto bastaba para aliviar al administrador de la carga de memorizar innumerables detalles y de fabricar ingentes cantidades de fichas y bolas de arcilla.

Sin embargo, tenían que registrar algunas palabras que no eran sustantivos. Una era el verbo "volver", pero no hay una forma obvia de dibujar "volver". Para esto, los administradores ingeniosamente comenzaron a usar el signo que significaba "caña". Y una vez que hicieron esto, podemos detectar el lenguaje que se ocultaba tras la escritura. Este pequeño detalle nos dice que estaban pensando y hablando en la lengua conocida como sumerio, porque la palabra para "caña" en sumerio era "*gi*", y esa era también la palabra para "volver".[30] Aquí utilizaron el signo para el sonido de la palabra, no para el significado de la imagen, y esto marcó el inicio de la escritura fonética de las palabras.

Documentos escritos posteriores revelan que el sumerio fue la lengua materna de la mayoría de los habitantes de Uruk y de todo el sur de Mesopotamia -la zona que llamaban Sumer- a finales del cuarto milenio a.C. y durante la mayor parte del tercero. Siguió siendo la lengua de la religión y el aprendizaje mucho después; el sumerio se consideró una lengua de singular prestigio e importancia durante miles de años. Lamentablemente, no dejó descendencia y no está relacionado con ninguna lengua moderna.

En el sistema protocuneiforme, los escritores utilizaban un gran número de signos individuales: Unos 1.500.[31] Aproximadamente un tercio de ellos se han encontrado una sola vez en alguna de las tablillas, lo que significa que estos signos se utilizaban muy, muy raramente, ya que se conocen unas 6.000 tablillas. Es posible que estos signos únicos fueran inventados sobre la marcha por un funcionario que necesitara registrar algún producto poco conocido. Pero unos 100 de los signos se utilizaban con frecuencia, cada uno de ellos más de 100 veces, y otros 370 signos aparecen entre 11 y 100 veces.[32] Así que, aunque algunos signos parecen haber sido inventados de forma un tanto espontánea, está claro que muchos signos formaban un sistema compartido y que los escritores los habían aprendido para poder comunicarse con otras personas.

Los signos que registraban los números también eran coherentes, sorprendentemente. Estaban ordenados en complicados sistemas numéricos. Volveremos sobre las matemáticas mesopotámicas en un capítulo posterior, pero por ahora debes saber que se basaban en el número 60, por lo que se denominan sistema sexagesimal. Las unidades principales eran las que nosotros designaríamos 1, 10, 60, 360 (60 × 6), 3.600 (60 × 60) y 36.000 (60 × 60 × 10). Existía un signo numérico distinto para cada uno de estos números.[33] Esto suena confuso, pero todavía lo utilizamos, en cierto modo. Hay 360 grados en un círculo, 60 segundos en un minuto y 60 minutos en una hora, porque los mesopotámicos idearon este sistema y, de una forma larga y enrevesada, nosotros lo heredamos. El sistema sexagesimal funciona especialmente bien para las fracciones. El número 60 se puede dividir en partes iguales por 1, 2, 3, 4, 5 y 6, y como los mesopotámicos trataban con mercancías en grandes cantidades, las fracciones eran de uso constante y no se necesitaban puntos decimales (lo cual era bueno, porque no los habían inventado). Lo extraño es que, en protocu-

Fig. 2.2 Impresión de sello cilíndrico que muestra a los asistentes a un banquete bebiendo cerveza con pajitas, c. 2600-2350 a.C. (Metropolitan Museum, Nueva York)

neiforme, el sistema sexagesimal se utilizaba para llevar la cuenta de algunas cosas, pero no para todo. Otros elementos se contaban utilizando un sistema bisexagesimal, con las unidades 1, 10, 60, 120 (60 × 2), 1.200 (60 × 2 × 10) y 7.200 (60 × 2 × 60), de nuevo con signos separados para cada uno. La cosa se complicaba aún más, ya que se utilizaban signos diferentes en función del tipo de objeto contable que se estuviera contando, de modo que se utilizaban al mismo tiempo *trece* sistemas diferentes para contar bienes y personas.[34]

KUSHIM: CONTROLADOR DEL ALMACÉN DE CEBADA

Las personas cuyos nombres aparecen en las tablillas protocuneiformes de Uruk son un poco como la gente corriente que posó para algunas de las primeras fotografías, miles de años después. De repente, ahí están, sus nombres, pero la huella que han dejado en la historia es casi imperceptible. Ni siquiera estamos seguros de cómo se pronuncian sus nombres. Pero su aparición en las tablillas de arcilla atestigua que eran personas reales que vivieron hace más de 5.000 años, que eran tan reales como tú y como yo, y que fueron los primeros individuos con nombre de la historia.

Uno de estos hombres parece haberse llamado Kushim, al menos así es como se leerían los signos de su nombre más tarde, cuando el sumerio era definitivamente la lengua representada. Los eruditos han podido reconstruir algunos detalles de las actividades profesionales de Kushim y analizar las tablillas que redactó.[35] Fue un alto administrador del templo con el título oficial de "*sanga*", que trabajó en el complejo de Eanna hacia el año 3000 a.C. No sabemos en qué edificio se encontraban las salas donde trabajaba, pero uno puede imaginárselo, en su casa en aquel inmenso complejo, hablando con otros funcionarios, contando jarras de mercancías, escribiendo y sellando tablillas, y pensando cómo podía conseguir que se completaran sus entregas.

Dieciocho de las tablillas protocuneiformes halladas en Uruk estaban "firmadas" por él (es decir, su nombre aparece al final) y nos cuentan algo de lo que ocupaba sus días. Kushim desempeñaba un papel en la distribución de ingredientes para un elemento importantísimo de la dieta mesopotámica: La cerveza. En concreto, supervisaba un almacén y llevaba la cuenta de la malta y la cebada molida que allí se guardaban. Las grandes entregas iban y venían con regularidad y debían ser registradas, y casi todo el grano de su dominio estaba destinado a convertirse en cerveza, que era esencial para la vida, en opinión de los mesopotámicos.[36] Sus tablillas muestran que la cerveza no sólo era elaborada en casa por los agricultores; era producida por el templo y formaba parte integral de la economía de la ciudad.[37]

La cerveza se elaboraba y se bebía en Próximo Oriente mucho antes de que los escribas empezaran a escribir sobre ella, posiblemente ya en el Neolítico.[38] La fermentación hacía que la cerveza fuera segura para beber, libre de los gérmenes y las impurezas que podían infestar el agua de los ríos, y el contenido de alcohol de la mayoría de las cervezas (aunque no de todas) parece haber sido inferior al actual; la gente bebía mucha cerveza. Al igual que en la América colonial y en muchos otros lugares y épocas, la cerveza con bajo contenido alcohólico se podía beber sin peligro y se consideraba una parte importante de la comida.[39] Es posible que algunas cervezas del Próximo Oriente no tuvieran ningún contenido alcohólico, aunque algunos tipos se asociaban con la embriaguez, como confirman muchos relatos posteriores.[40] Sabemos por las imágenes de los primeros sellos cilíndricos que uno de los actos sociales favoritos consistía en colocar sillas alrededor de una gran olla de cerveza, reunir a los amigos o a los miembros de la familia y beberla con largas pajitas (véase la Fig. 2.2). Es muy posible que Kushim también lo hiciera, aunque probablemente no cuando trabajaba. Su cerveza debía de tener un sabor muy diferente al de sus equivalentes modernos, ya que se elaboraba sin lúpulo, pero con una serie de hierbas aromáticas y, a veces, jarabe de dátiles.[41]

Encargado de llevar la cuenta de los ingredientes vitales de su almacén, Kushim escribía cuidadosamente listas de las cantidades de cebada molturada y malta que se distribuían a personas concretas. A veces estas cantidades eran enormes. Una tablilla se refiere a una entrega de 135.000 litros de cebada.[42] Otra, escrita por un escriba que trabajaba para Kushim, detallaba los ingredientes que se necesitaban para ocho tipos diferentes de cerveza y para otros nueve productos elaborados con cereales. Sólo en esta tablilla, el escriba utilizó cinco de los diferentes sistemas numéricos.[43] El trabajo de Kushim se extendía también a la distribución de la cerveza terminada; una tablilla señala que su oficina entregó treinta y cinco jarras de cerveza, de tres tipos diferentes, a una sola persona.[44] Sin embargo, Kushim tenía un talón de Aquiles. Era un hombre poderoso, pero no necesariamente estaba en su mejor momento cuando se trataba de matemáticas. Cometía unos cuantos errores en los totales que anotaba en sus tablillas.

Kushim, junto con otros administradores y escribas, debía de ser culto. A pesar de sus errores matemáticos, había aprendido a sumar, restar, dividir y multiplicar, presumiblemente en los trece sistemas numéricos diferentes. También había aprendido a copiar y memorizar los cientos de signos pictográficos y numerales de uso común y a crear registros que pudieran ser entendidos por otros. Esto habría sido mucho para aprender en el trabajo, por lo que es casi seguro que existieran escuelas para preparar a los aspirantes a administradores para su trabajo.[45] De hecho, las escuelas podrían haber sido las instituciones que habían sistematizado la escritura y decidido los signos que se utilizarían en primer lugar.

Por suerte para nosotros, las escasas tablillas que no fueron escritas al servicio de la administración parecen haber sido producto de estas escuelas, y proporcionan algunas pistas sobre el plan de estudios.[46] Muestran que los estudiantes tenían que escribir y memorizar largas listas de los sustantivos que necesitarían durante sus carreras; se conocen como listas léxicas. Una de estas tablillas se encontró en el nivel IV del complejo del templo de Eanna y contenía una lista de profesiones.[47] Es pequeña, de apenas 8,7 por 6,1 centímetros, pero estaba dividida en cuatro columnas verticales a cada lado, con nueve o diez casillas por columna, y cada casilla incluía el número uno, seguido del signo de una ocupación. Estos figuran en orden jerárquico, desde los funcionarios más importantes a los menos.

En la parte superior, donde cabría esperar encontrar al *en*, el hombre más poderoso de Uruk, aparece en cambio el *nameshda*, que parece haber sido el funcionario de mayor rango.[48] Curiosamente, el título de *en* no aparece. Tal vez su exaltado papel era de una categoría totalmente distinta a la de los oficiales del templo. Sin embargo, no está claro; el término *nameshda* se equiparó más tarde a la palabra "rey", por lo que podría haber sido ya uno de los títulos del *en*.

No es ni mucho menos la única copia conocida de esta lista de profesiones, pero sí la más antigua. Los escribas de las escuelas siguieron copiando la lista estándar de profesiones durante cientos de años después de esto, mucho después de que la mayoría de las profesiones que tenían que memorizar estuvieran completamente obsoletas. La escuela, como muchas otras cosas en el Próximo Oriente antiguo, estaba marcada por un profundo conservadurismo, o al menos así fue tras la explosión de nuevas ideas e instituciones que se produjo durante el periodo de Uruk.

Lo mismo ocurrió con el sistema de contabilidad, que parece haber aparecido en Uruk, casi plenamente realizado, durante los niveles IV y III. Por miles de años, los escribas siguieron llevando a cabo la misma rutina: Anotaban las cantidades exactas de mercancías de un determinado envío, junto con el nombre de la persona a la que se entregarían o de la que se recibirían y (más tarde) el uso que se les daría, luego las sumaban, sellaban la tablilla y, a veces, la fechaban. Los grupos de tablillas de este tipo se guardaban juntos. Periódicamente, los escribas transferían la información de las tablillas a grandes libros de contabilidad, que luego se archivaban.

Es cierto que no todo permaneció igual que en el periodo de Uruk. En siglos posteriores, la mayoría de los esquemas numéricos bizantinos se simplificaron para que los mismos signos numéricos pudieran utilizarse para muchos pesos y medidas diferentes y para muchas mercancías distintas, y el número de signos cuneiformes de uso regular se redujo a unos 600, tras un abandono bastante rápido de todos los signos excéntricos de un solo uso. Pero el sistema básico inventado por los administradores de Eanna era sólido. Proporcionó a Mesopotamia los cimientos de un sistema económico que funcionó eficazmente durante mucho tiempo. (Debo añadir que la mayoría de los administradores posteriores lo hacían mejor que Kushim a la hora de sumar cantidades de bienes).

LOS CAMPOS DEL *EN*

Las primeras tablillas del nivel IV de Uruk no tienen equivalentes en ningún otro lugar. Pero tablillas como las del Nivel III, que empezaron a escribirse hacia el 3100 a.C. -las que contienen números, productos y posibles nombres- han aparecido en varias ciudades antiguas, incluso en lugares situados a cientos de kilómetros de Uruk.[49] Una tablilla de finales del periodo Uruk procedente de un yacimiento llamado Jemdet Nasr ha sido señalada en particular como uno de los documentos más importantes de toda la historia de Mesopotamia.[50] Sin embargo, no es exactamente una obra maestra de la literatura. Se trata de una lista de campos y, para cada uno de ellos, el escriba indicaba sus dimensiones -la longitud, la anchura, el perímetro o la superficie del campo- junto con la profesión de la persona que lo controlaba. Todos ellos eran funcionarios importantes. Al final, por supuesto, figura un total de todas las tierras enumeradas.

Los cinco primeros campos enumerados eran rectangulares, aproximadamente del mismo tamaño y tres veces más largos que anchos. A lo largo de la historia de Mesopotamia, los campos solían ser largos y estrechos.[51] El paisaje parece haberse dividido con bastante regularidad, incluso en esta fecha tan temprana. Detrás de este hecho se esconde una autoridad centralizada; la división de la tierra no era orgánica ni arbitraria. Pero ésta no es la razón principal de la importancia de la tablilla. Esos cinco primeros campos, entre todos, constituyen sólo un tercio de las tierras asignadas. Los otros dos tercios de la tierra se enumeran en un cuadro aparte, y el signo cuneiforme utilizado para identificar a su propietario es el que parece una bandeja que sostiene una pila de cuencos de borde biselado: el signo de "señor" -el *en*.[52] Este era nuestro amigo el rey-sacerdote, el hombre que, en Uruk, estaba tan estrechamente asociado con la diosa Inana. En Jemdet Nasr, vemos que el hombre que desempeñaba el mismo papel controlaba diez veces más tierras que cualquiera de los cinco primeros individuos.

Esta tablilla proporciona algunas de las primeras pruebas de que el poder y la riqueza estaban consolidados por un hombre, el *en*, en cada ciudad, y de la dramática estratificación social que era una característica del nuevo mundo urbano del periodo de Uruk. También es interesante observar que entre los receptores de los otros campos -que incluían a hombres con los títulos de "agente principal de cambio", "pastor de équidos", "juez principal" y "sacerdote"- estaba la "esposa del *en*". Las reinas desempeñaron un papel importante en la historia de Mesopotamia, como se verá en los próximos capítulos. Aunque la "esposa del *en*" parece que sólo controlaba una décima parte de la tierra de su marido, no cabe duda de que era una figura pública importante.

En Uruk y en otras ciudades de Mesopotamia se produjeron numerosos avances en los años anteriores al 3100 a.C.. Ya hemos visto sus avances en arquitectura monumental, organización y aprovisionamiento de trabajadores, gestión de la economía, división del paisaje, desarrollo de un sistema de escritura, uso de la rueda (y del torno de alfarero), creación de sellos cilíndricos para identificar a individuos u oficinas, importación de grandes cantidades de materias primas de tierras lejanas y desarrollo de un estilo artístico con figuras mostradas en registros, como en el vaso de Uruk. También hemos visto cambios en la sociedad, como una mayor separación entre ricos y pobres, y la consolidación del poder por parte del *en* sacerdote-rey. Pero hubo aún más innovaciones. El arado se utilizaba mucho: Aparece en los sellos cilíndricos. La metalurgia se había vuelto más sofisticada. Se han encontrado objetos de oro, plata y, sobre todo, cobre en los niveles del periodo Uruk de varios yacimientos: Los metalúrgicos estaban fundiendo utensilios, herramientas, vasijas, joyas y estatuillas.[53] Ver tantos cambios en un periodo relativamente corto es extraordinario, dada la lentitud de los cambios en la cultura antes del periodo Uruk y, sorprendentemente, también después.

Hay una razón por la que el centro de gran parte de esta actividad era el complejo del templo de Eanna. Muchas de las innovaciones de Uruk, probablemente la mayoría, estaban al servicio de la diosa Inana.

CÓMO ENTENDÍAN SU MUNDO Y SUS DIVINIDADES

En apariencia, la vida en Uruk era sorprendentemente similar a la de hoy. Los edificios de Eanna serían impresionantes incluso para los visitantes modernos si hubiéramos podido visitarlos en su estado original. Nosotros también reconocemos el impulso de construir un espacio glorioso para lo divino: Un templo, una iglesia o una mezquita, por ejemplo. Compartimos un número sorprendente de otras experiencias vitales con las personas que vivieron en Uruk hace cinco mil quinientos años. Hemos heredado muchas de las mismas instituciones: La agricultura, el comercio, el matrimonio y los impuestos, por ejemplo. Al igual que nosotros, los habitantes de Uruk vivían en casas rectangulares que daban a las calles. Aunque no se han excavado casas en la propia Uruk, sabemos por otras ciudades mesopotámicas de la misma época que sus casas tenían habitaciones, muebles, puertas y ventanas (aunque sin cristal, que aún no se había inventado). Cocinaban en hornos y comían en cuencos de cerámica. Su dieta se basaba en pan, pescado, verduras (les encantaban la cebolla y el ajo), frutas y algo de carne (ternera, cerdo, cordero, cabra). Bebían cerveza. Vestían ropas de lana y lino. A veces su comunidad, en su conjunto, entraba en disputa con otra, y a veces estas disputas desembocaban en guerras. En todos estos aspectos, la vida no ha cambiado drásticamente desde los primeros tiempos. Sospecho que cambiará mucho más en el futuro y que la "historia antigua" llegará a considerarse como todo lo que existe hasta principios del siglo XVIII, cuando la tecnología empezó a avanzar a pasos agigantados.

Por otra parte, la concepción del universo que tenían los antiguos habitantes del Próximo Oriente era completamente distinta de la nuestra. Ellos no habrían entendido cómo pensamos nosotros, a a nosotros nos resulta muy difícil entenderles. En parte, esto se debe a que la ciencia moderna nos ha proporcionado una explicación para casi todos los fenómenos naturales, pero hay algo más. La forma en que los mesopotámicos explicaban su mundo suele denominarse su "religión", pero la mayoría de las religiones modernas son tan diferentes de las antiguas que tenemos que despojarnos de nuestras ideas preconcebidas sobre la religión para intentar comprender sus concepciones de lo divino.

Algunas de las cosas que experimentaban en la vida eran predecibles, incluso hermosas, por su regularidad y orden, como la forma en que el sol salía, sin falta, cada mañana; la forma en que la luna crecía y menguaba, sin falta, cada 29 días y medio; la forma en que las estaciones cambiaban de forma fiable a lo largo del año; la forma en que los ríos proporcionaban una fuente inagotable de agua dulce para mantener las cosechas. Por otro lado, los habitantes de Mesopotamia durante el periodo de Uruk -en realidad, los habitantes de todo Próximo Oriente a lo largo de la historia antigua- se enfrentaban a un sinfín de fenómenos inexplicables, muchos de los cuales podían causarles un inmenso dolor y pérdidas. Inundaciones, tormentas de polvo, epidemias, enfermedades de los cultivos, nubes de langostas, terremotos, sequías... los humanos no habían hecho nada para provocarlos. ¿Cómo explicarlos? ¿Cómo prevenirlas? En todas las familias, los seres queridos enfermaban y morían, a veces en la infancia, a veces en la vejez, o en cualquier momento intermedio. ¿Por qué?

La respuesta a todas estas preguntas era tan obvia para ellos que no necesitaban un libro o un credo para explicarla. Los pueblos del Próximo Oriente antiguo ni siquiera tenían una palabra para designar la religión; la fuente de todos estos fenómenos formaba parte del mundo observable tanto como un árbol o un río. Piénsalo de este modo: La gente podía ver causas y efectos en las cosas que ellos mismos hacían cada día; un ser humano podía plantar cosechas en un campo, derribar una casa o comer una comida. Los resultados de estas acciones eran obvios: Las plantas crecían, los muros caían, el hambre se saciaba. Así que algo, o alguien, debía estar causando los fenómenos que los humanos no controlaban, y estaba claro que ese alguien (o alguien) vivía más que cualquier humano y tenía mucho más poder. También estaba claro para la gente que había muchos de estos seres poderosos. El que les proporcionaba agua para sus cultivos no era el mismo que hacía salir el sol por el cielo oriental cada mañana, y así sucesivamente. Estos seres poderosos eran reales y estaban por todas partes. También parecían tener características humanas -amor, ira, generosidad- y en algún momento antes del período de Uruk habían sido antropomorfizados e imaginados como humanos en temperamento e incluso en apariencia.

Para un mesopotámico, la familia era lo más importante, así como el respeto a la jerarquía. Los padres cuidaban de sus hijos; los hijos obedecían y respetaban a sus padres; los hermanos se cuidaban unos a otros y se podía confiar en que estarían ahí cuando se les necesitara. Un lugar de trabajo emulaba a una familia, con el supervisor como padre. Lo mismo ocurrió más tarde con el Estado, además de con el rey como padre. No es de extrañar, por tanto, que dioses y diosas (porque eso es lo que obviamente eran los seres poderosos) tuvieran familias -esposos, esposas e hijos- y que unos tuvieran más influencia que otros. Era el universo de los dioses, y los humanos no representaban más que una ocurrencia cósmica tardía, muy abajo en la jerarquía, como esclavos de los inmortales. Los dioses y las diosas habían creado el universo para ellos. Los humanos podían disfrutar de sus dones, aprovechando la comida, el agua y las materias primas a su disposición, pero sus vidas estaban sujetas a los caprichos de sus amos invisibles. Y cuando estos amos decidían desatar tormentas erráticas de caos de vez en cuando, los humanos sólo tenían que capearlas e intentar sobrevivir.

En todo el Próximo Oriente antiguo se adoraba a unos pocos dioses en casi todas partes. Cuatro de las deidades más importantes eran las que cabría esperar: El cielo (llamado An en sumerio), el sol (Utu), la luna (Nanna) y la tormenta (Ishkur). No eran sólo dioses de estos fenómenos: Eran los fenómenos. Cada nombre divino era igual a la palabra del reino que ese dios controlaba. No se podía decir que salía el sol sin decir que salía el dios del sol. No había forma de decir que se avecinaba una tormenta sin invocar el nombre del dios de la tormenta. No es sorprendente que no tengamos constancia de ateos. No se podía negar la existencia del dios del sol más que la existencia de una oveja o una cabra. Otro dios importante, Enki, encarnaba el agua dulce, que se imaginaba que llenaba un gran mar subterráneo, el Abzu, y se filtraba a través del suelo en manantiales. Su nombre, curiosamente, no menciona el agua; parece que significaba "señor de la tierra". Enlil, el rey de los dioses, tiene un nombre que parece significar "señor del aire", aunque no estaba asociado con el aire o el viento, al menos en la época en que se desarrolló la escritura. Entre las mayores deidades, sólo una era femenina. Se trataba de Inana, a quien estaba dedicado el templo de Eanna en Uruk. Su nombre parece haber sido originalmente Ninana, que significa "Señora del Cielo",[54] de ahí el nombre de su hogar. Eanna significaba "Casa del Cielo" (*e* significaba "casa", *ana* significaba "del cielo").

Las deidades tenían áreas de especialización, al igual que un ser humano. El dios del sol, Utu, era el dios de la justicia. El dios de la tormenta, Ishkur, era un guerrero. El dios de la luna, Nanna, contribuía a la fertilidad de los animales. El dios del agua dulce, Enki, era considerado el más sabio de los dioses y quizá el más amable con los humanos, y así sucesivamente. Al norte de Sumeria, en Mesopotamia central, los dioses tenían nombres diferentes pero los mismos atributos. Inana era conocida como Ishtar, Utu se llamaba Shamash, Nanna era Sin, Ishkur era Adad, Enki era Ea, pero nadie parece haber pensado que se tratara de dioses diferentes, sino de nombres diferentes para las mismas figuras familiares. Mucho más tarde, los griegos y los romanos veneraron a dioses similares: antropomorfos, emparentados entre sí por familias, cada uno de los cuales controlaba algún aspecto específico del cosmos. También en su época, las deidades tenían nombres distintos en griego que en latín; así, por ejemplo, el dios del mar y las tormentas se llamaba Poseidón en griego y Neptuno en latín.

Otros dioses y diosas tenían seguidores locales en las ciudades donde residían. Los habitantes de otras regiones no negaban su existencia

-todas las deidades se consideraban reales-, pero no eran tan importantes fuera de su zona de origen.

CUIDAR DE LOS DIOSES

Volvamos al complejo del templo de Eanna, en el Nivel IV, alrededor del año 3200 a.C. El santuario personal de Inana no era un lugar de reunión para que el pueblo de Uruk le rindiera culto; la diosa no habría querido todo ese alboroto y ruido. Era el hogar de la diosa, y ella estaba físicamente presente allí. Los plebeyos podían tener acceso a algunas zonas, pero no a la diosa misma. Así sucedía en todos los templos importantes. Por desgracia, no podemos estar seguros de dónde exactamente, en el Eanna, se alojaba Inana. Estaba asociada al planeta que conocemos como Venus, pero no sólo estaba presente en el cielo nocturno. En algún lugar de la Eanna había una estatua suya que encarnaba su poder, que era ella, aquí en la Tierra. La estatua era una representación a tamaño natural de una mujer, probablemente sentada en un trono, vestida con suntuosas ropas y adornada con joyas. Su rostro probablemente se esculpió en mármol.

Aunque podemos leer acerca de innumerables estatuas de dioses y diosas que residían en templos de todo el Próximo Oriente, y a lo largo de los tres milenios y medio de historia del Próximo Oriente antiguo, casi ninguna de ellas ha sobrevivido. Excepto el rostro de la más antigua de todas ellas, el de Inana en el templo de Eanna (véase la Fig. 2.3). Durante las excavaciones se encontró un rostro de mármol de tamaño natural que, sin duda, está demasiado cuidado como para ser otra cosa que una representación de la propia diosa.[55] Ahora se encuentra en el Museo Nacional de Irak, en Bagdad: una representación de mármol sorprendentemente naturalista de una mujer cuyos ojos, cejas y cabello habrían estado incrustados con oro y piedras semipreciosas (aunque estas incrustaciones se han perdido). Su cuerpo sería de madera o de metales preciosos.

Cuando un sacerdote o sacerdotisa veía esta figura, se encontraba en presencia de la poderosa e inmortal diosa. Inana gobernaba muchos reinos: El amor sexual, la guerra y la violencia; era volátil y temida. Los visitantes le llevaban una ofrenda y rezaban una oración. La gente que visitaba o trabajaba en el Eanna no la veía como una estatua inerte porque, para ellos, los dioses eran absolutamente reales. Ella observaba y escuchaba. Agradecía los regalos. Tenía hambre y sed. Se habría enfadado si

Fig. 2.3 Cabeza de Uruk, de mármol con incrustaciones desaparecidas, finales del cuarto milenio a.C. (Wikipedia. Dominio público)

la hubieran descuidado, y nadie quería ser testigo de lo que podría ocurrir entonces.

La creencia incuestionable en lo divino era la única forma de explicar prácticamente todos los sucesos del mundo. Las deidades lo causaban todo, desde los sueños hasta la suerte (o la falta de ella), pasando por las tormentas, la fertilidad de las ovejas o los movimientos de los rebaños de pájaros. Eran creencias compartidas en toda la región.

Supongamos que una sacerdotisa hubiera llegado a Uruk, habiendo viajado desde el norte de Mesopotamia, o Irán, o incluso Anatolia o Egipto. Ni siquiera ella habría dudado del poder de Inana. De vuelta a casa, esta diosa probablemente tenía un nombre diferente, o incluso podría no haber sido adorada en absoluto, pero esto no hacía de Inana una falsa deidad en la mente de la sacerdotisa visitante. Ningún dios era falso; todos eran miembros de una única comunidad de dioses que se extendía por todas las tierras. No podían separarse del mundo que controlaban, y todos los productos de ese mundo existían, principalmente, para satisfacer sus necesidades.

Por estas razones, la religión, la política, la sociedad y la economía no eran instituciones separadas en el Próximo Oriente antiguo; todas estaban unidas, porque el servicio a los dioses era lo más importante.[56] Todas las deidades (que adoptaban la forma de sus estatuas) necesitaban alojamiento, comida, bebida, ropa, alabanzas y riquezas, igual que los muy exigentes seres humanos. Todo el mundo lo sabía. Éstas eran algunas de las exigencias centrales, no sólo del sistema de creencias, sino de la vida; todas las personas eran siervas de los dioses, todo el tiempo. El papel de uno, como humano en la Tierra, era servirlos, aplacarlos, proveerlos, tratar de adivinar sus necesidades y luego satisfacerlas. Eso era todo.

Por otra parte, parece que los antiguos pueblos del Próximo Oriente no se preocupaban por lo que nosotros llamaríamos espiritualidad, y no se les ocurría que pudieran ser recompensados en el más allá por actos virtuosos durante su vida. Creían que los dioses podían castigar (y de hecho castigaban) a la gente por hacer el mal, pero también que los dioses podían castigar a la gente sin motivo alguno, y ninguno de estos tipos de castigo tenía nada que ver con la vida después de la muerte. Volveremos a hablar de la otra vida más adelante, pero creyeran lo que creyeran, no era un paraíso.

Tal vez porque los dioses podían desatar tal caos en el mundo, la gente parece haber anhelado estructura en sus vidas. Nunca podían controlar las enfermedades, nunca podían predecir el tiempo, nunca podían prever una inundación devastadora y podían morir aparentemente sin motivo en cualquier momento. Lo que conocemos como su "religión" era un intento continuo y vitalicio de intentar domar, o al menos influir, en los dioses y diosas proveyéndolos.

También creían que los dioses daban pistas sobre sus planes en el mundo que les rodeaba, lo que constituía una forma de consejo para los humanos. Los adivinos especialmente entrenados podían descifrar las pistas. Siguiendo estos consejos y proveyendo a los dioses, la gente esperaba que éstos, a cambio, fueran amables o, al menos, les dejaran en paz. Volveremos a hablar de los adivinos en una época posterior, cuando sus actividades puedan rastrearse en los documentos que escribieron[57].

Por lo tanto, a medida que Uruk crecía y prosperaba, sus habitantes veían su prosperidad como un signo del favor divino, en concreto de la diosa Inana y del dios An, que vivían en la ciudad, entre ellos. Cada ciudad tenía un dios residente que era particularmente venerado y cuyo templo era también su hogar físico. Uruk tenía estas dos deidades residentes, An e Inana, probablemente porque dos asentamientos anteriores se habían fusionado para convertirse en una sola ciudad.

El pueblo se vio obligado a compartir su prosperidad creando hogares cada vez más grandes y grandiosos para las dos deidades y trabajando para ampliar las propiedades y riquezas de los dioses. En cierto modo, no tenían elección. La Eanna era más que el templo de Inana, más que el complejo de santuarios y edificios creados para ella en el centro de la ciudad; era una vasta institución económica y social, sustentada por sus granjas, rebaños de animales, huertos y pesquerías, y dirigida por cientos de trabajadores, desde pastores a labradores, tejedoras a cocineras, cerveceros a barberos.[58] Es posible que algunas tierras del territorio de Uruk fueran de propiedad privada, pero las pruebas sugieren que los dioses eran los principales terratenientes y empleadores de la ciudad. Para las mentes urukianas, esto era como debía ser. El pueblo creía que los dioses habían construido originalmente la ciudad y sus templos para ellos, mucho antes de que se pensara en los humanos. Era su tierra; los humanos sólo vivían allí porque eran útiles a los dioses.

PARTE II

EL PRIMER PERIODO DINÁSTICO, 2900-2300 A.C.

CAPÍTULO 3
REYES Y SÚBDITOS

En el sur de Mesopotamia, es poco probable que ocurriera nada dramático alrededor del 2900 a.C.. Es de suponer que los habitantes de aquella época no sintieron de repente que habían entrado en una nueva era. Siguieron cultivando y haciendo cerámica y tejiendo y trabajando para el templo y haciendo todas las cosas que habían estado haciendo durante el período de Uruk. Pero varias cosas cambiaron en esta época. Una de ellas fue que cada vez más gente empezó a vivir en ciudades y éstas se hicieron cada vez más grandes. Otra es que estas poblaciones urbanas necesitaban más tierras de cultivo con riego desde reservorio del que podía proporcionar los canales naturales. La gente empezó a controlar más los ríos de los que dependían y a crear canales cada vez más grandes y complejos para llevar el agua a sus campos.[1] Probablemente lo hicieron ampliando y adaptando los canales naturales existentes.[2] Una tercera innovación, la que da nombre a esta época, fue que los poderosos hombres que gobernaban cada una de las grandes ciudades se hicieron aún más poderosos, atribuyéndose personalmente el mérito de los edificios monumentales y los proyectos de irrigación que encargaban.[3] Estos hombres eran ahora reyes reconocidos, por lo que esta nueva época se conoce como el "Periodo Dinástico Temprano". Desgraciadamente, en los documentos cuneiformes podemos buscar en vano de los primeros pasos intermedios desde los reyes-sacerdotes hasta los reyes cuyas funciones eran distintas de las de los sacerdotes, si es que realmente fueron pasos intermedios.

USHUMGAL Y SHARA-IGIZI-ABZU: UN SACERDOTE Y SU HIJA

Es en el Periodo Dinástico Temprano cuando podemos empezar a saber más sobre la vida concreta de los individuos. El sistema de escritura se había desarrollado más allá del protocuneiforme, ya que los escribas empezaron a utilizar los signos fonéticamente para reflejar el sonido de una palabra. Cuando hicieron esto podemos empezar a pensar en un sistema de escritura en un sentido convencional, y aunque de forma limitada se representaba el sonido del lenguaje[4]. El idioma que representaba era el sumerio, que tenía un par de características que casualmente se prestaban a la escritura silábica: Tenía muchas palabras de una sílaba y muchos homónimos. Como en el caso del signo "GI", que podía leerse como "una caña" o "volver", muchas otras palabras sumerias sonaban igual, con al menos uno de los significados ya convertido en pictograma, de modo que éste podía utilizarse siempre que se necesitara ese sonido.

A estas alturas, los signos ya no se parecían en nada a dibujos; la escritura a partir de esta época se llama "cuneiforme". En el Periodo Dinástico Temprano, unas pocas personas empezaron a utilizar el cuneiforme para escribir sobre sí mismas -no a menudo, ni con mucha profundidad-, pero en los textos cuneiformes obtenemos atisbos más claros de ellas. Aunque el 90% de los documentos seguían estando escritos con fines administrativos[5], unas pocas inscripciones ensalzaban los logros de personas poderosas y unas pocas registraban transacciones legales. Cabría esperar que los reyes fueran los únicos en aprovechar este nuevo uso de la escritura, pero no es así. Dos de las primeras personas cuyas actividades se describieron en algo parecido a una forma narrativa vivieron a principios del periodo dinástico temprano y no eran reyes. Eran un hombre llamado Ushumgal y su hija Shara-igizi-Abzu. Vivían en la ciudad de Umma, en el sur de Mesopotamia.

Aunque no parecen haber pertenecido a la realeza, tampoco eran plebeyos. Ushumgal era un sacerdote *pab-shesh* que servía a un dios llamado Shara. Su hija Shara-igizi-Abzu también tenía una profesión, era una *esh-a*, aunque no sabemos qué significaba esto. Shara era el dios principal de la ciudad de Umma, por lo que Ushumgal era uno de los líderes religiosos más poderosos de la comunidad. Al igual que en el periodo de Uruk, como sacerdote habría supervisado la administración de las propiedades del templo. En siglos posteriores, los sacerdotes *pab-shesh llevaban* la

Fig. 3.1 Figura de Ushumgal, en la estela de Ushumgal y Shara-igizi-Abzu, c. 2900 a.C. (Metropolitan Museum, Nueva York)

cuenta del grano, recibían vestimentas especiales para los festivales y vertían libaciones cuando otros sacerdotes entonaban cánticos[6].

No sólo conocemos los nombres de estas dos personas, sino que incluso sabemos cómo eran, o al menos cómo las representó un artista que las conocía.[7] Ushumgal tenía el pelo largo y barba; vestía una falda hasta los tobillos con un fleco en la parte inferior y una ancha banda en forma de cuerda en la parte superior, junto con una especie de capa sobre un hombro. Llevaba los pies desnudos (véase la figura 3.1). Shara-igizi-Abzu llevaba el pelo trenzado alrededor de la cara y recogido en un moño por detrás. Su vestido era largo y sencillo, sin flecos ni cinturón, y la tela se enrollaba sobre su brazo izquierdo (véase la Fig. 3.2).

Una característica curiosa del arte dinástico temprano es que los artistas solían representar a las mujeres con un físico recto, casi masculino. A diferencia de las figuras de fertilidad de épocas anteriores de la historia

Fig. 3.2 Figura de Shara-igizi-Abzu en la estela de Ushumgal y Shara-igizi-Abzu, c. 2900 a.C. (Metropolitan Museum, Nueva York)

de la humanidad, los artistas de la Dinastía Temprana rara vez incluían alguna sugerencia de pechos o caderas bajo la representación de la ropa, lo que podría haber distinguido a las mujeres de los hombres. Sólo sus ropas y peinados las identifican como mujeres. Este es el caso de la representación de Shara-igizi-Abzu. A menudo, los nombres de las mujeres también eran ambiguos, por lo que no siempre es posible saber si un texto estaba escrito sobre una mujer o un hombre. Los nombres consistían en frases u oraciones, la mayoría de las cuales eran expresiones de piedad. Sólo unos pocos eran propios de las mujeres de esta época.

La razón por la que el artista inmortalizó a Ushumgal y Shara-igizi-Abzu es que participaron en una transacción tan importante que se grabó un registro de la misma en una estela de piedra, con imágenes de las partes principales. Los signos cuneiformes toscamente dibujados que pueblan los lados de la roca, e incluso se extienden sobre las propias figuras, registran que esta transacción se refería a animales, tierras y casas, en grandes cantidades: Se mencionan 450 *iku* de campos (unas 158 hectáreas o 392 acres), junto con tres casas y algunos toros, asnos y ovejas.[8] Desgraciadamente, la inscripción adolece de una grave escasez de verbos, que habrían sido útiles para determinar qué estaba ocurriendo exactamente.

También había otras personas implicadas, y cuatro de ellas estaban retratadas en la estela junto a las dos partes principales. Estos otros cuatro, aunque aparentemente también eran personas importantes, están empequeñecidos por las grandes figuras de Ushumgal y Shara-igizi-Abzu. Una de ellas, una mujer que, al igual que Shara-igizi-Abzu, ejercía de *esh-a*, era también hija de otro sacerdote. Los otros tres eran hombres: El jefe de la asamblea, el capataz de la asamblea y el heraldo principal. Se había reunido a estos personajes influyentes de la comunidad de la Umma para que hicieran algo o fueran testigos de algo relacionado con los animales, las casas y los campos. No se menciona ningún precio, lo que descarta que se trate del registro de una venta, pero parece probable que la propiedad cambiara de manos.[9] Una posibilidad es que Ushumgal cediera todos los bienes inmuebles y los animales a su hija.[10]

La estela es todo lo que queda para atestiguar un momento solemne, hace casi 5.000 años, en el que estas personas se reunieron, decidieron el curso de una acción y transfirieron propiedades. Según la inscripción, incluso se prestó juramento, lo que sugiere que se trataba de un documento legal. Debió de existir algún tipo de sistema judicial para hacerlo cumplir, cientos de años antes de que empezaran a escribirse las leyes.

El artista, cuyo nombre figura como Enhegal[11], debió de dedicar mucho tiempo a inmortalizar la ocasión. Una vez terminada la talla, el monumento de piedra, o estela, se colocó probablemente en un templo como registro permanente. Ese mismo registro permanente se expone ahora en una galería del Museo Metropolitano de Arte de Nueva York.

Aunque esta estela es uno de los primeros ejemplos de personas retratadas y nombradas, ilustra varias tradiciones mesopotámicas profundas, mencionadas en la Introducción, que se repetirán a lo largo de este libro. Una de ellas es que los bienes inmuebles se consideraban extremadamente importantes y la gente creía que los cambios en la propiedad o los derechos sobre la tierra y las casas debían registrarse, no sólo recordarse. Los registros se conservaban, almacenaban y transmitían de generación en generación. Mientras que los testamentos, las cartas y las listas podían desecharse tras la muerte de las personas a las que pertenecían, los contratos inmobiliarios y las escrituras solían conservarse cuidadosamente.

Otra tradición muy arraigada que quizá se haya visto aquí por primera vez era que siempre era mejor involucrar a los dioses cuando los humanos hacían cosas potencialmente conflictivas, como transferir propiedades. En el Próximo Oriente antiguo, los juramentos nunca perdieron su poder para frenar los impulsos naturales; el temor a los dioses siguió siendo un poderoso freno a la codicia y la corrupción durante miles de años.

Una tercera tradición, menos resistente, perduró durante milenios. Aunque los hombres ocupaban posiciones de poder como reyes, príncipes y sacerdotes, sus homólogas femeninas -reinas, princesas y sacerdotisas- podían ser a veces igual de poderosas y no eran denigradas por su sexo. Una mujer poderosa debía ser temida y obedecida, no menos que un hombre poderoso. Shara-igizi-Abzu no aparecía en esta estela sólo por ser la hija de Ushumgal, sino porque desempeñaba un papel importante. Incluso se la representa un poco más alta que su padre.

Es de suponer que la ciudad de Umma, donde vivían, estaba gobernada por un rey, aunque a principios del Periodo Dinástico Temprano hay muy pocos testimonios escritos de reyes o de cualquier otra cosa en Mesopotamia. Ushumgal y Shara-igizi-Abzu emergen del anonimato general de la época como faros en la niebla, recordándonos que cientos de miles de personas en el Próximo Oriente se afanaban en sus vidas; sólo que no sabemos nada de casi ninguno de ellos.

La ciudad de Umma estaba vigilada por el dios Shara, cuyo templo era uno de los más impresionantes de toda Sumeria.[12] El soberano de Umma no sólo controlaba la ciudad, sino también varias ciudades y pueblos más pequeños,[13] así como las aldeas y tierras que la rodeaban: Era una ciudad-estado. Sumer estaba salpicada de ciudades-estado, cada una de ellas hogar de al menos un dios o diosa de la ciudad y cada una con su propio gobierno. (Lo mismo era cierto para la region de Acad que estaba al norte de Sumeria). Justo al este de Umma se encontraba su vecina, la ciudad-estado de Lagash, con la que siempre se la asocia, como si fueran gemelas antiguas (aunque muy discutidoras).

Lagash parece haber tenido un gobernante a principios del periodo dinástico temprano, más o menos en la misma época en que vivían Shara-igizi-Abzu y su padre. Fue retratado en una estela de piedra, en un estilo no muy diferente del utilizado por el artista Enhegal para retratar al sacerdote Ushumgal.[14]

Al igual que Ushumgal, el gobernante de Lagash llevaba el pelo largo y barba, y su falda le llegaba hasta los tobillos. Sin embargo, a diferencia de Ushumgal, su falda se parecía a las de los reyes-sacerdotes del periodo de Uruk. Parece que estaba hecha de red, representada por un rayado cruzado en la escultura, y llevaba dos plumas en el tocado. Se le muestra empuñando una de las dos mazas altas. El simbolismo de todo esto se nos escapa: ¿Qué implicaban las mazas? ¿Por qué llevaba un tocado de plumas? Ni siquiera sabemos su nombre; sólo se menciona el nombre del dios de Lagash, Ningirsu. Algunos estudiosos creen que podría representar a un dios, no a un gobernante, aunque los dioses solían aparecer con cuernos en la cabeza, no con plumas.

En estos primeros siglos de reinado sumerio, se han encontrado indicios de alianzas entre ciudades del sur, quizás hasta doce de ellas formando algún tipo de red, tal vez para el comercio.[15] Mientras tanto, los gobernantes de una ciudad-estado llamada Kish, en el extremo norte de la zona de habla sumeria en lo que hoy es el centro de Irak, se estaban volviendo más agresivos que sus vecinos del sur. En 2013 se publicó una placa rectangular de alabastro con la que parece ser la inscripción histórica más antigua jamás encontrada.[16] Quizá no deba sorprendernos que no registre una alianza pacífica, sino la captura por parte de la ciudad de Kish de 36.000 prisioneros de al menos veinticinco lugares. Aunque en la sección conservada no aparece el nombre de ningún rey, sí conocemos el nombre del escriba que realizó la inscripción: Un hombre llamado Amar-Shid. Había inscrito cuidadosamente el nombre de cada comunidad y el número de personas capturadas en cuadros de texto ordenados en filas, que se leían de derecha a izquierda y de arriba abajo. En el lado opuesto de la piedra, un escultor había esculpido a dos hombres barbudos con armas en la mano. Estas decenas de miles de prisioneros fueron puestos a trabajar, según la inscripción, para "llenar las eras (de grano) y hacer los montones de grano".[17] Estos prisioneros, puestos a trabajar para el palacio o los templos de Kish, fueron los primeros de muchos, muchos hombres y mujeres del antiguo Próximo Oriente que fueron capturados en la guerra y obligados a trabajar para sus captores.

A lo largo del Periodo Dinástico Temprano (c. 2900-2300 a.C.), las ciudades-estado sumerias oscilaron entre estos polos opuestos de alianza pacífica y conflicto armado. Para protegerse en caso de conflicto, construyeron murallas alrededor de sus ciudades, pero para buscar alianzas, desarrollaron mecanismos de diplomacia.

Con el paso de los siglos en Umma y Lagash, los escribas crearon más inscripciones y los gobernantes de las dos ciudades-estado se sacudieron esa niebla envolvente de anonimato. Ahora los conocemos como personas, personas que durante generaciones se enfrentaron y a veces lucharon entre sí. El punto de discordia entre las dos ciudades-estado era una franja de tierra conocida como Gu'edena, reclamada por ambas.[18] Un gobernante de Umma o de Lagash colocaba un mojón para marcar la frontera y su homólogo, indignado por su colocación, lo retiraba y reclamaba la tierra para sí. Esto era un acto de guerra y las tropas de las dos tierras se lanzaban a luchar por el control. Sucedía una y otra vez. Todo empezó muy pronto, en el reinado de un rey de Lagash llamado Ur-Nanshe.

EL REY UR-NANSHE DE LAGASH: LA CREACIÓN DEL MODELO DEL REY PIADOSO

Ur-Nanshe (mediados del tercer milenio a.C.) gobernó en una época tan temprana de la historia de la ciudad-estado de Lagash que no sabemos quién era exactamente ni durante cuánto tiempo reinó.[19] Por suerte para nosotros, creó inscripciones que incluían más narraciones de las que se encuentran en la escueta lista de cautivos de Kish. Ur-Nanshe fue uno de los primeros gobernantes a los que se les ocurrió la novedosa idea de utilizar la escritura para dejar constancia de algo sobre sí mismo. En algunos casos, este nuevo uso de la escritura consistió en gran medida en etiquetar a las personas en esculturas en relieve, como ya habían hecho Ushumgal y Shara-igizi-Abzu, pero el rey Ur-Nanshe también solía añadir algunas palabras sobre sus logros.

Una placa de piedra caliza realizada por uno de los artistas de su corte muestra al rey en dos poses, con un aspecto un tanto caricaturesco a ojos modernos (véase la Fig. 3.3). Su rostro está de perfil, y un enorme ojo de aspecto sorprendido y una nariz triangular dominan su cabeza calva y bien afeitada. Su cabeza es demasiado grande para su cuerpo, lo que le da un aspecto infantil; su torso mira hacia el espectador, pero sus pies apuntan hacia los lados; y es el doble de grande que las demás personas que se alinean frente a él. Estos individuos llevan sus nombres escritos en la falda o delante de ellos, y casi todos llevan el signo "DUMU" después de sus nombres. La palabra sumeria *dumu* suele traducirse como "hijo", pero también significaba "niño". Aquí, pues, estaban los hijos del rey Ur-Nanshe, y uno de ellos -el más alto, de pie al frente de la fila- era claramente una hija, ya que estaba vestida con ropa de mujer.[20] Su nombre

Fig. 3.3 Placa de piedra caliza que muestra al rey Ur-Nanshe de Lagash y su familia, mediados del tercer milenio a.C. (Museo del Louvre. Wikipedia. Dominio público)

parece haber sido Abda. Los otros siete hijos eran todos varones, uno de los cuales llegó a ocupar el trono tras la muerte de su padre.

Pero en el momento en que se hizo esta placa, ese triste momento estaba lejos en el futuro y la sucesión real no parece haber estado en el primer plano de la mente del rey. Lo que quería conmemorar en esta placa eran tres actos piadosos. Hizo que el tallador de piedra escribiera que había "construido el templo del dios Ningirsu; construido el (edificio) Abzu-banda (y) construido el templo de la diosa Nanshe".[21] Estas palabras estaban encajadas junto a una de las imágenes del rey, en la que aparecía con una cesta en la cabeza, como si llevara ladrillos a una obra. Los edificios que se jactaba de construir eran, por supuesto, obra de muchos obreros de la corvea, reclutados entre la población y provistos de raciones y, tal vez, alojamiento.

Hay otro logro que se le ocurrió incluir, éste junto a la segunda imagen del rey: "hizo que barcos de Dilmun entregaran madera como tributo de tierras extranjeras (a Lagash)".[22] Dilmun estaba a cientos de kilómetros al sur de Lagash, a orillas del golfo Pérsico, en lo que hoy es Bahréin. Parece improbable que Lagash controlara Dilmun, por lo que el "tributo" puede haber sido algo más en la naturaleza del comercio, pero la evidencia de Bahrein confirma que estaba sirviendo como un centro de comercio para toda la región y de hecho estaba en contacto con las ciudades-estado de Mesopotamia en este momento.

Esta placa no es todo lo que sabemos del rey Ur-Nanshe; nos dejó muchas pruebas de su reinado, incluidas al menos treinta y siete inscripciones. Las hizo escribir en figurillas, en objetos de piedra -piedra caliza, diorita y ónice- y en ladrillos, zócalos de puertas y clavos de cobre, pero, al parecer, nunca en algo tan prosaico como una tablilla de arcilla. A menudo se jactaba de haber construido edificios públicos, y en siete ocasiones repitió su afirmación de que los barcos de Dilmun traían madera para Lagash. En otras inscripciones enumeraba muchas estatuas que había dedicado a (o quizás de) varios dioses, junto con una serie de canales que había encargado. Una vez señaló que había distribuido una cantidad realmente enorme de cebada a un templo, presumiblemente para su personal.[23] En otra ocasión señaló que había elegido a alguien para ser "esposa" de la diosa Nanshe, probablemente como sacerdote de algún tipo.[24] Todas estas actividades beneficiaban a su pueblo, y en sus inscripciones aparece como un rey piadoso y de espíritu público.

Sorprendentemente, en las inscripciones que se conservan, Ur-Nanshe rara vez menciona la guerra o el conflicto; de hecho, sólo lo hace en dos ocasiones. En su inscripción más larga escribió que "fue a la guerra contra el líder de Ur y el líder de Gesha" y que "derrotó y [capturó] al líder de Ur" y "derrotó al líder de Gesha".[25] Gesha se utilizaba como otro nombre para Umma, la ciudad-estado vecina de Lagash. Este fue el comienzo de las largas hostilidades entre los dos reinos. También luchó más lejos, en Elam, al este de Lagash, en lo que hoy es Irán occidental.[26] Elam, que llegaría a ser una de las grandes potencias del Próximo Oriente, estaba en horas bajas a mediados del tercer milenio. La ciudad de Susa, su capital, se había hundido en tamaño y pronto fue abandonada, aunque no por mucho tiempo[27]. Las campañas de Ur-Nanshe, tanto en Umma como en Elam, debieron de ser empresas de gran envergadura, que requerían que sus soldados estuvieran armados y aprovisionados, y en las que participaban exploradores y seguidores de campamento, asnos, carros y cantidades considerables de arcos, flechas y lanzas. Por desgracia, no sabemos casi nada de sus guerras ni del propósito de su expedición a Elam. Desde luego, no se preocupó de dejar constancia de sus pormenores para la posteridad. Los reyes posteriores de Lagash proporcionaron muchos más detalles.[28]

De hecho, no está muy claro para quién encargó Ur-Nanshe sus inscripciones. Está claro que no eran para sus súbditos. Por un lado, los mesopotámicos eran en su mayoría analfabetos y, por otro, las inscripciones probablemente no se colocaban en lugares públicos. Estaban en templos o palacios, accesibles sólo a unos pocos altos cargos. Las escritas en ladrillos habrían estado ocultas a la vista de todos, tapadas por otros ladrillos. La frecuente atención que se presta a su construcción de templos para los dioses sugiere que los propios dioses podrían haber sido el público principal. Gracias a las inscripciones de Ur-Nanshe, los dioses tendrían siempre presente que el rey había cuidado bien de ellos.

Eso era lo bueno de la escritura: Un mensaje transmitido de esta manera no tenía que repetirse una y otra vez. No moría cuando lo hacía el rey, como sus palabras. Los dioses vivían para siempre y este mensaje para ellos -esculpido en piedra o ladrillo y colocado en un lugar sagrado- también podía vivir para siempre. Estamos tan acostumbrados a este hecho de la intemporalidad de la palabra escrita que ni siquiera nos parece digno de mención. Pero para los reyes dinásticos primitivos debió de ser mágico darse cuenta de que las palabras, que hasta entonces habían sido tan efímeras como el viento en los árboles, podían fijarse y conservarse en piedra.

Puede que las inscripciones de Ur-Nanshe no resulten eternas, pero lo están haciendo bastante bien, pues ya han durado unos 4.500 años. Es posible que el rey escribiera tanto al futuro como a los dioses. Su sentido del futuro no nos habría incluido, por supuesto, al examinar la placa que lo muestra con su familia, ampliándola en una pantalla de ordenador. Pero podría haber escrito en esos ladrillos para que los futuros reyes supieran quién construyó primero la estructura que, tal vez, estaban remodelando.

Después de Ur-Nanshe, los reyes posteriores a menudo se dirigían a sus sucesores en sus inscripciones, pidiéndoles que conservaran las imágenes y las palabras (y a veces añadiendo maldiciones a cualquiera que desfigurara las inscripciones). Se dieron cuenta de que las palabras escritas podían trascender el tiempo y el mundo físico, llegando a dioses invisibles y a sucesores aún no nacidos. Proporcionaban una medida de inmortalidad a los propios reyes.

Sin importar por qué los reyes las encargaran, lo importante para nosotros es que las inscripciones reales existieron y que los reyes del Próximo Oriente siguieron escribiéndolas a lo largo de la historia antigua. Sus preocupaciones siguieron siendo las mismas a lo largo del tiempo: Proyectos de construcción, estatuas, gestión del agua, comercio, alianzas, nombramientos de sacerdotes y sacerdotisas y guerras. Estos temas se repetían una y otra vez. Las palabras de los reyes nos proporcionan un esqueleto de los acontecimientos políticos sobre el que podemos empezar a colgar una narración sobre su mundo. No importa que sus relatos fueran ciertamente parciales, probablemente exagerados y claramente interesados. En ellos encontramos nombres de personas y lugares, y relatos de alegrías y problemas. Siempre ha sido más fácil estudiar la sociedad, la religión y la economía en el antiguo Próximo Oriente que la política, pero es útil tener una idea general de lo que ocurría políticamente para poder enmarcar el resto.

Los orígenes de la realeza no están claros, pero una vez inventada, la monarquía se aferró tenazmente a ella. Tal vez en Mesopotamia pareciera natural porque la población se había acostumbrado a los reyes-sacerdotes durante el anterior periodo de Uruk. Tener a un hombre poderoso al mando no era algo nuevo. Tal vez los reyes fueran aceptados por sus súbditos porque poco a poco empezaron a afirmar que los dioses los habían elegido para su función (aunque Ur-Nanshe no mencionó esto; parece que fue un concepto que se desarrolló después de su reinado). Tal vez se debiera a que los reyes se iniciaron como líderes militares y presumiblemente contaban con la lealtad de sus tropas. Y quizás porque la función de rey era hereditaria, como casi todos los demás cargos en Sumeria. El príncipe heredero elegido recibía mucha formación para poder ocupar el puesto de su padre sin problemas. Fuera cual fuese la razón o razones, los mesopotámicos abrazaron la monarquía y llegaron a creer que los dioses se la habían dado como la forma ideal de gobierno. ¿Quiénes eran ellos para cuestionar a los dioses?

Ur-Nanshe, al igual que otros reyes de la Dinastía Temprana, contaba probablemente con la ayuda de una asamblea de la ciudad y un consejo de ancianos.[29] Aunque ordenada divinamente, la idea sumeria de la monarquía no era absoluta. Ur-Nanshe era contemporáneo de los reyes de la Cuarta Dinastía en Egipto, pero su poder sobre sus súbditos era mucho menos arrollador que el de ellos, y su pequeño reino era una fracción del tamaño de Egipto. Los reyes egipcios de la Cuarta Dinastía de la época de Ur-Nanshe pudieron (y de hecho lo hicieron) ordenar la construcción de lo que todavía se encuentra entre los monumentos más grandes y pesados jamás construidos en la Tierra: las Grandes Pirámides. Nada en Mesopotamia en esa época era ni remotamente comparable.

A menudo se habla del antiguo Egipto y de la antigua Mesopotamia al mismo tiempo. Compartían una región bastante pequeña, al menos a ojos modernos, y fueron las dos primeras culturas urbanas de la Tierra. Como hemos visto, durante el periodo de Uruk estuvieron en contacto, comerciando y compartiendo influencias. Es posible que los mesopotámicos se vieran influidos por Egipto a la hora de adoptar la idea de tener reyes para gobernar sus estados urbanos. Sin embargo, en la época de Ur-Nanshe, las dos civilizaciones parecen haber perdido el contacto regular entre sí, y es muy posible que el rey de Lagash no supiera nada de sus contemporáneos a lo largo del Nilo. Egipto nunca se menciona en los textos de la Sumeria dinástica temprana, al menos en los que se han encontrado.

Ur-Nanshe usaba el título *lugal*, que significaba, literalmente, "hombre grande" (*lu* significaba "hombre"; *gal* significaba "grande" en sumerio), y *lugal* casi siempre se traduce como "rey". Sus sucesores en Lagash eligieron en su lugar el título de *ensi*. En épocas posteriores, un *ensi* era un gobernador y, por tanto, de rango inferior al de un rey, pero en esta época temprana los dos términos parecen haber sido sinónimos. Los sucesores de Ur-Nanshe siguieron sin centrarse en grandes demostraciones de poder sobrehumano como sus contemporáneos en Egipto; en su lugar, se preocuparon cada vez más por sus batallas con la vecina Umma por el control de las tierras Gu'edena.

Ur-Nanshe es uno de los primeros reyes de la Tierra cuyo nombre conocemos, pero desde luego no se consideraba el principio de la historia. Nadie en lo que llamamos el mundo antiguo lo hizo. Su cultura era, en aquel momento, la más moderna que el mundo había visto jamás, avanzada en tecnología, desarrollando conexiones hasta entonces imposibles con otras culturas, orgullosa de sus logros.

La gente de la época de Ur-Nanshe no recordaban una época anterior a la construcción de sus ciudades o al reinado de los reyes. Cuando, unos siglos más tarde, los escribas crearon un documento llamado "Lista de reyes sumerios" para plasmar su comprensión del pasado, escribieron (en relación con la época anterior a lo que llamamos el periodo dinástico temprano): "En cinco ciudades reinaron ocho reyes durante 385.200 años".[30] Creían que a este periodo le siguió un diluvio, tras el cual reinaron otros "23 reyes durante 23.310 años" en la ciudad de Kish, y luego más, todo ello antes de llegar aproximadamente a la época de Ur-Nanshe (que no se nombra en la lista). Uno de los reyes de Uruk en este período mítico temprano fue "Gilgamesh, cuyo padre fue un fantasma" que "reinó durante 126 años".[31] Gilgamesh llegó a ser uno de los grandes héroes de la literatura mesopotámica, pero si fue un rey real no tenemos pruebas de su existencia en su propia época. Más adelante volveremos a hablar del poema épico sobre él.[32]

Obviamente, los supuestos reinados de la lista de reyes sumerios eran absurdamente largos y pertenecían al ámbito de la leyenda, no de la historia, pero nos dicen que los habitantes de la Sumeria Dinástica Temprana probablemente creían estar viviendo en el punto final de más de 400.000 años de civilización. Para ellos, su cultura era casi inconcebiblemente antigua y estaba bien asentada. Les habría asombrado saber que nosotros consideramos que estaban justo en el principio.

Antes de continuar, debo señalar otro hecho sobre Ur-Nanshe, sus sucesores en Lagash y los reyes de muchas otras ciudades-estado de la Dinastía Temprana. No gobernaban solos. La reina -la esposa principal de cada rey- desempeñaba un papel considerable. Ur-Nanshe no sólo representó a sus hijos e hijas en sus relieves escultóricos; su esposa Minbara-Abzu también aparecía.[33] Después de la época de Ur-Nanshe, se sabe mucho más sobre las reinas y sus responsabilidades.

REY EANNATUM DE LAGASH

En algún momento del siglo XXV a.C., el nieto de Ur-Nanshe, Eannatum, llegó al poder en Lagash. Siguió luchando contra la ciudad-estado de Umma, enemiga perpetua de Lagash, pero también afirmó haber librado y ganado batallas contra tierras lejanas como Mari, muy al noroeste, en el Éufrates sirio, y (como Ur-Nanshe antes que él) contra Elam, al este. Sin embargo, estas campañas militares no parecen haber ampliado su reino en absoluto.[34] La principal razón de su importancia para la historia es la impresionante estela de piedra que erigió en su capital, Girsu, para conmemorar sus victorias sobre Umma. Se la conoce como la "Estela de los Buitres", y los fragmentos que se conservan miden 180 centímetros de alto por 130 de ancho. Podría haber sido incluso más alta cuando estaba completa.

La estela recibe su nombre moderno de una escena bastante horripilante en la parte superior del reverso, que muestra buitres picoteando las cabezas de soldados muertos, pero los buitres eran incidentales a las escenas principales. En el anverso (véase la figura 3.4), un dios de pie lo domina todo, ocupando aproximadamente dos tercios de la altura del monumento. En su mano sostiene una enorme red que contiene una masa

Fig. 3.4 Anverso de la Estela de los Buitres que muestra al dios Ningirsu sujetando prisioneros con una red, siglo V a.C. (Wikipedia. Dominio público)

de soldados desnudos y muertos, todos amontonados, con los miembros entrelazados. El espectador no habría tenido ninguna duda de que se trataba de los hombres de Umma que habían sido derrotados por Eannatum y que el dios era el responsable de la victoria.

En el reverso (véase la Fig. 3.5), el artista mostraba escenas de una batalla que Lagash había ganado. Sólo se conservan fragmentos, pero son suficientes para que los puntos principales queden claros. En cuatro escenas, o registros, apilados unos sobre otros, se muestra a enemigos de Umma (de nuevo desnudos y muertos) desparramados por el suelo, a veces literalmente bajo los pies. En al menos dos de los registros, Eannatum, más grande que la vida, conduce a sus tropas al triunfo. Las tropas de Lagash se alinean detrás de él, armadas con cascos, escudos y lanzas, el modelo de disciplina. En el segundo registro superior (el pequeño regitro superior que sólo muestra esos ominosos buitres), las armas de los soldados están desenvainadas mientras marchan en formación de falange, con las lanzas apuntando entre sus escudos rectangulares a juego. Eannatum marcha delante de ellos. En la escena siguiente, las tropas llevan las armas al hombro, mientras Eannatum cabalga solo en su carro a la cabeza, con una lanza en la mano, preparado para golpear a

Fig. 3.5 Reverso de la Estela de los Buitres que muestra al rey Eannatum de Lagash dirigiendo a sus tropas en la batalla, siglo XXV a.C. (Wikipedia. Dominio público)

alguien o algo (la parte relevante está perdida). La impresión general que se tiene es que Umma no tenía ninguna posibilidad de victoria. También es interesante observar que el ejército de Lagash estaba obviamente bien entrenado para luchar como una unidad, y que los soldados estaban equipados con armas estándar, capas, escudos y cascos. Todo ello debió de ser organizado y pagado por el palacio.

En la inscripción que acompaña a la estela, Eannatum afirma que es hijo físico del dios local Ningirsu, que nació de "semen implantado en el vientre por el dios Ningirsu".[35] Aunque no llega a proclamarse dios (los reyes mesopotámicos rara vez lo hacían), entra en más detalles sobre sus estrechos vínculos con los dioses y, a continuación, relata la batalla con el rey de Umma por la frontera que compartían, presumiblemente la que se muestra en las escenas del reverso de la estela.

Eannatum señaló entonces que había exigido al rey de Umma que jurara apoyarle y no invadir nunca, en el futuro, las tierras controladas por Lagash. El rey de Umma juró en nombre de seis dioses diferentes, y gran parte del texto de la estela está dedicado a ellos. El primer juramento fue en nombre del rey de los dioses, Enlil: "Eannatum dio la gran red de batalla del dios Enlil al líder de Gish[a] (es decir, Umma) y le hizo jurar por ella."[36] El rey de Umma hizo entonces la misma promesa a las diosas Ninhursag (diosa de la fertilidad de las montañas) y Ninki (diosa de las plantas e hija de Ninhursag), y a los dioses Enki (dios del agua dulce), Sin (dios de la luna, también conocido como Nanna) y Utu (dios del sol).

Juramentos como éste, y como el realizado por Ushumgal años antes en la estela de Umma, algo indescifrable, que aparece al principio de este capítulo, siguieron siendo cruciales para la resolución de disputas. Sólo se podía confiar en los dioses para que un rey (o cualquier otra persona) cumpliera su palabra. El rey de Umma podía esperar que las seis deidades le castigaran si intentaba mover la frontera en el futuro.

REY ENMETENA DE LAGASH: GUERRERO, DIPLOMÁTICO Y BENEFACTOR

Puede que el juramento del rey de Umma sirviera para desalentar las agresiones durante un breve periodo de tiempo, ya que unas décadas más tarde el rey Enmetena de Lagash (c. 2450 a.C.) seguía luchando contra Umma por el mismo territorio. Afortunadamente para los historiadores, escribió un largo resumen del conflicto, en el que sitúa sus propias acciones en el contexto de décadas de lo que, en retrospectiva, parecen haber sido guerras bastante inútiles. Se trata de uno de los primeros intentos de escribir una historia de los acontecimientos. No cabe duda de que también fue una obra de propaganda y autopromoción, pero debió de implicar cierta investigación sobre los enfrentamientos pasados entre las dos tierras, tal vez incluso el estudio de inscripciones antiguas.

No empezó su historia con la vida de su bisabuelo, el rey Ur-Nanshe, sino con los dioses. Según el rey Enmetena, había sido el dios "Enlil, rey de todas las tierras, padre de todos los dioses" quien había "fijado la frontera (entre el dios) Ningirsu y (el dios) Shara", es decir, la frontera entre los reinos de Lagash y Umma.[37] La frontera no había sido creada por los hombres; había sido obra del propio Enlil, el mayor de todos los dioses. Esto significaba, obviamente, que había que mantenerla justo donde el dios la había establecido y protegerla de cualquier movimiento. Y así, como él lo describió, un rey de Lagash tras otro habían intentado hacer precisamente eso, contra lo que ellos veían como las ruines incursiones de los reyes y ejércitos de Umma. Sin duda, los reyes de Umma veían las cosas de otra manera.

Durante el reinado de Enmetena, su homólogo en Umma era el rey Il, un antiguo administrador del templo que de algún modo había ascendido al trono. Los dos hombres discrepaban sobre algo más que la posición de la frontera entre ellos. También estaba la cuestión de un préstamo impagado en cebada. El rey Il debía devolver la cebada a Enmetena con intereses. Las cantidades enumeradas son asombrosas, más allá de cualquier cosa remotamente posible. Los 1.866.240.000 litros que Il supuestamente había pagado a Enmetena ¡no eran suficientes![38] Hay algo erróneo en estas cifras -esta cantidad de cebada llenaría unas 750 piscinas olímpicas-, así que podemos ignorar la cantidad y limitarnos a señalar que, en opinión de Enmetena, los pagos realizados por Umma no cubrían lo que se debía.

Aquí es donde la inscripción se vuelve aún más interesante. El escriba escribió que "Enmetena, gobernante de Lagash, envió representantes a Il" para tratar la cuestión del pago de los préstamos y la frontera con Umma. En cierto modo, esto tiene mucho sentido. Por supuesto, los dos reyes tenían que enviarse representantes el uno al otro; no podrían haber ido en persona sin quedar mal. Alguien tenía que exigir el pago del préstamo y traer la cebada en su nombre. Alguien tenía que comunicar al rey de Umma que el rey de Lagash no estaba satisfecho con la posición de un nuevo canal fronterizo que habían excavado los hombres de Umma. Los representantes parecen haber presentado la causa de su rey al rey de Umma y haber negociado. Eran, en una palabra, diplomáticos.

En este caso, el rey de Umma no estaba dispuesto a acceder a las exigencias de Enmetena. Gritó a los enviados de Lagash: "¡El canal fronterizo de Ningirsu y el canal fronterizo de Nanshe son míos!"[39] y juró trasladar un dique a un lugar más ventajoso para su propio reino. No sabemos si los enviados regresaron a casa con una carta del rey de Umma o si se limitaron a memorizar el mensaje. En cualquier caso, proporcionaron los medios para que tuviera lugar una conversación entre los dos reyes.

El rey Enmetena también debió de recurrir a la diplomacia en otro momento de su reinado. Grabo en otra inscripción "Enmetena, soberano de Lagash, y Lugal-kinesh-dudu, soberano de Uruk, establecieron una hermandad (pacto) (entre ellos)"[40]. La hermandad, *nam-shesh* en sumerio, se refería a una alianza formal, y ésta es la primera mención conocida de ella en la historia de Mesopotamia. Probablemente, los dos reyes juraron no atacarse entre ellos y enviar regularmente enviados entre sus cortes. La diplomacia tuvo una larga historia en la región después de esto; como se verá, los reyes a menudo preferían estar en paz que en guerra, y en tiempos de guerra les gustaba tener aliados -reyes "hermanos"- en otros estados. Sería fascinante saber en qué se inspiraron el rey de Lagash y el rey de Uruk para acordar esta alianza. ¿Quién la propuso? ¿Cuáles fueron las condiciones? ¿Qué ganaba cada uno? ¿Se habían enfrentado en el pasado? ¿Lucharon conjuntamente contra otras ciudades-estado, como Umma? No lo sabemos, pero Enmetena se adelantó a su tiempo. Los reyes amigos crearon alianzas formales y se llamaron hermanos durante siglos después de esto.

También se adelantó a su tiempo en otro aspecto. Como él dijo: "Anuló las obligaciones de Lagash, devolvió el hijo a la madre y la madre al hijo. Anuló las obligaciones relativas a los préstamos de grano con intereses".[41] Esta acción fue exactamente lo que parece: Enmetena canceló las deudas del pueblo de Lagash y reunió a las madres con sus hijos que servían como esclavos por deudas, y viceversa. ¿Puede imaginarse un acto más popular? Los tipos de interés en Sumeria eran agobiantes, y pocas personas que habían tomado grano prestado podían esperar devolver tanto el capital como los intereses. Un último recurso del prestatario era servir, a veces con los miembros de su familia, en la casa del acreedor como esclavos hasta que se considerase pagado el préstamo. Enmetena, de un plumazo, devolvió la esperanza a estas personas en su ciudad-estado. El peso y la preocupación de sus préstamos impagados desaparecieron y las familias se reunieron.

El término en sumerio que traducimos como "libertad", *amar-gi*, significaba literalmente "volver a la madre". Es una imagen triste y conmovedora. Mientras que nosotros nos referimos a la libertad como un ideal abstracto, ellos contemplaban la situación concreta de un niño que se trasladaba de un lugar donde estaba esclavizado, de vuelta a la seguridad y comodidad del hogar y de su madre. Enmetena se jactaba de haber proporcionado este tipo de libertad a los esclavos por deudas de Lagash[42].

Probablemente se decidió por esta acción por varias razones. La popularidad podría haber sido una de ellas. No estaba de más ser apreciado por los súbditos, incluso en una monarquía. Pero también podría haber sido bueno para la economía. Los templos que concedían la mayoría de los préstamos podían permitirse absorber las pérdidas, y el pago de intereses por parte de los prestatarios podría haber restado riqueza a los propios ingresos de la corte. Fuera cual fuera la razón, Enmetena estaba creando el molde de un monarca llamativamente bondadoso, cuya cara pública no era la de un guerrero o un capataz, sino la de un generoso benefactor de su pueblo. ¿Quién querría derrocar a un hombre así?

En sus inscripciones, Enmetena también enumeraba a menudo los templos que había construido en su reino y señalaba que había construido "para el dios Ningirsu, el señor que lo ama, su cervecería (la de Ningirsu)".[43] Quizá una cervecería no sea lo primero que se esperaría que necesitara una deidad, pero todo el mundo en Mesopotamia bebía cerveza, los dioses incluidos. Tal vez recuerden que Kushim, que controlaba los suministros de cerveza en el complejo de templos de Uruk siglos antes, fue una de las primeras personas a las que se nombró en un documento.

Y luego estaba la estatua de Enmetena, sobre la que se podría escribir toda una biografía propia (véase la Fig. 3.6). Está tallada en diorita, una piedra dura importada de lo que hoy es Omán, y mide 76 centímetros de altura. Enmetena lleva una falda de lana con volantes que le llega casi hasta el pecho, los pies descalzos y las manos cruzadas sobre el pecho desnudo en señal de oración. Desgraciadamente, le falta la cabeza, pero la estatua conserva una inscripción que nos dice no sólo que la figura representa al rey Enmetena, sino incluso el nombre de la estatua y el lugar donde se colocó: "En aquel tiempo, Enmetena hizo una estatua de sí mismo, la llamó 'Enmetena (es el) Amado del dios Enlil' y la colocó ante el dios Enlil en el templo".[44] La estatua podía representar al rey, rezando perpetuamente ante el mayor de los dioses. Continuó, pidiendo a su dios personal que también hablara bien constantemente con Enlil: "Enmetena, que construyó el E-ada (templo) -que su dios personal, el dios Shul-utul, rece para siempre al dios Enlil por el bien de Enmetena".[45]

Esto suena un poco a trampa-Enmetena podría seguir con su vida y no preocuparse de rezar a Enlil. Su estatua y su dios personal se encargarían de ello por él. Pero si se observa con más detenimiento, se ve que la inscripción de la estatua en realidad nos da una idea más amplia, ajena a nosotros en el mundo moderno. La estatua no era sólo una represen-

Fig. 3.6 Estatua de diorita del rey Enmetena de Lagash, hallada en Ur, c. 2450 a.C. (Osama Shukir Muhammed Amin FRCP (Glasg))

tación del rey. Para la mente de un mesopotámico, una estatua contenía una parte del propio ser de la persona a la que representaba. Enmetena no evitaba rezar: Ahora lo hacía todo el tiempo porque la parte de él que residía en la estatua rezaba perpetuamente en su nombre. La estatua también podía recibir ofrendas. Tenía una fuerza vital propia que incluso sobrevivió al rey. Tras su muerte, se convirtió en centro de rituales, como veremos.

En algún momento, probablemente mucho después de la muerte de Enmetena, alguien decidió privar a la estatua de su poder -en cierto modo, matarla- cortándole la cabeza. Y quizá después permaneció enterrada durante siglos. Al final, los arqueólogos encontraron la estatua en la ciudadela de Ur, no en Lagash, y no en un edificio de la Dinastía Temprana, sino en un nivel de ocupación mucho más tardío, que databa del rey babilonio Nabonido, que gobernó esta región casi 2.000 años después de Enmetena[46]. Le gustaba coleccionar objetos que ya eran muy antiguos, incluso en su época. No sabemos dónde encontró Nabónido la estatua de Enmetena antes de incorporarla a su colección. Actualmente se exhibe en el Museo de Irak, en Bagdad[47].

TUMBAS REALES DE UR

No se ha encontrado la tumba de Enmetena, ni tampoco las de ninguno de los reyes de Lagash o Umma. Pero se excavaron tumbas reales de esta época en la cercana ciudad de Ur y eran extraordinarias. Ur estaba al suroeste de Lagash, en la costa del mar Inferior (el golfo Pérsico), y parece que estuvo sometida a Lagash en algunos momentos del Periodo Dinástico emprano.

Las tumbas de Ur se excavaron en la década de 1920 y fueron noticia sensacional en su momento. Las excavó un equipo dirigido por un arqueólogo británico llamado Leonard Woolley. Empleó a muchos trabajadores en Ur, que descubrieron literalmente miles de tumbas durante las excavaciones. De ellas, unas 660 eran enterramientos de personas del Periodo Dinástico Temprano.[48] La mayoría eran tumbas sencillas cuyos ocupantes se llevaron poco al morir -algunas joyas, algunas vasijas, una daga, ese tipo de cosas-. Casi todos fueron enterrados en posición flexionada, con las manos cerca de la boca, y la mayoría sostenía una copa.[49]

Dieciséis de las tumbas, sin embargo, eran mucho más elaboradas, y Woolley decidió que eran las tumbas de la realeza. Aunque durante el siglo transcurrido desde su hallazgo se ha discutido mucho sobre si los difuntos eran realmente reyes y reinas, la mayoría de las pruebas apoyan la conclusión original de Woolley.[50]

Muchas de las tumbas reales habían sufrido numerosos robos en la antigüedad, pero algunas de ellas aún conservaban muchos de los regalos de lujo que habían sido enterrados con los monarcas, por lo que Woolley fue muy cuidadoso al descubrirlas. Él y su esposa Katherine realizaron ellos mismos la mayor parte de la excavación de las tumbas reales. De hecho, fueron tan cuidadosos que Woolley admitió que a veces el trabajo le resultaba tedioso, tumbado en el suelo, quitando meticulosamente la suciedad de las diminutas cuentas y las frágiles piezas de oro y conchas.[51] Afortundamante, los Woolley conservaron registros y fotografías sorprendentemente cuidadosos en comparación con otras excavaciones de la misma época.

Los hallazgos de Ur fueron noticia en parte por las enormes cantidades de oro y otros bienes preciosos que se encontraron, y para los historiadores fueron importantes porque se habían descubierto muy pocas tumbas reales en Mesopotamia. (Esto sigue siendo cierto.) A diferencia de sus homólogos egipcios de la misma época, los reyes mesopotámicos no colocaban monumentos gigantescos sobre sus tumbas, por lo que no son fáciles de encontrar.

Dos de las tumbas reales más antiguas de Ur se construyeron unas décadas antes de que Ur-Nanshe gobernara en Lagash. Los gobernantes muertos en estas primeras tumbas pasaban la vida después de la muerte en elaborados edificios con gruesos muros de piedra enlucida y techos abovedados en cada habitación, ambas casas con cuatro habitaciones conectadas por puertas.[52] Las entradas principales estaban rematadas con arcos de piedra. Parecían casas costosamente construidas que casualmente estaban bajo tierra. La piedra no se conseguía fácilmente, por lo que su uso marcó la importancia de estas estructuras.

Ambas tumbas habían sido saqueadas a conciencia en la antigüedad, dejando las salas vacías salvo por unos pocos objetos y algunos fragmentos brillantes en el suelo que insinuaban las riquezas que debían de haber sido enterradas con el gobernante. Algunos pendientes y alfileres sobrevivieron en estos mausoleos, junto con hojas hechas de oro, un tablero de juego de plata y algunas copas. Si los ladrones pensaron que estas riquezas eran bagatelas que valía la pena abandonar, ¿Qué habrán robado? Las posibilidades aturden la mente.

Sin embargo, Woolley descubrió que un rincón de la habitación más alejada de uno de los edificios había escapado de algún modo al ataque de los ladrones.[53] En él, descubrió el cráneo de un hombre que había sido enterrado con un gorro decorado con miles de diminutas cuentas de lapislázuli. Junto a su cabeza había uno de los hallazgos más espectaculares de las tumbas reales: Una estrecha caja de madera decorada con un mosaico de conchas y lapislázuli[54]. Es diminuto, cada cara no mucho más grande que una hoja de papel de tamaño legal, 47 centímetros (18,5 pulgadas) de

Fig. 3.7 Lado de la paz del Estandarte de Ur, hallado en las Tumbas Reales de Ur, mediados del tercer milenio a.C. (British Museum. Wikipedia. Dominio público)

largo y sólo 20 centímetros (8 pulgadas) de alto. Es difícil imaginar que se llevara a la batalla como un estandarte en torno al cual las tropas pudieran reunirse, como proponía Woolley. En lo alto de un poste ni siquiera se distinguirían las diminutas figuras que lo componen. Otra posibilidad es que fuera la caja de resonancia de un instrumento musical.

En los dos lados largos de la caja, las escenas rectangulares están divididas en tres niveles, o registros, como el anterior vaso de Uruk o la estela de los buitres, con figuras pálidas dispuestas en fila india sobre el rico azul del lapislázuli. Por un lado, el artista creó una imagen de una época de paz (véase la figura 3.7). En los dos registros inferiores caminan hileras de hombres y animales (asnos, ovejas, cabras y vacas), algunos de los cuales llevan bolsas o mochilas a la espalda. En el registro superior hay un banquete al que asisten siete hombres.

El más alto de ellos era casi con toda seguridad el rey y probablemente el mismo con el que fue enterrado el objeto. Aquí preside la riqueza de su tierra, que es un lugar de música, banquetes, abundancia, animales mansos, siervos obedientes y comportamiento ordenado.

En el otro lado, los tres registros cuentan una historia diferente (véase la figura 3.8). El registro inferior representa cuatro carros iguales y sus conductores. Como en una novela gráfica, leído de izquierda a derecha, el primer carro avanza lentamente, el segundo, delante de él, más deprisa, el tercero aún más rápido y el cuarto al galope, con las patas delanteras de los asnos levantadas y las cabezas tensas contra los arneses. Bajo las patas de los tres carros delanteros yacen las figuras desnudas y sangrantes de

Fig. 3.8 Lado de guerra del Estandarte de Ur, hallado en las Tumbas Reales de Ur, mediados del tercer milenio a.C. (British Museum. Wikipedia. Dominio público)

los enemigos muertos. El segundo registro muestra a soldados sumerios ataviados con capas y cascos idénticos, cada uno con una lanza en ambas manos, junto con prisioneros de guerra, algunos de ellos desnudos, otros sangrando, que son conducidos en una miserable procesión que continúa hasta el registro superior, donde son presentados al rey, ahora de pie y frente a ellos, con una maza en la mano. Su considerable estatura y la túnica que lleva hasta el suelo subrayan su importancia. Detrás de él se sitúan cuatro sirvientes y su carro.

En estas dos escenas, y sin escribir nada, el artista ha contado la historia de un líder que domina tanto en la guerra como en la paz y cuyo mundo está ordenado, incluso tras una sangrienta batalla. Cada hombre parece conocer su papel. Y, en efecto, todos son hombres, con la posible excepción de uno de los músicos del banquete, cuya larga cabellera podría indicar que es una mujer, aunque sus ropas parecen masculinas. A pesar del protagonismo de las mujeres en las cortes y los templos de la época, que analizaremos en el próximo capítulo, se trataba sin duda de una sociedad en la que dominaban los hombres.

Este rey del estandarte real no era el único habitante de su tumba. Una depresión rectangular en el suelo de una habitación habría albergado otro ataúd,[55] al igual que una depresión similar en otra habitación.[56] Y esparcidos en desorden había otros huesos humanos. Woolley calculó que quizá había cinco cuerpos cerca de la entrada,[57] un cráneo en una habitación,[58] y cuatro cuerpos en otra,[59] aunque a dos de ellos les faltaba el cráneo. A juzgar por lo que parecen haber sido tres enterramientos principales en tres de las cuatro habitaciones, parece probable que esta tumba primitiva se construyera para más de un miembro de la familia real, sirviendo de lugar de enterramiento familiar y reutilizándose a lo largo de varias generaciones.

Se han descubierto tumbas como ésta en un yacimiento llamado Tall Ahmad al Hattu, pero de una época anterior a la de las tumbas de Ur.[60] En Tall Ahmad, al igual que en Ur, los miembros de la élite eran enterrados en casas para los muertos. Los sucesivos entierros tenían lugar en un único edificio subterráneo, y los anteriores ocupantes eran barridos sin ceremonias para dejar espacio al último enterramiento.[61] En una de las cámaras funerarias había once cráneos y huesos largos variados, que presumiblemente se quitaban de en medio cuando se celebraba un nuevo funeral.[62] ¿Esto explica los cráneos y esqueletos parciales de la tumba de cuatro cámaras de Ur? Tal vez.

Pero después de estas dos primeras tumbas de varias salas, los enterramientos ligeramente posteriores de reyes y reinas de la Dinastía Temprana en Ur incluían muchos más esqueletos, y está claro que, en estas tumbas, no eran el resultado de sucesivos enterramientos individuales. Los cuerpos fueron enterrados todos al mismo tiempo. Esto puede sonar macabro, y probablemente lo fue. La conclusión parece ineludible: En el transcurso de los funerales reales de Ur se mataba y enterraba a gente, a veces a docenas de personas.

Los detalles de estas muertes, sin embargo, son difíciles de discernir, al igual que los rituales de los funerales. Ocho de las tumbas, además de las dos que ya he comentado, incluían edificios para albergar a los monarcas muertos bajo tierra.[63] Sin embargo, las tumbas construidas posteriormente eran considerablemente más pequeñas que las de los dos primeros enterramientos. No contaban con cuatro habitaciones; por lo general, sólo se construía una. Contenía el ataúd del rey o reina muertos, junto con suntuosos regalos (algunos de los cuales escaparon a los ladrones de tumbas). A diferencia de las tumbas anteriores, algunas de estas tumbas se habían construido en una esquina de una fosa más grande que podía contener más regalos… y personas.

Woolley creía que se trataba de asistentes de la corte que habían entrado vivos en las fosas de las tumbas (posiblemente cantando y tocando música) y habían bebido veneno para morir voluntariamente con su gobernante, dispuestos a ayudarle en la otra vida. Sin embargo, un equipo de investigadores ha realizado tomografías computarizadas de los cráneos de dos de los asistentes (procedentes de dos tumbas diferentes), que ofrecen una imagen muy distinta.[64] Ambas víctimas habían sido golpeadas en la cabeza con un objeto puntiagudo y afilado, y cada uno había recibido un golpe lo suficientemente fuerte como para que el arma perforara su cráneo. Parece que los esqueletos de las tumbas reales no proporcionaban pruebas de un suicidio colectivo pacífico, sino más bien de un asesinato en masa.

El funeral original del rey o la reina bien podría haber incluido música y banquetes, como había propuesto Woolley, y las personas que acabaron en la tumba con el rey o la reina podrían incluso haber formado parte de esa ceremonia. Pero el asesinato de los asistentes podría haberse producido días o incluso semanas después. Después de matar a los asistentes, sus cuerpos se vistieron con ropas finas y se colocaron en la tumba como maniquíes, posando como si tocaran música, condujeran bueyes o montaran guardia. Los cráneos mostraban signos de haber sido calentados y tratados con mercurio, lo que habría retrasado la putrefacción de los cuerpos y hecho más convincente el montaje[65].

Curiosamente, Woolley y los excavadores también hallaron cinco fosas funerarias que parecen haber incluido sólo asistentes, aparentemente sin ninguna señal de la persona a la que se suponía que habían asistido.[66] Woolley pensó que con estas víctimas había habido cámaras funerarias y monarcas muertos y que éstas debieron ser destruidas por tumbas posteriores. Pero quizá estas fosas fueran añadidos para alguno de los otros enterramientos. O tal vez el rey o la reina, el sacerdote o la sacerdotisa muertos estuvieran de hecho entre los otros esqueletos, destacando sólo por la extravagancia de su vestimenta.[67]

Woolley llamó a uno de estos enterramientos en grupo el "Gran Foso de la Muerte", lo que sin duda le dio mucha publicidad.[68] En él había setenta y cuatro esqueletos, la mayoría de ellos de mujeres vestidas con lo que debían de ser elaborados vestidos (aunque se habían desintegrado) y ataviadas con joyas: alfileres, collares, pendientes y cintas para el pelo de oro, plata, cornalina y lapislázuli, todo ello importado desde grandes distancias y que habría valido una fortuna. Los cuerpos estaban alineados en hileras en el suelo de la fosa. En la fosa también había tres liras, listas para ser usadas por las difuntas para tocar música en la otra vida.

Uno de los esqueletos de la Gran Fosa de la Muerte (el número 61, según la designación de Woolley) destacaba entre los demás: Aunque no había sido colocado en una cámara construida, se distinguía en varios aspectos de las mujeres que la rodeaban. Para empezar, la copa que sostenía era de plata, mientras que las de las demás eran de barro, y estaba adornada con más joyas que nadie.[69] Un sello cilíndrico encontrado en otro de los esqueletos podría haber identificado su profesión. Se leía "Jóven del Gipar"[70]. El Gipar era el nombre del palacio de Ur que ocupaba la gran sacerdotisa del dios Nanna, el dios de la luna que tenía su hogar en Ur. Quizá el esqueleto 61 había sido la gran sacerdotisa.

Algunos de los gobernantes para los que se organizaron estos enterramientos eran reinas. Una de ellas puede identificarse por el sello de su cilindro. Se llamaba Puabi y tuvo uno de los entierros más extravagantes de todos, acompañada en su muerte por veinte personas, junto con dos bueyes y un carro. Habría sido contemporánea de una de las primeras parejas reales de Lagash, tal vez el rey Ur-Nanshe y la reina Min-bara-Abzu.[71] ¿Podrían las primeras parejas reales de Lagash haber seguido el mismo tipo de prácticas funerarias que los gobernantes de Ur? ¿Es posible que también hicieran matar a sus asistentes para que se reunieran con ellos en el más allá? Hasta que no se encuentren sus tumbas, si es que eso ocurre algún día, no tendremos forma de saberlo.

Los eruditos han propuesto muchas teorías para explicar la presencia de los asistentes de los muertos en las tumbas reales de la primitiva Ur, pero no han llegado a un consenso. Puede que, al final, ni siquiera sea algo que necesite una explicación específicamente mesopotámica. Los primeros reyes de Egipto hicieron lo mismo, al igual que los primeros reyes de Nubia (en una fecha posterior), junto con algunos reyes chinos durante los inicios de la dinastía Shang, y otros más tarde aún en el Nuevo Mundo, en Panamá y Perú.[72]

La práctica nunca parece haber durado mucho en ninguno de estos lugares. Tal vez el asesinato de sirvientes a la muerte de un gobernante fuera un síntoma de una época en la que la realeza era relativamente nueva en cada región y los límites del poder real no se habían fijado del todo. Si uno necesitaba sirvientes en esta vida, seguramente también los necesitaría en la otra. Hacer matar y enterrar a los cortesanos convenientemente cerca, en la propia tumba, aseguraba que estarían allí mismo por toda la eternidad.

Tal vez sea más revelador el hecho de que la práctica cesara. No puede haber sido una tradición especialmente popular entre los seleccionados para la muerte, o para sus familias, y también podría haber perjudicado a los herederos del gobernante, que podrían haber perdido una cantidad considerable de conocimientos especializados de la corte, que murieron junto con los asistentes del rey o reina anterior. En Egipto y China, los asistentes asesinados eran sustituidos por modelos o pinturas de personas que podían revivir milagrosamente en el inframundo. No parece haber sido así en Mesopotamia.

Quizá la última de las tumbas reales de Ur fue la de un rey o príncipe llamado Meskalamdug.[73] Su ataúd se había desintegrado, pero la impresión de la madera permaneció en la arcilla que lo rodeaba cuando Woolley estaba excavando.[74] Tanto dentro como fuera del ataúd, Woolley encontró una asombrosa cantidad de bienes, entre los que se incluían armas ceremoniales como una daga de oro y hachas de electro. Ambas habrían sido inútiles en la batalla, pero constituían una prueba reluciente del poder y el prestigio del hombre. Su nombre estaba grabado en una lámpara y un cuenco de oro. Los objetos de oro, plata, bronce, cobre, lapislázuli, diorita y concha llenaban el pozo funerario. No había personas con él, ni tampoco modelos de personas. Meskalamdug iba a la otra vida solo, dependiendo, tal vez, de sus herederos para que le proporcionaran comida y bebida que le mantuvieran durante toda la eternidad en el mundo de las tinieblas.

Los escribas del Dinástico Temprano no nos han dejado saber qué creía la gente sobre la vida después de la muerte en esta época. Sin embargo, a juzgar por los enterramientos, pensaban que uno podía llevarse consigo su riqueza y poder al morir. Incluso los pobres eran lo bastante optimistas como para incluir en sus tumbas pequeños tesoros y ollas con comida para los muertos. Curiosamente, este concepto parece haber sido sustituido por otro en el que la gente creía que los muertos sólo vivían en un mundo oscuro, subterráneo y sin comodidades en el que los reyes no tenían más poder que nadie. Así, al menos, se describía el mundo subterráneo en dos obras literarias posteriores, la Epopeya de Gilgamesh y el Descenso de Ishtar.

Sin embargo, los escribas no defraudaron a la hora de dejar constancia de la economía de la época. Las tablillas continuaron cubriéndose con detalles de las administraciones de los palacios y templos de la Dinastía Temprana, que exploraremos en el próximo capítulo.

CAPÍTULO 4

UNA REINA, UN REFORMADOR Y TEJEDORES

Al rey Enmetena de Lagash, que conocimos en el capítulo 3, le sucedió su hijo, cuyo reinado fue breve[1] y que resultó ser el último de la dinastía fundada por Ur-Nanshe. El trono pasó entonces a un hombre llamado Enentarzi, que había sido sacerdote durante el reinado de Enmetena[2]. El reinado de seis años del hijo de Enentarzi, Lugalanda, fue apenas más largo que los de sus predecesores inmediatos, pero nos detendremos aquí, porque la vida y la carrera de su esposa Baranamtara están particularmente bien documentadas y proporcionan una vívida imagen de un estado real de la Dinastía Temprana y de su personal.

LA REINA BARANAMTARA DE LAGASH: ADMINISTRADORA, DIPLOMÁTICA Y FUNCIONARIADO RELIGIOSO

Cuando Lugalanda subió al trono en Lagash, hacia el 2400 a.C., la reina Baranamtara no asumió inmediatamente el control de la hacienda de la reina, como cabría esperar. En su lugar, su suegra, la reina madre Dimtur, continuó controlando la *E-Mi* (literalmente, la "casa de las mujeres") durante un año más.[3] Tal vez durante ese tiempo Baranamtara estuvo aprendiendo de su suegra, para poder hacerse cargo eficazmente de toda la maquinaria administrativa cuando llegara el momento.

Quizás durante este tiempo, Baranamtara encargó que le grabaran un nuevo sello cilíndrico con una inscripción adecuada a su nuevo rango: "Baranamtara, esposa de Lugalanda, gobernante de Lagash".[4] Es un sello grande, con tres registros de imágenes, cada uno de ellos mostrando

Fig. 4.1 Impresión del sello de la reina Baranamtara de Lagash, c. 2400 a.C. (Museo del Louvre. Wikipedia. Dominio público) *Fig. 4.1 Impresión del sello de la reina Baranamtara de Lagash, c. 2400 a.C. (Museo del Louvre. Wikipedia. Dominio público)*

héroes flanqueados por animales que crían (véase la Fig. 4.1). Este tipo de imaginería estaba reservado a los sellos de personas con poder.

El palacio *E-Mi* estaba situado en la ciudad de Girsu, que en esta época era la capital de la ciudad-estado de Lagash. Tradicionalmente, el *E-Mi* había sido un templo dedicado a la diosa Bawa, pero la reina se hizo cargo de su gestión en algún momento anterior a la época de Baranamtara. Una vez que Baranamtara se hizo cargo del *E-Mi*, su gestión debió de convertirse en un trabajo a tiempo completo. Aunque se llamaba "casa" (la palabra era "*e*" en sumerio), el *E-Mi* constituía mucho más que un edificio físico. Poseía 4.465 hectáreas (más de 17 millas cuadradas) de campos.[5] Estos campos producían grandes cantidades de cebada. Durante el reinado de su marido, el nombre de Baranamtara aparecía en los registros relativos a todos los aspectos de la producción de grano del *E-Mi*. Supervisaba la siembra de la semilla, la cosecha (que requería una gran mano de obra), el almacenamiento del grano y su molienda para convertirlo en harina. Para abastecer de agua a los campos, los canales se extendían por todo el territorio de *E-Mi* y requerían un mantenimiento regular. Se destinaron más tierras a cañaverales, huertos y frutales. Unos 100 pescadores trabajaban también para la reina.[6] El palacio poseía ovejas y cabras, ganado vacuno y porcino, y mantenía a los trabajadores que cuidaban de los animales. Una amplia mano de obra de unas 700 personas respondía ante Baranamtara.[7] Entre ellos, unos 250 hombres con cargos superiores recibían como pago el uso de campos de subsistencia, aunque también cobraban en cebada cuatro o cinco meses al año. Los otros 450 trabajadores de menor rango recibían asignaciones de cebada todos los meses.[8]

Entre estos trabajadores de rango inferior, una gran cohorte en el *E-Mi* se dedicaba a la producción de tejidos a partir de la lana de las ovejas de la hacienda; esto era una fuente de riqueza para la reina y para el reino. Las mujeres que trabajaban en el hilado y tejido estaban asignadas a equipos de veinte, cada uno con un supervisor. Los supervisores eran en su mayoría mujeres, aunque también podía haber hombres en estos puestos.[9] Volveremos sobre ellos más adelante en este capítulo. La mano de obra del *E-Mi* creció considerablemente durante el tiempo que Baranamtara estuvo al mando.[10]

Resulta extraño, realmente, lo poco que se menciona al rey, Lugalanda, en las 1.800 tablillas que sobrevivieron del *E-Mi*. ¿Vivía la pareja real separada en sus respectivos palacios? No se sabe. Sin duda, trabajaban por separado, con dominio sobre sus respectivas haciendas, sin que ninguno necesitara supervisar el trabajo del otro. No se ha encontrado el archivo palaciego del rey Lugalanda, pero hemos de suponer que su contenido sería similar al de la hacienda de su esposa. La única diferencia es que no hay pruebas de que la reina tuviera un papel militar, mientras que el rey era sin duda responsable de las tropas de Lagash, como sus predecesores. (Sin embargo, Lugalanda no dejó ninguna inscripción real que mencionara campañas militares, por lo que tal vez su breve reinado no estuvo marcado por la guerra)[11].

Baranamtara fue la madre de al menos dos princesas, llamadas Munussaga y Geme-Bawa,[12] cuyos nacimientos fueron motivo de gran celebración. El día del nacimiento de una hija se hacían ofrendas de ovejas y cabras tanto a los parientes vivos como a los antepasados muertos, y un escriba llevaba la cuenta de los detalles. En el caso de una de las niñas, es casi posible averiguar su fecha de nacimiento basándose en las pistas del texto, pero esto era poco frecuente.[13] Los mesopotámicos no llevaban la cuenta de sus cumpleaños ni de su edad.

El rey Lugalanda y la reina Baranamtara también mantuvieron relaciones diplomáticas por separado.[14] Baranamtara mantuvo una importante alianza con la reina de la ciudad-estado de Adab, situada río arriba de Lagash; ambos estados compartían frontera. Adab era independiente de Lagash, con su propio gobernante, cuya esposa se llamaba Nin-gishkimti. Ella y Baranamtara se mantenían en contacto y en buenos términos enviando a sus agentes de un lado a otro de sus palacios. El agente de Nin-gishkimti no tenía título profesional: Ni mensajero, ni escriba, ni mercader. Era simplemente "su hombre".[15]

Probablemente, los agentes se transmitían mensajes (aunque las cartas de las reinas no se han conservado) y llevaban regalos, que quedaban registrados en los archivos. Los agentes de las dos reinas viajaron juntos, una práctica que se mantuvo durante más de mil años, ya que se formaron los mismos tipos de lazos diplomáticos, generación tras generación, en todo el Próximo Oriente.

Sabemos de tres ocasiones en las que los agentes viajaron entre las dos ciudades con regalos de una reina a la otra, pero es probable que hicieran muchas más visitas.[16] En una ocasión, dos mensajeros llegaron a la tierra de Lagash con regalos para la reina Baranamtara de parte de la reina Nin-gishkimti.[17] Se podría pensar que los bienes de cada tierra serían más o menos idénticos, dado lo cerca que estaban geográficamente, pero Lagash era un centro para el comercio del cobre, lo que significaba que las reinas tenían diferentes regalos la una para la otra. El agente de Adab trajo diez burras, un escabel y dos figuras femeninas, una de madera y otra de marfil, de su reina para Baranamtara.[18] A cambio, Baranamtara envió a la reina de Adab 120 minas (43 kilogramos, 120 libras) de cobre, junto con 5 minas (2,25 kilogramos, 5 libras) de estaño-bronce. Baranamtara también hizo un generoso regalo personal al agente de Adab: Le regaló dos vestidos y un frasco de aceite perfumado. Asimismo, cuando el agente de Baranamtara entregó sus regalos a Nin-gishkimti, la reina de Adab le obsequió con un juego de ropa.[19] Este tipo de recompensas para los mensajeros y enviados que mantenían los contactos diplomáticos entre reinos también tuvieron una larga vida; un milenio después, un hombre que llevara una carta y regalos a una corte extranjera aún podía esperar recibir un valioso obsequio a su llegada.

Los lazos diplomáticos de Baranamtara se extendían también más lejos, lo que ayuda a explicar cómo tuvo acceso al cobre para dárselo a su aliada, la reina Nin-gishkimti. La tierra de Dilmun, situada en la actual isla de Bahrein, en el golfo Pérsico, era un importante socio comercial de Lagash. Es probable que esto ya fuera cierto en el reinado de Ur-Nanshe, pero para esta época sobreviven más pruebas. Se trata de una carta entre dos funcionarios, relativa a un regalo de la reina de Dilmun a la reina de Lagash.[20] Esta última podría haber sido Baranamtara. La reina de Dilmun envió 120 minas (120 libras) de cobre -de hecho, la misma cantidad que Baranamtara envió a la reina de Adab- junto con algunos regalos más personales, a saber, quince cestas de dátiles y tres prendas de lino.[21] Dilmun era famosa por sus deliciosos dátiles, y sin duda las prendas de lino habrían sido un cambio encantador respecto a las prendas de lana, más calurosas, que eran la norma en Mesopotamia.

Otros documentos hallados en Lagash demuestran que existía un comercio regular con Dilmun, no sólo el intercambio de regalos entre las familias reales. A falta de una moneda común, los mercaderes de cada tierra pagaban las mercancías con materiales que tenían en abundancia. Cuando un mercader de Lagash llamado Urenki viajaba a Dilmun (lo que hizo al menos una vez para la reina Dimtur, predecesora de Baranamtara,[22] y varias veces para el rey Lugalanda[23]), llevaba consigo cebada, trigo, manteca de cerdo y harina, que eran productos locales, junto con cedro, que había sido importado de las tierras montañosas del noroeste, y aceite perfumado, que requería plantas importadas para su aroma. Urenki comerciaba con estos artículos en Dilmun a cambio de cientos de libras de cobre.[24]

Para ponerlo en perspectiva, Dilmun estaba a unos 850 kilómetros (530 millas) de Lagash, y Urenki habría recorrido la mayor parte de ese trayecto, si no todo, en barco. Mucho antes del desarrollo de las ciudades ya se construían embarcaciones aptas para el mar, aunque sus capitanes probablemente se mantuvieran a la vista de la costa mientras viajaban. Habría sido un viaje difícil, pero evidentemente merecía la pena correr el riesgo. En todas partes se necesitaba cobre para fabricar bronce. Sin embargo, el cobre no se extraía en Dilmun. Procedía de más lejos aún, de lo que hoy es Omán (la antigua Magán), donde los arqueólogos han hallado indicios de una extensa actividad minera y de fundición.[25] Dilmun se había convertido en un centro internacional de comercio, donde se reunían mercancías y mercaderes procedentes de regiones del sur y el este, así como de Mesopotamia y los bosques de cedros al norte. Los ricos campos de Mesopotamia producían más alimentos de los necesarios para la población local, por lo que podía utilizarse para comerciar por materiales de los que no disponían.

Sería interesante saber más sobre las estatuillas que la reina de Adab envió a Baranamtara. Las figurillas y estatuas no eran meras obras de arte en la mente de los habitantes de la mesopotámica Dinástica Temprana; tenían una especie de poder incorporado y a menudo llevaban inscripciones que así lo atestiguaban. Ya lo hemos visto en el caso de la estatua de Enmetena, el anterior gobernante de Lagash, que se colocó en el templo para rezar eternamente por el bienestar del rey.

Incluso personas que no pertenecían a la familia real podían encargar este tipo de estatuas (véase la figura 4.2). En un templo de un yacimiento mesopotámico llamado Tell Asmar se halló un alijo de doce de ellas, aparentemente colocadas allí por la misma razón.[26] Varias de estas figuras, que fueron creadas a principios del Periodo Dinástico Temprano, sostenían copas en sus manos para verter libaciones a los dioses en nombre de los donantes a los que representaban.[27] Otras figuras en este grupo tenían las manos entrelazadas en oración, al estilo de la estatua del rey Enmetena. Tal vez la reina de Adab envió una estatuilla suya para que rezara en su nombre en un templo de la ciudad de Baranamtara.

El papel de Baranamtara como reina iba más allá de la administración y la diplomacia; también era una figura importante en los ritos religiosos locales. En los festivales para los dioses de esta época, era habitualmente Baranamtara, y no su marido el rey, quien se encargaba de realizar los sacrificios. Un texto típico en el que se registran los gastos de un festival termina con la frase "En el festival de comer malta de (la diosa) Nanshe, Baranamtara, esposa de Lugalanda, gobernante de Lagash, hizo el sacrificio".[28] Los festivales se celebraban a lo largo del año y cada uno duraba varios días. Los dioses recibían carne (de oveja y cabra), pescado, cerveza, aceite, dátiles, pan, ajo y harina[29] , ingredientes esenciales para una comida elaborada. Baranamtara no se quedaba sólo en la capital, Girsu, para estos festivales; a veces también viajaba a otras partes de la ciudad-estado. Aunque no se la describía como sacerdotisa, se ocupaba de los dioses y diosas.

Los festivales de la diosa Nanshe parecen haber sido de particular importancia para la gente de Lagash, y el papel de Baranamtara en ellos fue extenso. El mayor de los festivales era el curiosamente llamado "festival de comer malta de Nanshe "[30].

El festival duraba en total ocho días[31] y tenía lugar al comienzo de la temporada agrícola.[32] El primer día, Baranamtara viajaba desde la capital, Girsu, a la ciudad de Lagash, llevando consigo una oveja para el sacrificio del dios Ningirsu en su templo. Es de suponer que viajó acompañada de un gran séquito, y es posible que la transportaran en un carro. El segundo día, dedicó más ofrendas: Una fue llevada en carro al "canal del pantano", mientras que otras fueron para otras tres deidades en tres templos de Lagash. A continuación, Baranamtara se dirigió a la tercera gran ciudad del reino: Nigin, a siete kilómetros (4,3 millas) al sureste de Lagash.[33] Un texto señala que "La mujer que vino de Lagash (la reina) entró por la puerta de (el templo) *E-Pa* y trajo un cordero. (Era) el segundo día"[34]. El tercer día se realizaron en Nigin aún más ofrendas a aún más dioses. Algunas de las ofrendas también se entregaron a estatuas de antiguos reyes y reinas de Lagash. No fue hasta el quinto día cuando Baranamtara regresó a Lagash; este día las ofrendas se hicieron al gran dios de Lagash, Ningirsu. Poco se sabe del resto del festival, pero se supone que al octavo día Baranamtara ya había regresado a su ciudad de Girsu.

Con este viaje por el reino, Baranamtara no sólo apaciguaba a todos los dioses y diosas y les proporcionaba comida y bebida, aunque eso era muy importante. Recordaba a los habitantes del reino su legitimidad como reina y reunía a sus súbditos en una celebración compartida.

Baranamtara encargó en vida la creación de una estatua suya, que más tarde recibió ofrendas durante los festivales. Las estatuas reales debían de ocupar un espacio considerable en un templo. Ocho son mencionadas por su nombre y reciben ofrendas individuales, mientras que otras se agrupan y reciben ofrendas colectivas. Además de la estatua de Enmetena, había una que representaba al rey Ur-Nanshe (fundador de la dinastía), y ambas recibían ofrendas, al igual que una estatua de la esposa de Enmetena, Ninhilisud. Tras la muerte de Baranamtara, su estatua se unió a este grupo, junto con una estatua de su marido Lugalanda.

Shasha, la reina que más tarde tomó el control del *E-Mi* de manos de Baranamtara, también llegó a estar representada por una estatua que se unió a este grupo y, sorprendentemente, hizo ofrendas a su propia estatua en vida.[35] Al parecer, no hacía falta estar muerto para merecer tanta atención. Y las estatuas no eran sólo de reinas y reyes; otras figuras importantes del pasado también tenían estatuas que recibían ofrendas, incluso un administrador del templo del reinado de Enmetena, un hombre influyente llamado Dudu.[36] Las estatuas reales y de la élite recibían comida y bebida con regularidad.

Aunque a estos miembros de la realeza muertos no se les llamaba dioses, en la mente de los habitantes de Lagash, la distinción entre dioses inmortales y monarcas mortales podía ser un poco confusa. En los templos había estatuas de miembros de la familia real, igual que estatuas de dioses. Tanto las estatuas de los monarcas muertos como las de los dioses necesitaban comida, bebida y ropa.

A menudo se argumenta que la mayoría de los miembros de la realeza mesopotámica no eran divinos, a diferencia de los reyes egipcios, que sí lo eran, pero la rígida línea entre dios y ser humano que percibimos ahora era probablemente mucho más porosa en la mente de un antiguo mesopotámico. El ciudadano medio podría haber tenido problemas para distinguir entre la divinidad de las deidades y la realeza fallecida. Está claro que las reinas estaban en la misma categoría que los reyes en este sentido: Ambos requerían ofrendas. De hecho, había casi tantas reinas como reyes entre las estatuas veneradas.

No se trataba de un "culto a los antepasados", no sólo porque no se veneraba exactamente a las estatuas, sino también porque muchas de ellas no eran de antepasados de Lugalanda. La dinastía iniciada por Ur-Nanshe había terminado antes de esta época, pero los reyes de la dinastía seguían siendo venerados. La última de las reinas que mantuvo ofrendas a las élites muertas, la reina Shasha, no era descendiente de ninguna de las personas cuyas estatuas cuidaba.[37] Las estatuas eran, sin embargo, de personas que en el pasado habían dirigido el reino de Lagash, y ésta parece haber sido la razón por la que eran importantes, no necesariamente por una relación de sangre. Si se les trataba bien, los reyes y reinas muertos, en forma de estatuas, podían ayudar al reino a seguir prosperando.

EL FUNERAL DE BARANAMTARA

Los líderes reales, hombres y mujeres por igual, también recibían funerales fastuosos. No está claro cómo murió Baranamtara, pero debió de ser durante el reinado del sucesor de su marido. Sus funerales se planificaron con la atención debida a un gran líder, por lo que no parece que hubiera hostilidad entre las dos parejas reales sucesivas. Se conservan dos registros en los que se enumeran las personas a las que Shasha, la siguiente reina, pagó raciones en honor de su predecesora. Los nombres de la lista se describían como "gente (que) estaba de luto en los rituales de la muerte de Baranamtara", y más de 300 de ellos estuvieron presentes los dos días del funeral.[38]

De gran importancia eran los sacerdotes *gala,* especialistas en lamentos. Tocaban la lira y cantaban en los funerales. No menos de setenta y dos de ellos asistieron al primer día del funeral de Baranamtara, y noventa y dos estuvieron presentes el segundo día. Imagínense un coro masivo de noventa y dos cantantes acompañados por el sonido de sus liras; la música debió de llegar a toda la ciudad. Los sacerdotes *gala* recibían una retribución en pan y cerveza por su participación: Tres panes y medio cada uno el primer día, y tres panes más y una jarra de cerveza el segundo día. El segundo día se unía a ellos el miembro de mayor rango de su grupo, el jefe de los sacerdotes *gala,* que recibía dieciséis panes por su participación. Los sacerdotes *gala* eran hombres, que a veces estaban casados y tenían hijos, pero a menudo se les clasificaba con las mujeres en las listas de racionamiento, y sus canciones aparentemente se cantaban en emesal, un dialecto sumerio asociado a los rituales pero que también se consideraba una lengua femenina. Los sacerdotes *gala* no parecen haberse visto limitados por las expectativas normales de género que prevalecían en la época para la mayoría de la población.[39]

Una escultura de la Dinastía Temprana de un músico llamado Ur-Nanshe (no confundir con el rey del mismo nombre), que fue descubierta en la antigua ciudad siria de Mari, puede haber representado a una persona que ahora podría describirse como de género no conforme.[40] La inscripción de la estatua está claramente escrita sobre un hombre: "Para Iblul-Il, rey de Mari, Ur-Nanshe, el gran músico, ha dedicado su estatua a la diosa Inana-[...]"[41]. Pero el género de la estatua es ambiguo; el músico tiene un físico algo femenino, su rostro no tiene barba, pero lleva ropa masculina. Algunos estudiosos creen que podría haber sido castrado[42], aunque otros no están de acuerdo. Aunque no se describe a sí mismo como sacerdote *gala,* Ur-Nanshe bien podría haberlo sido.

Las mujeres de un determinado estatus o comportamiento solían asociarse con los sacerdotes *gala* en los funerales. Se las solía llamar "ancianas lloronas", aunque en el funeral de Baranamtara se las denominó "esposas de los ancianos", setenta de ellas presentes el primer día y cuarenta y ocho el segundo.[43] Se les proporcionó pan y cerveza como si fueran plañideras profesionales a sueldo. Aunque esto sugiere una actitud distante hacia la reina, si estas eminentes mujeres habían trabajado con ella en vida, es muy posible que también lamentaran sinceramente su muerte. Lo mismo puede decirse de los diez "hermanos de nacimiento" de Baranamtara, que acudieron el primer día del funeral y también recibieron una remuneración. Las personas nombradas pueden haber sido una mezcla de dolientes profesionales pagados, parientes y amigos.

También había esclavas: 148 el primer día y quizá más el segundo, a cada una de las cuales se le proporcionaban tres hogazas de pan y algo de cerveza ambos días. Entre los esclavos de la antigua Mesopotamia había prisioneros de guerra, deudores que no pagaban sus préstamos, personas vendidas de niños por sus padres empobrecidos e individuos nacidos en la esclavitud -volveremos al tema de la esclavitud más adelante-.[44] Las mujeres esclavizadas en el funeral bien podrían haber sido originalmente prisioneras de guerra. El funeral de Baranamtara fue probablemente un acontecimiento aún mayor de lo que sugieren estos textos. Habría asistido mucha más gente de la que cobraba por estar allí. Es posible que se reunieran miles de personas,[45] atraídas por la música y el deseo de presenciar una ceremonia dramática e inusual, y de presentar sus respetos a su antigua reina, que habría sido una figura familiar en sus vidas.

La reina muerta era enviada al más allá con elaborados regalos. No hay registro de estos en los funerales de Baranamtara, pero se conservan listas de la ciudad siria de Ebla de la misma época. Allí, los regalos para el funeral de una reina eran similares a los que recibía para su boda.

En Girsu se encontró una lista de regalos que Baranamtara y su marido habían proporcionado anteriormente, ya fuera para un funeral real o para una boda, y da una idea de cómo una reina o princesa podía ser enterrada (o quizá casada) con estilo. Estos bienes habían sido acumulados por la pareja real, y la destinataria era la esposa de su hijo.[46] Lo que no sabemos es si en aquel momento estaban celebrando un matrimonio o lamentando una muerte.

La riqueza que Baranamtara y Lugalanda aportaron en esta ocasión fue impresionante: Ocho prendas de vestir, una yunta de asnos, una jóven esclava, varios objetos grandes de madera, como un trineo, una cama, una silla y un escabel, además de muchos objetos pequeños y valiosos de piedra, cobre, plata, oro, cornalina, madera y marfil. Entre ellos había once joyas, ocho recipientes de diversos tipos, un espejo y un tarro de aceite perfumado. Por supuesto, parecen el tipo de cosas que una princesa necesitaría en vida y no después de la muerte. Constituirían un regalo sensato y generoso a una nueva nuera para ayudarla en su vida de casada y en su nuevo papel en la familia real. Con estos objetos, dispondría del tipo de ropa y joyas adecuadas a su estatus, además de algunos muebles y vasijas finas para su hogar. Los asnos y la jóven esclava parecen mucho más útiles para la pareja en vida que después de la muerte. El problema es que el término para referirse al acontecimiento en que fueron enviados es ambiguo, y algunos estudiosos piensan que se trataba de regalos funerarios. Las riquezas enterradas en las tumbas reales de Ur demuestran que los miembros de la familia real podían ser enviados al más allá exactamente con este tipo de bienes. Si es así, ¿qué pensar de la jóven esclava que se menciona en el texto?

No parece probable que fuera sacrificada. En la época de Baranamtara, la práctica de matar a los asistentes y colocarlos en las tumbas reales parece haber cesado en Ur, y no se menciona en los textos funerarios de Lagash. Afortunadamente, no parece que los sirvientes y las mujeres esclavizadas que recibían pan cuando lloraban la muerte de Baranamtara acabaran muertos.

EL REY URUKAGINA: UN REFORMADOR

Baranamtara era viuda cuando murió, ya que su marido Lugalanda la había precedido. Había visto algunos cambios notables en sus últimos años, porque el rey que había subido al trono era un reformador; parece haber sido el primer individuo en la historia de Mesopotamia en jactarse de sus esfuerzos por frenar la corrupción entre sus funcionarios y empleados públicos.

Desgraciadamente, no sabemos cómo se pronuncia el nombre de este rey. Estaba escrito de una forma en cuneiforme, pero los eruditos modernos lo transcriben de muchas formas diferentes. El rey pudo llamarse Urukagina, Uruinimgina, Irikagina, Erekagina, ¡o incluso Eri'enimgennak![47] Los dos primeros signos de su nombre, URU y KA, pueden leerse de distintas maneras, lo que da lugar a diferentes significados posibles para el nombre, de ahí la confusión. Como no hay consenso, lo llamaré Urukagina. En cualquier caso, no era hijo de Lugalanda, pero no parece haber derrocado a su predecesor de forma violenta.[48]

Urukagina (mediados del siglo XXIV a.C.) quería que la vida en Lagash volviera a ser como antes, o al menos como él imaginaba que había sido en una época anterior menos decadente. Esta sería una forma de vida que restauraría (según él) un respeto apropiado por el dios estatal Ningirsu, que sin duda aprobaría sus acciones. Urukagina afirmó, utilizando la tercera persona sobre sí mismo, que "(re)estableció las normas de antaño; los mandatos que su rey el divino Ningirsu le había ordenado".[49] Creía que mucha gente se había estado enriqueciendo a expensas del estado y de los templos; esa gente debía ser destituida de sus cargos, e incluso su propia corte real debía convertirse en una institución religiosa. "Puso la casa del gobernante (y) los campos del gobernante en (manos de) el divino Ningirsu su rey".[50]

Estas reformas repercutieron también en el palacio de Baranamtara, el E-Mi. Urukagina determinó que debía dedicarse a la diosa Bawa (como tal vez había sido en el pasado): "Puso la casa del *E-Mi* (y) los campos del *E-Mi* (en manos de) la divina Bawa, su reina". Así que la *E-Mi* ya no sería la "casa de las mujeres", sino la *E-Bawa*, o "casa de (la diosa) Bawa". Pero los registros encontrados muestran que, tras la promulgación de las reformas, nada cambió mucho en la práctica. Tras la muerte de Baranamtara, la reina encargada del palacio de la reina, ahora la esposa de Urukagina, Shasha, siguió administrando la finca con sus campos, canales, huertos, rebaños de ovejas y cabras, y docenas de tejedoras.

ZUM, IGI-BAR Y EMETE: SUPERVISORAS DE TEJIDO EN GIRSU

Entre los cientos de trabajadores que figuraban en las listas de racionamiento elaboradas por los escribas de la reina había tres mujeres llamadas Zum, Emete e Igi-bar. (En realidad, el nombre completo de la última mujer era Igi-barluti, pero los escribas solían referirse a ella como Igi-bar, así que haré lo mismo). Todas ellas eran tejedoras y podemos seguir sus carreras a medida que ascendían en la jerarquía de los talleres textiles gracias al trabajo de varios estudiosos que recientemente han analizado las tablillas administrativas de forma creativa[51].

Las tejedoras del *E-Mi* estaban asignados a equipos de hasta veinte mujeres (allí todas las tejedoras eran mujeres). Algunas trabajaban la lana, otras el lino. Es de suponer que los miembros de cada equipo se sentaban juntos en los telares horizontales (conocidos como telares de fondo) de los talleres del palacio, día tras día, para fabricar los rollos de tela por los que era famoso el sur de Mesopotamia.[52]

Recibían salarios mensuales que variaban en cuantía. Algunas mujeres siempre recibían más que otras, a algunas de repente les pagaban menos, y luego la cantidad volvía a subir, por razones que sólo podemos adivinar. Algunas mujeres tenían hijos pequeños y recibían más para poder mantenerlos. Las niñas trabajaban en los telares junto a mujeres adultas y cobraban por su esfuerzo; tal vez habían estado en los talleres desde la infancia al lado de sus madres, o tal vez eran huérfanas.

En cualquier caso, las tejedoras se conocían bien. Zum era una de las tejedoras de lana y, cuando oímos hablar de ella por primera vez, poco antes de que Urukagina tomara el poder, formaba parte de un equipo de veinte mujeres supervisadas por un hombre llamado Malga. Zum encabezaba la lista cuando se registraron los salarios. Las listas eran casi siempre jerárquicas, por lo que Zum debía de ser la mujer más veterana o influyente de su equipo. Se la habría considerado una persona relativamente importante dentro del mundo de los talleres textiles del palacio. Además, Zum cobraba más que el resto de las mujeres. Mientras que las demás mujeres de su equipo de tejedoras recibían una asignación mensual de 18 silas de cebada, Zum cobraba 24 silas.[53] Una sila era aproximadamente un litro, por lo que no era una gran cantidad de comida con la que vivir durante un mes, pero 24 silas sin duda habrían ayudado al sustento de su familia. Los hombres que trabajaban para el *E-Mi* en otras funciones cobraban bastante más que las mujeres (normalmente 48 silas al mes en este periodo)[54], y los niños recibían 12 silas de cebada, por lo que una familia podía reunir bastantes jornales entre todos.

A diferencia de otras mujeres, en este momento Zum no tiene hijos pequeños que alimentar. Quizá sus hijos ya habían crecido y trabajaban por su cuenta. Es probable que tuviera hijos; casi todas las mujeres los tenían, ya fueran biológicos o adoptados. Es probable que Zum también tuviera marido (a menos que hubiera fallecido antes), pero los maridos de las mujeres no aparecen en las listas.

El supervisor de Zum, Malga, probablemente se encargaba de asignar a las tejedoras proyectos concretos, pesar y medir la lana que iban a utilizar y vigilar la calidad del tejido. El hilado de la lana era responsabilidad de otro departamento del *E-Mi*, y era una actividad que requería mucho tiempo. Se ha calculado que una pieza de tela del tamaño de una sábana moderna para una cama individual habría necesitado 47 kilómetros (29 millas) de hilo de lana, que, utilizando la tecnología de hilado a mano del tercer milenio a.C., habría tardado 1.382 horas en hilarse.[55] Un equipo de veinte hilanderas podría haber producido esta cantidad de hilo de lana en sesenta y nueve horas. Los husos son hallazgos comunes en los yacimientos arqueológicos antiguos; hilar hilo era una forma de trabajo especializado que muchas mujeres realizaban constantemente, no sólo como trabajadoras para el palacio, sino en sus propios hogares, con el fin de producir ropa para sus familias.

El de Malga no era el único equipo de tejedoras que trabajaba para los *E-Mi* en esta época. Otras veinte mujeres trabajaban para un hombre llamado Nanshe-danumea.

Después de cuatro años, el supervisor Malga dejó su puesto y Zum tuvo un nuevo jefe. Esta vez era una mujer, Nin-kazida. No sabemos de dónde venía; es la primera vez que su nombre aparece en los archivos del *E-Mi*, pero es de suponer que tenía experiencia en tejido en otra institución de la ciudad de Girsu. Sería fascinante saber cómo se contrató a Nin-kazida. ¿Preguntó alguien del *E-Mi* en otros templos y palacios en busca de buenas perspectivas, una vez que Malga se marchó?

El otro supervisor, Nanshe-danumea, siguió supervisando a su equipo durante los ocho años que abarcan los registros conservados. Pero durante el reinado del rey Urukagina y la reina Shasha, la mano de obra del *E-Mi* empezó a aumentar y se necesitaron más supervisores. Los monarcas parecen haber estado especialmente interesados en la producción textil, aumentando el número de equipos de tejedores de dos, cuando Urukagina tomó el poder, a cuatro en su segundo año en el trono.[56] Dos de los equipos tenían supervisores masculinos y dos tenían mujeres en ese papel. Una de las mujeres era Nin-kazida, supervisora de Zum, y la otra se llamaba Igi-bar.[57]

Igi-bar y Nin-kazida tenían las mismas responsabilidades que los dos supervisores masculinos (aunque cobraban menos) y, al igual que éstos, sus talleres llevaban sus nombres. Por ejemplo, en un momento dado, todas las tejedoras necesitaban maderas, aunque no está claro para qué iban a utilizarlas. Las cuatro supervisoras recibieron un número determinado de estas maderas y se responsabilizaron de lo que se hiciera con ellas. En la lista se indica que treinta y nueve maderos "se depositaron en la casa de tejido de Igi-bar "[58], mientras que "la casa de tejido de Nin-kazida" recibió el doble: Setenta y ocho maderos. Los supervisores también recibían a veces cantidades globales de harina, trigo y lana que debían distribuir equitativamente entre sus trabajadores[59].

El rey Urukagina y la reina Shasha siguieron ampliando el número de talleres, de modo que, al sexto año de reinado, seis tejedurías fabricaban tejidos de lana y tres tejedurías fabricaban lino, con una mano de obra de 138 mujeres y niños al servicio de estos equipos.[60] Estas mujeres

Fig. 4.2 Estatua de alabastro de una mujer orando, c. 2600-2500 a.C. (Metropolitan Museum, Nueva York)

constituían el grupo más numeroso de trabajadores de cualquier tipo en la hacienda de la reina.

Muchas trabajadoras entraron y salieron de los equipos de tejedoras durante esta época de crecimiento y reestructuración de los talleres de tejeduría. Al final de los ocho años, sólo cinco de las mujeres del equipo original de Nanshe-danumea seguían trabajando para él; algunas se habían cambiado a otros equipos y otras habían dejado el empleo en palacio. Esto sugiere que las mujeres no estaban esclavizadas ni atadas a la casa palaciega; eran libres de marcharse si lo deseaban.[61] Pero Zum había permanecido en su equipo incluso cuando otras mujeres se habían marchado, y quizás destacaba por ser una persona trabajadora y organizada.

Cuando los administradores de palacio necesitaron tres supervisores para los nuevos equipos de tejedores que estaban creando, ascendieron a Zum a uno de estos puestos. De hecho, pusieron a mujeres al frente de cinco de los seis equipos de trabajadores de la lana. Nin-kazida, la antigua jefa de Zum, conservó su puesto de supervisora, al igual que Igi-bar. Zum dirigió su propio equipo, y otras dos mujeres se convirtieron en supervisoras. Una de ellas, al igual que Zum, había ocupado anteriormente el primer puesto de su equipo, recibiendo salarios más altos que el resto.[62] Otra había llegado de los talleres de hilado.[63] Las tejedoras destacadas estaban siendo claramente recompensadas mediante ascensos y aumentos de sus salarios. Las tres tejedurías de lino estaban dirigidas por mujeres.[64] Nanshe-danumea era por entonces el único supervisor masculino de los talleres textiles de palacio.

A partir de entonces, los escribanos que registraban a las tejedoras y sus pagos en las cuentas mensuales distinguían entre las tejedoras de lana que habían estado siempre allí (a las que se describía como "de antes") y las que habían sido traídas para formar parte de los nuevos equipos. A las nuevas se les pagaba, aunque no bien, y ninguna de ellas figuraba como madre. Algunos estudiosos piensan que tal vez fueran esclavas.[65] En cualquier caso, es probable que tuvieran una vida más dura que la de la antigua generación de tejedoras. Zum estaba ahora a cargo de veinte de estas mujeres, presumiblemente jóvenes. Si tenían poca experiencia en el tejido, como parece probable, Zum no sólo las supervisaba, sino que también las formaba.

Una mujer llamada Emete bien podría haber sido la más veterana de todas las supervisoras. Incluso antes de asumir el control de uno de los talleres de tejido, era la "jefa de las sirvientas reales"[66] y, por tanto, presumiblemente una consejera cercana a la reina. A diferencia de las demás mujeres que supervisaban a los tejedores, pero al igual que los supervisores masculinos, no sólo se le pagaba en grano, sino que también se le concedía el uso de campos que podía cultivar ella misma[67]. También asumía otras funciones típicamente masculinas, como proporcionar una cabra de sacrificio para una ceremonia y ser reconocida formalmente como dadora de regalos a los demás[68].

Desgraciadamente, después del sexto año de Urukagina, no se conservan más registros del *E-Mi*. Los breves y sombríos atisbos de estos tejedores y supervisores llegan a su fin. Pero podemos adivinar algo sobre su vida fuera del palacio. Aunque llevaba toda la vida tejiendo, una tejedora como Zum (al menos antes de convertirse en supervisora) probablemente sólo poseía una o dos prendas para sí misma. La lana para la ropa era cara y a ella no le pagaban especialmente bien. Habría pagado todo lo que necesitaba para vivir -lana, sal, aceite, etc.- con el excedente de cebada que le pagaban y que su familia no necesitaba para alimentarse cada mes. Presumiblemente, ella (y su posible marido e hijos mayores) vivían en una casa en otro lugar; es muy poco probable que el palacio contuviera barracones para todos sus cientos de trabajadores.

Mes tras mes, los trabajadores recibían su salario, y cada mes los escribas creaban una gran tablilla del tamaño de un libro de cuentas en la que anotaban todos los nombres de los trabajadores, la cantidad de cebada que recibía cada uno, el número de hijos pequeños que tenía cada mujer y el equipo y taller que la empleaba. Estas tablillas se guardaban en una sala de archivos y debían de consultarse de vez en cuando, tal vez cuando los administradores tenían que rendir cuentas de toda la cebada que se había gastado.

Las listas incluyen a muchos otros trabajadores además de los de los talleres textiles. Había hombres y mujeres que trabajaban como molineros, cerveceros y porqueros.[69] Estos equipos de trabajadores se habían mantenido más estables que los tejedores durante el reinado de Urukagina, sin grandes aumentos de plantilla y tampoco con mucha rotación de personal.[70] Una muchacha huérfana que servía como "ayudante de los cerdos en la dehesa" cobraba 24 silas al mes.[71] Era una cantidad superior a la de muchas mujeres, quizá porque no tenía familia que la ayudara a mantenerse.

El palacio parece haberse esforzado por integrar a los hijos de sus trabajadores, incluso a los huérfanos, en el sistema de trabajo y salarios. Esto tenía la ventaja de darles un salario y un lugar al que pertenecer (trabajando con sus madres, si éstas vivían), y mantenía a los niños huérfanos fuera de las calles.[72] Por supuesto, el palacio también se beneficiaba de su trabajo, y parece que nunca se les ocurrió que los niños no debían ser puestos a trabajar -las leyes sobre el trabajo infantil estaban a miles de años vista-. Muchos, quizá la mayoría, de los hijos de los trabajadores de palacio se convirtieron ellos mismos en trabajadores de palacio.

Los salarios no eran equitativos; eso era una realidad. Un alto funcionario varón podía cobrar ocho veces más cebada que una trabajadora manual.[73] Pero a pesar de ello, y aunque el trabajo era duro, no se tiene la sensación de que el palacio *E-Mi* fuera un lugar cruel. El rey Urukagina incluso recalcó en sus inscripciones reales que su objetivo era asegurarse de que los miembros más débiles de la sociedad recibieran un trato justo. Hizo enumerar y copiar sus reformas en grandes conos de arcilla, junto con "clavos" de arcilla -objetos cónicos más pequeños- y al menos en una placa de arcilla.[74] Escribió que "hizo un pacto con el divino Ningirsu para que el hombre poderoso no oprimiera al huérfano (o) viuda".[75] Por supuesto, hay que tomarse las inscripciones reales con una pizca de sal; Eran propaganda para el rey mientras intentaba impresionar a los dioses. Pero al menos parece que los dioses aprobaban la bondad, y Urukagina aspiraba a complacerlos.

Las tejedoras de Lagash tenían sus homólogas en otras ciudades. Puede que no conozcamos sus nombres ni seamos capaces de rastrear sus carreras en todas partes, pero mujeres con vidas y responsabilidades similares producían tejidos en Umma, Ur, Uruk, Adab y en toda Sumeria, así como en ciudades al norte, en Siria.

Dado que el entorno natural de Sumer no proporcionaba a sus habitantes minerales para la metalurgia, madera para la construcción o la carpintería, piedras duras para la escultura ni otros bienes de lujo con los que comerciar, tiene sentido que crearan algo precioso a partir de un recurso que tenían en abundancia: La lana. Las hilanderas, tintoreras, tejedoras y bordadoras debieron de esforzarse al máximo para crear tejidos de calidad inigualable. Aunque los trabajadores textiles cobraban cantidades de cebada similares a las de molineros y cerveceros, su trabajo debió de estar a la altura del arte de joyeros y escultores. Esto fue así a lo largo de toda la historia de Mesopotamia. Imaginemos que las túnicas y alfombras de esta época colgaran hoy en los museos; sería mucho más evidente por qué se buscaban en tierras lejanas. Sin duda nos deslumbraría la finura del tejido, las puntadas o la complejidad de los diseños.

La Sumeria dinástica primitiva era una sociedad patriarcal. Los hombres estaban a cargo de la mayoría de los aspectos de la sociedad y la economía. Pero en algunos casos, las mujeres realizaban el mismo trabajo que los hombres, supervisando a los tejedores y en otros puestos, como porteras, cordeleras y barberas.[76] Los niños que crecían en la sociedad habrían oído hablar de hombres poderosos, como el rey reformador Urukagina, y también de mujeres poderosas como Baranamtara, con sus responsabilidades en la administración, la diplomacia y los rituales. Muchas mujeres trabajaban fuera de casa por una paga mensual en cebada y podían esperar recibir cantidades adicionales si tenían hijos que mantener. Y tal vez no pasara desapercibido para la gente que el producto de exportación más valioso de la región, los tejidos que se vendían y regalaban como artículos de lujo, eran confeccionados por mujeres. Las mujeres no se consideraban iguales a los hombres, pero ocupaban un lugar central en la política, la sociedad, la religión y la economía, y parece que se las consideraba con respeto.

Sumeria fue rica y próspera durante el periodo Dinástico Temprano. Los reyes y reinas de sus ciudades-estado practicaban la diplomacia, gestionaban vastas propiedades y se beneficiaban del comercio con tierras lejanas. El periodo en el que se enterraba a los asistentes con los monarcas fue efímero, y las guerras, aunque violentas, no eran constantes. Es poco probable que la gente viviera en un miedo perpetuo. Parece que los reyes decidieron no aterrorizar a sus poblaciones hasta la sumisión, sino intentar hacerse querer por ellas y recalcar que los dioses les habían elegido para gobernar. Sus contemporáneos del noroeste, en Siria, adoptaron muchas de estas estrategias. Esto se aprecia, sobre todo, en los notables hallazgos de la ciudad de Ebla, en la que nos centraremos en el próximo capítulo.

CAPÍTULO 5

PAREJAS REALES, PAREJAS DIVINAS Y ENVIADOS

Las tablillas cuneiformes halladas en el yacimiento de Ebla no nos revelaron sus historias fácilmente.[1] En 1974, cuando los excavadores italianos descubrieron por primera vez la sala del archivo principal del antiguo palacio,[2] la visión de las tablillas de arcilla debió de resultar casi sobrecogedora. A medida que los arqueólogos removían cuidadosamente la tierra, aparecían miles de tablillas cuneiformes apiladas en el suelo, algunas exactamente en el mismo orden en que habían sido colocadas hace 4.300 años, antes de que el palacio ardiera.

Las intactas, 1.727 de ellas[3], parecían tejas apiladas, pero estaban cubiertas de cuidadas columnas de escritura antigua. Otras se habían desplomado unas contra otras, la mayoría en pedazos, algunas en fragmentos diminutos. El potencial de conocimiento que contenían aquellas salas era increíble. Al final, se descubrieron 17.000 artefactos con escritura cuneiforme que resultaron ser partes de al menos 3.500 tablillas[4], desde grandes documentos cuadrados del tamaño de un ordenador portátil hasta pequeños memorandos que cabrían fácilmente en la mano. Estas tablillas prometían revelar un mundo hasta entonces desconocido. Hasta ese momento, los historiadores no disponían de casi ninguna prueba textual de Siria en el tercer milenio a.C., en la misma época que las ciudades-estado de la Dinastía Temprana del sur de Mesopotamia. (Casi no existen documentos sirios para el periodo anterior, del 3100 al 2600 a.C.)[5] Pero ahora, para mediados del tercer milenio a.C., tenían más pruebas de las que nadie podría haber soñado. El simple hecho de ver estas tablillas, por no hablar de leerlas, nos transmite una sensación de conexión con el pueblo de Ebla. Los escribas que las hicieron y las apilaron en estantes y cestos tenían vidas, intereses y familias. También tenían frustraciones muy humanas: Una pequeña tablilla del archivo la habían hecho bola, tal vez de rabia, cuando aún estaba blanda. Las huellas de los dedos del escriba (incluso sus huellas dactilares) son claramente visibles en el lugar donde apretó la tablilla con la mano antes de arrojarla a un lado.[6]

Sólo había que superar un gran obstáculo para escribir la historia a partir del archivo palaciego: La falta de inscripciones reales. La gran mayoría de las tablillas registraban listas de detalles administrativos sobre el funcionamiento cotidiano del palacio. No son muy diferentes de las tablillas del *E-Mi* de Girsu, sólo que los habitantes de Ebla no hablaban sumerio. Su lengua, denominada eblaíta, era semítica, por lo que está lejanamente emparentada con lenguas como el árabe y el hebreo. Los escribas utilizaban muchos signos cuneiformes sumerios, pero está claro que el idioma en el que pensaban era el eblaíta. La historia contenida en estas tablillas no estaba ahí para cogerla y leerla; incluso los nombres de los reyes y reinas había que desentrañarlos a través de sus menciones en listas que no estaban pensadas para la posteridad.

Los escribas parecen haberse ocupado en gran medida de registrar la producción y distribución de textiles, que era claramente tan importante aquí como en Lagash, si no más; 543 de los documentos consisten en registros mensuales de interminables cantidades de ropa y telas de diferentes tipos. Afortunadamente, cuando se distribuían estos tejidos, los escribas anotaban la razón por la que se repartían o a quién se entregaban. De este modo, podemos vislumbrar la vida más allá del almacén textil. Otras listas administrativas relativas a los metales, la agricultura, los rebaños de animales y los ingresos de palacio completan el panorama.

Y, afortunadamente, en la gran sala de archivos también había otros documentos que los escribas habían considerado dignos de conservar, entre ellos algunos textos rituales, himnos y conjuros, diccionarios y listas de palabras, y algunos decretos reales, cartas, informes diplomáticos y acuerdos con otros estados.[7]

TABUR-DAMU E ISHAR-DAMU DE EBLA: UNA PAREJA REAL

Cuando una joven llamada Tabur-damu se comprometió con el rey Ishar-damu de Ebla hacia el año 2300 a.C., el reino florecía. Ishar-damu gobernaba desde un palacio extenso y bien construido en la capital, a poco más de 54 kilómetros (33 millas) al sur de la ya importante ciudad de Halab (actual Alepo).[8] El palacio, descubierto por los arqueólogos, se extendía a lo largo de 2.400 metros cuadrados (casi 26.000 pies cuadrados)[9] sobre una acrópolis que dominaba la ciudad. La muralla se veía a lo lejos, rodeando las 60 hectáreas de edificios densamente apiñados que componían Ebla. Más allá se extendían campos y campiñas en todas direcciones.

Durante el reinado de Ishar-damu, Ebla fue uno de los principales reinos de su época; incluía al menos veinte ciudades que lo reconocían como su rey, albergaba más de 700 aldeas que se mencionan en los archivos,[10] y se extendía al menos 200 kilómetros (125 millas) de este a oeste por el noroeste de Siria. El reino de Ebla limitaba con otros reinos poderosos de la época, Nagar al este, en la región del río Habur, y Mari al sureste, a lo largo del Éufrates. Ambos albergaban reyes importantes y ambos eran prósperos. Sin embargo, los tres reinos no siempre estaban en paz. Ebla y Mari mantenían una relación especialmente conflictiva.

El rey Ishar-damu no gobernaba solo. No sólo estaba asistido por su reina, como los reyes de las ciudades-estado sumerias, sino que Ebla tenía una larga tradición en la que el rey compartía el poder, al menos hasta cierto punto, con un visir. El título del visir, confusamente, se escribía con la palabra sumeria "*lugal*", que en el sur significaba "rey". Cuando se empezaron a leer las tablillas de Ebla, se especuló en un primer momento con la posibilidad de que estos *lugales* fueran también reyes. Pero, aunque los visires dirigían muchas campañas militares, pronto quedó claro que estaban subordinados al rey. Los dos hombres trabajaban juntos, pero era Ishar-damu el rey, y su "*lugal*" era un hombre llamado Ibrium que le servía como visir. Un conjunto de hombres notables conocidos como "señores" también aportaban su contribución.

En el momento de su compromiso con Tabur-damu, el rey Ishar-damu ya llevaba en el trono al menos trece años. Era el tiempo normal para un reinado completo de un rey en esta época, pero Ishar-damu era todavía un hombre joven cuando se comprometió. Era sólo un niño cuando su padre murió y él llegó al poder. Antes de que conozcamos a Tabur-damu y la sigamos a lo largo de la elaborada boda real, sería bueno que nos detuviéramos un momento para conocer mejor a la familia en la que estaba a punto de entrar.

El padre de Ishar-damu era el rey Irkab-damu (c. 2325 a.C.), que gobernó Ebla durante once años. Pero Ishar-damu no era su hijo mayor, ni hijo de la reina de su padre (conocida como *maliktum* en la lengua local eblaíta), cuyo nombre había sido Keshdudu. De hecho, la madre de Ishar-damu no tenía ningún título.[11] Es posible que la gente de palacio en el momento de su nacimiento no le diera mucha importancia. Pero descartar sus perspectivas de futuro sería pasar por alto las formidables cualidades de su madre, Dusigu. Cuando entró en la corte, Dusigu era sólo una de las "mujeres del rey". Todas las esposas secundarias y concubinas de un rey eran llamadas "mujeres del rey", agrupadas en esta categoría junto con las hermanas de su madre y sus propias hijas. Ni siquiera vivían todas en Ebla. En un momento dado, un rey de Ebla llegó a tener hasta veinte "mujeres del rey" en su palacio de Ebla, junto con otras cinco en palacios de otros lugares de su reino.[12]

Así que Dusigu fue inicialmente una de las mujeres del rey, una de tantas. Pero entonces la reina de Irkab-damu, Keshdudu, murió, quizá poco después de casarse, e Irkab-damu nunca se casó con otra *maliktum*. Dusigu parece haber visto una oportunidad, o tal vez era la esposa secundaria favorita del rey y fue su preferencia por ella lo que la impulsó a ascender en el rango de las mujeres. Sea como fuere, a partir de entonces fue ocupando un lugar cada vez más destacado en las listas de mujeres del rey[13].

A pesar de no tener título oficial, Dusigu adquirió un poder considerable y debió de ser una mujer brillante; el rey Irkab-damu llegó a depender de ella. Al igual que Baranamtara en Lagash, que vivió más o menos en la misma época, desempeñó un papel en las relaciones diplomáticas con otros reinos y participó en rituales, y fue ascendiendo en el escalafón de las mujeres reales de la corte hasta que su nombre figuró en primer lugar entre las mujeres de los documentos importantes.

Cuando nació su hijo (el futuro rey Ishar-damu), Dusigu contrató a una nodriza para alimentarlo y cuidarlo. Como mujer importante en la corte, Dusigu no podía estar atada a los alborotos y caprichos de un bebé de corta edad. La nodriza, Kisadu, podía ocuparse de todo eso. Las nodrizas hicieron posible la vida pública de muchas mujeres prominentes en la historia del Próximo Oriente antiguo. Con el tiempo, el bebé príncipe fue destetado, pero Kisadu permaneció en la corte. De hecho, vivió allí toda su vida.[14] Su hijo tenía más o menos la misma edad que Ishar-damu y es muy posible que fueran compañeros de juegos. Tal vez su nodriza Kisadu siguió siendo una de las confidentes de Ishar-damu, incluso cuando las circunstancias le impulsaron a ocupar el trono a una edad temprana.

La muerte del rey Irkab-damu debió de ser traumática para el reino, sobre todo teniendo en cuenta que no parecía haber ningún heredero evidente al trono. Su reina probablemente no había vivido lo suficiente para dar a luz a un heredero, por lo que cualquiera de los hijos de esposas y concubinas secundarias podría haberse convertido en rey.[15] El príncipe Ishar-damu no era el mayor de sus hermanos; incluso podría haber sido el más joven. Pero Dusigu era la mujer más poderosa del palacio y, de algún modo, consiguió que su joven hijo Ishar-damu ocupara el trono.[16] ¡Podría tener sólo cuatro años![17]

Un muchacho tan joven no estaba en condiciones de administrar un gran reino. No te sorprenderá saber que en esas mismas listas jerárquicas que llevaban los escribas de palacio a veces figuraba el nombre de Dusigu antes que el de su joven hijo Ishar-damu, incluso después de que éste se convirtiera en rey.[18] Sin duda, su madre le aconsejaba y le ayudaba a tomar decisiones en sus primeros años, y es muy posible que actuara como su regente, dirigiendo el país.[19] Y, por fin, tenía un título. Nunca había sido reina -*maliktum*-, pero con la muerte de su marido y la subida al trono de su hijo, se convirtió en la "gran madre del rey".[20] Debió de ser gratificante.

Cuando llegó el momento de que el rey Ishar-damu se casara, necesitó consejo. El matrimonio era algo muy importante para un rey de Ebla; la mujer con la que se casara se convertiría en la *maliktum*, que desempeñaría un papel vital en el reino y ostentaría un poder significativo. Supervisaba a una multitud de sirvientes, aconsejaba a su marido y ayudaba a dirigir la corte. No parece que los príncipes y reyes de la antigua Mesopotamia se casaran por amor (una verdad en casi todas las épocas de la historia); una candidata a reina tenía que proceder de una familia del estatus social adecuado y, en Ebla, ella misma tenía que demostrar que era una líder prometedora. Para que le sugirieran con quién casarse, el rey Ishar-damu recurrió, como ya habrán adivinado, a su madre.[21]

Dusigu tenía a alguien en mente. Su difunto marido, el rey Irkab-damu, tenía un hermano, y ese hermano tenía una hija, Tabur-damu, que reunía perfectamente los requisitos para ser reina. Los matrimonios entre primos hermanos no estaban mal vistos en el Próximo Oriente antiguo; de hecho, a menudo se consideraban ideales porque los bienes quedaban dentro de la familia. Tal vez Dusigu ya conociera bien a su sobrina y se diera cuenta de que Tabur-damu probablemente estaría dispuesta, como *maliktum*, a ocupar el segundo lugar entre las mujeres, por debajo de la "gran madre del rey", la propia Dusigu. Tradicionalmente, la *maliktum era* la mujer más poderosa de la corte y algunas otras posibles novias podrían no haberse sentido inclinadas a permitir que Dusigu conservara su poder.

Resulta que Dusigu no era la única que apoyaba la unión; los dioses también estaban de acuerdo. El rey ordenó que se leyeran los presagios cuando su madre propuso que Tabur-damu fuera *maliktum*, y dieron positivo. Sin duda, Ishar-damu nunca habría seguido adelante con el matrimonio si los dioses hubieran estado en contra.

EL MATRIMONIO DE TABUR-DAMU E ISHAR-DAMU

Ahora Tabur-damu había sido elegida; iba a convertirse en la *maliktum*. Tal vez le pareció una perspectiva intimidante, o tal vez estaba encantada. No hay forma de saberlo. Se sintiera como se sintiera, su vida estaba a punto de cambiar radicalmente, empezando por la propia ceremonia nupcial y el mes de rituales que la seguían. Cada paso de esta transición estaba cuidadosamente planeado y debía realizarse tal y como lo hacían las parejas reales de Ebla desde que se tenía memoria. La ceremonia era tan importante que se registraba en tablillas rituales que se guardaban en los archivos de palacio. Éstas no eran genéricas; una se había escrito cuando el padre del rey Ishar-damu, Irkab-damu, realizó la ceremonia con su reina,[22] y otra se escribiría para registrar los procedimientos exactos que seguirían Ishar-damu y Tabur-damu.[23] Los documentos registraban casi exactamente los mismos movimientos y devociones cada vez, pero el archivero de la corte de Ebla al parecer sintió la necesidad de tener un registro separado de cada uno.

El ritual matrimonial tradicional había sido diseñado, en parte, para presentar a una reina de una tierra extranjera al pueblo de Ebla. Pero Tabur-damu no era extranjera ni se casaba con un forastero. Había crecido en la misma ciudad en la que iba a reinar. Le era familiar. Hablaba el idioma, entendía los rituales, adoraba a los dioses locales. Sin duda podría orientarse fácilmente en el gran palacio, con sus talleres y almacenes, y su vasto patio con un estrado para el trono del rey. Es de suponer que Tabur-damu no necesitaba ser presentada[24], pero de todos modos tenía que pasar por todas las etapas de la ceremonia. Sólo entonces los dioses, los antiguos reyes y reinas divinos y el pueblo de Ebla la considerarían realmente reina.

Cuando llegó el día del ritual nupcial, la administración de palacio llevaba tiempo planeando las ceremonias. La boda real simbolizaba no sólo la iniciación de la nueva reina, sino también el renacimiento y la renovación del rey. Por fin tenía edad suficiente para asumir el poder de verdad y ahora gobernaría con la reina a su lado.

Aunque reyes y visires gobernaron y administraron la tierra de Ebla, muchos de los acontecimientos significativos de Ebla tuvieron algo que ver con las mujeres de la realeza. Estos fueron los momentos que destacan entre los registros administrativos. Eran cuando se realizaban los mayores gastos, como cuando nacía un príncipe o una princesa, cuando una princesa se casaba con un rey extranjero, cuando una princesa se iniciaba en el sacerdocio o cuando moría una mujer de la realeza (ya fuera en Ebla o en cualquier otro lugar).[25] Las reinas y otras mujeres de la realeza eran veneradas, tanto en vida como después de la muerte, y participaban activamente en todos los aspectos de la vida de la corte. Al igual que en las ciudades-estado del sur de la misma época, nadie habría soñado con restringir sus movimientos a una zona separada del palacio, apartada de los hombres. La única actividad palaciega que quedaba fuera del ámbito de las mujeres reales era la guerra[26].

Todos los miembros de la corte de Ebla, hombres y mujeres, tenían una idea clara del lugar que ocupaban en el orden jerárquico, y sus nombres figuraban en los textos administrativos de acuerdo con esta jerarquía. Varias mujeres de la realeza, tal vez esposas secundarias y concubinas del rey, ocupaban un lugar inferior al de la reina, al igual que las princesas y las nodrizas de los hijos reales.[27] Sin embargo, Tabur-damu debía saber que Dusigu, la reina madre, había encabezado la lista durante muchos, muchos años. Tabur-damu ocuparía el segundo lugar hasta la muerte de su suegra.[28]

PRIMER DÍA DE LA BODA

Cuando llegó el primer día de las ceremonias nupciales, Tabur-damu no se encontraba en Ebla.[29] Estaba en la finca de su padre, en algún lugar a las afueras de la ciudad.[30] Este primer día no fue un acontecimiento público, sino privado. En este sentido, probablemente no fue muy diferente del comienzo de una boda para cualquier pareja de la época. El suegro o el propio novio (si su padre había fallecido, como en el caso de Ishar-damu) acudían tradicionalmente a casa de la novia con regalos para ella y para su familia.

El término para estos regalos se traduce a menudo como el "precio de la novia", pero esto da una impresión equivocada. El novio no compraba la mujer a sus padres. Los regalos se intercambiaban en ambas direcciones. En los casos en que el padre del novio real aún vivía, era colmado de regalos por los padres de la novia, al igual que el propio novio. En una ocasión, una princesa de Ebla se casó con el heredero al trono del poderoso reino de Nagar. Al novio se le ofreció un juego de tres prendas que formaban un paquete estándar (su representante oficial recibió lo mismo), junto con 1 mina y 20 siclos (627 gramos o 1,4 libras) de placas de oro. Pero el rey de Nagar, padre del novio, recibió más. Además de las vestimentas estándar, recibió varios recipientes de oro: Un plato de oro que pesaba 2 minas; dos recipientes de oro, llamados *bur-kak* (se usaban en la ceremonia nupcial), que pesaban más de 1 mina; y otros recipientes de oro que sumaban 45 siclos. Esto representaba 1,9 kilogramos (más de 4 libras) de oro. El oro que circulaba por Ebla en grandes cantidades era importado de Anatolia.[31] El rey de Nagar tampoco se privó de plata, que también llegaba a Ebla desde Anatolia.[32] Su regalo incluía 50 minas de plata: ¡23,5 kilogramos (casi 52 libras)![33] Todo ello fue proporcionado por el rey de Ebla, el padre de la novia. Nadie se refiere a ellos como "precio del novio", pero servían para lo que a veces se denomina "precio de la novia". Las personas que habían dado y recibido regalos tenían una obligación permanente entre sí, y esto sería cierto en el caso de Ishar-damu y Tabur-damu. Él no estaba pagando por una novia y llevándosela; se estaba atando a su familia. La familia de ella hacía lo mismo.

Además, el padre de Tabur-damu aportó una riqueza considerable para la dote y el ajuar de su hija. Estos bienes le pertenecían a ella, y no a su marido, durante el resto de su vida.

Para celebrar la ocasión, el palacio habría distribuido profusamente regalos entre los funcionarios de la corte y sus familias. No disponemos de una lista de estos regalos para la boda de Tabur-damu, pero sí se conserva una, una generación más tarde, para la boda de su hija, Keshdut (a la que llamaban "hija de la reina")[34], con un príncipe del reino de Kish, que estaba muy al sureste de Ebla.[35] Los regalos se enumeran en una gran tablilla; en ella se registra una considerable y generosa distribución de la riqueza palaciega en forma de cientos de tejidos y prendas de vestir. No sólo el visir de Ebla recibió un regalo en esta ocasión, sino también seis de sus hijos, veinte mujeres de su familia y diecinueve hombres de la familia del visir anterior. También se beneficiaron "ancianos", líderes religiosos y comerciantes. El visir hacía regalos y también los recibía. En particular, regaló a la reina de Kish setenta y cuatro prendas de tela, y a su marido un juego de las tres prendas que siempre iban juntas, y dos brazaletes de oro y lapislázuli. La lista sigue y sigue, incluyendo regalos a cincuenta y cinco mujeres de alto rango, incluida la propia Tabur-damu, como madre de la novia. Incluso los dignatarios que se encontraban en ese momento en Ebla, procedentes de ciudades que no tenían nada que ver con el matrimonio real, se beneficiaron de la generosidad asociada a la boda. La entrega de regalos a gran escala fue una parte importante de la diplomacia y el poder a lo largo de la historia del Próximo Oriente. Superar a los vecinos en número y calidad de regalos era señal de importancia y riqueza.

Aquel primer día de bodas, el rey Ishar-damu habría traído un gran número de animales para su suegro (que también era su tío), junto con otros regalos para los miembros de la familia de Tabur-damu.[36] Para su nueva esposa trajo un brazalete, una cadena de oro y la importantísima ropa ceremonial que llevaría el día de su boda: Una prenda de color rojo oscuro, otra de color amarillo anaranjado y otra multicolor.[37] Desgraciadamente, no conocemos la traducción exacta de los términos utilizados para estas prendas, pero parece probable que una fuera un vestido, otra un velo y otra una banda de algún tipo. Tabur-damu tenía estrictamente prohibido llevarlas hasta más tarde.[38]

También era crucial que el novio llevara dos ovejas para sacrificarlas a los dioses. Es posible que se tratara de algún tipo de adivinación, ya que una oveja se sacrificaba al dios del sol y la otra al dios de la familia de la esposa.[39] La referencia a estas dos ovejas vuelve a aparecer en la ceremonia más adelante; parece probable que su lana se utilizara finalmente para confeccionar algún tipo de artículo para la pareja, o tal vez pañales para un futuro bebé.[40]

Es de suponer que la familia de Tabur-damu compartió las comidas con su nuevo yerno a lo largo del día. Dado que era un rey, Ishar-damu no llegó solo; puede que los actos estuvieran cerrados al público, pero la casa familiar de Tabur-damu estaba sin duda llena de gente ese día.

En algún momento del día, el rey Ishar-damu ungió con aceite la cabeza de Tabur-damu. Esta tradición tuvo un increíble poder de permanencia en Siria; durante más de mil años siguió marcando el momento simbólico en que se formalizaba un compromiso. A partir de ese momento, se consideraba que ambos eran pareja. No importaba el tiempo que tardaran en llegar a la fecha de la ceremonia matrimonial, eran legalmente marido y mujer una vez que la mujer había sido ungida.

SEGUNDO DÍA DE LA BODA

En Ebla, no pasaba casi nada de tiempo entre la unción y la boda propiamente dicha. La pareja durmió separada esa noche y, a primera hora de la mañana siguiente, Tabur-damu se dirigió a Ebla. Esta parte de la ceremonia parece haber sido sólo suya, sin la presencia de su marido, y los ciudadanos de Ebla debían ser muy conscientes de ello. Llegó a la puerta de Kura, quizá en el extremo noroeste de la ciudad.[41] La puerta debía de ser una de las entradas más grandes e importantes de Ebla, ya que llevaba el nombre del dios de la ciudad. La puerta se abrió y ella entró, trayendo consigo regalos para los dioses. Iba vestida de calle, pues aún no se le permitía llevar la túnica nupcial. Es probable que todos los habitantes de Ebla tuvieran el día libre para esta celebración única en la vida y que las calles estuvieran repletas de gente que la aclamaba, algunos de los cuales se subían a las paredes o tejados para ver a la nueva reina[42]. Es difícil imaginar un momento más dramático, pero quizá también alegre. Al parecer, no llevaba velo; podía ver las caras de la gente que la rodeaba. Sin duda, estaban encantados de tener una nueva reina.

Tabur-damu tomó una ruta ceremonial a través de la ciudad para llegar al templo del dios Kura, siguiendo los pasos de generaciones de reinas anteriores a ella. El templo estaba cerca del palacio del rey, en la "Saza", la acrópolis de la ciudad de Ebla.[43] La entrada a la Saza ha sido excavada en tiempos modernos y era impresionante, con un pórtico y escalones monumentales que ascendían hasta la acrópolis y se extendían a lo largo de 22 metros. Mientras subía las escaleras, Tabur-damu se acercaba a uno de los momentos más importantes del día.

Al entrar en el Saza, Tabur-damu tuvo que hacer un regalo relacionado con las dos ovejas que habían sido sacrificadas el día anterior: entregó su lana, que más tarde sería tejida en una prenda especial.[44] Cerca del templo, llegó a un lugar llamado *marasum,* donde parece que esperaba su marido. *Marasum* significa "tierra cultivada", pero si fuera literalmente eso, sería algo extraño de encontrar dentro de un complejo de templos. Probablemente era un espacio abierto contiguo al templo. Aquí se detuvo. Por fin se le permitió ponerse el traje nupcial. El texto ritual especifica que "la reina entra en la Tierra Cultivada y se le presentan sus vestidos rojos, amarillo-naranja y bordados, y se le presenta su cadena de oro en la Tierra Cultivada, y la reina se viste con ellos en la Tierra Cultivada, y el rey vela a la reina y entran en el templo de Kura".[45] Todo en sus vestidos, incluidos los colores y las formas, tenía una importancia simbólica. Una de las túnicas se llamaba *dururu* y sólo podían llevarla las mujeres casadas (y las diosas casadas).[46] La vestimenta parece haber sido un acto público, y algunos estudiosos piensan que esta acción, cuando era velada por su marido, era el momento crucial, el momento en que Tabur-damu se convertía en reina.[47]

Cuando el rey y la reina entraron en el templo, sus ojos tardaron un momento en adaptarse. Estaba oscuro -en marcado contraste con el soleado patio- y las estatuas de los dioses residían en la cella sagrada, en el centro del edificio. Allí, la pareja real presentó regalos a Kura y a su divina esposa Barama, así como a otros tres dioses de Ebla.[48] El matrimonio estaba completo; los dioses lo aprobaban.

Esta boda no se celebró de forma aislada. Reyes y funcionarios de todo el Próximo Oriente habrían recibido mensajes de Ebla informándoles de ella y, en respuesta, enviaron valiosos regalos. En el palacio de Ebla se encontró una tapa de alabastro con una inscripción del reinado del rey Pepy I de Egipto; ésta (y el recipiente al que pertenecía) bien podría haber sido un regalo de boda del faraón para Ishar-damu y Tabur-damu.[49] Los matrimonios eran extravagancias de regalos, que brindaban la oportunidad de que la riqueza entrara y saliera de Ebla a escala épica.

En algún momento, quizás en este segundo día, los miembros de la corte y la familia de Tabur-damu disfrutaron de un gran banquete a base de pan, carne y otros platos, junto con vino y cerveza. Cantantes y músicos amenizaron a los invitados. La comida fue preparada por los cocineros del palacio, que eran al menos trece, todas ellas mujeres.[50] Tabur-damu e Ishar-damu habrían presidido la cena, el rey con su nueva reina, disfrutando de su último día en Ebla antes de su (a falta de una palabra mejor) luna de miel.

En Ebla hay abundantes pruebas de banquetes asociados a bodas, aunque no de la boda de Tabur-damu en particular. Cuando se celebró un matrimonio diplomático entre una mujer de alto rango de Ebla (una sobrina del visir) y el rey de la tierra de Dulu (que podría haber sido un antiguo nombre de Biblos, en la costa mediterránea), se registraron muchos tipos diferentes de panes servidos en el banquete.[51] Otra tablilla registra cuarenta y dos jarras de vino enviadas desde Ebla al rey de la tierra de Nagar cuando se casó.[52] Sin duda se necesitó aún más vino para el banquete de la boda del propio rey de Ebla. El vino se producía en Ebla y también se importaba de sus aliados[53]; el clima era más propicio para la uva en esta parte de Siria que en Sumer. En cuanto a los cantantes y músicos, aparecen en casi todas las representaciones de un banquete a lo largo de la historia mesopotámica. Y cuando el príncipe de Nagar viajó más tarde a Ebla para casarse con una princesa local, llevó consigo a seis cantantes (junto con otras ochenta personas de su tierra natal).[54] A los mesopotámicos les encantaba la música.

COMIENZO DE LA LUNA DE MIEL

Una vez concluidas las ceremonias nupciales en Ebla, la nueva pareja se preparó para emprender su luna de miel de cuatro semanas. Pero no iban a un lugar agradable para relajarse y tomarse un descanso romántico. En realidad, pasaron gran parte de su luna de miel en un edificio con el tétrico nombre de "Casa de la Muerte": un mausoleo. Se trataba de una obligación que debían cumplir ante los dioses y ante sus antepasados por razones vitales. Sin duda fue una experiencia agotadora, pero también esencial, que transformó a la pareja y bendijo su reinado.

La pareja no viajó sola. Varios funcionarios les acompañaron en la luna de miel, junto con, sorprendentemente, las estatuas de culto de la pareja divina Kura y Barama.[55] Estas estatuas encarnaban a los dioses, y los dioses protegían Ebla, por lo que rara vez salían de su templo natal. Las acciones que llevaron a cabo los dioses durante la luna de miel fueron tan críticas que los sacerdotes y el pueblo de Ebla estaban dispuestos, tal vez incluso ansiosos, de dejarlos marchar. También debieron de estar muy bien protegidos durante el viaje. En Ebla, las estatuas de los dioses estaban hechas de materiales preciosos (lapislázuli, plata, bronce y oro) sobre un núcleo de madera, y vestían los mejores ropajes.[56] No es que los sacerdotes y sacerdotisas temieran que alguien robara las estatuas por el valor de sus materiales. Todo el mundo, incluidos bandidos y salteadores de caminos, temía a los dioses; habría sido impensable fundir los rostros o las manos de sus estatuas. Los dioses habrían sido rápidos en su castigo. Todo el mundo lo creía. Pero las estatuas de los dioses de las ciudades eran rehenes muy valiosos si las tomaban las fuerzas enemigas. Afortunadamente, el viaje de luna de miel transcurrió íntegramente dentro de las fronteras del reino de Ebla, por lo que era improbable que los dioses se vieran amenazados durante el trayecto[57].

La pareja real, los dioses y los funcionarios tenían una obligación más antes de abandonar Ebla. Realizaron un sacrificio, dedicando una oveja a la deidad del sol y otra a un antepasado real, el rey Ibini-Lim, que había gobernado mucho, mucho tiempo antes, como décimo rey de Ebla. Los reyes muertos del reino de Ebla ocuparon un lugar destacado en la luna de miel. Este no fue el último sacrificio a Ibini-Lim en este viaje; estaba claro que se le consideraba uno de los grandes reyes del pasado.

Tras el sacrificio, la procesión abandonó Ebla y parece que se dirigió hacia el noreste, en un viaje serpenteante que se detuvo en seis ciudades a lo largo de cuatro días. Cada ciudad era un lugar de peregrinación, y en cada una de ellas se realizaban sacrificios a los dioses y a uno o varios reyes anteriores[58].

El destino final de la procesión de luna de miel era un lugar llamado Binash.[59] Este lugar sagrado era donde habían sido enterrados al menos tres antiguos reyes de Ebla,[60] y aquí se instaló la delegación de Ebla para una estancia de tres semanas en la Casa de la Muerte. Durante este tiempo, el rey Ishar-damu y la reina Tabur-damu fueron consagrados a los dioses de la ciudad, Kura y Barama.[61]

DEIFICACIÓN DE LOS ANTIGUOS REYES DE EBLA

Los reyes y reinas de Ebla parecen haber sido especialmente conscientes de su genealogía -más que los gobernantes de otros lugares y épocas de Mesopotamia- e igualmente conscientes del poder de sus antepasados muertos para interceder en el mundo de los vivos. Los antiguos reyes eran ahora dioses, deificados tras la muerte. Desgraciadamente, los nombres de estos antiguos reyes de Ebla no significan nada para nosotros. Sólo tenemos una lista de ellos, cuidadosamente registrada, transmitida por escribas a lo largo de generaciones y hallada en la excavación del palacio[62].

Hay veintiséis nombres en la lista, pero sólo se conservan documentos de los reinados de los cuatro últimos antes de la destrucción del reino -Kun-damu, Igrish-Halab, Irkab-damu e Ishar-damu- y la gran mayoría de las tablillas encontradas en las excavaciones de Ebla datan sólo de los dos últimos[63]. Algunos de ellos habrían sido sin duda tan familiares para la gente de Ebla como George Washington o Abraham Lincoln lo son para los estadounidenses de hoy. La gente podría haber contado historias sobre las grandes victorias o reformas de estos reyes, podrían haber sabido cuál de ellos fue el primero en construir un palacio en la acrópolis de Ebla. Quizá supieran por qué muchos de ellos no fueron enterrados en Ebla propiamente dicha, sino en otros lugares del reino con nombres como Irad, Uduhudu y Lub[64]. Como lugar de descanso de reyes divinizados, podría haber atraído a adoradores y peticionarios. Para los habitantes de Ebla, estos reyes seguían influyendo en los acontecimientos de la Tierra y requerían mucha atención[65].

Las tablillas halladas durante las excavaciones del palacio de Ebla fueron escritas a lo largo de un periodo de unos cincuenta años.[66] Si ése fuera un periodo típico para los reinados combinados de cuatro reyes sucesivos, entonces los reyes del resto de la lista se remontarían hasta 325 años antes de la destrucción del palacio al final del reinado de Ishar-damu. Los primeros de ellos, en el siglo XXVII a.C., fueron algunos de los reyes más antiguos. Un rey llamado Sagisu, por ejemplo, podría haber gobernado 225 años antes de la época en que la pareja real Ishar-damu y Tabur-damu se presentaron para rendirle homenaje.

LA CASA DE LA MUERTE

Cuando Tabur-damu e Ishar-damu llegaron a Binash, toda la procesión entró allí en la Casa de la Muerte. Debía de ser un lugar relativamente grande, pero no hay nada parecido que haya sobrevivido de Mesopotamia o, al menos, que haya sido reconocido como tal, por lo que es difícil imaginarlo. ¿Estaba en la superficie o bajo tierra? ¿Estaban las tumbas de los reyes bajo el suelo? ¿Se empleaban guardias o sacerdotes para protegerlas? Parece probable que las tumbas en sí no fueran visibles, pero que los reyes difuntos se sintieran presentes por la proximidad de sus tumbas y porque probablemente estuvieran representados en la Casa de la Muerte por estatuas.[67]

Una vez que los miembros del séquito estuvieron dentro, se celebró un ritual de purificación y un sacerdote presentó ofrendas a los dioses y a los reyes muertos. La descripción de lo que ocurrió a continuación es curiosa y un poco difícil de descifrar. Consta que "la pareja divina, [los dioses] Kura y Barama, llegan a la casa de los muertos y entran en la cámara. Así pues, parece que las estatuas de los dioses de la ciudad de Ebla se instalaron en la Casa de la Muerte, donde vivirían durante las tres semanas siguientes. En cuanto a la pareja real, "el rey entra en su cámara y la reina en la suya". ¿Eran estas habitaciones de la Casa de la Muerte donde vivía la pareja real durante este tiempo? Parece que sí. Sabemos que por la noche permanecían en el mausoleo, al parecer en estas cámaras separadas.

Mientras se honraba al rey ancestral Sagisu, con ofrendas de dos ovejas y "un pájaro de plata",[69] se añadian dos estatuas más a la multitud de esculturas de la cámara: Las imágenes de Ishar-damu y Tabur-damu propiamente dichas. Habían sido traídas durante todo el viaje desde Ebla. El escriba escribió: "Mientras el nuevo rey (Ishar-damu) ofrece las ovejas en el templo del dios de Sagisu, el antepasado, entonces colocaron esa estatua del rey... (y) la de la reina... los jóvenes talladores las hicieron[70] Estas estatuas eran valiosas. Su coste se había calculado en plata (aunque probablemente no fueran totalmente de plata). Un texto administrativo registra que "305 g (casi 11 oz) de plata" era el "valor de una estatua, que es la del rey y la reina, para Binash".[71]

Una estatua, como hemos visto, era mucho más que una representación, en la mente de la gente de Mesopotamia en esta época. De hecho, no se parecía necesariamente a la persona. Pero tenía una conexión mágica con su sujeto y una fuerza vital. Las estatuas de Ishar-damu y Tabur-damu se unieron a las de antiguos reyes y reinas en una comunidad sobrenatural aquí, en la Casa de la Muerte. Libres de las limitaciones del tiempo, podían comunicarse entre ellas, adorar y ser adoradas. Y todas las estatuas, al igual que los solicitados hombres y mujeres a los que representaban, esperaban que se les proporcionara comida, bebida, ropa y regalos. El hecho de que el dios y la diosa, Kura y Barama, estuvieran temporalmente entre ellos en la forma de sus estatuas convertía este acontecimiento en algo sumamente importante. Era como si los dioses presentaran a la nueva pareja a sus antepasados.

Pasó una noche. ¿Consiguió dormir Tabur-damu? ¿La presencia de las imágenes de todos esos reyes y reinas muertos al otro lado de la puerta (y de sus restos bajo el suelo) le habría tranquilizado o inquietado?

El texto ritual informa de que, a continuación, "Cuando los arropados se levantan, el rey y la reina parten y se sientan en los tronos de sus padres y esperan la presencia del dios sol". Aparentemente, la pareja real se despertó antes del amanecer para ver salir el sol, mientras estaban sentados en los tronos. Continúa: "Cuando el sol (dios) se levanta, los sacerdotes de invocación invocan y los sacerdotes de lamentación entonan los lamentos de cuando la diosa del nacimiento Nintu se enojó."[72]. Se ha propuesto que todo el ritual matrimonial se centraba en la fertilidad de la pareja real[73] y la presencia de la diosa del nacimiento en este episodio parece apoyar esa sugerencia.

La diosa del nacimiento siguió desempeñando un papel crucial, ya que Nintu "hace un anuncio, y el anuncio que hace Nintu es que hay un nuevo dios Kura, una nueva diosa Barama, un nuevo rey, una nueva reina"[74]. De algún modo, tanto la pareja real como la divina se hicieron "nuevas" tras estos lamentos y conjuros a la diosa del nacimiento. Se percibía como una transformación real y radical. En última instancia, el resultado fue que el rey y la reina adquirieron la autoridad para gobernar. Otro documento se refiere a los preparativos de este acontecimiento como "la purificación del mausoleo de Binash para la entronización del rey... (con motivo de) la fiesta del rey alcanzando la soberanía"[75]. Aunque Ishar-damu ya había gobernado Ebla durante trece años, sólo ahora tenía edad suficiente para casarse y someterse a la ceremonia de consagración, para convertirse en verdaderamente poderoso. Compartía su autoridad con Tabur-damu, su reina, su *maliktum*. Ambos eran legítimos a los ojos de los dioses.

Se podría pensar que una sola mañana de estas invocaciones habría sido suficiente, pero el proceso se prolongó durante veintiún días -tres programas de ceremonias de siete días cada uno- en los que la pareja real continuaba ofreciendo libaciones y sacrificios durante los días, mientras dormía por la noche en la Casa de la Muerte[76].

Antes de que la comitiva partiera para regresar a Ebla, hicieron sacrificios una vez más, y esta vez añadieron uno por el rey Igrish-Halab. No era un antepasado lejano como los demás, era el abuelo de Ishar-damu. Puede que no estuviera enterrado en Binash, pero podía recibir regalos y sacrificios allí.[77]

VOLVER A EBLA

Por fin, las ceremonias de la Casa de la Muerte habían terminado y el grupo podía regresar a Ebla, confiando en que los dioses y los reyes muertos bendijeran el reinado de Ishar-damu y Tabur-damu. Sin embargo, la pareja real no fue directamente al palacio. Su primera parada fue en el templo, donde los dioses Kura y Barama fueron restaurados a sus lugares normales y donde el rey y la reina tomaron una comida de ofrendas que se les había proporcionado. La pareja real pasó la noche en el templo. El texto ritual especifica que "ese día el rey se acuesta en el templo (de Kura) sobre una sábana de lino. Y también la reina yace en el templo de los dioses del rey".[78]

Todo el proceso fue, en cierto modo, un gran rito de iniciación para Tabur-damu. Había llegado muy lejos desde el primer día de su boda. A partir de ahora, Tabur-damu podía tomar comidas rituales reservadas a la realeza. Había pasado de ser una civil (aunque perteneciente a una rama de la familia real) a una reina, la *maliktum* de Ebla, merecedora de ofrendas por derecho propio.

Con el paso del tiempo, Tabur-damu se sintió cómoda viviendo en palacio. Habría tenido sus propios aposentos, sus sirvientas y damas de compañía,[79] pero durante los tres años posteriores a su matrimonio con Ishar-damu, Tabur-damu continuó estando superada en rango por la reina madre, Dusigu.

MUERTE DE DUSIGU

La reina madre Dusigu murió tres años después de la boda de Tabur-damu e Ishar-damu, en el cuarto año del visir Ibbi-zikir,[80] y su devoto hijo debió de sentir un gran dolor. Nominó el año para conmemorar su muerte[81]. Todo el reino se dio cuenta de su importancia. Todos los habitantes del reino se dieron cuenta de su importancia. Los regalos fluían hacia palacio en la occasion de su funeral[82].

Y ahora Tabur-damu era la mujer de más alto rango del país; era madre de hijos reales, entre ellos el príncipe heredero Irak-damu y la princesa Keshdut.[83] Tabur-damu gobernaba con su marido como *maliktum,* y su nombre aparecía por fin en lo más alto de las listas de mujeres.

Pero Tabur-damu seguía teniendo una responsabilidad para con Dusigu, incluso después de la muerte de su suegra. La estatua de Dusigu, que se encontraba entre las estatuas de los antepasados y contenía parte de la fuerza vital de la reina muerta, seguía exigiendo ofrendas y respeto. Esta relación entre las reinas viva y muerta se esclareció de forma sorprendente. Durante las excavaciones del palacio de Ebla, se descubrió un grupo de artefactos que procedían de un único objeto: Una especie de retablo de pequeñas esculturas que se habría montado en lo alto de un poste como estandarte que se podía llevar en las ceremonias.[84] Este tipo de objetos aparecen en esculturas en relieve de otros lugares y épocas de Mesopotamia; parece totalmente probable que también hubieran existido en Ebla.

En este cuadro aparecen dos mujeres. Una de ellas es alta, está de pie y tiene una mano en la cintura y la otra cerrada en un puño contra la cara. Lleva un vestido largo de tela lisa sin adornos, salvo los flecos del borde. No lleva nada en la cabeza. La otra figura es mucho más pequeña, está sentada y lleva un manto de vellón antiguo que la cubre por completo. En la cabeza lleva un turbante. Entre ambos hay un incensario de bronce. La escena parece representar a la mujer más joven como una figura viviente, que adora a una estatua menos que viviente que representa a la mujer mayor. Paolo Matthiae, director de las excavaciones de Ebla, tiene una explicación convincente para esta escena. Según él, la figura más pequeña es Dusigu, después de su muerte, en forma de estatua funeraria. La figura más joven es Tabur-damu, rindiendo homenaje a su suegra.[85] La elección de esta imagen para un estandarte real podría haber tenido como objetivo demostrar que Tabur-damu era ahora igual a su difunta suegra. Pero también podría indicar que Tabur-damu seguía en una posición inferior; tal vez se hizo para señalar la deificación de Dusigu[86].

TEXTILES EN EBLA

En Ebla, como hemos visto, los tejidos siempre ocuparon un lugar destacado entre los artículos de lujo que se distribuían como regalo, tanto en casa como a reinos lejanos. La plata y el oro también figuraban, pero no eran productos autóctonos. La única forma que tenía la tierra de Ebla de obtener plata y oro era de otras tierras, principalmente de Anatolia. Y la única forma de obtenerlos de otras tierras era mediante el comercio o el intercambio de regalos de lujo. Como en Lagash (y en toda Mesopotamia y Siria), los textiles eran la opción obvia de exportación o regalo de lujo.

Las prueba de esto en Ebla es aún más clara que en Lagash: Todos esos cientos de registros de distribución de ropa y tejidos reflejan el motor de la economía del reino.

El rey de Ebla poseía entre 80.000 y 136.000 ovejas[87], por lo que el palacio contaba con vastos almacenes de lana que podían confeccionarse en los estilos que más atraían. Aun así, los registros muestran que también se importaba lana de otras regiones –de Mari y otros lugares–[88] y que se confiscaban tejidos y lana como botín durante las campañas militares. La industria necesitaba cada vez más lana.

Se distribuía de muchas maneras. La mayor parte de la producción textil para el palacio corría a cargo de trabajadores contratados (hombres y mujeres), algunos de los cuales trabajaban directamente para las mujeres reales, otros para el palacio en general y otros fuera del palacio, pero bajo la supervision real[89]. Un visitante de la corte sabía con certeza que volvería a casa con uno o varios trozos de tela fina eblaíta.

Pero los textiles no sólo estaban reservados para la gente en el poder. A diferencia de lo que ocurría en Mesopotamia en la misma época, la lana y los tejidos se utilizaban, junto con los alimentos, como pago a los trabajadores (incluidos tejedores y tintoreros).[90] ¡Incluso un hombre que había sido contratado por el palacio para comprar tejidos en la lejana Kish recibía un pago por su trabajo en los tejidos! El texto correspondiente dice así: «Yo *gu-mug* tejido, 1 *ib-tejido* al hijo de Abadan, el mercader, que va a la ciudad de Kish a comprar textiles".[91]

En Ebla se fabricaban telas de un número desconcertante de estilos, cada uno de los cuales tenía un nombre, aunque casi ninguno de los nombres puede traducirse. Algunas eran de lana sin teñir, de color gris, negro, manchado y, la más rara de todas, blanca.[92] Otras se teñían con tintes vegetales y algunas eran multicolores.[93]

Se almacenaban en salas especiales del palacio -la "casa de la lana" y la "casa de los tejidos"- desde las que se distribuían según las necesidades.[94] Como en una tienda moderna de alfombras, estas salas probablemente estaban repletas de telas dobladas: Altas pilas de prendas rojas por aquí, pilas de finas telas amarillas y naranjas por allá. Las tablillas administrativas dan cuenta de la existencia de miles de tejidos en estas salas en un momento dado. El almacén debía de estar tan bien custodiado como un tesoro; esas prendas y telas representaban décadas de horas-hombre (o, más a menudo, horas-mujer) de trabajo y una inmensa riqueza.

CARTAS Y TRATADOS DIPLOMÁTICOS EN EBLA

Dada la prominencia de los textiles en tantos momentos de entrega de regalos en Ebla, resulta sorprendente que la única carta diplomática que ha sobrevivido en el archivo del palacio no mencione textil alguno; los regalos de Ebla eran cuerdas y carros. La carta iba dirigida a un enviado de la lejana tierra de Hamazi, a cientos de kilómetros al este. La carta no era del rey de Ebla, sino de su mayordomo, un hombre llamado Ibubu. Ibubu aseguró al enviado hamazí que eran iguales: "Yo soy (tu) hermano y tú eres (mi) hermano "[95]. Sus reyes también eran aliados. Ibubu escribió que "Irkab-damu, el rey de Ebla, es hermano de Zizi, el rey de Hamazi".[96] Al igual que la reina de Lagash y la reina de Adab habían intercambiado regalos, también lo hicieron los altos funcionarios de Ebla y Hamazi. Ibubu pidió "équidos de la mejor calidad", señalando que a cambio enviaba a su homólogo "diez cuerdas (para carros) y dos carros de boj". No cabe duda de que se producían intercambios similares entre los propios reyes, y probablemente también entre sus reinas. A juzgar por los documentos administrativos, los regalos caros parecen haber estado siempre en movimiento entre tierras aliadas, pero esta carta es el primer ejemplo de correspondencia diplomática que los acompañaba.

La carta demuestra que el sistema diplomático estaba bien establecido, aunque lamentablemente no tenemos pruebas de su inicio. Como en Sumeria, la "hermandad" se refería a una relación formal entre estados aliados, y esa alianza se mantenía mediante el intercambio regular de cartas y regalos, transportados a través de largas distancias, a menudo mucho más allá de las fronteras de Ebla, por mensajeros y embajadores. El mismo sistema diplomático también dejó su impronta en otros documentos de los archivos: registros de bienes enviados y recibidos, y de mensajeros despachados.

Los mensajeros y enviados que transportaban las cartas y los regalos estaban protegidos en su trabajo por tratados formales entre los estados a los que representaban. Incluso la procedencia de sus alimentos era designada por los siempre meticulosos diplomáticos que habían redactado el acuerdo. Sólo se conserva un tratado de este tipo de esta primera época, pero parece probable que fuera típico; nada en él sugiere que fuera el único de su clase. También se encontró en el palacio de Ebla y regulaba la relación de Ebla con un estado vasallo situado al este, Abarsal. El tratado incluye estas cláusulas: "Los mensajeros que lleguen se detendrán hasta diez días y comerán sus provisiones de viaje. Pero si quieres que se queden (más tiempo), les darás provisiones de viaje... A los mensajeros que reciban un regalo no se les darán provisiones de viaje: Volverán sin provisiones de viaje".[97] Si un rey insistía en detener al enviado o mensajero de otro rey durante más de los diez días estándar, tenía que proporcionarle comida para el viaje de vuelta o tenía que darle un regalo. Uno puede imaginarse a un mensajero de Ebla esperando, día tras día, una carta que llevar a su rey, todo el tiempo recordando a su homólogo de Abarsal (sin duda amablemente) que se le debían provisiones para el viaje. Su propio rey no tenía que pagar por el retraso. El trato adecuado a los representantes del rey era esencial en este mundo diplomático.

ENAR-LIM Y RUZI-MALIK: MERCADERES QUE VIAJAN ENTRE EBLA Y DUGURASU

Dos hombres, Enar-Lim y Ruzi-malik, realizaron uno de los viajes más largos desde Ebla hasta un lugar lejano llamado Dugurasu. Los regalos que llevaron al rey fueron especialmente extravagantes. Dos historiadores, Maria Giovanna Biga y Piotr Steinkeller, han hecho recientemente una afirmación sorprendente: Dugurasu estuvo en Egipto.[98] Esto es extraordinario porque una de las omisiones más llamativas de los documentos cuneiformes de esta época que se conservan ha sido siempre cualquier referencia a Egipto. Como hemos visto, los sumerios del Periodo Dinástico Temprano parecen haber ignorado por completo la existencia de la espectacular civilización con la que ahora se les compara tan a menudo. Pero los reyes de Ebla no sólo estaban en contacto con Egipto, sino que enviaban hombres allí con regularidad.

Los eruditos exponen un caso fascinante: Los bienes que los enviados trajeron de vuelta del "rey de Dugurasu" incluían lino, marfil de elefante, dientes de hipopótamo, cobre, bronce y monos, exactamente lo que cabría esperar de Egipto.[99] Como hemos visto, en Ebla se ha encontrado la tapa de un recipiente de piedra procedente de Egipto.[100] Y al menos un poco de ese oro de Ebla bien pudo proceder de Egipto, como ocurrió mil años más tarde, cuando volvieron a forjarse estrechos lazos entre Egipto y Siria.[101]

Dugurasu era sin duda una potencia importante y estaba muy lejos. El rey de Dugurasu nunca vino a Ebla (a diferencia de los reyes vasallos y algunos de los reyes vecinos que vinieron a prometer su apoyo a Ishar-damu), y fue el único rey extranjero al que el rey de Ebla envió grandes cantidades de estaño, lapislázuli y plata[102].

Hay otra pista sobre la ubicación de Dugurasu, ésta procedente del propio Egipto. La autobiografía de un funcionario egipcio llamado Iny muestra la otra cara de la relación; viajó a Biblos y más allá a Siria, justo en esta misma época, en el reinado de Pepy I (cuya tapa de jarrón de alabastro se encontró en el palacio de Ebla). ¿Qué le trajo a su rey? Plata, estaño, lapislázuli y aceite, exactamente los productos que Ebla envió a Dugurasu.[103] Biga sugiere que el nombre de Dugurasu podría proceder de una ciudad egipcia del delta oriental del Nilo, pero es de suponer que las referencias al "rey de Dugurasu" se referían al rey de Egipto.

Un documento del archivo de Ebla recoge las provisiones de viaje y los regalos asignados a Enar-Lim y Ruzi-malik cuando se dirigían a Dugurasu durante el reinado de Ishar-damu.[104] Los dos hombres no eran nativos de Ebla. Vivían en la tierra de Kakmium, en la costa, al noroeste de Ebla, y trabajaban para un mercader de allí llamado Ilum-Bala.[105] Los mercaderes de la empresa de Ilum-Bala en Kakmium casi siempre acompañaban a los enviados de Egipto (suponiendo que ésta fuera la ubicación de Dugurasu) cuando viajaban hacia o desde Ebla.[106]

Enar-Lim y Ruzi-malik debieron de pasar algún tiempo preparando sus viajes una vez que llegaron a Ebla desde su ciudad natal. El palacio les pagó, repartiéndose entre ellos la cantidad de dinero habitual para el viaje (cada uno recibió cinco siclos de plata, una suma considerable)[107]. Tenían que causar buena impresión a su llegada: El rey de Dugurasu era un hombre importante. Es de suponer que alguien de la delegación recibió también una carta para él (tal vez una carta parecida a la dirigida al enviado de Hamazi) en la que Ishar-damu saludaba al rey de Dugurasu como a un hermano y le pedía que le enviara bienes que se necesitaban en Ebla. En la carta, el rey Ishar-damu también habría enumerado los regalos que traían los enviados egipcios, acompañados por Enar-Lim y Ruzi-malik.

Estos regalos eran extravagantes; lo sabemos por la lista administrativa. Incluían artículos producidos en Ebla, que se enumeran en primer lugar: El rey de Dugurasu recibió el conjunto estándar de tres prendas que eran la marca de fábrica de los obsequios eblaítas (y sin duda de la mejor calidad), y una daga decorada con oro, sin duda fabricada en un taller del palacio de Ebla. Los otros regalos que trajeron para el rey de Dugurasu eran materias primas procedentes de tierras situadas al este y al norte de Ebla; se habían obtenido como resultado del comercio y el intercambio de regalos y habían sido pasadas-4 minas (1,88 kilogramos, 4 libras) de plata (probablemente de Anatolia), 4 minas (1,88 kilogramos, 4 libras) de estaño, 13 minas (6,11 kilogramos, 13 libras) de lapislázuli (ambas probablemente de Afganistán), y una "piedra" que no se describió con más detalle, pero que podría haber sido una piedra de peso estándar.[108]

Los mercaderes de Kakmium, Enar-Lim y Ruzi-malik fueron contratados por la corte de Ebla para acompañar en su viaje a seis representantes del rey de Dugurasu. Estos seis hombres eran responsables de transportar los regalos de Ebla a su rey, al igual que habían sido responsables de llevar los regalos de su rey a Ebla en primer lugar. Los representantes de Egipto no se nombran en este texto, pero uno de ellos habría sido el enviado principal, que a menudo figuraba como un hombre llamado Awa.[109]

Los hombres egipcios también recibieron ropa de la administración de Ebla, aunque no recibieron el pago de plata. Sin duda, el coste de su viaje fue sufragado por su rey. Los ocho viajeros, tanto de Kakmium como de Dugurasu, también recibieron regalos del tesoro de Ebla. Los egipcios recibieron una bolsa y un brazalete de plata y oro de diez siclos, y Enar-Lim, el mercader de Kakmium, un brazalete de cobre y oro de treinta siclos. Ruzi-malik parece haber sido superior a Enar-Lim, a juzgar por los regalos que recibió. Además de la ropa, los cinco siclos de plata y el mismo brazalete que su compañero, recibió una bolsa blanca, una banda para el pie y un puñal de plata.

No todos los objetos que llevaban los hombres eran regalos. Algunos de los documentos de Ebla dan a entender que los hombres que realizaban estos viajes bien podían haber llevado objetos para comerciar también en beneficio propio. Los mercaderes de Kakmium podrían haber traído vino o madera de su tierra natal para vender en Ebla,[110] y los enviados y diputados de Egipto a veces recibían pagos en Ebla, aparentemente por bienes que vendían. Probablemente se trataba del mismo tipo de artículos que su rey les había enviado como regalo: Marfil de elefante y de hipopótamo, cuentas de piedras semipreciosas, cobre y tejidos de lino[111].

Uno tiene la sensación de que el viaje de ida y vuelta entre Ebla y Egipto habría sido familiar para estos hombres que viajaban juntos. La primera etapa del viaje desde Ebla les llevó a la costa mediterránea en Kakmium. Desde allí, viajaron hacia el sur, a pie o en barco, con una parada en la ciudad costera de Dulu, que casi con toda seguridad era el antiguo nombre de Biblos. La arqueología demuestra que Biblos ya tenía una larga historia de comercio tanto con Egipto como con Siria, y las tablillas muestran que Dulu era uno de los socios comerciales más fiables de Ebla, ya que suministraba muchas de las mismas mercancías que llegaban de Dugurasu. La expedición continuó de Dulu a Egipto-Dugurasu.

Habrían recorrido unos 1.370 kilómetros para llegar allí, un viaje que les habría llevado unos dos meses. Con una estancia al llegar allí y el viaje de vuelta a continuación, Enar-Lim y Ruzi-malik abandonaban Siria durante al menos seis meses. Uno no puede evitar preguntarse qué pensaban los mercaderes de las tierras que visitaban, y de todos los variados paisajes y ciudades que encontraban por el camino.

Los caminos del reino de Ebla y más allá estaban bien transitados. Los habitantes de Ebla sabían que existía un amplio mundo más allá de sus dominios inmediatos, y los mecanismos de la diplomacia estaban bien establecidos. De hecho, es posible que el intercambio formal de regalos con reyes lejanos fuera más fiable que el comercio a la hora de proporcionar bienes de lujo a la corte.

PEREGRINACIONES

A veces, el rey no podía enviar a un enviado en su lugar; otras, tenía que abandonar Ebla y viajar él mismo. Los motivos de estas expediciones solían ser religiosos. De hecho, el rey y el príncipe heredero realizaban algún tipo de peregrinación cada mes, lo que significaba que pasaban regularmente días fuera de la capital[112]. Aunque el propósito de los viajes era mantener buenas relaciones con los dioses de todo el reino, también debían de tener un efecto unificador en el pueblo. La procesión del rey era, sin duda, un espectáculo digno de ver, ya que él y sus asistentes recorrían un circuito regular de ciudades y aldeas. No estaba alejado y aislado, encerrado en su palacio. Estaba allí mismo, entre su pueblo, con regularidad.

No sólo viajaban los hombres. Las princesas y reinas también viajaban por el reino. De hecho, muchas de las hijas adultas y hermanas del rey se habían marchado de Ebla para vivir en otros lugares. Algunas de ellas se habían casado con líderes de ciudades-estado o con poderosos reyes extranjeros, y se habían trasladado a las cortes de sus maridos. Este tipo de matrimonios diplomáticos eran habituales en la diplomacia mesopotámica, y los estudiaremos con más detalle más adelante. Las princesas de

Ebla que se convertían en reinas de otras tierras no eran olvidadas por sus familias; seguían recibiendo regalos de casa con regularidad, especialmente, por supuesto, después de dar a luz. En esta feliz ocasión, llegaban muchos tejidos y joyas, no sólo para la madre, sino también para su bebé[113].

Las princesas también podían volver a casa. Tisha-Lim era reina de la ciudad de Emar (una de las ciudades del reino de Ebla, aunque bastante alejada de la capital), y aparece regularmente en las listas administrativas: Estaba en Ebla con frecuencia. Parece probable que hubiera nacido en Ebla y que encontrara muchos motivos para volver a casa de visita[114].

Otras princesas de Ebla fueron reclutadas como sacerdotisas de dioses o diosas cuyos santuarios se encontraban en otras ciudades. La hermana del rey Ishar-damu, Tinib-dulum, por ejemplo, se convirtió en sacerdotisa del dios de la agricultura Adabal. Adabal tenía tres centros principales de culto; Tinib-dulum fue asignada a su templo principal en la lejana ciudad de Luban, muy lejos, en las montañas cercanas a la llanura de Antioquía.[115] Cuando fue reclutada, viajó hasta allí con estilo; Se llevó a cinco príncipes con ella, probablemente para llevarla en una silla de manos.[116] Y recibió ricos regalos (en su mayoría textiles, por supuesto) cuando fue investida, en este caso por los "señores" -los ancianos que asesoraban al rey.[117]

Una vez instalada en Luban, Tinib-dulum no se privó de la compañía de los habitantes de la capital. No cabe duda de que llevó consigo a asistentes de la corte, y su nuevo hogar de Luban era un popular lugar de peregrinación. Una vez al año, un grupo de jóvenes piadosos y poderosos de Ebla realizaba un viaje de treinta y nueve días a treinta y seis lugares sagrados asociados con el dios Adabal, empezando por el gran templo de Luban. Viajaban allí durante el mismo mes de cada año,[118] el mes de la gran fiesta del dios. El grupo estaba formado por entre cinco y catorce hombres, y a veces el rey, Ishar-damu -hermano de la sacerdotisa Tinib-dulum- se encontraba entre ellos[119]. Sin duda, los hombres tenían rituales religiosos que cumplir cuando estaban allí, sacrificios y libaciones que hacer y oraciones que ofrecer. Sin embargo, parece probable que los hermanos de la realeza tuvieran la oportunidad de verse y hablar.

La reina Tabur-damu también viajaba por todo el reino, aunque, como eblaíta nativa, no tenía otro "hogar" al que viajar. Lo más importante es que ella y su marido, el rey Ishar-damu, volvían cada año a la Casa de la Muerte de Binash en su aniversario de boda para celebrar una ceremonia relacionada con lo que se denominaba "su vestimenta".[120] Se vestían con prendas especiales de lana blanca y negra confeccionadas para la ocasión. La lana negra era común, pero, como hemos visto, la blanca era rara. Estaba reservada a la realeza.

Al igual que los hombres que viajaban a los santuarios de Adabal, Tabur-damu tenía un motivo religioso para viajar, no sólo a Binash, sino también para visitar el santuario de la diosa Ishhara. A diferencia de la sacerdotisa Tinib-dulum, Tabur-damu probablemente no fue transportada en una silla de manos durante el viaje, sino que disponía de su propio carro.[121] Su suegra Dusigu hizo lo mismo, aunque quizá las dos mujeres reales no visitaron juntas el templo de Ishhara. Sería fascinante saber si Tabur-damu y Dusigu se llevaban bien, y cómo aconsejaban cada una al rey Ishar-damu. Lamentablemente, los textos administrativos no arrojan ninguna luz al respecto.

DESTRUCCIÓN DE EBLA

La reina Tabur-damu y el rey Ishar-damu debieron de consultar a los oráculos cuando eligieron al hijo que heredaría el trono de Ebla a la muerte de su padre, y posiblemente también habían iniciado las negociaciones para encontrar una esposa apropiada para el príncipe heredero, una futura *maliktum*. Pero no fue así. Ishar-damu y Tabur-damu resultaron ser los últimos de su dinastía. Ebla había sido probablemente una gran potencia durante más de 300 años y debió de parecer, a sus súbditos, estable y eterna. Pero el reino de Ebla estaba a punto de ser víctima de la misma tormenta política que pondría fin a la dinastía de Lagash. Alguien atacó, saqueó y quemó el palacio de Ebla hasta los cimientos, preservando inadvertidamente todos los registros de arcilla que inmortalizaban su época. Ese alguien era un rey de una lejana región del centro de Mesopotamia llamada Acad, que visitaremos en el próximo capítulo.

PARTE III

LOS PERIODOS ACADIO Y UR III, 2300-2000 A.C.

CAPÍTULO 6

UN CONQUISTADOR Y UNA SACERDOTISA

Un día, hacia el año 2300 a.C., un hombre estaba trabajando en un almacén de la ciudad de Ur, probablemente rodeado de jarras de alimentos o cerveza. Fijó un pequeño trozo de arcilla en la parte superior de una vasija de terracota y enrolló su sello cilíndrico sobre ella, para que cualquiera que se encontrara más tarde con la vasija supiera quién la había abierto por última vez. Cumplía con una responsabilidad que se había mantenido prácticamente inalterada durante 1.200 años, desde la invención de los sellos cilíndricos en Uruk, alrededor del año 3.500 a.C.[1]. Sellar cargamentos de diversos tipos de mercancías era algo muy cotidiano para un funcionario; ocurría todo el tiempo. Al cabo de un día o dos, o quizá de unas horas, el hombre sin duda había olvidado que había precintado ese frasco en concreto. Pero, por extraño que parezca, el sello de arcilla resultante sobrevivió en el suelo durante miles de años y es el único testigo de su presumiblemente ilustre carrera.

KITUSHDU: UN ESCRIBA Y SU SELLO CILÍNDRICO

Se llamaba Kitushdu, y este pequeño trozo de arcilla con la impresión de su sello es, de hecho, la única prueba de que existió. Leonard Woolley lo encontró durante unas excavaciones en Ur en 1928, en la misma zona que las tumbas reales (aunque era de una época posterior). Woolley describió el trozo de arcilla sellado en una nota en sus registros de excavación y más tarde lo hizo transportar al Museo Británico de Londres, donde fue catalogado y guardado en un cajón. Pero no está oculto a la vista del público: Se puede ver en una foto en el sitio web del museo.[2] El sello es diminuto: Apenas mide algo más de 2,5 centímetros (1 pulgada) por 4 centímetros (1,6 pulgadas).

No obstante, el sello de Kitushdu era impresionante; llevaba un búfalo de agua bellamente esculpido y una inscripción en honor de la princesa para la que trabajaba, que rezaba así:

> Enheduana,
> hija de Sargón
> [ ]-Kitushdu,
> el escriba,
> (es) su siervo.[3]

Kitushdu y su sello constituyen un buen punto de partida para el estudio de su época, el siglo XXIII a.C., por los personajes mencionados, el arte del propio sello y el animal representado en él.

Empecemos por las personas. Kitushdu demuestra en la inscripción de su sello que estaba en estrecho contacto con la familia más poderosa de la Mesopotamia de su época. Era escriba, y presumiblemente de alto rango, a juzgar por la calidad de su sello y las palabras escritas en él, y era "sirviente" de una princesa llamada Enheduana. El término traducido como "sirviente" también significaba "esclavo" y era utilizado por cualquier persona de rango inferior para referirse a su relación con un miembro de la familia real -y todo el mundo era de rango inferior a la familia real-. Cuando se utilizaba en una inscripción de sello cilíndrico en relación con un rey o una princesa, la persona descrita como "sirviente" era un miembro de la corte real. Es muy probable que Enheduana le hubiera entregado personalmente el sello. Volveremos a ella en breve. Su padre figura como Sargón; y fue alguien muy influyente, un hombre que transformó el concepto mesopotámico de lo que un rey podía ser y hacer.

SARGÓN DE ACAD: UN CONQUISTADOR LEGENDARIO

Sargón (c. 2316-2277 a.C.) es el primer gran nombre de la historia mesopotámica. Pocas personas han oído hablar de Ur-Nanshe, Enmetena o Ishar-damu, por no hablar de Baranamtara o Tabur-damu. Pero Sargón es familiar. A veces incluso se le conoce como "Sargón el Grande", el primer constructor de imperios del mundo, el primer hombre que unió Mesopotamia desde el golfo Pérsico hasta el Mediterráneo. Comparte epíteto con conquistadores imperialistas posteriores como Ciro de Persia y Alejandro de Macedonia, pero no tengo ni idea de quién lo apodó primero "el Grande".

Sin duda, Sargón habría aprobado el epíteto, y los mesopotámicos posteriores también lo consideraron así.[4] La historia de Sargón fue creciendo con el tiempo, sus hazañas se hicieron más impresionantes y su linaje más divino. En una leyenda, compuesta siglos después de su muerte, Sargón habla en primera persona y cuenta la historia de un nacimiento mágico y una supervivencia milagrosa:

> Mi madre era una gran sacerdotisa, no conocí a mi padre...
> Mi madre, la gran sacerdotisa, me concibió, me dio a luz en secreto.
> Me colocó en una cesta de juncos, selló mi escotilla con brea.
> Me dejó en el río, de donde no pude subir.
> El río me llevó, me trajo a Aqqi, sacador de agua.
> Aqqi, sacador de agua, me subió mientras mojaba su cubo.
> Aqqi, sacador de agua, me crió como su hijo adoptivo.
> Aqqi, sacador de agua, me puso a trabajar en su huerto.[5]

La única explicación del repentino ascenso de Sargón al trono, según la leyenda, era que "durante mi trabajo en el huerto, (la diosa) Ishtar me amó",[6] tras lo cual, sin más, se convirtió en rey. Obviamente, nada de esto puede ser cierto. Ninguno de estos detalles de la supuesta biografía de Sargón se mencionó siquiera hasta cientos de años después de su muerte, pero no deja de ser una gran historia de "de pobre a rico".

El resto de la leyenda relata las valerosas expediciones y victorias de Sargón. No menciona ningún ejército. Sargón, un superhéroe del tercer milenio a.C., lo hizo todo él solo:

> Acostumbraba a ascender altas montañas.
> Estaba acostumbrado a cruzar las montañas más bajas.
> La [t]ierra del mar sitié tres veces.
> Conquisté Dilmun, yo [ ]
> Destruí [Ka]zallu [ ] ...[7]

Durante siglos después de la muerte de Sargón, los reyes le tenían en gran estima, ansiosos por emular su gloria. Algunos de ellos tomaron prestado su nombre o el de sus descendientes, o adoptaron sus títulos.[8] Durante siglos le rindieron honores rituales.[9] Alrededor de 1.800 años después de su reinado, un rey babilonio asombrado encontró una cabeza rota de Sargón en las ruinas de un templo en Sippar. La colocó reverentemente sobre un pedestal y le dedicó ofrendas.[10]

El nombre y los logros de Sargón fueron, por tanto, familiares para los habitantes de la región durante unos 2.000 años, y oímos hablar mucho de él en sus escritos posteriores. Pero, curiosamente, si las únicas pistas que tuviéramos fueran documentos y objetos creados en la época de Sargón, éste podría parecer intrascendente, sólo uno de los cientos de reyes cuyos reinados se sucedieron sin dejar mucho rastro.

Puede que la impresión del sello de Kitushdu no sea más que un pequeño trozo de arcilla, pero su inscripción es una de las nueve inscripciones breves que se conservan de la época de Sargón y que le mencionan. La mayoría de las demás son igualmente poco impresionantes y tangenciales a la vida de Sargón. Otros dos sirvientes de la princesa Enheduana, hija de Sargón, perduran gracias a sus sellos. Un hombre llamado Ilum-palil, que fue su peluquero, poseía un valioso sello de lapislázuli; el sello en sí, y no sólo una impresión, fue excavado en Ur en 1928.[11] Su mayordomo Adda también utilizó un sello cilíndrico que lo identifica como su sirviente.[12] Ambos mencionan a Sargón sólo porque era el padre de Enheduana. Las otras inscripciones son una breve dedicatoria del administrador de la finca que trabajaba para la esposa de Sargón,[13] y dos objetos dedicados al dios Shara por un administrador del templo "para el bienestar de Sargón, rey de Agadé".[14] Tres breves inscripciones parecen haber sido encargadas por el propio Sargón, pero no dicen gran cosa, sólo que dedicó una maza de piedra y un jarrón a un dios, y que quería que los dioses maldijeran a alguna persona futura por algo. Esa inscripción dice: "que arranquen [sus cimientos] y se lleven su semilla".[15] Y eso es todo. No aportan dato alguno sobre los logros de Sargón ni sobre su reinado. No tenemos largas inscripciones reales encargadas por Sargón en esculturas de piedra o vasijas, a diferencia de los reyes dinásticos tempranos de Lagash, cuyas inscripciones son abundantes. Y su imagen sólo se conserva en un desgastado monumento hallado en Susa, en el que aparece de perfil marchando a la cabeza de unos soldados. Su rostro se ha aplanado con el tiempo y la erosión, pero puede distinguirse su larga barba y su brazo extendido.[16]

Afortunadamente, tenemos algo más que leyendas para conocer la vida de Sargón. Los escribas posteriores buscaban y copiaban las inscripciones que veían en las esculturas del rey y en los relieves de sus batallas. Volveremos sobre los escribas y su educación más adelante.[17] A ellos debemos gran parte de nuestros conocimientos sobre la literatura, la religión y la historia política de la región. A veces, los escribas incluso anotaban dónde habían encontrado el texto que habían copiado. Por ejemplo, unos 500 años después de la muerte de Sargón, un escriba transcribió una inscripción que encontró en una escultura de piedra que había encargado Sargón. La copió en una tablilla de arcilla y anotó al final que la "inscripción fue escrita en el zócalo frente a Lugalzagesi "[18]. Una imagen de este rey, Lugalzagesi, debió de figurar en el monumento de Sargón, y es a Lugalzagesi a quien nos dirigimos ahora, porque sentó las bases del imperio de Sargón.

LUGALZAGESI: EL PRIMER REY QUE SOÑÓ CON UN IMPERIO

Antes de que Sargón iniciara sus campañas imperialistas, Lugalzagesi, rey de Umma (c. 2320 a.C.), estaba ocupado uniendo (y arrasando) gran parte del sur de Mesopotamia. La ciudad-estado de Umma era, como hemos visto, la némesis perpetua de la ciudad-estado de Lagash. Habían luchado durante tanto tiempo por su frontera común que los habitantes de ambas ciudades-estado debían de considerar la disputa como una especie de hecho de la vida. Los soldados de cada estado debían de suponer que su rey los enviaría para siempre con lanzas, arcos y flechas a luchar por su dios -Ningirsu (para Lagash) o Shara (para Umma)- para reclamar el control de las tierras de Gu'edena. Pero el rey Lugalzagesi puso fin a la contienda y conquistó Lagash, rival de Umma, y la antigua ciudad de Uruk, a la que trasladó su capital.

En la época de Lugalzagesi, habían transcurrido aproximadamente 1.200 años desde que Uruk surgiera como la primera gran ciudad de Mesopotamia. Era tan venerable como algunas de las mezquitas y catedrales más antiguas de la actualidad. Pero los sumerios creían que Uruk era mucho más antigua. Con su visión expansiva de las profundas raíces de las ciudades y los reyes de la región, los creadores de la Lista de Reyes Sumerios (que escribieron un par de siglos más tarde) registraron que los reyes habían construido y gobernado Uruk por primera vez 8.077 años antes del reinado de Lugalzagesi. Pero incluso esto era historia relativamente moderna en su opinión, dado cuántos cientos de miles de años creían que habían pasado desde el comienzo de la realeza.

Lugalzagesi se presentó como un nuevo tipo de rey. No era el rey de una sola ciudad-estado, sino el "rey de la tierra".[19] La gente aún no tenía un nombre para Mesopotamia. Para Lugalzagesi era simplemente "*kalam*", "la tierra". En la misma inscripción, creó un nuevo lenguaje para este vasto espacio sobre el que decía gobernar, y lo hizo definiendo los bordes extremos del mundo. El reino se extendía "desde el mar Inferior, pasando por el Tigris y el Éufrates, hasta el mar Superior" (es decir, de sur a norte, hasta los mares en ambas direcciones que delimitaban el mundo) y "desde la salida hasta la puesta del sol" (es decir, de este a oeste).[20]

Era una exageración, pero hay que reconocerle el mérito (o posiblemente la culpa) de su nueva idea. Lugalzagesi soñaba más que sus predecesores. Debía de saber que había muchas zonas sobre las que, de hecho, no gobernaba. Sabía que los comerciantes iban y venían de Dilmun, en el mar Inferior, y de las montañas de lapislázuli, más allá de Afganistán, y de las montañas de cedro, al norte de Siria, y que él no tenía jurisdicción alguna sobre esos lugares. Pero creó una fantasía que inspiró a los reyes mesopotámicos durante miles de años después de su muerte, aunque no supieron darle crédito. Inventó el concepto loco de poder de un vasto imperio, tal vez incluso el mundo entero, gobernado por un solo hombre.

A la hora de nombrar las tierras que gobernaba, la realidad del estado de Lugalzagesi demostró ser mucho más modesta de lo que sugerían sus rimbombantes títulos. Lugalzagesi enumeró seis antiguas ciudades-estado y describió la alegría y el orgullo que sentían por estar sometidas a su maravilloso gobierno:

> En esa época, Uruk se pasaba el tiempo regocijándose,
> Ur, como un toro, levantó bien alta la cabeza,
> Larsa, la ciudad amada de (el dios) Utu, se alegró,
> Umma, la ciudad amada de (el dios) Shara, levantó sus enormes brazos,
> Zabalam gritó como una oveja que se reencuentra con su cordero,
> Kian levantó bien alto el cuello.[21]

Aun así, se trataba de un logro significativo: No el regocijo y la alegría, sino el hecho mismo del estado regional que había creado (y la buena alegría parece muy sospechosa, dado que estas ciudades acababan de ser derrotadas y se veían obligadas a pagar tributo al líder cuyas tropas habían matado a muchos de sus jóvenes). Debían de ser necesarias estructuras administrativas innovadoras para organizar y gravar con impuestos a los habitantes de ciudades tan dispersas y presumiblemente resentidas.

¿Podría haber soñado Sargón su imperio (y finalmente habría luchado por construirlo) de no haber sido por los intentos anteriores de Lugalzagesi? Los historiadores no pueden decir "qué hubiera pasado si" sobre el pasado -si un acontecimiento hubiera sido diferente, no se sabe qué más habría cambiado-, pero está claro que la retórica de Lugalzagesi influyó en Sargón. Sargón incluso tomó prestadas las mismas frases. Él también clamaba gobernar desde el mar Inferior al mar Superior[22]. La principal diferencia es que, al parecer, Sargón tuvo más éxito que Lugalzagesi, y su nieto Naram-Sin (2254-2218 a.C.) aún más. Si Lugalzagesi no hubiera presentado esa imagen tentadora de dominación mundial, Sargón podría haberse contentado con quedarse más cerca de casa. Pero es imposible saber lo que podría haber sido, porque lo que pasó, pasó.

En cualquier caso, no está claro de dónde procedía Sargón ni por qué se le metió en la cabeza convertirse en rey, y mucho menos en emperador. Creció en Acad, la región al norte de Sumer, en Mesopotamia central, y su lengua materna era el acadio local. Su nombre era una ficción. Significaba "el rey es legítimo", justo el tipo de nombre que uno querría tener si en realidad no fuera un rey legítimo en absoluto.

Las inscripciones que Sargón autorizó y que fueron copiadas por escribas posteriores comienzan todas con él ya en el poder, dirigiendo tropas. Nunca nombra a su padre, casi con toda seguridad porque su padre no era rey. En su lugar, se lanzó a hablar de las estrechas relaciones que mantenía con los dioses, utilizando sus nombres acadios: Era el "emisario de Ishtar (la diosa del amor y la guerra, Inana en Sumer), ... asistente de Anu (dios de los cielos), gobernador jefe de Enlil (el rey de los dioses)"[23] y, al instante, estaba atacando Uruk, la ciudad de Lugalzagesi. Conquistó la ciudad de Uruk y destruyó sus murallas. Salió victorioso de Uruk"[24]. Esto sucedió alrededor del año 2292 a.C.[25].

Lo que había sucedido antes de esto era que, de un modo u otro, Sargón se había apoderado del trono, probablemente de la ciudad-estado de Kish, y se había hecho con un ejército. Debió contratar a líderes militares experimentados para entrenar a los hombres. Debió de cobrar impuestos a sus nuevos súbditos para pagar armas y armaduras. Uno sospecha que el militarismo y la ambición imperial se incorporaron al reinado de Sargón desde el primer día, y que inmediatamente puso sus ojos en Lugalzagesi, el rey más poderoso de Sumer. Tal vez los diplomáticos se movían entre Kish y Uruk como lo habían hecho en siglos anteriores, buscando formas de apaciguar la situación. O tal vez los dos líderes guerreros, con sueños tan similares, disfrutaban con la idea de enfrentarse en el campo de batalla. Cuando lo hicieron, Sargón salió victorioso. Se regodeó en una de sus inscripciones diciendo que "conquistó a cincuenta gobernadores con la maza de (el dios) Ilaba".[26] Mejor aún, en su opinión, "capturó a Lugalzagesi, rey de Uruk, y lo llevó a la puerta de Enlil en un collarón".[27] Para Lugalzagesi esto habría sido más humillante que la muerte en el campo de batalla. Y ésta fue la escena que debió de representarse en la escultura desaparecida, aquella en cuya base también se talló esta inscripción, copiada por un útil escriba.

Según las inscripciones reales que se copiaron, Sargón hizo muchas campañas; "salió victorioso en treinta y cuatro batallas"[28] a lo largo de su reinado, y afirmó que el dios Enlil «le dio el mar Superior (el Mediterráneo) y el mar Inferior (el golfo Pérsico)."[29] No está claro el éxito que tuvo en el control de las regiones más distantes de estas tierras -a pesar del deseo de Enlil de que las gobernara-, pero se puede argumentar que Sargón merece el título de primer emperador del mundo.[30] Puede que incluso fuera el responsable de la destrucción de la ciudad de Ebla, aunque eso podría haber sido obra de su nieto, Naram-Sin. Ambos afirmaron haber conquistado esta región, mientras se abrían camino hacia el Mediterráneo.

El reino que controlaba Sargón estaba poblado por gentes de muchas culturas y lenguas diferentes. Pero a juzgar por el número de campañas que él y sus sucesores lanzaron para intentar mantener este imperio, no fue precisamente un comienzo auspicioso para toda la empresa imperialista. La logística era casi imposible. ¿Cómo podía un rey gobernar tierras a las que tardaba semanas en llegar? ¿Cómo podía convencer a la gente de que le pagara impuestos cuando no había ningún beneficio claro en hacerlo? ¿Cómo podía mantener un ejército lo suficientemente grande como para estar disponible para sofocar rebeliones cuando estallaran?

Creó sistemas para intentar hacer frente a estas crisis continuas. Uno de ellos fue intentar acobardar a sus súbditos hasta la sumisión mediante la fuerza, destruyendo las murallas que rodeaban las ciudades y que podrían haber seguido protegiéndolos, y enfatizando una y otra vez su feroz bravuconería en sus inscripciones. Sargón, como se jactaba, "no mostraba piedad por nadie".[31] Otra estrategia consistía en establecer gobernadores civiles y militares en las ciudades de todo el imperio. En una de sus inscripciones (también copiada por un escriba posterior) se dice que "5.400 hombres comen diariamente ante él".[33] Este pequeño fragmento de frase se ha utilizado para evocar un ejército permanente, pagado por el rey, o una enorme escolta personal. "Lavó sus armas en el mar"[34]. ¿Se estaba lavando la sangre de sus muchas batallas? ¿O sumergía el arma en el mar como para reclamarla para sí? ¿Lo hacía?

En algún momento de su reinado, Sargón construyó una nueva capital en un lugar llamado Agadé. Una leyenda posterior recordaba que Agadé era inconmensurablemente rica, y que sus gentes cenaban con estilo cosmopolita "lo mejor de la comida" y "lo mejor de la bebida".[35] Los almacenes estaban llenos de oro, plata, cobre, estaño y lapislázuli, y la música sonaba en las calles: "Había tambores en la ciudad, vientos y cuerdas en el exterior. Su puerto, donde atracaban los barcos, zumbaba alegremente"[36]. Desgraciadamente, no hay forma de saber si algo de esto era cierto porque Agade aún no ha sido encontrada. Sin embargo, los arqueólogos sí saben dónde buscar: La nueva capital de Sargón probablemente se construyó en algún lugar cerca de la confluencia de los ríos Tigris y Adhaim, al norte de lo que hoy es Bagdad[37].

Allí, en un yacimiento llamado Qadasiyah, se halló un fragmento gigante de una estatua de un hombre de tamaño sobrenatural hecha de basalto; habría sido una estatua apropiada para una capital. Cuando estaba completa, la figura medía unos 2,75 metros (9 pies) de altura, más grande que cualquier otra conocida de esta época.[38] ¿Era Sargón? Puede que sí. Todo lo que queda son sus pies descalzos, que están insertados y protegidos de lo que parecen ser marcas de martillo que surcan la superficie del resto de la escultura. Julian Reade, conservador del Museo Británico, describió acertadamente la escultura como «un queso o un helado que ha sido atacado con una cuchara».[39] Parece que en algún momento una turba enfurecida se abalanzó sobre la estatua y que más tarde pudo haber pasado algún tiempo, tal vez mucho tiempo, en el río. Irónicamente, para un rey cuyo recuerdo eclipsó el de tantos otros, no se conserva ninguna estatua definitiva de Sargón. Pero tal vez esta figura era de él y tal vez una vez fue una presencia imponente en Agadé. La ciudad es uno de los grandes yacimientos perdidos del mundo antiguo; si se identifica y excava en el futuro, puede que contenga archivos e inscripciones que saquen por fin a Sargón de la bruma de la leyenda.

COMERCIO E INNOVACIÓN EN TIEMPOS DE SARGÓN

Volvamos ahora al sello de Kitushdu para apreciar el arte de la representación del búfalo de agua (véase la Fig. 6.1). Su cabeza se inclina hacia arriba, los músculos de su lomo y sus patas se tensan mientras avanza a grandes zancadas. El reinado de Sargón y los de sus sucesores, es decir, el periodo acadio (llamado así por la tierra natal de Sargón, Acad), fue una época de extraordinaria innovación creativa en los diseños de sellos cilíndricos; los artistas anónimos crearon una obra maestra en miniatura tras otra.[40] En periodos posteriores de la historia de Mesopotamia, las escenas se estandarizaron y muchos sellos se parecían mucho entre sí, pero los talladores de sellos del periodo acadio observaron su mundo y experimentaron. Representaban personas y animales extraordinariamente naturalistas, con sus miembros y músculos en posiciones correctas de forma convincente. Si se tiene en cuenta que los artistas esculpían a escala minúscula, sin ayuda de lupas, en relieve invertido y sobre la superficie curvada de una piedra dura, su habilidad resulta difícil de comprender y aún más impresionante.

Las piedras que utilizaban para los sellos eran importadas. No sabemos de qué estaba hecho el sello de Kitushdu porque sólo se conserva su impresión, pero los sellos acadios solían estar tallados en serpentina, diorita, cristal de roca, jaspe o lapislázuli.[41] Este tipo de piedras también se habían utilizado en épocas anteriores. El comercio de lapislázuli procedente de las montañas del Hindu Kush se remonta a miles de años atrás, al sexto milenio a.C.[42]

Pero Sargón no se contentó con los mecanismos comerciales tradicionales, sino que inició una nueva era de comercio invitando a comerciantes extranjeros y a sus barcos directamente a su capital. Se jactaba en una inscripción de que barcos de Magan, Dilmun y Meluhha atracaban en el puerto de Agadé.[43] Estos barcos no sólo traían bienes preciosos, sino también animales que los mesopotámicos nunca habían visto antes, animales que los talladores de sellos plasmaban en sus obras. El búfalo de agua del sello de Kitushdu, con sus enormes cuernos, era una importación del valle del Indo, la antigua Meluhha. Más tarde se dijo que incluso los elefantes indios habían hecho el largo viaje a Mesopotamia. El mundo se abría y los artesanos querían lucir estas criaturas fantásticas en sus diseños. Casi parece como si algunos habitantes del periodo acadio se vieran a sí mismos como diferentes de los que les habían precedido, viviendo en una época nueva y emocionante.

Las innovaciones se sucedían por doquier. Los metalistas desarrollaron la ingeniosa técnica de la fundición a la cera perdida para utilizar el bronce de forma más eficiente: Una escultura podía ser más ligera y podía hacerse con menos metal porque el objeto resultante era hueco.

Los escribas descubrieron cómo utilizar el cuneiforme para escribir la lengua acadia del centro de Mesopotamia, además del sumerio, y Sargón dio el paso radical de convertir el acadio en la lengua de la administración. Al igual que el eblaíta, el acadio era una lengua semítica. En las historias de principios del siglo XX de nuestra era, la conquista de Sumeria por Sargón se describe a veces como una invasión de extranjeros con una cultura diferente: Tropas acadias atacando ciudades sumerias. Pero los hablantes de acadio habían vivido en Sumer (y los de sumerio en Acad) al menos desde que se inventó la escritura. Más allá de la diferencia lingüística y de los nombres que se daban a los dioses, las culturas de ambas regiones eran casi indistinguibles.

Sargón también intentó estandarizar las prácticas administrativas en todo su reino. Los pesos y medidas, por ejemplo, siempre habían estado sujetos a variaciones regionales. Sargón quería, por ejemplo, que la medida *"gur"* fuera la misma en todo el imperio. No tuvo mucho éxito en este intento de estandarización, pero de nuevo supuso una ruptura con el pasado.

Sargón incluso decidió utilizar una nueva (y autopromocionada) forma de identificar los años de su reinado. Los mesopotámicos nunca numeraron los años a partir de una fecha fija en el pasado como hacemos ahora. Sargón decidió nombrar los años; al final de cada año, elegía uno de sus grandes logros recientes para que fuera el nombre del año que empezaba. Los escribas debían utilizar este nombre de año siempre que se necesitara una fecha en un documento. Era una forma astuta de Sargón de recordar a su pueblo su poder, y creó un precedente. Los reyes mesopotámicos utilizaron con regularidad los nombres de los años como forma de propaganda durante más de 700 años después de su reinado y, en unos pocos estados, los reyes siguieron nombrando sus años durante al menos tres siglos más. Dado que se conservan tan pocos documentos del reinado de Sargón, sólo conocemos cuatro de sus nombres de años. Ninguno de ellos puede asignarse a un año concreto de su reinado, pero todos alaban sus victorias militares. Se trata de los años en los que “Sargón fue a Simurrum”, “Sargón destruyó Uru'a”, “Sargón destruyó Elam” y “Mari fue destruida”.[44] Recordemos que el nombre de su trono ya era propagandístico, por lo que cualquiera que mencionara el nombre de un año no podía evitar repetir dos ideas que Sargón quería reforzar: Su legitimidad y su poderío militar. Así, un agricultor podría decir: “Cultivé cebada por primera vez en este campo durante el año en que ‘El rey es legítimo’ destruyó Elam”.

El nieto de Sargón, el rey Naram-Sin, también nombró la mayoría de sus años por victorias militares, pero unos pocos nombres de años se referían a logros que no estaban relacionados con la guerra. Por ejemplo, nombró un año por la construcción de un templo a Ishtar en Agadé,[45] y otro fue el “Año en el que Naram-Sin eligió a la *sacerdotisa-en* de Nanna por medio de los presagios”[46].

Y esto nos lleva, una vez más, al sello de Kitushdu, porque Enheduana, la princesa a la que Kitushdu servía, era también una *sacerdotisa-en* de Nanna.

ENHEDUANA: PRINCESA, SUMA SACERDOTISA Y POETA

Enheduana era, como deja claro la impresión del sello de Kitushdu, hija de Sargón, pero no fue su única hija. Tuvo al menos cinco hijos, y estuvo casado con al menos una esposa: Tashlultum. Como en tantos otros aspectos de la vida de Sargón, la memoria de su esposa sobrevive gracias a un pequeño fragmento de una inscripción, en este caso tallada en un cuenco de alabastro. El cuenco fue dedicado por el administrador de su herencia, cuyo nombre se ha perdido, pero en él consta que trabajó para “Tashlultum, esposa de Sargón”.[47]

El reinado de Sargón duró al menos cuarenta años (a veces incluso se le atribuyó un reinado de cincuenta y cinco años), por lo que vivió para ver crecer a sus hijos e hijas y tener sus propios hijos. Tras su muerte, le sucedieron dos de sus hijos: Primero Rimush, que gobernó sólo siete años (c. 2276-2269 a.C.), y luego Manishtusu, que gobernó otros quince años después (c. 2269-2254 a.C.). Manishtusu, a su vez, fue sucedido por su hijo, Naram-Sin, que gobernó durante al menos treinta y siete años. Estas tres generaciones de reyes dominaron Mesopotamia durante más de un siglo.

El nombre del rey Manishtusu significa “¿Quién está con él?”, que suena como algo que una comadrona asustada podría haber gritado al asistir al nacimiento de gemelos (en su mundo, como en la mayor parte de la historia hasta los tiempos modernos, el número de bebés en el útero no se conocía antes del nacimiento). Esta explicación del nombre de Manishtusu es probablemente errónea, dada la propensión mesopotámica a poner a los bebés nombres con mensajes piadosos sobre los dioses, pero me gusta de todos modos. Sargón debió de vivir para ver la infancia de muchos de sus nietos, y tal vez, ya avanzada su vida, vio promesas en el joven hijo de Manishtusu, Naram-Sin, que acabó superando, en cierto modo, los logros de su abuelo.

A veces se describe a Enheduana como la hija de Sargón y Tashlultum,[48] pero eso no son más que especulaciones. Su madre podría haber sido otra esposa real o concubina. Al igual que los demás hijos de Sargón, sin duda recibió un nombre acadio al nacer, aunque no sabemos cuál era. A diferencia de la mayoría de las niñas -y de la mayoría de los niños-, parece que aprendió a leer y escribir, y es probable que destacara en la familia real por ser excepcional. Cuando alcanzó la edad adulta, era una candidata obvia para desempeñar un papel de singular importancia en el imperio de su padre, como *sacerdotisa-en* en la ciudad de Ur.

Sargón había conquistado Ur, en el sur de Mesopotamia, en el curso de la construcción de su imperio. Había sido la capital de una de las grandes ciudades-estado sumerias, hogar del dios de la luna, Nanna, y parece que Sargón se encontró allí con algunos problemas por parte de sus nuevos súbditos. No sería de extrañar que los lugareños resintieran la conquista de Sargón. Después de todo, en su propia inscripción Sargón se jactaba de haber "vencido a Ur en la batalla y de haber arrasado la ciudad y destruido su fortaleza".[49] Los orgullosos ciudadanos de Ur debieron de quedar destrozados al ver sus fortificaciones en ruinas y no estaban de humor para sentir afecto por el hombre responsable. Así pues, parece que Sargón decidió que necesitaba a un miembro de su familia en una posición de poder en Ur, alguien en quien pudiera confiar para que vigilara a los lugareños, defendiera su causa ante el dios de la ciudad y, tal vez, incluso se hiciera querer por la población.

En el anuario de Naram-Sin sobre el nombramiento de una posterior *sacerdotisa-en* de Nanna, afirmaba que había sido elegida "por medio de los presagios"[50], y lo mismo ocurría con Enheduana. El rey pidió consejo a los dioses sobre a quién elegir. Los presagios naturales podían adoptar muchas formas, desde la aparición de cometas a los movimientos de bandadas de pájaros, o por el paso de los cinco planetas visibles por las constelaciones del cielo nocturno. Los dioses también podían aparecer con mensajes en sueños o hablar a través de los órganos internos de los animales sacrificados. Los dioses también podían aparecer con mensajes en sueños, o hablar a través de los órganos internos de animales sacrificados, que estudiaremos con más detalle más adelante.[51] Independientemente de cómo enviaran sus mensajes, los dioses hablaban de forma críptica, lo que significaba que se necesitaban adivinos especialmente formados para descifrar lo que querían decir. Los adivinos siempre sabían leer y escribir y, con el tiempo, desarrollaron un corpus de escritos -listas de presagios pasados y sus resultados- que podían consultar para asegurarse de que no estaban malinterpretando las intenciones de los dioses.

Por un presagio u otro, Enheduana fue "elegida para los ritos puros "[52] y enviada a Ur. Allí se sometió a elaborados rituales de instalación y adoptó su nuevo nombre en la lengua sumeria local: Enheduana, que significaba "*en* (sacerdotisa), ornamento de los cielos".[53] Si no era ya bilingüe de antemano, es de suponer que aprendió a hablar sumerio poco después de su llegada, además de su acadio natal.

Aunque Enheduana es la primera *sacerdotisa-en* cuyo nombre conocemos, es muy posible que una de las mujeres enterradas en las tumbas reales de Ur ocupara el mismo puesto un siglo antes. Esta fue la mujer del "Gran Pozo de la Muerte" que encontramos en el Capítulo 3, que estaba rodeada por por mujeres acompañantes[54]. Como la mujer anterior, Enheduana habría residido en el Gipar, el palacio de la sacerdotisa, situado en la ciudadela de Ur, cerca del templo de Nanna. Y, al igual que su homóloga anterior, no cabe duda de que estaba provista de riquezas; habría tomado sus comidas y bebidas en cuencos de plata y lucido finas joyas de oro, cornalina y lapislázuli.

Una breve inscripción esculpida en vida de la sacerdotisa y, al parecer, encargada por ella misma, nos da un poco más de información:

> Enheduana, la *zirru* de Nanna, la esposa de Nanna, la hija de Sargón, rey del mundo, en el [templo de la diosa Ina]na-ZA.ZA de Ur, erigió un zócalo (y) lo llamó: "el estrado, la mesa del dios An de los cielos".[55]

El término *zirru* también se utilizaba para referirse a la esposa divina del dios de la luna, la diosa Ningal. Enheduana parece, de algún modo, haber encarnado a Ningal.[56] Esto se ve corroborado por la siguiente frase, en la que Enheduana también afirmaba ser la "esposa" del dios. Las sacerdotisas eran consideradas esposas de dioses (al igual que los sacerdotes podían ser esposos de diosas) en toda esta época. Los mesopotámicos tendían a pensar que todas las relaciones tenían de algún modo una base familiar, incluso si se trataba de una relación entre un humano y una deidad.

Enheduana enfatizó su vínculo con su padre, como habría hecho un príncipe heredero o un nuevo rey, lo que contribuyó a legitimar su autoridad. Y, a la manera propia de la realeza, también presumió de haber construido y dado nombre a un nuevo plinto o estrado en un templo. Curiosamente, aunque Enheduana era la sacerdotisa del dios de la luna, el estrado no estaba en su templo, sino en el de Inana-Zaza, una forma de la diosa de la guerra y el amor. Enheduana sentía especial predilección por Inana, al igual que su padre, que veneraba a la misma diosa pero la llamaba Ishtar, el equivalente acadio de Inana.

Esta inscripción se talló en un disco de alabastro de 25 centímetros (10 pulgadas), que se encontró en el palacio de Gipar donde vivió Enheduana.[57] Sin embargo, la inscripción no era el principal atractivo del disco (aunque es muy útil para los historiadores). En la otra cara hay una escultura en relieve que muestra a cuatro personas y un altar. El disco está fragmentado y, hace muchos años, los restauradores reconstruyeron lo mejor que pudieron las partes que faltaban. Justo en el centro de la escena hay una figura femenina, que representa claramente a la propia Enheduana, supervisando una ofrenda que se hace en un altar. Enheduana es más alta que los hombres situados detrás y delante de ella; su cabeza llega hasta la parte superior del relieve, como la del rey de pie del Estandarte de Ur, y lleva una túnica plisada con volantes y un tocado característico[58]. Su cabello está trenzado, con un mechón de pelo enrollado delante de su oreja.

No está muy claro qué edad tenía Enheduana cuando llegó para ocupar su puesto en el templo de Nanna. Una fuente la describe como "la pura *en* de Nanna".[59] El adjetivo "pura" sugiere que hizo voto de castidad y que, por tanto, era joven, tal vez adolescente, como los mesopotámicos esperaban de una novia virgen (incluso de la novia de un dios). Por otro lado, los acontecimientos dramáticos de su vida tuvieron lugar en su mayoría en décadas posteriores, no durante el reinado de su padre sino de su sobrino, el rey Naram-Sin.[60] Algunos estudiosos han propuesto que no fue nombrada hasta el reinado de Naram-Sin,[61] pero parece más probable que fuera nombrada por su padre y siguiera ejerciendo como sacerdotisa durante los reinados de sus hermanos y hasta el de su sobrino.

Como gran sacerdotisa, Enheduana tenía muchas responsabilidades. Llevaba a cabo muchos rituales en el templo, como purificaciones, iniciaciones y adivinaciones, además de proporcionar ofrendas de alimentos al dios.[62] Sin embargo, la razón por la que puede que hayas oído hablar de Enheduana no es el hecho de que tengamos una imagen de ella, o que fuera la hija del primer constructor del imperio, o que fuera una poderosa sacerdotisa. Es que muchos la consideran la primera autora identificada del mundo: La primera persona que puso su nombre en una obra literaria.[63] Por ello, es uno de los nombres más conocidos de la historia del Próximo Oriente.[64] Enheduana escribió varios himnos -quizá hasta seis-, uno de los cuales lo compuso en primera persona como "yo, Enheduana".[65] No se conservan ejemplares de sus himnos en copias de su propia época. Una vez más, como en el caso de las inscripciones de Sargón, los escribas posteriores los conservaron para nosotros.

Sus escritos se consideraban lo suficientemente importantes como para ser venerados y estudiados generación tras generación. Incluían obras literarias, dos de las cuales mencionaban el nombre de Enheduana, junto con una colección de himnos. Al parecer, esta última fue embellecida y adaptada con el paso del tiempo. Termina afirmando que "la compiladora de esta tablilla de arcilla es Enheduana".[66] Sí, pero los estudiosos modernos han observado que la tablilla incluye himnos a dos templos que se construyeron después de su muerte.[67] Algunos estudiosos han llegado a afirmar que esto demuestra que probablemente no escribió ninguna de las obras ella misma.[68] Es cierto que ella no pudo haber escrito, ni siquiera recopilado, esos versos sobre los templos posteriores, pero Enheduana pudo haber reunido la colección original y los escribas posteriores haberla completado, sin cambiar el crédito al final. No veo ninguna razón para despojarla de la autoría de todas sus obras ni para especular con que tuviera un escritor fantasma.

Curiosamente, el centro de la devoción de Enheduana en la mayor parte de sus escritos no era Nanna, el dios con el que estaba ostensiblemente casada por ser su sacerdotisa, sino Inana, la diosa de su familia, con la que parece haber sentido una conexión profunda, casi apasionada. Su himno más conocido era el autobiográfico. Se llamaba "*Ninmesharra*" en sumerio, que literalmente significa "Reina de todos los Poderes Cósmicos", pero se conoce más comúnmente en inglés como "The Exaltation of Inana".

Un erudito, quizás 500 años después de su época, copió cuidadosamente el himno en cuneiforme meticuloso en tres tablillas de idéntico tamaño, incluyendo cincuenta y una líneas del himno en cada una.[69] Probablemente guardó esta copia en su biblioteca personal. Se conservan docenas de copias antiguas del himno, extractadas en ejercicios escolares. El himno era uno de los diez textos que los escribas avanzados aprendían en la escuela cuando estudiaban sumerio, siglos después de su vida, hacia 1740 a.C.[70] Es de suponer que las palabras del himno también eran familiares para los demás. La emoción de Enheduana salta de la página al leerlo. Incluso traducido del sumerio -una lengua muy muerta- e incluso tras el paso de más de 4.000 años, la voz de Enheduana resuena. Sin embargo, es una voz singularmente infeliz.

Comenzó el himno ensalzando los grandes poderes de Inana, especialmente en tiempos de guerra, que comparó con una gran tormenta:

Ante tu grito de guerra, mi señora, las tierras extranjeras se inclinan. Cuando la humanidad acude ante ti en silencio asombrado ante el aterrador resplandor y la tempestad, captas el más terrible de todos los poderes divinos... En el furgón de la batalla, todo es abatido ante ti. Con tu fuerza, mi señora, los dientes pueden aplastar el pedernal. Cargas hacia adelante como una tormenta. Ruges con la tormenta rugiente, truenas continuamente con (el dios de la tormenta) Ishkur. Propagas el agotamiento con los vientos de tormenta, mientras tus propios pies permanecen incansables.[71]

El lenguaje sobre batallas y tormentas era apropiado cuando Enheduana escribía, porque era una época caótica y aterradora de revueltas en su tierra adoptiva de Sumer. Su sobrino Naram-Sin había asumido el trono tras la muerte de su padre, pero se enfrentó a una rebelión masiva en torno al año 2230 a.C., conocida como la "Gran Revuelta".[72] Los reyes advenedizos se declararon en el poder en las antiguas ciudades sumerias de Uruk y Kish; cada una de ellas formó una liga de ciudades, y ambas rechazaron el dominio acadio y reclamaron la independencia.[73] Uno de los rebeldes que se unió a ellos fue un hombre llamado Lugal-ane, mencionado, junto con los autoproclamados reyes de Uruk y Kish, en otro documento de la época.[74] Lugal-ane fue el hombre que puso patas arriba la vida de Enheduana. Dirigió tropas en una campaña contra Ur, su hogar adoptivo.

Este capítulo puede dar la impresión de que las ciudades sumerias sufrían constantes ataques. Se podría suponer que los residentes ya se habrían acostumbrado a la violencia. Pero eso es sólo una ilusión, porque aquí se comprimen vidas enteras en párrafos. De hecho, la mayoría de los adultos que habían presenciado la conquista de la ciudad por Sargón ya habrían muerto cuando Lugal-ane apareció con sus fuerzas. Los que eran niños cuando llegó el ejército acadio podrían seguir vivos, pero apenas recordarían haberlo vivido.

Mientras tanto, Enheduana ya debía de ser bastante mayor. Es de suponer que se sentía cómoda en su papel de sacerdotisa, bien conocida y probablemente muy respetada por los cientos de personas que trabajaban para el templo de Nanna en Ur. Pero la invasión de Lugal-ane lo cambió todo. Enheduana describió vívidamente la destrucción que causó en un templo, junto con su actitud blasfema hacia el dios:

En relación con los ritos de purificación del santo An, Lugal-ane ha alterado todo lo suyo y ha despojado (al dios) An del E-ana (templo). No ha permanecido ante la deidad más grande. Ha convertido ese templo, cuyos atractivos eran inagotables, cuya belleza era infinita, en un templo destruido.[75]

Entonces Lugal-ane se volvió contra la propia Enheduana. Como tía del actual rey e hija del odiado Sargón, era un objetivo obvio de la ira del líder rebelde. Lugal-ane marchó al templo del dios de la luna Nanna, tomó la corona de Enheduana, la depuso de su cargo y la obligó a exiliarse:[76]

Él (Lugal-ane) se levantó triunfante y me echó del templo. Me hizo volar como una golondrina por la ventana; agoté mi fuerza vital. Me hizo caminar entre los arbustos espinosos de las montañas. Me despojó de la legítima corona de *sacerdotisa-en*. Me dio un cuchillo y una daga, diciéndome: "Estos son ornamentos apropiados para ti "[77].

Esos arbustos espinosos de las montañas, casi se puede sentir cómo desgarran sus finas ropas, mientras ella se debilitaba cada vez más, buscando un lugar de refugio lejos del llano valle fluvial que rodeaba Ur. Quizá el cuchillo y la daga eran "apropiados" porque Lugal-ane quería que se suicidara. O tal vez simplemente estaba haciendo un comentario sobre los exiliados: Como otros en su situación, Enheduana tendría que defenderse.[78]

Es sorprendente que sobreviviera a este incidente. Abandonada a su suerte, aparentemente sola, en territorio rebelde, la encarnación viviente del opresivo régimen acadio, bien podría haber muerto. En su relato, fue la diosa Inana quien la salvó. Cambiando a la tercera persona, el poema termina con la salvación de Enheduana por Inana: "La poderosa dama (Inana), respetada en la reunión de gobernantes, ha aceptado sus ofrendas de ella (Enheduana). El sagrado corazón de Inana ha sido apaciguado "[79]. Fue salvada porque Naram-Sin había logrado sofocar la rebelión. Afirmaba haberlo hecho en sólo un año y haber matado a 95.340 hombres en el proceso[80] (aunque las cifras de este tipo en las inscripciones reales son siempre sospechosas). Lugal-ane, que parece haberse autodenominado brevemente "rey de Ur",[81] desaparece de la historia. La tía de Naram-Sin, Enheduana, regresó agradecida a su puesto en Ur.

¿Qué más sabemos de la *sacerdotisa-en* de Nanna? Los himnos que escribió recuerdan a una persona viva y vibrante. Si dispusiéramos de su correspondencia con su familia, o de textos administrativos que dieran fe de las donaciones enviadas o recibidas, o de su papel en la gestión de los bienes del templo, tendríamos una idea más clara de su vida. Pero estos documentos se han perdido. En mi opinión, las pruebas están a su favor -que escribió los himnos que se le atribuyen (o la mayoría de ellos) y que tenía un raro don literario para captar las tumultuosas emociones de su época. Tras la muerte de Enheduana, el rey Naram-Sin nombró a su sustituta como *sacerdotisa-en* en Ur: Su hija Enmenana. También nombró a otras hijas sumas sacerdotisas en las ciudades de Nippur y Sippar[82].

Es posible que no haya pasado desapercibido el hecho de que estos primeros capítulos le hayan presentado a tantas mujeres destacadas como hombres -desde Shara-igizi-Abzu, una de las primeras personas a las que se dio nombre en una escultura en relieve, hasta la reina Baranamtara de Lagash, la reina Tabur-damu de Ebla o la *sacerdotisa-en* Enheduana de Ur. Esto se debe sencillamente a que en el tercer milenio a.C. las mujeres desempeñaban papeles destacados en el gobierno y la religión. No se puede escribir una historia, ni siquiera una historia política, sin ellas. Ninguna mujer gobernaba sola un reino -la sociedad era ciertamente patriarcal-, pero era la pareja real, y no el rey solo, la que ocupaba un lugar central en el culto oficial. Muchos sellos cilíndricos de los periodos dinástico temprano y acadio muestran a la pareja real, a menudo sentada y frente a frente, o participando juntos en actividades rituales. El rey no era más alto ni más prominente que la reina; en este contexto eran iguales[83].

Esto empezó a cambiar después del periodo acadio. Las mujeres de la realeza seguían siendo poderosas en muchos sentidos, pero ya no aparecían en las obras de arte como iguales a sus maridos en las representaciones de festivales y rituales.[84] En ese momento, el mundo del tercer milenio a.C., aquel en el que la boda de Ishar-damu con Tabur-damu era más importante para su posición que su coronación, había pasado.

NARAM-SIN DE ACAD: REY DIVINO

Volviendo al contexto político de la vida posterior de Enheduana: Tras aplastar la rebelión, Naram-Sin empezó a hacer afirmaciones que ningún rey mesopotámico había hecho antes que él. Empezó a colocar un signo cuneiforme parecido a una estrella delante de su nombre cada vez que se escribía. Este privilegio sólo lo tenían los dioses, los auténticos dioses. El signo de la estrella, que representa la palabra sumeria "*dingir*" (dios), se escribía delante de un nombre para indicar al lector que la palabra siguiente era la de una deidad. Nunca antes se lo había apropiado un ser humano.[85] ¿Naram-Sin se creía realmente divino, más que su abuelo Sargón o que cualquier otro rey anterior? Tal vez.

Naram-Sin explicó en una inscripción cómo había adquirido este nuevo estatus. Decía que había "asegurado los cimientos" de Agadé, lo que hizo que los habitantes de la ciudad le estuvieran tan agradecidos que pidieron a los dioses de muchas grandes ciudades que le convirtieran también en dios, en dios de la ciudad de Agadé[86]. La imagen de un rey había cambiado mucho desde la época dinástica temprana. Los reyes acadios se presentaban a sí mismos como conquistadores que aterrorizaban a sus oponentes; gobernantes poderosos (incluso divinos) a los que no les servían las asambleas de las ciudades ni los consejos de ancianos; y reyes de los "Cuatro Rincones del Mundo".[87]

Alrededor de esta época, el rey Naram-Sin encargó una gran estela de piedra que le muestra, victorioso en la batalla, subiendo a grandes zancadas una montaña (véase la Fig. 6.1).[88] Le siguen sus propias tropas, orgullosas, que repiten su pose mientras le miran con admiración y pasan por encima de las tropas enemigas caídas, muertas y moribundas. No cabe duda de que Naram-Sin tiene un aspecto divino: Es mucho más grande que los demás, joven y atlético. Y luego está su casco: Tiene cuernos a ambos lados. Estos también estaban reservados a los dioses. Fue el primer rey que se apropió de estos símbolos. Pero no iba a ser el último.

El Imperio acadio no duró mucho tras el reinado de Naram-Sin, y su hijo y sucesor no pretendía ser divino. De hecho, se sabe muy poco sobre este hijo, pero está claro que el imperio entró en decadencia durante su reinado. Esto no es de extrañar; las tierras del Próximo Oriente no habían sido unificadas antes de las conquistas de Sargón, y todo el período de dominio acadio había estado marcado por rebeliones y repetidos inten-

Fig. 6.1 Estela de la victoria del rey Naram-Sin de Acad, hallada en Susa, siglo XXIII a.C. (Museo del Louvre. Wikipedia. Dominio público)

tos militares de los reyes acadios de controlar adecuadamente las ciudades conquistadas. Estaba claro que a la gente no le gustaba la idea de ser gobernada por un emperador lejano, especialmente si se apoderaba de las tierras de los templos para su propio uso, como habían hecho los reyes acadios. Aunque los reyes habían desarrollado muchas innovaciones que continuaron tras el final de su era, el imperio no fue duradero. Se han escrito muchos libros y artículos sobre las razones del colapso del imperio acadio, pero en cierto modo es más sorprendente que se mantuviera unido durante algún tiempo.

Dicho esto, la razón más obvia del colapso fue que un pueblo llamado los gutianos invadió Acad desde los montes Zagros, al este. Incluso los antiguos mesopotámicos lo reconocían, aunque, curiosamente, no creían que los gutianos tuvieran la culpa de sus acciones. Pensaban que los dioses eran responsables de la invasión, pero no los dioses de los gutianos.

En opinión de los mesopotámicos, sus propios dioses -y especialmente su gran dios Enlil- estaban evidentemente enfadados con ellos y utilizaban a los gutianos como herramienta para vengarse del pueblo y los reyes de Agadé. Esta fue la razón que se dio para la invasión, en un himno posterior llamado la "Maldición de Agadé", y probablemente representa la opinión de la gente de Acad en ese momento.

Los eruditos modernos, por supuesto, no están convencidos de que la ira de Enlil fuera la razón de la caída de la dinastía acadia. En cambio, atribuyen la caída a la larga desconfianza de las ciudades mesopotámicas hacia los líderes acadios (como atestiguan todas esas rebeliones), combinada con una crisis climática que azotó la región hacia el 2200 a.C. Fue una época de sequía, quizá causada por erupciones volcánicas en Anatolia. Fue una época de sequía, quizá provocada por erupciones volcánicas en Anatolia. Estas condiciones pueden incluso haber ayudado a provocar el fin del Imperio Antiguo en Egipto, que ocurrió más o menos en la misma época.[89]

Tras la invasión gutiana, las ciudades que habían estado sometidas a los reyes de Agadé se liberaron del dominio imperial y se reinventaron como ciudades-estado durante un tiempo. Pero la semilla del ansia de poder se había plantado en las mentes de algunos gobernantes: Ahora podían aspirar a ser como Sargón o Naram-Sin y a unificar Mesopotamia, incluso a convertirse en dioses.

CAPÍTULO 7

LADRILLEROS, LITIGANTES Y ESCLAVOS

Después de que los gutianos conquistaran Agadé y ayudaran a poner fin al imperio acadio, nadie podía reclamar ser rey de toda la tierra. Incluso el autor de la Lista de Reyes Sumerios, que normalmente mantenía con valentía la ficción de una Mesopotamia unida, desesperaba de dar sentido a esta época. "¿Quién era rey? ¿Quién no era rey?", escribió.[1] Este periodo era desconcertante para el escritor antiguo y sigue siéndolo para nosotros.

GUDEA DE LAGASH: UN REY PACÍFICO

Uno de los pocos reinos estables que surgieron en esta época fue el de Lagash. Su principal rey -el hombre que dominó un breve periodo de renovación para Lagash- se llamaba Gudea (c. 2144-2124 a.C.). Proyectaba una calma meditativa en las numerosas estatuas que encargó de sí mismo.

Se le representaba en oración, con su rostro juvenil solemne bajo su gorro real (véase la fig. 7.1). La imagen de Gudea es una de las más conocidas de la historia de Mesopotamia, no porque fuera especialmente influyente, sino porque se conservan muchas de sus estatuas. Optó por tallarlas en piedra, en lugar de fundirlas en bronce o plata: "Para esta estatua nadie debía utilizar plata o lapislázuli, ni el cobre, el estaño o el bronce debían ser (materiales) de trabajo. Es (exclusivamente) de diorita "[2]. Tenía una buena razón para hacerlo: "Nadie dañará (la piedra) por la fuerza "[3]. Al menos tenía algo de razón: Muchas de sus estatuas sobrevivieron. Pero su cabeza esculpida se encuentra a menudo sin su cuerpo, y viceversa: Alguien las dañó a la fuerza en algún momento. Sin embargo, a diferencia de las estatuas de metal de otros reyes, no pudieron fundirse. Gudea, incluso sin cabeza, sigue siendo reconocible.

Fig. 7.1 Estatua sentada de diorita del rey Gudea de Lagash en oración, siglo XXII a.C. (Metropolitan Museum, Nueva York)

Sus numerosas inscripciones son casi tan tranquilas como su rostro esculpido y están escritas en elegante sumerio. A diferencia de los reyes acadios que le precedieron, Gudea rara vez mencionó conflictos militares; una sola frase de una inscripción existente señalaba que "derrotó a las ciudades de Anshan y Elam y llevó el botín a (el dios) Ningirsu en su Eninnu (templo)".[4] Eso fue todo en cuanto a conquistas. Nombró sus años para actividades religiosas y proyectos de construcción y llenó sus inscripciones con detalles de los edificios que encargó.[5] Comerció con tierras extranjeras para obtener materiales para ellos: Cedro de Levante, losas de piedra de las montañas del norte, cobre de Magan (Omán), diorita y oro de Meluhha (el valle del Indo). Muchos reyes presumían de los templos que construían, pero Gudea se representó a sí mismo en una escultura con el plano (o su equivalente en arcilla antigua) de un templo sobre su regazo. También se enorgullecía del orden que había traído a su tierra, un bálsamo bienvenido tras las furias de finales del periodo acadio y la invasión gutiana. Como Enmetena mucho antes que él, canceló deudas y promovió la bondad. Escribió que durante su reinado "nadie fue azotado por el látigo ni golpeado por el aguijón", "ninguna madre pegaba a su hijo".[6]

La hermana de la esposa de Gudea, Enanepada, ejercía como *sacerdotisa-en* del dios de la luna en Ur, al igual que Enheduana más de un siglo antes.[7] Residía en el palacio de Gipar y asumía todos los rituales y responsabilidades asociados a su alto cargo. Parece probable, por tanto, que Lagash controlara Ur en aquella época, aunque sus reyes pronto perderían esa gran ciudad.

Mientras tanto, los gutianos no se habían marchado del todo. Al parecer, tomaron el control de gran parte del sur de Mesopotamia durante varias décadas, hasta que un hombre llamado Utu-hegal (2119-2112 a.C.) reclamó el trono de Uruk. Reunió un ejército de hombres locales para expulsar a los gutianos y se apoderó también de Ur.

UR-NAMMA DE UR: CONSTRUCTOR Y LEGISLADOR

El sucesor de Utu-hegal tuvo un impacto significativo en la historia del mundo, y podemos examinar la vida en su reino a través de los ojos no sólo de la familia real y otros en el poder, sino también de algunos de los pobres y desposeídos. Aproximadamente una década después de la muerte de Gudea, Ur-Namma (2112-2095 a.C.) tomó el poder en la ciudad de Ur. Parece ser que era hermano del rey Utu-hegal, y había servido a sus órdenes como gobernador militar en Ur. A la muerte de Utu-hegal, Ur-Namma le sucedió, pero eligió gobernar desde Ur en lugar de Uruk, fundando allí una nueva dinastía. Esto ocurrió más de 300 años después de la época de los extravagantes enterramientos reales de Ur y unos 150 años después de que Enheduana, la hija de Sargón, fuera nombrada suma sacerdotisa.

Al principio del reinado de Ur-Namma, el reino era pequeño. Pero a Ur-Namma le había picado el gusanillo de construir imperios y, a lo largo de su vida, su reino se expandió hasta abarcar gran parte de Mesopotamia e incluso zonas al este, en lo que hoy es Irán. Desgraciadamente, no se sabe muy bien cómo lo hizo. Algunos estudiosos piensan que pudo haber logrado esta hazaña mediante la diplomacia en lugar de la guerra, pero tampoco se jactaba de ello. A diferencia de Sargón y Naram-Sin, con sus ampulosos relatos de destrucción de murallas y lavado de armas en el mar, Ur-Namma parece haber luchado por la paz. Quizá siguió el ejemplo de Gudea de Lagash. En sus nombres de años e inscripciones, se centraba en las sacerdotisas que nombraba, los muros y templos que construía, los canales que excavaba y los dioses a los que proveía. Su único año que lleva el nombre de una victoria militar es uno en el que "la tierra de Guti fue destruida".[8]

La dinastía que fundó Ur-Namma se conoce como la Tercera Dinastía de Ur, y la época que dominó su familia se conoce generalmente por una abreviatura de ésta: Fue el periodo Ur III. Sin embargo, en vano se buscarán referencias a un periodo Ur I o Ur II. La primera y la segunda dinastías de Ur no dieron nombre a épocas enteras porque no tuvieron un gran impacto en la historia. Las divisiones convencionales de la historia de la antigua Mesopotamia son, en cierto modo, como las calles de la antigua ciudad de Ur: Crecieron orgánicamente a medida que los eruditos descubrían nuevos reinos y traducían nuevos textos y, por desgracia, no tienen nada de la tranquilizadora regularidad de las antiguas dinastías chinas o egipcias.

Hasta ahora hemos hablado de los periodos Uruk, Dinástico Temprano y Acadio. Todos ellos cayeron en la Edad de Bronce Temprana, la primera era de la Edad de Bronce, que se llama así porque el bronce comenzó a utilizarse ampliamente para herramientas y utensilios en el período Uruk y continuó siendo el metal dominante hasta alrededor de 1200 a.C., cuando el hierro comenzó a utilizarse más ampliamente. La Primera Edad del Bronce en Oriente Próximo finalizó alrededor del año 2100 a.C., es decir, a principios del periodo Ur III. La Edad del Bronce Medio comenzó en ese momento y terminó en 1550 a.C., pero estas distinciones representan una creación totalmente moderna: Una forma de estructurar la cronología. Los historiadores del Próximo Oriente tienden a referirse a los nombres de los periodos (Uruk, Dinástico Temprano, Ur III, etc.) hasta que llegan al 1550 a.C., momento en el que se refieren a la era que comenzó entonces como la Edad del Bronce Tardía. Las fechas de las distintas Edades del Bronce de otras partes del mundo son diferentes dependiendo de cuándo se empezaron a utilizar estas tecnologías metálicas.

En cualquier caso, Ur-Namma era conscientemente un rey sumerio. La época que inició se ha denominado en ocasiones el "Renacimiento sumerio" porque, en muchos aspectos, tanto él como sus sucesores miraron hacia atrás en el tiempo en busca de inspiración, pasando del periodo acadio precedente a las ciudades-estado de la Dinastía Temprana de Sumer. Reinstauraron la lengua sumeria para su administración y sus proclamaciones, en lugar del acadio, que se había utilizado durante la dinastía de Sargón. Los artistas crearon obras en cuidadosos registros horizontales, copiando el estilo Dinástico Temprano que se había utilizado en el Estandarte de Ur, y en el Vaso de Uruk de mil años antes. Y, al menos

Fig. 7.2 Estatuilla de bronce del rey Shulgi de Ur procedente de un depósito fundacional, periodo Ur III, principios del siglo XXI a.C. (Metropolitan Museum, Nueva York)

durante el reinado de Ur-Namma, el rey de Ur era un hombre devoto de los dioses, no un hombre que se considerara a sí mismo como tal.

Ur-Namma encargó que se erigiera en el complejo del templo un enorme monumento de piedra dedicado al dios de la luna Nanna, que constituía una clara declaración visual sobre el tipo de rey que era.[9] La estela, de forma redonda, medía originalmente más de 4 metros de alto y 1,5 metros de ancho, y pesaba más de una tonelada.[10] Estaba dividida en cinco registros horizontales a la antigua en cada lado. Desgraciadamente, cuando fue excavada por Leonard Woolley, se encontró en fragmentos, y nunca se han recuperado grandes secciones de ella. Aun así, lo que ha sobrevivido nos dice mucho. Ur-Namma se representaba a sí mismo mucho más como un rey de la Dinastía Temprana que como el rey acadio

Naram-Sin. No subía a grandes zancadas por la ladera de una montaña en señal de victoria, sino que rezaba ante los dioses.

Ur-Namma (que se ve en el centro del registro inferior del fragmento de la Fig. 7.2) llevaba un sombrero redondo de ala ancha, que había sido el tocado habitual de los reyes durante siglos, y una larga capa con flecos que le colgaba del hombro izquierdo y del brazo izquierdo y le envolvía por debajo del brazo derecho, dejando el brazo y el hombro derecho desnudos. Los dioses seguían vistiendo las túnicas empenachadas y en capas del periodo dinástico temprano (los dioses siempre tienden a ser representados con ropas que han pasado de moda), pero los reyes habían adoptado un estilo más moderno. A juzgar por la estela, Ur-Namma llevaba una larga barba, aunque su cabello parece haber sido corto: No sobresalía por debajo de su gorro redondo.

A diferencia de Naram-Sin, Ur-Namma no llevaba cuernos en la gorra ni exigía que se escribiera el signo *dingir* en forma de estrella delante de su nombre. No pretendía ser un dios. Era un hombre piadoso que rezaba y ofrecía libaciones a varios dioses y diosas sentados. En una escena, Nanna, la diosa de la luna sentada, se acerca al rey para entregarle una vara y un rollo de cuerda[11] . Estas eran herramientas de medición que un arquitecto necesitaba en para trazar el plano de un edificio. Ur-Namma estaba diciendo a sus súbditos que el templo en el que se encontraban al contemplar la estela era obra suya y había sido autorizado por el propio dios Nanna.

Ur-Namma no sólo pretendía ser el arquitecto de los edificios para los dioses; según lo que queda del tercer registro de la estela, él mismo ayudaba a construirlos. Vemos al rey siguiendo al dios en procesión, preparándose para ir a la obra[12] con un hacha y una azada, junto con un compás de medir y una cesta, todo ello colgado del hombro derecho.[13] Un ayudante bien afeitado camina detrás de él, ajustando la cesta. El registro de abajo está casi completamente destruido, pero es evidente que incluía un muro de ladrillos en construcción, con hombres subidos a escaleras y transportando ladrillos.

¿Participaba realmente el rey en una construcción como ésta? ¿Habría visto alguien alguna vez a Ur-Namma portando las herramientas de un obrero? Es poco probable, a menos que fuera al equivalente en el tercer milenio a.C. de una ceremonia formal de colocación de la primera piedra. La construcción real fue obra de cientos, posiblemente miles, de obreros. Pero tal vez recuerden al rey Ur-Nanshe de Lagash que, cientos de años antes, se había mostrado en una escultura en relieve con una cesta de ladrillos sobre la cabeza. Ur-Namma hacía la misma afirmación: Era un constructor, no un destructor; y su proyecto de construcción era espectacular. Alguien que estuviera delante de esta estela sólo tenía que mirar hacia arriba para ser testigo de la gloria de este edificio. Ur-Namma había creado, dentro del complejo del templo de Nanna, la mayor estructura que jamás se había construido en Mesopotamia hasta ese momento.

Se llamaba zigurat y era una enorme torre escalonada de adobe construida en el centro del complejo del templo dedicado a Nanna. Debía de ser visible desde toda la ciudad, con una altura de unos 30 metros y una gran escalinata de tres tramos que conducía a la cima del primer nivel. Una escalera se extendía en línea recta desde la parte frontal de la estructura, las otras dos abrazaban los lados del zigurat a ambos lados, y las tres escaleras se unían en un único rellano en el centro de la primera terraza. No había ninguna razón práctica para construir tres escaleras hasta exactamente el mismo punto; tal vez se utilizaban para ceremonias dramáticas en las que grupos de personas subían a ellas al mismo tiempo. Otras escaleras habrían conducido a los niveles superiores, pero no se conservan. Sin duda había dos, y probablemente tres, niveles más.

La base del zigurat mide 62,5 por 43 metros (205 por 141 pies),[14] cubriendo casi 2.700 metros cuadrados (casi 29.000 pies cuadrados). Habría tenido aproximadamente el tamaño de la Abadía de Westminster en Londres, si alguien hubiera podido entrar en él, pero eso era imposible. El zigurat estaba hecho de ladrillos de barro macizo; no tenía habitaciones en su interior. A diferencia de casi cualquier otro monumento mesopotámico de este periodo, hoy se puede visitar el zigurat de Ur en el sur de Irak. El primer nivel sigue en pie y ha sido reconstruido con un revestimiento moderno de ladrillo.

El zigurat de Ur no fue el único que planeó Ur-Namma. También mandó construir zigurats en Uruk (para la diosa Inana), Eridu (para el dios Enki) y Nippur (para el dios Enlil), y las cuatro estructuras se construyeron simultáneamente. El diseño del zigurat era revolucionario e impresionante. Una vez elaborados los planos, como siempre ocurría en la construcción de edificios monumentales, hubo que convocar, organizar, formar, aprovisionar, alojar y poner a trabajar a una enorme mano de obra, no sólo en Ur, sino también en las otras tres ciudades.

UN LADRILLERO PARA EL ZIGURAT DE UR

Un hombre llamado a trabajar en la fabricación de ladrillos para el zigurat era asignado a un equipo de diez hombres, que respondían ante un supervisor, y cinco de estos equipos formaban un grupo que tenía su propio supervisor.[15] Los ladrilleros no trabajaban en la ciudad propiamente dicha; su lugar de trabajo se situaba en los pozos de donde se obtenía la arcilla y sus alrededores, que debían de estar junto a un río o canal.[16] Los hombres extraían la arcilla del suelo, la mezclaban con paja en grandes barreños, añadían agua, le daban forma en moldes de ladrillo, colocaban los ladrillos en patios para que se secaran y luego los apilaban listos para su uso.[17] Sabemos por tablillas escritas en la época que cada hombre debía fabricar aproximadamente 240 ladrillos al día.[18] Finalmente transportaban las pilas de ladrillos a la obra de construcción en el complejo sagrado en el corazón de Ur.

Nuestro obrero fabricaba ladrillos de dos formas: rectangulares, de unos 25 × 16,66 centímetros, y cuadrados, de varios tamaños. Un tipo común de ladrillo tenía 33,33 centímetros (13 pulgadas) de lado.[19] Los ladrillos rectangulares se ponían casi siempre al sol para que se secaran, mientras que los ladrillos cuadrados solían hornearse.[20] El horneado habría requerido muchos hornos y una cantidad fenomenal de combustible. Una vez más, esto debió de ocurrir fuera de la ciudad, ya que el patio de cocción de ladrillos debía de ser una instalación ruidosa y llena de humo.

Antes de cocer los ladrillos en el horno, los trabajadores estamparon en algunos de ellos una inscripción que rezaba: "Ur-Namma, rey de Ur, el que construyó el templo del dios Nanna": "Ur-Namma, rey de Ur, el que construyó el templo del dios Nanna "[21]. Otros llevaban una inscripción más larga: "Para el dios Nanna, su señor, Ur-Namma, rey de Ur, construyó su templo (y) construyó la muralla de Ur "[22]. Cada sello tenía un asa en la parte posterior y se creó con la inscripción cuneiforme en escritura de espejo para que apareciera al revés en el ladrillo terminado. El obrero que estampaba los ladrillos no necesitaba saber leer ni escribir para imprimir el mensaje piadoso. El mensaje ni siquiera habría sido visible en el edificio terminado; se imprimía en la cara plana que habría quedado cubierta por otros ladrillos. De lo que se trataba era de que los dioses supieran de la devoción de Ur-Namma, al igual que cualquier futuro rey que hubiera tenido la tentación de reclamar la construcción del templo como propia.

Un día, mientras uno de estos ladrillos se secaba al sol, un perro lo atravesó dejando claras huellas de sus patas en la arcilla. ¿Se trataba de un perro asilvestrado que deambulaba por el patio de ladrillos? Nadie lo sabe. Los perros habían sido domesticados en el Próximo Oriente miles de años antes, quizás desde 13.000 a.C.[23], y habrían sido una visión familiar en la ciudad. Sin duda, éste no era bienvenido y fue ahuyentado antes de que causara más daños. El ladrillo se coció, se llevó a la obra y se colocó en un muro, tras lo cual permaneció allí durante miles de años. Finalmente, Leonard Woolley lo excavó, lo transportó a Estados Unidos y lo depositó en la colección del Museo de la Universidad de Pensilvania, donde el intruso canino del aserradero ha quedado inmortalizado para siempre.[24]

Un erudito ha calculado que sólo el primer nivel del zigurat de Ur habría requerido la fabricación de la asombrosa cantidad de 7.595.100 ladrillos cocidos y secados al sol.[25] Nuestro albañil habría pasado meses, tal vez años, sin hacer otra cosa durante sus días que mezclar arcilla, moldear ladrillos para este edificio y apilarlos sobre sus lados para que se endurecieran. Habría pasado gran parte de ese tiempo al sol, con la arcilla incrustada en la piel de las manos y bajo las uñas. Sin duda, era un trabajo agotador.

Se podría suponer que el trabajo de albañilería y construcción lo realizaban exclusivamente los hombres, y así parece haber sido durante la mayor parte de la historia del Próximo Oriente. Pero en el periodo de Ur III esto queda desmentido por las tablillas de un lugar llamado Garshana, en la provincia de Umma, donde, en torno al año 2030 a.C., se estaba llevando a cabo un importante proyecto de construcción que incluía varios edificios y una muralla circundante[26]. Durante este proyecto, tres mujeres fueron responsables de supervisar algunos de los equipos de construcción.[27] Lo más sorprendente aún es que las mujeres constituían dos tercios de los trabajadores libres allí, y parecen haber hecho casi todo el trabajo de acarreando ladrillos hasta la obra.[28] Aunque a las trabajadoras se les pagaba menos que a los hombres (3 litros de grano al día, frente a los 5 o 6 de un hombre), las mujeres que supervisaban a los obreros recibían más que los hombres que ocupaban los mismos puestos, quizá porque las mujeres supervisaban al doble de personas.[29] Es posible que las mujeres ocuparan un lugar más destacado en la mano de obra manual de lo que actualmente sospechamos también en otras ciudades de Ur III.

Es posible que los albañiles que colocaban los ladrillos en el edificio tuvieran un trabajo aún más duro que el de los ladrilleros. A juzgar por las imágenes de la estela de Ur-Namma, utilizaban escaleras para llegar a lo alto de la terraza a medida que ésta crecía, mientras balanceaban cestas de ladrillos o mortero sobre sus cabezas. Al igual que los albañiles, se organizaban en equipos de diez y grupos de cinco, con supervisores en cada nivel que vigilaban su trabajo. La construcción de la primera fase del zigurat de Ur requirió unos 145.700 días-hombre de trabajo, sólo para fabricar y colocar los ladrillos[30]. Dependiendo del número de trabajadores esto podría haber llevado varios años.

Se habían desarrollado nuevas tecnologías para permitir que el zigurat se mantuviera en pie de forma segura, y estos avances tecnológicos afectaron al trabajo de los constructores. Sólo se cocieron los ladrillos exteriores. Dentro de una fachada de 2,4 metros de grosor de ladrillos cocidos sobre betún, el núcleo estaba formado por una capa tras otra de ladrillos secados al sol. Incluso después de cocerlos al sol, no se habrían secado del todo, por lo que los ingenieros desarrollaron una forma de hacer frente a la humedad que, de otro modo, podría haber amenazado la integridad del zigurat y de hacer más resistente toda la estructura. De forma ingeniosa, se dieron cuenta de que las esteras de caña colocadas entre las capas de ladrillos aumentaban la estabilidad estructural del edificio, y los "agujeros de drenaje" cortados en el revestimiento de ladrillo cocido permitían que la humedad saliera a medida que los ladrillos seguían secándose. También diseñaron desagües para librar a las terrazas de las lluvias (que, aunque escasas en esta zona, podían ser torrenciales). Todo ello debía incorporarse a medida que continuaba el proceso de construcción. Una vez que los albañiles terminaban una capa, se detenía el trabajo sobre los ladrillos mientras se extendían esteras de caña sobre ellos. Otros trabajadores extendían capas de mortero y betún.

Todos los materiales necesarios, aparte de los ladrillos -como el betún, las hojas de palma y las cañas-, habían sido adquiridos y procesados o tejidos, según el caso, y las herramientas, los moldes para ladrillos, las cestas y otros recipientes utilizados por los obreros debían ser fabricados y mantenidos continuamente. Todos los hombres (y tal vez las mujeres) habrían recibido raciones, si eran esclavos o peones de corvea, o una paga mensual en cebada, si eran libres y habían sido contratados,[31] y éstas se distribuían regularmente. Así pues, hay que añadir los escribas y los supervisores de los graneros a la lista de personas empleadas en la construcción del zigurat. El equipo de trabajo, formado por muchos residentes de Ur y sus pueblos circundantes, debía de ser enorme y muy visible en la ciudad y sus alrededores.

Al igual que durante la construcción del templo de los Conos de Piedra unos 1.400 años antes, pero a una escala mucho mayor, alguien también tenía que llevar la cuenta de dónde y cuándo trabajaba cada equipo, de pedir la cantidad correcta de materiales de construcción, asegurarse de que los materiales llegaran a tiempo y determinar a qué parte de la obra debían enviarse. Los problemas matemáticos encontrados en épocas posteriores muestran que los escribas aprendieron a calcular el número de ladrillos necesarios para un edificio de un tamaño determinado, e incluso a tener en cuenta que sólo cinco sextos de un muro estaban hechos de ladrillos; el resto era mortero.[32] Aunque los cálculos matemáticos están atestiguados mil años antes, en el periodo Uruk, estas técnicas más sofisticadas debieron desarrollarse en el periodo Ur III.

Afortunadamente, tras tantos siglos de práctica, los mesopotámicos disponían de un sistema muy eficaz para gestionar la mano de obra. Un grupo de hombres que compartían el título de *"shidim" se encargaba* de estos grandes retos organizativos, y ellos también estaban supervisados por un jefe, un "jefe de los *shidim*".[33] Es de suponer que los *shidim* hablaban entre sí con regularidad y que el jefe de los *shidim* informaba al rey de los progresos de su zigurat.

Quizá se pregunte qué sentido tenía construir el zigurat, dado que era una sólida pila de ladrillos. Sinceramente, los eruditos también se lo preguntan. A diferencia de una pirámide egipcia, no se construyó para cubrir una tumba ni tenía los lados lisos: El zigurat se elevaba en varios escalones gigantescos. Aunque en Egipto se habían construido pirámides durante siglos antes de que Ur-Namma construyera sus zigurats, los mesopotámicos no tomaron necesariamente prestada de Egipto ni siquiera la forma de la estructura. En cualquier tierra antigua, un edificio alto era, necesariamente, de sección triangular, con mucho menos peso en la parte superior que en la inferior. De lo contrario, las estructuras se habrían derrumbado. Los mesopotámicos llevaban construyendo templos sobre plataformas desde la época de Uruk; tal vez el zigurat no fuera más que una plataforma mucho más grande que las anteriores. Sin embargo, sólo era una fracción del tamaño de la Gran Pirámide de Egipto, que medía 230 metros de lado, cuatro veces más que el lado más largo del zigurat de Ur.

El zigurat no sustituyó al santuario donde vivía el dios Nanna, que estaba situado a su lado. Es posible, sin embargo, que tuviera otro santuario en la cima, y probablemente fuera un lugar de rituales, donde los participantes ascendían por encima del resto del complejo ceremonial, quizá para estar más cerca de los dioses en sus formas celestiales. Además, la vista del cielo nocturno no estaba obstruida desde la cima del zigurat, lo que habría permitido a los sacerdotes y sacerdotisas observar los movimientos de las estrellas y los planetas.

Increíblemente, el zigurat no fue el único edificio nuevo que Ur-Namma erigió en el recinto sagrado de Ur. También fue responsable del inicio de la construcción de un gran edificio cuadrado llamado E-hursag, que podría haber sido un palacio,[34] y de la construcción de un grueso muro de contención con contrafuertes, revestido de ladrillos cocidos, alrededor de toda la zona sagrada.[35]

LEYES DE UR-NAMMA

Si antes de esto había oído hablar de Ur-Namma, fuera de libros y artículos especializados, probablemente no sea por su zigurat o por la expansión de su reino, sino porque fue el primer legislador conocido de la historia, aunque incluso ese título se atribuye a menudo, erróneamente, a Hammurabi de Babilonia. Las leyes de Ur-Namma se inscribieron en estelas de piedra, pero desgraciadamente se han perdido todas.[36] En su lugar, tenemos un cilindro de arcilla fragmentario del periodo Ur III en el que se inscribieron las leyes,[37] junto con cinco copias parciales de las leyes en tablillas cuneiformes rotas, escritas siglos después por escribas en la escuela. No tienen el mismo efecto impresionante que la estela de dos metros de altura en la que el posterior rey Hammurabi inscribió sus propias leyes, pero las leyes de Ur-Namma son anteriores a las de Hammurabi en más de 300 años.

Ur-Namma promulgó sus leyes en el apogeo de su reinado, después de haber, como señaló en una inscripción, "liberado Akshak, Mirad, Girkal, Kazallu, cualesquiera (territorios) que estuvieran bajo la subyugación de Anshan".[38] Esta fue una de sus pocas referencias a la acción militar. Las ciudades enumeradas se encontraban al norte de Ur, en la región de Acad, mientras que Anshan estaba a unos 800 kilómetros (unas 500 millas) al sur y al este de Ur, cerca de la moderna Shiraz, en Irán. Anshan parece haber aprovechado el desorden que siguió a la invasión de Gutian para hacerse con el control de la región de Acad, por lo que en cierto modo Ur-Namma *estaba* "liberando" estas regiones, como él afirmaba, aunque parece haber tomado el control allí en lugar de Anshan.

Parece que Ur-Namma no pretendía que esta inscripción registrara una innovación novedosa: No se concebía a sí mismo como el inventor de la idea de ley. Las leyes aparecen sólo después de un relato de 170 líneas en alabanza de sus propias grandes hazañas, casi como si las leyes fueran una idea tardía.

Nos referimos a esa primera sección de la inscripción como el "prólogo", pero era importante por derecho propio. Ur-Namma quería causar una buena impresión. De entrada, subraya su piedad enumerando las "ofrendas regulares" de cebada, ovejas y mantequilla que ofrece a los dioses. Continuó con una lista de formas en las que había mejorado la vida de su pueblo, especialmente en lo referente a la economía: Había restablecido el comercio con Magan (Omán), erradicado la corrupción, estandarizado los pesos y medidas, regulado el tráfico de barcos por los ríos y hecho los caminos seguros para los viajeros (incluso construyendo posadas para ellos).[39] En esto, podría recordar al rey Urukagina de Lagash, varios siglos antes, en el Periodo Dinástico Temprano, que también se había presentado como un reformador. Ur-Namma era el anti-Sargón, por lo que contaba. Hizo especial hincapié en lo bueno que era con la gente oprimida: "No entregué el huérfano al rico. No entregué la viuda al poderoso. No entregué al que sólo tenía un siclo al que tenía una mina (es decir, 60 siclos). No entregué al hombre con una sola oveja al hombre con un solo buey"[40]. Ur-Namma resumió entonces la esencia de sus reformas: "Eliminé la enemistad, la violencia y los clamores de justicia. Establecí la justicia en la tierra". Suena un poco a anuncio de campaña, pero los reyes no se presentaban a las elecciones y, por supuesto, él ya era rey. Sin embargo, no estaba de más ser querido, y aprovechar el amor de los mesopotámicos por el orden y su aversión a la violencia y la enemistad era una buena estrategia para disuadir a cualquiera que pudiera estar pensando en usurpar el trono. Los reyes mesopotámicos siempre necesitaron el apoyo de su pueblo;[41] Ur-Namma era claramente consciente de ello.

Tras el prólogo autocomplaciente, la inscripción da paso a una serie de leyes, introducidas únicamente por el enunciado "En aquel tiempo". Sin embargo, no parecen leyes modernas. Cada una es condicional. Comienza con "Si un hombre..." (o "Si un esclavo", o "Si la mujer de un joven", etc.), describe un delito o transgresión de algún tipo y termina con la multa o el castigo que debe imponerse.

La copia más completa de la inscripción incluye ochenta y cinco leyes, la mayoría de ellas bastante completas.[42] Cuarenta y cinco de las leyes se refieren a delitos, que van desde el asesinato, el robo y las lesiones corporales hasta el abandono de un campo o la pérdida de una oveja en un redil. Quince de ellas parecen, a primera vista, similares a las leyes bíblicas del tipo "ojo por ojo" (conocidas como *lex talionis*), pero los equivalentes de Ur-Namma eran en su mayoría leyes de "multa monetaria por ojo", que reflejan una idea muy diferente del castigo. Así, la ley 23 dice: "Si un hombre causa la pérdida del ojo de otro hombre, pagará treinta siclos".[43] De hecho, las multas monetarias se imponían con más frecuencia que cualquier otra pena; en veintidós de las leyes penales se imponía una multa. Éstas iban desde dos siclos de plata por cortar a otro hombre de alguna manera (falta el término para la parte del cuerpo afectada)[44] hasta una cuantiosa multa de sesenta siclos por fracturar el hueso de otro hombre con un arma.[45] Ur-Namma recomendaba la pena de muerte sólo para siete delitos, incluyendo el asesinato, el bandidaje, la violación de una mujer prometida y golpear a una mujer hasta la muerte.[46] Un hombre libre también podía ser condenado a muerte por casarse con la viuda de su hermano mayor o por afirmar falsamente que había perdido una propiedad, y un hombre esclavizado podía ser ejecutado por casarse con su amante.[47] Las leyes no eran exhaustivas; la mayoría de los delitos en los que uno podría pensar no se mencionaban.

Treinta y seis de las demás -casi la mitad de las leyes existentes que se pueden identificar- representan intentos de fijar salarios, rentas, precios y tipos de interés, así como de imponer prácticas sucesorias y disposiciones en materia de divorcio. Se sospecha que los controles de precios fueron ineficaces.

Aunque redactó las primeras leyes, Ur-Namma no inventó el sistema judicial. Enmetena de Lagash se había autodenominado "Rey de la Justicia",[48] por lo que la idea de justicia ya tenía siglos de antigüedad. Los contratos con listas de testigos se habían escrito mucho antes de la época de Ur-Namma; incluso la inscripción Ushumgal del periodo Dinástico Temprano (con sus representaciones del sacerdote Ushumgal y su hija Shara-igizi-Abzu) parece haber sido un contrato de algún tipo.[49] Antes de que se escribieran las leyes de Ur-Namma, los jueces habían presidido tribunales, considerado pruebas y pronunciado veredictos durante mucho tiempo. No hacen falta leyes para tener un sistema judicial. De hecho, la proclamación de estas "primeras leyes del mundo", que consideramos trascendentales por su importancia para la historia mundial, no parece haber sido considerada un acontecimiento importante en aquella época.

Puede que Ur-Namma simplemente recopilara algunos precedentes legales y los añadiera a su inscripción para mejorar su imagen y proporcionar pruebas concretas de que había "establecido la justicia", como afirmaba. No hay pruebas claras de que las leyes se cumplieran.

GEME-SUEN Y LA ESPOSA DE UR-LUGAL, EL JARDINERO JEFE: ADVERSARIOS EN LA CORTE

El tribunal de la ciudad de Umma fue el escenario de una disputa entre dos mujeres. Se desconoce el nombre de una de ellas; en el acta de la vista sólo se la describe como la esposa de un hombre llamado Ur-lugal. La otra mujer se llamaba Geme-Suen.[50] Registros judiciales como éste nos dan una idea vívida de cómo funcionaba el sistema judicial. En el periodo de Ur III, se redactaron muchas actas judiciales en la ciudad de Umma.[51]

No sabemos exactamente dónde tuvo lugar este proceso judicial, pero probablemente fue cerca de un templo. Un escriba llevaba la cuenta de lo que sucedía, y es su registro el que se encuentra en el Museo Británico en una tablilla de poco más de cinco centímetros de ancho y cinco de alto.[52]

La discusión comenzó cuando Geme-Suen declaró que la esposa de Ur-lugal le había pedido prestadas dos minas de plata y que aún le debía parte del dinero. Dos minas representaban una gran cantidad de riqueza, incluso para una persona relativamente rica. Un siclo de plata equivalía a 300 litros de cebada,[53] y a un trabajador manual se le pagaban 60 litros de cebada al mes;[54] por lo tanto, un siclo de plata representaba cinco meses de paga. Sesenta siclos formaban una mina, por lo que las dos minas que la mujer de Ur-lugal había pedido prestadas equivalían a 120 siclos, o cincuenta años de paga para un trabajador. No está claro para qué lo necesitaba la mujer de Ur-lugal, pero Geme-Suen debía de ser una mujer rica para tener esa cantidad a mano y disponible para prestar. Ur-lugal era descrito como el jefe de jardineros, por lo que su mujer tampoco debía de ser pobre.

Es posible que se hubiera redactado un contrato en el momento en que Geme-Suen había prestado la plata a la esposa de Ur-lugal. Los contratos se utilizaban mucho en esta época para crear registros formales de cosas como préstamos o ventas. Un escriba lo habría redactado en presencia de testigos, y el tipo de interés podría haberse indicado. En el caso de los préstamos de plata, solía ser del 20 por ciento. En algunos contratos de préstamo también se indicaba la fecha de devolución[55].

De vuelta a la sala del tribunal, la esposa de Ur-lugal tenía una respuesta a la exigencia de Geme-Suen de que se le devolviera el resto del préstamo. "Ki'ag cerró mi caso"[56], declaró, presumiblemente dirigiéndose al juez que presidía el tribunal. Quería decir que el caso ya había sido juzgado y fallado a su favor. No debía nada. El hombre llamado Ki'ag, que había supervisado el juicio anterior, parece que también estuvo presente en este nuevo juicio. Era uno de los tres jueces conocidos de Umma que presidían los juicios,[57] por lo que el juez al que se dirigía la mujer de Ur-lugal lo conocía bien. Sabemos por otras fuentes que Ki'ag también había donado animales para el sacrificio en el festival de Año Nuevo de la ciudad,[58] y en una ocasión había administrado un juramento a alguien en su propia casa.[59] Era un hombre eminente de Umma.

La esposa de Ur-lugal continuó hablando en su propia defensa, identificando a otro hombre poderoso que apoyaría su afirmación: "Lu-Suen fue mi comisionado en el caso concluido", dijo.[60] Los comisionados, con el título de "*mashkim*", supervisaban los casos judiciales en el periodo de Ur III. Preparaban todo antes del juicio, registraban el resultado y se les menciona con frecuencia en los documentos.[61] En este caso, el juez decidió comprobar su versión. Llamó a Lu-Suen para que confirmara que la esposa de Ur-lugal decía la verdad, pero resultó que se había equivocado al mencionarle. Lu-Suen no la ayudó. El acta recoge que "declaró: 'Es mentira'."[62]

Lo que parece que ocurrió a continuación es que, curiosamente, Ki'ag, el juez del primer caso, se involucró.[63] Pidió a los cinco hijos de Ur-lugal que prestaran juramento, presumiblemente para confirmar que su madre había dicho la verdad. Pero decidieron no apoyarla y se negaron a prestar juramento. Si hubieran accedido, todos habrían tenido que ir al templo para que el juramento se hiciera en presencia del dios[64].

En ese momento, la mujer de Ur-lugal decidió echarse atrás. Ni el comisario del juicio anterior ni sus propios hijos estaban dispuestos a mentir por ella. Reconoció que sí, que aún debía diez siclos de plata a Geme-Suen. No sólo eso, sino que uno de sus hijos admitió que también debía cinco siclos.

El expediente judicial no dice nada más, salvo que enumera cinco testigos que asistieron al procedimiento judicial. Los expedientes de este tipo casi siempre terminaban con el juramento, tanto si los implicados decidían prestarlo como si no, porque el juramento (o la negativa a prestarlo) a menudo determinaba la decisión del juez.[65] En este caso, Geme-Suen ganó el pleito, y la esposa de Ur-lugal tuvo que devolver el resto de la plata.

Este pequeño fragmento de la vida en Umma refleja varios aspectos del sistema jurídico de la ciudad, confirmados también por otros casos judiciales. En primer lugar, a diferencia de lo que ocurría en la mayoría de las ciudades mesopotámicas y en otras épocas, en Umma cada caso era juzgado por un solo juez. En otros lugares, se necesitaba todo un panel de jueces -hasta siete de ellos-.[66] Nadie en esta época era juez de profesión; hombres como Ki'ag, que asumían el papel de vez en cuando, sabían leer y escribir y eran importantes en la ciudad, pero también tenían otros trabajos.[67] En segundo lugar, el juez se preocupaba por las pruebas y quería asegurarse de que las partes del caso decían la verdad. Por eso interrogó a Lu-Suen, y para eso habría servido el juramento: El juez Ki'ag intentó que los hijos de Ur-lugal juraran en apoyo de su madre para poder determinar si decía la verdad.

Las declaraciones originales en un juicio rara vez se hacían bajo juramento, pero los juramentos a menudo aparecían más tarde en los procedimientos y se consideraban potentes herramientas legales a lo largo de la historia del Próximo Oriente antiguo. Los juramentos introducían el poder de los dioses en el pleito. También se mencionan en las leyes de Ur-Namma. Una ley establece que "si un hombre comparece como testigo, pero se retracta (de su) juramento, se le indemnizará por lo que se haya tratado en ese juicio".[68] Los hijos de Ur-lugal no se habían presentado como testigos -habían sido llamados por el juez- y fueron sabios al no prestar ese juramento. Al parecer, se negaron porque su madre mentía y sabían que habrían cometido perjurio. No habría valido la pena: Podrían haber sido responsables de la plata debida en el caso. Otra preocupación persistente les impidió sin duda mentir bajo juramento: Los dioses habrían sabido que lo habían hecho y los dioses no tenían paciencia con los humanos que juraban en falso en su nombre. Los niños habrían creído que el castigo de los dioses probablemente habría sido mucho peor que pagar una cantidad de plata. Así pues, negarse a prestar juramento era una forma de decirle al juez que si lo hacías estarías mintiendo. Esto le ayudaba a determinar la verdad del caso.

Una tercera característica de este expediente judicial que quizá haya observado es que no se menciona a ningún abogado. Sencillamente, no había abogados; la profesión aún no existía. Hombres y mujeres de todas las clases (incluidos los esclavos)[69] se representaban a sí mismos ante el tribunal y debían aportar sus propios testigos y pruebas. No había jurado; el juez o los jueces tomaban solos la decisión.

En otras dos leyes de la lista de Ur-Namma, menciona otra forma de llegar a la verdad de un caso -más allá de tomar declaración a las partes principales, examinar contratos y someter a juramento a los testigos-, a saber, la ordalía del río. Era especialmente útil en los casos de acusaciones de adulterio y brujería, para los que era difícil encontrar pruebas imparciales; rara vez había testigos y, desde luego, no había contratos. Una ley decía lo siguiente: «Si un hombre acusa a otro de acostarse con una mujer prometida, después de que el río lo absuelva, el hombre que hizo la acusación pagará 20 siclos de plata «[70]. Sabemos por otras fuentes que la ordalía del río proporcionaba a los jueces una forma de conocer la verdad de una situación, en cierto sentido pidiendo a los dioses que se pronunciaran sobre el caso. Si no se encontraban testigos de un crimen, el acusado debía saltar al río. Si esta persona se ahogaba, los dioses habían indicado que era culpable y, convenientemente, ejecutaban al mismo tiempo la pena de muerte. Sobrevivir a la prueba, por otra parte, era una indicación de inocencia y, en este caso, se imponía una multa al hombre que había hecho la falsa acusación.

Esto no se percibía como superstición; todo el mundo creía que los dioses conocían la verdad y la revelarían. Y lo que es mejor, la sinceridad de esta creencia a menudo hacía que la verdad saliera a la luz. Si alguien accedía a saltar al río confiando en que los dioses le salvarían, era obviamente inocente; por otra parte, un culpable solía confesar antes que someterse a su inevitable destino de morir ahogado en el río. Cualquiera de estas respuestas por parte de un acusado impedía que la ordalía fuera necesaria; parece que a menudo se cancelaba. A pesar de la existencia de leyes de Ur-Namma que la invocan, la ordalía del río nunca se menciona en ninguno de los registros judiciales conservados del periodo Ur III, por lo que debió de ser poco frecuente, aunque algunos textos administrativos sí hacen referencia a personas que iban o volvían de la ordalía del río[71].

Muchas de estas prácticas jurídicas parecen ser anteriores a las leyes de Ur-Namma y no parecen haberse visto especialmente afectadas por ellas. Muy pocos de los casos judiciales se refieren siquiera a delitos contemplados en las leyes supervivientes, y tampoco mencionan que los jueces consultaran las leyes. Las leyes no constituían un "código legal" en el sentido en que lo concebimos hoy en día. El término "código" sugiere un intento de proporcionar una colección exhaustiva y vinculante de leyes, y eso no es lo que hizo Ur-Namma. Puede que los jueces conocieran sus leyes, pero decidían los casos basándose en su propio análisis de las pruebas y sus propias conclusiones sobre el castigo adecuado.

En el caso de Geme-Suen contra la esposa de Ur-lugal, el juez falló a favor de la más rica y poderosa de las dos mujeres, pero no fue resultado de que el sistema judicial favoreciera a los ricos. Las actas judiciales reflejan una transparencia sorprendente en el sistema jurídico y un auténtico deseo de que prevalezca la justicia. Si Geme-Suen hubiera tenido la culpa, está claro por otros casos que habría sido ella quien habría tenido que pagar. También está claro, no sólo por las leyes sino también por los expedientes judiciales, que las multas eran con mucho la forma más común de castigo.

NIÑOS ABANDONADOS, PRISIONEROS Y LU-NANNA, UNA ESCLAVA FUGADA

Al parecer, los tribunales estaban a disposición de cualquiera que los necesitara. En un caso, un hombre que había sido liberado de la esclavitud fue acusado de mentir sobre su libertad. Se presentó ante los jueces con el contrato de manumisión en la mano como prueba, y su libertad fue confirmada.[72]

Pero los tribunales defendían el sistema social y político, y la esclavitud formaba parte de ese sistema en esta época. La historia de un esclavo llamado Lu-Nanna así lo refleja[73]. Vivía en la ciudad de Umma, sometido a un hombre llamado Uda. Un acta judicial relativa a él señala que "Uda nombró (a Lu-Nanna) para el servicio de 'arquero'."[74] No está claro qué significaba esto exactamente. ¿Realizaba Lu-Nanna el servicio militar de Uda por él? ¿Cuál era la profesión de Uda? ¿Cómo se había convertido Lu-Nanna en esclavo? Las actas judiciales no responden a ninguna de estas preguntas, pero es posible que Lu-Nanna fuera vendido como esclavo por uno de sus padres o por ambos. Los contratos de venta de la época de Ur III demuestran que se trataba de una práctica conocida, aunque la mayoría de estas ventas eran de hijas.[75] Algunos padres vendieron a uno o más de sus hijos como esclavos aparentemente porque la familia era desesperadamente pobre y no podía permitirse mantenerlos. La mera existencia de este tipo de contratos de venta de esclavos demuestra que se consideraba una forma aceptable (aunque trágica) de que una familia hiciera frente a la pobreza.

Sin embargo, no era la única forma de convertirse en esclavo. A veces, los adultos eran esclavizados por hombres y mujeres a los que debían dinero o cebada, por lo que quizá Lu-Nanna había caído en la esclavitud por deudas que no pudo pagar a Uda. Es poco probable que hubiera sido capturado como prisionero de guerra; al parecer, esos hombres y mujeres eran esclavizados por las grandes casas: Los templos y el palacio[76].

En cualquier caso, según el registro del tribunal, Lu-Nanna tenía dos hijos, que también habían sido esclavizados con él, pero Uda los había liberado, mientras mantenía cautivo a Lu-Nanna. Pero entonces Uda murió, y Lu-Nanna parece haber decidido que, durante esta época caótica para la familia de su dueño, tenía una oportunidad de conseguir su libertad, no por manumisión, como sus hijos, sino escapando. Los documentos de Ur III incluyen otros ejemplos de esclavos fugitivos;[77] Lu-Nanna pudo haber oído historias sobre ellos. Al parecer, sabía que tenía que salir de Umma y huir lo más lejos posible para evitar que lo capturaran y lo trajeran de vuelta. Era natural de la zona y conocía bien los alrededores de su ciudad[78], allí estaba su oportunidad.

En el lenguaje lacónico típico de los procesos judiciales, el escriba escribió sobre Lu-Nanna que "se cree que el esclavo [se pensaba que] murio en Anshan, adonde huyó".[79] Lu-Nanna estuvo a punto de conseguir su libertad. Había caminado más de 850 kilómetros (más de 525 millas), probablemente viajando hacia el sur a lo largo del río hasta el mar Inferior (el Golfo Pérsico) y luego girando hacia el interior, hacia el sureste, abriéndose paso a través de altos puertos de montaña, hasta llegar a Anshan. Si lograba recorrer 24 kilómetros (15 millas) al día (lo que se consideraba normal), habría tardado treinta y cinco días en llegar. Durante todo ese tiempo corrió peligro, no sólo por el frío y el hambre, sino también por los hombres enviados específicamente para perseguir a los esclavos fugitivos. Sin duda, Lu-Nanna evitaba los caminos principales siempre que podía (aunque los pasos de montaña no le habrían permitido alejarse mucho de la carretera), y probablemente viajaba de noche y se escondía de las caravanas que pasaban. Algunos de los hombres que lo buscaban a él y a otros esclavos fugitivos estaban bien organizados y contaban con el apoyo del rey. Uno de estos funcionarios, un hombre llamado Shugatum, recibía raciones de estofado, pescado, cerveza y pan del gobierno de Ur cuando "viajaba para capturar a trabajadores fugitivos, esclavos de (la diosa) Ninhursag", lo que hacía con regularidad.[80] La principal prioridad de Shugatum era encontrar a los esclavos institucionales que habían huido de los templos o palacios, pero también habría estado al acecho de esclavos de propiedad privada.

Todo el mundo sabía que los propietarios pagaban recompensas por los fugitivos capturados. Una de esas recompensas estaba incluso consagrada en las leyes de Ur-Namma: "Si... una esclava se escapa y cruza los límites del municipio, y alguien la trae de vuelta, el dueño de la esclava pagará dos siclos de plata al hombre que la trajo de vuelta".[81] (Si existía una ley equivalente para un esclavo varón como Lu-Nanna, se ha perdido, pero se habría esperado una recompensa similar).

Una vez en Anshan, Lu-Nanna parece haber tenido una idea ingeniosa. Se las ingenió para informar a la gente de Umma de que había muerto. Tal vez así las autoridades dejarían de buscarlo. Pero esta historia no tiene un final feliz; la suerte de Lu-Nanna se acabó. En Anshan, un hombre llamado Gudea, hijo de Gududu, le reconoció. (Éste no era, por supuesto, el rey de Lagash llamado Gudea, aunque su nombre puede haber rendido homenaje al rey anterior). De algún modo, Gudea capturó a Lu-Nanna y lo llevó de vuelta a Umma. Por desgracia, el registro de la corte no nos da ninguna pista sobre cómo lo hizo, pero habría supuesto otro viaje de treinta y cinco días.

Lu-Nanna bien podría haber sido encarcelado cuando regresó a Umma. Las cárceles no constituían una parte importante del sistema judicial, pero se utilizaban para alojar a los criminales antes del juicio,[82] o antes del castigo, y para mantener bajo vigilancia a los fugitivos antes de devolverlos al trabajo.[83] Las leyes de Ur-Namma sólo incluyen una referencia al encarcelamiento, pero por un motivo diferente: "Si un hombre mantiene cautivo a alguien, ese hombre irá a la cárcel (y) pagará quince siclos de plata".[84] Se trataba de una ley de ojo por ojo (*lex talionis*), por la que el infractor sufría la misma miseria que su víctima, además de pagar una fuerte multa.

A pesar de que las multas eran mucho más comunes que las penas de prisión, los presos tenían una diosa protectora, Nungal, que velaba por las prisiones y los castigos.[85] Lu-Nanna bien podría haberle rezado mientras esperaba el juicio.

Copiar un himno sumerio escrito en alabanza a esta diosa era una tarea escrita muy popular entre los estudiantes de las escuelas de la ciudad de Nippur unos tres siglos más tarde, en el siglo XVIII a.C. Se han encontrado allí cuarenta y tres copias enteras y parciales del himno en tablillas de arcilla y fragmentos.[86] No está claro cuándo se escribió originalmente el himno, pero es posible que ya se conociera en el periodo de Ur III. Como ocurre a menudo -como con las inscripciones reales de Sargón y los himnos de Enheduana-, estos escribas posteriores mantuvieron vivos documentos que, de otro modo, se habrían perdido para nosotros.

Es posible que el himno a Nungal fuera escrito por un preso durante su encarcelamiento. El autor original parece haber sido un escriba que rezaba a Nungal para que le protegiera de la pena de muerte.[87] Como testigo presencial de la vida en prisión, el escriba ofrece una descripción de la cárcel. Era un lugar sombrío, la "casa del dolor", a la que los hombres eran conducidos con los ojos vendados.[88] Los hombres allí encarcelados ansiaban salir, contaban los días, pero perdían la noción del tiempo: " Hermano cuenta por hermano los días de desgracia, (pero) sus cálculos se vuelven completamente confusos." [89]. Si Lu-Nanna hubiera estado encerrado en un lugar así, tal vez habría pedido ayuda a gritos: "El interior de la Casa da lugar a llantos, lamentos y gritos "[90]. La sensación de estar atrapados era palpable: Los hombres ansiaban que se les abriera la puerta de la prisión: "Los hombres allí dentro, como gorriones sujetos por las garras del gran búho, miran hacia la abertura como hacia el sol naciente "[91].

Sin embargo, las autoridades parecen haber visto en la prisión algo más que un castigo. El escriba escribió que "sus muros de ladrillo aplastan a los malvados, pero dan a luz a hombres honrados"[92]. No fue la única vez que el autor mencionó esta idea: El encarcelamiento también podía servir para rehabilitar a los criminales y ayudarles a reinsertarse en la sociedad. Utilizando las supuestas palabras del propio Nungal, el escriba escribió al final que la diosa la había "construido (la prisión) con compasión. Calmo el corazón de este hombre, lo enfrío"[93]. Comparó el proceso con el bruñido de un metal precioso, haciendo que el prisionero "brillara entre el polvo"[94]."Lo hacía, decía, en beneficio del dios personal del prisionero, para convertirlo en una buena persona y devolverlo "a las buenas manos de su dios, para que el dios de este hombre sea alabado para siempre, para que este hombre pueda alabarme (y) contar mi grandeza".[95] Lu-Nanna, como todo el mundo, habría creído que tenía un dios y una diosa personales que velaban por él. El himno sugiere que el comportamiento de un hombre se reflejaba en su dios, y su rehabilitación en la sociedad después de un crimen era también una fuente de alabanza para el dios, y para la diosa Nungal.

Llegó la cita de Lu-Nanna en el tribunal, y fue llevado ante el juez, encontrándose allí con su captor Gudea. También estaba presente el hijo de Uda, que había heredado los esclavos de su padre, incluida Lu-Nanna, tras la muerte de éste. El juez pidió a Gudea que jurara que decía la verdad. Gudea lo hizo encantado, sabiendo que le esperaba una recompensa. Gudea recibió mucho más que los dos siclos que Ur-Namma había especificado por la devolución de una mujer esclavizada; el hijo de Uda debía pagarle diez siclos por sus esfuerzos. Esto era tanto como el valor de un esclavo varón adulto;[96] claramente el regreso de Lu-Nanna fue apreciado. Al final, el desafortunado Lu-Nanna acabó justo donde empezó: El hijo de Uda "nombró (a Lu-Nanna) su arquero"[97].

Como en el caso del préstamo de plata de Geme-Suen, las leyes de Ur-Namma tenían cierta relevancia en este juicio, pero ninguna de ellas se ajustaba exactamente a la situación. La gran recompensa otorgada a Gudea, hijo de Gududu, fue determinada por el juez, que quizá tuvo en cuenta la gran distancia que Gudea había recorrido para traer de vuelta a Lu-Nanna.

Como se habrá deducido, la esclavitud estaba muy extendida en el periodo Ur III, pero en algunos casos resulta extrañamente difícil definir quién era y quién no era considerado esclavo. Los esclavos que trabajaban en el servicio doméstico vivían experiencias diferentes a los esclavos que trabajaban para el palacio o los templos. Los esclavos recibían un trato muy diferente dependiendo de su situación. Algunas personas a las que se describía con el término de "esclavo" en el periodo de Ur III parecen haber sido algo más parecido a sirvientes, con considerables libertades e incluso autoridad sobre los demás.[98] Los esclavos cuya situación se debía a una deuda eran antes personas libres que serían liberadas cuando la deuda se considerara saldada, pero los esclavos que habían sido comprados no tenían ninguna salida legal. El flujo constante de fugitivos así lo atestigua.

Incluso los términos sumerios que traducimos como "esclavo" podían tener un significado impreciso. La palabra para un esclavo masculino era "*arad*" y la palabra para una esclava femenina era "*geme*", pero también se llamaba "*geme*" a todo un grupo de mujeres que no eran necesariamente esclavas: Mujeres que trabajaban como obreras para las grandes casas de los templos y palacios.[99] Algunas de ellas estaban esclavizadas, otras no. Por otro lado, los buscadores de esclavos fugitivos iban en busca de trabajadores institucionales de bajo rango, además de esclavos, no sólo mujeres *geme*, sino también sus equivalentes masculinos supuestamente libres, conocidos como "*gurush*".[100] Estos trabajadores de bajo rango y no cualificados no podían ser comprados ni vendidos, pero no podían elegir dónde trabajar y eran castigados si huían. Su estatus podía estar un peldaño por encima de la esclavitud, pero no mucho[101].

Un grupo de estos trabajadores institucionales ni siquiera eran adultos. El término utilizado para describir a estos niños se traduce como "abandonados a sí mismos"[102]. No tenían familias que los mantuvieran y criaran, sólo los grandes hogares para los que trabajaban. No es que todos fueran huérfanos (aunque algunos sí lo eran). La mayoría se describían con el nombre del padre o de la madre, pero sus progenitores no los habían criado, no los habían dado en adopción ni los habían dejado con un pariente. En cambio, los niños habían sido colocados en el palacio o el templo, "abandonados a su suerte", para trabajar bajo vigilancia armada, casi como si fueran esclavos[103].

Como hemos visto, el hogar y la familia eran importantes en muchos aspectos en el Próximo Oriente antiguo, y hay que imaginar que estos niños, al carecer de la red de seguridad de una familia, eran vulnerables y estaban muy solos. El termino usado para ellos es a veces traducido como "abandonados". [104] Uno de ellos fue arrojado a un pozo poco después de nacer y, presumiblemente, dado por muerto. Afortunadamente, no murió, sino que fue rescatado del pozo y criado hasta la infancia (aunque no sabemos por quién), antes de empezar a servir en el templo cuando era un niño. Su nombre revelaba su difícil comienzo en la vida: Era Putapada, que significaba "Encontrado (y sacado) de un pozo".[105]

A todos ellos se les proporcionaba cebada para vivir: Los más jóvenes recibían 20 litros de cebada al mes, y los adolescentes de más edad, 40 litros, lo que era suficiente para vivir. La mayoría de la gente que trabajaba para el palacio tenía familia con la que volver a casa (incluso los esclavizados no estaban separados de sus familias), pero parece que los "abandonados" no tenían a nadie. Muchos de ellos estaban referenciados como hijos de prostitutas[106].

Quizás sus madres no podían ocuparse de ellos mientras seguían trabajando, quizás algunas de las madres habían muerto o quizás los niños habían sido separados de sus madres. Curiosamente, aunque a veces se hace referencia a la prostitución como "la profesión más antigua del mundo", hay pocas pruebas de ella en los documentos del Próximo Oriente antiguo. Es de suponer que algunas mujeres cobraban por mantener relaciones sexuales en muchas épocas, pero no podemos estar seguros. Sólo ocasionalmente, como aquí, cuando un niño había sido separado de su madre y se menciona la profesión de ésta, se vislumbra un mundo más allá del ámbito normal de los escribas y la administración. En este caso, los registros insinúan una tragedia íntima y profunda para la madre y el hijo.

Se supone que los guardias armados que vigilaban a los abandonados estaban allí para evitar que huyeran. Una lista del censo de personas que trabajaban bajo vigilancia armada en la ciudad de Girsu incluía no sólo a 250 abandonados, sino también a muchas otras personas en los márgenes de la sociedad[107]. Se trataba de un grupo heterogéneo de pobres: Abandonados, hombres en "bandas" (e hijos de hombres en bandas), esposas de hombres huidos, algunos tejedores, esclavos y batanes. Otro documento enumeraba la cebada que habían recibido estos recién llegados. Debió de ser una vida dura para todos los que figuraban en estas listas, pero especialmente para los niños no deseados que había entre ellos.

SHULGI DE UR: REY DIVINO Y REFORMADOR ADMINISTRATIVO

La muerte del rey Ur-Namma fue repentina. Según una línea de un relato literario que podría haber sido encargado por su viuda Watartum, podría haber muerto en batalla, pero también podría haber muerto de forma natural.[108] Sea cual sea la causa, su muerte parece haber traído una gran tristeza a la tierra, según el autor: "Porque [el mal] hizo partir al pastor fiel. Lloran lágrimas amargas en sus amplias plazas donde había reinado la alegría... Pasan (sus) días lamentando al pastor fiel que ha sido arrebatado".[109] A lo largo del lamento, se hace referencia al rey como "Pastor Ur-Namma". El rey como pastor era una imagen convincente y duradera; muchos reyes posteriores del Próximo Oriente se esforzaron por ser vistos de la misma manera.

Los reyes de la Tercera Dinastía de Ur consiguieron mantener unida gran parte de Mesopotamia durante aproximadamente un siglo. El hijo de Ur-Namma, Shulgi (véase Fig. 7.2), gobernó el reino durante casi la mitad de este tiempo, unos notables cuarenta y ocho años (2094-2046 a.C.). Durante los primeros veinte años de su reinado continuó con las prácticas tradicionales y mantuvo las prioridades de su padre. Shulgi terminó los proyectos de construcción de Ur-Namma: Los zigurats, el palacio de E-hursag en Ur y la muralla que rodeaba el témenos sagrado. Su padre había casado a uno de sus hijos con una princesa de la ciudad siria de Mari; Shulgi, a su vez, concertó un matrimonio para su hija con el rey de Anshan, en lo que hoy es Irán.[110] Y siguió el ejemplo de Sargón y Naram-Sin al nombrar a su hija *sacerdotisa-en* de Nanna en Ur.

Mas tarde, a mediados de su reinado, Shulgi empezó a cambiar las cosas. Siguiendo el audaz ejemplo del rey Naram-Sin de Acad, siglo y medio antes que él, decidió que, de hecho, no era sólo un rey, sino un dios, y mandó componer himnos en su honor. Los estudiantes escribas copiaron estos himnos durante siglos como clásicos literarios, lo que aseguró la fama de Shulgi a través de las generaciones posteriores. Incluso insistió en que se le rindiera culto, y su palacio de E-hursag le sirvió de templo[111]. Fue incluso mas allá de lo que Naram.Sin habia ordenado.

Shulgi también reorganizó las ciudades del imperio y estableció un nuevo sistema de recaudación de impuestos, denominado sistema "*bala*". Un gobernador, instalado en una de las veinte provincias de Sumer y Acad, asumía el control de la economía de la zona, en particular de las propiedades de los templos y de los sistemas de irrigación que los regaban. Las provincias pagaban impuestos al rey. Los pagos se hacían en animales, granos y otros alimentos básicos, y la gente debía cumplir obligaciones laborales; en conjunto, se llamaban "*bala*". Cada provincia debía la *bala* durante un mes diferente, para que siguieran entrando bienes a lo largo del año. Sin embargo, no se trataba de un acuerdo unidireccional. Los bienes también se redistribuían a las provincias según las necesidades. En las provincias también había gobernadores militares, nombrados por el rey. Estos hombres supervisaban los campos estatales que se asignaban a los soldados y a algunos otros funcionarios del gobierno como compensación.

Todo el proyecto de administración de este sistema dependía de un ejército de escribas que llevaban registros de cada oveja, cabra, buey y fanega de grano que entraba y salía de los almacenes reales. Gran parte del procesamiento de las mercancías tenía lugar en un centro de redistribución especialmente construido que Shulgi fundó cerca de Nippur. Se llamaba Puzrish-Dagan y fue el origen de muchos de los registros de Ur III.

Las reformas administrativas de Shulgi nos afectan ahora, cuando analizamos la historia del Próximo Oriente, porque los escribas que dirigían este sistema crearon una verdadera avalancha de registros cuneiformes. Hasta ahora se han encontrado unas 100.000 tablillas escritas en el periodo Ur III, y cientos de miles más deben permanecer bajo tierra. Se calcula que en museos y colecciones privadas de todo el mundo se conservan unos 500.000 documentos cuneiformes de todas las épocas de la historia antigua,[112] por lo que aproximadamente una quinta parte de ellos fueron escritos durante la III Dinastía de Ur, la mayoría de los del reinado de Shulgi y los de sus sucesores. Representan sólo unas pocas décadas de los más de 3.000 años que estuvo en uso el cuneiforme. No está claro si esto se debe a que durante el periodo de Ur III se conservaron muchos más registros administrativos que en cualquier otro momento, o si se trata de un accidente de la excavación. Pero la ubicuidad de estos documentos hace que el periodo de Ur III ocupe un lugar destacado en los estudios sobre Mesopotamia. Miles de tablillas pueden consultarse en un sitio web llamado Cuneiform Digital Library Initiative (CDLI).[113] CDLI alberga imágenes, transliteraciones[114] y algunas traducciones de más de 320.000 tablillas cuneiformes, una cifra que no deja de crecer[115].

Las tablillas de Ur III proporcionan una vasta fuente de información para el estudio de muchos aspectos de la vida: Agricultura, ganadería lechera, navegación, comercio, silvicultura, fabricación de cerámica, festivales religiosos, etcétera. En estas tablillas aparecen innumerables nombres. Cada uno de ellos era una persona viva, cuya vida consistía en mucho más que ser una partida en un registro administrativo llevado por el gobernador local o el templo. En este capítulo me he centrado en el sistema legal, la esclavitud y los huérfanos, pero podría haberle llevado a muchos otros lugares de trabajo e instituciones para conocer a muchas otras personas[116].

Curiosamente, aunque el periodo de Ur III está tan extraordinariamente bien documentado, una cuestión fundamental sobre la época sigue sin resolverse: ¿Controlaba el rey toda la economía? Algunos estudiosos consideran que este periodo se caracterizó por un deseo tiránico de control por parte de los reyes, que poseían toda la tierra y todos los talleres, y que sus súbditos cobraban en cebada y funcionaban como poco más que esclavos de una vasta burocracia[117]. Puesto que sólo las grandes instituciones -los templos, el palacio y los hogares de los gobernadores- tenían acceso a la alfabetización, sólo tenemos registros de las actividades que supervisaban.[118] Sin duda, éstas implicaban a gran parte de la población, pero ¿No podría haber habido espacio para un poco de empresa privada? Un estudio sobre el uso de la plata en esta época indica que, además de las grandes instituciones, existía cierto comercio local.[119] Parece ser que la gente tenía acceso a cierta riqueza más allá de sus campos de subsistencia o de su paga mensual, tal vez mediante la venta de verduras de sus huertos, o de telas o cerámicas creadas por ellos mismos. Y algunos individuos, como Geme-Suen, que estaba en condiciones de prestar dos minas de plata a otra mujer, controlaban al parecer una riqueza considerable. Tal vez no todos los rincones de la economía y la sociedad estaban controlados desde arriba. Otros estudiosos sostienen que incluso los registros escritos de las grandes instituciones pueden interpretarse de forma diferente. Es posible que la organización administrativa de Ur III no fuera radicalmente distinta de las anteriores. Es posible que, en sentido estricto, ni siquiera fuera una burocracia.[120] A diferencia de una burocracia clásica, la administración seguía preocupándose por los individuos, permitía que las familias mantuvieran los cargos durante generaciones y dependía de los hogares institucionales locales, como los templos que habían dominado la sociedad y la economía mesopotámicas desde el periodo Uruk.[121] Es cierto que los habitantes del imperio de Ur III estaban sometidos a hogares patriarcales, incluidos los grandes hogares de los templos y palacios, que seguían constituyendo los pilares sociales y económicos básicos de la sociedad mesopotámica. Pero para la mayoría de la gente, su contacto con estas instituciones no iba más allá del nivel de su ciudad o región. Los gobernadores enviaban al rey una parte de los rendimientos de sus haciendas y de las manufacturas de sus súbditos como pago de *bala*, pero el ciudadano medio del imperio tenía poco contacto directo con los supuestamente tiránicos reyes de Ur, o tal vez ni siquiera los conocía

PARTE IV

PRINCIPIOS DEL SEGUNDO MILENIO, 2000-1750 A.C.

CAPÍTULO 8

LOS REYES COMBATIVOS Y SUS MANDOS MILITARES

El viaje de Ur a Nippur seguía el curso del río durante todo el trayecto. Siempre era un viaje lento río arriba porque ir en barco no era más rápido que caminar: Tanto la corriente como el viento iban en contra. Los barcos se podían remolcar río arriba, pero no navegar, por lo que no había ninguna ventaja en cuanto a la velocidad en dirección norte. Desde el dique junto al río, el viajero pasaba por una sucesión continua de campos verdes y palmeras datileras que flanqueaban el camino de tierra, con pueblos y ciudades diseminados por el camino. A veces, los árboles y los edificios abrazaban la carretera sin dejar ver más allá, pero otras veces la vista se extendía hasta abarcar tierras completamente llanas hasta donde alcanzaba la vista, al este y al oeste, y el ancho valle del río apenas cambiaba de altitud en cientos de kilómetros. Las ciudades más grandes se alzaban en el horizonte, en lo alto de altos tells, rodeadas de murallas; las comunidades más pequeñas apenas se elevaban por encima de los campos.

El divino rey Shulgi de Ur había afirmado, en un himno autocomplaciente, haber recorrido esta ruta, de Ur a Nippur (y vuelta, nada menos que en medio de una furiosa tormenta), en un solo día,[1] pero un ser humano normal nunca podría haberlo hecho. Las dos grandes ciudades estaban separadas por unos 195 kilómetros (120 millas), por lo que sólo el viaje de ida habría durado unos ocho días al ritmo habitual de 24 kilómetros (15 millas) al día.

LA CIUDAD DE KISURRA

Unos cinco días después de salir de Ur, quien viajaba hacia el norte por esta ruta llegaba a una ciudad llamada Kisurra. Era un buen lugar para detenerse y descansar durante la noche. Kisurra había sido fundada en el Periodo Dinástico Temprano, y sus ciudadanos llevaban tranquilamente la vida desde entonces. Tenía las características básicas que cabría esperar de una ciudad sumeria: Estaba construida sobre un tell y contaba con un templo al dios local, junto con otros templos más pequeños y santuarios a otros dioses, una muralla y un palacio para el gobernante local. Pero no era un lugar especialmente importante. Había sido eclipsada durante siglos por ciudades sumerias más poderosas: Nippur, hogar del templo de Enlil, rey de los dioses; Uruk, que seguía siendo un lugar impresionante, incluso 1.800 años después de que se convirtiera en ciudad; Girsu, capital del reino de Lagash; y, por supuesto, Ur, que había sido el hogar de la gran Tercera Dinastía y del templo de Nanna donde Enheduana y tantas *sacerdotisa-ens posteriores* habían vivido y trabajado.

Kisurra era mucho más pequeña que estas metrópolis, pues sólo ocupaba unas 20 hectáreas, aproximadamente el tamaño de la terminal de la Grand Central Station de Nueva York. Un hombre que visitó el lugar durante las excavaciones en 1904 proporciona una de las pocas descripciones publicadas del lugar. Kisurra, a pesar de su ordinariez, tuvo una historia bastante tumultuosa, gracias al dudoso honor de estar situada casi directamente en la frontera de dos reinos que dominaron el sur de Mesopotamia durante los siglos XX y XIX a.C.: Isin y Larsa.

ISHBI-ERRA DE ISIN: USURPADOR

Hacia el año 2000 a.C., la dinastía de Ur-Namma en Ur había perdido su dominio sobre Sumer. Varios factores provocaron su declive. Más tarde, los escribas achacaron esta pérdida a la llegada de un nuevo grupo de pueblos, los amorreos, que supuestamente perturbaron la paz, pero los eruditos han descartado esta posibilidad.

El amorreo era una lengua semítica que empezó a extenderse por Mesopotamia en esta época; era la lengua nativa de un grupo de personas que tal vez procedían originalmente del oeste. Pero habían vivido en Mesopotamia mucho antes del final del periodo Ur III y no habían inva-

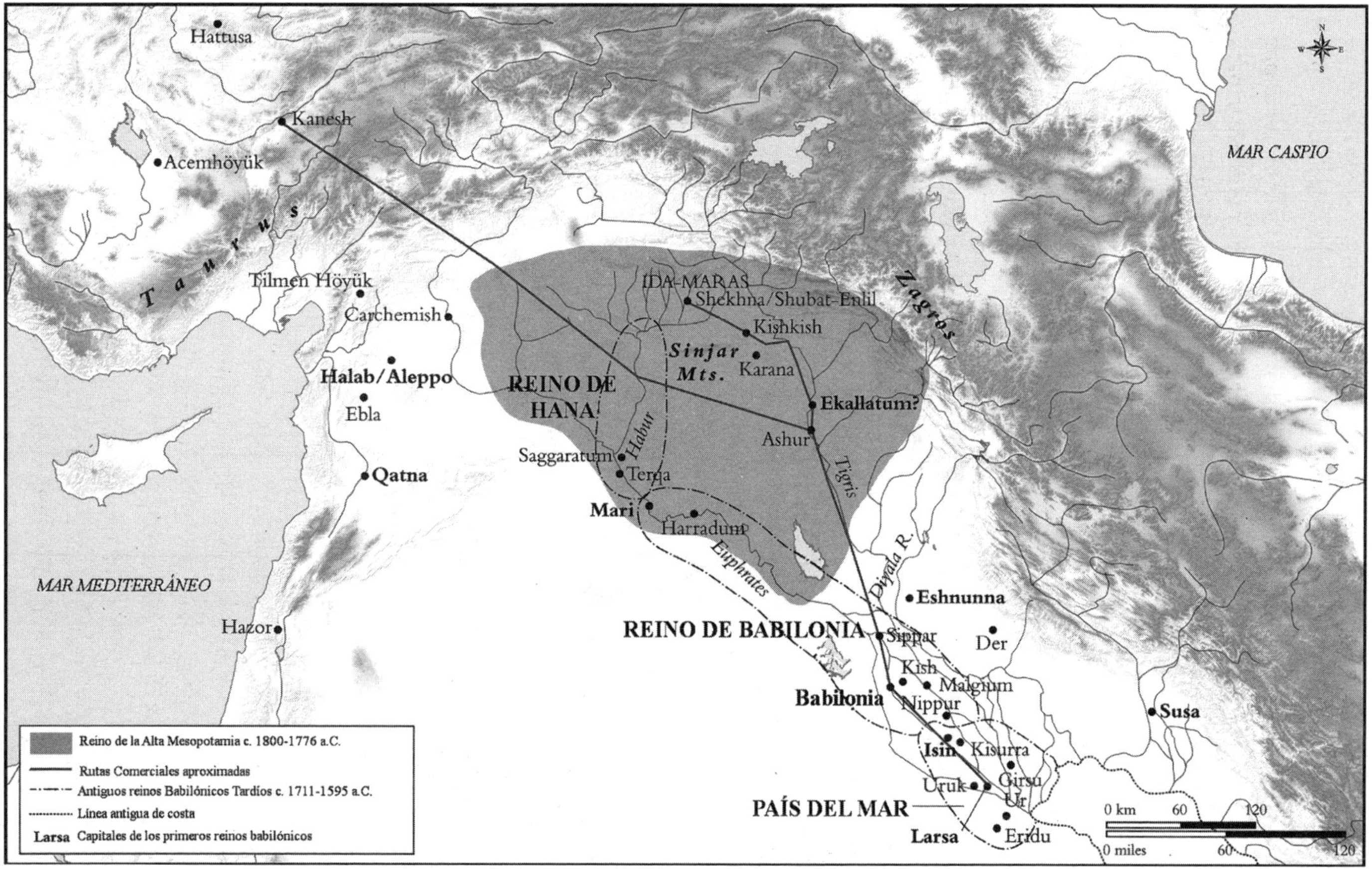

Mapa 2 Mapa de Oriente Próximo de 2000 a 1500 a.C.

dido ni llegado de repente. Un rey de Ur se tomó la molestia de construir una larga muralla entre los ríos Tigris y Éufrates para intentar mantener alejados a los amorreos, pero no funcionó. Los amorreos ya estaban demasiado integrados en la sociedad mesopotámica como para que un muro sirviera de algo. Durante los siglos siguientes, reyes con nombres amorreos y ascendencia amorrea dirigieron muchos reinos mesopotámicos, sobre todo en Babilonia, donde el rey amorreo más destacado se llamaba Hammurabi. Volveremos sobre él más adelante. El reino de Ur III se derrumbó por razones más prosaicas, una de las cuales era que seguía siendo casi imposible mantener unidos, durante mucho tiempo, a grandes grupos de personas que se encontraban dispersos por una amplia zona. Los imperios exitosos y duraderos estaban todavía muy lejos en el futuro.

Por el momento, el gobernante de otra ciudad, vecina de Kisurra, pretendía ser el sucesor de los reyes de Ur III. Esta ciudad era Isin y su nuevo gobernante se llamaba Ishbi-Erra (2017-1985 a.C.). Ishbi-Erra no era miembro de ninguna familia real. Había sido un funcionario al servicio de un rey de Ur, Ibbi-Sin (2028-2004 a.C.), que -gracias en parte a la traición de Ishbi-Erra, pero también a la desintegración del gobierno central- resultó ser el último rey de la Tercera Dinastía de Ur. Ishbi-Erra reclamó el trono para sí y trasladó su capital a Isin, río arriba[3].

Su reinado fue largo, de treinta y tres años, lo que le dio tiempo de sobra para establecer su derecho a ser rey y afianzar el dominio de su reino. Si nos atenemos a sus nombres anuales, Ishbi-Erra siguió el ejemplo de los reyes de Ur III: Destruyó ciudades y conquistó ejércitos, creó mobiliario para los templos, fundó proyectos de irrigación, construyó una nueva muralla y, sin escatimar en sacerdotisas, consagró a ocho mujeres como sacerdotisas de los dioses en las ciudades de su reino.[4] Ishbi-Erra emuló a reyes que se remontaban hasta Sargón al nombrar a estas santas mujeres. Una de ellas, Enbarazi, fue identificada como su hija.[5] (Sólo uno de los años de Ishbi-Erra fue nombrado por el nombramiento de una sacerdotisa; por lo general, los nombramientos de sacerdotes eran menos propensos que los de sacerdotisas a ser conmemorados de esta manera, o tal vez simplemente eran menos comunes).

Ishbi-Erra y los reyes que fueron sus descendientes son conocidos como la Primera Dinastía de Isin; dominaron gran parte de Sumer durante el siglo XX a.C. Hicieron todo lo posible para que pareciera que la dinastía Ur no había terminado. De hecho, siguieron llamándose a sí mismos "Reyes de Ur" durante setenta años.

Pero su reino era más pequeño de lo que había sido el reino de Ur. Como hemos visto, Mesopotamia rara vez se unificaba con éxito, y el colapso de la dinastía de Ur permitió que la tierra volviera a su estado más habitual, con varios estados coexistiendo y luchando y negociando periódicamente entre sí. Cada reino tenía una capital y varios reinos vasallos, cuyos líderes eran considerados "hijos" de su señor y a menudo estaban casados con sus hijas. Estos reinos no sólo se extendían por Mesopotamia y Siria, sino también por el Levante. Algunos documentos cuneiformes hallados en el yacimiento cananeo de la antigua Hazor, en lo que fue (mucho más tarde) la tierra bíblica de Israel, estaban escritos en una lengua y una escritura típicas de este periodo en toda la región[6].

De las regiones que habían pertenecido al reino de Ur, algunas tierras septentrionales se independizaron de Isin[7], al igual que las regiones meridionales de Uruk y Larsa.[8] No obstante, los habitantes de la mayor parte de Sumer no habrían sufrido grandes cambios en sus vidas, y muchos de ellos incluso podrían haber ignorado que la capital se había trasladado de Ur a Isin, o que los nuevos reyes no estaban relacionados con los anteriores. Los textos administrativos hallados en los archivos de los templos demuestran que la nueva administración se preocupaba por cada detalle de los bienes recibidos y fabricados tanto como la anterior; ni siquiera se apreciaba una interrupción en el mantenimiento de los registros.

La lengua del gobierno y la religión siguió siendo el sumerio, aunque los reyes de Isin hablaban acadio como lengua materna. Al igual que los reyes de Ur III habían encargado himnos en su honor, lo mismo hicieron los reyes de Isin, copiando incluso los patrones de los himnos más antiguos. Un rey de Isin que publicó una colección de leyes en los años 30 a.C. emuló a Ur-Namma al componerlas en sumerio.[9] Los reyes de Isin casaron a sus hijas con reyes de Anshan, al igual que Shulgi y otros reyes de Ur III antes que ellos. Durante todo un siglo no parece que los reyes de Isin quisieran presumir de una nueva era, ni siquiera reivindicar la preeminencia de su ciudad.

EL REINO DE LARSA

En la época de la conquista de Ur, el reino de Larsa, al sur de Isin y al este de Uruk, se había convertido en el principal competidor de Isin en Mesopotamia. Es difícil imaginar cómo fue esta época para la gente que la vivió, ya que Larsa empezó a estirar sus músculos, a llamar a las tropas, a poner sus miras en ciudades que llevaban mucho tiempo pagando impuestos primero a Ur y luego a Isin. ¿Se sintieron orgullosos los habitantes de Larsa cuando su rey Gungunum (1932-1906 a.C.) capturó Ur en 1926 a.C. y puso fin a las pretensiones de los reyes de Isin de ser una continuación de la dinastía Ur III? Fue entonces cuando los reyes de Isin dejaron de llamarse a sí mismos "rey de Ur" y pasaron a utilizar regularmente el título de "rey de Isin".[10] ¿Cuál fue la reacción de la gente cuando, unos años más tarde, el siguiente rey de Larsa, Abi-sare (1905-1895 a.C.), afirmó que "derrotó con sus armas al ejército de Isin"?[11] Isin no fue derrotado, pero estaba luchando. El siguiente rey de Larsa, Sumu-El (1894-1866 a.C.), extendió la frontera de su reino hacia el norte, hacia tierras que habían pertenecido durante mucho tiempo a Isin, incluida la pequeña Kisurra[12].

La época comprendida entre 2000 y 1800 a.C. se ha denominado "periodo Isin-Larsa". Los gobernantes de Isin intentaron mantener las viejas tradiciones, pero finalmente no pudieron continuar con la administración relativamente tranquila y ordenada que había caracterizado a la Tercera Dinastía de Ur, ni pudieron conservar el imperio de Ur. Larsa fue reduciendo gradualmente el dominio de Isin hasta convertirse en la mayor potencia, aunque Isin siguió controlando una zona cada vez más reducida en el centro de la región.

En algunas ciudades cercanas a la frontera entre Isin y Larsa, a los habitantes les resultaba difícil saber en qué reino vivían en un momento dado. Kisurra, situada a sólo unos 19 kilómetros (12 millas) de Isin,[13] se encontraba exactamente en esta situación. Los documentos escritos allí muestran que la gente arrendaba campos, pastoreaba ganado, se prestaban plata y cebada, se casaban, adoptaban niños, cultivaban y pagaban impuestos, y muestran que las generaciones de padres e hijos se sucedían de forma ordenada, sin que aparentemente grandes crisis o masacres interrumpieran la vida cotidiana[14]. Pero por década la ciudad rebotó atrás y adelante del control de un reino al otro.

La situación alocada del reino de Kisurra queda bien reflejada en las fechas de los documentos que allí se escribieron. Cada rey que controlaba la ciudad exigía que los contratos y los registros gubernamentales se fecharan con los nombres de los años de su propio reinado. Así, a principios de la década de 1920 a.C., vemos cómo los reyes de Isin son sustituidos por el rey Gungunum de Larsa, que se apodera de Kisurra e impone sus nombres anuales. Sin embargo, a finales de la década, en 1921 a.C., la ciudad volvió a pertenecer al reino de Isin, y los nombres anuales de ese rey sustituyeron a los del rey de Larsa. Durante un breve periodo, Kisurra reivindicó su independencia: cuatro reyes de una dinastía local controlaban el territorio (y los nombres de los años),[15] pero en 1910 a.C. el rey de Larsa volvió a la ciudad. Pasaron doce años más y la ciudad volvió a pertenecer al reino de Isin. Nueve años más y estaba de nuevo en Larsa. Y así sucesivamente durante décadas, en vertiginosa sucesión, hasta 1802 a.C.[16] Durante los periodos en que Kisurra fue independiente, sus reyes emitieron nombres anuales que se utilizaban en todo su pequeño territorio, y la gente juraba con orgullo en nombre del dios local, Ninurta.[17] Pero entonces la ciudad volvía a caer en la órbita de Isin o de Larsa y los kisurranos pagaban sus impuestos a otras tierras y juraban a los dioses de otras ciudades.

Sin embargo, esto es lo extraño. Cabría esperar que hubiera sido una época de guerra y derramamiento de sangre constantes, con batallas interminables, asedios desesperados y heroicidades homéricas en el campo de batalla. Pero las pruebas no lo confirman. Aunque las escaramuzas militares parecen haber sido frecuentes, las ciudades cercanas a la frontera de los dos reinos, e incluso algunas ciudades alejadas de la frontera, parecen haber transferido su lealtad de Isin a Larsa, o viceversa, sin mucho alboroto.

SUMU-EL DE LARSA Y ERRA-IMITTI DE ISIN: GUERRAS FRONTERIZAS

En 1888 a.C., Kisurra estaba bajo el control de Larsa. No lo sabemos por una capa de destrucción que atestigüe una guerra por el control de la ciudad, ni porque el rey de Larsa se jactara de ello, sino simplemente por esos documentos que empiezan a fecharse en el reinado del rey Sumu-El de Larsa.[18] Sumu-El fue un rey que no se arredró a la hora de alardear de sus logros militares -nombró más de la mitad de sus años con victorias contra enemigos-, por lo que resulta extraño que nunca mencionara Kisurra en sus nombres de años ni en las inscripciones reales que se conservan. Sin embargo, Sumu-El luchó por conservar Kisurra. Alrededor de 1868 a.C., veinte años después de que Sumu-El tomara el control, un nuevo y agresivo rey de Isin, Erra-imitti (1868-1861 a.C.), envió tropas a la zona para luchar contra el ejército de Sumu-El desde Larsa, centrándose el conflicto en la región de Kisurra.

Por una vez, es posible contemplar esta lucha desde otro punto de vista que no sea la vista de pájaro que solemos tener: El paisaje aplanado de palabras en los nombres de los años que simplemente nombran las ciudades y si habían sido "destruidas", "golpeadas", "derrotadas" o "tomadas" por el rey conquistador. En su lugar, se han conservado cartas que el rey Sumu-El envió a sus oficiales en medio de las hostilidades, entre 1870 y 1865 a.C. aproximadamente, cuando el resultado de la escaramuza estaba lejos de ser seguro.[19] Tal vez el rey escribía desde su palacio en Larsa, pero es más probable que estuviera situado en algún lugar cerca de la frontera de su reino, dirigiendo él mismo algunas de las fuerzas. Recibía regularmente mensajes de sus oficiales, y parece probable que estuviera relativamente cerca del frente cuando los leía y respondía.

Resulta difícil reconstruir la situación sobre el terreno a partir de las cartas. No hay cronología ni mapa de operaciones, y Sumu-El no fechaba su correspondencia (no era práctica mesopotámica hacerlo), por lo que ni siquiera podemos estar seguros de la secuencia cronológica en la que leerlas. Pero podemos aprender mucho sobre cómo se desarrolló el conflicto.

"¡Importante!", escribió el rey en una carta a los jefes de sus fuerzas de seguridad. "¡Vuestras guardias deben ser estrictas!". Con este lenguaje brusco comenzaba a menudo una carta. Y continuaba: "¿Por qué seguís liberando tropas del servicio con tanta aquiescencia?"[20] Es difícil imaginar por qué los comandantes liberarían a sus fuerzas; desde luego, no era del agrado de Sumu-El. Había recibido información importante que sugería que su enemigo, el rey de Isin, estaba esperando un momento de debilidad para atacar.

Sumu-El continuó: "Ahora mismo, [el rey] Erra-imitti (de Isin) está dando órdenes de marchar sobre (la ciudad de) Shayana. No os equivoqueis, en cuanto vustros números hayan disminuido, se lanzará contra mí y me hará daño". Puedes imaginarte a Sumu-El paseándose de un lado a otro, dictando su carta, intentando averiguar cómo transmitir a sus jefes de seguridad lo grave que podía llegar a ser la situación, pero sólo disponía de una tablilla llevada por un mensajero con la que informarles. Cerró la carta con otra orden abrupta: "¡Importante! No libere a las tropas del servicio".[21]

Shayana no era un lugar importante, pero ahora mismo era la obsesión de Sumu-El. Escribió tres cartas más a los jefes de seguridad al respecto.[22] En una de ellas, queda claro que la ciudad de Shayana había quedado en sus manos. Erra-imitti debió de fracasar en su ataque. Tras la orden habitual de Sumu-El de asegurarse de que "¡Las guardias deben ser estrictas!", hizo tres peticiones sobre Shayana. En primer lugar, sus tropas no debían tocar la cebada que allí se encontraba; en segundo lugar, "la muralla de la ciudad debe estar en buen estado"[23], tal vez como preparación para una amenaza de ataque; y, en tercer lugar, los oficiales debían "tomar un oráculo para Shayana y sus tropas, para todo el mes, y [hacérmelo traer]". Volvió a pedirlo en otra carta. Necesitaba realmente tener el oráculo mensual para Shayana[24]. Los oráculos eran cruciales en tiempos de guerra; revelaban lo que los dioses tenían pensado para los ejércitos. ¿Sería capaz de retener a Shayana? ¿O se impondría Erra-imitti? Más tarde nos enteramos de que, al parecer, Shayana resistió un ataque de las fuerzas de Isin, pero la muralla de la ciudad sufrió daños a causa de un incendio. Los jefes de seguridad tuvieron que enviar constructores para reparar la muralla.[25]

Sorprendentemente, las cartas conservadas no mencionan bajas en ninguno de los bandos. No parece una lucha a muerte por parte de Erra-imitti, ni siquiera un esfuerzo concertado por recuperar territorio. Hay algo más bien displicente en todo ello. Una carta incluso describe el movimiento de las tropas enemigas de Isin como "arrastrándose" hasta la siguiente ciudad después de aprovisionarse.[26]

Tal vez por la lentitud de la acción militar, al rey Sumu-El parece haberle preocupado que sus generales no estuvieran concentrados al cien por cien en mantener a raya al enemigo. Esa frase, "¡Importante! ¡Vuestras guardias deben ser estrictas!" o a veces "¡Importante! No faltéis a vuestros deberes!", evoca la imagen de un hombre deseoso de que se cumplieran sus órdenes, pero poco convencido de que así fuera. Después de todo, lo que realmente quería era que sus jefes militares prestaran atención a lo que tenía que decir, así que añadió esa primera palabra, *apputtum*, que puede traducirse como "¡Importante!" o "¡Es urgente!", para despertarlos cuando se les leyera la carta en voz alta.

Casi todas las cartas se centraban en la orden que Sumu-El quería que sus subordinados cumplieran en ese momento. En algunos casos, había oído rumores de comportamientos de sus agentes de seguridad que no podía entender: ¿Por qué distribuían grano en el campo cuando se necesitaría en la ciudad para un asedio que parecía inevitable? ¿Por qué se peleaban entre ellos? No parece que le importaran mucho las respuestas a estas preguntas; sólo quería que cesara toda esta negligencia.

En otras cartas, sin embargo, sí pedía respuestas, e incluso informes formales por escrito: ¿Cuántas fuerzas mandaban dos generales en particular y por qué no habían sido desplegadas? ¿Qué equipo de combate tenían otros dos hombres? Sin duda, también fluyeron cartas en la otra dirección cuando los oficiales contestaron, pero el archivo del que procedían las cartas no incluía las respuestas.

Sumu-El era un hombre práctico, que a veces tenía que refrenar las ambiciones de sus generales. En un momento dado, varios hombres de alto rango estaban liderando un esfuerzo por construir rápidamente un fuerte para defender el territorio de Larsa, en algún lugar de su frontera. Tenían grandes ambiciones para un edificio de dieciocho acres. Sumu-El les escribió al menos dos veces para intentar convencerles de que redujeran sus planes a la realidad: "Los cuatro acres que os dije serán suficientes. Construidlo "[27], les escribió. Dijo que las murallas podrían estar terminadas en diez días, aumentando cuatro codos al día. Admitió que el fuerte podría agrandarse más adelante: "después ampliémoslo proporcionalmente". ¿Pero ese sueño de dieciocho acres? "Si lo hiciéramos de dieciocho acres, sería demasiado".[28]

Mientras tanto, intentaba tomar decisiones sobre dónde enviar tropas y dónde enviar plata para pagar a los hombres contratados, y se volvía un poco loco cuando la información que necesitaba no llegaba. En una carta describía una gran cantidad de plata que había enviado, y se preguntaba en voz alta qué había pasado con ella: "La primera vez me entregaron veinte minas (libras) de plata. La segunda vez os hice entregar cuarenta minas de plata. La tercera vez, ¡un talento (60 minas)!"[29] Estas 120 minas representaban unos 54 kilogramos (120 libras) de plata -una enorme suma en una tierra sin minerales propios- suficiente para haber pagado a cientos de trabajadores durante años. El rey exigió: "¡Informadme por escrito de toda la plata que hay! Que me traigan una lista".

En ocasiones, los mensajes eran transportados por un hombre llamado Puzur-Numushda.[30] Normalmente, el rey ordenaba: "¡Envíame a Puzur-Numushda!"[31] Pero Puzur-Numushda era más que un mensajero. También recibió cartas de Sumu-El, dirigidas a él junto con un poderoso comandante llamado Beli-ay-annadi, que demuestran que era uno de los hombres encargados directamente de dirigir la campaña, recibiendo órdenes directas del rey. Pero el hecho de que Puzur-Numushda pudiera viajar a cualquier lugar en el que estuviera destinado el rey, y que las cartas pasaran regularmente entre el rey y las ciudades vulnerables de la frontera, sugiere que la guerra entre los reinos estaba localizada y era limitada. De hecho, los enfrentamientos parecen haber consistido en gran medida en asedios, murallas incendiadas y reparaciones de los daños. Es posible que las tropas de ambos reinos también saquearan las ciudades que capturaban, pero, curiosamente, Sumu-El no lo menciona, al menos en las cartas que tenemos. Y, de nuevo a juzgar por las cartas, los daños causados en estas guerras parecen haber sido más a las propiedades que a las personas.

PIHATNI-IPIQ: ALTO FUNCIONARIO DE SUMU-EL

Un oficial de alto rango en quien Sumu-El parece haber confiado se llamaba Pihatni-ipiq. No conocemos su título pero juzgando sus responsabilidades podría haber sido un gobernador provincial[32]. En un momento dado, durante las campañas en curso cerca de la frontera, los jefes de seguridad (esos comandantes anónimos a los que Sumu-El escribía a menudo) comunicaron que necesitaban muchas más tropas, por lo que el rey envió su petición a Pihatni-ipiq. El rey Sumu-El no dudó de que cumpliría su promesa; aseguró a los jefes de seguridad que Pihatni-ipiq "os enviará mil soldados".[33] Sólo podemos adivinar lo que esto debió de suponer. ¿Tendría Pihatni-ipiq que redistribuir tropas de una región a otra? ¿O tuvo que llamar a hombres que no estaban de servicio y se dedicaban a la agricultura? ¿Cómo elegía a los enviados? ¿Quién redactó la directiva? ¿Dónde se reunieron? ¿Qué distancia recorrieron las tropas? ¿Cuánto tiempo se tardó en organizarlo? Todos esos detalles se omiten en la escueta nota del rey. Sólo sabemos que el rey se lo pidió y que Pihatni-ipiq le ayudó.

Sólo se conserva una carta de Pihatni-ipiq al rey Sumu-El, que revela más cosas sobre su relación. Pihatni-ipiq fue sorprendentemente franco. En primer lugar, aseguró al rey que "la ciudad está bien y los guardias también".[34] No sabemos dónde vivía, pero el rey sabía a qué ciudad se refería. De este modo, tranquilizaba al rey, respondiendo a la constante exigencia de que "¡tus guardias deben ser fuertes!"[35].

En realidad, esta carta no tiene nada que ver con los movimientos de tropas ni con la amenaza del rey Erra-imitti de Isin. En su lugar, Pihatni-ipiq escribió acerca de hacer el mejor uso posible de los trabajadores agrícolas que estaban disponibles para la época de la cosecha, a fin de que no se perdieran las cosechas. La cosecha tenía lugar en abril y mayo, justo cuando el río alcanzaba su nivel más alto y amenazaba con desbordarse. Siempre fue un reto para los administradores hacer el mejor uso de los jornaleros de la corvea y los trabajadores asalariados disponibles, asignando unos a la cosecha y otros al control de las inundaciones.[36] Llama la atención que Pihatni-ipiq escribiera al rey como "tu". La mayoría de los funcionarios, no sólo en Larsa sino también en otros reinos, se referían al rey como "mi señor" en sus cartas y evitaban utilizar la segunda persona.[37] Al rey no parece haberle importado; Pihatni-ipiq era lo suficientemente cercano a él como para que esta familiaridad no le ofendiera.

El comandante Beli-ay-annadi había recibido muchas cartas de cierto temor de Sumu-El en las que le instaba a que "¡Las guardias deben ser estrictas!", pero también recibió una carta de su colega Pihatni-ipiq sobre un tema mucho más prosaico: Una cantidad de cebada para alimentar a los animales. Había que engordar al ganado vacuno y ovino para la Gran Fiesta que se avecinaba. En este caso se menciona a los soldados, pero sólo en el contexto de un propósito civil: Debían ser asignados para "escoltar a los cebadores" de las vacas y ovejas cuando fueran enviados a Pihatni-ipiq.[38] La carta muestra que, incluso en tiempos de guerra, no todos los días se dedicaban a la construcción de fortalezas y a concentración de tropas y la lectura de oráculos para prepararse para los ataques de Isin. Las fiestas religiosas que marcaban el paso del año seguían celebrándose en el reino de Larsa, y Pihatni-ipiq también participaba en ellas.

A lo largo de su reinado, Sumu-El parece haber conseguido hacerse con el control de la ciudad de Kisurra y luego perderla, y luego recuperarla, y luego volver a perderla, varias veces. En una ocasión, perdió Kisurra no ante Isin, sino ante el rey de Babilonia, al que volveremos. En otra ocasión, después de que un lugareño de Kisurra llamado Manna-balti-El reclamara el trono y emitiera sus propios nombres anuales, Sumu-El volvió a someter Kisurra al dominio de Larsa y Manna-balti-El se convirtió en su vasallo. Estos dos reyes consolidaron su relación con el matrimonio de la hija de Sumu-El, Shat-Sin, con el príncipe heredero de Kisurra. La princesa Shat-Sin hizo tallar un sello cilíndrico para reflejar su nuevo estatus. Su inscripción revela sus complicados vínculos: era "Shat-Sin, hija de Sumu-El (rey de Larsa), nuera de Manna-balti-El (vasallo de Sumu-El y rey de Kisurra), esposa de Ibni-Shadu (príncipe heredero de Kisurra)."[39] Tras su traslado al palacio de Kisurra, la princesa Shat-Sin mantuvo sin duda una correspondencia regular con su padre, informándole de la política de la corte de su suegro y, más tarde, de la de su marido cuando éste se convirtió en rey. Durante las breves excavaciones de Kisurra se encontró una carta escrita por ella. La carta no está dirigida a su padre, sino que se dirige a uno de los altos funcionarios de la ciudad para pedirle que lleve un buey a un lugar determinado cuando su padre, Sumu-El, estaba enfermo. Shat-Sin era una astilla de la vieja escuela. Su tono en esta carta era tan autoritario como el de su padre en su correspondencia (aunque se abstuvo de decirle al funcionario que sus guardias debían ser estrictos).[40]

El resultado final de las batallas con Erra-imitti no fue una buena noticia para Sumu-El. Larsa perdió el control de Kisurra, y de la mucho más importante ciudad de Nippur.[41] En ese momento parecía que Isin estaba ganando fuerza; su aparente declive no era un hecho.

EL REINADO DE SUMU-EL

Se sabe mucho más sobre Sumu-El, aparte de sus cartas desde el campo de batalla. Había llegado al poder en 1894 a.C., como séptimo rey de Larsa. Habían pasado treinta y dos años desde que su predecesor, el rey Gungunum, tomara el control de Ur y pusiera fin a la era en la que Isin podía presumir de ser el hogar de los "reyes de Ur". Larsa, en lugar de Isin, se consideraba ahora la legítima heredera de Ur[42].

Muchos de los reyes de Isin y Larsa dejaron poco tras de sí. De algunos no queda ni una sola inscripción real, ni siquiera algo tan simple como un sello cilíndrico perteneciente a un servidor del rey. Es el caso de los tres primeros reyes de Larsa.[43] No conocemos sus nombres anuales; es posible que no publicaran ninguno. En el caso de los dos primeros, ni siquiera está claro que fueran "reyes de Larsa", ya que podrían haber estado sometidos a Ur o Isin.[44] Sus nombres aparecen en las listas de reyes de los libros modernos con un aspecto tan sólido como el de cualquier otro, pero un poco de búsqueda revela que no hay casi nada detrás de esos nombres. Eran personas reales, por supuesto, con funcionarios y familias, enemigos e intrigas, crisis diplomáticas y orgullosos logros, pero no sabemos nada de ellos.

Sumu-El es diferente. Además de sus vívidas cartas, fue el autor de dos inscripciones reales conocidas, siete inscripciones que lo mencionan en sellos cilíndricos y otros objetos pertenecientes a sirvientes,[45] treinta y un nombres de años,[46] y muchos documentos administrativos escritos durante su reinado (aunque, por desgracia, no se conserva ninguna imagen suya). Todos ellos atestiguan sus agresivos esfuerzos por expandir el reino de Larsa y socavar el poder de Isin.

Como hemos visto, Sumu-El se enorgullecía de sus victorias militares y se esforzaba por darlas a conocer a todo el mundo en sus nombres anuales e inscripciones. Pero, curiosamente, ninguno de los detalles de sus cartas se menciona en los anuarios del periodo final de su reinado, cuando estaba inmerso en la lucha por la frontera con Isin. No se jactaba de haber capturado Kisurra en 1875 a.C., ni de haber frustrado los intentos de Erra-imitti de asediar sus ciudades, ni de haber conseguido que su hija se casara con el príncipe heredero de Kisurra. En cambio, a lo largo del periodo que abarcan las cartas, se limitó a repetir más o menos el mismo año-nombre una y otra vez. Su vigésimo quinto año en el poder, 1872 a.C. (que fue dos años antes de que Erra-imitti llegara al trono en Isin), se llamó "El año: Enshakiag-Nanna, la *sacerdotisa-en* de (el dios) Nanna, fue instalada"[47]. Con una sorprendente falta de ampulosidad, 1871 se convirtió en "El año después de que la *sacerdotisa-en* de Nanna fuera instalada". En 1870, Erra-imitti subió al trono en Isin, presumiblemente comenzando sus amenazas sobre Larsa, pero Sumu-El mantuvo su silencio sobre tales asuntos en su reino. Fue "El segundo año después de la instalación de la *sacerdotisa-en* de Nanna". Esto continuó hasta el final de su reinado, hasta "El sexto año después de que la *sacerdotisa-en de Nanna fuera instalada*". Quizás estaba especialmente orgulloso del nombramiento de la sacerdotisa Enshakiag-Nanna. Ella era, después de todo, sucesora de Enheduana, con el mismo cargo en Ur (aunque más de 400 años después), y la presencia de Enshakiag-Nanna allí cimentaba la pretensión de Sumu-El de ser el rey de Ur, el sucesor de los reyes divinos de la Tercera Dinastía. Por otra parte, es posible que repitiera una y otra vez variaciones del mismo año-nombre porque las cosas en su reino no iban tan bien como podrían haber ido y no se le ocurrió nada mejor que conmemorar. Al fin y al cabo, Erra-imitti fue capaz de recuperar las tierras fronterizas para Isin durante esos años.

No disponemos de las cartas de Erra-imitti de Isin para conocer su versión de la historia del conflicto con el rey de Larsa, pero probablemente consideraba a Sumu-El como el instigador de las hostilidades, y no al revés. Sin embargo, tenemos sus nombres de años, y en 1865, dos años antes de la muerte de Sumu-El en Larsa, se jactaba con orgullo de que era "El Año: Erra-imitti, el rey, se apoderó de Kisurra". Otra versión del nombre del año decía que "destruyó Kisurra".[48] No se trataba de un alarde vacío; efectivamente, los nombres de los años en las tablillas de Kisurra volvieron a cambiar después del vigésimo octavo año de Sumu-El. Volvían a estar fechados en los años del rey de Isin. Pobre Kisurra, si Erra-imitti realmente "destruyó" la ciudad, o incluso parte de ella, sus habitantes debían de estar muy cansados de ser arrastrados como la cuerda en un tira y afloja entre dos reinos ambiciosos.

SUMU-LA-EL DE BABILONIA: EL COMIENZO DE UNA DINASTÍA

A lo largo del siglo XX a.C., la parte central de Mesopotamia había estado dividida en ciudades-estado que, como Kisurra, unas veces eran independientes y otras estaban sometidas a potencias mayores. Una de estas ciudades, relativamente poco conocida, se llamaba Babilonia. No está claro si Babilonia fue independiente o estuvo sometida a Isin durante la mayor parte del periodo Isin-Larsa; no hay ningún documento de allí del primer siglo de esa era.[49] La cercana ciudad de Kish fue brevemente independiente y sus reyes publicaron inscripciones reales, por lo que Babilonia también podría haber sido independiente, al menos durante un tiempo.

La cambiante situación política en Mesopotamia central empezó a cambiar durante la misma década en que Sumu-El de Larsa escribía sus cartas y elaboraba estrategias para limitar los daños infligidos por Erra-imitti de Isin. Un nuevo rey había ocupado el trono de Babilonia y empezaba a hacerse notar. Este hombre tenía un nombre confusamente similar al de su contemporáneo de Larsa: era Sumu-la-El (1880-1845 a.C.). Fundó una dinastía amorrea que duró casi 300 años y situó a Babilonia en el mapa como centro de poder e influencia. (Su rey más famoso, Hammurabi, gobernó un siglo después de Sumu-la-El).

De hecho, fue Sumu-la-El de Babilonia, y no el rey de Isin, quien en su tercer año en el trono (1878 a.C.) se hizo con el control de la ciudad-estado de Kisurra. El rey de Larsa la recuperó en sólo tres años (sólo para perderla a manos del gobierno local y más tarde de Erra-imitti de Isin), pero esto fue un anticipo de lo que estaba por venir. Babilonia se estaba convirtiendo en una presencia significativa en la región.

El nombre de Sumu-la-El aparece en documentos de Sippar a principios de su reinado. Sippar estaba a dos días de viaje al norte de Babilonia y había sido el hogar de una dinastía local independiente. Conocemos a los reyes locales sobre todo por sus nombres, que aparecen en los juramentos de los contratos; la gente que tenía que hacer un juramento solía hacerlo en nombre del dios y rey local. La implicación de Babilonia en los asuntos de Sippar aparece cuando se empieza a jurar en nombre de Sumu-la-El y del rey local de Sippar. Este rey local se había convertido presumiblemente en vasallo de Babilonia. En el decimotercer año de su reinado, el nombre de Sumu-la-El aparecía solo.[50] Babilonia había tomado el control directo de Sippar; el vasallo había desaparecido. En su decimonoveno año, Sumu-la-El de Babilonia había conquistado la cercana ciudad de Kish, seguida al año siguiente por Kizallu, que probablemente se encontraba al sur (no se ha encontrado su ubicación).

Al igual que su contemporáneo, Sumu-El de Larsa, muchos de los nombres de los años de Sumu-la-El están llenos de alardes militares, presumiendo de las ciudades que conquistó. Pero el nombre de su vigésimo segundo año en el trono es sorprendentemente diferente. Fue "el año en que hizo para Marduk un magnífico trono estrado adornado con palta y oro" [51]. En capítulos posteriores de este libro oiremos hablar mucho del dios Marduk, dios de la ciudad de Babilonia, que acabó convirtiéndose en uno de los dioses mesopotámicos más grandes y poderosos. Esta parece ser la primera referencia a él por parte de un rey babilonio.

ENLIL-BANI DE ISIN: UN JARDINERO SE CONVIERTE EN REY

En 1863 a.C., el rey Sumu-El de Larsa llevaba tres años muerto. Larsa crecía en poder e importancia bajo su sucesor. El rey Sumu-la-El de Babilonia se encontraba en su decimoséptimo año y se afanaba en ampliar las fronteras de su propio reino. Mientras tanto, la hasta entonces dominante Isin se enfrentaba a una derrota tras otra. Y entonces algo notable sucedió allí. O mejor dicho, *pudo* haber sucedido. Sólo conocemos este episodio por una crónica muy posterior, pero los nombres son correctos, así que tal vez tuvo lugar realmente.

Al parecer, se produjo un eclipse de luna que aterrorizó a todos los que lo presenciaron. Los mesopotámicos no tenían forma de saber que se había producido el eclipse porque la Tierra pasaba entre la Luna y el Sol y proyectaba su sombra sobre la Luna. A los ojos de los mesopotámicos, la cara brillante y tranquilizadora de la luna pareció ser gradualmente engullida por la oscuridad y fue sustituida por una sombra roja y redonda en el cielo. Los adivinos creían que señalaba la muerte del rey.

Erra-imitti actuó en su propio interés, y puede que haya sido el primer rey en idear una solución ante la amenaza de su muerte inminente. En cualquier caso, es el primero que conocemos que lo hizo (hubo otros que siguieron su ejemplo en siglos posteriores). Según la crónica posterior, "Erra-imitti, el rey, instaló a Enlil-bani, el jardinero, como rey sustituto en su trono. Le puso la real diadema en su cabeza"[52]. El plan consistía en que este jardinero, Enlil-bani, haría las veces de rey en lugar de Erra-imitti -viviendo en la corte, atendido por sirvientes- y que los dioses podrían seguir adelante y cumplir su amenaza de matar al rey, pero elegirían al rey-jardinero en lugar del verdadero rey, Erra-imitti. En caso de que los dioses no cumplieran su orden, el verdadero rey mataría al rey sustituto, tras lo cual Erra-imitti volvería a ocupar el trono, cumpliéndose así la profecía. Al menos esto es lo que ocurrió en siglos posteriores, cuando se instaló un rey sustituto para cumplir, y burlar, una profecía de muerte del rey.

Pero los dioses parecen haber sido más sabios de lo que Erra-imitti esperaba. En su lugar, "Erra-imitti [murió] en su palacio al sorber un caldo caliente. Enlil-bani, que ocupaba el trono, no lo abandonó (y) así fue soberano".[53] ¿Realidad o fábula? Parece un cuento de hadas y, sin embargo, es muy posible que sucediera. No existe ningún registro de la época sobre este suceso extraordinario, sólo algunos escritos mucho más tarde. Sin embargo, no se conservan muchos registros reales de esta época, por lo que es posible que simplemente se haya perdido. Es poco probable que Enlil-bani se jactara en una inscripción real de esta extraña forma de llegar al poder. Después de todo, ser jardinero no era una preparación normal para el trono.

Así que tal vez el verdadero rey sí murió, como habían predicho los dioses con el eclipse lunar. Uno puede imaginarse a Erra-imitti sorbiendo su caldo caliente y cayendo de repente al suelo. ¿Murió ahogado, o de un ataque al corazón, o tal vez envenenado? Llegados a este punto, el jardinero Enlil-bani, que había sido colocado en el trono por mera conveniencia para preservar al rey, podría haber argumentado justificadamente que los dioses habían querido que gobernara él. ¿Qué posibilidades había? Allí estaba, dispuesto a renunciar a su vida por los dioses y el reino, y de pronto quedó claro que, después de todo, él era la elección de los dioses. Se habían dado cuenta de la treta de Erra-imitti y lo habían matado de todos modos.

Al final, Enlil-bani (1860-1837 a.C.) dejó muchas más pruebas de su reinado que el malogrado Erra-imitti. Encargó la impresión de una inscripción en los ladrillos de un edificio que construyó en Isin. Empezaba así: "Enlil-bani, pastor que todo lo hace abundante para Nippur, agricultor (que cultiva) grano alto para Ur "[54], lo que parece un ligero guiño a sus humildes orígenes agrícolas. Pero también se atribuía poderes religiosos. Él "purifica el mes (verdades cósmicas) de (la ciudad de) Eridu", y era el "*en-sacerdote* favorito de Uruk". En este punto llegó a sus títulos: "rey de Isin, rey de la tierra de Sumer y Acad", título este último que se daba a los reyes que pretendían controlar toda Mesopotamia. Él era su legítimo sucesor. Nótese que, a diferencia de la mayoría de los reyes, no nombró a su padre. ¿Por qué iba a hacerlo? Su padre no había sido de la realeza. En cambio, enfatizó que él era el "esposo elegido por el corazón de la diosa Inana". Y, como Erra-imitti y los demás reyes de Isin antes que él, Enlil-bani añadió el símbolo divino delante de su nombre. A pesar de su humilde comienzo en la vida, afirmaba que él mismo era un dios, un esposo apropiado para la diosa Inana.

Puede que sus contemporáneos tuvieran dudas al principio, pero Enlil-bani parece haber sido un rey de éxito. Desde el principio, liberó a sus súbditos de Isin del pago de impuestos y del servicio como trabajadores[55]. El rey anterior, Erra-imitti, probablemente tenía hijos que normalmente habrían tenido más derecho a gobernar que Enlil-bani. Ante esto, Enlil-bani necesitaba el apoyo popular. ¿Qué mejor manera de conseguirlo que anular los impuestos y los derechos laborales corvea? Pero ésta no parece haber sido una elección del todo cínica. Año tras año, el rey accidental intentaba hacerse querer por su pueblo, por ejemplo haciendo excavar canales que ampliaran las tierras agrícolas del reino.[56] También prodigó atención y riqueza a los dioses, proporcionándoles tronos, estrados, estatuas de oro y cobre, nuevos templos y sacerdotes y sacerdotisas para servirles.

A diferencia de sus predecesores y contemporáneos de otros estados, en las doce inscripciones reales y los veinticuatro nombres anuales que se conservan de Enlil-bani no se menciona el ataque a otras ciudades. Incluso en un poema escrito para alabarle, el autor destaca la bondad y la amabilidad del rey más que sus proezas o su temibilidad. Sí, "tus tropas triunfan sobre las tropas hostiles" (aunque no se mencionan victorias concretas), pero los líderes extranjeros no temblaron de miedo, sino que "todos los soberanos se alían contigo y tú calmas sus disputas".[57] El generoso ex jardinero no "mató a transgresores" y sus "gobernantes no sufrieron heridas".

Además de construir templos, Enlil-bani hizo que sus obreros e ingenieros reconstruyeran la muralla que rodeaba Isin y construyeran un palacio.[58] Hizo un regalo especial a la diosa Ninlil instalando dos estatuas de cobre en su templo, 117 años después de que las hubiera fabricado por primera vez un rey anterior. No está claro dónde habían estado languideciendo mientras tanto, pero Ninlil finalmente se benefició de su presencia. A cambio, la inscripción del rey recoge que Ninlil "hizo que el dios Enlil (su marido) alargara la vida de Enlil-bani".[59]

La fama de Enlil-bani en las generaciones posteriores siguió el mismo camino que la de Shulgi. El himno escrito en su alabanza se convirtió en una parte estándar del currículo escolar. Los escribas lo copiaron durante generaciones a medida que aprendían a escribir y a aprender sumerio, un resultado nada malo para un hombre que estaba destinado a ser ejecutado en lugar del verdadero rey. Al final, *fue* el verdadero rey.

Sería apropiado concluir esta sección con un final de fábula, para contarles que el humilde rey jardinero fue capaz de cambiar el destino de su reino, y que Isin se renovó bajo su sabio gobierno. Pero no fue así. En 1837 a.C., cuando Enlil-bani murió, Isin era poco más que una ciudad-estado, eclipsada por la presencia dominante de Larsa.

Sin embargo, a lo largo del declive del reino, los reyes de Isin mantuvieron una sensación de grandeza. Continuaron presentandose a si mismos como diosesm algo que solo reclamaron dos de los reyes de Larsa[60].A finales del reinado del penúltimo rey de Isin, Sin-magir (1827-1817 a.C.), alguien en la corte real decidió añadir los nombres de los reyes de Isin a la lista de reyes sumerios que había estado en circulación al menos desde el reinado del rey Shulgi de Ur, más de 200 años antes[61]. Al añadir su dinastía al final de esta lista, Sin-magir pretendía ser el sucesor divinamente ordenado de todos los grandes reyes y dinastías del pasado, incluidos Sargón y los subsiguientes reyes de Acad, Ur-Namma y sus sucesores reyes de Ur. Como era de esperar, no se menciona a Larsa.

Pero cinco años antes de la muerte de Sin-magir, un joven rival llamado Rim-Sin había ocupado el trono en Larsa, y veintiocho años después, Rim-Sin conquistó finalmente Isin, poniendo fin a la dinastía. Pero el futuro de Mesopotamia no pertenecía a Larsa. Un joven contemporáneo de Rim-Sin, Hammurabi de Babilonia, estaba a punto de situar su ciudad en el mapa, donde permanecería para siempre.

CAPÍTULO 9
COMERCIANTES Y FAMILIAS

En algún momento del periodo Isin-Larsa, un escriba escribió un itinerario, enumerando cuidadosamente en una tablilla de arcilla todas las paradas de una ruta terrestre que se extendía hacia el norte y el oeste desde Larsa hasta Siria.[1] La tablilla incluye setenta topónimos, cada uno de los cuales representa el punto final de una jornada de viaje de unos 24 a 29 kilómetros. Muchos de los lugares no se conocen a través de ninguna otra fuente fuera de esta lista -debieron de ser nombres de pequeñas aldeas o incluso posadas a lo largo del camino-, pero otros eran ciudades importantes. Esta tablilla nos da una idea de cómo se viajaba en aquella época, y sabemos que la gente viajaba mucho, muchos de ellos probablemente por esta misma ruta.

El itinerario menciona un ejército y parece ser el registro, o tal vez un plan, del desplazamiento de un grupo de soldados a través de Mesopotamia y Siria. No está claro por qué viajaban tan lejos; tal vez iban como refuerzos para apoyar a un aliado en la guerra, o tal vez funcionaban como guardia armada, acompañando los regalos de lujo enviados por un rey a otro.

Sin embargo, los soldados no eran los únicos que utilizaban la ruta, ni mucho menos. Aunque no recorrieran todo el trayecto, muchas personas habrían necesitado tomar este camino, como mensajeros, mercaderes, artesanos ambulantes, personas que visitaban a parientes lejanos y funcionarios del gobierno.

UN VIAJE AL NORTE DE LARSA

Un grupo de viajeros que siguiera el itinerario habría viajado hacia el norte desde Larsa, bordeando la ruta del Éufrates (véase el mapa 2).

Pasarían junto a palmeras, largos campos rectangulares flanqueados por canales y aldeas con casas de adobe.

Los viajeros llegaron a Babilonia tras siete días de viaje. Incluso en los tiempos en que los reyes de Larsa y Babilonia eran hostiles entre sí, la gente probablemente tuvo pocas dificultades para entrar en la ciudad enemiga. Babilonia tenía una muralla y un palacio, y a los visitantes no les habría parecido tan diferente de las otras ciudades que habían pasado por el camino.

Un enviado que transportara una carta del rey Sumu-El de Larsa al rey Sumu-la-El de Babilonia habría terminado aquí su viaje. El resto del itinerario hacia Siria habría sido irrelevante para él. Entregó su carta al rey y podría haber regresado a Larsa con una respuesta para su propio rey, posiblemente en el plazo de dos semanas, especialmente si tomó un barco río abajo, lo que podría haber acelerado el viaje de regreso.

Leemos que los soldados sobre los que se escribió el itinerario permanecieron en Babilonia once días y luego siguieron adelante.[2] No estaban solos; muchos viajeros necesitaban ir más lejos. Entre ellos destacaban los tejedores y comerciantes de tejidos. Las mejores telas se fabricaban en el sur -eso lo sabía todo el mundo- y las telas del sur eran cada vez más valiosas cuanto más lejos de casa se vendían. Los tejedores de Larsa podían conseguir un buen precio si vendían su mercancía a las caravanas comerciales que seguían más allá de Babilonia y se dirigían a la ciudad de Ashur. Las caravanas del sur llevaban regularmente tejidos a Ashur, donde se esperaba con ansiedad su llegada[3].

Así pues, los comerciantes del sur habrían continuado desde Babilonia hasta Sippar, adonde llegaron dos días más tarde. Era tanta la gente que tomaba este camino que a lo largo del trayecto había posadas donde se podía encontrar cama y comida. En otras regiones, y probablemente también en Sippar, estas posadas ofrecían incluso lugares donde guardar objetos de valor. Sippar era una gran ciudad, hogar del dios del sol Shamash, y probablemente ofrecía varios tipos de alojamiento. Al igual que en Babilonia, los soldados que seguían el itinerario permanecieron en Sippar más tiempo del que cabría esperar: Diez días en esta ocasión. No se nos dice qué hacían allí, pero está claro que no tenían prisa por llegar a su destino final.

El siguiente tramo del itinerario dejaba atrás las orillas del Éufrates y llevaba a los soldados (y a nuestra caravana comercial que transportaba tejidos del sur) hacia el norte por la ruta de un ancho canal que fluía del

Tigris al Éufrates, y luego de nuevo hacia el norte por el río Tigris hacia la ciudad de Ashur. Los soldados de Larsa volvieron a detenerse otros diez días no lejos de Sippar, en un lugar llamado Apil-Sin, donde "se ciñeron", tal vez antes de adentrarse en territorio hostil. Si no se hubieran detenido, el viaje de Sippar a Ashur habría durado once días; al parecer, los viajeros que siguieron el itinerario continuaron manteniendo el agotador ritmo de unos 24-29 kilómetros diarios.

LA CIUDAD DE ASHUR

Los visitantes que se acercaban por la carretera desde el sur quizá no se percataran de la elevación que marcaba el acceso a Ashur, pero habrían visto la muralla curva de la ciudad desde bastante lejos. Cuando se fundó Ashur, hacia el 2500 a.C., sus primeros habitantes se dieron cuenta de que el emplazamiento triangular sería relativamente fácil de defender. Sólo necesitaba un tramo de muralla, ya que dos brazos del río Tigris confluían aquí y habían cortado altos escarpes en la roca. La ciudad se alzaba 40 metros por encima del río, que le proporcionaba un foso natural y escarpados acantilados en dos de sus tres lados.

En esta época, principios del segundo milenio a.C., Ashur se extendía sobre unas 40 hectáreas y contaba con una población de apenas 5.000-8.000 habitantes. Mil años más tarde, se convertiría en una gran ciudad, el corazón religioso del inmenso Imperio neoasirio, pero nadie habría imaginado su futura gloria en la época en que llegó allí nuestra caravana textil procedente de Larsa. Un comerciante larsano que visitara Ashur por primera vez no habría quedado impresionado por su tamaño, pero habría notado algunas diferencias notables con las ciudades del sur que conocía. En primer lugar, estaba el dialecto local. Aunque alguien que hablara la versión del acadio del sur de Mesopotamia podría entender el dialecto de Ashur, los dos eran distintos, incluso cuando se escribían. Los asirios (como se denomina tradicionalmente a los habitantes de Ashur) también utilizaban nombres de meses para su calendario diferentes de los de sus vecinos del sur, y sus artistas crearon sellos cilíndricos distintos.

Incluso la propia ciudad habría resultado un poco extraña para alguien de Larsa. Para empezar, la ciudadela sobre la que estaba construida era natural y rocosa, en lugar de ser el resultado únicamente de la acumulación de escombros humanos, como ocurría en los tells del sur. Además, su pueblo tenía un dios de la ciudad poco común. Ashur (que compartía nombre con su ciudad, un fenómeno también poco común) no era un dios cósmico, pero parece que estaba encarnado de algún modo en la superficie rocosa bajo el templo.[4] En el punto más alto de la ciudad, con vistas al río, se alzaba el imponente templo del dios Ashur. Habría sido inconcebible para los asirios construir un templo a Ashur en otro lugar que no fuera éste: Era allí donde Ashur estaba físicamente presente. El templo era grande, medía 108 metros (354 pies) por 54 metros (177 pies), con un patio central, y aunque fue reconstruido y restaurado con frecuencia, su plano físico permaneció casi inalterado hasta el siglo VII a.C.[5].

El gobierno de Ashur era muy diferente al de sus vecinos del sur. Aunque la ciudad-estado tenía un gobernante hereditario, estos hombres no usaban el título de "rey". Cada uno era un "gobernador" (*ensi*) que servía al dios Ashur (aunque de todos modos nos referimos a ellos como reyes). A los ojos de los asirios, el dios mismo estaba al mando. En la práctica, sin embargo, gran parte del poder en Ashur lo ostentaba una Asamblea de la Ciudad. Era esta asamblea, y no el rey, la que tomaba las decisiones y también podía servir de tribunal[6].

Aunque los campos alrededor de Ashur no eran especialmente productivos, la ciudad floreció. Tenía una ventaja singular: Ashur estaba situada en un cruce de varias calzadas tradicionales. Se podría pensar que esto habría inspirado a los reyes de allí a imponer altos impuestos a cualquier comerciante que pasara por la ciudad, y así aumentar la fortuna de su ciudad. Pero uno de los primeros reyes tomó una decisión muy diferente. Erishum I de Ashur, que gobernó entre 1974 y 1935 a.C. (todo un siglo antes de que Sumu-El gobernara en Larsa), proclamó que en Ashur no se impondría impuesto alguno sobre los bienes comerciados, incluidos metales como el oro, la plata, el cobre y el estaño, e incluso sobre productos básicos como la cebada y la lana.[7] El comercio debía ser libre. ¿Proclamó Erishum esta decisión porque preveía que sería una bendición para su estado? ¿O lo hizo por razones más pragmáticas que resolvían algún problema de la época del que no sabemos nada? Sea como fuere, resultó ser una sabia elección.

Lo que ocurrió fue que los mercaderes interesados en comprar o vender metales y textiles de toda la región parecen haber gravitado hacia Ashur, donde no debían pagar impuestos por las transacciones. Los empresarios asirios compraban estos bienes -especialmente estaño y lapislázuli del este, y textiles del sur (y de las empresas tejedoras de la propia Ashur)- y encontraban la forma de venderlos en mercados lejanos que los necesitaban o los querían. El mercado que resultó más rentable para Ashur estaba muy al oeste, en Anatolia.

Nuestra caravana textil de Larsa podría haber recibido allí no sólo una oferta por sus telas, sino ofertas competitivas de varias firmas comerciales. Por supuesto, en Ashur también se tejían telas de lana, pero los tejidos locales se consideraban menos valiosos que los del sur.

La mayoría de los dirigentes de Ashur, incluidos los miembros de la asamblea de la ciudad y varios altos funcionarios, eran comerciantes. Durante 200 años, de 1970 a 1770 a.C., el corazón y el alma de Ashur, su economía, su *razón de ser*, residieron en sus mercaderes y sus lejanas actividades comerciales. No es de extrañar que los mercaderes tuvieran tanto poder y que los reyes asirios fueran relativamente débiles.

Cada año, uno de los mercaderes que vivían en Ashur (aunque muchos de ellos no vivían allí, como se verá) era elegido para ser el principal funcionario de la ciudad durante ese año, el *limmum*. La elección de quién asumiría este papel no parece haberse basado en su sabiduría o habilidad, ni siquiera en su interés por el trabajo; en su lugar, el *limmum* era elegido por sorteo.[8] Este hombre se convertía en el responsable de recaudar impuestos, hacer préstamos y convencer a la gente de que pagara sus deudas. Vivía en un edificio público durante un año, asistido por otros funcionarios.

Es emblemático de la diferencia entre Ashur y los reinos meridionales contemporáneos el hecho de que los reyes de Ashur no dieran a los años el nombre de sus grandes logros, como hacían los reyes en el sur. En su lugar, cada uno de los años llevaba el nombre del oficial lim*mum* que servía ese año. Puede que cada hombre fuera elegido por casualidad, pero su servicio le confería una especie de inmortalidad: Su nombre seguía utilizándose durante décadas para referirse a los acontecimientos del año en que prestó sus servicios *como limmum.* (Aunque las mujeres participaban en actividades comerciales y trabajaban para empresas mercantiles, los *limmums* eran todos hombres). Y ahora, miles de años después, los historiadores siguen utilizando estos nombres para comprender la secuencia de acontecimientos de la época, aunque las vidas y logros de cada uno de los hombres se hayan perdido en gran parte para nosotros.

En 2001 se encontró una lista maestra de 145 de los nombres *del limmum*, inscrita en una tablilla cuneiforme, y otras listas que se han encontrado pueden compilarse para proporcionar una secuencia de los nombres de los años *limmum* desde 1972 hasta 1718 a.C. En la antigüedad, estas listas ayudaban a los escribas a seguir la secuencia de los años y a calcular cuánto tiempo había transcurrido entre, por ejemplo, el año de Iphurum, hijo de Ili-elliti, y el año de Shu-Ishtar, hijo de Ikunum (no confundir con Shu-Ishtar, hijo de Shukutum, que había ejercido de *limmum* dos años antes). Ahora los historiadores consideran que las listas son cruciales para la reconstrucción de la cronología de lo que se denomina el periodo asirio antiguo, que fue contemporáneo del periodo Isin-Larsa en el sur.

Sabemos mucho sobre Ashur en esta época; es una de las mejor documentadas de toda la historia de Mesopotamia. Sin embargo, curiosamente, esto no se debe a los hallazgos en la propia ciudad de Ashur. Allí se ha encontrado un número ínfimo de inscripciones reales y sólo veinticuatro tablillas de arcilla.[9] Si todo lo que tuviéramos como prueba del estado de Ashur a principios del segundo milenio fueran los documentos que salieron de la tierra en la capital, podríamos pensar que Ashur no era muy diferente de los reinos del sur. En concreto, no sabríamos nada de sus notables actividades comerciales. En sus inscripciones, sus reyes se jactaban de muchas cosas. Se preocupaban especialmente de hacer constar su piedad al construir y reconstruir templos para los dioses.

Uno de los primeros reyes de Ashur parece haber afirmado haber conquistado tierras en el sur. Se trata del rey Ilu-shuma, que gobernó a principios del siglo XX a.C., y se jactaba de haber "establecido la libertad de los acadios (mesopotámicos del sur) y de sus hijos. Purifiqué su cobre. Establecí su libertad, desde los pantanos y Ur y Nippur, Awal, y Kismar, Der del dios Ishtaran, hasta la ciudad (Ashur)".[10] Es una forma extraña de describir una conquista, sin embargo, y la mayoría de las ciudades nombradas claramente no cayeron bajo el dominio real de Ashur. Es posible, en cambio, que Ashur tuviera éxito en su intento de obtener privilegios comerciales con estas regiones, incluso antes de que Erishum I, hijo de Ilu-shuma, aboliera los impuestos sobre los artículos comercializados.

LA CIUDAD DE KANESH: CENTRO COMERCIAL DE ANATOLIA

La razón por la que sabemos tanto sobre Ashur, incluso a falta de muchas pruebas escritas de la propia ciudad, es que se han excavado nada menos que 22.460 documentos escritos por mercaderes de Ashur a cientos de kilómetros de la ciudad, en un lugar llamado Kanesh, ahora llamado Kültepe, en el centro de Anatolia, no muy lejos de la moderna ciudad turca de Kayseri[11]. Resulta que la ciudad de Kanesh era el centro de las actividades comerciales de los mercaderes de Ashur, el lugar donde los mercaderes (que dirigían la Asamblea de la Ciudad y ejercían de *limmums)* creaban su riqueza, y un lugar donde vivían y trabajaban muchos hombres de Ashur. Las excavaciones realizadas allí han demostrado que Kanesh estaba habitada por anatolios locales, en su mayor parte, mientras que los asirios vivían en una comunidad, a menudo denominada colonia, en las afueras de la ciudad.

Los documentos de Kanesh son asombrosos. Proporcionan detalles sobre toda clase de pormenores complejos e ingeniosos del comercio en los siglos XX y XIX a.C. Incluso nos dicen cómo se gobernaba Ashur: Gracias a los textos de Kanesh, y no a nada de la propia Ashur, conocemos la Asamblea de la Ciudad, el nombramiento anual del *limmum* y las funciones de otros funcionarios. Y, sobre todo, las tablillas nos hablan de la gente que vivía en Ashur y Kanesh, de sus intereses y preocupaciones.

Toda la empresa comercial se basaba en el hecho de que los habitantes de Kanesh querían adquirir estaño y tejidos, y los de Ashur, plata y oro. Los asirios satisfacían esta necesidad llevando estaño y textiles a Anatolia, y vendiéndolos (con un fuerte sobreprecio) a cambio de plata y oro, que luego llevaban de vuelta a Ashur.

¿Cómo descubrieron los asirios un mercado sin explotar a cientos de kilómetros de casa? No lo sabemos; en la época en que se escribieron los textos que se conservan, el sistema comercial ya estaba completamente establecido. Pero sí sabemos que los asirios no estaban solos; Siria albergaba una red competidora de mercaderes que también comerciaban con Anatolia. Según una carta hallada en Kanesh, mercaderes de la ciudad siria de Ebla se presentaron allí en un momento dado, interesados en comerciar con cobre. También se han encontrado impresiones de sellos de reyes sirios y de una princesa siria en un palacio anatolio de un lugar llamado Acemhöyük. Incluso los babilonios parecen haber participado en el comercio a larga distancia. Un funcionario babilonio llamado Lagamal-gamil utilizó su sello personal en una puerta sellada en el yacimiento anatolio de Tilmen Höyük. Probablemente estaba allí para comerciar con madera, plata o vino.[12] A diferencia de lo que ocurre en Kanesh, no disponemos de miles de documentos que registren estas otras redes comerciales, pero esto no significa que tales documentos no existan bajo tierra en algún lugar. El hecho de que se haya investigado tanto sobre el comercio asirio da la impresión de que los asirios monopolizaban de algún modo el comercio a larga distancia en esta época, pero es casi seguro que no es cierto. Los mercaderes asirios proporcionan un estudio de caso de un fenómeno que puede haber sido generalizado. En esta época, el comercio ya no estaba monopolizado por los grandes templos y palacios, y las empresas mercantiles privadas se aprovecharon de ello.

Textiles y estaño en una dirección, plata y oro en la otra: Ése era el núcleo de la operación asiria, y estos productos mantenían una empresa con la que las familias podían hacerse muy ricas. Pero hay algo extraño: A los anatolios que se hicieron con los tejidos mesopotámicos no les faltaba lana; podían fabricar y fabricaban sus propios tejidos en telares locales.[13] Simplemente, parece que apreciaban especialmente los tejidos mesopotámicos (y sobre todo los que no procedían de Ashur, sino de ciudades del sur como Larsa). Parece que, a ojos de los habitantes de Kanesh, los mesopotámicos hacían mejores telas que ellos. Tal vez eran más finas, o más cálidas (buenas para los inviernos de Anatolia), o de colores más vivos, o tenían más dibujos o bordados que las telas locales. No tenemos forma de saberlo, porque no ha sobrevivido ni una pizca. Todo lo que tenemos son las palabras acadias para los distintos tipos de tejidos, que no nos traen ninguna imagen a la mente.

¿Y el estaño? Todo el mundo necesitaba estaño. Desde la invención del bronce, el estaño era una necesidad, no un lujo. Pero no se originó en Ashur. El estaño que se utilizaba en todo Oriente Próximo en esta época parece que se extraía en lo que hoy es Uzbekistán, a la asombrosa distancia de unos 2.700 kilómetros de Ashur.[14] No sabemos casi nada del viaje que lo llevó hasta Ashur: Quién lo extrajo, quién lo refinó, quién lo transportó a través de Irán y hasta Mesopotamia (aunque sí sabemos que, al igual que ocurrió con los textiles del sur, no fueron los asirios quienes lo hicieron: Mercaderes extranjeros trajeron la mercancía). Sin duda, sus mecanismos comerciales eran tan complejos como los que conocemos de los asirios que les compraban el estaño y lo trasladaban más al oeste. Cada vez que cambiaba de manos, el estaño se encarecía más y más. En Ashur, con un siclo de plata se compraban catorce siclos de estaño. Cuando llegó a Anatolia, el precio se había duplicado; con un siclo de plata se compraban sólo siete siclos de estaño[15].

Cuando los asirios volvían a casa con plata de Anatolia, en cierto modo no traían una mercancía, sino dinero contante y sonante. En aquella época, la plata constituía la base de la economía mesopotámica, a pesar de que cada siclo tenía que ser importado. A veces se pagaba a la gente por su trabajo en plata, se hacían préstamos en plata, se compraban casas en plata. Los asirios que la traían de Anatolia podían invertirla inmediatamente en sus negocios, comprando más estaño y textiles para el siguiente viaje.

El oro, curiosamente, no era un medio de cambio como la plata. De hecho, estaba terminantemente prohibido vender oro a personas ajenas a la comunidad; la Asamblea de la Ciudad había establecido una prohibición legal al respecto: "Los asirios pueden vender oro entre ellos, pero, de acuerdo con las palabras de la estela, ningún asirio dará oro a un acadio, amorreo o subareo. Quien lo haga, no quedará vivo".[16] Sin embargo, era muy apreciado para joyería y era incluso más valioso y raro que la plata.

Kanesh se ha excavado de forma sistemática desde 1948. Se trata de un yacimiento realmente enorme, uno de los mayores montículos de ocupación de Turquía. No sólo el tell en sí tiene 550 metros de diámetro y 20 metros de altura, sino que los suburbios se extendían también alrededor de la ciudad.[17] A veces, una ciudad antigua adquiere más importancia ahora de la que realmente tenía en la antigüedad sólo porque ha sido excavada (y sobre todo si se han encontrado documentos en ella), pero ésta no es la situación de Kanesh. En la antigüedad era muy conocida e importante porque estaba situada en un lugar estratégico de la meseta de Anatolia; al igual que Ashur, se beneficiaba de estar en una encrucijada de rutas transitadas durante siglos. Una era una ruta norte-sur, que subía desde el Mediterráneo en Cilicia, otra era una ruta este-oeste y la última era una ruta sudeste-oeste.[18] Los habitantes de Kanesh sufrían inviernos fríos y nevados y veranos calurosos. Pero las precipitaciones medias de la región, de dieciséis pulgadas repartidas a lo largo del año, permitían a los agricultores cultivar sus cosechas sin necesidad de canales de irrigación, y no parece que tuvieran escasez de alimentos.

Kanesh, al igual que otras ciudades-estado de Anatolia de la época, estaba gobernada por una pareja real, el rey y la reina ostentaban el poder juntos, aunque el rey solía llevar la voz cantante y los hombres dominaban los cargos oficiales que apoyaban a la administración.[19] Su palacio en el tell comandaba el corazón de su ciudad. En el siglo XX a.C., el palacio parece haber sido circular, lo que resulta extraño, ya que los edificios rectangulares habían sido durante mucho tiempo la norma en Anatolia.[20] La ciudad también albergaba templos a los dioses locales y grandes distritos residenciales. Los habitantes de Kanesh no pensaban que vivían en un remanso o en un lugar periférico respecto a sus vecinos de Mesopotamia. Aunque los asirios desempeñaban un papel importante en el comercio de la región, las conexiones más importantes para los habitantes de Kanesh eran con los estados vecinos, cada uno de ellos con capital en una gran ciudad.[21] Como casi todos los pueblos antiguos, probablemente creían vivir en el centro del universo. La suya era una cultura urbana y sofisticada, y (como en otras partes de Próximo Oriente) las ciudades-estado de Anatolia parecen haberse enfrentado con frecuencia entre sí.[22] Los asirios estaban en Kanesh para comerciar, no por una feliz casualidad, sino porque, si se quería conseguir plata, era el lugar adecuado. Cuando era necesario, los mercaderes hacían frente a las interrupciones causadas por guerras o golpes de estado locales, escribiéndose cartas para advertirse mutuamente de posibles dificultades.

Una curiosidad sobre la cultura de Anatolia en este periodo es que toda su administración, toda su construcción, toda su comunicación, todo lo que hicieron, parece haberse logrado sin el uso de un sistema de escritura. Hasta la llegada de los asirios, que garabatearon en cuneiforme y llenaron la ciudad de miles de tablillas de arcilla, los yacimientos de la antigua Anatolia permanecieron en silencio, desprovistos de textos. Sin embargo, es posible que los anatolios tuvieran su propia escritura, un sistema de jeroglíficos (bien conocido en Anatolia para épocas posteriores), pero que en este periodo sólo escribieran sobre materiales orgánicos.[23] Estos documentos se habrían desintegrado. Aunque las pruebas son limitadas, esto ayudaría a explicar cómo los funcionarios anatolios podían gestionar las complejidades administrativas a las que se enfrentaban los gobiernos de la zona.

Las tablillas cuneiformes de los asirios no se encontraron en el palacio de Kanesh, ni en otros edificios públicos, ni tampoco en el tell. Se encontraron en casas particulares de los suburbios al noroeste de la ciudad principal. Allí se habían asentado los asirios, que vivían entre los anatolios locales en una zona de viviendas densas, sin parques ni espacios abiertos. Llamaban a esta zona el "*karum*" o centro comercial. Las carreteras principales del *karum* corrían paralelas, eran anchas y estaban pavimentadas, con desagües construidos bajo el pavimento para evitar inundaciones. De las calles principales partían pequeños caminos de tierra que conducían a bloques de casas o a las puertas de las casas. La ciudad debía de estar abarrotada y ser ruidosa, como las ciudades mesopotámicas de la misma época, aunque el aspecto de las calles era diferente, con casas de piedra y madera en lugar de adobe.

Los arqueólogos encontraron al menos setenta archivos en las casas del *karum*, cada uno de los cuales representaba las actividades comerciales de una familia de mercaderes asirios entre 1970 y 1835 a.C. aproximadamente. Los documentos solían encontrarse en el almacén de una casa, donde se guardaban en cajas, jarras o cestas, o en estanterías. Los mercaderes conservaban los registros en tablillas de arcilla durante un tiempo sorprendentemente largo, y no sólo los contratos, los informes comerciales y los expedientes judiciales que pudieran necesitar una referencia posterior, sino también las cartas entre familiares. Algunas familias archivaban sólo unos pocos documentos, otras guardaban cientos. Gracias a ellos, conocemos los nombres de los mercaderes y los de sus parientes y empleados, y sabemos de sus empresas comerciales, sus problemas, sus ganancias y pérdidas, sus tensiones familiares y sus alegrías. Por desgracia, de la mayoría de los comerciantes no sabemos exactamente qué archivo procede de qué casa. Curiosamente, cuando los archivos pueden vincularse a casas concretas, no necesariamente se correlacionan con una familia. Una misma casa puede contener los archivos de varios mercaderes. Esto parece deberse a que a los mercaderes no les gustaba dejar sus archivos u otros objetos de valor en sus propias casas cuando se ausentaban; en su lugar, los archivos podían confiarse a otra persona en su ausencia, y ahí es donde se encontraron, todos estos siglos después.[24]

ASHUR-IDI, ASHUR-NADA Y SUS PARIENTES: UNA FAMILIA DE COMERCIANTES

En una de las casas vivía un hombre llamado Ashur-nada, hijo de Ashur-idi. Se han publicado ciento setenta y seis documentos relacionados con él y su familia, por lo que sabemos mucho sobre ellos.[25] Lamentablemente, ninguno de sus documentos se descubrió durante las excavaciones oficiales; se vendieron en el mercado de antigüedades a principios del siglo XX, antes de que comenzaran las excavaciones, y se encuentran dispersos en museos de todo el mundo. Ashur-nada es uno de los pocos personajes del Próximo Oriente antiguo (aparte de los reyes) del que se conservan suficientes pruebas como para que se haya escrito un libro entero sobre él y su mundo; su autor es el historiador Mogens Trolle Larsen.[26]

Ashur-nada podría haber vivido en casi cualquiera de las casas conocidas del *karum*. Sin embargo, podemos adivinar el aspecto que tendría su hogar, ya que muchas de las casas tenían una estructura similar (véase la Fig. 9.1).[27]

Se accedía a ella desde la calle bajando unos escalones. Esto se debía a que el nivel de la calle subía con el tiempo (por el barro y los desperdicios que se acumulaban en ella), mientras que el suelo de la casa se barría con regularidad y su nivel permanecía invariable. Un pequeño vestíbulo conducía a una gran sala de estar principal, que a menudo también hacía las veces de cocina. Disponía de un horno, un hogar y recipientes para almacenar el grano, además de piedras de moler y morteros. En invierno, el calor del horno era muy apreciado por la familia que se reunía allí. Las casas del *karum se* construían una junto a otra, a menudo compartiendo paredes, lo que también habría aislado las habitaciones del frío en invierno y del calor en verano. Una segunda habitación en la planta baja servía de almacén. Algunas de estas habitaciones estaban muy construidas y aseguradas, probablemente para que los mercaderes pudieran guardar los tejidos y el estaño que planeaban vender, o la plata y el oro que enviaban a casa, y aquí es donde también se habrían guardado los archivos de Ashur-nada. Algunas casas tenían una tercera habitación en la planta baja, y muchas contaban con una escalera bien construida de peldaños de madera, que presumiblemente conducía a un segundo piso. En algunos hogares vivían hasta nueve o diez personas juntas, por lo que probablemente dormían en varias habitaciones diferentes de ambos pisos.

Ashur-nada era el representante en Anatolia de la empresa de su familia, dirigida por su padre, Ashur-idi, que vivía en Ashur. Ashur-idi escribía cartas regularmente a su hijo mayor, Ashur-nada, y a sus otros dos hijos.[28] Los tres hermanos participaban en el negocio y todos vivían la mayor parte del tiempo en Anatolia, lejos de su tierra natal.

El patriarca de la familia Ashur-idi no era un hombre tranquilo. Tenía mucho entre manos. El éxito de la empresa familiar dependía en última instancia de él. Mucha gente, no sólo sus hijos y sus familias, dependían de él para que todo funcionara bien. Es curioso que, aunque Ashur-idi debió de pensar en las actividades de la empresa familiar en Anatolia todos los días de su vida adulta, no hay pruebas de que llegara a viajar allí.[29] Tal vez esto contribuyera a su nerviosismo; la única forma que tenía de ponerse

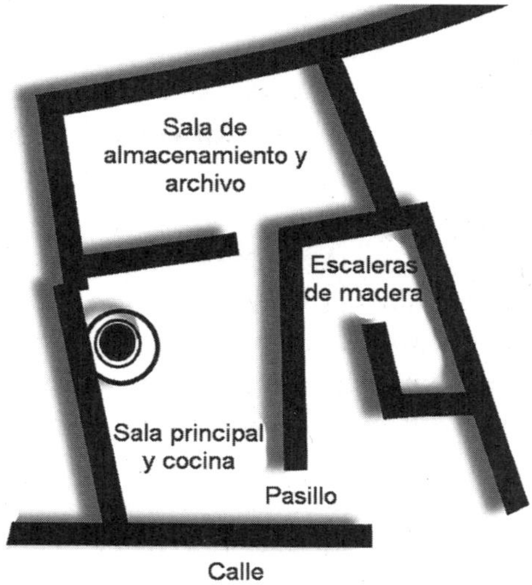

Fig. 9.1 Plano simplificado de una casa utilizada por un mercader asirio en el karum de Kanesh, siglo XX a.C.. (basado en Hertel 2014, 38, Fig. 9)

en contacto con sus hijos en Kanesh era por carta, y su único medio de persuadirles para que hicieran lo que les pedía para su negocio comercial común era la vehemencia de su lenguaje.

Debo señalar aquí que, por desgracia para los historiadores, los mercaderes de Ashur tendían a utilizar los mismos nombres personales una y otra vez a la hora de nombrar a sus hijos. Hubo, por ejemplo, al menos veinticinco hombres diferentes llamados Ashur-idi (cada uno de ellos nombrando a un hombre diferente como su padre) entre la comunidad mercantil asiria, y veintidós hombres llamados Ashur-nada.[30] Esto significa que una referencia aleatoria a Ashur-nada que no lo identifique por el nombre de su padre podría referirse al mercader que nos interesa, o podría ser una referencia a cualquiera de los otros veintiún hombres; a menudo es casi imposible saber a qué hombre se refiere.[31] Sólo cuando se nombra a su padre podemos estar seguros de que se trata del hombre correcto.

En cuanto a la familia de Ashur-nada en Ashur, se desconoce el nombre de su madre. Ashur-idi siguió casado con esta mujer, madre de sus tres hijos, pero sólo se refirieron a ella en cartas como "nuestra madre". Aunque no se conservan imágenes de Ashur o Kanesh, una placa de terracota mesopotámica de un hombre y una mujer proporciona una pista sobre el ideal de la vida conyugal. La pareja se rodea con los brazos y parece afectuosa. Incluso en un matrimonio concertado, los mesopotámicos esperaban que el marido y la mujer se cogieran cariño. Dicho esto, uno se imagina que la esposa de Ashur-idi debió de necesitar reservas de paciencia para hacer frente a las emociones siempre en ebullición de su marido.

La mayoría de las esposas de los mercaderes asirios participaban en el negocio familiar, y probablemente también era el caso de la mujer de Ashur-idi. Estas mujeres vivían en Asiria, nunca viajaban a Anatolia con sus maridos (si es que sus maridos viajaban), pero mantenían correspondencia con ellos regularmente. Las mujeres se encargaban de tejer telas no sólo para el hogar, sino también para venderlas en el comercio a larga distancia. Recibían una paga por los tejidos que fabricaban, dinero que podían conservar. Sin embargo, a veces no podían satisfacer la demanda de los hombres de la familia. Una mujer escribió a su marido: "En cuanto a los tejidos sobre los que me escribiste en los siguientes términos: 'son (demasiado) pequeños, no son buenos'; ¿No fue a petición tuya que reduje el tamaño? Y ahora me escribes (de nuevo), diciendo: 'procesa media mina (de lana) más en tus tejidos'. Pues bien, lo he hecho"[32]. Se percibe la exasperación de esta mujer ante las cambiantes peticiones.

Tras haber criado a sus tres hijos hasta la edad adulta (junto con sus hijas, posiblemente, aunque no se mencionan), la esposa de Ashur-idi se comprometió entonces a criar a tres o más de sus nietos, a saber, el hijo y las hijas de Ashur-nada que vivían en Ashur. Los abuelos los acogieron presumiblemente tras la muerte de su madre.[33] Quizá Ashur-nada quería que aprendieran sobre el negocio familiar, o quizá simplemente no podía llevarlos a Kanesh para que estuvieran con él hasta que fueran mayores.

Sin embargo, los niños no parecen haber sido felices en Ashur. Algo les llevó al límite y acabaron renunciando a sus abuelos en Ashur y marchándose a Anatolia para estar con su padre. Ashur-idi escribió a su hijo Ashur-nada al respecto, al final de una carta bastante rutinaria sobre el estaño y los tejidos. Escribió: "He criado a tu hijo, pero me ha dicho: 'Tú no eres mi padre'. Se levantó y se fue. También he criado a tus hijas, pero me han dicho: 'Tú no eres nuestro padre'. Tres días después se levantaron y se fueron contigo". Es curioso que el volátil Ashur-idi describiera esto con tanta calma, ocultando lo que debió de ser una grave crisis familiar. Incluso terminó la carta con un "así que dime lo que piensas"[34].

Este breve pasaje deja muchas preguntas sin respuesta. Los niños debían de ser al menos adolescentes en ese momento. ¿Qué provocó su partida? ¿Cómo llegaron a Anatolia? ¿Qué hizo Ashur-nada cuando se enteró de esto? ¿Se enfadó? ¿Se compadeció? No lo sabemos, pero sí sabemos que los niños necesitaban un préstamo para cubrir sus gastos tras abandonar la casa de sus abuelos, y probablemente también para pagar su viaje a Anatolia.

Por suerte, Ashur-nada tenía un amigo en Ashur que decidió ayudar a los niños a encontrar un préstamo para mantenerse. Pero no iba a pagar el coste él mismo; eso era responsabilidad de su padre. Este amigo escribió a Ashur-nada, antes de que los niños llegaran a Kanesh. El amigo escribió que él y otro hombre "han pedido prestadas 30 minas de cobre en una empresa mercantil, al tipo (de interés) de 10 shekels por mina (mensual), y tu hijo y tus hijas lo han gastado... Por favor, ocúpate de enviar la plata y los intereses acumulados para que podamos pagar íntegramente al mercader". Se trataba de mucho cobre. Una mina equivalía aproximadamente a una libra, o 450 gramos, por lo que los amigos habían pedido prestados (y los niños habían gastado) unos 13,5 kilogramos de cobre. Pero los niños necesitaban más: "Enviad también plata para que vuestros hijos no se mueran de hambre".[35]

En cualquier caso -dramas familiares aparte-, como los jefes de todas las familias de mercaderes asirios, Ashur-idi dedicaba gran parte de su tiempo a acumular tejidos y estaño para enviarlos a Kanesh. Para comprar las mercancías, necesitaba constantemente la plata generada por las mercancías ya vendidas, y necesitaba que fuera enviada de vuelta a Ashur lo antes posible y que no fuera acaparada por los miembros de su familia en Anatolia.

La empresa mercantil de Ashur-idi no era especialmente grande ni rica. Les iba bien la mayor parte del tiempo, pero en muchas de las cartas de Ashur-idi se percibe una nota de pánico, como si toda la empresa pudiera derrumbarse en cualquier momento. En un momento dado, las cosas se pusieron tan mal que le dijo a Ashur-nada y a uno de sus hermanos que debían tomar la drástica medida de vender la mayor parte de sus bienes en Kanesh: "Por favor", escribió, "el mismo día que oigáis esta carta, debéis poner en venta las casas, vuestras dos esclavas y vuestras dos moledoras, ¡y enviarme la plata!". No se trataba de que Ashur-idi se pusiera dramático (aunque ciertamente podía ser culpable de ello); se daba cuenta de que esta venta abrupta dejaría a sus hijos sin ningún lugar donde vivir. Y continuó: "Entonces debéis alquilar una casa e instalaros allí". Pero no había terminado con su apelación. Se repitió a sí mismo: "¡Por favor, por favor, prestad atención a las palabras de la carta! Véndelo todo". No estaba de más señalar que los dioses castigarían a los hombres si desobedecían: "Si no lo vendéis (todo) -como urgen las palabras de los dioses- ¡pereceréis!"[36] Ashur-idi tenía acreedores e inversores a los que debía pagar, y cada momento perdido le acercaba más a la bancarrota.

Por supuesto, su carta habría tardado semanas en llegar a Kanesh, e incluso si Ashur-nada y su hermano hicieron lo que su padre les pidió y vendieron sus casas y esclavos el mismo día que recibieron el mensaje, la plata que esto generó no habría llegado a Ashur hasta meses después de que Ashur-idi enviara la carta. Uno tiene la sensación de que los hijos probablemente no obedecieron la orden, y que Ashur-idi, a pesar de sus protestas, de hecho sobrevivió financieramente y continuó comerciando. Incluso hay un Ashur-idi, descrito como hijo de Shuli, que ejerció de *limmum en* una época en la que nuestro Ashur-idi sería bastante mayor. No podemos estar seguros de que fueran el mismo hombre, pero hay varios indicios de que podrían haberlo sido. Resulta bastante alentador pensar en él administrando la ciudad de Ashur durante un año en su vejez, una figura eminente en la comunidad, aunque quizás la gente con la que trabajaba podría no haber estado muy contenta con la situación, si su temperamento no había cambiado.

La logística del comercio entre Ashur y Kanesh se conoce bien. Una vez que un mercader como Ashur-idi había reunido un cargamento del tamaño adecuado, tenía que unirse, o crear, una caravana para transportarlo. Para ello, los asnos adiestrados eran esenciales. Los asnos eran, en realidad, el quinto elemento principal del comercio. Se compraban en Ashur y a menudo se vendían, junto con el estaño y los tejidos, una vez que la caravana llegaba a Kanesh. Un asno costaba unos 16 ó 17 siclos de plata y, además, había que equiparlo con los arreos para el viaje, como albardas y mantas, que costaban otros 2 o 3 siclos, por lo que los asnos eran grandes inversiones. Afortunadamente, si llegaban a Anatolia (y no todos lo hacían), allí valían más y podían venderse con beneficio. Algunos eran simplemente conservados por los mercaderes para futuras misiones comerciales dentro de Anatolia.

Cada asno macho podía transportar aproximadamente 75 kilogramos de mercancía.[37] Se prefería a los machos porque eran más fuertes que las hembras, y los mercaderes necesitaban contratar a hombres para conducir los asnos, con no más de dos asnos asignados a cada conductor. A medida que la caravana crecía, con más mercaderes que se unían a ella, debió de haber mucha actividad en las calles de Ashur. El estaño se metía en alforjas, que se colgaban sobre una manta y una silla de montar para que descansaran a cada lado del asno. Los textiles se enrollaban y se colocaban en los lomos de los burros. En una sola caravana podían participar hasta 300 asnos, con otros tantos hombres acompañándolos.[38] Las cartas en sobres de arcilla se confiaban a los hombres que hacían el viaje, con instrucciones claras sobre a quién debían entregarse. Es de suponer que otras personas, como los hijos de Ashur-nada, se unieron a la caravana simplemente porque necesitaban llegar a Anatolia. Todos los que iban viajaban a pie, pues los asnos eran demasiado valiosos como animales de carga para llevar jinetes.

Ashur-idi rara vez aportaba más de dos asnos a una caravana. Sus cartas a menudo hacen referencia a un cargamento de dos talentos y diez minas de estaño, junto con entre 4 y 75 tejidos.[39] Cuando no se enviaba estaño, la contribución de Ashur-idi a la caravana solía oscilar entre 11 y 72 tejidos; un solo asno podía transportar entre 20 y 30 de ellos. En una ocasión consiguió reunir 144 tejidos, pero era una cantidad notable para él.

Una vez reunida la caravana, los mercaderes y los asnos salían de la ciudad en una larga procesión, y podían viajar hacia el oeste por uno de varios caminos, todos los cuales parecen haber evitado pasar por el territorio comercial rival de los reinos sirios occidentales. Se ha investigado mucho para identificar las rutas exactas que seguían, pero no podemos estar completamente seguros de cómo iban. Los mercaderes visitaban *los karums* de las ciudades situadas a lo largo de la ruta, en el noroeste de Siria, y luego toda la caravana se adentraba en los montes Tauro, atravesando pasos muy transitados. Las posadas del camino proporcionaban forraje a los burros, pero la sensación general que se tiene es que los mercaderes no dedicaban mucho tiempo a preocuparse por el bienestar de los asnos y que éstos no estaban especialmente bien cuidados. Cuando uno moría o se escapaba, era posible comprar uno nuevo en la siguiente ciudad, o alquilar uno para un tramo del viaje. La llegada de mercaderes a una ciudad no era una sorpresa: A lo largo de toda la ruta, los lugareños esperaban las visitas regulares de las caravanas y debieron de encontrar muchas maneras de sacar provecho de las necesidades de los mercaderes. Probablemente, los asnos eran fáciles de conseguir.

Resulta intrigante preguntarse qué lenguas utilizaron los asirios una vez fuera de las regiones de habla acadia del norte de Mesopotamia. En

Kanesh se hablaban varias lenguas locales, sobre todo la lengua indoeuropea hitita (a la que volveremos más adelante)[40], pero también algunas otras lenguas indoeuropeas y una lengua local conocida como hattic. Es casi seguro que los mercaderes que vivían y comerciaban habitualmente en Kanesh eran al menos bilingües y se sentían cómodos hablando hitita cuando estaban allí, pero ¿hablaban también hurrita, para utilizarlo cuando viajaban por el norte de Siria? ¿Contrataban traductores? ¿Aprendió la población local a lo largo de la ruta a entender y hablar acadio para poder trabajar con las caravanas? Probablemente fue una mezcla, dependiendo de los individuos. Fuera como fuese, se las arreglaban para comunicarse sin problemas.

Hay indicios de que en verano las caravanas viajaban por la mañana temprano y al atardecer, e incluso por la noche, para evitar el calor del día. En invierno, los pasos a través de las montañas estaban a menudo cubiertos de nieve, lo que hacía imposible el viaje. Era importante planificar bien el viaje en caravana. Si todo funcionaba bien, el viaje desde Ashur duraba seis semanas. Es de suponer que algunos de los viajeros se hicieran amigos íntimos (si es que no lo eran ya, dado que estos viajes se hacían con regularidad), pero también que surgieran tensiones de vez en cuando.

Una vez que los burros y los mercaderes llegaban a Kanesh, tenían que detenerse en el palacio del rey y la reina de la ciudad, en un gran patio circular. Allí, el rey de Kanesh podía elegir qué impuestos cobrar por cada carga (un impuesto del 10%, uno por cada diez textiles) y, si lo deseaba, podía comprar mercancías adicionales a los mercaderes al precio vigente. Esto estaba todo regulado por un detallado tratado entre el rey y los mercaderes que había sido juramentado[41]. A cambio de los impuestos que recibía de los mercaderes, el rey se comprometía a protegerlos mientras estuvieran en su reino, hasta el punto de pagarles por los textiles que les robaran allí. El rey de Kanesh también acordó no utilizar su posición de poder para intimidar a los mercaderes. No podía "quitarles [un tejido] por la fuerza", ni podía "comprarlo a bajo precio".[42] Tenía que ser justo con los mercaderes asirios para que la relación comercial que mantenían siguiera siendo productiva para todas las partes.

A continuación, se permitía a los mercaderes viajeros abandonar la ciudad principal a través de la puerta y llegar, finalmente, a las casas de sus familiares afincados en Kanesh, en el *karum*. Ashur-nada habría saludado a sus hijos cuando llegaron (felizmente, se espera, a pesar del dinero que le habían costado al dejar a sus abuelos) y cotejado todas las mercancías de Ashur con la carta que enumeraba lo que se había enviado. Sin duda, los hombres que trabajaban para la empresa se sentaron juntos poco después y decidieron qué artículos del cargamento debían venderse allí, en Kanesh, y cuáles debían enviarse a alguna de las otras cuarenta ciudades de Anatolia donde los mercaderes asirios hacían negocios. Tenían que decidir cuál de los hermanos se llevaría la mercancía y cuándo sería un buen momento para hacerlo. Sin duda, también todos hacían preguntas, compartían chismes de casa y se ponían al día de lo que había pasado en Kanesh. Debía de haber noticias de bebés y matrimonios, enfermedades y muertes en ambas comunidades. Es de suponer que los hijos de Ashur-nada estaban ansiosos por explicar su deserción del cuidado de sus abuelos, y llenos de excusas sobre por qué y cómo habían gastado las 30 minas de cobre que su amigo de la familia les había prestado.

Tras su llegada a Kanesh, los hijos de Ashur-nada se habrían unido inicialmente a su hogar allí. Su padre tenía una esposa anatolia y una segunda familia, al igual que muchos de los mercaderes. Este era el caso incluso de los mercaderes que, a diferencia de Ashur-nada, aún tenían una esposa viva en Ashur, a pesar de que se suponía que el matrimonio era monógamo en Ashur.[43] Casarse con una segunda esposa (anatolia) no era un secreto ni estaba mal visto. Mientras cada esposa permaneciera en su región por separado, el acuerdo se consideraba respetable.[44] Los hijos de Ashur-nada de Ashur probablemente conocieron a su madrastra (que glorificaba el nombre de Shishahshushar) y a sus hermanastros por primera vez cuando llegaron. Por otra parte, es probable que los niños no conocieran especialmente a su padre, ya que parece que éste se resistió a viajar a Ashur y permaneció en Anatolia todo lo que pudo. (Resulta tentador especular con la posibilidad de que pudiera lidiar mejor con su temperamental padre a una distancia de varios cientos de kilómetros que estando en la misma habitación).

Las cartas de Ashur-nada son mucho menos emotivas que las de su padre. Parece que no se complicaba la vida y que era un hombre de negocios, aunque a veces perdía un poco la paciencia con su padre. En una ocasión, cuando Ashur-idi le acusó de no haberle devuelto algo de plata, Ashur-nada le contestó: "En lugar de enviarme estos mensajes airados, que [los dioses] Ashur e Ilabrat sean mis testigos de que he reunido lo que tenía en mi poder, y de que he pagado... mi saldo".[45]

Es posible que Ashur-nada no viera mucho a sus hijos, incluso después de que se trasladaran a Kanesh para estar con él, porque a menudo estaba de viaje por Anatolia. En su archivo hay muchas cartas escritas desde esos viajes. Su trabajo más allá de Kanesh no se limitaba a vender mercancías llegadas de Ashur; también compraba y vendía cobre y lana locales en el transcurso de sus viajes, beneficiándose al final de la obtención de más plata.

El hijo de Ashur-nada, que había abandonado a su abuelo de forma tan dramática, se llamaba Iddin-Ishtar, y está claro que su relación con su abuelo siguió siendo inestable mucho después de que él y sus hermanas se hubieran trasladado a Anatolia. Iddin-Ishtar empezó a trabajar con su padre Ashur-nada para la empresa familiar y finalmente, tras la muerte de su padre, se hizo con el control de la rama anatolia. Es de suponer que se convirtió en un miembro honrado de la comunidad. Pero su voluble abuelo no confiaba en él. En una ocasión, Iddin-Ishtar regresó a Ashur, presumiblemente por motivos de negocios, y consiguió enfadar de nuevo a su abuelo. Ashur-idi escribió: "En cuanto a Iddin-Ishtar, no sólo me ha robado continuamente, sino que me llevó a la oficina de la empresa y luego entró en la casa y se dio a la fuga".[46] Ashur-idi no sólo quería que le devolvieran la cantidad que, según él, le había robado su nieto, sino que quería vengarse personalmente. Le dijo a Ashur-nada: "¡Agarra a Iddin-Ishtar y hazle pagar 3 minas de plata de su propia plata, y envíamelo para que pueda descargar mi ira sobre él!".

Hay menos información en las cartas sobre la plata que se enviaba a casa que sobre los bienes que se enviaban a Anatolia en primer lugar, pero lo que se enviaba de vuelta a Ashur nunca era tan pesado como para justificar el uso de un burro. La media de plata que la empresa Ashur-idi enviaba de vuelta era de unas 7,5 minas.[47] Una mina era aproximadamente una libra, por lo que un hombre podía transportar la plata fácilmente. Afortunadamente, una mina de plata en Ashur podía cambiarse por 14 minas de estaño, o por una gran cantidad de textiles, por lo que todo el sistema era rentable, incluso para un comerciante relativamente pequeño como Ashur-idi.

El comercio entre Ashur y Anatolia continuó durante más de un siglo, pero la vida y el gobierno de Ashur se vieron alterados a principios del siglo XVIII a.C., cuando un rey imperialista llamado Shamshi-Adad amplió su control a toda la Alta Mesopotamia. Su imperio y sus sucesores constituyen el contexto histórico del siguiente capítulo.

CAPÍTULO 10

PRINCESAS Y MÚSICOS

Comenzamos el capítulo anterior siguiendo el itinerario de la antigua Babilonia que llevaba a un grupo de soldados hacia el norte desde la ciudad de Larsa hasta Ashur. Allí los dejamos, para seguir un camino diferente, aventurándonos con las caravanas de comerciantes que viajaban a Kanesh, en Anatolia. Pero ahora volveremos al itinerario original. Según el texto, alguien que avanzaba hacia el norte desde Ashur por la antigua calzada llegaba, un día después, a una ciudad llamada Ekallatum.[1] Desgraciadamente, la ubicación de Ekallatum sigue siendo desconocida y el lugar nunca ha sido excavado, pero era un lugar importante. Aunque es probable que el itinerario se escribiera a mediados del siglo XVIII a.C.[2] , las mismas carreteras ya se utilizaban antes, por lo que supongamos que un visitante realizaba el viaje a finales del siglo XIX a.C., cuando el comercio entre Ashur y Anatolia estaba decayendo. De ser así, podría haber llegado a Ekallatum en un momento de crisis.

EL REY SHAMSHI-ADAD I DE LA ALTA MESOPOTAMIA: UN CONSTRUCTOR DE IMPERIOS

Ekallatum había estado anteriormente sometida a su reino vecino, Ashur, pero recientemente había sido atacada y conquistada por las fuerzas dirigidas por un hombre llamado Shamshi-Adad (1807-1776 a.C.).[3] Shamshi-Adad era una figura más grande que la vida, un conquistador que provenía de un origen oscuro, pero finalmente forjó un imperio que se extendía por el norte de Mesopotamia, eclipsando a cualquier otro líder de Próximo Oriente de su tiempo.

Sólo tenía unos dieciocho años cuando sucedió a su padre en el trono de Ashur alrededor de 1836 A.C.; su padre se había apoderado de ese trono en lugar de heredarlo.[4] Pero los primeros años del reinado de Shamshi-Adad parecen haber sido poco notables; incluso después de dieciocho años de gobierno no fue rival para un rey de la vecina Eshnunna que atacó Ashur. Shamshi-Adad huyó rápidamente a Babilonia en busca de seguridad.[5] Parece que allí encontró una nueva determinación: Reclamaría su reino.

No tenemos ni idea de cómo reunió a los soldados para que le apoyaran en su marcha hacia el norte para conquistar Ekallatum, pero lo hizo (probablemente sus tropas siguieron el mismo camino trazado en el itinerario), y tuvo éxito en su conquista. Declaró que Ekallatum era ahora su capital.[6]

Cuando nuestro viajero llegó a Ekallatum en su viaje hacia el norte, tal vez Shamshi-Adad ya estaba reclutando tropas, recogiendo suministros y mandando fabricar armas, preparado para un ataque contra Ashur, su capital original. La capturó tres años después de apoderarse de Ekallatum. Sólo a partir de este momento, hacia 1807 A.C., LAS listas de reyes posteriores consideran que el reinado de Shamshi-Adad comenzó realmente. Debía de tener unos cuarenta y tres años. Ahora se dispuso a expandirse más allá de las fronteras tradicionales de Ashur, construyendo un nuevo imperio, uno septentrional, que se extendía por todo el norte de Irak y por lo que hoy es el norte de Siria.

Este objetivo presentaba retos que podrían haber parecido insuperables. Por un lado, dos poderosos reinos dominaban ya la región: Mari al oeste, con capital en el Éufrates, y Eshnunna al este, con capital en el río Diyala, al este del Tigris. Los reyes de estas regiones se habían enterado del creciente poder y las grandes ambiciones de Shamshi-Adad. Les preocupaba lo suficiente como para que los reyes de Mari y Eshnunna se aliaran entre sí, y Mari se alió con una tercera gran potencia siria, Yamhad, que tenía su centro al noroeste de Mari, en Alepo.[7] Estas alianzas representaban algo más que tratados. Las familias reales se casaban entre sí, ya que los reyes se casaban con princesas de los reinos de los demás. Parecían representar un formidable frente unido contra el nuevo imperialismo de Shamshi-Adad.

Pero a los pueblos del norte de Mesopotamia les costó mucho unirse de verdad. La región albergaba una serie de pueblos de habla amorita que estaban vagamente organizados en grandes comunidades que reconocían una identidad común, y esas grandes comunidades a menudo desconfiaban unas de otras. A menudo se les denomina "tribus", pero este término conlleva una gran carga cultural. También se les suele llamar "nómadas", pero muchos de ellos no eran especialmente nómadas.

Las familias, como hemos visto, formaban el núcleo de la sociedad en todo Próximo Oriente. Esto era aún más cierto entre los amorreos. Se nacía en el seno de una familia -padres, hijos, nietos- como en todas partes. Esa familia formaba parte de una familia mayor. En el caso de las comunidades nómadas de pastores, podía tratarse del grupo con el que emigraban regularmente, todos ellos emparentados de forma lejana. En una ciudad, la comunidad podía ser un vecindario dominado por primos, primos segundos, parientes políticos, etcétera. Todo esto habría sido cierto en cualquier lugar de Próximo Oriente. Pero en el caso de los amorreos del norte, esa familia ampliada se identificaba como parte de una familia aún mayor, que constituía -a falta de una palabra mejor- su tribu. En la Siria de principios del segundo milenio a.C., los amorreos crecían sabiendo si pertenecían a los Banu-Yamina ("hijos de la derecha" o "hijos del sur") o a los Banu-Sim'al ("hijos de la izquierda" o "hijos del norte"). Estos yaminitas y sim'alitas mantenían una antipatía mutua desde hacía mucho tiempo.

Quien vivía en una ciudad también podía identificarse como ciudadano de ese lugar, y quizá también reconocía que estaba sometido a un reino, pero las identidades familiares y tribales más amplias parecen haber sido especialmente importantes. El rey era quien imponía los impuestos y llamaba a las tropas, pero el líder de la tribu local, *el "sugagum", también* inspiraba una lealtad especial. Los reyes del norte reconocían la influencia de los líderes tribales y colaboraban con ellos.

Esto significaba que la política, las alianzas y las rivalidades en el norte eran algo diferentes de las del sur. Aunque los reinos del norte tenían capitales, al igual que en el sur, y sus reyes contaban con el apoyo de vasallos, y sus provincias estaban supervisadas por gobernadores, un buen porcentaje de la población era nómada. Las administraciones reales necesitaban a los nómadas para el servicio militar y para ayudar en las cosechas y los proyectos de construcción, por lo que su llegada estacional a las ciudades era esperada con impaciencia por los reyes y sus funcionarios. Más mano de obra era bienvenida.[8] Pero organizar a los trabajadores nómadas solía suponer un reto, y las guerras en las que servían tenían que librarse cuando estaban disponibles (y cuando se podía prescindir de los campesinos, que también eran reclutados). Eso significaba que la mayoría de los combates tenían lugar en verano. Además, siempre había que tener en cuenta las afiliaciones y antagonismos tribales a la hora de formar coaliciones.

Volviendo al itinerario, cuando nuestro viajero abandonó Ekallatum, el camino se dirigió hacia el norte y el oeste, adentrándose en un territorio dominado por estos grupos nómadas, una zona que acabaría convirtiéndose en el corazón del imperio de Shamshi-Adad. Al final de cada jornada, la lista da el nombre de un lugar donde el viajero podía descansar, pero, como hemos visto, muchos de ellos pueden haber sido sólo pequeñas aldeas. Desgraciadamente, no se dan consejos al viajero sobre lugares donde alojarse o lugares de interés de la zona. Ese no era el propósito de este texto. Sabemos, sin embargo, que la carretera abandonaba el Tigris y se dirigía hacia el noroeste, en torno a una ciudad conocida como Kishkish, hacia el extremo oriental de las montañas de Sinjar, que se alzaban abruptamente desde la llanura a la izquierda de la carretera.[9] Vista desde arriba, la cordillera tiene forma de un largo y delgado cigarro que sobresale en el paisaje mayoritariamente llano, y la gente evitaba pasar por encima de ella. Más allá, sin embargo, a ocho días de viaje desde Ekallatum, nuestro viajero habría llegado a una rica zona de tierras de cultivo, surcada por pequeños ríos y uadis que fluían todos hacia el sur, hacia el río Habur. Toda esta región, conocida comúnmente como el triángulo de Habur, había sufrido una pérdida de población hacia el final del Imperio acadio, alrededor del año 2200 a.C., probablemente debido a la grave sequía de aquella época, y sus ciudades no habían empezado a repoblarse hasta alrededor del año 1900 a.C., aproximadamente un siglo antes de la época de Shamshi-Adad.[10] Ahora, sin embargo, las lluvias y los numerosos manantiales naturales de la región hacían que la tierra volviera a ser fértil.

Para hacerse con el control de esta región del triángulo de Habur, Shamshi-Adad tuvo que luchar contra las fuerzas de un hombre llamado Yahdun-Lim, el poderoso rey de Mari. La región en disputa estaba alejada de las capitales de ambos reyes; de hecho, estaba más lejos de Mari que de Ekallatum, la capital de Shamshi-Adad. Ninguno de los dos reyes contaba con la lealtad de los habitantes del triángulo de Habur, pero Shamshi-Adad resultó vencedor. Las inscripciones que se conservan nunca nos dicen exactamente cómo lo hizo.

En la parte oriental de la región conquistada, en uno de los ríos que desembocaban en el Habur, había un gran tell, que anteriormente había sido el emplazamiento de una antigua ciudad llamada Shekhna. Shamshi-Adad decidió reconstruir la ciudad abandonada, convertirla en su nueva capital y darle un nuevo nombre: Shubat-Enlil, la "morada de Enlil"[11]. Por supuesto, el dios Enlil ya tenía un hogar, su antigua y venerable ciudad de Nippur, pero estaba en consonancia con la arrogancia de Shamshi-Adad que quisiera que el rey de los dioses fijara su residencia en el centro de su nuevo imperio.

El rey se reunió con arquitectos, llamó a trabajadores y comenzó la construcción de los monumentales edificios públicos de Shubat-Enlil. Las excavaciones realizadas en la década de 1980 revelaron que la ciudad de Shamshi-Adad tenía una extensión de 90 hectareas (222 acres)[12]. Consistía en un palacio y un templo de de gruesas paredes con columnas unidas. Algunas tenían gruesas espirales hasta arriba, como gigantescos carretes de cuerda, y otras estaban hechas para que parecieran troncos de palmera.[13] (Shubat-Enlil, en su apogeo, era otra parada del itinerario, y habría sido un lugar impresionante para visitar).

Incluso cuando comenzó la construcción de Shubat-Enlil, Shamshi-Adad seguía expandiendo su imperio hacia el suroeste, persiguiendo al rey de Mari y a su ejército hasta el corazón de su reino, de modo que finalmente el imperio de Shamshi-Adad se extendió por todas las tierras que antes habían gobernado los reyes de Ashur y Mari. No parece que escribiera sobre sus campañas, pero sí que agradeció su victoria al dios local de Mari, proporcionándole un "gran trono de ébano que fue metódicamente fabricado con todo lo perteneciente al arte de la orfebrería".[14]

Shamshi-Adad decidió una forma innovadora de gobernar un dominio tan grande y difícil de manejar. En lugar de intentar controlarlo todo él solo, creó un triunvirato de reyes, con sus hijos Yasmah-Addu e Ishme-Dagan gobernando a su lado. Cada uno tenía su propia capital: Shamshi-Adad en la ciudad de Shubat-Enlil en el norte, Ishme-Dagan en la capital original de Ekallatum en el este, y Yasmah-Addu en la recién conquistada Mari, al sur de Shubat-Enlil. Pero los tres hombres no eran iguales. Los hijos respondían ante su padre, lo que provocó tensiones, especialmente entre Shamshi-Adad y su hijo menor, Yasmah-Addu.

Lo sabemos porque la capital y el palacio de Yasmah-Addu en Mari han sido ampliamente excavados desde 1933, por sucesivos equipos de arqueólogos franceses, y porque Mari (como Girsu, Ebla y Kanesh) ha demostrado ser uno de los mayores yacimientos del Próximo Oriente en cuanto a sus archivos conservados: Allí se han encontrado más de 20.000

tablillas cuneiformes. Algunas de ellas son las cartas originales enviadas por Shamshi-Adad a Yasmah-Addu, y muchas de ellas revelan su microgestión del reino de su hijo.[15]

BELTUM DE QATNA Y YASMAH-ADDU DE MARI: UN MATRIMONIO DIPLOMÁTICO

Poco después de que Yasmah-Addu fijara su residencia en Mari, su padre Shamshi-Adad decidió que necesitaba estrechar lazos con un reino situado directamente al oeste: Qatna, que se extendía desde la ciudad oasis del desierto de Palmira hasta la costa mediterránea. El rey de Qatna se llamaba Ishhi-Addu y, en la gigantesca jerarquía internacional en la que todos tenían un lugar, Ishhi-Addu era considerado igual a Yasmah-Addu. El tratado que Shamshi-Adad negoció con el rey de Qatna concluyó, como era habitual, con un matrimonio diplomático entre sus dos familias reales. Una princesa de Qatna, llamada Beltum, se casaría con el hijo y co-gobernante de Shamshi-Adad, Yasmah-Addu. En este caso, a diferencia de los matrimonios reales anteriores, se conservan cartas que reflejan las etapas de las negociaciones, junto con detalles de la vida posterior de Beltum en Mari.

Muchas riquezas cambiaron de manos antes incluso de que los novios se conocieran. Shamshi-Adad escribió a Yasmah-Addu para decirle que "dar un pequeño *terhatum* (regalo al padre de la novia) sería vergonzoso", por lo que enviaría al rey de Qatna "1 talento 10 minas (32 kilogramos o 70 libras) de plata, 12 minas (5,5 kilogramos o 12 libras) de oro, [x] mil ovejas-(por valor de) 1 talento de plata (27 kilogramos o 60 libras), [x] cien reses-(por valor de) 1 talento de plata.[16] In otra carta recuerda sabiamente a su hijo que "ponga una guardia protectora a esta platas"[17] Beltum, la novia, traería a su vez una importante dote de su padre, por valor de "10 talentos de plata más vestidos por valor de 5 talentos de plata"[18], por un valor total de 15 talentos (unos 408 kilogramos o 900 libras) de plata. Se trataba de una cantidad de riqueza bastante asombrosa; probablemente estaría compuesta por muebles, joyas, utensilios, ovejas, ganado y sirvientes, además de la ropa y la plata.

Una vez concluidas las negociaciones, el rey Ishhi-Addu de Qatna se mostró satisfecho con los acuerdos y aseguró a Yasmah-Addu que, con el matrimonio, "esta casa ha pasado a ser tuya y la Casa de Mari ha pasado a ser mía. Cualquier cosa que desees, escríbeme y te la daré".[19] La frontera entre sus dos tierras estaría abierta: "Tus ovejas y nómadas deberían cruzar por aquí, para que mis ovejas y las tuyas pudieran pastar juntas"[20]. Este era el resultado ideal de un tratado de paz. Se repetía con tanta frecuencia en circunstancias similares que no podía ser simplemente retórica. Como resultado del matrimonio, los dos reyes realmente habían unido a sus familias; se habían convertido, en sus mentes, en un solo hogar.

La princesa Beltum emprendió el viaje hacia su nuevo hogar, que probablemente incluyó un incómodo viaje de doce días en burro a través del desierto sirio (ya que los camellos no fueron domesticados hasta dentro de unos 800 años),[21] parando en el oasis de Palmira por el camino, antes de llegar al verde valle del Éufrates y dirigirse hacia el sur, a Mari.[22] Mientras tanto, Shamshi-Adad enviaba cartas un tanto asustadas a su hijo Yasmah-Addu, para asegurarse de que preparaba habitaciones adecuadas en el palacio para su nueva novia: "Hay muchas cámaras en el Palacio de las Palmeras. Hay que preparar una cámara para ella y alojarla allí. No la alojes en el exterior", escribió.[23]

Beltum podía ser muy joven, aunque sin duda era adolescente. Una de sus ayudantes era una mujer a la que se describía como su "*ummum*",[24] que literalmente significaba "madre", pero probablemente era su niñera de la infancia. La compañía de la niñera debió de ser reconfortante para Beltum en su nuevo hogar, mientras se enfrentaba a las presiones de convertirse en la reina de esta tierra extranjera de Mari. Sin embargo, la niñera no era muy bien recibida entre el personal de Mari. Un alto funcionario escribió al rey: "¡Si esta mujer, que crió a Beltum desde su juventud y conocía sus costumbres, se hubiera mantenido alejada de ella cuando Beltum se marchó de Qatna!"[25] El funcionario se quejó de que la niñera no daba más que problemas, rompiendo a diestro y siniestro las reglas tácitas del palacio. La niñera incluso permitió que Beltum saliera al patio con sus cantantes femeninas durante las calurosas horas de la siesta, y "Beltum sufrió una insolación cuando estaba en la Corte Multicolor y ha estado enferma desde entonces".[26] Una teoría sobre este episodio es que Beltum podría haberse sentido tan desgraciada en Mari que estaba intentando suicidarse pasando tiempo al sol a mediodía, lo que se sabía que era peligroso.[27] Pero esto parece poco probable; es más probable que Beltum fuera joven, impetuosa y dispuesta a ignorar las normas de decoro de la corte. Con el tiempo, se recuperó de su enfermedad.

El vínculo entre una joven de la élite y su niñera podía ser muy fuerte. Unas décadas más tarde, una joven cantante llamada Shewirum-parat fue trasladada del palacio de Mari, donde había vivido, a otra ciudad del reino, y su niñera se fue con ella. Una vez allí, le quitaron a su niñera y la colocaron en la casa de un alto funcionario. La joven Shewirum-parat estaba tan angustiada que escribió directamente al rey de Mari para pedirle que interviniera por ella: "Debes enjugar mis lágrimas... Dame a mi niñera y te bendeciré ante (los dioses) Addu y Hebat. Que mi señor no aleje de mí a esta mujer".[28] No se conserva ninguna carta que nos diga si el rey decidió ayudarla.

EL PALACIO DE MARI

El palacio de Mari, donde Beltum fijó su residencia en sus nuevos aposentos reales, y de donde Shewirum-parat fue posteriormente trasladada de forma tan abrupta, era extraordinario. Resulta ser uno de los pocos palacios de la antigua Babilonia que se han recuperado, pero no era típico. Incluso en su época era bien conocido. Otros reyes hablaban maravillas del palacio en sus cartas y hacían visitas especiales sólo para verlo. El edificio tenía una extensión de 2,5 hectáreas (6 acres) y, aunque la seguridad lo hubiera permitido, un visitante difícilmente podría haber visitado las cerca de 300 habitaciones de la planta baja (el segundo piso podría haber albergado otras tantas)[29]. Es poco probable que incluso el propio rey conociera todas las habitaciones.

Cuando se excavó el edificio, algunos de sus muros aún se alzaban a 5 metros (16 pies) de altura y su sofisticado sistema de drenaje estaba prácticamente intacto. Increíblemente, los desagües, perfectamente diseñados, seguían funcionando para librar las ruinas del palacio de la lluvia después de ser excavadas y eran típicos del fino diseño de todo el palacio.[30] Sin embargo, debo señalar que esto no fue obra de Yasmah-Addu. Adquirió el palacio como resultado de las conquistas de su padre. Había sido construido y elaborado por generaciones de reyes locales de Mari, desde el periodo dinástico temprano, cuando Mari y sus gobernantes eran los principales rivales de Ebla, ciudad gobernada por parejas reales como Ishar-damu y Tabur-damu.

En la época de Yasmah-Addu, el palacio Mari estaba dividido en varias suites de habitaciones, utilizadas para diversos fines y dispuestas alre-

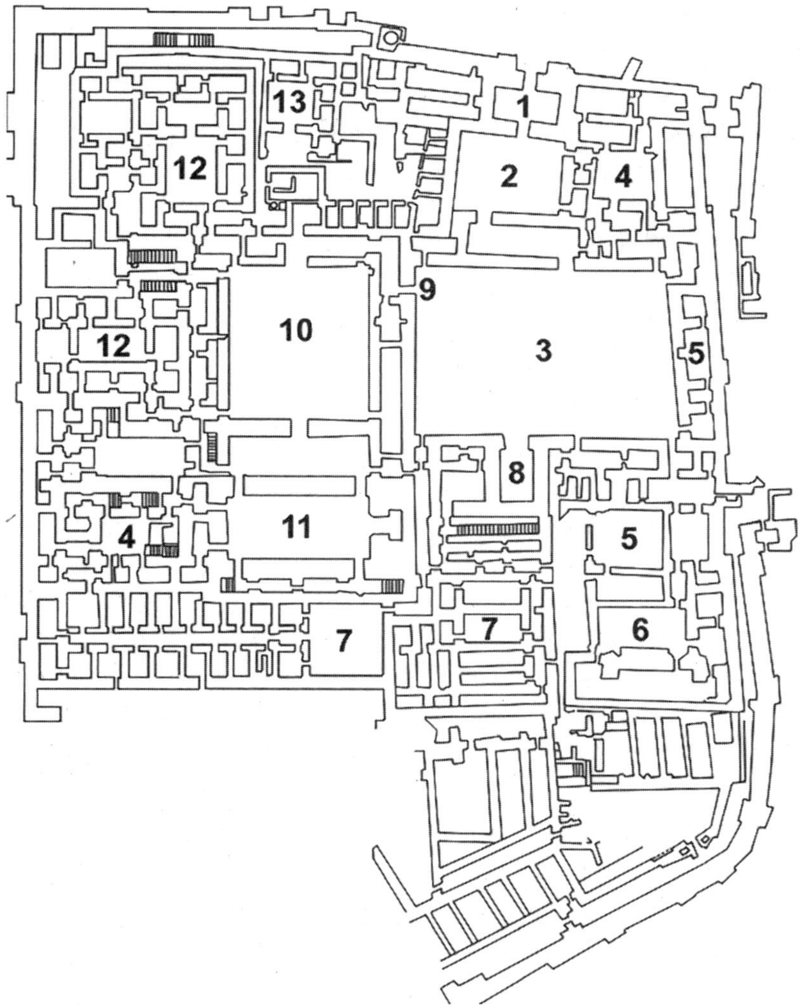

Fig. 10.1 Plano del palacio de Mari. Clave: 1: entrada principal, 2: sala de recepción, 3: patio principal, 4: cocinas, 5: suite administrativa, 6: templo, 7: almacenes y talleres, 8: sala de audiencias, 9: puerta de entrada a los aposentos privados, 10: patio de palmeras, 11: sala del trono: 12: dependencias domésticas, incluido el tubqum para las mujeres de palacio, 13: cuarto de baño (basado en Kohlmeyer 1985, 196)

dedor de dos enormes patios (marcados como 3 y 10 en la Fig. 10.1). La gran entrada principal, en el lado norte (1), conducía a una amplia sala de recepción (2), desde la que los visitantes eran conducidos al soleado patio principal (3), de unos 1.600 metros cuadrados (17.000 pies cuadrados) de extensión, es decir, del tamaño de cuatro canchas de baloncesto. Nueve puertas conducían desde este espacio relativamente público a las partes más privadas del palacio.[31] Increíblemente, los muros seguían siendo tan altos cuando se realizaron las excavaciones que algunas de las partes superiores de las puertas estaban intactas.

Al llegar al patio principal desde las salas de entrada, las cocinas (4) se encontraban a través de la primera puerta inmediatamente a la izquierda. Detrás del muro izquierdo del patio había salas donde se registraban las mercancías que llegaban al palacio (5). Allí se depositaban, por ejemplo, los cántaros de vino o las vasijas de aceite.

Una puerta a la izquierda de la pared opuesta conducía a más salas administrativas y, más allá, a un templo (6). Otra puerta en la misma pared, pero a la derecha, conducía a través de estrechos pasillos a un largo almacén y a un laberinto de talleres artesanales (7). Uno de estos talleres bien podría haber sido una sala para los molineros, similar a una excavada en el palacio contemporáneo de Ebla. Allí se habían colocado piedras de moler sobre bancos bajos a lo largo de las paredes, de modo que hasta dieciséis mujeres (y probablemente más) podían agacharse durante largas horas para moler trigo y cebada y convertirlos en harina para el palacio. Para ello no se requería ni la creatividad ni la pericia de las tejedoras; era un trabajo agotador y es posible que se delegara en las cautivas[32].

Entre las dos puertas -la de los aposentos de los invitados y la de los talleres- y frente a la puerta principal de la corte, se encontraba la amplia entrada a una sala de audiencias (8), abierta al patio y a la que se accedía por una escalera semicircular. Tal vez el rey se presentaba aquí periódicamente para saludar a la multitud que se agolpaba en el patio principal.

Por último, en el muro de su derecha había una puerta (9) que sin duda estaba fuertemente custodiada. Daba acceso a los aposentos habitados por el rey y la casa real. A un mensajero con una carta para el rey Yasmah-Addu de su padre Shamshi-Adad se le habría permitido atravesar esta puerta, sumergiéndose en un largo pasillo en forma de L escasamente iluminado. Los ojos del mensajero habrían tardado un momento en adaptarse al drástico cambio de luz. Al parecer, las habitaciones del palacio no tenían ventanas: Los arqueólogos no encontraron ninguna, ni siquiera en los muros que aún se alzaban hasta la altura del primer piso.[33] Toda la luz natural llegaba a través de las puertas de los patios, aunque hay que reconocer que estas puertas podían tener hasta 5 metros de altura. Por tanto, al pasear por el palacio se experimentaba un contraste constante entre la brillante luz del sol de los patios, la confortable sombra de las habitaciones contiguas y la profunda penumbra de las estancias sin ventanas a cualquier distancia de una puerta exterior.

El pasillo que conducía a los aposentos reales tenía 20 metros (65 pies) de largo, pero al final del mismo el visitante podía ver, a su izquierda, la brillante luz de una puerta que daba a un segundo gran patio (10), el espacio abierto propio del rey en el centro del complejo palaciego. Este patio, de unos 900 metros cuadrados (unos 10.000 pies cuadrados) de extensión, estaba plantado de palmeras para dar sombra, y sus paredes enlucidas estaban decoradas con frescos de vivos colores. Sorprendentemente, algunas de estas pinturas habían sobrevivido bajo tierra durante milenios hasta que se excavó el patio. Probablemente se trataba del "Patio Multicolor", donde Beltum había pasado su desacertada excursión bajo el sol del mediodía. Una dramática pintura se centraba en la imagen de un rey y la diosa Ishtar, vestida de guerrera.[34]

Al igual que el rey Ur-Namma en su estela en relieve, el rey anónimo de Mari en esta pintura está de pie frente a la deidad, y ésta le entrega una vara y un objeto circular. En la imagen anterior de Ur III se trataba de un lazo de cuerda, pero ahora el objeto circular parece ser un anillo. La vara y el anillo ya no representaban herramientas de construcción, sino la autoridad general de un rey para gobernar. Cualquiera que esperara en el patio antes de reunirse con el rey recordaría la estrecha relación entre éste e Ishtar, y el apoyo divino de ésta a su gobierno. Alrededor de la imagen central, el artista había pintado un paisaje de árboles estilizados, animales fantásticos y diosas asistentes en colores brillantes. Probablemente, las paredes de otros palacios se habían pintado a menudo con escenas de este tipo, pero casi nunca se conservan.

Dos fuentes de tamaño casi natural, en forma de diosas, con cántaros en las manos, salpicaban regularmente el agua, como las dos diosas pintadas en el fresco. Más allá había otra gran antecámara y, finalmente, la sala del trono propiamente dicha (marcada como 11 en la Fig. 10.1).

El mensajero que visitó Yasmah-Addu debió de sentirse apropiadamente sobrecogido por este espacio oscuro y bostezante. La sala del trono era la más grande del palacio, con una plataforma elevada que sostenía en un extremo varias estatuas antiguas de antiguos reyes de Mari. Al parecer, estas estatuas nunca cumplieron la función de retratos familiares: Los reyes representados en ellas gobernaron cientos de años antes y ni siquiera estaban emparentados con los últimos reyes de Mari. Al igual que en las ceremonias de los templos del Dinástico Temprano de Ebla y Lagash, las estatuas de los gobernantes muertos seguían teniendo poder y exigían rituales en su honor. El rey actual parece haber dependido de su apoyo. El propio trono elevado del rey se situaba en el extremo opuesto de la sala donde se encontraban las estatuas y debía de ser una obra de arte. Los tronos, tanto de reyes como de dioses, se mencionaban a menudo en los nombres de los años y en las inscripciones. No se conservan, pero debieron de ser grandiosos. El rey, en el centro de este retablo, en el punto final del recorrido por el palacio, apenas debía de parecer mortal.

Sin embargo, la correspondencia de Yasmah-Addu muestra que era completamente mortal y que a menudo tenía problemas con su padre. Un mensaje de reprimenda de Shamshi-Adad (que eran muchos), leído en voz alta por un mensajero en este gran escenario, debió de parecer incongruente.

Al oeste de estas salas ceremoniales se extendía la conejera de habitaciones domésticas construidas alrededor de pequeños patios (12), donde vivían la familia del rey y la casa real, incluidos los aposentos de la nueva reina Beltum. El palacio contaba incluso con un cuarto de baño (13), con una chimenea para calentarse en invierno y los accesorios más modernos. El rey disfrutaba de su baño en una de las dos bañeras de terracota y se permitía el lujo de tener un retrete interior con un canal de desagüe.[35]

El palacio Mari servía de opulento escenario para los acontecimientos y dramas que allí se desarrollaban. Por ejemplo, un banquete ofrecido por Yasmah-Addu fue disfrutado por cientos de personas. No se trataba sólo de altos funcionarios, sino también de "21 correos, 25 portadores de palanquines, 24 albañiles, 22 portadores de lanzas, 26 bañistas (barberos)..."[36]. La cantidad de comida que debió de cocinarse y servirse en las cocinas de palacio para tales acontecimientos es asombrosa. No cabe duda de que el rey disfrutaba de los banquetes, con su cordial conversación y su música. A Yasmah-Addu tampoco le importaba la buena comida y el vino. Había encontrado un proveedor de vino de confianza en la persona de su aliado el rey de Carquemis, que en una ocasión le envió, según sus propias palabras, "cincuenta jarras de vino, del tipo que yo bebo".[37] El palacio también se convirtió en un centro de artesanos y músicos. Parece que a Yasmah-Addu le gustaba mucho la música y recibía en su palacio a músicos de todo el reino. Su padre, Shamshi-Adad, no estaba convencido de que esto fuera bueno; sospechaba que iban a Mari a jugar y a beber.[38] Pero

Rishiya, el músico jefe del rey, mantenía un conservatorio de cantantes y músicos con talento. Mari en tiempos de Yasmah-Addu no estaba exenta de escándalos, pero parece que era un lugar animado.

ZIMRI-LIM DE MARI: CAMBIO DE RÉGIMEN

Al principio de su reinado, Shamshi-Adad usaba el título de "rey de Ekallatum", pero a medida que extendía su control por una zona cada vez más extensa dejó de dar nombre a su reino. Era simplemente, según sus inscripciones, "rey del universo".[39] Sin embargo, a medida que envejecía, Shamshi-Adad se enfrentaba a más desafíos por parte de los reyes más jóvenes de las tierras vecinas. Al final, su imperio apenas le sobrevivió. Tras su muerte en 1776 a.C., estallaron rebeliones y las fuerzas locales de la región de Mari depusieron sin contemplaciones al hijo de Shamshi-Adad, Yasmah-Addu, que desapareció de la historia. No sabemos qué le ocurrió a su esposa Beltum, pero parece probable que fuera llevada al reino de su padre, Qatna.

Yahdun-Lim, que había sido el último rey local de Mari antes de que Yasmah-Addu se apoderara de esa tierra, fue sobrevivido por un heredero que estaba dispuesto a retomar el trono allí: Se trataba de su sobrino, un hombre llamado Zimri-Lim. Había estado viviendo en el exilio en Alepo durante todo el mandato de Yasmah-Addu en Mari y rápidamente reclamó su trono dinástico una vez que Yasmah-Addu se hubo ido.[40] Mientras tanto, el otro hijo y sucesor de Shamshi-Adad, Ishme-Dagan (1775-1735 a.C.), fue incapaz de mantener gran parte del imperio de su padre; finalmente se vio reducido a ser un rey relativamente menor de la tierra de Ashur.

Zimri-Lim (1774-1762 a.C.) sólo gobernó Mari durante trece años, pero fueron unos de los años mejor documentados de toda la historia de Mesopotamia, gracias a los miles de tablillas halladas en el palacio. Al igual que las abundantes tablillas de Ur III han dado lugar a una vasta bibliografía de estudios sobre todos los detalles imaginables de aquella época, también lo han hecho las tablillas de Mari. Los estudiosos de este campo disfrutan del placer añadido de trabajar con las cartas, a veces políticamente cargadas, chismosas y apasionadas, que se intercambiaban los miembros de la corte y la familia real. Algunos de los corresponsales son personalidades vívidas.

Una vez que Zimri-Lim regresó al palacio de su tío en Mari, la vida allí continuó como antes, pero con un elenco de personajes en su mayoría nuevos. Sin embargo, algunos de los funcionarios y sirvientes de Yasmah-Addu pudieron permanecer en la nueva corte. Entre ellos se encontraba el músico jefe, Rishiya. Zimri-Lim debió de enterarse de la reputación de Rishiya de desorganizado e irresponsable en su vida privada -en tiempos del rey Yasmah-Addu, Rishiya no había mantenido las tierras de labranza que le habían asignado y se las habían quitado[41] -, pero desempeñaba un valioso papel en la corte y, a pesar de sus defectos, Zimri-Lim había decidido conservarlo.

Un par de años después de que Zimri-Lim ocupara el trono de Mari, se casó con una princesa de Alepo llamada Shibtu, hija del rey en cuyo palacio había pasado su exilio. Zimri-Lim confiaba lo suficiente en Rishiya como para pedirle que viajara a Alepo para organizar su boda real.[42] Es probable que este encargo tuviera poco que ver con el talento musical de Rishiya y más con su comodidad y fiabilidad con las mujeres. En ese momento, Zimri-Lim ya estaba casado con su esposa principal[43] y tenía varias hijas adultas, algunas de ellas tal vez de otras esposas. Se dedicó a concertar matrimonios diplomáticos de algunas de estas princesas con diversos reyes vasallos, incluso mientras negociaba su propio matrimonio con Shibtu. Zimri-Lim acabó teniendo al menos doce esposas (de las cuales Shibtu era su consejera más cercana y su segunda al mando) y un gran número de hijas, pero al parecer sólo tres hijos varones.

El mundo de las mujeres de Mari puede examinarse a través de las cartas de las mujeres de alto rango. La historiadora Nele Ziegler ha realizado una amplia investigación, sobre todo de los textos administrativos hallados en el palacio, que revela mucho sobre mujeres que no eran tan destacadas, como las músicas[44].

BAZATUM Y RISHIYA: MÚSICOS

Una muchacha llamada Bazatum figura entre los músicos de Mari desde el principio del reinado de Zimri-Lim. No sabemos dónde nació ni quiénes eran sus padres, pero al parecer pertenecía a una familia de élite.[45] De niña, vivió en el palacio del rey en Mari, junto con muchas otras mujeres, de las que aproximadamente la mitad eran músicas. Entre las mujeres del palacio también había miembros de la familia real, maestras, escribas, sirvientas, cocineras y niñeras. A veces aparecían todas juntas en los registros del palacio, probablemente porque muchas de ellas vivían en un conjunto de más de sesenta habitaciones agrupadas en torno a patios en la zona de los aposentos reales, justo después del patio de las palmeras y la sala del trono del rey.[46] Las personas que figuraban en este grupo no eran exclusivamente mujeres: Los tres jóvenes príncipes reales estaban incluidos (presumiblemente porque vivían con sus madres), al igual que los porteros varones. Los aposentos de las mujeres se llamaban "*tubqum*".[47] Las mujeres no estaban confinadas allí; parece que podían moverse libremente y algunas tenían trabajos en diversas partes del palacio, aunque las puertas de sus aposentos se cerraban con llave por la noche y durante la siesta. Es lógico que un grupo numeroso de mujeres, en su mayoría solteras, tuvieran sus dormitorios separados de los de los hombres que vivían en el palacio, y que se emplearan porteros (hombres y mujeres) para protegerlas. El *tubqum* era un complejo en el que las mujeres de palacio podían vivir juntas de forma segura en una zona protegida dentro de una gran casa dominada por hombres, mientras pasaban sus días rodeadas de hombres y mujeres y trabajando con ellos.

Por ello, Bazatum vivía en el *tubqum* y pasaba los días trabajando con un pequeño grupo de catorce niñas, todas ellas músicas.[48] Las niñas de su grupo eran conocidas como las "pequeñas músicas"; aún no eran mujeres adultas, pero la mayoría de ellas acabaría uniéndose al grupo de las mayores. Sin embargo, parece que las pequeñas músicas ya dominaban su arte. Recibían una remuneración y se diferenciaban de los músicos de rango inferior, considerados aprendices.

Muchos músicos, más de cien, encontraron empleo en el palacio de Mari y sus alrededores en tiempos de Zimri-Lim. La mayoría eran mujeres, y muchas otras aprendieron a tocar música, como no profesionales.[49] El conjunto de Bazatum era uno de los grupos más prestigiosos a los que pertenecer, a juzgar por su nivel salarial. De rango inferior eran las "mujeres de la Casa del *Tigum-instrumento*", que cobraban menos y no vivían en palacio. Al parecer, la Casa física del *Tigum* era también el conservatorio donde estudiaban y tal vez vivían.[50] También allí las mujeres se dividían por edad en "músicas" y "músicas muy pequeñas",[51] que probablemente eran chicas jóvenes.

La razón por la que conocemos todos estos conjuntos es que recibían su paga en forma de aceite o lana, y los escribas que registraban estos pagos siempre enumeraban los nombres de los músicos de cada grupo en el mismo orden: El orden de su importancia. Esto era así aunque las mujeres de la mayoría de los grupos recibían la misma paga. En el conjunto de Bazatum, la lista comenzaba siempre con una chica llamada Tashin-Admu[52] ; Bazatum aparecía en cuarto lugar. Tal vez Tahsin-Admu era su líder, o tal vez simplemente tenía el padre más influyente. La chica que figuraba antes de Bazatum se llamaba Beltani; su estatus era ligeramente superior al de Bazatum. Sabemos que Beltani había nacido en el seno de una familia real, posiblemente incluso de la familia del antiguo rey Yasmah-Addu,[53] por lo que Bazatum podría haber tenido también antecedentes reales. Las dos muchachas parecen haber sido amigas íntimas, y ambas tenían vidas interesantes por delante.

Desgraciadamente, a los escribas que registraban sus salarios no les importaba qué instrumentos tocaban las niñas y las mujeres: Nunca los enumeraban. Es muy posible que Bazatum y Beltani tocaran la lira, que se consideraba un instrumento femenino, mientras que los hombres solían tocar el arpa.[54] (Es posible que las muchachas también fueran cantantes, pero no era su especialidad). El laúd también era un instrumento popular, pero parece que lo tocaba más el pueblo llano que los músicos de palacio.[55] No se conserva ninguno de los instrumentos musicales de Mari, pero se pueden ver algunas imágenes de instrumentos en placas de terracota de la época.

Rishiya, el músico jefe, estaba a cargo de todo lo relacionado con la música en el palacio: La fabricación y reparación de los instrumentos, la elección y formación de los músicos, el nombramiento de los músicos para puestos concretos y los planes de ensayos y actuaciones.[56] La casa de Rishiya en Mari (que estaba separada del palacio) servía de conservatorio para todos los numerosos músicos de los que era mentor.[57] Nunca se ha excavado, pero debía de ser grande y ruidosa, llena de música y cantos. (Tal vez los vecinos de Rishiya desearan a veces que los percusionistas pudieran ensayar en el templo o en el palacio en vez de en la puerta de al lado). Las mujeres debían de cruzarse al entrar y salir por la puerta principal, saludándose mientras llevaban sus instrumentos para las clases o los ensayos. Beltani y Bazatum estaban inmersas en esta comunidad.

En una ocasión, Zimri-Lim escribió a su esposa Shibtu acerca de algunas mujeres cautivas que estaban siendo seleccionadas como posibles músicos, para recordarle que "tuviera cuidado con sus raciones de comida para que su aspecto no cambiara".[58] Esto implica que, para algunas cautivas, la vida en el palacio Mari podía ser dura, que podían recibir provisiones inadecuadas y adelgazar.[59]

Sin duda, Zimri-Lim era consciente de que una buena comida distribuida en cantidades adecuadas ayudaba a fortalecer a su comunidad frente a una amenaza que todos compartían: Las enfermedades. Las enfermedades podían propagarse fácilmente entre la población de palacio, muchos de los cuales vivían en estrecho contacto unos con otros. En su mundo, antes de las vacunas o los antibióticos, una vez que alguien enfermaba sólo quedaba esperar a que pasara y la víctima se recuperara.

Aunque esto ocurrió milenios antes de que los científicos descubrieran los virus y las bacterias, los habitantes de Mari ya conocían algunas estrategias para intentar limitar la propagación de enfermedades. En una ocasión, una criada llamada Nanna enfermó. La gente que la rodeaba debió de notar su fiebre y debilidad; estaban preocupados por su salud y también por la suya propia. El estado de Nanna llegó a oídos del rey, que estaba preocupado porque, como escribió en una carta a Shibtu, "como está a menudo en palacio, contagiará a las muchas mujeres que están con ella".[60] Curiosamente, sugirió algunas directrices prácticas: "Nadie debe beber de la copa que ella usa; nadie debe sentarse en el asiento que ella toma; nadie debe acostarse en la cama que ella usa, no sea que infecte a las muchas mujeres que están con ella.". Puedes imaginarte lo difícil que habría sido poner en práctica estas directrices, pero la gente de Mari se había dado cuenta de que compartir habitaciones y tazas con alguien enfermo aumentaba las probabilidades de contagiarse, así que probablemente se esforzaron por aislar a Nanna.

El rey sugirió medidas aún más radicales cuando Shibtu le escribió para comunicarle que otra mujer había caído enferma. Esta mujer, dijo, ni siquiera debía ser admitida en el mismo edificio que las demás: "Esta mujer debe permanecer en una casa separada. Sabía que no sería fácil. Reflexionó: "Ahora temo que no haya una casa separada disponible". En su caso, el rey ordenó que se tomaran presagios: ¿Tenían los dioses la intención de que la mujer viviera o muriera? Pero seguía sin saber qué hacer, aunque los oráculos fueran malos: "(¿Cómo se debe) tratar a esta mujer? Tanto si muere como si vive, muchas mujeres enfermarán en ambos casos por culpa de esta mujer". Se sentía impotente ante la enfermedad de la mujer y las consecuencias que tendría para sus dependientes.

Las enfermedades afectaban tanto a los poderosos como a las sirvientas como Nanna. En un momento dado, durante el reinado de Yasmah-

Addu, incluso Rishiya, el músico principal, había desarrollado una grave enfermedad. Al parecer, en cuanto Rishiya empezó a enfermar, el rey Yasmah-Addu escribió a su padre, el rey Shamshi-Adad, en Shubat-Enlil, para pedirle que enviara a Mari a su mejor médico, Meranum, para que cuidara de Rishiya. Pero ahora Rishiya estaba postrado en cama, y Yasmah-Addu escribió con más urgencia. "Rishiya está ahora en cama por su vida. Está muy enfermo. Si a papá le place, Meranum debe llegar aquí rápidamente si quiere devolverle la vida a Rishiya. Evidentemente, las atenciones de Meranum, o el sistema inmunológico de Rishiya, o ambas cosas, prevalecieron. Como hemos visto, el músico jefe sobrevivió al rey Yasmah-Addu en Mari y continuó entrenando y organizando el programa musical del palacio.

La formación musical que recibían los músicos era rigurosa y se esperaba de ellos que trabajaran duro. Un diálogo de otra época parece recoger las bromas entre dos aprendices de música, hombres en este caso. Uno de ellos chismorrea sobre el otro:

> Aunque cogiera el instrumento *zami*, no conocería el oficio de hacer música,
> Es el más atrasado entre sus colegas,
> Con un sonido y una voz desagradables;
> Demasiado grueso para el sumerio, su lengua no puede hacerlo bien,
> No está para cantar una canción, ni siquiera abre la boca[63].

Evidentemente, era importante sobresalir y, aunque este diálogo era probablemente una sátira, algunos alumnos podrían haber sido igualmente poco amables con otros menos hábiles.

Es posible que las niñas Bazatum y Beltani se especializaran en más de un instrumento. En un contrato en el que un chico aprendía música de un mentor se enumeraban cuatro instrumentos diferentes que debía dominar, toda una proeza.[64] Desgraciadamente, aunque se enumeraban los nombres de los instrumentos, no podemos estar seguros del significado exacto de cada término.

La lira era una de las favoritas del palacio. Al igual que el arpa, se tocaba pulsando las cuerdas, pero, a diferencia de ésta, la lira tenía un puente. Las liras ya tenían una larga historia; siglos atrás, en las tumbas de Ur, se habían enterrado con los asistentes reales liras hermosas y elaboradamente decoradas, con incrustaciones de diseños y cabezas de toro tridimensionales de metales preciosos. Sin embargo, las que aprendieron a tocar Bazatum y Beltani no tenían cabezas de toro, pues hacía tiempo que habían pasado de moda.[65]

Probablemente, la función principal de las mujeres era tocar música en los banquetes. Al igual que Yasmah-Addu antes que él, Zimri-Lim los celebraba con frecuencia en palacio, a veces con la asistencia de docenas de personas. La distribución de los asientos era tan jerárquica como las listas de raciones, y los invitados se peleaban por ver quién se sentaba más cerca del rey. La etiqueta y el decoro se valoraban claramente; todo el mundo se daba cuenta cuando alguien se comportaba mal. Por otra parte, parece que el ambiente era festivo. Un buen banquete significaba comer bien y beber cerveza o vino. Zimri-Lim podía incluso ofrecer a sus invitados bebidas heladas, que debían ser muy bien recibidas en los calurosos días del verano sirio, cuando la temperatura podía alcanzar los 45 grados Celsius (113 grados Fahrenheit). Una de las pocas inscripciones reales que se conservan de su reinado conmemora la construcción de una "casa de hielo" río arriba en la ciudad de Terqa, de la que, se jactaba, "ningún rey desde tiempos inmemoriales había construido a orillas del Éufrates".[66] (Terqa era la capital de la provincia del reino Mari más cercana a la ciudad de Mari). Los músicos contribuían al ambiente de las fiestas del rey. Desde el periodo dinástico temprano, las imágenes de los banquetes incluían a tañedores de lira. Se puede ver uno en la parte superior derecha del lado de la paz del Estandarte de Ur (en la Fig. 3.7), en este caso un hombre con una cantante detrás. También se mencionan músicos en banquetes en las cartas y documentos administrativos Mari.[67]

La música interpretada para los dioses era un asunto diferente y parece haber sido más sombría. Se prescribían ciertas melodías para determinados rituales y ceremonias, que organizaban y ejecutaban en gran parte los sacerdotes de las lamentaciones, las *galas que hemos* visto antes. Estos hombres también ayudaban en los funerales, pero no participaban en la música de los banquetes del rey.

Los tambores y los instrumentos de percusión parecen haber atraído a los dioses, y existían muchos tipos de ellos. En el reverso de la estela de Ur-Namma, creada unos siglos antes, se representaba a dos hombres tocando un enorme tambor que, erguido sobre su borde redondo, era casi tan alto como ellos.[68] Probablemente se trataba de lo que se conocía como un "*alum*". Los tambores *de alum* eran tan grandes e impresionantes que la creación y dedicación de uno en un templo se consideraba digna de conmemoración en un año-nombre.[69] Los tambores *alum* recibían sus propias ofrendas de aceite, ya que éste era necesario para tratar los parches de cuero de los tambores.[70]

También podía dedicarse un timbal de bronce a un dios, que también se mencionaba en los nombres de los años.[71] El sonido resonante de los tambores debía de traspasar las paredes de los templos; se decía que retumbaban o rugían como una tormenta.

La música se consideraba esencial para calmar los corazones de los dioses. Esta era una de las razones por las que los músicos desempeñaban un papel tan central en la cultura, porque a los dioses y diosas les encantaba la música. Oír música les hacía menos propensos a castigar a los humanos; calmaba su ira.

No está claro si los músicos de palacio tocaban en muchas ceremonias de los templos o si éstos solían utilizar sus propios conjuntos. Sin embargo, en el interior del palacio de Mari había un santuario para la diosa Ishtar, por lo que el conjunto de Bazatum podría haber tocado música en un ritual para Ishtar que se registró en una tablilla encontrada en el palacio.[72] En el centro de este ritual había una lira.[73] Esta lira fue deificada y venerada como la diosa Ninigizibara. Su culto se practicaba no sólo en Mari, sino también en otras ciudades de la antigua Babilonia.[74] El propio instrumento era objeto de adoración, como si se tratara de una estatua de culto.

La ceremonia comenzó en el templo de Ishtar a primera hora de la mañana con un ritual de purificación. Las dos diosas, Ishtar (en la forma humana de su estatua) y Ninigizibara (en la forma de la lira sagrada), se enfrentaron en el santuario. No estaban solas; el lugar estaba repleto de estatuas divinas. El autor del texto que detalla el ritual señala que "a la izquierda de Ishtar se sientan (el dios guerrero) Latarak y las deidades de Dingirgubbu "[75], y más adelante se refiere también a la presencia de la (estatua del) gran dios del sol Shamash. Luego, "los emblemas de las diosas" -sus símbolos sagrados- fueron "sacados de sus santuarios y están colocados en el templo de Ishtar, a derecha e izquierda".

Tras la purificación, un grupo de músicos entraba en el templo y se colocaba alrededor de la diosa de la lira sagrada, con los sacerdotes de las lamentaciones a su izquierda y las cantoras a su derecha. Detrás de ellos había más cantoras. Curiosamente, también había un grupo de hábiles artesanos, "con sus herramientas preparadas" -un cervecero, un carpintero, un marroquinero, un cordelero y un batanero-, junto con algunos barberos, "con cuchillas (preparadas)". El texto ritual nunca nos dice para qué estaban allí ni por qué era importante que estuvieran equipados para el trabajo.

Llegó el momento de que entrara el rey. Vestía una túnica especial que se había tejido con un tipo raro de lana sólo para este evento,[76] y se sentó en un trono tradicionalmente conocido (por alguna razón) como el "asiento del marinero". Pero no era el centro de atención. Su asiento estaba detrás del grupo de sacerdotes de las lamentaciones. "Un cortesano del rey", se nos dice, se sentó "en una silla más baja junto al rey" y los sirvientes domésticos se situaron a su derecha e izquierda.

Una vez sentado el rey, comenzó la música. El autor del texto ritual nombró cada pieza y anotó las acciones que la acompañaban. Primero fueron los sacerdotes de las lamentaciones cantando un lamento llamado "*Uru. amma.daru.bi*". Puede que recuerdes a los sacerdotes de las lamentaciones, o "*galas*", del funeral de la reina de la Dinastía Temprana Baranamtarra. Aquí estamos, unos 600 años más tarde, y los sacerdotes *gala* seguían cantando en el dialecto emesal del sumerio, el dialecto asociado a las mujeres, y en un rango de falsete.[77] Seguían figurando como hombres, pero, como hemos visto, su género no estaba rígidamente definido. *Los galas* podían tener hijos, por lo que parece que no eran eunucos. Los *galas* eran, evidentemente, músicos y cantantes brillantes, y eran esenciales para el culto; eran los que podían calmar los ánimos de los dioses con más éxito.

A medida que avanzaba la ceremonia, los dioses reunidos presenciaban procesiones y actuaciones de personas que parecían ser tragafuegos, luchadores, bailarines y acróbatas. Todo ello tenía lugar durante un canto llamado "*Annuwashe*", durante el cual el rey debía permanecer de pie. Tal vez se oía el profundo retumbar de los tambores tras las melodías que se cantaban, o las mujeres músicos producían armonías con sus liras. Estas acciones y cantos debían de tener un significado para las personas que participaban en ellos -al igual que un segmento posterior de la ceremonia, en el que un sacerdote rociaba agua sobre las deidades Ishtar y Shamash, sobre los músicos y sobre el rey-, pero esos significados nos resultan indescifrables. Lo importante era que estas acciones y esta música, realizadas de la manera adecuada, hacían felices a los dioses. La previsibilidad de todo el acontecimiento probablemente tranquilizaba a todos los implicados. Las antiguas melodías que resonaban en el templo de Ishtar no sólo calmaban los corazones de los dioses, sino que sin duda también levantaban el ánimo de los participantes. Sin embargo, la ceremonia no parece haber sido un acto público. No hay mención de una audiencia. Todo se hizo para los dioses.

Volviendo al conjunto de pequeños músicos, la vida cambió para Bazatum y Beltani tras los primeros años del reinado de Zimri-Lim: Ambos se casaron. Beltani fue la primera, y se casó con el hombre más poderoso de la tierra: El propio rey Zimri-Lim. No era una de sus concubinas, pero tampoco una esposa de alto rango. Su nombre aparece en tercer lugar al final de la lista de sus doce esposas[78].

Bazatum, a diferencia de Beltani, abandonó la ciudad de Mari cuando se casó, para vivir a unos 45 kilómetros (28 millas) río arriba, cerca de la ciudad de Terqa. Su marido era uno de los más altos funcionarios del país, un antiguo gobernador de Terqa llamado Sammetar, del que Zimri-Lim dependía a menudo.[79] El rey le favorecía tanto que viajaba en un costoso palanquín llevado por asistentes, en lugar de en un carro. Aunque era impresionante, a Sammetar le causaba cierta vergüenza, porque la mayoría de los vasallos de Zimri-Lim -que, por supuesto, también eran reyes- viajaban en carros, que se consideraban menos prestigiosos. Sammetar, consciente de que su palanquín podía parecer demasiado ostentoso para un funcionario, escribió a Zimri-Lim para pedirle consejo. ¿Debía evitar usarlo? Estaba dispuesto a renunciar a él si era necesario[80]. Escribía, un poco petulante, que, al enviar el palanquín, el rey "me ha concedido sin duda un gran prestigio; toda la tierra se ha enterado (de ello)".[81]

El padre de Sammetar había sido una figura eminente en la ciudad de Terqa durante el reinado de Yasmah-Addu, por lo que la suya era una familia bien establecida.[82] El compromiso de Bazatum con Sammetar debió de parecerle un buen partido. Sin duda, su padre (si aún vivía) se alegró de haber ganado un yerno poderoso. Pero es muy poco probable que Bazatum pudiera decidir con quién se casaba, y su nueva vida no debió de ser fácil. Era mucho más joven que Sammetar y su segunda esposa. La primera esposa de Sammetar fue una mujer llamada Karanatum, que vivía en Mari.[83]

Bazatum se trasladó a la finca de su marido, cerca de Terqa, y asumió la supervisión de un taller de tejido dirigido por cuatro supervisores textiles varones.[84] Se describe a estos hombres trabajando "en la casa de Bazatum"[85] (que probablemente era un ala de la casa de Sammetar).

La finca estaba situada en la orilla opuesta del Éufrates de Terqa, la ciudad natal de su marido, y también de Mari[86]. Llegar allí requería un barco, asi que parecía que estaba un poco remoto. La campiña de la región habría sido encantadora, con huertos a la sombra y callejuelas tranquilas, como sigue siendo el caso últimamente. Pero vivir allí debió de ser todo un cambio para Bazatum después de su sociable infancia en el palacio de Mari. El trabajo textil le era familiar, ya que casi todas las mujeres sabían hilar y tejer, pero era raro que una mujer tuviera autoridad sobre los supervisores masculinos. ¿Le causaba esto alguna dificultad? ¿Echa de menos la ciudad y a los miembros de su conjunto musical? ¿Seguía encontrando ocasiones para tocar? Por desgracia, no tenemos respuestas a estas preguntas.

Ser una segunda esposa también tenía sus complicaciones. Era inusual que cualquier hombre, salvo el rey, tuviera más de una esposa (y una mujer nunca tuvo más de un marido); la monogamia era la norma para casi todos los mesopotámicos. Sólo unos pocos funcionarios, al menos en Mari, se casaban con más de una mujer[87], por lo que Bazatum habría tenido pocos modelos de conducta como segunda esposa de un magnate. Además, parece -y esto es sorprendente- que su rango era superior al de la primera esposa de Sammetar, Karanatum. Un fragmento de una tablilla registra las joyas asignadas a ambas, y dice, en parte: "1 siclo de oro, 1 anillo de plata, que pesa 4 [siclos] para Bazatum; 1 siclo de oro, 1 anillo de plata, que pesa 4 [siclos] para Karanatum".[88] El nombre de Bazatum antes del de Karanatum es chocante, porque sugiere que ella era más importante. El que el nombre de Bazatum está antes que el de Karanatum es discordante, porque sugiere que era más importante. Como segunda esposa, el rango de Bazatum debería haber sido inferior, a menos que, como su amiga Beltani, hubiera nacido en el seno de una familia real.[89] Esta ambigua jerarquía entre Bazatum y su compañera no puede haber facilitado su vida matrimonial.

La amistad de Bazatum con su compañera Beltani parece haber continuado después de que ambas se casaran. Aunque no se conservan cartas que atestigüen su amistad[90], un texto afirma que, cuando Beltani necesitaba que alguien cuidara de su joyero, elegía a Bazatum[91]. Quizás se encontraran ocasionalmente cuando Bazatum viajara allí y estuvieran cerca.

El matrimonio de Bazatum resultó efímero. Su marido Sammetar enfermó poco después de que Bazatum se trasladara a su finca. Escribió al rey Zimri-Lim disculpándose por tener que perderse un festival importante: Estaba demasiado enfermo para hacer el viaje.[92] Poco después, una sacerdotisa cercana a Sammetar y su familia escribió a Zimri-Lim para decirle, lacónicamente: "Un joven funcionario me ha informado de que Sammetar ha muerto. Mi Estrella (el rey) debería saberlo".[93]

La práctica habitual, tras la muerte de un alto funcionario, era que los inspectores reales acudieran a su finca para determinar si había allí objetos que pertenecieran al palacio y pudieran necesitar ser reclamados. En efecto, Zimri-Lim no tardó en enviar funcionarios a la finca de Sammetar para inspeccionar y registrar sus bienes. Estos hombres fueron minuciosos, recorrieron la finca del difunto, contaron y registraron los detalles de todo, desde los equipos de arado hasta las cabras (314), los tejidos, los utensilios domésticos de bronce, los animales del patio, la cebada, las jarras de vino y los trabajadores. A continuación se trasladaron, al otro lado del río, a la otra casa de Sammetar en Terqa e hicieron anotaciones igual de exhaustivas de sus bienes allí.[94] Muchos objetos, especialmente los de metal,[95] fueron confiscados y llevados de vuelta a Mari, tal vez porque eran propiedad del rey y habían sido utilizados por Sammetar en vida, o tal vez para saldar deudas que aún tenía con el palacio.

Mientras estaban en las casas de Sammetar, los inspectores registraron también los bienes personales de Bazatum -poseía vasijas, cebada, bueyes, joyas y algo de personal en la casa de campo, junto con un rebaño de ochenta y cuatro ovejas y cabras que pastaban en tierras cercanas a Terqa-, aunque no le quitaron ninguno de ellos.[96] Sus posesiones debían de estar incluidas en su dote y regalos nupciales, que se habrían mantenido separados de los bienes de su marido Sammetar.[97]

Sammetar también había mantenido dos hogares en la propia Mari, a los que los inspectores se dirigieron a continuación. Allí había mantenido una enorme plantilla de sirvientes, cocineros, trabajadores textiles, cantantes, mayordomos, barberos e incluso una médica.[98] Había sido un hombre rico y poderoso.

Como su viuda, al parecer inicialmente Bazatum continuó viviendo en su ala de la casa de campo cerca de Terqa, pero no sabemos nada de lo que le ocurrió después. Hubiera sido una suerte para ella que siguiera viviendo en la región de Terqa, porque en pocos años la ciudad de Mari se vio envuelta en una gran agitación.

En el quinto mes de lo que resultó ser el último año de su reinado, Zimri-Lim había estado de viaje por la región del triángulo norte de Habur, dejando a la reina Shibtu a cargo del palacio de Mari. Esto no era inusual. Incluso cuando Zimri-Lim fue a visitar a los padres de su esposa, el rey y la reina de Alepo, su hija Shibtu se quedó en Mari para ocuparse de todo por él y mantenerle informado, por carta, de cualquier preocupación importante.[99] Ahora estaba a punto de emprender el camino de vuelta a casa con su séquito, viajando río abajo a lo largo del río Habur hacia el Éufrates. Dictó una carta a la reina Shibtu y la envió a través de un mensajero rápido: "Ahora mismo me dirijo (a Mari), haciendo el viaje", escribió a su esposa, "Llega a Saggaratum delante de mí". Saggaratum era una capital de provincia situada en la confluencia de los ríos Habur y Éufrates, al norte de Mari y al sur de la región de Habur que Zimri-Lim abandonaba. "Cuando salgas, lleva contigo a Saggaratum un conjunto (musical) de siete mujeres, [la cantante] Ahatum, que ahora está a tu lado, y los instrumentos musicales hechos con oro".[100] No está claro por qué Zimri-Lim necesitaba especialmente el conjunto musical de siete mujeres cuando llegó a la ciudad de Saggaratum, pero no era la única vez que había pedido a este grupo que viajara. En otra ocasión, cuando estaba lejos de Mari, escribió para que se las enviaran, junto con sus instrumentos y algunos cantantes.[101] La música había seguido desempeñando un papel importante en la vida del palacio de Mari durante todo el reinado de Zimri-Lim, y tal vez en esta ocasión el rey quería impresionar a la corte de su gobernador en Saggaratum con el talento de sus músicos cortesanos. Zimri-Lim, que tenía un gusto por lo opulento, mencionó a menudo su deseo de instrumentos hechos de oro, como hizo aquí.

A estas alturas, nada parecía ir mal para Mari y su rey. Los registros muestran que, durante los meses siguientes, Zimri-Lim dio y recibió regalos de otros reyes, viajó a Terqa, celebró un festival para Ishtar (sin duda con las habituales contribuciones musicales de los sacerdotes *gala*) y celebró banquetes, igual que antes. Y entonces, de repente, no se escribieron más tablillas.

Dos años más tarde, el palacio de Zimri-Lim -ese extenso y glorioso complejo- ardió hasta los cimientos y nunca fue reconstruido. Debió de arder durante horas, tal vez días. Los habitantes de la ciudad experimentaron el extraño horror de presenciar la destrucción de un monumento que debía de parecer eterno y que durante siglos había representado la continuidad, incluso cuando las dinastías habían cambiado. Afortunadamente, en el momento del incendio, los residentes del palacio hacía tiempo que se habían mudado; el contenido del palacio había sido clasificado y los mejores tesoros habían sido retirados de antemano. Ahora el fuego salía de los tejados y los portales. Las vigas del techo que sostenían el segundo piso estallaron en llamas y los pisos superiores se derrumbaron. El fuego era tan ardiente que endureció los ladrillos de las paredes y las tablillas de arcilla de los archivos, preservándolos serendípicamente para nosotros, sus inimaginados lectores, en un futuro lejano. Una vez extinguido el fuego, algunos de los muros que aún quedaban en pie fueron derribados y los objetos que quedaron entre los escombros nunca se recuperaron. El incendio tenía todas las características de un acto hostil.

Lo que le ocurrió a Zimri-Lim y cómo se destruyó el palacio sigue siendo un enigma, pero los babilonios estaban definitivamente implicados. El rey de Babilonia, Hammurabi, incluso se jactó de haber tomado el control de Mari en dos de sus nombres anuales, aunque anteriormente había sido un estrecho aliado de Zimri-Lim. En el próximo capítulo analizaremos la carrera de Hammurabi y volveremos a Mari para intentar comprender esta catástrofe.

PARTE V

EL PERIODO DE LA ANTIGUA BABILONIA, 1792-1550 A.C.

CAPÍTULO 11

UN LEGISLADOR, SUPERVISORES DE TIERRAS Y SOLDADOS

No creo que exista ningún estudio de historia universal que no mencione a Hammurabi de Babilonia (1792-1750 a.C.). Aunque sólo se dediquen dos o tres páginas a toda la historia de Mesopotamia -los 3.500 años de historia-, Hammurabi sigue estando presente. La razón de su presencia, siempre, es su "código de leyes". La mayoría de las historias incluso citan algunas de sus leyes, a menudo favoreciendo el "ojo por ojo". Estas leyes no son particularmente típicas (estrictamente hablando, sólo hay tres de ellas en una colección de casi 300 leyes),[1] pero suenan bíblicas, lo que establece una conexión interesante. De algún modo, Hammurabi es el nombre más familiar de toda la historia de Mesopotamia.

Esto podría haberle sorprendido. Como casi todos los reyes mesopotámicos, Hammurabi se tenía en gran estima, pero ¿Se habría creído el rey más importante de todos? Durante la mayor parte de su reinado, definitivamente no. No fue ni mucho menos el primer rey en promulgar leyes (ya hemos conocido a Ur-Namma, que ostenta esa distinción, al menos por lo que sabemos), y no reunió su colección de leyes hasta los últimos años de su vida; no empezó a construir un imperio hasta que llevaba treinta años en el trono; nunca utilizó el símbolo divino delante de su nombre para sugerir que era un dios. Entonces, ¿Por qué tenemos una idea desproporcionada de su importancia?

HAMMURABI: REY PIADOSO Y LEGISLADOR

Las leyes de Hammurabi se descubrieron por primera vez en 1902, en una época en la que la mayor parte del interés por el Próximo Oriente antiguo procedía de su asociación con la Biblia.[2] No perjudicó su inmediato ascenso a la fama el hecho de que las leyes se recuperaran en una impresionante estela de piedra con una escultura en relieve bellamente tallada sobre columnas de cuneiforme inscrita en una escritura fina y arcaizante que resulta encantadora a la vista, incluso para quienes no saben leerla (véase la Fig. 11.1). Y una vez leída la inscripción (lo que ocurrió casi de inmediato), se declaró que su contenido eran las primeras leyes del mundo, y los eruditos establecieron de inmediato comparaciones con la ley bíblica. Hammurabi fue anunciado como predecesor de Moisés, al recibir las leyes de su dios, Shamash. Incluso el posterior descubrimiento de leyes anteriores, que rápidamente derribaron a Hammurabi de su pedestal de "primer legislador", no hizo nada para eclipsar su fama. Apareció en los libros de historia desde el primer día de su redescubrimiento y ahí ha permanecido.

Obviamente, llegaremos a sus leyes, pero me gustaría fijarme primero en Hammurabi en sus primeros años en el trono. En ese momento no era muy diferente, en sus logros y retos, de Sumu-El de Larsa, Enlil-bani de Isin, o Zimri-Lim de Mari, o, para el caso, de la mayoría de los otros reyes que gobernaron en los primeros siglos del segundo milenio a.C. Inicialmente, el reino babilónico de Hammurabi existía a la sombra de tres estados mucho más poderosos: Alta Mesopotamia al norte, Larsa al sur y Elam al este. Cuando Hammurabi ascendió al trono en 1792 a.C. a la muerte de su padre, era un hombre joven. Shamshi-Adad, ya de mediana edad, seguía gobernando la amplia región de la Alta Mesopotamia. Larsa, que seguía dominando Sumeria, como lo había hecho durante un siglo desde la época de Sumu-El, estaba ahora gobernada por el rey Rim-Sin (1822-1763 a.C.). Éste, al igual que Shamshi-Adad, era al menos una generación mayor que Hammurabi; llevaba ya treinta años en el poder y, durante ese tiempo, había aumentado espectacularmente el tamaño de su reino. Incluso había conquistado finalmente a Isin, rival de Larsa desde hacía mucho tiempo.[3] A diferencia de casi todos los reyes anteriores de Larsa, o de cualquier otro lugar en la década de 1790 a.C., Rim-Sin se consideraba a sí mismo un dios. La tercera potencia, Elam, es menos conocida, pero al parecer fue la más poderosa de todas. Siruk-tuh (principios del siglo XVIII a.C.) era su líder cuando Hammurabi gobernó por primera vez.[4] Los reyes de Siria y Mesopotamia se referían a él y a los reyes posteriores de la dinastía elamita como "gran rey" y "padre", y eran los únicos reyes que los reyes mesopotámicos consideraban de mayor rango que

Fig. 11.1 Estela jurídica de diorita del rey Hammurabi de Babilonia, hallada en Susa, mediados del siglo XVIII a.C. (Museo del Louvre. Wikipedia. Dominio público)

ellos mismos.[5] Los gobernantes elamitas estaban cada vez más implicados en la política mesopotámica; de hecho, el propio Rim-Sin de Larsa era de ascendencia elamita, a pesar de su nombre acadio.

Sin embargo, la vida de Hammurabi es mucho más conocida que la de sus contemporáneos; incluso es objeto de dos biografías de tamaño libro[6]. Hammurabi parecía incialmente que tenía alucinaciones de grandeza. Sus nombres anuales demuestran que se ocupaba de las preocupaciones habituales del líder de un reino pequeño: Adular a los dioses, cavar canales, restaurar las murallas de la ciudad, etc. Se casó y tuvo hijos. Escribió cartas y envió a sus diplomáticos a negociar con aliados. Firmó tratados con sus vasallos, en los que le prometían lealtad, y tratados con sus aliados, en los que se comprometían a apoyarse mutuamente en tiempos de guerra y a extraditar a los fugitivos. Libró pequeñas guerras locales. Tras la muerte de Shamshi-Adad y la independencia del reino de Mari, Hammurabi entabló amistad con Zimri-Lim. Mantuvieron correspondencia y enviaron emisarios a la corte del otro. Hammurabi envió a sus hijos de visita a Mari,[7] y uno de ellos incluso pudo haber residido en una casa de la capital provincial de Mari, Terqa.[8]

En 1765 a.C., las tropas de Elam, el poderoso reino del este, iniciaron una agresiva campaña en Mesopotamia, atacando el reino septentrional de Eshnunna. Reconociendo que Elam estaba a punto de convertirse en una amenaza tanto para Babilonia como para Larsa, Hammurabi acordó unir fuerzas con el rey Rim-Sin de Larsa, ya que juntos podrían tener más posibilidades que separados.[9] Pero su alianza no duró; Rim-Sin retrasó el envío de tropas para ayudar a Hammurabi, y entonces Hammurabi afirmó que sus propias tierras habían sido asaltadas, no por elamitas sino por soldados de su supuesto aliado Larsa. Se produjo un gran cambio de alianzas, los mensajeros dejaron de viajar entre las cortes de Babilonia y Larsa y, en 1763 a.C., Hammurabi, con la ayuda de Zimri-Lim de Mari, lanzó un ataque contra Larsa.

LA CONQUISTA DE LARSA POR BABILONIA

La victoria de Hammurabi, en su trigésimo año en el trono, sobre Rim-Sin de Larsa marcó un momento dramático. Se produjo en la culminación de un asedio de seis meses de la capital y fue conmemorado en su trigésimo primer año-nombre, en el que se jactó:

> Año: El rey Hammurabi, confiando en [los dioses] An y Enlil, que marchan al frente de su ejército, y con el poder supremo que los grandes dioses le han otorgado, destruyó las tropas de Emutbal, y sometió a su rey Rim-Sin, e hizo que Sumer y Acad habitasen bajo su autoridad.[10]

Emutbal era otro nombre de Larsa; su rey, Rim-Sin, ya muy anciano, llevaba en el trono sesenta años, una cifra sin precedentes. Probablemente hoy sería más conocido por sus propios logros si no fuera por su mala suerte de ser contemporáneo de Hammurabi, y su aún peor suerte de haber sido conquistado por él. En todos los cuarenta y tres nombres de años de Hammurabi y entre las veinte tierras que se jactó de conquistar,[11] Rim-sin fue el único rey enemigo al que se refirió por su nombre. Rim-Sin era una leyenda entre los reyes, y había sido derrotado. Él y su hijo fueron hechos prisioneros, un final ignominioso para un reinado extraordinariamente largo y en su mayor parte exitoso.

Después de esto, Hammurabi parece haber encontrado una nueva pasión por la construcción de imperios. No se durmió en los laureles: Al año siguiente ya estaba de nuevo en campaña, derrotando a los ejércitos de otras tres tierras y conquistando otra, y conmemorando ese hecho en el nombre de su trigésimo segundo año. En los trece años transcurridos entre su trigésimo y su cuadragésimo tercer (y último) año en el trono, Hammurabi se adjudicó la notable hazaña de haber derrotado diecisiete tierras y regiones, volviendo a varias de ellas una y otra vez.

Esto nos remite a la misteriosa destrucción de Mari de la que hablamos en el último capítulo. Al nombrar su trigésimo tercer año, Hammurabi se jactó de haber "derrotado en batalla a los ejércitos de Mari y Malgium", y dos años más tarde, en su trigésimo quinto año, él, "por orden de An y Enlil, destruyó las murallas de las ciudades de Mari y Malgium". Pero esto no tiene sentido. El propio hijo de Hammurabi residía en Mari justo el año anterior al primer supuesto ataque, y Hammurabi no había dado indicios de volverse repentinamente contra Zimri-Lim.

Una teoría propuesta por Jack M. Sasson podría resolver esta cuestión. Sasson lleva toda su carrera investigando y escribiendo sobre Mari y reflexionando sobre el extraño destino de la ciudad. Propone que Zimri-Lim murió repentinamente, y probablemente de forma natural, sin dejar ningún heredero evidente. Los dos hijos que le sobrevivieron eran niños y ninguno tenía edad suficiente para ocupar el trono.[12] En un principio, Hammurabi pudo haber sido invitado a Mari para ayudar, ya fuera para asistir a los funcionarios y reinas de Mari en la búsqueda de un nuevo rey, o simplemente para proporcionar tropas para proteger Mari durante el difícil momento en que no había un heredero obvio al trono. Hammurabi era, después de todo, un viejo aliado de Zimri-Lim. Esto ayuda a explicar la última parte de su nombre del año treinta y tres, en la que escribió que hizo que "Mari y su territorio... habitasen bajo su autoridad en amistad".[13] "Amistad" no suena a sumisión forzada. Dicho esto, Hammurabi estaba en un estado de ánimo de construcción de imperios, y Sasson sugiere que la atracción de traer a Mari a su reino podría haber sido demasiado grande para resistirse.

Hammurabi y sus escribas revisaron los archivos del palacio Mari, leyeron cada carta y eligieron las más importantes para llevarlas a Babilonia.

Las tablillas no se han encontrado allí, pero en las ruinas del palacio de Mari sobreviven etiquetas de arcilla con inscripciones que demuestran que este proceso tuvo lugar. Los babilonios también eligieron algunas estatuas finas para llevarse (estas estatuas de Mari se encontraron en Babilonia), junto con otros tesoros del palacio que estaban hechos de metales o telas que no habrían sobrevivido para ser encontrados hoy en día.

Hammurabi afirmaba que los dioses Anu y Enlil le habían dicho que destruyera las murallas de Mari, y Sasón le toma la palabra.[14] Si, a través de signos o presagios, Hammurabi realmente creía que los dioses le habían dicho que llevara a cabo esta destrucción, ¿quién era él para discutir? Parece que se aseguró, al menos, de que nadie resultara herido cuando se quemara el palacio.

Mari marcaba ahora la frontera norte del imperio de Hammurabi. La ciudad de Terqa, a pocos kilómetros río arriba, siguió ocupada y pronto tuvo su propia dinastía de reyes locales. Mari había sido conocida como "el reino de Mari y la tierra de Hana". Los nuevos reyes, que ya no controlaban Mari, probablemente llamaban a su reino simplemente "la tierra de Hana".[15]

ADMINISTRACIÓN DEL IMPERIO DE HAMMURABI

Mientras las tropas de Hammurabi (y tal vez el propio rey) participaban en estas campañas casi anuales por los valles de los ríos Éufrates y Tigris y subían a las montañas, había que hacer algo para administrar las tierras recién conquistadas. Hammurabi parece haber decidido no imponer un nuevo sistema de gobierno a sus nuevos súbditos, pero sin duda quería beneficiarse económicamente de ellos.[16] Sus súbditos de la región de Larsa (ahora llamada provincia de Yamutbalum) seguirían, por supuesto, pagando impuestos, pero continuarían pagándolos a sus ciudades locales (las capitales de sus antiguos reinos), y los administradores de allí los enviarían a Babilonia. Al gobernar, Hammurabi empleó a muchos de los funcionarios y empleados públicos existentes e hizo buen uso de las instituciones que ya estaban en marcha. Algunos funcionarios públicos que antes habían trabajado para el palacio de Larsa, o Mari, o Eshnunna, o cualquier otro lugar, ahora trabajaban para el palacio de Babilonia, pero Hammurabi también introdujo altos funcionarios de Babilonia para supervisarlo todo. Por otra parte, dejó las estructuras locales de las ciudades casi completamente solas; los alcaldes, las asambleas y los consejos de ancianos siguieron funcionando igual que antes. Los asuntos locales no concernían a los funcionarios de Hammurabi; de ellos se ocupaban enteramente los funcionarios de esa ciudad o distrito en particular.[17] Pero los impuestos de las nuevas regiones le serían útiles. Pero los impuestos de las nuevas regiones le serían útiles. Para saber más sobre esta fuente de fondos potencialmente rica, Hammurabi impuso un censo en Larsa. Probablemente hizo lo mismo en otras partes del imperio.

SIN-IDINNAM Y SHAMASH-HAZIR: GOBERNADOR GENERAL DE LARSA Y SUPERVISOR DE LA TIERRA

Ése es el panorama general, pero ¿Qué significaba esto en el día a día para la gente que vivía en Larsa y se adaptaba a la vida bajo el dominio babilónico? Afortunadamente, tenemos una visión desde el terreno que muestra cómo funcionaba (y a veces no funcionaba), en las carreras de dos hombres que trabajaron directamente para Hammurabi en Larsa: Sin-idinnam y Shamash-hazir. Ambos eran babilonios nombrados por Hammurabi, y ambos escribían al rey y recibían respuestas suyas con regularidad. Por suerte, se conservan muchas de estas cartas.[18]

Sin-idinnam era el más poderoso de los dos hombres, administraba la provincia de Larsa, supervisaba a sus gobernadores y rendía cuentas directamente a Hammurabi.[19] No se conoce su título, pero es probable que fuera el gobernador general de la provincia.[20] Hammurabi le escribía con frecuencia, aparentemente microgestionando el trabajo de Sin-idinnam, lo que puede significar que no tenía mucha autonomía. Por otro lado, sí tenía autoridad sobre los gobernadores de su región y Hammurabi solía escribir a Sin-idinnam, en lugar de hacerlo directamente a los gobernadores, cuando necesitaba algo de ellos.

Sin-idinnam era responsable, entre otras cosas, de asegurarse de que la gente pagara sus impuestos y de que éstos llegaran posteriormente a Babilonia. Este no era un aspecto envidiable de su trabajo; por lo general, la gente no estaba dispuesta a pagar los impuestos, y el rey no era paciente a la hora de esperarlos. El rey de Babilonia escribió a Sin-idinnam en una ocasión, exigiendo que se enviara el ganado rápidamente: "Tan pronto como hayas leído esta carta mía, emite una orden escrita a todos los gobernadores del distrito inferior que estén bajo tu autoridad, para que suban a Babilonia bueyes y ovejas de los almacenes que están a su disposición (siendo) la contribución de acuerdo con la parte (que se debe)".[21]

Es interesante ver que Sin-idinnam sabía leer y escribir. Hammurabi dijo que Sin-idinnam habría "leído" más que "oído" la carta. Y se le ordenó que escribiera algo por su cuenta: que "emitiera una orden escrita" a los gobernadores sobre los que tenía jurisdicción, diciéndoles que debían llevar sus contribuciones de bueyes y ovejas directamente a Babilonia. Llevar los animales directamente a Babilonia era bastante inusual, y debió haber sido todo un desafío. La única manera de llevar los bueyes y las ovejas era vivos y a pie. Así que debieron ser arreados a lo largo de la larga ruta de Larsa a Babilonia, una distancia de 130 kilómetros (81 millas).[22]

Normalmente, el rey era más práctico y quería que los impuestos se pagaran sólo en cebada y plata.[23] Pero muchos contribuyentes no tenían cebada ni plata para contribuir. Tenían los productos de sus jardines y huertos -ajos, cebollas, dátiles, etc.- o los productos de sus rebaños -lana o animales vivos-. Estos productos se llevaban a los almacenes de Larsa y debían convertirse de algún modo en cebada y plata. Aquí es donde entraba en juego un hombre llamado Shep-Sin, el supervisor de los mercaderes de Larsa.[24] Era un hombre poderoso cuyo papel entrecruzaba los mundos del palacio y del sector privado. Le pagaban los impuestos y él encontraba distribuidores privados de grano y plata dispuestos a comprarle los bienes de los impuestos y a pagarlos con las mercancías que necesitaba. A continuación, debía una cantidad fija de grano y plata que había sido determinada por el rey y que enviaba a palacio.[25] Todo lo que ingresaba de más era una bonificación que él, y los funcionarios con los que trabajaba, podían quedarse.[26]

En la época de Hammurabi, gran parte de las tierras agrícolas del reino de Babilonia, en plena expansión, eran propiedad del palacio, pero muchas (al menos en la parte norte del reino)[27] eran también propiedad privada y podían comprarse y venderse. Esto dio lugar a una característica distintiva de esta época: Muchos habitantes de las ciudades guardaban archivos en sus casas para llevar la cuenta de sus propiedades, y se han encontrado muchos de esos archivos. La gente compraba y vendía casas, campos y huertos, o los arrendaba. Pedían plata prestada y negociaban las condiciones para devolverla. Contrataban mano de obra para trabajar sus tierras y establecían las condiciones de su empleo, incluidas las vacaciones y las primas tras la cosecha. Sabiamente, guardaban registros de todas estas transacciones para futuras consultas. Aunque los documentos eran redactados por escribas, muchos propietarios sabían leer y escribir, al menos para poder leer los contratos que les afectaban.

En la recién adquirida parte meridional del imperio de Hammurabi, los campos no solían comprarse ni venderse, aunque la gente sí vendía casas y huertos con regularidad.[28] Pero la tierra que antes había pertenecido al estado de Larsa ahora era responsabilidad de Hammurabi y a él le correspondía asignarla y gestionarla.

Llevar la cuenta de la tierra en la región de Larsa era responsabilidad de nuestro segundo funcionario, Shamash-hazir, que tenía el título de "*shassukkum*".[29] Tenía un trabajo complicado. Alrededor de Larsa había cientos de kilómetros cuadrados de tierra, divididos en campos y huertos, algunos en manos privadas, otros pertenecientes al Estado y otros a templos. Una vez que Hammurabi derrotó a Rim-Sin y se hizo con el control de Larsa, no pretendió poseer todas las tierras del reino; reconocía y respetaba los derechos de los terratenientes.[30] Pero le interesaba mucho averiguar qué propiedades eran ahora suyas (es decir, qué tierras habían pertenecido anteriormente al palacio de Rim-Sin), porque tenía un uso para ellas. En lugar de pagar a los empleados del Estado con cebada, Hammurabi concedió el uso de la tierra a algunos de sus soldados, trabajadores y otros sirvientes para que la cultivaran con el fin de mantener a sus familias. Cuando se pagaba a los soldados de esta forma, se denominaba sistema "*ilkum*": la tierra asignada a un soldado u otro trabajador era su *ilkum,* y el trabajo asociado a su cultivo, junto con su servicio militar, el trabajo de corvea y los impuestos que pagaba, también se consideraban su *ilkum.*[31]

Se trataba, en muchos sentidos, de un sistema más sencillo que los salarios mensuales pagados en cebada y otros productos básicos. No requería la redistribución de grandes cantidades de grano, lana y aceite, ni la conversión de bienes en plata. No requería la redacción y conservación de múltiples documentos para registrar los bienes que un hombre había recibido y cuándo los había recibido. A un hombre simplemente se le asignaba una parcela de tierra, tomaba el control de ella... y eso era todo. Los alimentos que producía constituían su salario, aunque también tenía que pagar una parte al gobierno. Al fin y al cabo, era tierra de palacio. Había restricciones, por supuesto: No podía vender la tierra, y puede que viviera con el temor de que el rey se la quitara, pero proporcionaba estabilidad a su familia.

Otras tierras de palacio se adjudicaban a altos funcionarios de forma muy parecida, aunque en mayores cantidades, y no se denominaban *ilkum.*[32] El trabajo en las tierras de los altos funcionarios parece que se asignaba a empresarios que pagaban una renta fija en productos y plata. El Estado les proporcionaba lo necesario para la agricultura, como arados, bueyes de tiro y agua de riego.[33] Estos hombres podían obtener un beneficio potencial si eran capaces de producir más de los campos y huertos de lo que el rey preveía, y a su vez el rey no tenía que preocuparse de encontrar mano de obra estacional para sus campos; los empresarios lo hacían ellos mismos. Este tipo de empresarios no sólo trabajaban para el palacio, sino que también cultivaban tierras para templos y terratenientes ricos[34].

El paisaje alrededor de Larsa podía parecer bucólico y sencillo -campo tras campo rectangular que se extendía a lo largo del río hasta el horizonte, entretejido con canales de riego que goteaban suavemente-, pero cada campo tenía una historia individual. Podía ser propiedad privada y ser cultivado por su propietario y su familia, o propiedad de un particular pero cultivado por un arrendatario o por trabajadores contratados. Podía ser propiedad del Estado y ser cultivada por un empresario, o propiedad del Estado y adjudicada a un trabajador como *ilkum.* Podía ser propiedad de un templo y ser cultivada por empleados del templo, arrendatarios o trabajadores contratados, o podía ser propiedad de un templo y estar en manos de un empresario. Las familias ricas que poseían grandes propiedades privadas también podían funcionar como templos en cuanto a la gestión de sus tierras.

A esta situación bizantina se sumó Shamash-hazir, que trató valientemente de averiguar quién cultivaba y quién era el propietario de cada campo de su región y enviaba informes periódicos al rey. Debió de salir regularmente al campo para hablar con la gente mientras araban o desherbaban sus campos y mantenían sus acequias. Su primer objetivo era identificar quién era arrendatario y quién propietario, y averiguar qué arrendatarios trabajaban para propietarios privados y cuáles para el estado de Larsa. Los propietarios tendrían que demostrar su derecho a la tierra mostrándole contratos o aportando testigos. El objetivo final de Shamash-hazir era identificar las tierras que Hammurabi podría utilizar para conceder tierras y asignar *ilkum.* En ocasiones, las tierras que habían pertenecido al estado de Larsa eran confiscadas a la persona que las había estado cultivando y reasignadas a uno de los trabajadores de Hammurabi o a los miembros del ejército.

Cuando un soldado o un trabajador recibía un *ilkum*, que le daba derecho a cultivar unas tierras públicas, recibía una tablilla de su supervisor, que llevaba a Shamash-hazir. El funcionario, atareado, tenía entonces que decidir qué terreno le asignaba. Se dirigió a la parcela correspondiente, llevando consigo a un topógrafo y al hombre que la cultivaría. Es de suponer que este viaje podía durar horas o incluso días. Larsa era una provincia extensa y Shamash-hazir parece haber supervisado la mayor parte de las tierras agrícolas del estado. Cuando llegaron al lugar, el topógrafo midió los lados del campo y Shamash-hazir clavó simbólicamente una estaca en el centro, acción de la que fue testigo su nuevo destinatario.[35] Qué alivio debió de suponer para este hombre: Ahora tenía un medio para mantenerse a sí mismo y a su familia. Si vivía cerca del campo (lo que presumiblemente era la situación ideal) podía cultivarlo él mismo, a menos que su trabajo para el palacio le llevara lejos de casa. En ese caso, podía poner a trabajar a sus hijos (si tenían edad suficiente) o contratar a un obrero local. A veces, sin embargo, el campo estaba demasiado lejos de donde vivía el hombre como para que alguien de su familia pudiera cultivarlo. Entonces no le quedaba más remedio que contratar a un arrendatario de la región, cobrarle un alquiler y esperar que éste fuera pagado.

Podría parecer el final de la participación de Shamash-hazir en ese campo concreto, pero a veces, lamentablemente, cometía errores. A veces, otra persona se presentaba en esa preciosa parcela de terreno público y afirmaba que era de su propiedad y que el nuevo hombre no tenía derecho a ella. Como es de imaginar, el propietario original se indignaba y no tardaba en contratar a un escriba para quejarse por escrito, a menudo directamente al rey. Una carta escrita por Hammurabi a Shamash-hazir señalaba que el rey había recibido una queja: "Sin-ishmeani, el... jardinero de dátiles... llamó mi atención sobre esto", escribió, y citó al jardinero de dátiles: "Shamash-hazir se ha apropiado de tierras de la hacienda de mi familia y se las ha dado a un soldado". Hammurabi no estaba contento con esto y reprendió a Shamash-hazir. El rey escribió: "¿Acaso se le puede quitar la tierra perpetua? Devuélvele el campo".[36]

En este caso, resultó que la tierra no era en realidad del rey para haberla adjudicado en primer lugar. Pero incluso la tierra pública que se había concedido en forma de campos de subsistencia se consideraba "propiedad", por así decirlo, de la persona que la había cultivado durante mucho tiempo. El rey no podía quitársela arbitrariamente, a menos que el hombre ya no trabajara para el palacio. De nuevo Shamash-hazir se encontraría en medio de una disputa. Un funcionario le escribió quejándose de que un hombre en particular había disfrutado del control de un campo durante cuarenta años. Shamash-hazir había propuesto que se cediera a otra persona. Pero, como señalaba el autor de la carta, este nuevo hombre "se había presentado al servicio (sólo) este año".[37] Esto no era apropiado. La tierra debería haber permanecido bajo el control de su cultivador de toda la vida. Shamash-hazir tendría que encontrar un campo diferente para el hombre que era nuevo al servicio del rey.[38] Al ayudar a sus súbditos de esta manera, Hammurabi fue capaz de ser más que un señor distante; creó un vínculo con ellos y parecía estar de su lado.[39] Ellos, a su vez, parecen haber visto al rey favorablemente; la región no se rebeló contra el dominio babilónico durante su reinado.

Shamash-hazir no sólo se encargaba de asignar las tierras agrícolas existentes. Hammurabi también ordenó el trabajo intensivo de abrir nuevos canales (algunos de ellos planeados inicialmente por Rim-Sin), creando nuevas tierras agrícolas que podían adjudicarse a soldados y funcionarios para su cultivo. Una generación más tarde, esas nuevas tierras se concedieron a menudo a soldados de otras tierras, como elamitas y casitas, que para entonces luchaban en los ejércitos de Babilonia.[40]

También había que mantener el sistema de riego que regaba todos estos campos. Esto implicaba el dragado periódico de los canales, el mantenimiento de los mecanismos de control del agua, como divisores de caudal y compuertas,[41] y la regulación de los usuarios del agua para garantizar que nadie tomara más de lo que le correspondía. En una ocasión, Sin-idinnam fue el responsable de asegurarse de que un canal principal de la región de Larsa se limpiaba para que la vecina Uruk recibiera suficiente agua; Hamurabi le dijo que sólo tenía tres días para realizar el trabajo; Uruk estaba sufriendo.[42] Asimismo, Shamash-hazir era el responsable de organizar el trabajo de irrigación local y los trabajadores que podían ejecutarlo. Entre otras cosas, tenía que calcular el número de hombres y el número de días que se necesitarían. Hammurabi le escribió en una ocasión para encargarle que "determine la (cantidad de) tierra que conviene retirar del canal" y que le envíe informes.[43]

A veces el agua de los ríos y canales era demasiado baja, como en el caso del canal bloqueado que hacía sufrir a la población de Uruk. Otras veces podía subir peligrosamente, sobre todo durante la época de las inundaciones (que también era, diabólicamente, la época de las cosechas). En este caso se necesitaban más trabajadores para cavar canales de desviación que desviaran las aguas de las inundaciones hacia zonas donde hicieran menos daño. De nuevo se recurrió a Shamash-hazir para que se ocupara de todos los detalles y encontrara suficientes trabajadores locales[44].

En una carta, Shamash-hazir escribió a Hammurabi para comunicarle que se había represado una abertura en un río y "toda el agua se ha vertido en el canal de Edinna".[45] Pidió al rey que otros dos funcionarios se hicieran cargo de ello. El rey le contestó que había hecho exactamente lo que Shamash-hazir le pedía; había ordenado a estos funcionarios que "asignaran la proporción a sus tropas, reforzaran la abertura (represada).... y hacerles cultivar la tierra del Estado que administran".[46]

En estas cartas a y de Shamash-hazir y Sin-idinnam podemos observar los mecanismos que utilizaban para mantener los ríos y canales bajo control y en buen orden, pero esto no era sólo un fenómeno de su época. Sistemas como éste existieron a lo largo de toda la historia de Mesopotamia. El riego y el control de las inundaciones no podían descuidarse nunca; toda la población de la región dependía de ellos. Toda persona sujeta al trabajo de la corvea (es decir, la mayoría de la población masculina) debió de pasar parte de su vida adulta en el agotador trabajo de dragar canales, excavar nuevos cauces, reconstruir divisorias de flujo y levantar diques. La organización de estos trabajos recaía en administradores locales como Shamash-hazir.

En muchas de las cartas a Shamash-hazir, Hammurabi le recordaba que conservara o consultara los registros existentes -hay mucha mención a "tablillas" e "informes". La oficina física de Shamash-hazir no ha sido excavada, pero debió de tener salas llenas de documentos que podía consultar en caso de disputa. Las tablillas podían estar organizadas por fechas, con etiquetas de arcilla inscritas que identificaban el contenido de las estanterías o cajas para ayudar al administrador a encontrar los documentos que necesitaba. Este tipo de etiquetas se han encontrado en varios yacimientos.

Para muchas personas que se quejaban de las asignaciones de campos, Shamash-hazir también tenía la tarea de decidir quién tenía razón. Tenía que "investigar sus casos y darles un veredicto final"[47], lo que implicaba consultar registros y hablar con testigos y propietarios. Al menos una vez, Hammurabi convocó a Shamash-hazir para que fuera a verle y le dijo que trajera tablillas para dar cuenta de sus actividades.[48] Uno se pregunta cómo se transportaban las tablillas de forma segura para que fueran fácilmente accesibles y no se rompieran. Tal vez se colocaban en cajas o cestas, cada una dedicada a un caso o periodo de tiempo concreto, y probablemente se envolvían para que no chocaran unas con otras. Es probable que las asignaciones de tierras y las disputas fueran gestionadas de forma similar en otros reinos de la antigua Babilonia, por hombres con cargos similares al de Shamash-hazir, pero el suyo es el archivo más extenso que se conserva.[49]

Como si Shamash-hazir no tuviera suficiente trabajo, también era responsable de supervisar el esquileo de las ovejas propiedad del palacio de Larsa. No era un asunto menor. Tuvo lugar en el mes que corresponde a nuestro finales de diciembre y principios de enero, y debió de implicar a decenas de miles de ovejas. El superior de Shamash-hazir, Sin-idinnam, contrató a 1.000 trabajadores para el trabajo en una ocasión. En realidad, "esquilar" es un término equivocado. El término acadio era "desplumar". Antes del final de la Edad de Bronce, las ovejas domésticas no producían lana de forma continuada, y ésta podía peinarse o arrancarse cuando se desprendía el pelaje en primavera.[50] Los enormes montones de lana arrancada se almacenaban en un edificio específico, conocido como la "casa de desplume", listos para ser transformados en hilo y luego en tela.

Aunque hemos vuelto repetidamente a la importancia de los textiles para la economía mesopotámica, es un poco difícil imaginar la logística real de la gestión de los rebaños de ovejas y cabras. Mantener la salud de los animales era tan importante para los mesopotámicos como cultivar sus campos. El cultivo del trigo, la cebada y los dátiles es más fácil de seguir en los registros, con todas las preocupaciones que conlleva sobre el ciclo agrícola estacional, los canales de irrigación, el rendimiento de las cosechas, la gestión de los huertos, etc., pero las enormes cantidades de ovejas y cabras habrían sido una característica muy visible del paisaje antiguo, ya que pastaban en las tierras esteparias más allá de los campos y se reunían regularmente para ser desplumadas. Los tejidos de los que se aprovechaban los mercaderes asirios en Anatolia siguieron siendo fundamentales para la economía mesopotámica durante toda la Antigüedad. En cierto modo, las ovejas y las cabras eran la mercancía ideal. Se alimentaban de hierbas en zonas demasiado secas para el cultivo, las ovejas proporcionaban grandes cantidades de lana y las cabras de leche, y se reproducían con una intervención mínima.

Los rebaños de cabras y ovejas constituían una parte importante de la riqueza de casi todos los templos y palacios, y un "pastor" del rebaño real no era la figura rústica y sencilla que podría venir a la mente. Los pastores en jefe debían llevar la contabilidad de sus actividades y las de los animales, controlar todos los productos derivados de los rebaños (como leche, lana, pieles y corderos) e incluso compensar al rey si no se obtenían las cantidades esperadas de bienes.[51] Cuando un animal moría, se traía a un matarife para asegurarse de que el cadáver no se desperdiciaba: La piel, la lana e incluso los tendones se retiraban y se vendían.[52] El pastor también debía rendir cuentas al rey.

A cambio, el rey estaba atento a las necesidades de los pastores. En una carta a Shamash-hazir y algunos otros, Hammurabi escribió: "(En cuanto a) los pastores de ganado vacuno, ovino y caprino... dos tercios de esos pastores tienen un campo desde hace mucho tiempo; un tercio de ellos no tiene campo". A los pastores que "tenían un campo", el palacio ya les había dado tierras con las que mantener a sus familias. Los otros no. Dado que los pastores necesitaban estar con sus rebaños, presumiblemente contrataban a agricultores arrendatarios para que cultivaran la tierra por ellos. Esto era habitual. Hammurabi continuó su carta, recordando a Shamash-hazir que ya le había escrito sobre este tema y dándole directrices adicionales:

> Cuando os di instrucciones, os dije que dierais campos a los pastores que no tienen campos. Tal como os he ordenado, no expulsaréis de sus tierras a los pastores que las tienen desde hace mucho tiempo; daréis tierras a los pastores que no las tienen, según la proporción que se os ha dicho. Entre los pastores de ganado vacuno, ovino y caprino no habrá nadie que me informe de que no se le ha dado ningún campo.[53]

Hammurabi no quería oír quejas al respecto; Shamash-hazir tenía que encontrar tierras para mantener a todos los pastores.

Curiosamente, tras el desplume de las ovejas del rey, Hammurabi no estaba interesado en utilizar toda la lana que producían las ovejas. Sin duda, parte de ella se trasladaba a los talleres textiles del palacio, tal vez en Babilonia, pero también quizá en Larsa, para que los hilanderos, tintoreros y tejedores del palacio la transformaran en tejidos para el rey y su corte. Pero las ovejas producían mucha más lana de la que necesitaba el palacio. Ahora que a muchos empleados del Estado se les pagaba con tierras, en lugar de con comida y lana, el resto de la lana de los rebaños de palacio podía venderse y el producto se enviaba a Babilonia. Shep-Sin, el supervisor de los mercaderes, se involucró aquí también, tal como lo hizo en la conversión de los impuestos de productos básicos a cebada y plata. Vendía gran parte de la lana de las ovejas del palacio a particulares que la procesaban ellos mismos, y algunos de los cuales estaban sin duda implicados en el tipo de comercio a larga distancia que llevaba a los mercaderes asirios a Anatolia. Shep-Sin tenía que enviar al palacio una cantidad fija de plata procedente de la venta de la lana, pero también en este caso podía sacar buen provecho de ello, quedándose con la cantidad que recibía por encima de lo que se debía al palacio[54].

Hammurabi parece haber participado en todos los detalles de la obra de Sin-idinnam y Shamash-hazir. Sus cartas a sus funcionarios en Larsa estaban bien informadas y eran reflexivas. Parece que se preocupaba mucho por el bienestar de sus súbditos y, en muchos casos, los protegía contra la pérdida de sus tierras o medios de vida. Pedía informes constantemente y hacía que sus funcionarios le enviaran gente a Babilonia si era necesaria su intervención directa. Sólo se conserva una pequeña parte de su correspondencia. Es de suponer que también escribía a funcionarios de otras provincias de todo el imperio, y cabe sospechar que se preocupaba por lo que ocurría en todas ellas. Parece que se implicaba a fondo en los asuntos de todo su imperio, no sólo en lo referente a logros dignos de un año como la construcción de murallas y la derrota de enemigos, sino incluso en los intrincados detalles de la asignación de campos individuales y el cuidado de los rebaños de palacio. A cambio, recibía enormes cantidades de riqueza en impuestos y rentas de las tierras de palacio y su imperio prosperaba.

LEYES DE HAMMURABI

Hacia el final de su larga vida, Hammurabi decidió publicar una proclama que se expondría en público, en grandes estelas de piedra. Una de ellas ha sobrevivido intacta y se encuentra ahora en el Museo del Louvre de París. Es la que describí al principio de este capítulo: dos metros de altura, un bloque de basalto pulido, con una escultura en relieve de Hammurabi en la parte superior, recibiendo su derecho a gobernar del dios del sol Shamash (Fig. 11.1).[55] Conocemos mejor esta estela por los cientos de leyes que se conservan en ella -es el llamado "Código de Hammurabi"-, aunque las leyes no constituyen la totalidad del texto.[56]

La inscripción está escrita con una letra muy arcaica, como si alguien utilizara hoy el tipo de letra de la Biblia de Guttenberg, y el texto discurre en columnas que se leen de arriba abajo, no en líneas que se leen de izquierda a derecha, como era normal en su época. Tal vez esto diera cierta seriedad al monumento. Las primeras cinco de las cincuenta y una columnas de texto exponen el derecho de Hammurabi a gobernar y sus logros. Esta sección se conoce como el Prólogo (comparable al prólogo de las leyes anteriores de Ur-Namma) y se traduce como tres frases muy largas. En la frase central, la más larga y agotadora, Hammurabi destaca su generosidad y piedad, y lo hace una y otra vez. Nombró muchas de las ciudades que ahora gobernaba y señaló cómo había ayudado a cada una de ellas. Era el que "amontonaba abundancia y abundancia" para Nippur, el "enriquecedor de la ciudad de Ur", el que "mostraba misericordia a la ciudad de Larsa",[57] y así sucesivamente. Recordaba a los lectores sus victorias militares, proclamándose "guerrero sin par" y, más floridamente, "la red arrojadiza que engulle al enemigo" y "el fiero toro salvaje que cornea al enemigo". Pero, sobre todo, Hammurabi se presentaba a sí mismo como un buen tipo en todos los sentidos, un "pastor del pueblo", "el dosel protector de la tierra", "el juicioso" y "el piadoso".[58] Terminaba el Prólogo con la *razón de ser* de las leyes (que comprende, con mucho, la más corta de las tres frases): "Cuando el dios Marduk me ordenó que proporcionara formas justas para la gente de la tierra (con el fin de lograr) un comportamiento apropiado, establecí la verdad y la justicia como la declaración de la tierra, mejoré el bienestar de la gente".[59] Todo era, dijo, para la gente, se trataba de ser apropiado y veraz, y todo se hizo por orden de Marduk, el gran dios de Babilonia. Y entonces Hammurabi se lanzó a promulgar casi 300 leyes que abarcaban muchas circunstancias oscuras de la vida cotidiana pero que, hay que decirlo, no abordaban algunas cuestiones de gran calado, como cuál debía ser la pena por asesinato.

Las leyes pintan pequeños cuadros: Puedes imaginar los casos judiciales que las generaron, ocultos tras las palabras. Mira la ley 266, por ejemplo: "Si en el cercado se declarase una epidemia o un león hiciese una matanza, el pastor se exculpará ante el dios, y el dueño del cercado aceptará su responsabilidad por las pérdidas sufridas en el cercado".[60] Esto debió de ocurrir, quizá no a menudo, pero sí lo suficiente como para justificar la inclusión de la ley en la lista. Un pastor se despertaba y encontraba una oveja o una cabra muerta en el cercado donde tenía el rebaño, muerta por una enfermedad. O tal vez varios animales muertos. O tal vez no era una enfermedad, y el pastor estaba despierto cuando el animal murió, pero impotente ante un león que podría matar fácilmente al propio pastor. Estaba solo, sin testigos. Recuerdas cómo los pastores que respondían a Shamash-hazir tenían que llevar un registro de cada animal a su cuidado e incluso detallar el uso de cada parte del cadáver de un animal. ¿Era este pastor responsable de la pérdida? No eran sus propios animales y no había sido negligente. Habría sido un momento aterrador. ¿Cómo podría demostrar su inocencia? ¿Tendría que pagar por la pérdida? Eso podría haber sido económicamente devastador. Pero los dioses sabían la verdad. Así que el pastor fue al templo e hizo un juramento ante el símbolo de un dios sobre lo que había sucedido, y eso fue suficiente. Él, como todo el mundo, nunca habría hecho un juramento falso. El propietario del recinto tuvo que asumir la pérdida.

Se puede leer casi cualquiera de las leyes de esta manera, imaginando, con poco esfuerzo, el escenario detrás de ella. Como en la época de Ur-Namma, hay pocas pruebas, en los registros de casos judiciales, de que las leyes fueran consultadas por los jueces o de que se impusieran castigos más severos. Ni siquiera sabemos cómo se aplicaba la pena de muerte básica en Mesopotamia en esta época. Cuando una ley pronunciaba el veredicto de "se le dará muerte", ¿qué significaba eso? ¿Se ahorcaba al culpable? ¿Golpeado en la cabeza con una maza? Las leyes sólo se explayaban si la pena de muerte se ajustaba específicamente al delito, pero nunca se especificaba la pena de muerte normal. Las leyes se elaboraban probablemente a partir de precedentes legales; los jueces no tenían ninguna obligación de seguirlos, y parece que evitaban imponer la pena de muerte salvo en el caso de crímenes verdaderamente atroces. El sistema judicial funcionaba del mismo modo que durante el periodo de Ur III, en gran medida independiente de la ley escrita. Pero las leyes revelan detalles maravillosos sobre la vida cotidiana porque reflejan las preocupaciones que llevaban a la gente a acudir a los tribunales.

Todo un grupo de leyes se refiere al tipo de hombres para los que Shamash-hazir encontró tierras: Soldados llamados al servicio militar y recompensados con propiedades *ilkum*. Dado que casi todos los hombres sanos del país estaban sujetos al servicio militar o al servicio de corvea, o a ambos, las normas sobre el *ilkum* eran importantes para muchas familias[61].

MASHUM: SOLDADO

Para ver cómo las leyes reflejaban dilemas reales, tomemos como ejemplo a un soldado mencionado en dos de las cartas de Hammurabi a Shamash-hazir: Mashum. Fue uno de los tres soldados que recibieron del rey una asignación de un campo de 2 *bur*, un campo que había formado parte de una finca mucho mayor perteneciente a otro hombre.[62] Su asignación equivalía a unos 32 acres.[63] Un sargento nombrado en la misma carta recibió el doble, y un capitán cuatro veces más. Francamente, no sabemos nada más que fuera específico de Mashum; su nombre sólo aparece en las dos cartas a Shamash-hazir, ambas discutiendo la misma provisión de tierras.[64]

Como todos los soldados, Mashum tenía la obligación de luchar por el rey a cambio de la tierra que él y su familia podían trabajar. Las leyes de Hammurabi eran estrictas respecto a esta obligación *ilkum*: Mashum no podía echarse atrás, ni podía contratar a alguien que fuera en su lugar. La ley era categórica; proclamaba que si contrataba a un sustituto, éste "morirá; el que delate contra él tomará plena posesión legal de su hacienda".[65] Mashum tampoco podía vender el campo; al fin y al cabo, no era suyo para venderlo.[66]

Sin embargo, estaba protegido de los abusos de sus superiores, o al menos eso era lo ideal (si se cumplían las leyes). Una ley especificaba que a los capitanes y sargentos no se les permitía, so pena de muerte, nada menos, "tomar los muebles de la casa de un soldado, oprimir a un soldado, alquilar a un soldado, entregar a un soldado al poder de una persona influyente en un caso legal, o tomar un regalo que el rey diera a un soldado."[67] Puede que Hammurabi fuera duro en sus exigencias a sus tropas, pero estaba de su parte cuando se trataba de posibles abusos por parte de sus oficiales al mando (aunque, reconozcámoslo, no conozco ningún caso judicial real en el que se impusiera una pena como ésta).

Durante la mayor parte del año, Mashum habría estado en la granja que Shamash-hazir le había asignado, trabajando la tierra con su familia, manteniendo los pequeños canales que proporcionaban agua, alimentándose de la cebada cultivada en los campos, los dátiles del huerto y las verduras del jardín, y pagando impuestos por lo que producían. Pero durante un número determinado de meses al año, Mashum tenía que salir de campaña para el rey. Se trataba, por supuesto, de una empresa peligrosa y corría riesgos: Podía morir o caer prisionero. Curiosamente, Hammurabi no especifica en las leyes quién se haría cargo del uso de la tierra si un soldado como Mashum moría en campaña. ¿Serían desalojados su mujer y sus hijos? ¿Adónde irían? No lo sabemos. Es una de las innumerables situaciones sobre las que el rey no tenía nada que decir en las leyes. Pero Hammurabi sí preveía la posibilidad de que un soldado fuera capturado y encarcelado por el enemigo: En ese caso, el hijo del soldado podía hacerse cargo de las tierras de su *ilkum*, pero sólo si el hijo tenía edad suficiente. (De ser así, el hijo de Mashum tendría que cumplir también con la obligación militar de su padre.)[68]

Supongamos, sin embargo, que Mashum era un hombre relativamente joven cuando fue capturado y que su hijo era todavía un niño. La esposa de Mashum habría estado en una situación terrible. Vivía en una granja que sólo le correspondía trabajar a ella por el *ilkum de su* marido, pero éste estaba ahora prisionero en algún lugar lejano, y ella tenía hijos pequeños que mantener. Hammurabi había pensado en esto: "Si su hijo es demasiado joven y no puede realizar el *ilkum* de su padre, un tercio del campo y del huerto se dará a su madre, y su madre lo criará "[69]. Un tercio del campo original no era mucho, pero era suficiente para mantener a la familia alimentada. La mujer habría trabajado la tierra y cuidado el huerto ella misma, tal vez con la ayuda de parientes y trabajadores contratados, mientras esperaba ansiosamente noticias de su marido, y su joven hijo esperaba tener que asumir las responsabilidades de su padre en cuanto tuviera edad suficiente.

¿Y qué hay de Mashum, encarcelado, como lo hemos imaginado, en una tierra enemiga de Babilonia? Sorprendentemente, esto era algo tan común que existía un mecanismo para su regreso. Sería rescatado. Esto parece haber sido un hecho, hasta el punto de que podría haber sido más lucrativo para el enemigo capturar soldados en el campo de batalla que matarlos. Hammurabi describe el proceso: "Un mercader lo redime y le ayuda a volver a su ciudad"[70]. Ése era el primer paso. Los mercaderes, en esta época, estaban prácticamente en todas partes. Tenían el dinero para pagar un rescate, hablaban las lenguas locales y conocían las costumbres locales. Pero, por supuesto, no habrían pagado el rescate como un gesto caritativo. Alguien tenía que pagarles. Según las leyes, un soldado rico tenía que pagar al mercader el rescate con sus propios fondos. Pero había una especie de seguro para los soldados más pobres. «Si en su hacienda no hay medios suficientes para rescatarlo, será rescatado por el templo de su ciudad».[71]

Los templos eran instituciones ricas, y la mayoría podía permitirse este gasto en nombre de sus soldados locales. Pero al parecer esto no era cierto para todos. "Si no hay medios suficientes en el templo de su ciudad para redimirlo, el palacio lo redimirá."[72]. "Uno se pregunta si hubo ocasiones en que los sacerdotes o sacerdotisas pensaron que el rey debía pagar los rescates, aunque su templo tuviera suficiente dinero a mano; después de todo, no era el templo el que había llevado a las tropas a la campaña. Pero de un modo u otro, un soldado capturado como Mashum volvería a casa y se pagaría su rescate. Sólo había una salvedad al final de esta ley sobre los rescates: "su campo, huerto o casa no serán entregados para su rescate".[73] Éstos seguían perteneciendo al rey y el poseedor *del ilkum no podía* venderlos, comerciar con ellos o regalárselos a nadie, nunca.

Esta visión de la vida de Mashum y de los soldados como él se basa en un puñado de leyes. En realidad, no importa si las leyes se cumplían al pie de la letra o no. Por ejemplo, parece que la pena de muerte por contratar a un sustituto era una ficción, enteramente un intento de disuasión; los soldados reclutaban sustitutos para servir en su lugar todo el tiempo y podían obtener permiso para hacerlo.[74] En cambio, las leyes nos muestran algunas de las características básicas de sus vidas y las formas en que Hammurabi deseaba que el sistema funcionara sin problemas. Las leyes hacen lo mismo con otros innumerables aspectos de la vida antigua, proporcionándonos una vívida idea de lo que le importaba a la gente, de lo que solía ir mal y de cómo el sistema judicial estaba diseñado para ayudar.

Incluso demuestran que los pobres eran tratados de forma diferente a los ricos, pero en general no de la forma cruel que muchos suponen.[75] Los pobres no eran tratados necesariamente con más dureza que los ricos. Por ejemplo, las leyes reales de *la lex talionis son las* siguientes:

> Si un *awilum* ciega el ojo de otro *awilum*, cegarán su ojo.
> Si rompe el hueso de otro *awilum*, le romperán el suyo.
> Si cegare el ojo de un plebeyo o quebrare el hueso de un plebeyo, pesará y entregará 60 siclos de plata.[76]

El término "*awilum*" significaba "caballero" en el sentido de persona con ciertos medios (aunque no necesariamente rico). Las únicas leyes sobre este tipo concreto de lesiones se refieren a situaciones en las que el autor era un *awilum*. Así que, claramente, las clases altas no estaban por encima de la ley. Y la regla del "ojo por ojo" en este caso, si se hubiera aplicado por igual, difícilmente sería benévola con un pobre. En ese caso, un hombre pobre que hubiera quedado ciego de un ojo a manos de un hombre más rico no obtendría nada de los tribunales, salvo la satisfacción de que su agresor hubiera corrido la misma suerte. Las leyes, en cambio, imponían a su agresor una multa de 60 siclos de plata. Esto equivalía a 10.800 granos de cebada de plata. Según la ley 274, un obrero textil ganaba 5 granos de cebada de plata al día.[77] Sesenta siclos de plata representaban, por tanto, 2.160 días de salario para un obrero textil, casi seis años. Así que, sin duda, el pobre hombre preferiría recibir el salario de seis años a saber que el hombre que le atacó estaba ahora ciego de un ojo.

Con un espíritu similar, Hammurabi dictaminó que los médicos debían cobrar a sus pacientes por el tratamiento según una escala móvil que dependía de la riqueza. A un *awilum se le* cobraban 5 siclos por curar un hueso roto, mientras que un plebeyo sólo tenía que pagar 3 siclos por exactamente el mismo procedimiento[78]. Sin embargo, sí lo estaba en contra de los hombres y mujeres esclavizados, a los que se valoraba menos que a los plebeyos y *awilums*. Pero incluso ellos gozaban de cierta protección, por ejemplo cuando un esclavo se casaba con una mujer *de la clase awilum*[79]. Las clases no estaban grabadas en piedra, las personas podían casarse fuera de su clase sociula. Incluso podían pasar de *awilum* a plebeyo o de *awilum* a esclavo si la vida era dura, sobre todo si se endeudaban mucho.

Este tipo de detalles son los que realmente hacen que las leyes de Hammurabi sean tan valiosas para nosotros. No es que se escribieran especialmente pronto, ni que fueran especialmente brutales (para la época, no lo eran en absoluto), ni que reflejaran algún tipo de rígida estructura de clases, ni que fueran una parte importante del sistema legal. Ni siquiera constituyen un código de derecho, estrictamente hablando. Hay demasiados vacios, demasiados crímenes y dilemas legales que simplemente no se abordan. Como Ur-Namma antes que él, Hammurabi no pretendía que la lista fuera exhaustiva.

Las leyes de Hammurabi están muy bien conservadas, hay muchas y nos dicen mucho sobre cómo funcionaban la sociedad y el sistema legal. Al igual que nosotros, los escribas mesopotámicos posteriores pensaron que era útil estudiar las leyes. Se han encontrado secciones de las leyes de Hammurabi entre los textos escolares de siglos posteriores, aunque, por una vez, también podemos ver la estela original: No dependemos de esas copias posteriores hechas por estudiantes de escribas. Más de mil años después de que fueran escritas por primera vez, un rey asirio llamado Asurbanipal conservó una copia de las leyes en la biblioteca de su palacio. Volveremos sobre él más adelante.

Después de cuarenta y dos columnas de leyes sobre el matrimonio y el divorcio, la herencia, la adopción, el comercio, el uso de la tierra, el riego, las responsabilidades profesionales, el alquiler de hombres y animales, y un intento de control de precios y salarios, junto con un número relativamente pequeño de leyes sobre delitos premeditados como el robo, la violación y el perjurio, Hammurabi añadió un epílogo. En él afirmaba que "mejoré el bienestar de la tierra. Hice que la gente de todos los asentamientos descansara en pastos seguros. No toleré que nadie los intimidara... Sostuve a la gente de las tierras de Sumer y Acad a salvo en mi regazo. Prosperaron bajo mi espíritu protector". Escribió también que promulgaba sus leyes "para que los poderosos no agraviaran a los débiles, para proporcionar caminos justos al indigente y a viuda".[80] Las cartas que escribió a hombres como Shamash-hazir demuestran que no se trataba sólo de propaganda. Hammurabi cumplió su promesa, velando por las personas que, de otro modo, podrían haber sido víctimas del sistema por no ser importantes o poderosas.

CAPÍTULO 12

NADITUMS Y ESTUDIANTES ESCRIBAS

Es un hecho curioso que muchas casas privadas del periodo de la antigua Babilonia, incluso las que no funcionaban como pequeñas escuelas, incluían los archivos de las familias que vivían en ellas.[1] Durante el periodo de Ur III y anteriores, las tablillas cuneiformes se encontraban casi siempre en edificios institucionales, donde habían sido escritas y almacenadas por escribas que trabajaban para el palacio o templo correspondiente. El ciudadano medio de esas épocas anteriores apenas tenía contacto con la palabra escrita, ni siquiera la necesitaba: La escritura cuneiforme era utilizada casi exclusivamente por las administraciones religiosas y políticas.[2] Pero, a partir del periodo Isin-Larsa, algo muy diferente estaba ocurriendo. La escritura empezó a ser útil, y a ser utilizada, por personas de muchos niveles de la sociedad.[3] Esto formaba parte de un fenómeno más amplio que ya hemos visto para esta época: La privatización de gran parte de la economía y la pérdida de control centralizado sobre la vida de algunas personas por parte del palacio. Las familias de mercaderes de Ashur podían comerciar en Anatolia sin que sus actividades fueran encargadas, o incluso supervisadas, por el rey. Los particulares (al menos en algunas partes de Mesopotamia) podían comprar y vender tierras y casas. Las personas podían llevar a otras a los tribunales. Todas estas acciones requerían algún tipo de registro, por lo que saber leer y escribir se convirtió en algo muy valioso. Y con toda esta actividad, la gente viajaba más y tenía más necesidad de mantenerse en contacto a larga distancia. Para ello, una carta escrita era mucho más fiable que un mensaje oral. De nuevo, la escritura satisfacía una necesidad que antes no existía para mucha gente. Los archivos personales encontrados en las casas particulares a menudo incluían cartas y contratos relacionados con las actividades de la familia, y a veces también incluían ejercicios de escribanía -evidencia de que algún miembro de la familia iba a la escuela-. Gracias a ello, se conocen bien muchos aspectos de la vida cotidiana en esta época, sobre todo en las ciudades de Sippar y Nippur.

LA CIUDAD DE SIPPAR

Durante el reinado de Hammurabi, Sippar desempeñó un papel fundamental en el reino. En realidad, estaba formada por dos ciudades -Sippar-Yahrurum (la ciudad principal) y Sippar-Amnanum (el suburbio)- separadas por 6 kilómetros (3,7 millas) y a sólo 60 kilómetros (37 millas) al norte de Babilonia.[4] La ciudad principal (a la que me referiré como Sippar a secas) era el hogar del dios de la sabiduría, Shamash, el mismísimo dios del sol. El templo de Shamash, el Ebabbar (que significa el Templo Blanco), habría sido uno de los edificios más grandes de Mesopotamia, dominando el lado suroeste de la ciudad rectangular. El sagrado témenos que rodeaba el templo de Shamash era inmenso: 8,3 hectáreas (20,5 acres). Ocupaba aproximadamente una décima parte de la ciudad.[5] Sippar estaba rodeada por una alta muralla con un canal por fuera de ella.

Sippar, al igual que Ashur más o menos en la misma época, mantenía una relación comercial especial con una tierra lejana. En su caso, con la ciudad de Susa, al este de Mesopotamia. Las pruebas de este comercio no son tan extensas ni detalladas como las de la colonia asiria de Kanesh, pero quizá se deba a que no se ha encontrado el barrio comercial de Susa o a que no se incendió y, por tanto, no se conservó la documentación. Las tablillas halladas en Sippar mencionan a comerciantes que viajaban directamente a Susa, como un hombre llamado Iddin-Amurru, que fue a Susa para devolver un préstamo que había obtenido allí[6]. Y, a su vez, un grupo de tablillas encontradas en Susa está repleto de nombres acadios de expatriados siparios, pero casi no mencionan a gente local con nombres elamitas.[7] Los juramentos de estos contratos se hacen en los nombres de Shamash, el dios de su ciudad natal acadia, e Inshushinak, el dios local de Susa. Es evidente que Susa estaba bajo dominio local, pero albergaba una comunidad de hombres y mujeres de Sippar, que probablemente se habían establecido allí para beneficiarse del comercio. Al parecer, eran los siparios, y no los habitantes de Susa, quienes controlaban este comercio.

El propio Hammurabi dedicó mucha atención a embellecer Sippar y glorificar a Shamash. En su decimoquinto año, según el nombre de ese año, Hammurabi "hizo siete estatuas de cobre para Shamash en el templo de Ebabbar".[8] En su vigésimo tercer año puso los cimientos de la muralla de la ciudad de Sippar. La construcción de la muralla de la ciudad debió durar dos años, terminando en su vigésimo quinto año cuando se jactó de que estaba hecha; Hammurabi había "reconstruido la destruida gran muralla de la ciudad de Sippar para (los dioses) Shamash y Sherida". Al año siguiente, Shamash recibió de Hammurabi un gran trono de oro rojizo (al igual que los dioses Adad y Sherida). Tras dieciocho años-nombre que conmemoraban sobre todo victorias militares, Hammurabi volvió a Sippar a finales de su reinado, en su cuadragésimo tercer año, trabajando de nuevo en la muralla de la ciudad. Hizo la muralla de Sippar, la ciudad eterna de Shamash, con grandes masas de tierra". Esta preocupación por la muralla de Sippar aparece incluso en una de sus inscripciones reales: "En aquel tiempo, para aumentar (la cantidad de) alimentos, apilé un dique en los distritos de irrigación, construí sobre él el muro del *gagum*, cavé allí el canal Aya-ḫegal y vertí abundante agua en él".[9]

NADITUMS EN SIPPAR

En esta última inscripción no escribía sobre toda la muralla de la ciudad; se centraba en una parte de ella, "la muralla del *gagum*". El *gagum* es un fenómeno fascinante, algo único del periodo de la antigua Babilonia. Era parte integrante de la ciudad de Sippar, un sector de la ciudad cercano al templo de Ebabbar. Había *gagums* en varias ciudades del reino de Babilonia de la época, casi como los *karums* (barrios comerciales) ligeramente anteriores de los mercaderes asirios en Anatolia. Al igual que los *karums*, eran lugares de gran actividad económica, con sus propios funcionarios. La "casa del *gagum*" se encontraba en algún lugar de este barrio de la ciudad y albergaba su administración. Sabemos por documentos privados que las personas que vivían y trabajaban en este sector, conocidas como *naditums*, compraban campos, huertos y casas, arrendaban tierras a inquilinos y prestaban plata a interés. Su actividad era esencial para la prosperidad económica de Sippar en su conjunto. Los *naditum* estaban formalmente consagrados al dios Shamash, pero la riqueza que acumulaban no pasaba a ser propiedad del templo; los *naditum* poseían su propia riqueza, que podían transmitir a sus sucesores o transferir a sus familias. Cabría esperar que estos *naditum* fueran hombres poderosos, no muy distintos de los mercaderes de la antigua red comercial asiria. Pero las *naditum* eran todas mujeres.

Se conservan numerosas tablillas cuneiformes que atestiguan sus actividades, especialmente cartas, contratos y textos administrativos. Muestran que las *naditum* habían nacido en familias ricas y poderosas y no se les permitía casarse ni criar hijos biológicos (aunque podían adoptar). Estas mujeres eran enviadas al *gagum a una edad temprana* por sus padres o tutores con un fin religioso, a saber, rezar a Shamash por el bienestar de sus familias. En su correspondencia con familiares y otras personas, las mujeres hacían declaraciones piadosas e incluían oraciones, reflejando su devoción religiosa a Shamash y su divina esposa Aya. (Erishti-Aya, una *naditum* y princesa de Mari, escribió en una carta a Zimri-Lim que se veía a sí misma como "el emblema orante que reza constantemente por la vida de su padre")[10] Las mujeres pasaron toda su vida como miembros del *gagum*, mantenidas por la riqueza proporcionada por sus padres y hermanos. Pero no sólo eran piadosas funcionarias religiosas. Las *naditum* también eran expertas empresarias que trabajaban para el templo, para ellas mismas y para sus familias.

Desgraciadamente, las primeras excavaciones en Sippar, en las que se recuperaron la mayoría de los documentos *naditum*, tuvieron lugar al principio de la historia de la arqueología, a partir de la década de 1880. Fueron dirigidas por Hormuzd Rassam, un arqueólogo iraquí que trabajaba para el Museo Británico.[11] Era la época de las excavaciones rápidas y a gran escala, cuando se prestaba poca atención a los detalles del terreno; cuando un equipo de cientos de obreros locales "atacaba todos los puntos de la ciudad", en palabras de un arqueólogo de Sippar, y se guardaban pocos registros de dónde se excavaba o qué se encontraba.[12] No es de extrañar, por tanto, que, aunque se recuperaron entre 70.000 y 80.000 tablillas cuneiformes del yacimiento,[13] casi no tengamos ni idea de dónde se encontraron. De hecho, muchas de ellas se compraron en su momento a los habitantes de la zona que las habían desenterrado, por lo que es posible que ni siquiera los arqueólogos supieran de dónde procedían.

Esto significa que podemos saber mucho menos sobre el funcionamiento del *gagum* de lo que habríamos podido saber si se hubiera registrado el contexto arqueológico de las tablillas. Si esas tablillas se hubieran excavado hoy en día, sería posible saber si las *naditum* individuales guardaban sus propios registros en sus casas, o si se guardaba un archivo colectivo en el edificio administrativo, y cómo estaba organizado ese archivo.

Afortunadamente, excavaciones más recientes en Sippar, organizadas por la Universidad de Bagdad desde 1978, han recuperado unas 200 tablillas y fragmentos de este mismo periodo, y muchas de ellas mencionan a mujeres, algunas de las cuales eran claramente *naditums* y otras funcionarias religiosas (y otras bien podrían haberlo sido, aunque carezcan del título). Todas ellas se encontraron en casas particulares, lo que demuestra que las *naditum* podían guardar sus documentos en sus hogares.[14] Por supuesto, sigue siendo posible que los documentos anteriores procedan de un templo o de un edificio administrativo, ya que en las últimas campañas no se ha excavado ningún templo ni edificio público.

Sabemos por los contratos antiguos que las casas que poseían las *naditum* eran en su mayoría diminutas: el 42% de ellas eran menores que 1 sar, es decir, 36 metros cuadrados, y otro 17,7% eran menores que 2 sar, es decir, 72 metros cuadrados.[15] Una mujer que heredaba una "casa" de un tercio de sar, es decir, 12 metros cuadrados -y no era un legado infrecuente-, presumiblemente heredaba sólo una habitación de unos 3 por 4 metros en un edificio más grande. Sería fascinante ver cómo estaban estructuradas estas casas.

Las generaciones anteriores de historiadores solían pensar en las *naditums* como antiguas monjas y (basándose en parte en las diminutas casas que poseían) los imaginaban viviendo en celdas en un claustro, aislados del resto de la ciudad. Pero en algunos de los contratos, las casas de las *naditums* se describían como situadas en la calle, junto a casas vecinas propiedad de otras personas que no eran *naditums*. Además, las *naditums* eran propietarias, no inquilinas.

Algunas de las casas propiedad de *naditums* colindaban incluso con tabernas, que a su vez también eran propiedad de *naditums*. Este hecho choca con una de las leyes de Hammurabi, que a menudo se ha citado para sugerir que los *naditums* tenían que llevar una vida tan moral que ni siquiera podían entrar en un bar (y mucho menos ser propietarios de uno) sin ser condenados a muerte. La ley dice: "Si una *naditum* o una *ugbabtum* (otro tipo de mujer religiosa) que no resida en el *gagum* abre (¿la puerta de?) una taberna o entra en una taberna a por cerveza, quemarán a esa mujer".[16]

Resulta que las *naditums* eran propietarias de muchas tabernas mencionadas en los textos de Sippar.[17] La cuestión es que estos propietarios eran todas *naditums* que vivían en el *gagum* y formaban parte de su estructura administrativa. Recordemos que la ley de Hammurabi especifica que sólo las *naditums* que *no vivían en* el *gagum* serían castigados por abrir o entrar en una taberna. Tal vez la ley no tuviera nada que ver con la imposición de la pureza moral a las *naditum, sino que* se diseñó para proteger a los *naditum* que eran propietarios de negocios y tal vez para mantener el posible monopolio del *gagum* sobre la propiedad de tabernas.[18]

Las excavaciones iraquíes realizadas en Sippar en la década de 1980 revelaron un conjunto de casas que parecen formar parte del *gagum.*[19] Estaban al noroeste del templo de Shamash, alineadas a lo largo de calles estrechas (véase la Fig. 12.1). El barrio data de la misma época que los documentos *del naditum* -de principios a mediados del segundo milenio a.C.- y parece haber sido planificado, con calles cuidadosamente trazadas y paralelas entre sí. A lo largo de cada calle, llenando por completo el espacio entre ellas, se levantaban densos bloques de pequeñas casas, la mayoría de ellas con sólo dos habitaciones, apiñadas y a menudo compartiendo gruesos muros. Muchas de las casas tienen exactamente el mismo plano. Una puerta en la pared frontal de la casa daba a la izquierda de la minúscula habitación principal, de apenas tres por dos metros. Una puerta en el lado derecho de la pared de enfrente de esta habitación daba a otra aún más pequeña en la parte trasera de la casa, también de tres metros de ancho, pero de apenas un metro de profundidad. Dado que esta última habitación siempre compartía pared trasera con una casa de la calle contigua, es probable que las habitaciones traseras no tuvieran ventanas. Estas estructuras están más cerca de la escala de las celdas que de la de las casas, demasiado pequeñas para una familia, y sin embargo parecen haber sido habitadas.[20] No se conoce nada parecido a estas casas en ningún otro lugar de Mesopotamia: No sólo son tan pequeñas y regulares, sino que ni siquiera tienen enterramientos bajo el suelo.[21]

Todo esto tiene sentido si se trataba de casas de *gagum.* Una *naditum* soltera, que viviera sola, podría haber encontrado una casa tan pequeña quizás estrecha, pero no inhabitable. El vecindario estaría lleno de mujeres, todas ellas devotas del dios Sol. Sabemos que muchas de las *naditum* también poseían casas en Sippar, en otros barrios fuera del *gagum*; quizás no vivían siempre en las habitaciones de su *gagum* y a menudo disfrutaban de las estancias más espaciosas de sus segundas casas. Las *naditum* eran enterradas en un cementerio, lo que también explica la ausencia de enterramientos bajo las casas.

Unas catorce tablillas de las excavaciones de los años ochenta parecen proceder claramente de este barrio de casas diminutas.[22] Ocho de

Fig. 12.1 Plano de un barrio excavado en Sippar, área V 108, que muestra una calle con una hilera de casas muy pequeñas de dos habitaciones que podrían haber pertenecido a naditums, mediados del siglo XVIII a.C. (basado en Al-Rawi y Dalley 2000, iv, Fig. 4).

ellas se referían a actividades de mujeres, incluidas tres cartas aparentemente escritas por o para mujeres,[23] un pago de plata por una mujer,[24] el pago de un préstamo por una mujer,[25] dos préstamos tomados por mujeres,[26] y una nota que registra fechas entregadas a una mujer.[27] Los contratos entre estos documentos estaban atestiguados casi en su totalidad por mujeres, y muchos de los nombres femeninos eran los típicos de *las naditum*. Por tanto, resulta tentador considerar este barrio como parte del *gagum*.

Y, sin embargo... seis de los documentos de este grupo de excavaciones no tienen nada que ver con las mujeres, incluidos dos que se encontraron allí categóricamente.[28] Uno de ellos se encontró en la habitación delantera de una de las casas de dos habitaciones que piden a gritos ser identificadas como los aposentos de *las naditums.*[29] En él consta que dos hombres tomaron prestada cebada de otro hombre, y todos los testigos eran hombres. Ni una *naditum a la* vista. Si esta zona era el *gagum,* y estas pequeñas casas eran el hogar de *naditums,* ¿por qué iban a llevar registros como éste?

Curiosamente, otros documentos hallados durante las excavaciones de los años ochenta y pertenecientes a *naditums* se encontraron en otro barrio completamente distinto, caracterizado por casas espaciosas y una planificación urbana mucho menor.[30] Tampoco aquí parece que las *naditums* estuvieran separadas de otras personas; vivían y trabajaban con sus hermanos y otros miembros de la familia, sus archivos entremezclados.[31] Parece que ambos barrios se encontraban dentro del *gagum* y que éste distaba mucho de ser una institución monástica de mujeres recluidas. *Las naditums* vivían entre personas (hombres y mujeres) que no eran *naditums.*[32]

Otro dato reciente es que el *gagum* físico *-las* casas y otras propiedades pertenecientes a las *naditum- estaba* supervisado por una institución que también se conocía como *gagum.* Al igual que el mercado físico o "*karum*" de Kanesh también tenía una estructura administrativa con el mismo nombre, lo mismo ocurría con el *gagum.* El cargo más alto de su administración era el "supervisor de las *naditums*". Este funcionario, en la época de los reyes anteriores a Hammurabi, era generalmente una mujer.[33] Más tarde, los hombres asumieron el cargo. Los hombres también ocupaban, en todo momento, todos los demás cargos administrativos del *gagum*: el guardián de la puerta del *gagum,* el escriba de las *naditums,* el juez de las *naditums* del *gagum,* el jefe de la mano de obra del *gagum,* el mensajero del *gagum,* etc.[34]

Está claro que las mujeres que vivían allí no eran independientes de los hombres. Pero tenían más autonomía que la mayoría de las mujeres de la sociedad, y no hay indicios de que nadie, hombre o mujer, las creyera incapaces de asumir responsabilidades y tomar iniciativas que generalmente estaban limitadas a los hombres, ni de que fueran incapaces de hacerlo bien. Tras ser iniciada como *naditum,* una mujer podía asumir, y de hecho asumía, diversas responsabilidades económicas, religiosas y legales, al igual que las sacerdotisas solteras habían venido haciendo durante siglos en Mesopotamia. Lo que era diferente en el periodo de la antigua Babilonia era que comunidades enteras de mujeres solteras vivían juntas y desempeñaban estas funciones. Varias ciudades mesopotámicas de la época albergaban una comunidad de *naditums,* muchas de ellas dedicadas al dios Marduk, en lugar de a Shamash, pero el *gagum* de Sippar es el más conocido debido a las numerosas tablillas encontradas en él.

En el apogeo de la prosperidad de Sippar, durante el reinado de Hammurabi, las *naditum* eran responsables de al menos un tercio de la compra, venta y arrendamiento de campos y casas en la ciudad. Lejos de recluirse en un claustro, se relacionaban con el resto del mundo, hacían préstamos y se enriquecían (es decir, incluso más de lo que ya eran, dado que partían de la riqueza). Al no tener hijos biológicos, no estaban atadas al ciclo habitual de la mujer premoderna: Embarazo, parto, lactancia, destete y, de nuevo, embarazo, con las exigencias que conlleva el cuidado de muchos niños pequeños. Aparecen en los registros como mujeres que se aprovecharon de esta libertad con venganza[35]. El *gagum* puede incluso haber participado en el comercio a larga distancia con Susa, ayudando a financiar y organizar este lucrativo negocio[36]. Las *naditums* aparecen en textos jurídicos, en contratos y en casos judiciales. Estaban dispuestos a llevar a los tribunales a los agraviados y a reunir testigos que apoyaran sus reclamaciones.

Sin embargo, la vida de una *naditum* estaba limitada de muchas maneras, a pesar de su relativa autonomía. Lo más importante es que la mujer no podía elegir si quería o no convertirse en *naditum*. La decisión la tomaba su padre antes de que llegara a la adolescencia.

No se sabe muy bien cómo surgió esta institución. ¿Por qué iba un padre rico (casi todas las *naditum* procedían de familias ricas y poderosas) a elegir a una de sus hijas jóvenes y enviarla a un *gagum para que* viviera allí el resto de su vida? No era una opción barata; tenía que proporcionarle una dote considerable, equivalente a la herencia que proporcionaría a uno de sus hijos. Y, a diferencia de una herencia, el padre tenía que dársela antes de morir. Una *naditum* llamada Shat-Aya recibió una gran cantidad de riquezas como dote cuando se convirtió en *naditum*. Incluía bienes inmuebles (cinco campos, un huerto con una torre, una casa grande, una taberna y varias tiendas en la calle principal de Sippar), junto con metales (4,5 kilogramos o 10 libras de plata y 9 kilogramos o 20 libras de cobre), animales (bueyes, vacas y ovejas), enseres domésticos y veinte esclavos[37]. El motivo de la decisión de dedicarla a una vida en el *gagum* debió de ser, en parte, lo que los mesopotámicos de la época decían que era: Que un representante de la familia cultivara una estrecha relación con el dios del sol, que así velaría por todos ellos. Nunca debemos subestimar lo profundamente que creían los mesopotámicos en el poder de sus dioses y lo mucho que ansiaban encontrar formas de influir en ellos. La *naditum era* una versión viva y viviente de las estatuas de la Dinastía Temprana que se colocaban en los templos para rogar por la vida y la salud de la familia del hombre o la mujer que representaban.

Pero la decisión de un padre de colocar a su hija en un *gagum* podía ser tan pragmática como piadosa. Las mujeres de la élite tenían pocas opciones para casarse. Rara vez se casaban por debajo de su rango o fuera del grupo al que pertenecían. Si no encontraban un marido adecuado, podían consagrar a una hija a un dios y la familia no sólo habría salvado la cara, sino que se habría beneficiado[38].

Muchas *naditum* tenían fama de gestionar con éxito y aumentar la riqueza de sus familias. Tras la muerte de una *naditum,* su dote (junto con cualquier riqueza adicional que hubiera logrado acumular arrendando campos, prestando plata o contratando esclavos) podía revertir a sus hermanos. Al parecer, se trataba de una buena estrategia de inversión. En cambio, la dote entregada a una mujer no *naditum* al casarse salía de la familia paterna y era controlada por su marido. Ella seguía siendo la propietaria de su dote y ésta pasaba a sus hijos, pero ya no contribuía a la riqueza de su padre o hermanos. El hecho de que muchas *naditum* procedieran de familias que enviaban a varias niñas al *gagum,* generación tras generación, sugiere que se consideraba una decisión acertada, ya fuera desde el punto de vista económico o religioso, o ambos.

AWAT-AYA: INICIAR *NADITUM*

En cualquier caso, fuera cual fuera la razón por la que se elegía a una chica, se reunía su dote y llegaba el día de su entrada en el *gagum*. Esto tenía lugar durante un festival de tres días, el "*sebut shattim*", que se celebraba en honor de Shamash cada diciembre o enero. Se sabe que unas 300 mujeres vivían en el *gagum* de Sippar durante el reinado de Hammurabi[39], por lo que quizá eran bastantes las que participaban en la iniciación cada año.

Una de las niñas que pasó por esta experiencia se llamaba Awat-Aya.[40] El *gagum* llevaba la cuenta de los gastos de su inducción, y ese registro ha sobrevivido y nos da una idea de cómo pudo haber sido la experiencia.[41]

Parece que los participantes consideraban la iniciación como una especie de boda, pero en la que una chica como Awat-Aya iba a casarse espiritualmente con el dios del sol. Al fin y al cabo, llevaba una dote y no había ningún novio humano, sólo Shamash.

Como en una boda normal, la riqueza no fluía en una sola dirección; el administrador del *gagum* también hacía un regalo al padre de la chica. En el caso de Awat-Aya, su padre había fallecido antes de su incorporación como *naditum*, por lo que el regalo se hizo con cargo al *gagum* a su hermano mayor, Mar-ersetim. La tablilla enumera lo que se le dio: "3... vasijas, 2 peces, 1... cuenco de 1 sila de capacidad", con su valor añadido: Equivalían a medio siclo de plata. Esto era todo, dice el texto, "cuando la joven entró en el *gagum*". Su hermano también recibió "1 siclo de plata [y] un cinturón".[42] El administrador del *gagum* proporcionó un regalo a la propia iniciada Awat-Aya en este momento, "un siclo de plata para dos anillos". La lista continuaba y concluía con la declaración de que todo el regalo valía "en total 4 3/5 siclos, 25 granos de plata". Resulta revelador que este regalo se denomine *"biblum"*, que era el término para designar un regalo de esponsales. Awat-Aya estaba prometida, pero no con un hombre humano.

Incluso el equivalente sumerio del término acadio *"naditum"* confirma esta analogía. En sumerio, se la llamaba *"lukur"* de Shamash, que también era el término para la segunda esposa de un hombre. La primera esposa del dios era la diosa Aya. La iniciada se convertía, en cierto modo, en una de las segundas esposas de Shamash. No había voto de castidad de por medio; *las naditum* no podían casarse con hombres humanos ni criar hijos biológicos, pero no se ha encontrado nada por escrito que insista en su castidad. Por otra parte, tampoco se ha encontrado nada que sugiera que se dedicaran a la prostitución o a algún tipo de ritual de "matrimonio sagrado" con un hombre que representara al dios.

Los tres días de iniciación parecen haber sido una celebración feliz, disfrutada y recordada con cariño por las muchachas que recibían la iniciación. El "cordón de Shamash" se colocaba en el brazo de la muchacha, lo que la distinguía de sus amigas y parientes; recibirlo era sin duda un honor.[43] Lo que resulta aún más extraordinario es que las iniciadas eran llevadas a la presencia de los propios dioses, probablemente en el corazón mismo del templo de Ebabbar. A ningún civil se le permitía este privilegio. Las estatuas de Shamash y Aya probablemente estaban hechas de metales preciosos, vestían ropas exquisitas, estaban colocadas en lo alto de un estrado y sentadas en un trono. Debían de brillar a la luz de las lámparas del santuario sagrado, que apenas tenía ventanas. Una *naditum* recordaba este momento con cariño. Escribió a una amiga: "Cuando te vi, me alegré mucho de tu llegada... igual que cuando entré en el *gagum* y vi el rostro de mi señora (la diosa)".[44]

En ese momento, algunas de las chicas adoptaron un nuevo nombre, apropiado a su papel de devotas del dios del sol. El nombre de Amat-Aya era muy popular. Significaba "sirvienta de (la diosa) Aya". Se sabe que más de cien *naditums* de Sippar, por ejemplo, se llamaban Amat-Shamash ("sirvienta de Shamash"). Erishti-Shamash era otra opción popular ("petición de Shamash"), y muchos otros nombres honraban a Aya, la esposa divina de Shamash.[45]

En el transcurso de los tres días que duró la celebración del *sebut shattim*, se asignaron alimentos que se enumeraron cuidadosamente en la tablilla relativa a la iniciación de Awat-Aya. Las comidas incluían carne (como de los "tendones del cuello de un buey" y "una paletilla de oveja"), pescado y harina, y las listas incluyen varios recipientes que debían contener aceite. El tercer y último día había "1/3 de siclo para la cerveza que bebían las jóvenes". En cada ocasión, el meticuloso escriba *del gagum* anotaba no sólo qué alimentos se habían distribuido, sino exactamente cuánto valía todo en plata.

El segundo día, las iniciadas participaron en el "día conmemorativo de las *naditums*", en el que parece que fueron al cementerio a celebrar ritos para las mujeres que las habían precedido. Normalmente, los miembros de la familia realizaban estos ritos ancestrales; para las nuevas *naditums*, este día conmemorativo les proporcionaba la seguridad de que, aunque nunca tuvieran hijos biológicos, su nueva familia de religiosas estaría a su lado durante toda su vida e incluso después de la muerte.[46]

No está claro cómo pasaron los iniciados sus primeros años. Llama la atención la ausencia en la dote que conocemos, la de Shat-Aya, de una casa en el propio *gagum*, aunque debió de tener un lugar donde vivir. Sin duda, la mayoría de las muchachas se unían, en cierto modo, a una rama de su familia que ya estaba establecida en el *gagum*. Muchas de ellas probablemente tenían una tía que ya era *naditum* y con la que podían vivir hasta que adquirieran sus propias habitaciones o casas.

Las niñas eran aprendices de las *naditums* mayores, que presumiblemente las ayudaban a administrar las propiedades de su dote. Muchas de ellas, si no la mayoría, aprendieron a leer y escribir. En muchos de sus registros no figura ningún escriba porque, evidentemente, los escribía la propia *naditum* y no necesitaba contratar a un escriba. De hecho, algunos textos legales mencionan específicamente a una *naditum* que podía escribir tablillas. Otros registros sí mencionan a un escriba, que a veces era una mujer[47].

Una mujer llamada Humta-Adad, que vivía en una casa de Sippar excavada en la década de 1980, pudo haber sido maestra de escribas femeninas. No era una *naditum*, sino una sacerdotisa, llamada *qadishtum*, consagrada al dios de las tormentas Adad.[48] Su casa hacía esquina y la puerta principal daba a una calle ancha. La casa era larga y estrecha, con tres habitaciones en hilera, una detrás de otra.[49] La habitación del fondo contenía una vasija llena de tablillas cuneiformes, entre ellas muchos contratos relacionados con los negocios de Humta-Adad y los de su hermano. Sin embargo, su archivo no se limitaba a los contratos. Humta-Adad también guardaba conjuros, un himno y, lo que resulta revelador, tablillas de ejercicios escolares[50]. Puso haber tenido pupilas que venían a su casa para estudiar.

AMAT-SHAMASH: UNA *NADITUM* NECESITADA DE AYUDA

Las *naditum* no podían obtener todo lo que necesitaban en el *gagum*, y a veces tenían que apelar a sus hermanos y otros familiares para que les apoyaran y, en ocasiones, les dieran comida, a cambio de las plegarias que ofrecían a los dioses. Un buen ejemplo es una carta encontrada en el yacimiento de Tell al-Rimah enviada por una de las muchas mujeres llamadas Amat-Shamash. Esta Amat-Shamash, que vivía en Sippar, era hermana de Iltani, la reina de un reino llamado Karana, a quien escribía. Comenzó la carta con una bendición clásica utilizada por *las naditums* en su correspondencia: "Que mi Señor (el dios del sol Shamash) y mi Señora (la diosa Aya) te concedan la vida eterna por mi bien "[51]. Continuaba la carta con una historia: El marido de Iltani, el rey Aqba-hammu, había visitado a Amat-Shamash en Sippar, donde ella "le tenía en gran estima, como correspondía a mi condición de *naditum*, y él también me tenía en especial estima". El rey, su cuñado, le prometió que le enviaría, según sus propias palabras, "todo lo que necesites en un barco completamente cargado". A cambio le pidió que "ruegue por mí a su Señor". Esto era lo que hacían *las naditum*, después de todo, interceder con el dios del sol Shamash en nombre de los miembros de su familia. Un barco lleno de provisiones era sin duda un intercambio razonable por eso. Así que ella había seguido adelante y había escrito al rey Aqba-hammu, tras lo cual éste le envió dos sirvientes -no exactamente un barco lleno de provisiones, pero aparentemente un buen sustitutivo[52].

A juzgar por ésta y otras cartas, de y para *naditums*, las oraciones que ofrecían a los dioses representaban una parte importante de sus obligaciones. Rezaban a Shamash para que protegiera a los hombres de su familia, y a Aya, su esposa, para que protegiera a las mujeres. Parece que había sacrificios por la mañana y por la tarde en los que las *naditum* rezaban; tal vez acudían al templo regularmente con este fin. A veces incluso aportaban corderos para el sacrificio[53]. En el mejor de los casos, sus familiares, como Aqba-hammu, apreciaban estas intervenciones con los dioses y, en cierto modo, pagaban a las *naditum* por sus servicios proporcionándoles regalos y comida. Pero algunos miembros de la familia eran menos generosos, y esto podía molestar a una *naditum*. En la carta de Amat-Shamash, su tono cambiaba al referirse a lo que claramente consideraba una negligencia por parte de su hermana. Amat-Shamash quería que Iltani se comportara más como su marido Aqba-hammu. Resulta que Iltani nunca le había pedido a Amat-Shamash que rezara por ella y (quizá por ello) no le había enviado ningún regalo. "Nunca me envían una jarra de buen aceite", se quejó Amat-Shamash, "nada en absoluto".

Pero, sea como fuere, tenía una preocupación más acuciante y necesitaba la ayuda de su hermana. Continuó: "Los esclavos que me dio mi padre han envejecido". Su padre le había dado esos esclavos como parte de su dote, pero de eso hacía ya algún tiempo. Escribió que había enviado media mina de plata al rey y que quería que le enviara "esclavos que han sido capturados recientemente y sean fuertes". Iltani tendría que interceder ante el rey en nombre de Amat-Shamash para hacer esta petición. Pero Amat-Shamash no se lo pedía a su hermana a cambio de nada; incluyó en su carta "lana blanca de primera calidad para una peluca y una cesta de gambas".[54]

Había cosas que las *naditum* podían adquirir fácilmente; otras sólo eran posibles con la ayuda de familiares. En el caso de Amat-Shamash, los esclavos parecen pertenecer a esta última categoría. La carta de Amat-Shamash no es muy distinta de las que se escribían en la antigua Babilonia de un hermano a otro: Una mujer necesitaba algo que estaba disponible en la ciudad de su hermano, así que lo pedía y enviaba a cambio artículos que presumiblemente su hermano necesitaba. La diferencia radica en que una cosa que una *naditum* podía ofrecer a cambio de bienes era el acceso directo al dios Sol y a su divina esposa.

NADITUMS EN LA VEJEZ

A medida que se hacían mayores, las *naditum* dependían cada vez más de sus sobrinas, que también eran *naditum,* y muchas optaron por adoptar a una sobrina como hija, o incluso por adoptar a más de una sobrina. Estas mujeres más jóvenes cuidaban de sus madres adoptivas y ayudaban a administrar sus propiedades. El *gagum* en sí no era una organización que se preocupara por el bienestar de sus miembros en la vejez (en esto, de nuevo, no eran como los conventos); las *naditums* tenían que velar por sí mismas.

Esta nueva relación de sobrina como hija adoptiva funcionaba bien para las mujeres implicadas, pero complicaba toda la situación de la herencia. Los hermanos y parientes varones de una *naditum* de edad avanzada daban por sentado que la riqueza de ésta les pertenecería a ellos. Pero ella tenía la última palabra sobre el destino de su herencia, y muchas *naditum redactaban* testamentos en los que sus bienes iban a parar a su hija o hijas adoptivas. (Las *naditums solían* vivir más que otros miembros de su familia y a menudo sobrevivían a sus hermanos. Parece que eran aún menos proclives, en sus testamentos, a legar su patrimonio a sus sobrinos). Un buen número de hijas de *naditums acabaron* en los tribunales, luchando contra los hermanos de sus madres adoptivas (uno de los cuales, por supuesto, podía ser el propio padre biológico de la mujer) por el derecho a sus propiedades.

Una mujer sin sobrina en el *gagum* tenía otra opción: Podía adoptar a uno de sus esclavos para que cuidara de ella en la vejez.[55] Sorprendentemente, no se trataba sólo de mujeres. Los esclavos varones también eran adoptados. Conservaban su condición de esclavos aunque se convirtieran en hijos de la *naditum.* A diferencia de las sobrinas, no heredaban mucho a su muerte. Sin embargo, ganaban su libertad.

ELLETUM: UN ESTUDIANTE ESCRIBA EN NIPPUR

Sippar era una de las muchas ciudades que albergaban *naditums* durante el reinado de Hammurabi; otro centro importante para ellos estaba en

Nippur, hogar de Enlil, el gran dios de toda la región mesopotámica. Nippur estaba al norte de Isin y al sur de Babilonia, y en el reinado de Hammurabi había sido una ciudad importante durante cientos de años. En Nippur, el derecho de las mujeres a convertirse en *naditum* se había mantenido estrictamente dentro de ciertas familias que habían vivido en la ciudad durante un largo periodo de tiempo.[56] Al igual que en Sippar, *las naditum* podían poseer casas contiguas a las de personas que no estaban afiliadas a su comunidad religiosa.[57] Uno de los barrios de Nippur que albergaba a una *naditum* es de interés para nosotros por otra razón. En él se encontraba también una casa que merece una visita especial.

Como en casi todas las ciudades mesopotámicas, las casas de este barrio de Nippur (denominado zona TA por los excavadores) estaban densamente apiñadas a lo largo de calles que zigzagueaban y chocaban entre sí en lugares inverosímiles. Un amplio bulevar podía llegar a un cruce para continuar después como un estrecho callejón; las esquinas se convertían en calles; las calles terminaban en las puertas de las casas. Dentro de los edificios, se podía añadir un muro a través de una habitación o un patio para dividir lo que había sido una casa grande en dos más pequeñas. No se trataba de una comunidad planificada. Con el tiempo, los constructores habían respetado la necesidad de que ciertas calles fueran lo bastante anchas para el paso de carros y peatones, pero las esquinas abruptas debían de provocar atascos y muchos gritos de vez en cuando.

Cerca de una de esas curvas en ángulo recto de una carretera principal había una casa que los arqueólogos denominaron Casa F (véase la Fig. 12.2). Estaba a 250 metros al sur del gran templo de Enlil[58] y fue excavada por equipos de la Universidad de Chicago y la Universidad de Pensilvania en 1951 y 1952. Enseguida se reveló como un lugar insólito. Se encontraron allí más de 1.400 tablillas, un número fenomenal para lo que al principio parecía una casa normal en un barrio normal.

Las tablillas cuneiformes eran tan abundantes en la casa que, en un momento dado, cuando fue remodelada, se habían reutilizado tablillas como material de construcción.[59] ¿Por qué se había escrito tanto aquí? No era un lugar grande; sólo contaba con unos 45 metros cuadrados (484 pies cuadrados) de espacio habitable. Había dos patios, uno rodeado por tres habitaciones pequeñas y otro más grande en la parte trasera de la casa.[60] Los excavadores encontraron un horno para cocinar, vasijas rotas e incluso un fragmento de una versión en arcilla de un juego de mesa también conocido en las tumbas reales de Ur. Alguien había vivido allí,

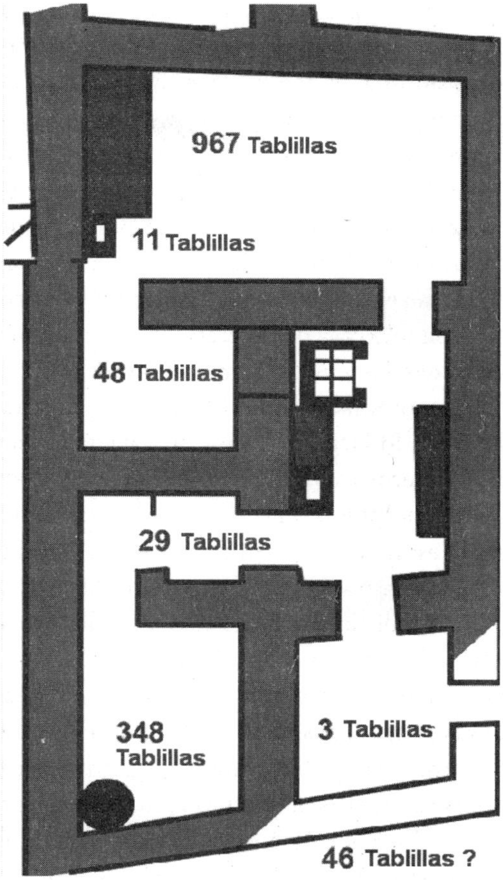

Fig. 12.2 Plano de la casa F de Nippur, mediados del siglo XVIII a.C. (basado en Robson 2001, 41, Fig. 3)

cocinado, pasado el tiempo jugando con amigos, dormido en el tejado.[61] Pero ese mismo alguien también había enseñado allí, y eso es lo que hace que la Casa F sea un lugar tan fascinante de visitar. Por último, después de estar tan agradecidos por las obras literarias que los alumnos escribas mantuvieron vivas a través de sus estudios, podemos visitar una de sus escuelas.[62]

Al visitar la Casa F, al huésped le llamaban la atención unas curiosas instalaciones situadas en tres lugares de las habitaciones. Se trataba de cubos rectangulares de arcilla impermeable empotrados en el suelo. Los alumnos los utilizaban para reciclar sus tablillas. Una vez terminado un ejercicio escrito, la valiosa arcilla podía volver a convertirse en una tablilla prístina para el siguiente ejercicio. O, como en el caso de muchas tablillas rectangulares de la Casa F, las tablillas abandonadas y no deseadas podían apilarse para construir bancos, o incluso apilarse y revocarse para crear nuevos cubos para reciclar otras tablillas.[63]

Con el crecimiento de la alfabetización en el periodo de la Antigua Babilonia, cabría esperar encontrar la inauguración de una nueva gran institución correspondiente, la escuela, donde más gente pudiera aprender esta importante habilidad de la escritura. Curiosamente, parece ocurrir lo contrario. En el periodo anterior de Ur III, probablemente ya existían grandes escuelas, dirigidas por las grandes casas del palacio y los templos, en parte para preparar a los funcionarios que debían llevar todos esos miles de registros de ovejas, cebada, cerveza, lana, etcétera. Los reyes de Ur III también tenían una razón más personal para promover las escuelas de escribas: Su propia inmortalidad. El rey Shulgi había expresado esta esperanza en un himno para sí mismo: "Que mis himnos estén en boca de todos; que las canciones sobre mí no pasen de la memoria. Para que la fama de mi alabanza... nunca se olvide, los he hecho escribir línea por línea en la Casa de la Sabiduría de Nisaba en sagrada escritura celestial, como grandes obras de erudición. Nadie nunca lo olvidará" [64]. Es posible que la "Casa de la Sabiduría de Nisaba" fuera una escuela de escribas asociada al templo de Nisaba.[65] Allí se formaba a los escribas para que dirigieran la administración del rey, a la vez que memorizaban y copiaban la propaganda real.

Las escuelas de Ur III podían haber educado a docenas o incluso cientos de estudiantes a la vez.[66] Pero en el periodo de la antigua Babilonia, la escolarización se privatizó, al igual que la economía. Si uno quería que su hijo supiera leer y escribir, lo enviaba a casa de un escriba para que aprendiera de un maestro, igual que hacían las mujeres *naditum* con las niñas que aprendían a leer y escribir en Sippar. Existen pruebas de este tipo de pequeñas escuelas de escribas en las casas en muchos yacimientos del Próximo Oriente.

El maestro escriba que vivía en la Casa F (cuyo nombre desgraciadamente desconocemos) acogía a alumnos intelectualmente ambiciosos. Se formaban para convertirse no sólo en escribas, sino en eruditos. Mantendrían vivas grandes obras en sumerio, y dedicaban años de su vida a este empeño. No está claro cuántos estudiantes estudiaron allí ni cuánto tiempo lo hicieron, pero la casa podría haber albergado sólo a unos pocos a la vez.[67] Sólo un escriba firmó con su nombre en alguna de las centenares de tablillas escolares encontradas en la casa. Se trataba de un joven llamado Elletum.[68] Las tablillas encontradas en la Casa F nos permiten seguir a un joven escriba como Elletum a través de las diferentes etapas de su formación.

De pequeño, Elletum seguramente seguía viviendo en casa de sus padres e iba andando a la Casa F, la escuela cercana a la que asistía durante el día. Casi todas las casas del vecindario contenían al menos unas cuantas tablillas de ejercicios escolares cuando se excavaron, por lo que parece probable que la mayoría de las familias de allí enviaran al menos a uno de sus hijos a uno de los maestros locales que enseñaban en sus casas.[69] Elletum podría haber tenido tan sólo cinco o seis años cuando empezó a asistir a la escuela. Un ejercicio de escritura del periodo Ur III describe el día de un niño. Fue escrito por un hombre que recordaba su infancia. "Cuando me levantaba temprano por la mañana", escribía el autor, "miraba a mi madre y le decía: 'Dame la comida, quiero ir a la escuela'. Mi madre me dio dos panecillos y me puse en camino".[70] Elletum habría llegado a la puerta de la Casa F a una hora fija del día, tal vez temiendo la ira del "encargado de la puntualidad", que reprendía a los alumnos si llegaban tarde. Giró a la derecha desde el vestíbulo de la casa y pasó a un patio, con bancos y cubos de reciclaje de tablillas. Más allá había una sala donde se guardaban las tablillas y donde se excavaron casi 1.000 de las tablillas de la escuela.[72] En palabras del autor de Ur III, "entré delante de mi maestro y le hice una respetuosa reverencia "[73] Luego tomó asiento en un banco, junto a un puñado de otros estudiantes, y comenzó sus tareas escolares.

El plan de estudios que seguían los estudiantes principiantes comenzaba con el proceso mecánico de conseguir simplemente que un estilete hiciera lo que ellos querían al presionarlo sobre la arcilla[74]. Esto es más difícil de lo que uno pueda imaginarse. El estilete estaba hecho de caña o hueso con una punta fina que creaba una ligera forma de cuña cuando se imprimía en la arcilla en ángulo. Los estudiantes de escribanía practicaban las líneas verticales, horizontales y las cuñas angulares que formaban los signos más complejos que más tarde tendrían que componer, y lo hacían una y otra vez. Cada tablilla era examinada por el maestro y luego raspada o enviada a la papelera de reciclaje. A continuación, los alumnos pasaban a signos sencillos que requerían más de un trazo del lápiz y de ahí, a su vez, progresaban a lo que se denominan ejercicios tu-ta-ti:

Copiar signos relacionados por el sonido, con la misma primera consonante y diferentes sonidos vocálicos.[75]

Los primeros intentos de escritura se hacían a menudo en tablillas redondas, que sólo se utilizaban en la escuela (véase la Fig. 12.3). La letra de los niños en estas tablillas escolares es grande y a menudo encantadoramente torpe en comparación con el pulcro ejemplo del maestro. Uno puede imaginarse a Elletum sentado en su banco a la sombra, encorvado sobre su tableta, luchando por conseguir que su estilo produzca las líneas y ángulos correctos.

Probablemente, esta parte del proceso no era muy diferente de muchos aprendizajes en otros tipos de oficios. Si uno iba a aprender a hacer vasijas, por ejemplo, probablemente pasaría meses enrollando arcilla, copiando patrones en piezas de cerámica rotas para que quedaran bien o girando el torno para su maestro. Nadie le habría confiado la fabricación o decoración de una vasija de inmediato. Del mismo modo, un aprendiz de escriba probablemente trabajaba durante años antes de que le dieran palabras reales para escribir.

Cuando su caligrafía fue por fin lo bastante nítida como para seguir adelante -cuando sus signos cuneiformes eran lo bastante pequeños y estaban lo bastante controlados-, Elletum habría podido empezar a copiar listas de nombres personales sumerios y acadios. Esto podría parecer bastante arbitrario a la hora de elegir qué escribir, pero, como hemos visto, el nombre de cada persona tenía un significado en forma de frase u oración corta. Normalmente tenían que ver con la devoción a un dios concreto, como el nombre Sin-idinnam, que significaba "el dios Sin me dio [un hijo]", por lo que el propósito de aprenderlos era doble. Obviamente, un escriba necesitaría saber escribir nombres a lo largo de su carrera, pero de este modo también practicaba con los nombres de los dioses y los verbos simples.

Y así sucesivamente, mientras Elletum seguía asistiendo a la escuela año tras año, pasando gradualmente a copiar palabras más complicadas y, más tarde, a memorizar la ortografía de cientos, o incluso miles, de nombres.[76] El plan de estudios variaba un poco, dependiendo de las decisiones tomadas por el maestro escriba que impartía la enseñanza. Por alguna razón, el maestro de la Casa F prescindía de las listas tu-ta-ti, por ejemplo.[77] Pero las listas que sí aprendían los alumnos estaban notablemente estandarizadas, transmitidas de generación en generación de escribas a lo largo de los siglos y compartidas desde Siria hasta Mesopotamia y Elam.[78]

Fig. 12.3 Tablilla redonda de ejercicios escolares, en la que un estudiante principiante practicaba la escritura del nombre del dios Urash, periodo babilónico antiguo. (Metropolitan Museum, Nueva York)

En el transcurso de su educación elemental, un escriba estudiaba un conjunto estándar de veinticuatro grandes tablillas que contenían un total de 3.300 líneas, sólo listando sustantivos. No eran diccionarios ni enciclopedias, sólo listas. El maestro debió de hacer una traducción oral del sumerio a la lengua de los escribas, el acadio.[79] Cuando llegaron a las listas de profesiones, los jóvenes escribas estaban aprendiendo de un volumen tan antiguo que muchas de las palabras probablemente nunca se utilizaron fuera del aula.[80] Fue, de hecho, una lista de profesiones, copiada por Elletum y finalmente abandonada en la casa, la que nos proporciona su nombre.[81]

A veces, Elletum y sus compañeros recibían otro tipo de tablilla para escribir. El maestro escribía las líneas que el alumno debía aprender en la parte izquierda de una tablilla rectangular. El alumno copiaba las líneas en el lado derecho. Después de que su maestro viera (y presumiblemente criticara) el trabajo del alumno, no reciclaba la tablilla, pues eso sería desperdiciar el bello ejemplar de la izquierda. En su lugar, el escriba limpiaba su propio trabajo con un borrador de piedra, o simplemente con los dedos (a menudo se pueden ver las huellas dactilares del escriba cuando hacía esto) y lo intentaba de nuevo.[82] O quizás pasaba la tablilla de ejercicios a un compañero y empezaba a trabajar en una nueva lista de nombres.

Si esto suena aburrido, casi seguro que lo era. De hecho, si un escriba, como muchos de los estudiantes de la Casa F, continuaba su formación más allá de las etapas elementales, tenía la oportunidad de copiar ensayos que le recordaban lo aburrido y rígido que era el sistema educativo, como el citado anteriormente. En ella se satirizaba la experiencia de un muchacho educado en una de las grandes escuelas que habían existido en el periodo Ur III, cuando fue escrita. Los maestros escribas seguían utilizando este ensayo como parte del plan de estudios en el periodo de la Antigua Babilonia. Otro pasaje nos da una idea de las reglas que debía seguir un estudiante:

> El vigilante de la puerta (dijo): "¿Por qué has salido sin que yo lo dijera?". Me golpeó.
> El monitor de la jarra: "¿Por qué has cogido [agua o cerveza] sin que yo lo dijera?". Me golpeó.
> El monitor sumerio: "¡Hablaste en acadio!". Me golpeó.
> Mi profesor: "¡Tu letra no es nada buena!". Me golpeó.[83]

Un maestro escriba de la antigua Babilonia que enseñara en su casa, como el que poseía la Casa F, no habría tenido espacio para ninguno de los monitores que se mencionan en esta tarea escolar. Pero el plan de estudios básico no había cambiado mucho desde el período de Ur III, y tal vez los castigos corporales tampoco. Nuestro escriba bien podría haber vivido temiendo las palizas de su maestro.

Sin embargo, antes de que Elletum llegara a copiar estas historias sobre la escuela -antes de empezar el plan de estudios avanzado- se encontró con una nueva materia de estudio: Las matemáticas. Más o menos al mismo tiempo que los alumnos aprendían a escribir los nombres de las profesiones y los títulos, empezaron a memorizar las tablas de multiplicar y recíprocas, a aprender los sistemas utilizados para los pesos y las medidas y a copiar los signos pertinentes[84].

Sabemos que el maestro escriba de la Casa F enseñaba matemáticas elementales a sus alumnos porque el 9% de las 1.425 tablillas encontra-

Fig. 12.4 Tablilla cuneiforme con una tabla de multiplicar, periodo de la antigua Babilonia. (Metropolitan Museum, Nueva York)

das allí eran matemáticas[85], en su mayoría listas y tablas que los alumnos debían memorizar (véase la Fig. 12.4)[86]. Incluían multiplicación, recíprocos, raíces cuadradas y raíces cubicas. Pero algunas otras escuelas de escribas de Nippur y otros lugares estaban dirigidas por matemáticos. Además del currículo elemental, sus alumnos dominaban la aritmética y discutían problemas complejos de palabras. Los matemáticos que dirigían estas escuelas también ideaban problemas matemáticos creativos para compartirlos con otros matemáticos. Algunos documentos matemáticos de sus archivos no estaban destinados a la enseñanza, sino a la comunicación de ideas entre colegas.[87]

Las matemáticas mesopotámicas alcanzaron su apogeo en el periodo de la antigua Babilonia; de esta época se conservan más testimonios de aprendizaje e investigación matemáticos que de ninguna otra de la historia antigua de la región.[88] El sistema sexagesimal que encontramos en las primeras tablillas de Uruk[89] seguía utilizándose y nunca fue suplantado en el Próximo Oriente antiguo. El 60 como número base parece haber funcionado muy bien en todos sus usos prácticos de las matemáticas, que giraban principalmente en torno a la medición y división de la tierra, y a la organización y provisión de los trabajadores. A principios de este periodo, los escribas habían inventado un sistema de valor posicional para facilitar los cálculos y pasar de un sistema de pesos y medidas a otro.

Las unidades más grandes se situaban a la izquierda, seguidas de las más pequeñas. Así, un número escrito con los signos cuneiformes que nosotros leeríamos como 17 24 se entendía que indicaba (17 × 60) + 24 = 1.020 + 24 = 1.044, mientras que un número escrito 24 17 equivalía a (24 × 60) + 17 = 1.440 + 17 = 1.457.[90] Por primera vez, los valores posicionales de los números tenían significado.

La historiadora Eleanor Robson ha investigado a fondo tanto la estructura como el entorno social de las matemáticas mesopotámicas. Sostiene que una de las razones por las que se dio tanta importancia a las matemáticas en esta época puede residir en las propias prioridades de los reyes. Muchos de los reyes de la antigua Babilonia hacían hincapié no sólo en promover la justicia en términos de búsqueda de pruebas y toma de decisiones justas, sino en el tipo de justicia que exigía exactitud en las mediciones.[91] Querían asegurarse de que los campos asignados por hombres como Shamash-hazir tuvieran justo el tamaño registrado, que un huerto heredado se dividiera equitativamente entre hermanos, que los templos que los reyes encargaban estuvieran bien diseñados y construidos, y que los trabajadores recibieran una paga justa y adecuada al número de días que habían trabajado. Los hombres alfabetizados (y unas pocas mujeres) que asumían la responsabilidad de todos estos aspectos de la administración necesitaban entender de números, pesos, medidas y geometría. Tuvieron que aprenderlo todo en la escuela. Pero lo aprendieron de formas que no se parecen mucho al pensamiento matemático actual, y no sólo por su sistema de base 60. Los escribas hacían muy pocos diagramas (incluso cuando discutían principios geométricos) y pensaban en los números sin utilizar ecuaciones. Daban respuestas precisas a sus problemas matemáticos del mundo real (e imaginarios), pero lo hacían con frases llenas de verbos como "añadir", "dar la vuelta", "acumular", "romper" y "arrancar", en lugar de los símbolos abstractos que se utilizan hoy en día, como +, −, ×, ÷ y √.[92]

Aunque las matemáticas se han seguido practicando en Irak desde la época de estos primeros matemáticos, gran parte de los conocimientos matemáticos de la antigua Babilonia se perdieron con el colapso de esta era, y resulta que incluso las formas posteriores de las matemáticas mesopotámicas probablemente no tuvieron una influencia perceptible en los pensadores griegos.[93] Los griegos parecen haber redescubierto e inventado nuevas formas de abordar problemas matemáticos que habían sido resueltos más de mil años antes.

Volviendo a la Casa F, el currículo elemental seguido por Elletum terminaba con el estudio de contratos y proverbios. Los escribas copiaban muestras de documentos legales realistas que podrían emular más tarde cuando trabajaran en el mundo real.[94] Los proverbios parecen a primera vista sabios refranes que tal vez reflejaban la tradición popular. Eran concisos, a veces divertidos, y puede que a los escribas les sonaran de un modo que a menudo no podemos entender. Pero algunos estudiosos han sugerido que quizá hayamos malinterpretado estos proverbios. Quizá no fueran frases muy conocidas; quizá se escribieron sólo para el currículo, concretamente para enseñar gramática. Esto explicaría por qué algunos de ellos no tienen ningún sentido.[95]

Este parece haber sido el punto del plan de estudios en el que muchos jóvenes ponían fin a su formación de escribas. Tenían conocimientos matemáticos rudimentarios y se llevaban consigo las tablas de multiplicar y otras tablillas útiles para consultar en el futuro.[96] Habían aprendido a escribir; dominaban los sustantivos y verbos que necesitaban. Sabían leer y escribir cartas y contratos. Pero es posible que algunos de estos antiguos alumnos hayan escrito poco en su vida después de esto. Para muchos habría bastado con saber leer los contratos, las cartas y las listas que les llegaban en la vida cotidiana. Siempre podían contratar a un escriba más avanzado si necesitaban redactar un documento.

En la Casa F, sin embargo, la mayoría de los estudiantes de escribanía parecen haberse quedado para recibir formación avanzada en sumerio, que era la verdadera especialidad de su maestro. Estos jóvenes no se limitaban a aprender un oficio que les sirviera para trabajar, sino que se estaban convirtiendo en eruditos que pertenecerían a una comunidad intelectual de élite, conocedora del sumerio y su literatura[97]. El sumerio ya no era una lengua hablada en aquella época. [98] La intensa atención que se le prestaba era, en cierto modo, un intento de aferrarse a lo que consideraban una época dorada del pasado, e incluso de definir una cultura sumeria que aportaba orden y autoridad a lo que para ellos era el mundo moderno.[99] Si lo pensamos bien, el estudio en profundidad de viejas historias e himnos en una lengua muerta no era algo especialmente práctico. El hecho de que existiera este mundo literario demuestra que su cultura dejaba espacio para la reflexión y la búsqueda intelectual al margen de las necesidades del palacio y de los dioses. Es muy posible que Elletum formara parte de los estudiantes que se quedaron. Más tarde, una vez terminados sus estudios, su nombre aparece como testigo en tres contratos hallados en esta misma parte de la ciudad[100] parece haberse convertido en miembro de una comunidad de hombres letrados y poderosos.

El plan de estudios de formación avanzada estaba diseñado para exponer a los escribas a la literatura sumeria. Como no hablaban sumerio de forma nativa, el plan de estudios fue introduciendo gradualmente una gramática más complicada. Alrededor de 600 tablillas de la Casa F contenían fragmentos de obras literarias sumerias, lo que obviamente constituía una parte crucial del plan de estudios[101].

Suponiendo que, de hecho, continuara en la escuela, Elletum habría comenzado sus estudios avanzados con cuatro obras literarias que casi todos los escribas copiaban al principio de su estudio de la literatura. No se trataba de poemas épicos ni de relatos, sino de himnos. Su aparición en los programas de formación de escribas es tan uniforme y ubicua que se les ha denominado la Tétrada.[102] Tres de los himnos estaban dedicados a reyes muertos, todos ellos gobernantes de Isin, lo que sugiere que esta parte del plan de estudios tenía sus raíces en el apogeo del poder de Isin, antes de que Hammurabi pusiera esa región bajo control babilónico. El cuarto himno de la Tétrada era a la diosa Nisaba, que velaba por los escribas. Estos himnos fueron sabiamente elegidos por su sencillez sumeria y por el modo en que las formas verbales se fueron haciendo gradualmente más complejas[103].

Los estudiantes de escribanía pasaron después a otros textos sumerios más complicados. En la Casa F se encontraron otras diez obras literarias con una gramática más difícil (ahora denominadas la Década) en múltiples copias.[104] Otras catorce obras literarias parecen haber sido las favoritas del maestro. Hizo que los alumnos escribieran muchos himnos, historias sobre dioses y héroes, y relatos de la escuela de escribas. Éstas y otras obras literarias se utilizaban con tanta frecuencia que se enumeraban en catálogos en tablillas de arcilla, del mismo modo que se enumeran las lecturas asignadas en un programa de estudios. La secuencia de las obras puede parecernos extraña. Los alumnos no estudiaban mitos, luego encantamientos, luego himnos, luego lamentaciones, por ejemplo. Los géneros estaban todos mezclados. No parece que sirvieran como instrucción religiosa, ni siquiera, en esta época, como propaganda para los reyes (los homenajeados llevaban mucho tiempo muertos), aunque algunos de ellos planteaban algunas cuestiones filosóficamente interesantes.

En el transcurso de sus estudios avanzados, Elletum casi con toda seguridad copió y memorizó historias relativas a un antiguo héroe y rey de Uruk conocido como Gilgamesh. Es otro de los grandes nombres de la historia del Próximo Oriente, como Sargón y Hammurabi, pero la conocida epopeya sobre su búsqueda de la inmortalidad aún no se había escrito en la época de Elletum. Hasta el periodo de la antigua Babilonia, Gilgamesh era conocido como Bilgames, y protagonizaba una serie de poemas sumerios que se habían transmitido oralmente de generación en generación. En algún momento del periodo Ur III, los escribas empezaron a escribir estos cuentos y a utilizarlos como ejercicios escolares. Cientos de años más tarde, hacia el siglo XIII a.C., estos poemas y otras obras sobre el héroe acabaron inspirando a un autor llamado Sin-leqi-unnini para escribir la versión de la Epopeya de Gilgamesh que hoy conocemos bien, pero que aún estaba lejos en el futuro cuando Elletum iba a la escuela.

En la Casa F aún se estudiaban tres de los antiguos poemas sumerios de Ur III sobre las aventuras de Bilgames y su sirviente Enkidu.[105] Estas historias compartían un tema: Al igual que en la epopeya posterior, Bilgames no quería ser olvidado; buscaba algún tipo de inmortalidad. En una de las historias se cita a Bilgames diciendo desesperado: "Mi mirada se posó en un cadáver a la deriva por el río, flotando en el agua: Yo también aseré asi, justo así seré" [106]. Para evitar este ignominioso final, Bilgames se propuso hacerse famoso negociando y engañando a un monstruo gigante llamado Huwawa que vivía en un lejano bosque de cedros (aunque Enkidu acabó matando a Huwawa, en contra de los deseos de Bilgames). En otra historia que Ellatum habría copiado, Bilgamés y Enkidu, quizá de nuevo en busca de notoriedad, mataron a un toro sagrado, el Toro del Cielo, que había sido enviado a la Tierra por la diosa Inana.[107] La tercera historia sumeria trataba de Bilgamés, Enkidu y el mundo de las tinieblas.

Pero una de las obras copiadas por un estudiante de escribanía era diferente en muchos aspectos: Era relativamente nueva en la época y más ambiciosa que los relatos anteriores. El nombre de Bilgames se había cambiado por el de Gilgamesh, y el relato estaba escrito en la lengua acadia contemporánea (aunque el texto era bilingüe e incluía también una traducción al sumerio antiguo).[108] Los arqueólogos encontraron un fragmento de esta nueva obra sobre Gilgamesh en la Casa F, y puede combinarse con otros fragmentos de otros lugares para hacerse una idea de lo que había conseguido su autor. Al parecer, se trata de la primera iteración de la Epopeya de Gilgamesh, quizá el poema épico más antiguo jamás escrito, y en él se tratan temas como la amistad, la fama, la realeza y el miedo a la muerte, de un modo que sigue resultando convincente hoy en día. Esta epopeya temprana contenía muchos de los acontecimientos que repitió Sin-leqi-unnini en su versión posterior, que los mesopotámicos llamaron "El que lo vio todo", de su primera línea. El título de toda obra literaria era su primera línea.

Se desconoce el nombre del autor de la anterior epopeya de la antigua Babilonia, y en los fragmentos que se han encontrado falta gran parte de la historia, pero es evidente que se trataba de una obra maestra que integraba ideas de muchos relatos sumerios anteriores. Se titulaba (de nuevo por su primera línea) "Superando a todos los demás reyes".[109] Es muy posible que Elletum conociera toda la epopeya, aunque sólo se recuperó una pequeña parte de ella en la escuela donde estudiaba.

El autor de "Superando a todos los demás reyes" ascendió al personaje de Enkidu a una posición más alta que antes: Ahora era amigo e igual de Gilgamesh, no su sirviente. Los amigos seguían luchando contra Huwawa, y seguían haciéndolo por la fama, para que "[Un nombre que] es eterno yo lo establezca para siempre", como dijo Gilgamesh,[110] pero ahora no había que negociar con el gigante; desde el principio tenían la intención de matarlo.[111]

En un segmento perdido de la epopeya, Enkidu murió, dejando a Gilgamesh devastado por la pérdida de su amigo. El autor captó la angustia del rey y su negativa a creer que Enkidu pudiera haberse ido:

> "Enkidu a quien amé tan profundamente,
> que conmigo pasó por todos los peligros:
> fue a la perdición de los hombres mortales.
> Llorando por él día y noche,
> No entregué su cuerpo para el entierro...
> '¡Quizás mi amigo se levante a mi grito!'-
> durante siete días y siete noches,
> hasta que se le cayó un gusano de la nariz".

Tras esta conmoción y la profunda tristeza que engendró, Gilgamesh decidió que ya no le bastaba con alcanzar una fama duradera. Quería vivir para siempre. Temía a la muerte como nunca antes.

En el curso de sus andanzas tras la muerte de Enkidu, Gilgamesh se encontró con una mujer que tenía una taberna. Su consejo es extraordinario. Hay que tener en cuenta que Gilgamesh era un rey poderoso en este relato, que había vivido muchas aventuras heroicas, que dirigía guerreros y que incluso conversaba regularmente con los dioses. Ella le dijo:

> "Oh Gilgamesh, ¿dónde estás vagando?
> La vida que buscas nunca la encontrarás:
> Cuando los dioses crearon a la humanidad,
> muerte que dispensaron a la humanidad,
> vida que guardaban para sí.
> Pero tú, Gilgamesh, deja que tu vientre esté lleno,
> ¡Diviértete siempre de día y de noche!
> Alégrate cada día,
> ¡Baila y juega día y noche!
> Que tu ropa esté limpia,
> ¡Que se lave tu cabeza, bañaté en agua!
> Mira al niño que te coge de la mano,
> ¡Deja que tu mujer disfrute de tus repetidos abrazos!
> Porque tal es el destino [de los mortales]"[112]

La tabernera no le dijo a Gilgamesh que fuera un héroe, que luchara, que se hiciera un nombre. Le dijo que volviera a casa, que fuera un marido y un padre devoto, que cuidara su cuerpo y su ropa, y que fuera feliz. Que disfrutara de la vida que tenía, no que siguiera buscando la vida eterna. Y, según ella, los aspectos más importantes de la vida que debía disfrutar eran los que compartía con casi todos sus súbditos: La comida, la danza, la limpieza, el hogar y la familia.

Gilgamesh no prestó mucha atención al mensaje de la tabernera; continuó su búsqueda, yendo en pos del único hombre conocido por haber vencido a la muerte, un héroe llamado (en esta versión) Uta-naishtim. No tenemos el final de la versión babilónica antigua de la epopeya, pero podría haber coincidido con la versión posterior. De ser así, Gilgamesh llegó hasta Uta-naishtim y le pidió el secreto de la vida eterna. Sin embargo, ese secreto estaba fuera del alcance de Gilgamesh. Uta-naishtim sólo había recibido este regalo de los dioses porque había conseguido sobrevivir a una inundación mundial construyendo un barco y capeando el temporal con su familia y muchos animales. Esta versión anterior del Noé bíblico adoptó varios nombres diferentes en la literatura mesopotámica, pero su personaje era siempre el mismo, al igual que las líneas generales de la historia. Tras desembarcar en la cima de una montaña y dar gracias a los dioses por su supervivencia, éstos le concedieron la vida eterna.

En la versión posterior de la Epopeya de Gilgamesh, el superviviente del diluvio (allí llamado Ut-napishtim) se apiadó de Gilgamesh tras contarle su historia, y le dijo cómo conseguir una planta que le haría joven de nuevo. Pero Gilgamesh no consiguió aferrarse a la planta y la dejó para ser encontrada por una serpiente. Finalmente, Gilgamesh regresó a Uruk, su ciudad natal, aparentemente reconciliado por fin con su propia mortalidad y orgulloso de la ciudad que gobernaba.

Es imposible decir cuánto de esto podría haber estado en la versión babilónica antigua, pero Gilgamesh casi con toda seguridad se encontró con Uta-naishtim y probablemente escuchó su historia sobre cómo obtuvo la inmortalidad. Tal vez Elletum, al copiar la historia, se sintió conmovido por el discurso del tabernero, o provocado por las ideas de la muerte y la inmortalidad. La historia de Gilgamesh perduró durante siglos. En nuestros días, las traducciones y relatos de la epopeya posterior siguen inspirando a los lectores.

No tenemos forma de saber qué enseñaba el maestro a sus alumnos sobre Gilgamesh (o cualquier otra obra literaria). Una gran parte de la instrucción debió de ser oral; tal vez el maestro hacía reflexionar a sus alumnos sobre los significados y ramificaciones de la literatura que leían.

Una vez que habían aprendido todo lo que podían de su maestro, los escribas habrían sido empleados de muchas maneras, tal vez en el palacio o en un templo, o como médicos, adivinos, jueces o topógrafos, o para registrar casos judiciales y contratos. Su alfabetización era valiosa. Al parecer, también participaban en debates académicos y, en ocasiones, recopilaban y copiaban obras importantes. Se interesaban por las antiguas formas de escribir los signos, los significados arcaicos de las palabras y, en general, por la historia y la estructura de su sistema de escritura[113]. Es casi seguro que algunos de ellos

Comenzaron a aceptar estudiantes propios, continuando el ciclo.

Sin embargo, no todos los alfabetizados compartían esta experiencia. Gente como los mercaderes que comerciaban en Anatolia probablemente tenían una educación mucho más rudimentaria que los escribas de la Casa F. Los mercaderes habrían sido aprendices de un escriba (probablemente en casa de alguien) durante el tiempo suficiente para aprender los signos necesarios para escribir una carta en acadio o para llevar un registro de una venta o una deuda, y luego dejaban de hacerlo. No necesitaban dominar la antigua lengua literaria sumeria. Las cartas que se escribían entre ellos incluían muy pocos logogramas, que eran signos sumerios que sustituían a palabras enteras. Los logogramas se utilizaban como abreviaturas rápidas de sus equivalentes acadios y eran empleados por escribas con una educación avanzada. Algunos de los mercaderes asirios sólo utilizaban unas pocas docenas de signos cuneiformes con regularidad, un número relativamente fácil de aprender.[114] Aunque algunas de sus cartas estaban meticulosamente escritas en una escritura fina, en otras ocasiones la caligrafía de las cartas podía ser descuidada, dejando fuera cuñas aquí y allá. En estos casos, la escritura era completamente utilitaria. Servía para hacer el trabajo. Si un comerciante asirio se hubiera encontrado con un poema épico o un himno sumerio, no habría sido capaz de entenderlo.

A medida que la alfabetización se generalizaba en la época de la antigua Babilonia, el estilo de la escritura se hacía más eficiente. Esto no sólo ocurrió con los mercaderes asirios. En toda Mesopotamia, un estilo cursivo que variaba de una región a otra sustituyó a la caligrafía formal de los escribas de Ur III[115]. Los escribas ahora necesitaban poder tomar dictados, por lo que tenían que poder escribir rápido. Las cursivas innecesarias (o sus equivalentes en forma de cuña) desaparecieron. Si alguien podía entender lo que escribías, era suficiente.

Las mujeres *naditum* de Sippar y los escribas de Nippur se contaban entre los cientos de miles de personas que debieron de beneficiarse de la relativa estabilidad de Mesopotamia en tiempos de Hammurabi. En estos capítulos sobre los inicios del segundo milenio, hemos llamado a unas pocas puertas, por así decirlo, asomándonos por un momento al negocio textil de Ashur-idi, a las luchas de Shamash-hazir por confirmar las reclamaciones de tierras de pastores y soldados, a la ceremonia de iniciación llena de festines de Awat-Aya y al aula de Elletum, mientras pasamos de largo por los registros de innumerables otros momentos y otras vidas. Esta fase de mediados del segundo milenio a.C. nos ofrece tantas opciones de puertas a las que llamar porque la alfabetización ya no estaba confinada a las grandes instituciones. La escritura había sido puesta por fin al servicio de los particulares, y sus cartas, contratos y listas, que a menudo se encontraban en sus propias casas, arrojan una luz mucho más brillante que antes sobre personas que no trabajaban necesariamente para el palacio o para un templo.

CAPÍTULO 13

BARBEROS, MERCENARIOS Y EXILIADOS

Los jóvenes escribas siguieron estudiando para convertirse en eruditos en la Casa F de Nippur durante todo el reinado de Hammurabi, pero poco después de su muerte, el mundo que les rodeaba se enfrentó a una creciente agitación. La cálida relación que Hammurabi parece haber logrado con sus súbditos, y la lealtad que inspiraba, no continuaron en el reinado de su hijo, Samsu-iluna (1749-1712 a.C.). En los años octavo y noveno del reinado de Samsu-iluna, los pueblos del sur de su imperio empezaron a rebelarse, declarando su independencia y colocando gobernantes locales en los tronos de sus nuevos y pequeños reinos. En 1739 a.C., la Casa F fue abandonada, junto con gran parte de su vecindario en Nippur, y la escuela de escribas nunca se restableció. En Larsa, un hombre que se convirtió en rey tomó el nombre de Rim-Sin (1741-1736 a.C.), quizá con la esperanza de captar la magia (y la legitimidad) asociada al gran Rim-Sin I, el último rey que gobernó una Larsa independiente; tomó el control de Nippur. Samsu-iluna tuvo mucho trabajo luchando contra estos rebeldes, y los menciona con frecuencia en los nombres de sus años. En cuatro años, del año 9 al 13, había luchado contra un pueblo llamado los casitas, junto con las tierras de Ida-Maras y Eshnunna en el norte, y Uruk, Ur, Larsa, Isin, Kisurra y otras tierras en el sur.[1] El rey de la recién independizada Uruk también luchaba en las mismas regiones, contra muchos de los mismos enemigos, incluidos Eshnunna e Isin,[2] aunque no estaba del lado de Samsu-iluna de Babilonia. Era una época tumultuosa.

El propio Samsu-iluna escribió sobre esta época de guerra en una inscripción, aunque la presentó como una victoria gloriosa: «En aquella época derroté con las armas, ocho veces en el transcurso de un año, a la totalidad de la tierra de Sumer y Acad que se había vuelto hostil contra mí. Convertí las ciudades de mis enemigos en montones de escombros y ruinas. Arranqué de la tierra las raíces de los enemigos y de los malvados. Hice que toda la nación habitara según mi decreto"[3]. ¿Cuánto de esto era cierto?

Parece que tuvo éxito en la batalla contra Larsa, de la que se jactaba: "No había transcurrido la mitad del año cuando (Samsu-iluna) mató a Rim-Sin (II), que había provocado la rebelión de Emutbala, (y) que había sido elevado a la realeza de Larsa. En la tierra de Kish amontonó un túmulo funerario sobre él". Pero el resto de las jactancias de Samsu-iluna suenan huecas: "Mató a veintiséis reyes rebeldes, sus enemigos; los destruyó a todos. Derrotó a Iluni, el rey de Eshnunna, uno que no había hecho caso de sus decretos, lo condujo en un collar y lo degolló. Hizo que la totalidad de Sumer y Acad estuvieran en paz, hizo que los cuatro barrios acataran su decreto".[4] Si todo eso hubiera sido cierto, ¿por qué Samsu-iluna dejó de conmemorar las campañas del sur con nombres anuales después de su decimotercer año? Más bien parece haber renunciado a controlar esas tierras. En realidad, la "totalidad de Sumer y Acad" no estaba en paz, en absoluto, e Isin, justo al sur de Babilonia, era probablemente ya la frontera meridional de su imperio.[5] En el momento del vigésimo octavo año de Samsu-iluna, incluso la Isin local, tan cercana a Babilonia, estaba fuera de su alcance -no se han encontrado allí tablillas que daten de sus nombres anuales después de su vigésimo séptimo año.[6]

El sur sufría no sólo las guerras locales, sino también una sequía que afectaba a gran parte del Próximo Oriente.[7] Nunca había llovido mucho en el sur de Mesopotamia, por supuesto, pero las lluvias habían disminuido también en Anatolia en esta época, lo que significaba que los grandes ríos Tigris y Éufrates estaban más bajos en sus cauces, y el agua del río era esencial para toda la vida en el sur. Sin ella, la gente no podía cultivar, no podía transportar mercancías por el río y podía morir de hambre.

Los arqueólogos buscaron niveles de ocupación de esta época en las grandes ciudades que habían dominado la historia de Mesopotamia durante tantos siglos, pero no encontraron nada. Ciudades meridionales como Ur, Uruk, Isin, Girsu, Larsa y Eridu -todas las cuales habían albergado la brillante cultura de las ciudades-estado sumerias y habían seguido prosperando bajo los reyes acadios y durante la Tercera Dinastía de Ur- fueron abandonadas, al menos parcialmente, durante el reinado de Samsu-iluna.[8]

Justo cuando nos gustaría saber más sobre esto, los escribas nos fallan. Pocos documentos quedaron tirados alrededor de casas o edificios públicos en estas ciudades recién vaciadas, por lo que no está claro hasta qué punto la crisis fue causada por la sequía. Probablemente, la población también sufrió hambre o enfermedades. Incluso en Nippur -donde vivían todos aquellos jóvenes escribas que habían estado aprendiendo literatura sumeria esotérica del maestro de la Casa F- los textos se silenciaron durante un tiempo[9]. Algunos de los residentes aguantaron, esperando un futuro mejor. Otros se marcharon. Sin duda, muchos murieron.

Un nuevo reino, autodenominado Sealand, se materializó para gobernar la aparentemente despoblada región meridional. Debía de estar centrado en las marismas al sur de Ur. Sus reyes fueron capaces de reunir tropas para luchar contra Samsu-iluna y tomar el control de Nippur en el vigésimo noveno año de Samsu-iluna. La Sealandia seguiría siendo una espina clavada en el costado de los reyes babilonios durante más de un siglo.

CAMPAÑAS SEPTENTRIONALES DE SAMSU-ILUNA

Babilonia podría haber vuelto a ser uno de los estados más pequeños de la región, pues su otrora impresionante imperio sólo había durado unas décadas. Pero Samsu-iluna compensó las pérdidas en el sur intentando expandir su imperio hacia el norte, más allá incluso de las regiones que su padre Hammurabi había podido conquistar. Se jactó, en nombre de su vigésimo sexto año, de haber supervisado la extracción de piedra en la lejana Amurru, al noroeste, y sabemos por los descubrimientos arqueológicos en Siria que esta afirmación no era pura palabrería. Samsu-iluna controlaba una ciudad guarnición a orillas del Éufrates llamada Harradum, cuyos documentos datan de su reinado, a partir de su vigésimo sexto año. Dos años más tarde, en su vigésimo octavo año, atacó a dos reyes llamados Yadih-abum y Muti-hurshan y "los aplastó como a una montaña con su aterradora... arma y su maza".[10] Estaba tan orgulloso de esta victoria que bautizó los tres años siguientes con el mismo nombre.

GIMIL-NINKARRAK: UN JEFE BARBERO Y SUS VECINOS

Por desgracia, no tenemos ni idea de quién era Muti-hurshan ni dónde gobernaba, pero sí sabemos algo sobre el otro enemigo de Samsu-iluna, Yadih-Abum. Este rey, más conocido como Yadih-Abu,[11] gobernaba una tierra que se encontraba justo más allá del límite norte de las conquistas de Hammurabi, en el río Éufrates, en Siria. Este era el reino centrado en Terqa que continuó bajo reyes locales tras la destrucción de la vecina Mari. La tierra probablemente se llamaba Hana -al menos así fue más tarde en su existencia- pero en este momento no conocemos su nombre porque ninguno de los textos conocidos lo menciona. Hana no es un reino muy conocido, pero fue notablemente resistente a lo largo de esos siglos. Su historia independiente apenas comenzaba durante el reinado de Samsu-iluna.

Como ocurre a menudo en la historia y la arqueología mesopotámicas, el fuego y la furia de la retórica del rey en su año-nombre se reflejan sobre el terreno en... nada en absoluto. Samsu-iluna afirmó haber "aplastado" a Yadih-abu, pero la capital de ese rey, Terqa, parece haber funcionado perfectamente durante el reinado de Yadih-abu y el de su sucesor, el rey Kashtiliashu, y más allá. Las excavaciones realizadas allí no muestran ningún signo de tropas babilónicas ni de presencia babilónica alguna en esta época. Los arqueólogos ni siquiera han encontrado textos que daten del reinado de Samsu-iluna. Pero no es imposible que la ciudad de Terqa estuviera brevemente bajo el dominio directo de Babilonia y que no dispongamos todavía de documentos que lo demuestren.

En su trigésimo tercer año, Samsu-iluna se jactó de haber "restaurado por completo toda la mampostería de la ciudad de Saggaratu".[12] Saggaratu se encontraba al norte de Terqa; de hecho, fue allí donde Zimri-Lim de Mari se había reunido con su esposa Shibtu con un conjunto de siete músicos sólo unas décadas antes. Es muy poco probable que el rey babilonio pudiera atribuirse el mérito de este proyecto de construcción a menos que al menos estuviera en marcha (aunque "*toda la* albañilería" tiene un cierto toque hiperbólico). Así pues, es probable que Samsu-iluna estuviera presente en la región de Terqa.

En Terqa sólo se ha excavado una pequeña parte de la ciudad de este periodo, y probablemente no es el barrio que Yadih-Abu habría elegido para que lo visitaran las generaciones futuras. No es su palacio, ni el gran templo a Dagan, ni la muralla de la ciudad. Esos grandes edificios sufrieron uno de dos destinos posibles. O bien siguen allí, pero ocultos bajo el pueblo moderno, llamado Ashara, que aún se asienta sobre el tell, o bien hace tiempo que cayeron al Éufrates. El río cortó la mayor parte del tell en algún momento de su historia, dejando en pie sólo una sección semicircular, como un pastel a medio comer. Lo que se encontró en Terqa, sin

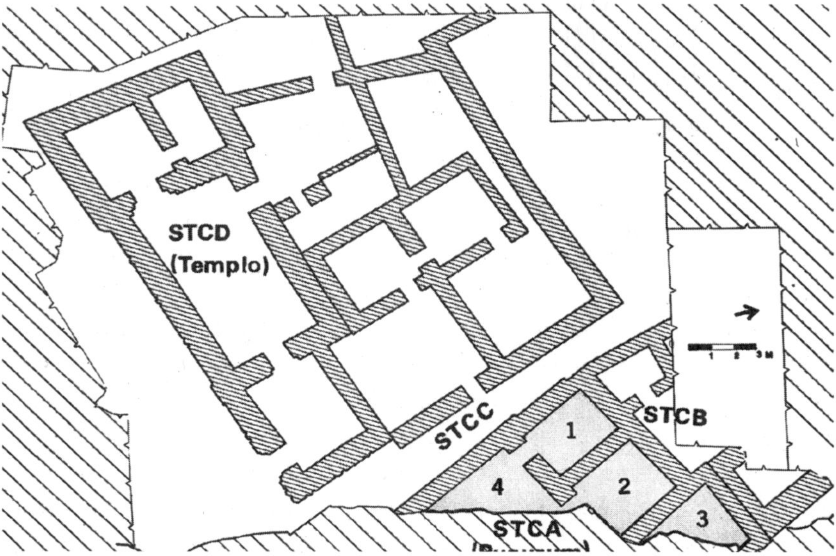

Fig. 13.1 Plano del área C de Terqa, finales del siglo XVIII a.C. Gimil-Ninkarrak parece haber vivido en el edificio contiguo al templo, su vecino Puzurum vivía al otro lado de la calle, en el edificio STCA (Undena Publications, Rouault 1984, ix, Fig. 1)

embargo, fue un conjunto de casas y un pequeño santuario vecinal de esta época, agrupados a lo largo de un estrecho callejón justo en lo que ahora es el borde del tell (véase la Fig. 13.1). Una de las casas fue cortada por la erosión del río siglos atrás, de modo que una mitad de su despensa se encontró llena de vasijas y la otra mitad había desaparecido por completo, quedando en su lugar la escarpada cara del acantilado del tell.[13]

Entre los habitantes del barrio que descubrieron los excavadores, el hombre más influyente se llamaba Gimil-Ninkarrak (activo entre 1710 y 1680 a.C.).[14] Doce documentos lo nombran, y varios de ellos se encontraron en una casa en la que probablemente vivía, junto al santuario.[15] Uno de ellos revela que ejercía de barbero jefe.[16] Se tataba de un alto cargo. Un barbero jefe hacía mucho más que afeitar y cortar el pelo; con su afilada cuchilla cerca de las gargantas de muchos hombres poderosos de la corte, Gimil-Ninkarrak era uno de los consejeros de mayor confianza del rey local. Así ocurrió con los barberos a lo largo de la historia de Mesopotamia.

Gimil-Ninkarrak, como barbero jefe, habría supervisado el trabajo de los barberos en toda Terqa. Los barberos eran profesionales que afeitaban el cabello a toda clase de hombres.[17] Los textos de Ur III muestran que, en lugar de establecerse en un lugar de trabajo permanente, los barberos parecen haber viajado hasta sus clientes, llevando madera de sauce para calentar el agua y taburetes para que sus clientes se sentaran.[18] Pero también había "lugares de baño", donde parece que algunos clientes iban regularmente a afeitarse.

¿Y quién necesitaba afeitarse? Anteriormente, en la época dinástica temprana y hasta el periodo Ur III, algunos hombres aparecían en esculturas con la cabeza y la barba completamente afeitadas. Gudea nunca llevó barba en ninguna de sus numerosas estatuas. Para mantener afeitados a estos hombres se empleaban barberos con regularidad. Utilizaban una navaja de cobre llamada *naglabu,* que también usaban los cirujanos,[19] y no cabe duda de que existía una relación entre los barberos y la cirugía, lo que quizá no resulte sorprendente, ya que se confiaba en que los barberos utilizaran cuchillos afilados con gran cuidado.

En la época de Gimil-Ninkarrak, la antigua Babilonia, los hombres se dejaban crecer la barba, pero aún había trabajo para los barberos. Las obras de arte muestran que las barbas de los hombres de alto rango estaban perfectamente peinadas, a veces con largos tirabuzones. La barba y el pelo también debían cortarse y moldearse, y el vello facial no deseado debía afeitarse. Según las leyes de Hammurabi, los barberos también se encargaban de afeitar las cabezas de los hombres y mujeres esclavizados de forma que se distinguieran del resto de la población. Se trataba de una responsabilidad seria, ya que un barbero también podía proporcionar la clave para que un esclavo fugado no fuera descubierto. Si un esclavo lograba convencer a un barbero para que le afeitara el "mechón de pelo de esclavo", podría integrarse en la sociedad. Las leyes estipulaban un castigo severo si el barbero lo hacía a sabiendas, pero si le habían engañado, no sería castigado.[20]

Se podría pensar que un esclavo fugitivo calvo seguiría destacando en una comunidad llena de hombres con pelo largo y barba, pero parece que los hombres que trabajaban en los templos seguían afeitándose por razones de pureza ritual. Los barberos podían ser contratados por los templos por este motivo.[21] Pero los barberos tenían muchas otras responsabilidades, además de afeitar. Se les menciona más a menudo como administradores que como personas dedicadas a cortar o afeitar el pelo.[22] A menudo asumían responsabilidades importantes, y varios de ellos recibían sellos cilíndricos de su rey, señal inequívoca de la estima real.[23]

Lo mismo le ocurría a Gimil-Ninkarrak. Era el orgulloso propietario de un hermoso sello cilíndrico que le había regalado el rey Kashtiliashu (sucesor de Yadih-Abu, el rey que había luchado contra Samsu-iluna de Babilonia). Tenía grabada la imagen de una diosa, junto con el nombre de Gimil-Ninkarrak y el de su padre. La inscripción también señalaba que Gimil-Ninkarrak era el "siervo de Kashtiliashu". El sello tenía tapas de oro en la parte superior e inferior, cada una de ellas intrincadamente decorada con diminutas cuentas de oro granulado engastadas en formas triangulares. El sello en sí no ha sobrevivido, pero lo enrolló en algunos de sus documentos, por lo que tenemos su impresión.[24]

En los documentos de la casa de Gimil-Ninkarrak, los de sus vecinos y los del santuario de la diosa Ninkarrak, emerge toda una comunidad. Sus habitantes no tenían intención de que estos documentos sobrevivieran: Nadie los había conservado ni guardado cuidadosamente en frascos. Se esparcieron como basura textual, ya no se necesitaban, se trituraron en el suelo o se dejaron en su sitio cuando se quemó una habitación, no eran lo bastante importantes como para recuperarlos. Entre ellos se encuentran los culpables habituales, los tipos de documentos que suelen encontrarse en los hogares de la antigua Babilonia: Contratos de compra de campos y casas y de contratación de trabajadores, acuerdos de préstamo, listas de personas que reciben raciones, cartas, algunas tablillas de ejercicios escolares. Aunque en ellas se menciona a decenas de personas, predominan cinco familias. Se conocían entre sí durante al menos cuatro generaciones. Eran vecinos y propietarios de campos contiguos. Eran testigos de los contratos de los demás. Algunos de ellos eran, claramente, amigos. Los nombres de muchos miembros de las familias aparecen en una lista de ofrendas a Ninkarrak que parece haber estado expuesta en su santuario, por lo que las familias también estaban unidas en su devoción a la diosa de su barrio. En consonancia con su importancia para la comunidad local, el nombre de Gimil-Ninkarrak figura casi al principio de la lista, sólo por detrás del rey y de un dignatario[25].

Puede que sus obligaciones como barbero jefe le llevaran de vez en cuando a la corte del rey, pero la mayor parte del tiempo, la vida de Gimil-Ninkarrak parece haber sido muy similar a la de sus vecinos. Al igual que ellos, poseía campos y contrataba jornaleros para que le ayudaran a cultivar. Estaba disponible cuando sus amigos y parientes necesitaban testigos para sus contratos, y ellos, a su vez, aparecían cuando él los necesitaba para atestiguar la formulación de sus propios contratos. Contrató a un hombre más joven, un escriba llamado Pagirum, para redactar uno de estos documentos. Pagirum y Gimil-Ninkarrak parecen haberse conocido bien; de hecho, es probable que Pagirum también trabajara para el rey en algún puesto, porque más tarde recibió una concesión real de tierras. Y aquí está uno de esas pistas que nos dejan preguntándonos: Cada hombre tuvo un hijo que conocemos y cada uno lamó a su hijo Iddin-Addu[26]. Gimil-Ninkarrak y Pagirum podrían haber explicado esta aparente coincidencia a cualquiera que les hubiera preguntado. Tal vez compartían un amigo o pariente que se llamaba Iddin-Addu y llamaron a sus hijos en su honor. Quizá sus hijos se llamaban así en honor a un augurio del dios Addu. O tal vez fuera sólo una coincidencia. Sea como fuere, cualquier persona posterior que se describa como "hijo de Iddin-Addu" podría haber sido nieto de Gimil-Ninkarrak o nieto de su amigo Pagirum. No podemos saberlo. El hecho de que ciertos nombres fueran populares y se utilizaran con frecuencia dentro de una comunidad dificulta singularmente la reconstrucción de árboles genealógicos desde nuestra distancia de más de 3.700 años.

ABI-ESHUH DE BABILONIA: UN REY Y SU PRESA

Tras la muerte de Samsu-iluna en 1712 a.C., su hijo Abi-eshuh (1711-1684 a.C.) subió al trono en Babilonia. Parece que estaba obsesionado con resolver la crisis del sur y acabar con el poder de Sealand. Tras lo que debieron de ser extensas consultas con ingenieros y asesores, se le ocurrió una idea novedosa y, francamente, cruel sobre cómo hacerlo, una idea que parece no haberse intentado antes pero que fue emulada muchas veces en la historia posterior. Si se conseguía que los pantanos del sur se secaran, los reyes de Sealand quedarían lisiados y su pueblo moriría. La naturaleza ya estaba haciendo un buen trabajo privando de agua al sur de Mesopotamia; sin duda el rey lo sabía. Pero, ¿Y si pudiera acelerar este proceso? ¿Y si el mismo plan pudiera proporcionar más agua a las ciudades que esperaba recuperar y volver a poner bajo control babilónico?

La maquiavélica idea de Abi-eshuh consistía en construir una presa a través del Tigris y canalizar el agua del Tigris hacia el oeste, hacia el Éufrates. Las ciudades aguas abajo del Tigris quedarían devastadas por la pérdida de agua, mientras que las ciudades aguas abajo del Éufrates recibirían una nueva infusión de agua y esperanza.[27] Dio la casualidad de que el abuelo de Abi-eshuh, Hammurabi, ya había proporcionado una de las claves para hacer esto posible. Ya en el año 33 del reinado de Hammurabi, éste había conmemorado la construcción de un canal, al que había llamado modestamente "Hammurabi es la abundancia del pueblo".[28] El canal fluía desde el Tigris hasta el Éufrates en un punto en el que discurrían relativamente juntos y continuaba hacia el sur desde allí. Hammurabi había dicho que el canal "establecería las aguas eternas de la abundancia para Nippur, Eridu, Ur, Larsa, Uruk e Isin".[29] En la época de Hammurabi, todavía fluía mucha agua en el Tigris más allá del canal para abastecer a las antiguas ciudades de Umma, Girsu y Lagash que se encontraban a lo largo de sus orillas. Sin embargo, en opinión de Abi-eshuh, no merecía la pena salvar esas ciudades del Tigris, no si con ello podía deshacerse de los reyes de la Sealandia y devastar las zonas pantanosas en las que vivían ellos y sus súbditos.

No era un proyecto que pudiera llevarse a cabo sin el apoyo de los dioses, por lo que Abi-eshuh los consultó obedientemente mediante oráculos. Uno de estos oráculos fue registrado y se convirtió en un documento histórico, copiado por los escribas una y otra vez, de modo que la versión que tenemos de él fue escrita siglos después del reinado de Abi-eshuh.[30] En él se señala que, una vez completada toda la planificación, se sacrificó un cordero y el adivino extrajo su hígado para examinar sus partes, "leerlas" y obtener una respuesta a la siguiente pregunta:

En el mes de Abu, hasta su trigésimo día, el día que él (Abi-eshuh) identificó, pensó y planeó, el día que él pretende y desea, ¿Deberían ellos (las tropas) abrir una presa en la orilla oriental del Tigris, deberían colocar la anchura frente a la longitud, deberían amontonar juncos y tierra y así hacer una presa?[31]

El adivino no sólo preguntaba si los dioses pensaban que la presa era una buena idea, sino también si aprobaban la fecha que el rey había elegido para comenzar las obras. Es curioso ver cómo el entusiasmo de Abi-eshuh por el proyecto aparece incluso en la pregunta: Había "pensado y planeado" el proyecto; "pretende y desea" una fecha concreta. ¿Intentaba influir en los dioses para que dijeran que sí?

La pregunta del oráculo continuó con más detalles sobre la presa. ¿La respuesta de los dioses? Sí. Debería hacerlo.[32] Las obras comenzaron de inmediato.

La consulta de los órganos internos de los animales sacrificados, conocida como extispiciencia, era una forma rutinaria de recibir comunicaciones de los dioses. Implicaba una especie de pensamiento científico, en el sentido de que los adivinos creían en hacer observaciones, escribir informes y consultarlos más tarde con la esperanza de anticipar acontecimientos futuros. (Aunque, por supuesto, no encontraríamos una conexión científica entre la forma de un hígado y el éxito de un proyecto militar o de construcción). Los adivinos que se entrenaban en la lectura de oráculos llevaban registros; este tipo de sacerdotes siempre sabían leer y escribir. Examinaremos su trabajo más adelante.[33]

Ya no queda nada de su presa, pero Abi-eshuh estaba muy orgulloso de ella. Nombró el año en que se construyó "el año en que el rey Abi-eshuh, por el exaltado poder de Marduk, colocó una presa en el Tigris".[34] Y enseguida se dio cuenta de que su fabulosa presa necesitaba protección y mantenimiento. Sin duda, la gente que aún vivía río abajo estaba furiosa y aterrorizada. ¿Dónde estaba el agua que necesitaban para cultivar? ¿Cómo podían navegar en un río que se había reducido a un hilo? Una presa hecha de tierra y juncos era vulnerable no sólo a la presión del agua que ahora se dirigía hacia el oeste, bajando por el canal de Hammurabi y desembocando en el Éufrates, sino también a los ataques de personas que sufrían sus efectos y que sin duda estaban decididas a derribarla. El rey se dispuso a construir un fuerte junto a la presa, que dotaría de tropas. Lo llamó Fort-Abi-eshuh, o Dur-Abi-eshuh en acadio. Este fuerte también fue objeto de un nombre anual: "El año en que el rey Abi-eshuh construyó Dur-Abi-eshuh sobre la presa del Tigris".[35] En realidad, no era el primer fuerte que bautizaba con su nombre. Ya había otro en el Éufrates, donde se unía el antiguo canal de Hammurabi.[36] Ahora que estaba en modo de construcción de fuertes, Abi-eshuh construyó y dotó de tropas fuertes en siete lugares a lo largo del Éufrates, incluidos en Nippur (que estaba nuevamente bajo control babilónico)[37] y Uruk.[38]

Abi-eshuh y los reyes de Babilonia que le sucedieron dependían en gran medida de las fortalezas armadas para gobernar su tierra; al menos veintiocho fortalezas estaban en funcionamiento en todo el país, aunque en ese momento el reino de Babilonia sólo contaba con cuatro ciudades reales: Babilonia, Sippar, Dilbat y Kish.[39]

Conocemos el mundo de Dur-Abi-eshuh porque allí se escribieron cientos de tablillas que han sido publicadas.[40] Estos registros muestran que, aunque el sur sufría sequía, no estaba completamente vacío de gente, al menos no a lo largo del Éufrates. Las ciudades del Tigris, en cambio, sufrieron tal y como Abi-eshuh debió de planear. Los arqueólogos que trabajaron allí no encontraron más que ciudades fantasma durante esta época.[41]

MARDUK-LAMASSASHU E IBNI-SIN: UN VISIR Y UN COMANDANTE EN DUR-ABI-ESHUH

Durante el reinado de Abi-eshuh, las tropas subían y bajaban fácilmente el Éufrates en barcas. También navegaban del Éufrates al Tigris y viceversa, por el canal de Hammurabi, que era lo suficientemente ancho y profundo para el tráfico de barcos. Uno de los documentos administrativos registra raciones de cerveza para un viaje realizado por doce aurigas entre las dos fortalezas de idéntico nombre:

> 6 cubas de cerveza... como provisiones de viaje para 12 aurigas que fueron en barco desde Dur-Abi-eshuh en la presa del Tigris hasta Dur-Abi-eshuh en la desembocadura del canal de Hammurabi-es-la-abundancia-del-pueblo y han regresado.
> (Las cubas de cerveza) les fueron entregadas cuando las tropas permanecieron en Dur-Abi-eshuh, a la salida del canal de Hamurabi-es-la-abundancia-del-pueblo.[42]

El ejército babilónico estaba compuesto no sólo por hombres babilonios, sino también por mercenarios de tierras vecinas, incluidas algunas que habían sido enemigas de Babilonia en tiempos recientes.[43] Algunos soldados y oficiales al mando se identificaban por su nacionalidad -incluidos casitas, suteos y elamitas- y otros por sus ciudades de origen. Los hombres procedían de lugares tan lejanos como Alepo en Siria (la antigua Halab) y Arrafa en el extremo norte de Mesopotamia.[44] Este era un fenómeno muy extendido en esta época; el ejército babilónico estaba compuesto por miles de mercenarios extranjeros.[45] Sin duda hablaban muchos idiomas diferentes, pero compartían un empleador común, y todos recibían una paga mensual. Los escribas llevaban la cuenta de todo ello.

Una serie de hombres aparecen una y otra vez en los registros, como el copero de nombre patriótico Hammurabi-lu-dari, a quien, en el vigésimo año del reinado de Abi-eshuh, a menudo se le asignaba la responsabilidad de recibir la cebada que se destinaría a las tropas y los trabajadores.[46] Tenía un sello inscrito, que a veces utilizaba para sellar la correspondiente tablilla de recepción.

Otra figura impresionante que debió de resultar familiar en Dur-Abi-eshuh fue el visir Marduk-lamassashu. En los años 19 a 21 del reinado de Abi-eshuh, trabajó a menudo con un comandante llamado Ibni-Sin (y a veces, en el año 21, con *dos* comandantes llamados ambos Ibni-Sin, lo que debió ser causa de cierta confusión). La frase estándar en la que aparecían sus nombres era: "(La cebada) les fue entregada (a los artesanos, o tropas, o grupos particulares de soldados, enumerados más arriba en esta sección), cuando las tropas permanecieron en Dur-Abi-eshuh a la salida del Canal de Hammurabi-es-la-abundancia-del-pueblo" y luego venían los nombres de los hombres que supervisaban las tropas en esa ocasión: "con Balassu-lirik, el supervisor de los barberos, Marduk-lamassashu, el visir, Sumu-hammu, el comandante, Ibni-Sin, el comandante, e Ibni-Sin, el comandante"[47].

Uno no puede evitar preguntarse cómo eran estos hombres. Balassu-lirik, el supervisor de los barberos, podría haber sido el hombre más poderoso de este equipo, ya que, como vimos con Gimil-Ninkarrak en Terqa, se trataba de un cargo con más influencia de lo que se podría pensar. Marduk-lamassashu, como visir, también habría sido escuchado por el rey. Es de suponer que viajaba regularmente con las tropas y sus comandantes entre Babilonia y Dur-Abi-eshuh. ¿Estaba distante y alejado, o charlaba a veces con Ibni-Sin mientras supervisaban juntos a las tropas? No hay forma de saberlo. Marduk-lamassashu vivió hasta el reinado del siguiente rey, Ammi-ditana, y aún mantuvo su poderosa posición.[48] La mayoría de estos individuos estaban completamente perdidos para la historia hasta que la reciente publicación de estos registros nos devolvió una pequeña ventana a su mundo, vislumbrada (como ocurre tan a menudo) a través de los prosaicos registros de las distribuciones de cebada y cerveza.

¿Tuvo éxito el diabólico plan de Abi-eshuh? ¿Derrotó al rey Ili-ma-ilu de Sealand privando a su país de agua? En absoluto. Una crónica posterior recordaba este momento: "Abi-eshuh, hijo de Samsu-iluna, trató de derrotar a Ili-ma-ilu, por lo que decidió represar el Tigris, pero aunque represó el Tigris no derrotó a Ili-ma-ilu".[49]

No obstante, los fuertes que llevaban el nombre de Abi-eshuh siguieron ocupados y armados durante un siglo más, a lo largo de los reinados de los siguientes reyes de Babilonia: Ammi-ditana (1683-1647 a.C.), Ammi-saduqa (1646-1626 a.C.) y Samsu-ditana (1625-1595 a.C.). Y los reyes de la Sealandia, cuya patria de hecho *no había* sido devastada como consecuencia del canal de Abi-eshuh, siguieron causándoles frecuentes dificultades. Aunque los reyes babilonios mantenían una fortaleza hasta el sur en Uruk, era un puesto avanzado solitario; el control babilónico no se extendía realmente más allá de Nippur (que estaba justo al sur del Dur-Abi-eshuh en el Éufrates). Incluso en Nippur, la vida era radicalmente diferente de los cómodos tiempos de los escribas de la Casa F. Aquella época anterior debió de parecer un mundo diferente.

ABANDONO DE LA CIUDAD DE NIPPUR

La ciudad de Nippur había sido abandonada en gran parte tras el trigésimo año de reinado de Samsu-iluna.[50] Pero su vasto e imponente templo, llamado Ekur, seguía allí. Después de todo, era el hogar de Enlil, el más grande de los dioses sumerios, y había sido el lugar más sagrado del sur de Mesopotamia al menos desde que comenzó a escribirse en el periodo dinástico temprano, casi mil años antes. Un grupo de sacerdotes y funcionarios siguieron viviendo y trabajando allí durante el reinado de Abi-eshuh y hasta el de Ammi-ditana. Pero su paz se rompió en el undécimo año de Ammi-ditana (1672 a.C.), cuando la ciudad de Nippur fue violentamente atacada por tropas de Sealand.

La gente que aún vivía en Nippur se vio obligada a huir hacia el norte, a Dur-Abi-eshuh, donde estarían a salvo tras los muros de la fortaleza. Algunos funcionarios de Dur-Abi-eshuh escribieron para informar al rey de su llegada desde Nippur, guardando una copia de la carta para los archivos de la fortaleza:

A nuestro Señor (Ammi-ditana) habla. Así informan tus siervos:

> La ciudad de Nuestro Señor (Dur-Abi-eshuh) y las tropas están bien.
> En el mes undécimo, el día veintiocho, los ciudadanos de Nippur que huyeron de Nippur a Zibbat-Narim (probablemente otro nombre para Dur-Abi-eshuh), nos hablaron como sigue: "En el undécimo mes, el decimonoveno día, quinientos enemigos con équidos y reclutas llegaron a Nippur. Entraron en el templo de Ekur "[51].

Esto era una catástrofe. Las tropas enemigas no sólo habían traspasado las murallas de la ciudad, sino que habían entrado en el santuario sagrado de Enlil, y ahora estaban dentro y dañando sus espacios sagrados. Las siguientes líneas de la carta están, por desgracia, rotas, pero está claro que los enemigos se lanzaron a la destrucción y el saqueo: "Los muros del templo fueron horadados (...)... Robaron. . ." Pero entonces, de alguna manera, el pueblo de Nippur fue capaz de defenderse. La marea cambió. "Tuvieron miedo. Los jinetes (...) se pusieron a cubierto y huyeron".[52]

Sin embargo, las fuerzas de Sealand no habían acabado con Nippur. Sólo seis días después, estaban de vuelta: "En el undécimo mes, el vigésimo quinto día, trescientos enemigos con équidos entraron de nuevo en el Ekur". Una vez más, el texto se interrumpe en un punto crucial, pero de nuevo las fuerzas que defendían Nippur resultaron, quizá sorprendentemente, victoriosas. Tras la pausa leemos que "el enemigo ha sido derrotado". Más o menos. El escritor, continuando citando a la gente que había huido de Nippur, añade: "Sin embargo, el enemigo sigue llegando a Nippur diariamente".[53] La carta fue enviada al rey Ammi-ditana por dos hombres descritos como "mensajeros expresos".

Nippur siguió sufriendo: Se menciona en los documentos de Dur-Abi-eshuh por última vez durante el reinado del rey Ammi-saduqa. Pero para entonces, con el Ekur original en ruinas y en manos enemigas, se había construido una nueva versión del templo de Ekur en los barrios más seguros de Dur-Abi-eshuh, el del Tigris.[54] La gente seguía esperando, sin embargo, que algún día se restaurara el templo original para que Enlil pudiera volver a su antiguo hogar. La inscripción del sello de un hombre rezaba, quejumbrosa, "Que [el escriba] Nanna-mesha, que venera al dios Marduk, (viva para) ver la restauración del templo de Ekur y de Nippur".[55]

ENLIL-MANSUM: OFICIAL DEL TEMPLO

Mientras tanto, los funcionarios exiliados del templo de Ekur continuaron trabajando en apoyo de Enlil desde sus nuevos cuarteles en Dur-Abi-eshuh. Un funcionario llamado Enlil-mansum tenía el título de "*neshakkum* de Enlil". Había varios hombres con este título, pero no está claro qué hacían exactamente.[56] Enlil-mansum probablemente tenía una función religiosa, pero las tablillas que se conservan de su carrera profesional pertenecen a sus actividades comerciales.[57]

Enlil-mansum mantenía estrechas relaciones con un hombre importante en Sippar: Marduk-mushallim, que gestionaba las finanzas del palacio.[58] De hecho, Marduk-mushallim era un confidente especial del rey Ammi-saduqa. En un año especialmente difícil, el rey le escribió para advertirle de posibles ataques a Sippar, y Marduk-mushallim le fue totalmente leal.[59] En una ocasión incluso alertó a un superior (no está claro quién era) de que uno de sus compañeros oficiales en Sippar no estaba siguiendo las órdenes del rey. Cuando Marduk-mushallim objetó el comportamiento, este hombre le había dicho: "No aceptes sus órdenes (las del rey)"[60]. Marduk-mushallim no tenía nada que ver con semejante insubordinación. Se apresuró a enviar su carta, asegurando a su jefe que seguiría cumpliendo las órdenes, al tiempo que revelaba la traición de su compañero.

Marduk-mushallim financiaba a veces los negocios de Enlil-mansum. Los contratos que redactaron mencionan a varios hombres que trabajaron como correos o comerciantes para Enlil-mansum o fueron testigos de sus contratos. Estas tablillas nos dan una idea de los estrechos vínculos que existían entre las personas que vivían y trabajaban en Dur-Abi-eshuh en aquella época.

Nanna-mesha (el de la inscripción del sello melancólico) era miembro de esta comunidad. No era un simple escriba. Al igual que Enlil-mansum, era un *neshakkum* del templo de Enlil. No es de extrañar que la inscripción de su sello lamentara la pérdida del templo. Los dos hombres trabajaban juntos, y Nanna-mesha apareció como testigo en uno de los contratos de Enlil-mansum que ayuda a revelar lo que sus comerciantes compraban para él en sus viajes de negocios.

Este contrato era para la compra de una mujer esclavizada "de la ciudad de Awil-ili "[61] Enlil-mansum pagó 12 siclos de plata por ella. Se supone que estaba destinada al templo y no a su propia casa. Las cláusulas terminan señalando que habría "tres días para la investigación, un mes para la epilepsia", y que "él (Enlil-mansum) será responsable de las reclamaciones sobre ella de acuerdo con el reglamento real".[62] Casi todas las ventas de esclavas terminaban de esta manera. La epilepsia era especialmente preocupante, ya que se creía que era causada por los dioses.[63]

Todos los documentos de venta que mencionan a Enlil-mansum eran para la compra de esclavos, en su mayoría mujeres, pero también algunos hombres. Muchos de los esclavos procedían de ciudades lejanas de Elam, Gutium, Subartu y Andarig.[64] No parece que hubiera "mercados" donde comprar esclavos en Babilonia durante esta época; quizá nunca los hubo. Por lo general, la gente perdía su libertad al endeudarse; esto ocurría en todas las zonas. Así que cuando el templo de Enlil quiso comprar esclavos, parece que no pudo hacerlo localmente. Para ello, Enlil-mansum enviaba a sus comerciantes a regiones lejanas; podía confiar en que, para las personas esclavizadas allí, a diferencia de las que tenían raíces locales, su estatus no cambiaría. Independientemente de la razón por la que fueran esclavizados originalmente, no serían liberados en Dur-Abi-eshuh como resultado de, por ejemplo, la resolución de un contrato o el pago de una deuda.[65] Quedarían atrapados en la esclavitud de por vida, lejos de sus tierras natales. Los contratos impasibles de Enlil-mansum no nos dicen nada de la angustia que esto debió ocasionar. El templo de Enlil parece haber tenido una demanda continua de hombres y mujeres esclavizados.

Ahunatum, un hijo de Enlil-mansum, se metió en serios problemas, quizá durante una misión comercial para su familia o para el templo de Enlil. Fue capturado en algún momento del segundo año del rey Samsuditana (1625-1595 a.C.) y retenido como rehén. Alguien debió de enviar una petición de rescate a su padre, Enlil-mansum, por una enorme cantidad de plata: Una mina entera.[66] Esto ocurrió hacia el final de la carrera de Enlil-mansum; probablemente se estaba haciendo viejo y no habría sido capaz de realizar el viaje comercial por sí mismo.

¿Fue este secuestro un susto? O tal vez Enlil-mansum no se sorprendió demasiado al recibir la petición de rescate -en esta época, los secuestros de comerciantes fluviales parecen haberse convertido en algo bastante común.[67] En cualquier caso, Enlil-mansum decidió pagar el rescate, y de alguna manera reunió la plata. Confió el pago a un mercader que se dirigía a la región donde Ahunatum estaba retenido y que conseguiría que los secuestradores liberaran a su hijo.[68] También dio al mercader algo de aceite con el que conseguir un asno "para un transporte seguro", y lo plasmó todo en un contrato.

No sabemos cómo acabó esta historia; no queda constancia del regreso de Ahunatum, ni sabemos cuándo ni cómo murió Enlil-mansum. Seguía vivo dos años después del secuestro, prestando plata a otro hombre, no para un viaje de larga distancia para comprar esclavos, sino para comprar cebada localmente.[69]

Nueve años más tarde, el hermano de Enlil-mansum parece haberse hecho cargo de su negocio. También él era un *neshakkum* que vivía en Dur-Abi-eshuh, y en una ocasión prestó plata a un cocinero y a su esposa, para que se la devolvieran en cebada.[70] La pena por no devolver la cebada era severa: ¡Medio siclo de plata extra por siclo prestado! Los negocios desagradables de la familia continuaron, al menos durante un tiempo, hasta que los registros llegan a un final abrupto, en un momento en que toda Babilonia estaba sumida en la confusión.

HATTUSILI I: LA EXPANSIÓN DEL IMPERIO HITITA

A mediados del siglo XVII a.C., en la misma época en que Enlil-mansum emprendía sus expediciones comerciales y los reyes Ammi-saduqa y, más tarde, Samsu-ditana de Babilonia luchaban por mantener los vestigios del imperio que su predecesor Hammurabi había creado un siglo antes, un reino de Anatolia estaba cambiando de una forma que tuvo un impacto duradero en todo el Próximo Oriente.

Los habitantes de la meseta de Anatolia eran descendientes de la población que había vivido allí durante la época de las antiguas colonias asirias de Kanesh, y seguían hablando la misma lengua, que ellos llamaban neshita, pero que nosotros llamamos hitita. El hitita era una lengua indoeuropea, la primera que se escribió. Las lenguas indoeuropeas existían desde mucho antes y ya habían divergido drásticamente del protoindoeuropeo, que era el antepasado común del hitita antiguo, el celta, el latín, el griego, el germánico, el persa antiguo, el sánscrito y todos sus descendientes indoeuropeos, incluidos el persa y el hindi modernos, y la mayoría de las lenguas europeas modernas, como el inglés, el alemán, el español, el francés, el checo, el polaco y todas las demás lenguas germánicas, románicas y eslavas.

Hacia 1750 a.C., se estableció una nueva capital en lo alto de la meseta de Anatolia, en un lugar que ahora se llama Boğazköy, a 200 kilómetros al este de la actual Ankara. Desde antes de las colonias asirias ya existía allí una ciudad, aunque abandonada. Pero era un lugar ideal para una capital bien defendida[71], con escarpes escarpados en dos lados, tallados por ríos que fluían a través del paisaje rocoso. La ciudad se llamó Hattusa y, con el paso de los años, albergó numerosos palacios, templos y formidables fortificaciones, además de extensos barrios residenciales. Durante las excavaciones se hallaron miles de tablillas cuneiformes, que aportan gran parte de nuestros conocimientos sobre la historia hitita.

El rey que eligió Hattusa como capital pudo haber gobernado originalmente desde Kanesh (también llamada Nesha)[72] y adoptó el nombre de Hattusili, "hombre de Hattusa", probablemente en honor a su nueva capital. Dado que varios reyes posteriores adoptaron el mismo nombre, para nosotros es Hattusili I (1650-1620 a.C.). Hattusili no inventó la idea de un imperio anatolio; su predecesor Labarna había avanzado mucho en ese sentido, conquistando muchos reinos menores. Pero Hattusili escribió sobre sus conquistas en cuneiforme, por lo que sabemos mucho más sobre él, y sus conquistas fueron más extensas.

En sus anales no describía más que batallas e incursiones, y a menudo se jactaba de que, tras destruir una ciudad, "tomaba posesión de sus bienes y se los llevaba a Hattusa"[73]. Para un rey hitita era importante demostrar su destreza en el campo de batalla y superar a sus predecesores en sus conquistas[74]. Al igual que los reyes mesopotámicos, Hattusili creía que los dioses le habían elegido para gobernar. Escribió: "A mí, el rey, el dios Sol y el dios Tormenta me han confiado mi país y mi casa (el palacio) y yo, el rey, protegeré mi país y mi casa".[75]

Hattusili I incluso llevó a su ejército en campaña más allá de Anatolia; al menos en dos ocasiones cruzaron los montes Tauro y se desplazaron hacia el sur, a Siria, donde el rey continuó con su hábito de destrucción y saqueo, esta vez en el reino de Yamhad (antiguo aliado de Mari), próspero y establecido desde hacía mucho tiempo. Pero las tropas hititas no podían permanecer demasiado tiempo en Siria cuando luchaban allí. A finales de otoño debían regresar a casa. Las nieves de la meseta de Anatolia hacían imposible viajar durante los meses de invierno.

Sin embargo, Hattusili no destruyó Alepo, la capital de Yamhad. Ese acto de violencia lo cometió su nieto y sucesor, Mursili I (1620-1590 a.C.), una vez más jactándose de haber superado los logros de los reyes que le precedieron.

Uno de los beneficios de estas campañas sirias fue que los hititas decidieron adoptar el sistema de escritura cuneiforme que encontraron allí.[76] Los escribas hititas probablemente aprendieron a escribir acadio y sumerio en cuneiforme de los maestros sirios que crearon escuelas en Hatti, al menos al principio. Más tarde, los escribas adaptaron el cuneiforme para poder registrar su propia lengua hitita. Los primeros documentos, como los anales de Hattusili I, sólo se conservan porque los escribas los copiaron y los volvieron a copiar.

Aunque los reyes hititas fueron responsables de sus brutales campañas de conquista en esta época, y no se disculparon por ello, la vida cotidiana en el corazón hitita no era más violenta que en cualquier otro lugar del Próximo Oriente. Sí, los hombres eran llamados regularmente a campaña y debieron presenciar y participar en terribles derramamientos de sangre y destrucción[77], pero en casa ellos y sus familias cultivaban, comerciaban, iban a la corte, se casaban y adoraban a los dioses de forma muy parecida a sus vecinos sirios y mesopotámicos. Así lo atestiguan las numerosas tablillas cuneiformes halladas en Hattusa.

SAMSU-DITANA DE BABILONIA: EL FIN DE LA DINASTÍA DE HAMMURABI

El rey Samsu-ditana resultó ser el último rey de Babilonia en esta época. Una fuerza enemiga destruyó y saqueó Babilonia en 1595 a.C., pero no sabemos cómo ocurrió ni qué condujo a ello. Como en una buena novela policíaca, quedan pistas tentadoras, pero no podemos estar seguros de su significado.

Las pistas aparecen en documentos, la mayoría escritos bastante más tarde, y por pueblos que para entonces ya se habían hecho poderosos en la región.[78] Uno de los documentos era una inscripción hitita posterior, y a menudo se ha supuesto que los hititas fueron los únicos agresores de Babilonia. El fin de Babilonia se menciona en sólo dos crípticas frases de la inscripción: "Más tarde él (Mursili I) fue a Babilonia. Destruyó Babilonia y luchó contra las [tropas] hurritas. Los deportados de Babilonia [y] sus bienes los guardó en Hattusa (su capital)".[79] Según esto, fueron los hititas quienes atacaron y saquearon Babilonia, llevándose cautivos y botín a casa (como habían hecho en Siria). Pero, ¿por qué se encontraron los hititas luchando contra los hurritas aparentemente en Babilonia? Los hurritas vivían lejos de Babilonia, en el norte de Siria. Había más pueblos implicados además de los hititas y los babilonios.

Otra pista textual se encuentra en un documento de Babilonia. Sorprendentemente, no dice nada sobre los hititas, aunque sí describe una época caótica en el reinado del rey Samsu-ditana: "Cuando en tiempos de Samsu-ditana las fronteras de Sumer y Acad fueron alteradas por la beligerancia de los amorreos, el levantamiento de los hanaeos y el ejército de los casitas, el diseño de la tierra había sido borrado y sus fronteras deshechas.[80] Este escritor nos quiere hacer creer que tres grupos de personas no hititas fueron responsables del caótico "deshacer" de las fronteras del reino babilónico: los amorreos, los hanaeanos y los casitas. A los amorreos ya los conocemos; incluso Hammurabi era amorreo. Ya vivían prácticamente en toda Siria y Mesopotamia. Los hanaeos eran el pueblo que vivía al norte del imperio babilónico de Hammurabi, en lo que probablemente se llamaba el reino de Hana, la zona donde el barbero Gimil-Ninkarrak había vivido en el reinado de Kashtiliashu. Los casitas eran relativamente nuevos en Mesopotamia, pero se les había mencionado como alborotadores desde poco después de la muerte de Hammurabi. Hablaban una lengua que no tenía nada que ver con el acadio y el amorreo, y es posible que fueran originarios de regiones situadas al norte de Babilonia. Así pues, parece que los ataques a Babilonia pudieron provenir de todas direcciones.

Otra teoría, propuesta por el historiador Seth Richardson, es que antes de que el reino fuera atacado desde fuera ya se había estado desintegrando desde dentro.[81] Las fortalezas, como las dos Dur-Abi-Eshuh, estaban repartidas por todo el campo en esta época y, como hemos visto, contaban con soldados mercenarios de muchas tierras diferentes. Puede que a estos soldados se les pagara por luchar contra los enemigos de Babilonia, pero su lealtad al rey babilonio era mínima. Los mercenarios podrían haber sido inspirados por señores de la guerra para rebelarse y podrían haber sido responsables de la desaparición de la dinastía de Hammurabi[82].

Se han encontrado pruebas arqueológicas que apoyan la idea de un periodo violento en Babilonia décadas antes del final de la dinastía. Por ejemplo, una casa de Sippar-Amnanum había sido el hogar de un sacerdote de las lamentaciones llamado Ur-Utu, cuya vida dio un vuelco quizá precisamente por una rebelión de este tipo. Tuvo lugar en el decimoctavo año del rey Ammi-saduqa (el penúltimo rey de la dinastía babilónica).[83] Ur-Utu vivía en una cómoda casa de Sippar-Amnanum donde se había criado, y allí guardaba un archivo de más de 2.000 tablillas.[84] Acababa de empezar una renovación de la casa cuando de repente tuvo que evacuarla. Las fuerzas hostiles ya debían de estar en las calles cuando Ur-Utu estaba ordenando sus tablillas cuneiformes, tratando locamente de encontrar las que eran más importantes para él. No podía marcharse sin un grupo de contratos relativos a bienes inmuebles (se remontaban a cientos de años atrás), que demostraban que tenía los derechos sobre sus extensos campos, y también necesitaba llevarse algunos contratos por préstamos que aún estaban pendientes; varias personas le debían plata y cebada.

Tenía las tablillas en una caja y corría por su casa. Debió de oír a los soldados en la puerta y los gritos de sus vecinos. De repente, su casa estaba en llamas, el techo de madera ardía ferozmente, y tuvo que echar a correr. Tropezó y se le cayó la caja de pastillas. Era demasiado tarde para salvarlas; el fuego estaba fuera de control. Ur-Utu huyó para salvar la vida.

Si Ur-Utu sobrevivió al ataque, o bien decidió que no necesitaba su archivo (ni siquiera las tablillas que había intentado llevarse) o bien no se le permitió acceder a su casa una vez apagado el fuego. Nunca regresó para limpiar el desastre provocado por el fuego, ni para reclamar sus posesiones, como tampoco lo hizo nadie.[85] Su hogar ancestral quedó abandonado, y pronto lo mismo ocurrió con toda la ciudad de Sippar-Amnanum a su alrededor.[86] Las tablillas de Ur-Utu permanecieron exactamente donde estaban durante más de 3.500 años hasta que fueron descubiertas por los arqueólogos, que pudieron reconstruir los últimos minutos de su huida por las extrañas agrupaciones de tablillas en las habitaciones y en el suelo.[87] Si una rebelión interna babilónica trajo la devastación a Sippar-Amnanum, le siguió una invasión desde más allá de las fronteras babilónicas.

Samsu-ditana siempre ha sido considerado el desafortunado descendiente final de Hammurabi, el rey que presenció esta invasión de la gran ciudad de Babilonia y que tal vez murió a consecuencia de ello. Pero ninguna inscripción de la época de Samsu-ditana lo identifica como pariente de los reyes anteriores. Tal vez fuera uno de los caudillos que dirigió la destrucción de ciudades y casas, como la de Ur-Utu, antes de usurpar el trono.[88]

Independientemente de quién fuera, Samsu-ditana fue perdiendo el control de las restantes ciudades del reino babilónico a lo largo de su reinado. Hanaeos, amorreos y casitas desempeñaron un papel en ello, por no hablar de hurritas, elamitas y gentes del Sealand, que parece que también estuvieron implicados.[89] Debió de ser una época inestable y peligrosa.[90] La incursión hitita en Babilonia, dirigida por el rey Mursili I, podría haber sido el último clavo en el ataúd de un reino que llevaba décadas derrumbándose. No es de extrañar que casi no se escribieran documentos durante mucho tiempo después.

El vacío documental que sigue a este periodo es realmente sorprendente. El siglo XVI a.C. es una auténtica "Edad Oscura", no en un sentido anticuado y peyorativo, sino como una época de la que no sabemos casi nada, como si se hubieran apagado las luces. Los escribas de Mesopotamia y otras partes del Próximo Oriente parecen no haber sido necesarios y haber dejado de recibir alumnos. Incluso algunos conocimientos matemáticos se perdieron definitivamente al cerrar sus puertas las escuelas de escribas.

Sólo se sabe que dos reinos mesopotámicos del siglo XVI a.C. siguieron produciendo documentos. Uno era el de Sealand, en el sur[91], y el otro el de Hana, en el norte[92], pero ninguno de los dos se conoce bien. Quizá en el futuro ayuden a completar nuestra comprensión de esta época. También los hititas siguieron produciendo algunos documentos durante esta época, aunque Hatti entró en crisis tras su ataque a Babilonia.

Un texto escrito durante la Edad Oscura (pero sólo conservado en una copia posterior) nos permite vislumbrar una mejora en las relaciones entre los hititas y sus vecinos babilonios[93]. Muestra que los reyes hititas empezaron a dar tímidos pasos para unirse a la comunidad diplomática internacional. El documento se llama inscripción de Agum-Kakrime y revela un sorprendente, aunque sólo vagamente discernible, nuevo mundo tras el final de la dinastía de Hammurabi, en el que una dinastía casita había tomado el control de Babilonia. Los casitas, como se recordará, eran uno de los grupos que proporcionaban soldados mercenarios a los anteriores reyes babilonios y que habían estado entre los grupos que amenazaban Babilonia. Ahora estaban al mando de Mesopotamia y así permanecieron durante siglos.

Un rey kasita de Babilonia llamado Agum había logrado convencer a los hititas de que devolvieran a Babilonia los dioses estatales Marduk y Sarpanitum. Las estatuas de los dioses habían sido tomadas durante el ataque hitita y, al parecer, habían permanecido secuestradas durante veinticuatro años. Los babilonios, por supuesto, estaban desesperados por recuperarlas. La misión de Agum debió de implicar negociaciones diplomáticas, presumiblemente con cartas y mensajeros yendo y viniendo entre Babilonia y la capital hitita. Finalmente, cuando los dioses volvieron a casa, Agum señaló que habían sido enviados desde Hana, a medio camino entre Hatti y Babilonia. Este traslado pacífico de los dioses de vuelta a su tierra natal nos ofrece un anticipo de la siguiente era, que acabó convirtiéndose en un modelo de diplomacia y cooperación internacional.

PARTE VI

LA EDAD DE BRONCE TARDÍA, 1550-1000 A.C.

CAPÍTULO 14

EMPRESARIOS, AURIGAS Y TRADUCTORES

En la década de 1420 a.C., Ilim-ilimma era un hombre a tener en cuenta en la ciudad de Alalakh, situada en el Levante septentrional.[1] Había nacido en el seno de una familia que se ganaba bien la vida -su padre, Tuttu, era hombre de negocios- e Ilim-ilimma ocupaba un puesto entre los poderosos de la ciudad. A juzgar por los pocos documentos que se conservan de su archivo, se relacionaba con la familia real local y con generales del ejército, pero no era reacio a enriquecerse con las desgracias ajenas. Pero sólo sabemos de él a través de contratos y listas; sería bueno pensar que fue un hombre más amable de lo que podría deducirse de lo que dejó tras de sí, aunque, sinceramente, parece poco probable.

Los documentos que nos hablan de Ilim-ilimma, y de muchos otros ciudadanos de Alalakh, fueron excavados por Leonard Woolley cuando dirigió allí una expedición arqueológica en las décadas de 1930 y 1940. Era el mismo excavador británico que había encontrado las tumbas reales de Ur una década antes, y había sido nombrado caballero en 1935 por sus descubrimientos arqueológicos: ahora era Sir Leonard. Descubrió cientos de tablillas en el palacio de piedra finamente construido de Alalakh, en lo que denominó Nivel IV de la existencia de la ciudad, que data aproximadamente del siglo XV a.C. Nueve de estos documentos pertenecen a Ilim-ilimma, hijo de Tuttu, lo suficiente para vislumbrar su vida y desear saber más.[2]

Ilim-ilimma tenía un nombre poco común. Había sido el nombre de un antiguo rey de Alalakh, y también lo compartía con el hijo del actual rey local. Era lo bastante importante como para que su archivo personal se conservara (y finalmente se encontrara) en el palacio de ese rey, por lo que parece que estaba cerca de la familia real; incluso es posible que se llamara así en honor del rey anterior.[3] Cabe preguntarse si tener el mismo nombre que el príncipe heredero era una fuente de molestias para Ilim-ilimma, o si tal vez era una ventaja. En cualquier caso, sabemos con certeza que él y el príncipe heredero no eran el mismo hombre, aunque sí se conocían.[4] Los nombres de ambos figuraban en un documento redactado por un escriba de palacio, una lista de caballos que habían sido asignados a personas importantes. El príncipe Ilim-ilimma e Ilim-ilimma, hijo de Tuttu, recibieron cada uno un par de yeguas.[5] Es casi seguro que ambos utilizaron estas yeguas para tirar de sus carros en la batalla. En su época, la guerra de carros se había convertido en una parte crucial de cualquier combate militar.

Una de las razones de esta transformación de la estrategia militar fue que la tecnología de fabricación de carros había mejorado enormemente. Casi no se parecían a sus toscos predecesores. Ser auriga en la guerra podía ser peligroso en su época, pero también prestigioso. Atrás quedaban las cajas de madera con ruedas de madera maciza, tiradas por burros, que se habían utilizado desde el periodo dinástico temprano. En su lugar aparecieron vehículos ligeros tirados por caballos, con dos ruedas de radios, capaces de alcanzar altas velocidades y maniobrar con facilidad. Se utilizaron no sólo en Alalakh, sino en muchas regiones de Oriente Próximo, incluido Egipto (véase la Fig. 14.1).

En cada carro iban dos hombres: un arquero, como Ilim-ilimma, y un conductor que también llevaba un escudo para proteger a ambos. Los caballos habían sido domesticados hacía tiempo y ahora se les entrenaba para tirar de estos carros. Los caballos eran más rápidos y más grandes que los asnos, tan apreciados en el pasado, y ahora los reyes procuraban comprar y criar los mejores caballos disponibles y contrataban entrenadores de caballos. El mantenimiento y el adiestramiento de los carros eran costosos, pero la inversión valía la pena, e incluso era necesaria, para una gran potencia.[6]

Los eruditos solían proponer teorías sobre el lugar donde se inventó esta nueva forma de carro y otras teorías sobre cómo el reino responsable del desarrollo podría haber obtenido una importante ventaja sobre sus vecinos en la guerra. Pero en realidad no hay forma de saber de dónde salió el nuevo diseño de carro, porque todos los reinos del Próximo Oriente de la época lo adoptaron prácticamente al mismo tiempo. El mismo diseño básico de carro llegó incluso hasta China, gobernada en aquella época por la dinastía Shang; parece que, una vez que algún líder

Fig. 14.1 Escultura en relieve que muestra un carro con ruedas de radios, procedente de Amarna (Egipto), 1352-1336 a.C. (Metropolitan Museum, Nueva York)

vio esta maravilla tecnológica, puso a sus ingenieros a la tarea de intentar construir algunos carros propios.

ALALAKH ANTES DE LA EDAD DE BRONCE TARDÍA: UNA CIUDAD FRONTERIZA

Para las fuerzas de Alalakh habría sido importante dominar la guerra de carros, porque la ciudad estaba situada en un lugar no muy diferente al de Kisurra durante el anterior periodo Isin-Larsa (aunque a cientos de kilómetros de distancia): estaba justo en la frontera entre dos poderosos reinos, Hatti en Anatolia y un nuevo estado llamado Mittani en Siria. Antes de saber más sobre Ilim-ilimma y su mundo, debemos comprender un poco la historia de su ciudad, Alalakh, y del imperio de Mittani. Los aires imperialistas de Hatti y Mittani ya habían azotado Alalakh antes de la época de Ilim-ilimma.

El entorno de Alalakh, en el valle del Amuq, al norte del Levante, era aparentemente bucólico. El valle estaba cubierto de vegetación gracias a las abundantes lluvias y rodeado en casi todas direcciones por colinas bajas. Al oeste, los montes Amanus se alzaban mucho más altos en el horizonte, con sus laderas cubiertas de bosques de cedros.[7] Alalakh estaba cerca del río Orontes, que serpenteaba por el valle. Aunque no era navegable, el río había labrado un paso a través de los montes Amanus, pro-

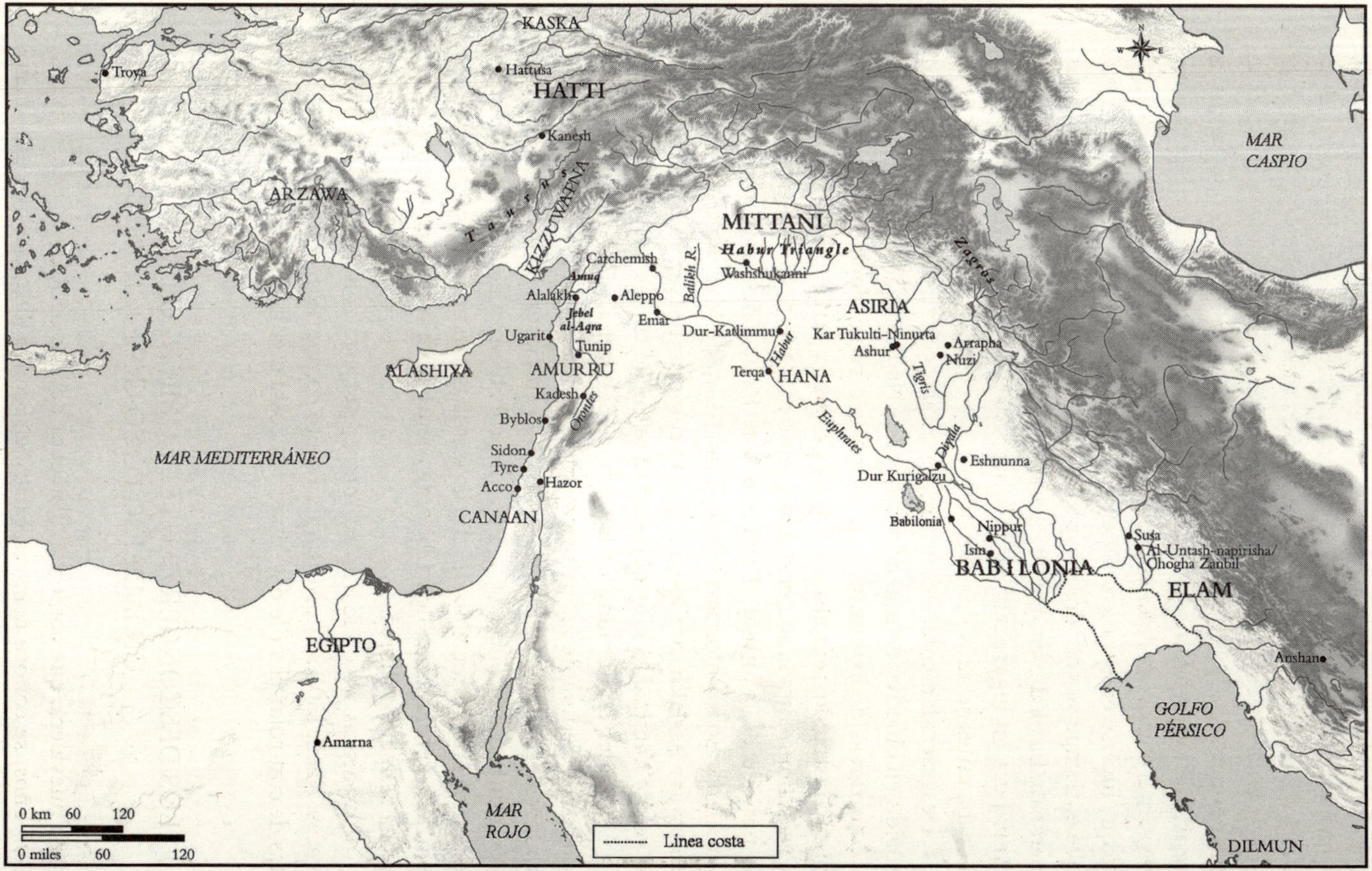

Mapa 3 Oriente Próximo de 1500 a 1000 a.C.

porcionando un camino relativamente fácil hacia el Mediterráneo.[8] Otras rutas antiguas pasaban por el valle, conduciendo desde Egipto en el sur hasta Anatolia en el norte, y desde la costa mediterránea hasta Babilonia y Asiria en el este. Los bosques de cedro de la cordillera de Amanus habían proporcionado durante mucho tiempo madera para los proyectos de construcción babilónicos; Alalakh estaba idealmente situada para aprovechar el comercio. Además, gozaba de un clima relativamente suave, por lo que incluso en verano los vientos frescos de los montes Tauro evitaban que el tiempo se volviera insoportablemente caluroso. Los cultivos prosperaban. La piedra era fácil de encontrar para la construcción. El valle del Amuq era un lugar ideal para asentarse y, como era de esperar, la gente llevaba miles de años viviendo allí.

Desgraciadamente, esas mismas ventajas convirtieron a Alalakh y su región en objetivo de potencias mayores. No era una gran ciudad, apenas 22 hectáreas de extensión, con un palacio relativamente pequeño, pero bien construido, templos a los dioses locales y una economía floreciente. Casi siempre estaba sometida a un reino más fuerte de la región. Durante el periodo de la antigua Babilonia, éste había sido Yamhad, con capital en Alepo. En un momento dado, Zimri-Lim de Mari decidió que quería controlar Alalakh, por lo que ofreció comprar toda la ciudad a su aliado, el rey de Yamhad.[9] El rey de Yamhad se quedó con este tesoro de ciudad.

A finales del periodo de la antigua Babilonia, el destino de Alalakh cambió. Fue una de las primeras ciudades del norte de Siria en ser atacada y destruida por los hititas cuando iniciaron las hostilidades contra Yamhad en 1600 a. C. Alalakh probablemente sufrió más estragos cuando el rey hitita Mursili I trasladó tropas más allá de Siria, a Babilonia, en 1595. Pero después, los habitantes de Alalakh reconstruyeron y volvieron a ocupar su ciudad.

Los hititas no olvidaron su interés por esta zona; regresaron varias veces. Hacia 1500 a.C., Mittani y Egipto compartían el deseo de los hititas de controlar el valle del Amuq y la costa mediterránea.

LOS DESCONCERTANTES COMIENZOS DE MITTANI: UN IMPERIO POCO CONOCIDO

Una nueva era, que comenzó alrededor del año 1550 a.C. y duró más de 300 años, se conoce como la Edad del Bronce Tardío, y fue en muchos aspectos sorprendentemente diferente de todo lo que la había precedido. Aunque el periodo comenzó en medio de antagonismos y guerras, con el tiempo (después de la vida de Ilim-ilimma) la Edad de Bronce Tardía demostró ser una de las épocas más pacíficas de la historia del Próximo Oriente, en la que las grandes potencias de Egipto, Hatti, Mittani, Babilonia y (más tarde) Asiria optaron por interactuar y cooperar en lugar de luchar entre sí. Marcó una era internacional de alianza o "hermandad" entre grandes reyes.

Una vez establecida esta hermandad, un ejército de mensajeros, diplomáticos y traductores trabajaba incesantemente para mantenerla. Casi siempre estaban en movimiento, viajando de un país a otro por los caminos trillados que hemos encontrado antes, incluso a través del valle del Amuq y su capital provincial de Alalakh, y por rutas más nuevas hacia tierras que antes habían estado fuera de la órbita de los estados de Oriente Próximo.

Sin embargo, la paz en la Edad del Bronce tardó casi un siglo en establecerse. Los primeros reyes del nuevo estado de Mittani parecían tener poco interés en mantenerse en la región de Habur, en el norte de Siria, donde tenían su capital, Washshukanni. Se trataba de la misma zona desde la que Shamshi-Adad había gobernado su imperio de la Alta Mesopotamia 300 años antes. En el transcurso del siglo XV a.C., Mittani expandió agresivamente sus fronteras hacia el oeste, hasta el Mediterráneo, y hacia el este, hasta Asiria, gobernando finalmente un imperio aún mayor que el que había controlado Shamshi-Adad. Muy pronto en esta expansión, la ciudad de Alalakh volvió a quedar sometida a las fuerzas superiores que la rodeaban y fue subsumida en el reino de Mittani.

La historia de cómo Alalakh se unió a Mittani fue recordada y registrada. A principios del siglo XV a.C., un rey local de Alalakh llamado Idrimi reunió aliados que intentaron luchar contra el nuevo ejército imperialista de Mittani, pero al final se rindió y se unió al reino, jurando lealtad a su rey y convirtiéndose en su vasallo.[10] La historia de su vida se escribió como una autobiografía tallada en cuneiforme sobre una estatua suya de aspecto bastante desolado, que fue excavada por Woolley y ahora se encuentra en el Museo Británico. Mittani fue engullendo zonas al oeste de su núcleo, y sin duda muchos otros príncipes locales corrieron la misma suerte que Idrimi.

Cabría esperar que un reino tan dominante como Mittani hubiera dejado un gran tesoro de documentos, como la autobiografía de Idrimi y otras inscripciones reales, a partir de los cuales podríamos reconstruir los detalles de su historia política, social y económica. Pero, de hecho, el relato de Idrimi es único y Mittani es probablemente el menos conocido de cualquier gran potencia en cualquier época de la historia de Mesopotamia. No se conservan inscripciones reales más allá de breves líneas de texto en sellos cilíndricos. No tenemos imágenes de los reyes mittanios. Sólo unas pocas docenas de documentos existentes nombran a los reyes. El problema es que, aunque debieron de escribirse miles de documentos en los palacios y templos de Mittani, no se han encontrado. Incluso las tablillas excavadas en ciudades provinciales gobernadas por los reyes de Mittani -como Alalakh y una ciudad llamada Nuzi en el norte de Irak- apenas mencionan a los grandes reyes que las controlaban.

Esto significa que hay muchas cosas que no sabemos sobre Mittani. No sabemos, por ejemplo, la ubicación exacta de su capital en la región de Habur, ni la secuencia de sus reyes, ni la duración de sus reinados, ni la estructura del gobierno. Incluso el propio nombre del reino es incierto. Sus reyes escribieron el nombre de Mittani de varias maneras en sus sellos cilíndricos y cartas,[11] y los escribas de otras tierras escribieron la misma palabra de otras dos formas.[12] Para los egipcios, Mittani se llamaba Naharina; los hititas se referían a ella como la tierra de los hurritas (por sus habitantes hurritas); y los babilonios (y los propios mittanianos) a menudo la llamaban Hanigalbat. Todos estos términos parecen referirse al mismo lugar.

Es de suponer que cuando se identifique y excave Washshukanni, la capital de Mittani,[13] se encontrarán más tablillas y se abrirá todo un nuevo campo de estudios cuneiformes. Pero por ahora, sólo tenemos pistas y fragmentos, y la clara sensación de que nos falta una gran parte de la historia del Próximo Oriente.

Especialmente desconcertantes son los nombres de los reyes. Aunque en el corazón de Mittani vivían hablantes de lengua hurrita, sus gobernantes tenían nombres de trono que no tenían sentido en hurrita. En su lugar, sus nombres consistían en frases en indoario, una lengua hablada posteriormente en el norte de la India. No existe ninguna explicación obvia para ello, sobre todo si se tiene en cuenta que no hay pruebas de que nadie en Mittani -ni siquiera los reyes- hablara una lengua indoaria.[14] Los reyes, al igual que sus súbditos, eran hablantes nativos de hurrio y tenían nombres personales hurrios antes de asumir nombres de trono indoarios. Es cierto que en los textos mittanios aparecen algunos términos indoarios, muy pocos, pero, por lo que sabemos, casi nadie sabía lo que significaban. Desde luego, no se trataba (como se ha descrito a menudo) de una élite indoaria gobernando a una población hurrita. Mittani era un estado de habla hurrita con una familia real hurrita, que debió de tener algún tipo de contacto con una población de habla indoaria, de la que obtuvo sus nombres oficiales.[15] Nadie sabe cómo ocurrió.

A principios del siglo XV a.C., otras potencias también empezaron a mostrar sus músculos e intentaron imponer su dominio sobre sus vecinos. Al norte y al este de Mittani se extendía la tierra de Hatti, que se hizo más fuerte que antes. Al igual que en Mittani, los dirigentes de Hatti estaban ansiosos por hacerse con el control de la costa del norte de Siria, junto con el valle costero de Kizzuwatna, en el extremo noreste de la costa mediterránea.

Egipto, bajo el faraón Tutmosis I (c. 1506-1493), de la XVIII dinastía, estaba en la misma línea expansionista y envió tropas más al norte que nunca. Puede que Tutmosis I supusiera que podría hacerse fácilmente con el control de toda la costa oriental del Mediterráneo, pero en el norte de Siria se encontró con fuerzas mitanas, que frenaron por el momento cualquier idea egipcia de extender su imperio más allá de Canaán.

El interés compartido de los gobernantes de Hatti, Mittani y Egipto por hacerse con el control de esta sección del norte de Levante puede haber tenido algo que ver con los bosques de cedros que crecían allí, las rutas comerciales que pasaban por allí y el acceso al comercio marítimo. En esta misma época creció un reino en la cercana isla mediterránea de Chipre, conocido como Alashiya, que estaba a sólo 71 kilómetros (44 millas) al sur de la costa de Hatti y a 105 kilómetros (65 millas) al oeste de la costa de Mittani. Alashiya era rica gracias a las vastas reservas de mineral de cobre de sus montañas. Mientras tanto, más al oeste, en Grecia, la cultura micénica empezaba a florecer. También dependía en gran medida del comercio.

Lejos de la costa, y al sur de Mittani, Babilonia siguió gobernada por una dinastía de reyes con nombres casitas. No estaban interesados en luchar contra otros reyes hambrientos de tierras en el norte de Levante. En lugar de ello, se dirigieron hacia el sur para expandirse, apoderándose de la región que en 1475 a.C. se conocía como Sealand y continuando hasta el sur del Golfo Pérsico para hacerse con el control de la tierra de Dilmun (Bahrein)[16].

Más tarde, un rey mittanio llamado Saushtatar, que vivió en las últimas décadas del siglo XV a.C., expandió el Imperio mittanio hasta su máxima extensión. Parece que las generaciones posteriores lo recordaron como el gran héroe del imperio. Fue su sello cilíndrico el que los reyes posteriores de su dinastía siguieron utilizando para sellar tablillas de arcilla. Y fue durante su reinado cuando vivió Ilim-ilimma, hijo de Tuttu.

ILIM-ILIMMA: AURIGA Y PRESTAMISTA EN ALALAKH

El siglo XV a.C. fue, por tanto, una época de cambios y en la que las guerras perturbaron con frecuencia la vida de los antiguos pueblos del Próximo Oriente, especialmente en Levante. Cada uno de los reinos desarrolló nuevas estrategias para emplear en sus batallas contra sus vecinos. Para los reyes de Mittani, uno de los métodos consistía en asignar a sus ciudadanos a clases sociales bien definidas y exigir a los miembros de cada clase distintos tipos de servicio al Estado. Esta tradición no era antigua en la región de Alalakh. No hay rastro de ella antes de que los reyes de Mittani tomaran el poder allí. Pero poco después de que Alalakh fuera capturada e incorporada al reino de Mittani, el gobierno comenzó a organizar a su población en clases.[17]

Esto nos lleva de nuevo a Ilim-ilimma. Las clases en Alalakh se habían establecido antes de que él viviera, y sabemos que pertenecía a una clase social llamada *maryanni*. Esto significaba que, en tiempos de guerra, habría servido como guerrero de carro.

El nombre de Ilim-ilimma aparecía en una lista de treinta y cuatro hombres *maryanni*, que representaban a la élite de la ciudad.[18] La lista era uno de los muchos censos conservados en el palacio de Alalakh que registraban los nombres de las personas junto con sus clases sociales. Aunque esta preocupación por las clases sociales era un fenómeno nuevo, parece que se extendió por todo Mittani. Las administraciones de los primeros reinos del Próximo Oriente apenas se interesaban por definir a las personas según su clase social. Aunque en sus leyes Hammurabi había hecho algunas distinciones entre individuos libres, entre una clase superior (los *awilums*) y una clase inferior de plebeyos, en otros contextos estos términos rara vez se utilizaban asociados a personas con nombre propio. Ni siquiera está claro cómo, o en qué ocasiones, se distinguían ambas clases en la época de la antigua Babilonia. En Mittani, sin embargo, la clase social era una parte importante de la identidad.

Las cuatro clases que figuran en los censos de Alalakh y Nuzi, otra ciudad mittaniana situada al este, son las siguientes. Los *maryanni -hombres* como Ilim-ilimma- formaban la élite de la sociedad. Las otras clases se conocían como "liberados"; "cumplidores del servicio *ilku*" o "campesinos"; y "arrendatarios" o "pobres".

Según la historiadora Eva von Dassow, los *maryanni se* distinguían del resto de la sociedad por su derecho a luchar en carros y su exención de los deberes laborales de la corvea, como el trabajo en los proyectos de construcción del Estado.[19] El término *maryanni* procede de una palabra indoaria prestada, *márya,* que significaba "(joven)". (El *-nni al* final era una terminación de palabra hurrita.) Pero al este, en Nuzi, los censistas no utilizaban esta palabra. Llamaron a los hombres de esta clase "jinetes de carros", utilizando un término acadio,[20] lo que confirma que la lucha en carros era un rasgo distintivo de los hombres de esta clase en ambas ciudades. Es de suponer que lo mismo ocurría en Mittani.

Los "liberados" eran artesanos y especialistas en campos como el adiestramiento de caballos. Trabajaban para las grandes instituciones y para los *maryanni.* Estas personas merecían la denominación de "liberados", no porque hubieran sido liberados de la esclavitud, al parecer, sino porque, al igual que las élites, estaban liberados de realizar trabajos de corvea.

A continuación estaban los campesinos, que constituían la masa de la población. Trabajaban duro, cultivando los campos de *ilku* y los huertos que les habían sido asignados para mantener a sus familias,[21] al igual que sus homólogos de la época de la antigua Babilonia. También tenían que presentarse cuando se les convocaba para las tareas de la corvea y para el servicio militar obligatorio.[22] Estos hombres no tenían carros; servían en la infantería.

En el escalón más bajo de la sociedad se encontraban los arrendatarios que, a diferencia de los de las otras tres clases, habían perdido sus derechos sobre la tierra. Estos hombres cultivaban para otros y pagaban un alquiler, pero seguían sujetos al servicio militar y a la corvea.[23]

Te habrás dado cuenta de que, en este sistema de clases, ningún hombre estaba exento del ejército. Independientemente de la clase a la que pertenecieran, los hombres luchaban para el rey de Mittani cuando éste los necesitaba. Si tenía ganas de expandir su imperio, o si necesitaba defender la tierra contra los egipcios o los hititas, eran llamados a filas. Las tropas de Alalakh incluso lucharon de vez en cuando contra reinos que deberían haber sido sus aliados: otros reinos que se encontraban dentro del Imperio Mittaniano. Esto ocurrió al menos una vez en vida de Ilim-ilimma. Un tratado encontrado en el palacio de Alalakh se negoció tras una guerra entre el rey de Alalakh y el rey de una tierra vecina llamada Tunip,[24] ambos vasallos del rey de Mittani.

Aunque es casi seguro que Ilim-ilimma hijo de Tuttu luchó en esta batalla contra Tunip, y quizá también en otras ocasiones, los registros que se conservan de Alalakh no nos dicen nada sobre sus hazañas en el campo de batalla. En su lugar, arrojan luz sobre sus transacciones privadas y su claro deseo de aumentar su riqueza personal.

Era un astuto hombre de negocios. Al menos en tres ocasiones prestó plata a sus conciudadanos. Dos de esos préstamos estipulaban que los prestatarios (y, en un caso, también la esposa del prestatario) trabajarían en su casa como sirvientes contratados hasta que saldaran sus deudas.[25] Este tipo de préstamo parece haber sido poco común y habría supuesto un reto para los deudores, que tenían que servir físicamente a su acreedor mientras acumulaban el dinero que necesitaban para devolver el préstamo con intereses. Ilim-ilimma hizo redactar contratos en los que se recogían todos los detalles de los acuerdos, que guardó en su archivo.

Ilim-ilimma también compró dos mujeres, presumiblemente como esclavas, una de ellas por un precio prohibitivo de 1.000 shekels.[26] El precio normal de una mujer esclavizada era de unos 50 shekels, que era, de hecho, el precio de la segunda mujer que compró.27 ¿Por qué la primera mujer valía veinte veces más? No se trata de un error del escriba: el número 1.000 estaba escrito claramente como una palabra, e Ilim-ilimma pagó a siete vendedores (seis hombres y una mujer) por la mujer esclavizada, un número de vendedores muy superior al habitual. Simplemente no sabemos por qué pagó tanto. Tal vez fuera una música o una artesana de [talento28]. El contrato ni siquiera menciona su nombre.

En una complicada transacción legal, Ilim-ilimma se hizo adoptar por otro hombre.[29] La "adopción" estaba diseñada para que Ilim-ilimma pudiera heredar legalmente la riqueza de su "padre" tras la muerte de éste. El hombre mayor no tenía escapatoria; las cláusulas del contrato exigían que, si no respetaba el contrato, perdería todas sus propiedades, y las perdería a favor de Ilim-ilimma, por supuesto. La propiedad de Ilim-ilimma estaba protegida. Si incumplía el contrato, lo único que perdería sería el derecho a heredar la riqueza del hombre que supuestamente le había adoptado.[30] Evidentemente, no se trataba de una adopción real.

Ni siquiera se creó porque Ilim-ilimma sintiera la necesidad de un padre; en ese momento ya era adulto y, en cualquier caso, Tuttu había desempeñado ese papel en su vida (aunque probablemente Tuttu ya había muerto). Fue, en cambio, una forma de que Ilim-ilimma se hiciera con el control de la herencia de un hombre que debía de estar, de alguna manera, en deuda con él, un hombre cuyos parientes reales perdieron su herencia como consecuencia de ello.

Los contratos que registran estas transacciones comienzan todos con la misma frase. El escriba escribió, cada vez, que los hechos descritos tuvieron lugar "en presencia" del rey de Alalakh. El rey también sellaba cada tablilla en la parte superior del anverso.

Esto no sólo ocurría con los contratos de Ilim-ilimma, sino con todos los contratos encontrados en el Nivel IV de ocupación de la ciudad. El rey estaba muy implicado en las actividades comerciales de sus allegados y se preocupaba de estar presente en las transacciones importantes. Los testigos de estos contratos también solían ser miembros de alto rango de la corte y la sociedad, algunos de los cuales figuraban en la tablilla de hombres *maryanni* de Alalakh.[31] Pero todas las tablillas de las excavaciones de Woolley se encontraron en el propio palacio del rey. Tal vez los contratos guardados en casas particulares fueran diferentes, con menos participación del rey local.

Cuando el propio rey de Alalakh era objeto de transacciones o litigios importantes, era el gran rey de Mittani en cuya presencia debía redactarse el contrato. Este fue el caso de dos contratos encontrados en Alalakh. En ambos, el rey Saushtatar parece haber viajado desde su capital para decidir los casos.[32] Llama la atención que, en estos contratos, a diferencia de casi todos los escritos antes de esta época, no figuraba ningún testigo. Parece que la presencia del gran rey y su sello en la tablilla eliminaban la necesidad habitual de otros testigos; la tablilla en sí era, al parecer, prueba suficiente.

Esto no sólo ocurría en Alalakh; también se han encontrado contratos redactados en presencia del gran rey de Mittani en otras ciudades. Lo mismo ocurría con muchos contratos redactados en tierras hititas. Y cada vez que el gran rey estaba presente, su sello real se imprimía en la tablilla. En toda Siria y Anatolia, los grandes reyes parecen haber estado más dispuestos que en épocas anteriores a viajar por sus reinos para servir de jueces y testigos en importantes casos judiciales y contratos. Sin embargo, en la mayoría de las tablillas de los grandes reinos de Mittani y Hatti, los reyes locales -vasallos de los grandes reyes- eran los que participaban más directamente en la vida de la gente y los que más influían en ella.

La carrera de Ilim-ilimma abarcó dos generaciones de reyes de Alalakh. Con el tiempo, el príncipe heredero que compartía su nombre se convirtió en rey, y él, a su vez, estaba presente como rey cuando Ilim-ilimma necesitaba que se redactaran contratos. En una ocasión, toda una familia cananea -padre, madre e hijo- necesitó que Ilim-ilimma le prestara 24 siclos de plata.[33] El hombre se llamaba Ba'laya, y su profesión figuraba como "cazador". Sorprendentemente, dado el evidente amor de Ilim-ilimma por la plata, estaba dispuesto a aceptar el interés del préstamo en forma de 200 tórtolas. Presumiblemente, el cazador capturaría estas aves, que debían valer al menos el valor del pago de intereses. ¿Las aves debían entregarse vivas o muertas? El contrato no lo especifica. Si las entregaba muertas, no habrían sido útiles como alimento durante mucho tiempo, debido a la falta de refrigeración. Si Ba'laya las entregaba vivas, ¿poseía Ilim-ilimma un palomar en el que pudiera alojarlas a todas? En cualquier caso, no se podía negociar el pago de los intereses. Si las 200 tórtolas no aparecían a primeros de año, Ba'laya debía ser encarcelado, y "si Ba'laya huye, desaparece o muere, su mujer, sus hijos y sus bienes servirán de depósito para... (el préstamo)".[34]

No conocemos el destino de Ba'laya, su mujer y su hijo, ni el de las tórtolas. Tampoco conocemos el destino de Ilim-ilimma, hijo de Tuttu. Su tocayo, el rey local Ilim-ilimma fue el último rey que vivió en el palacio de Alalakh de nivel IV. Quizá el rey trasladó la capital a otra ciudad de la región.[35] De ser así, quizá Ilim-ilimma, hijo de Tuttu, también se trasladó allí, aunque dejó atrás sus contratos escritos.

LAS GESTIONES DIPLOMÁTICAS Y LA CONSECUCIÓN DE LA PAZ INTERNACIONAL

Alalakh acabó siendo destruida de nuevo en el transcurso de otra batalla por la región. El saqueo fue de nuevo, probablemente obra de las tropas hititas, pero puede que lucharan en colaboración con el reino vecino de Tunip. Alalakh y Tunip habían estado unidos por un tratado de paz, pero parece que una de las partes lo rompió.[36]

Los combates en Alalakh -entre Mittani y Hatti, y con las tierras vecinas- debieron de parecer interminables y no hicieron sino empeorar cuando Egipto volvió a involucrarse. Durante el mismo reinado de Saushtatar de Mittani (y, por tanto, probablemente en vida de Ilim-ilimma), el faraón Tutmosis III (c. 1479-1425 a.C.) reunió una gran fuerza de soldados y marchó sobre Mittani desde el sur. El choque de grandes potencias en el norte de Levante probablemente se cobró muchas vidas y destruyó propiedades en una amplia zona. Tutmosis afirmó haber sustraído gran parte de la riqueza mittaniana, que transfirió a Egipto a su regreso (aunque Mittani permaneció invicta, a pesar de las proclamas de victoria de Tutmosis III).

Tal vez a estos gobernantes imperialistas -los reyes de Mittani, Egipto y Hatti- les chocó descubrir que la victoria no estaba garantizada cuando entraron en guerra unos contra otros. No les costó mucho hacerse con el control de potencias menores: Egipto había conquistado la vecina Canaán al norte y Nubia al sur; Hatti había conquistado muchas tierras en Anatolia; Mittani había conquistado Asiria y la mayor parte de Siria. Pero enfrentados entre sí, ninguno de ellos parece haber avanzado mucho. El valle costero de Kizzuwatna, por ejemplo, pasó una y otra vez de Hatti a Mittani, que lucharon repetidamente por su control. Los reyes morían y eran sucedidos por sus hijos, y las batallas continuaban. Pero en algún momento, los reyes de las tres tierras parecen haber llegado a la conclusión de que cada uno era incapaz de conquistar a los otros[37].

El siguiente paso en su relación fue notable. El hasta entonces beligerante faraón Amenhotep II (1427-1400 a.C.), que con sus tropas había hecho una feroz campaña contra Mittani al principio de su reinado, cesó repentinamente sus actividades militares en su noveno año. En su lugar, se jactó de las riquezas que llegaban a Egipto procedentes de los reyes de Hatti, Babilonia y Mittani. "Cada uno", escribió, "intentaba superar a su homólogo con regalos de todas las tierras extranjeras".[38]

Sin embargo, a pesar de lo que Amenhotep II quería hacer creer a sus súbditos, estos regalos no representaban tributos enviados a Egipto por los demás reyes. Casi con toda seguridad, las cuatro grandes potencias habían llegado a un acuerdo común. En lugar de luchar entre sí y saquear sus tierras, se dieron cuenta de que podían obtener el mismo beneficio intercambiando voluntaria y formalmente bienes de lujo, tal y como habían hecho los reyes mesopotámicos durante al menos mil años, desde la época de los reyes de Ebla. Amenhotep II simplemente no mencionó a sus súbditos el oro que enviaba al extranjero a cambio de los "regalos" enviados por sus nuevos aliados. Había comenzado una nueva era de paz.

Sabemos que, una generación más tarde (y quizás ya en tiempos de Amenhotep II), estas cuatro grandes potencias habían negociado tratados de paz, mantenían relaciones diplomáticas formales e incluso se habían convertido en miembros de sus respectivas familias a través de matrimonios dinásticos. Sorprendentemente, todos ellos aceptaron el sistema diplomático mesopotámico al completo, hasta el punto de escribirse únicamente en cuneiforme sobre tablillas de arcilla y casi siempre en acadio, que era la lengua materna de los babilonios.

Todos sus enviados adoptaban el mismo conjunto de convenciones, la mayoría de las cuales ya tenían una historia milenaria. Estas reglas se respetaban con tanto esmero que los enviados debían aprenderlas más que observarlas. Aunque en ocasiones algunos reyes trataban de sobrepasar los límites, podían esperar que sus aliados se lo impidieran; la adhesión al sistema formaba parte de la hermandad.

Estas eran las normas (probablemente no escritas):

En primer lugar, en lo que respecta a los títulos, cada rey debía considerarse igual, "hermano", de su aliado. Cada uno se consideraba a sí mismo y a sus aliados "grandes reyes", y estos títulos –hermano y gran rey– no podían ser utilizados por reyes ajenos a la hermandad sin permiso.

En segundo lugar, cada rey elegía a diplomáticos experimentados para que le representaran en las cortes de sus aliados, y se esperaba que los enviados visitaran la corte del aliado al menos una vez al año. Viajaban en parejas, una de cada una de las dos cortes que constituían esa alianza en particular. En determinadas circunstancias, un enviado podía ser retenido en el palacio del aliado, pero esta detención debía explicarse en una carta transportada por otro mensajero. Los enviados eran los ojos y oídos de sus empleadores reales y debían ser bien tratados, recibiendo banquetes y regalos personales a su llegada a la corte extranjera. Incluso los diplomáticos detenidos vivían cómodamente.

En tercer lugar, se escribían cartas con regularidad. Cuando un enviado viajaba a otra corte, llevaba consigo una carta de su rey, escrita en la lengua franca acadia en una única tablilla de arcilla. Cada una de estas cartas comenzaba con una fórmula de saludo en la que el rey deseaba el bienestar de su "hermano" y le aseguraba que todo iba bien con él también. En sus cartas, los reyes se cuidaban de no mostrar nunca debilidad ni sugerir siquiera un indicio de diferencia de estatus o riqueza entre ellos. Eran iguales, y punto. Como escribió un rey babilonio al faraón egipcio: "Además, según me han dicho, en el país de mi hermano todo está disponible y mi hermano no necesita absolutamente nada. Además, en mi país también hay de todo y yo, por mi parte, no necesito absolutamente nada".[39] Esto era manifiestamente falso, ya que una de las principales razones de su alianza era obtener bienes el uno del otro, pero admitirlo habría sido un signo de debilidad. Además, parece que en las cartas era tabú el ruido de sables. Los reyes nunca se amenazaban, por mucho que se molestaran (y lo cierto es que se molestaban).

En cuarto lugar, los enviados casi siempre transportaban valiosos "regalos de bienvenida" de un rey a otro. Éstos debían ser de un valor aproximadamente igual y representaban bienes de lujo a los que el rey remitente tenía acceso: oro, plata, caballos, carros, lapislázuli, perfume, etc. Un rey podía solicitar un regalo concreto a su aliado, pero dependía de la buena voluntad de éste para enviárselo. Un rey podía solicitar un regalo concreto a su aliado, pero tenía que depender de la buena voluntad de éste para enviarlo; no existían mecanismos de ejecución. No se trataba de relaciones comerciales con facturas y recibos; se basaban en la confianza. El intercambio de regalos de lujo era la zanahoria que mantenía a los reyes comprometidos entre sí, y también era a menudo el principal punto delicado entre ellos. Casi ninguno de los otros reyes pensó nunca que el faraón les había enviado suficiente oro.

Quinto, los reyes se casaban con las hijas de los demás. Esto era cierto en todas las tierras excepto en Egipto. Los reyes egipcios aceptaron mantener todas las prácticas en las que los mesopotámicos habían insistido en su sistema diplomático durante siglos... hasta que llegó el momento de los matrimonios. Estaban dispuestos a aceptar novias reales de otras tierras, pero como dijo un faraón: "Desde tiempos inmemoriales ninguna hija del rey de Egipto es dada a nadie".[40] Esto no era negociable. Las princesas egipcias no llegarían a las cortes extranjeras con dotes y séquitos de sirvientes. Se quedarían en Egipto. Pero parece que los demás reyes no se molestaron demasiado. Los matrimonios podían ser de igual a igual; no importaba realmente qué rey enviaba a una princesa y qué rey recibía a una como novia. Dado que, al parecer, los reyes mesopotámicos nunca se casaban con las hijas de sus vasallos, la ligera ventaja, en su opinión, residía en ser el suegro y no el yerno. El faraón, por su parte, coleccionaba novias extranjeras como si representaran un tributo.

Y, por último, todos los reyes negociaron y acataron tratados de paz. Por desgracia, no se conserva ninguno de los tratados de paz entre los grandes reyes de esta época, pero se mencionaban en las cartas y sabemos que se juraban en nombre de los dioses de ambas tierras.

Fue un momento histórico extraordinario. Estos poderosos reyes, que nunca se habían visto (como admitieron en alguna ocasión) y cuyas tierras habían sido enemigas recientemente, decidieron dejar a un lado su orgullo y sus pomposas pretensiones de dominar el mundo y colaborar. El objetivo era bastante egoísta -la adquisición de más riqueza-, pero parece que también disfrutaron de la paz que trajo consigo.

Sabemos todo esto porque los faraones egipcios guardaban su correspondencia internacional en una sala especial de archivos del palacio e, increíblemente, las cartas sobrevivieron allí bajo tierra durante miles de años antes de ser descubiertas a finales del siglo XIX de nuestra era. El yacimiento tiene el nombre moderno de Amarna, que ha dado su nombre a las propias tablillas –las cartas de Amarna– y a todo el "periodo de Amarna" que documentan. El contraste con el caos del siglo XV es muy marcado y debió de suponer un alivio para la población de todos los imperios, pero sobre todo en las regiones que habían sido objeto de luchas durante tanto tiempo.

Nuestra atención se dirigirá, por tanto, de los aurigas a los diplomáticos, y especialmente a los traductores, ya que todo el sistema dependía de ellos. Como sigue ocurriendo hoy en día, un traductor se encargaba de comunicar ideas formuladas en una lengua transmitiéndolas en otra, sin cambiar su significado. En esta época, la continuidad de las relaciones entre las grandes potencias podía depender de la capacidad del traductor para transmitir correctamente el mensaje.

Ser traductor era una profesión muy antigua. Incluso antes de que se construyeran las primeras ciudades, los hablantes de sumerio y acadio compartían los valles de los ríos Éufrates y Tigris y debieron de poder comunicarse entre sí. Como hemos visto, poco después de que se inventara la escritura cuneiforme, los escribas descubrieron cómo utilizarla para escribir en otras lenguas además del sumerio; en el periodo dinástico temprano ya se había adaptado para registrar el acadio y el eblaíta. Un glosario hallado en Ebla, que enumera palabras sumerias y sus equivalentes en eblaíta, es el primer ejemplo conocido de un intento sistemático de correlacionar palabras de una lengua con otras. Gracias a ello sabemos que la gente era consciente de que era posible expresar las mismas ideas utilizando para ello lenguas completamente distintas y sin relación entre sí. Pero esta toma de conciencia es casi con toda seguridad anterior al periodo que abarca este libro; tuvo lugar antes del desarrollo de las ciudades. La gente llevaba miles de años comerciando a larga distancia, y desde hacía al menos decenas de miles de años se hablaban lenguas tan sofisticadas como las actuales. Ya hace 400.000 años, el Homo *erectus era* capaz de hablar[41] y los cazadores y recolectores *Homo sapiens* se comunicaban entre sí sin dificultad. El lenguaje hizo posible que los humanos se asentaran por todo el planeta. Inimaginablemente, mucho antes de que nadie concibiera la idea de escribir las lenguas y enumerar sus vocabularios, seres humanos de lugares distantes habían estado entrando en contacto unos con otros y encontrando formas de comunicarse.

HANE DE EGIPTO: UN TRADUCTOR

La mayoría de los traductores del periodo de Amarna permanecen en el anonimato, ni siquiera son mencionados por los escribas, enviados, reyes o reinas que dependían de ellos, pero conocemos los nombres de un par de ellos. Uno de ellos era un hombre llamado Hane que vivió a mediados del siglo XIV a.C. Debió de crecer en Egipto -su nombre parece ser egipcio-, pero hablaba con fluidez el acadio y probablemente también el hurrita.

El rey escribía a su aliado, Amenhotep III de Egipto (1386-1349 a.C.), acerca de un matrimonio que se estaba celebrando entre sus familias; el faraón estaba a punto de casarse con la hija de Tushratta. Para los estándares normales de Tushratta, ésta era una carta corta -sólo cuarenta y una líneas- y se lee como un suspiro de alivio.

La hija de Tushratta, Tadu-Hepa, acababa de partir hacia Egipto con su dote (que incluía más de 1.500 objetos, muchos de ellos inmensamente valiosos), otro enorme tesoro de regalos para el rey Amenhotep III y 300 asistentes. Les acompañaban innumerables guardias egipcios.[43] En su carta, el padre de la princesa escribía: "He entregado a mi hija para que sea la esposa de mi hermano, a quien amo".[44] Meses de planificación y negociaciones habían llegado por fin a su fin, y ahora el rey sólo podía esperar y rezar para que la princesa y sus fabulosos regalos llegaran sanos y salvos a Egipto y para que Amenhotep III aprobara a esta nueva novia, a la que aún no conocía.

Tushratta lanzó entonces lo que casi parece una plegaria: "Que (los dioses hurritas) Shimigi y Shaushka vayan delante de ella. Que la conviertan en la imagen del corazón de mi hermano. Y que mi hermano se regocije en ese día. Que Shimigi y Shau[shka] den a mi hermano una gran bendición y una alegría maravillosa. Que [le bendigan], y que mi hermano viva para siempre".[45] En sus palabras se percibe su ferviente deseo de que el matrimonio sea un éxito.

En este punto, cambió de marcha y pasó a elogiar a los dos funcionarios egipcios que más habían hecho para que los planes de matrimonio llegaran a buen puerto: Mane, el enviado, y Hane, el traductor. Este pasaje es uno de los más cálidos y elogiosos de toda la correspondencia internacional de Amarna entre grandes reyes. Tushratta escribió de los hombres egipcios que "su informe era excelente" y que "en todo lo referente a ellos, nunca había visto hombres con tal apariencia".[46] En consecuencia, Tushratta dijo que había "ex[altado]" a los dos hombres "como dioses" y que les había "dado [a ellos] muchos regalos y les había tratado muy amablemente". También rezó por ellos: "Que mis dioses y los dioses de mi hermano les protejan "[47].

La mayoría de los grandes reyes de esta época eran mucho más cautelosos cuando se escribían entre ellos, y algunos, incluido Amenhotep III, no dudaban en culpar a los enviados por cometer errores o poner en peligro las buenas relaciones entre ellos y sus aliados.[48] Tushratta no jugaba a estos juegos; admiraba al enviado egipcio Mane y estaba encantado de hacérselo saber al faraón. Incluso pidió expresamente que se enviara a Mane a Mittani en alguna ocasión; Mane era el claro favorito del rey mittaniano entre los enviados de la corte egipcia. La contribución de Hane en la interpretación durante las negociaciones matrimoniales también debió de ser ejemplar para merecer este raro elogio, aunque en todas las demás cartas de Tushratta se presupone la presencia de un traductor, pero no se reconoce.

En el momento en que Tushratta dictaba esta carta, Mane y Hane probablemente ya estaban camino de Egipto, acompañando a la princesa Tadu-Hepa y a su extenso cortejo nupcial. El propio escriba de Tushratta escribió sus palabras, y señala en la carta que un enviado mittanio llamado Nahramashshi llevaría la carta a Egipto. La carta estaba en acadio, pero no fue así como la redactó Tushratta. La habría dictado en su lengua materna, el hurrita, y uno de sus traductores la habría traducido al acadio.

Tushratta aprobó la carta (probablemente haciendo que un escriba se la leyera) y se la entregó a Nahramashshi. También le confió extravagantes regalos para el faraón: "Un *nahra* pulido para hacer espejos" y "un *collar maninnu* de lapislázuli puro, lapislázuli puro y oro".[49] Tushratta hizo hincapié en el preciado lapislázuli repitiéndolo dos veces.[50] Tushratta esperaba que el collar simbolizara una alianza duradera entre las dos tierras y escribió: "¡Que repose en el cuello de mi hermano durante cien mil años!

En su viaje a Egipto, el enviado mittanio Nahramashshi fue acompañado sin duda por una guardia armada para proteger los valiosos regalos, y probablemente también por un enviado egipcio que regresaba a su país. Nahramashshi y su pequeño grupo probablemente alcanzaron al séquito de la princesa en el camino, ya que podían viajar mucho más rápido que su inmanejable comitiva.

En cuanto este grupo llegara a la frontera egipcia, se habría necesitado a Hane con regularidad para que sirviera de voz de la expedición: haciendo preparativos, saludando a los funcionarios y traduciendo para el equipo mittaniano. Sin duda, varias personas del grupo eran bilingües, pero Hane tenía especial autoridad como traductor oficial del faraón.

Una vez que el grupo llegó a la corte de Amenhotep III y se concedió audiencia a los enviados y traductores, Nahramashshi saludó al faraón en nombre de Tushratta y le expuso el contenido de la carta del rey mitanio.[52] Cuando terminó, habría sido el propio escriba del faraón quien leyó en voz alta la carta de Tushratta en acadio a Amenhotep III, y Hane quien la tradujo al egipcio.[53] En estas circunstancias, cada rey confiaba más en sus propios traductores que en los de sus aliados.[54]

Cuando Amenhotep III escuchó el mensaje de la carta, ya había sido traducido dos veces. Las palabras hurritas de Tushratta se habían convertido -por obra de uno de los propios escribas de Tushratta- en la carta acadia, que a su vez había sido transformada oralmente en un mensaje en egipcio por Hane. El acadio era una lengua franca muy útil, pero había mucho margen para que se produjeran errores o malentendidos. Los corresponsales eran conscientes de ello y, a veces, un rey añadía palabras para asegurar a su aliado sus buenas intenciones. En una carta posterior a Amenhotep III, Tushratta declaró que, independientemente de cómo resultaran sus palabras al ser traducidas, "La palabra que Mane comunicará a mi hermano es amable y verdadera... No es mala (ni) hostil hacia mi hermano".[55] Puede que fuera especialmente importante incluir esta cláusula de exención de responsabilidad en esta carta en particular porque (a diferencia de cualquier otra) había sido escrita en hurrita, la lengua nativa de Tushratta, y no en acadio. Es de suponer que nadie en la corte egipcia sabía leer hurrio, por lo que traducir la carta al egipcio para que el rey la oyera podría haber sido todo un reto. Amenhotep III podría haber recurrido a un escriba mittanio para la traducción, pero el egipcio de ese hombre podría haber sido menos hábil de lo que el faraón deseaba. El hecho de que la carta tuviera la friolera de 493 líneas no facilitó las cosas.[56]

La comunicación multilingüe entre reyes se apoyaba en un sistema educativo en el que se enseñaba a los escribas y traductores de todo Oriente Próximo a leer y escribir en un estilo estándar de acadio[57]. Habría aprendido a escribir su lengua nativa egipcia tanto en jeroglíficos como en escritura hierática cursiva pero, a diferencia de la mayoría de los escribas egipcios, también dominaba la lengua acadia y la escritura cuneiforme. Podría ser que Hane hubiera crecido oyendo y hablando acadio además de egipcio. Muchas mujeres de la corte egipcia hablaban acadio como lengua materna; por ejemplo, las princesas de Babilonia casadas con el rey y sus cientos de asistentes. Si Hane hubiera sido hijo de una dama de compañía o músico babilonio, su madre podría haberle animado a hablar su lengua y haber sido bilingüe desde su nacimiento. Por otro lado, podría haber sido hijo de un traductor de la corte, ya que las profesiones solían ser hereditarias. De ser así, es probable que su padre le hablara en acadio de niño para prepararle para su futura profesión.

Las veintinueve tablillas de ejercicios de escriba escritas por los alumnos de la escuela de la corte egipcia, situada cerca de la oficina de archivos de Amarna, nos dan una idea de la formación de Hane.[58] Muestran que, al igual que un escriba mesopotámico que aprende a escribir su propia lengua, Hane comenzó su formación cuneiforme aprendiendo a escribir signos en arcilla (los ejercicios tu-ta-ti)[59], tras lo cual pasó a las listas léxicas y los nombres. Con el tiempo, tuvo que copiar obras literarias y mitos.[60]

Las tablillas de la escuela de Amarna fueron escritas por una generación posterior de alumnos que estudiaron en la escuela sucesora de la escuela cortesana a la que había asistido Hane. Las tablillas de Amarna demuestran que, poco después de unirse a la alianza de grandes reyes, un faraón (tal vez Amenhotep II) debió de invitar a un erudito mesopotámico a crear la escuela para que los escribas y traductores egipcios estuvieran preparados para ayudar a sus reyes a participar en los intercambios diplomáticos internacionales. Incluso es posible identificar el origen del fundador de esta escuela; el plan de estudios que eligió es el mismo que se encuentra en una ciudad llamada Emar, a orillas del Éufrates, en Siria.[61] Emar habría estado gobernada por mitanios en aquella época, por lo que la escuela egipcia tuvo un fundador mitanio. (Volveremos a Emar en el capítulo 16.)

Una tablilla encontrada en Amarna incluía incluso una lista de algunas palabras egipcias y sus equivalentes acadios, pero no se trataba de un texto escolar normal ni estaba escrito con el tipo de letra que los escribas egipcios utilizaban para el cuneiforme.[62] En su lugar, parece haber sido escrito por alguien que creció hablando acadio, alguien que escribía con una letra cuneiforme mesopotámica segura y que estaba aprendiendo a hablar egipcio.[63] Las palabras egipcias estaban escritas fonéticamente en cuneiforme en una columna a la izquierda, con sus equivalentes acadios a la derecha. Las palabras incluyen términos tan útiles como casa, puerta, cerrojo, enchufe, silla, cama y mesa, junto con términos numéricos (escritos en acadio, pero fonéticamente en egipcio)[64]. Tendemos a pensar en el egipcio como una lengua antigua que sólo se escribía en jeroglífico y en hierático, pero esta lista demuestra que incluso el egipcio podía escribirse en cuneiforme. Hipotéticamente, lo contrario también era cierto y el acadio podría haberse escrito en jeroglíficos, pero los jeroglíficos no se utilizaban generalmente para grabar otras lenguas. Las escrituras no son lo mismo que las lenguas. Al igual que cualquier lengua puede escribirse fonéticamente utilizando nuestro alfabeto latino -algunas con más dificultad que otras-, cualquier lengua podría hipotéticamente escribirse fonéticamente en cuneiforme. En algunas lenguas surgieron más dificultades, sobre todo porque los signos cuneiformes comprendían sílabas y no consonantes y vocales individuales, pero esto no impidió que los escribas lo intentaran.

Una vez dominadas ambas lenguas y escrituras, Hane comenzó su carrera en la administración pública egipcia, llegando a ganarse la confianza del faraón hasta tal punto que fue nombrado traductor egipcio de la corte de Mittani. En este puesto siempre trabajaba con otros hombres, como los escribas egipcios que escribían y leían las cartas, los enviados egipcios (como su colega Mane) que las transportaban y negociaban para su rey, y sus homólogos en la corte de Mittani.

Estos hombres compartieron experiencias que pocos de sus contemporáneos podían imaginar. Tenían acceso a algunas de las zonas más exclusivas de los palacios reales, no sólo de su patria sino también de otra tierra; hablaron en persona con los grandes reyes de ambas tierras. A diferencia incluso de los propios reyes, entendían la etiqueta en la corte del rey aliado: cuándo lavarse las manos, cuándo inclinarse, cuándo hablar, qué implicaba la disposición de los asientos en los banquetes. Vieron con sus propios ojos cuánto oro decoraba los muebles y las paredes, y cómo se trataba a los sirvientes. Oyeron tocar a los músicos de la corte y comieron los mejores manjares.

Los hombres también compartieron la experiencia del agotador viaje que suponía ir de un tribunal a otro. De la capital de Mittani a la de Egipto había un viaje de ida de unos 2.400 kilómetros (1.500 millas). Viajando al ritmo normal de 24 kilómetros (15 millas) al día, el viaje habría durado más de tres meses. Afortunadamente, las tierras que atravesaron estaban en paz entre sí, la mayoría sometidas a Mittani o a Egipto, aunque los bandidos siempre representaban una amenaza. Mientras viajaban, los hombres debieron de hablar juntos, lo que plantea la pregunta: ¿en qué idioma? Todos ellos debían de ser al menos bilingües, y probablemente multilingües, capaces de conversar entre sí en sus propias lenguas, el egipcio y el hurrita, así como en la lengua franca del acadio. Probablemente incluso entendían las lenguas semíticas afines que se hablaban en las tierras mediterráneas que atravesaban. Pero probablemente sólo los traductores oficiales como Hane habían recibido formación para escribir con seguridad en más de una lengua.

A veces, sin embargo, incluso un traductor puede tener problemas. Conceptos claros en un idioma no siempre tienen un equivalente obvio en otro. Incluso los términos que se traducían directamente podían tener matices diferentes. Por supuesto, esto sigue siendo cierto en todas las traducciones actuales. Especialmente complicada para Hane debió de ser la idea de "amor", que en acadio era el verbo *ramu*. En la carta que iniciaba esta sección, el rey Tushratta de Mittani llamaba a Amenhotep III "mi hermano, a quien amo".[66] Escribió mucho sobre su amor por el faraón, mucho más que cualquier otro de los grandes reyes. En la primera carta de Tushratta a Amenhotep III, en la que le proponía restablecer una antigua alianza entre sus dos tierras, justificaba esta propuesta en términos del amor entre sus antepasados: "En la mente de Tushratta, toda la hermandad, incluidos los matrimonios diplomáticos, se basaba en el amor que se profesaban los reyes, a pesar de no haberse conocido nunca.

Lo extraño es que Tushratta estaba solo en esto. Ninguno de los otros grandes reyes mencionó jamás el amor entre ellos en sus cartas. Se referían a sentimientos de amistad y hermandad hacia sus aliados, pero no de amor. ¿Era Tushratta mucho más afectuoso que sus colegas reyes? Es posible. Hay indicios de que los mitanianos hablaban más de amor, al menos en sus relaciones diplomáticas, que la gente de otras tierras.[69] Pero el faraón podría haber interpretado el mensaje de Tushratta de otra manera. Lo pretendiera o no, sus cartas al rey egipcio expresaban un sutil mensaje de sumisión.

Verán, durante siglos, cuando alguien escribía sobre el amor en una carta acadia solía hacerlo como una declaración de lealtad, que era otro de los significados del verbo "*ramu*".[70] Alguien que empezaba una carta con el saludo "¡A fulano, habla! Esto es lo que dice fulanito, que te quiere "[71], el escritor solía ser de estatus inferior al del destinatario. Los iguales rara vez o nunca escribían así en acadio pero, como hablante nativo hurrita, Tushratta podría no haberlo sabido.

En las cartas, el amor aparece en otros contextos, pero no como una forma de expresar afecto. Por ejemplo, un escritor podía utilizarlo como una especie de chantaje emocional. Así lo hizo el rey de Babilonia en la única carta de Amarna escrita por un gran rey (aparte de Tushratta) en la que se menciona el amor. Escribió al faraón: "Si me amas, ellos (algunos dirigentes asirios) no harán negocio alguno".[72] Ese "si" era una forma de aguijonear al faraón, con el subtexto sobreentendido de que, si no hacía lo que se le pedía, no era un verdadero aliado.

Así pues, "amor" era un verbo complicado, y cuando Tushratta hablaba en hurrita de amar al faraón, podría haber querido decir algo muy distinto de las connotaciones que la frase adquirió en acadio, y, por lo que sabemos, Amenhotep III podría haber entendido otra cosa cuando la oyó en egipcio. Los grandes reyes competían constantemente por su estatus. Aunque eran iguales, también eran maestros en sutiles intentos de elevarse por encima de los demás. Tushratta parece haber errado el camino. En su deseo de subrayar lo cerca que se sentía de Amenhotep III, se hizo pasar por un rey menos importante.

¿Era consciente de este matiz el traductor mittaniano? ¿Lo era Hane, como traductor egipcio? Posiblemente no, a menos que hubieran crecido completamente inmersos en el acadio. Los hablantes nativos entienden sutilezas que van más allá de la traducción.

Por otra parte, se podría considerar que Tushratta se rebajaba un poco ante el faraón, conscientemente o no. Tenía una curiosa costumbre cuando escribía al rey egipcio: evitaba llamarle "tú". En su lugar, escribió repetidamente en tercera persona sobre "mi hermano". Puede que con ello pretendiera recordar su alianza e igualdad, por supuesto, pero la tercera persona casi siempre era utilizada por vasallos y siervos cuando escribían a los reyes. Tushratta cada vez conseguía menos que el faraón respondiera a sus cartas. Puede que su tono servil no le ayudara.

En otra ocasión que dependió de los traductores, Amenhotep III quiso establecer una alianza con un rey de la tierra anatolia occidental de Arzawa, y de nuevo vemos cómo los problemas lingüísticos se cuelan en las relaciones diplomáticas. El vecino de Arzawa, el Imperio hitita, estaba sufriendo un periodo de decadencia, por lo que al rey egipcio le convenía crear una alianza con la nueva y poderosa tierra de Arzawa y, por supuesto, casarse con una princesa arzawana. Parece ser que Amenhotep III envió un emisario a través del Mediterráneo con un mensaje oral en el que expresaba su interés, pero no envió la carta correspondiente. Tal vez pensó que nadie en la corte arzawana sabría leer acadio. De ser así, estaba en lo cierto; Tarhundaradu, el rey de Arzawa, quería responder al mensaje del faraón por escrito, pero no era miembro de la red diplomática internacional y no contaba con escribas en su personal que supieran acadio y pudieran redactar una respuesta. (Tampoco habría tenido escribas que supieran escribir en egipcio; parece que casi nadie lo hacía, fuera de Egipto).

Tarhundaradu respondió en hitita en una carta que se extendía a lo largo de dos tablillas (algo muy inusual, especialmente para una carta relativamente corta), de las que sólo se conserva una, la segunda mitad de la carta. No se parece a ninguna otra carta internacional. Tarhundaradu estaba claramente molesto por la forma en que el faraón se había puesto en contacto con él. Decía que no se fiaba del mensajero egipcio, Kalbaya, y que "transmitió [el mensaje] oralmente, pero no estaba escrito en la tablilla".[74] Exigía ser tratado como es debido: "Así que envíame a Kalbaya rápidamente junto con mi mensajero, y escríbeme en una tablilla lo referente a este asunto».

Resulta conmovedor que el escriba arzawán que redactó la carta incluyera una posdata privada dirigida a su homólogo egipcio. Tras terminar el mensaje del rey, añadió una elaborada bendición al "escriba que lea en voz alta esta tablilla", quizá con la esperanza de que los dioses ayudaran al escriba egipcio a entender lo que había escrito, y luego le pidió que añadiera una posdata a su propia carta de respuesta: "Tú, escriba, ten la bondad de escribirme y poner tu nombre al final".[75] También rogó que las futuras cartas se escribieran en hitita: "Escribe siempre en hitita las tablillas que traigan aquí".

Una vez más, cabe imaginar la dificultad a la que se enfrentaron ahora los escribas egipcios cuando llegó el mensajero arzawa con esta carta en hitita. Es de suponer que se peinó la corte en busca de algún escriba que supiera leer y escribir en hitita y que pudiera traducir la carta de Arzawa y luego traducir y registrar la respuesta del faraón. Parece que una de las esposas de Amenhotep III era de Kaska,[76] una tierra al norte de Hatti; tal vez uno de sus asistentes alfabetizados ayudó.

Amenhotep III no se refirió a Tarhundaradu como "hermano" o "gran rey", aunque continuó con los planes de una alianza y un matrimonio diplomático[77]. La carta estaba redactada en hitita, pero, como señaló su editor moderno, el escriba egipcio "escribe en un hitita muy torpe y defectuoso, lo que demuestra que no era muy buen traductor de la lengua egipcia del faraón".[78] Curiosamente, sin embargo, la carta se encontró en Amarna; no había sido enviada. Quizá la tablilla que tenemos era un borrador y el hitita de la versión final estaba más pulido. O tal vez llegó la noticia de que el poder de Hatti estaba aumentando de nuevo, por lo que Amenhotep III desechó sus planes de alianza con Arzawa. La corte de la capital hitita de Hattusa, al igual que la de Tebas, albergaba una escuela que formaba a sus escribas en acadio. La relación egipcia con el gran rey de Hatti sería entre iguales, y sería mucho más fácil de mantener. El rey de Hatti, a diferencia del rey de Arzawa, conocía las reglas.

CAPÍTULO 15

DESTINATARIOS DE REGALOS Y SUEGROS REALES

Las cartas de Amarna nos ofrecen una visión privilegiada de las cortes reales y la diplomacia de la Edad del Bronce Tardío, pero de esta época se conservan muchos otros documentos cuneiformes. A través de ellos podemos conocer a muchas personas que se vieron afectadas por los reyes y el espíritu internacional de la época.

ABI-HUNNI: RECEPTOR DE UNA CASA DEL REY DE HANA

Abi-hunni era un individuo del que sólo se conserva un documento. Vivió toda una vida en la que, sin duda, tuvo una profesión, una familia, amigos, vecinos, una casa, algunos campos. Tenía comidas favoritas y tal vez era un experto en el juego de mesa local, o tal vez era conocido por su voz de cantante o su habilidad con los números. Pero todo eso ha desaparecido. Todo lo que sabemos de él se basa en un único texto.[1] Pero lo sorprendente es que esto le hace increíblemente afortunado. Al menos dejó una pequeña huella en la historia, a diferencia de millones de personas que vivieron en el antiguo Próximo Oriente. Su documento se publicó en 1897,[2] y sigue siendo el único testimonio no sólo de la vida de Abi-hunni, sino de la época de un rey llamado Ishar-Lim de Hana, en Siria oriental. Abi-hunni, el rey Ishar-Lim y los otros catorce hombres nombrados en la misma tablilla son los únicos individuos cuyos nombres se conservan, hasta ahora, de todo el reinado. Ishar-Lim gobernó en algún momento de finales del siglo XV o principios del XIV a.C.[3] Dada la situación internacional de la época, es poco probable que Hana fuera independiente. Aunque los reyes de Hana emitieron sus propios nombres anuales, probablemente eran vasallos de una de las grandes potencias: Babylonia o Mittani, o (más tarde) Asiria.

Los otros reyes que gobernaron Hana durante esta misma época tuvieron la misma mala suerte que Ishar-Lim en cuanto a su legado. Aunque presumiblemente se escribieron miles de documentos durante sus reinados (cada uno de los cuales parece haber durado una media de al menos veinte años, ya que el hijo siguió al padre en el trono durante generaciones), hasta ahora sólo han aparecido una o dos tablillas fechadas para cada rey.

Abi-hunni es interesante porque fue el destinatario de un generoso regalo del rey Ishar-Lim: una pequeña casa en la ciudad de Terqa. Su interacción formaba parte de una tendencia en la Edad del Bronce Tardío, una tendencia que se observaba desde Hatti hasta Siria y Babilonia. Los reyes concedían cada vez más casas, campos, huertos, incluso ciudades enteras, a sus amigos de confianza, funcionarios, vasallos e incluso, al parecer, a ciudadanos normales.

La nueva casa de Abi-hunni sólo tenía 2⅔ SAR de extensión, es decir, unos 60 metros cuadrados. Pero el regalo se consideró lo bastante importante como para que el rey estuviera físicamente presente en la ceremonia en la que se redactó el contrato del regalo. Ningún regalo real era demasiado pequeño para la participación directa del rey. El rey Ishar-Lim estampó su propio sello en el margen del contrato. Era un impresionante sello cilíndrico, con tapas de oro en cada extremo decoradas con triángulos granulados. La presencia de un rey en la creación de un contrato era una tradición no sólo en Hana, también se estaba convirtiendo en algo habitual en todo Oriente Próximo. Los reyes de esta época acudían a las ceremonias, sello en mano, para supervisar un gran número de asuntos legales. Ya lo hemos visto en el caso de Ilim-ilimma hijo de Tuttu en Alalakh; los escribas a menudo señalaban específicamente que tales procedimientos tenían lugar "en presencia" del rey. Por otro lado, esta frase no se utilizaba en los registros de concesiones de tierras reales. Algo que tenía lugar "en presencia" del rey era una transacción de la que él era testigo. En una donación de tierras reales, era una de las partes principales.

El escriba que registró el regalo a Abi-hunni observó cuidadosamente que la casa de Abi-hunni estaba en una plaza de la ciudad llamada "la plaza de la tierra", y que los edificios de los otros tres lados de su casa pertenecían todos al palacio. En la Edad del Bronce Tardío, una gran cantidad de tierra pertenecía a los distintos palacios. El escriba también señaló que la casa no podía ser reclamada por otra persona, ni siquiera en los casos de un edicto que liberara a los prestatarios de sus deudas. Es de suponer que esto significaba que anteriormente había sido el hogar de otra familia que podría haber intentado recuperarla. Esa persona tendría que pagar una enorme multa de diez minas de plata, y la tablilla señala que "su cabeza será untada con asfalto caliente".[4] Esto suena terriblemente doloroso, pero en Hana había sido la pena habitual por impugnar un contrato inmobiliario durante siglos, y uno tiene la sensación de que a estas alturas era sólo una cláusula legal obligatoria, no una amenaza real.

A continuación, el escriba enumeró los testigos que habían estado presentes en lo que debió de ser un día feliz para Abi-hunni. Parecen casi ridículos para el traspaso de una casa tan pequeña. El primer testigo fue el príncipe heredero. Luego vino otro príncipe, seguido de un "gran juez", el supervisor de los adivinos y el supervisor de los ministros, y luego otros cuatro hombres, entre ellos un sacerdote. Es cierto que Hana no era una potencia del tamaño de Mittani o Babilonia, y que la corte real podía estar situada en la ciudad de Terqa, donde se encontraba la nueva casa de Abi-hunni. Así que tal vez no fuera tan difícil reunir a los dirigentes del reino cuando se redactó el contrato. Aun así, este tipo de hombres distinguidos servían a menudo como testigos en las donaciones de tierras reales, no sólo en Hana sino en otros lugares, y ellos -y el rey- a menudo tenían que viajar distancias considerables para estar presentes.[5] La donación de tierras representa lo que aparentemente era una estrategia exitosa para los reyes de esta época en muchas regiones; de esta manera, los reyes eran accesibles y visibles para sus súbditos, y recompensaban el servicio leal con regalos que tenían un impacto en las vidas: donaciones de bienes inmuebles. No está claro, sin embargo, el impacto que esto pudo tener en los más pobres de la sociedad, los que realmente trabajaban los campos. ¿Fueron transferidos junto con la tierra? ¿Tenían derecho a marcharse si lo deseaban? ¿Cambió mucho su vida cuando alguien nuevo llegó al poder? Algunas de las concesiones reales de tierras eran sorprendentemente pequeñas y se otorgaron a personas desconocidas, hombres como Abi-hunni, a los que se identificaba por el nombre de su padre, no por su prestigioso cargo. El compromiso de la realeza con la población parece haber sido no sólo entre la élite.

CONCESIONES REALES DE TIERRAS Y LEALTAD

Los campos y los huertos seguían siendo el núcleo de la economía del Próximo Oriente, como siempre había sido. La propiedad de las tierras agrícolas era importante incluso para los hombres cuyos trabajos oficiales excluían por completo cualquier posibilidad de trabajar la tierra ellos mismos. Del mismo modo, poseer una casa, o tener derecho a vivir en ella, creaba estabilidad para una familia. Por lo general, la gente no vendía una casa familiar a menos que se viera obligada a ello por crisis ajenas a su voluntad, por lo que los miembros de una misma familia solían vivir en una casa durante generaciones. La adquisición de una nueva casa por parte de Abi-hunni probablemente también representaba la trágica pérdida de otra familia; tal vez se habían visto obligados por las deudas a mudarse. De hecho, en las concesiones de tierras reales hititas, la persona a la que se le había quitado la tierra aparecía junto a la persona a la que se le concedía.

¿Qué podía hacer más querido a un funcionario ante su rey que recibir una casa o un campo? En la Edad del Bronce tardía, incluso los vasallos se beneficiaban de este sistema. En la región de Nuzi, cerca de la frontera oriental de Mittani, el rey mittanio había donado ciudades enteras a sus vasallos y a los miembros de sus familias. En un momento dado, necesitó cambiar la propiedad de un distrito de un líder local a otro. Escribió una carta ordenando a un líder local acerca de su decisión: "A Ithiya, habla. Así dice el rey: [Con respecto al distrito de] Paharrashe, que anteriormente di a (la reina) Amminaia, ahora de sus confines he asignado una ciudad a Ugi".[6] El hombre llamado Ugi obviamente se benefició de esto, pero Amminaia sería compensada. El rey continuó, refiriéndose al hombre al que escribía: "Tu propia ciudad la he asignado al distrito de (la reina) Amminaia". La carta llevaba impreso el sello real. Esto era necesario para cualquier cambio que se hiciera en relación con el control de las tierras reales. Las concesiones de tierras representaban una forma ingeniosa, y aparentemente exitosa, de que un rey engendrara lealtad entre su corte, vasallos y funcionarios.

Llamativamente, los contratos de concesión de tierras de toda la región rara vez mencionan lo que el receptor debía hacer a cambio. No se trataba de tierras *ilku* que exigieran un servicio militar o de corvea. Pero este tipo de concesiones no eran nuevas en la Edad del Bronce Tardío. Incluso en la época de la antigua Babilonia, los reyes del Éufrates Medio (en la región que más tarde se conocería como Hana) concedían tierras de la misma manera.[7] Las concesiones reales parecen haber sido regalos reales, recompensas por un servicio leal, algo por lo que pasar una carrera trabajando. Sorprendentemente, tampoco tenían fecha de caducidad. En Babilonia, la mayoría de los regalos hechos por los reyes establecían específicamente que eran para siempre y que podían transmitirse a los descendientes del receptor. El rey "concedió (la tierra) a (nombre del receptor), su siervo, para un futuro lejano".[8]

Como las donaciones de tierras y casas eran tan valiosas, y como sus descendientes las heredaban, los receptores querían conservar los contratos que las registraban lo más seguros posible y durante el mayor tiempo posible. Los contratos inmobiliarios siempre se han conservado durante más tiempo que cualquier otro documento legal. Algunas de las primeras tablillas del periodo Dinástico Temprano eran, sorprendentemente, de piedra (en la que los escribas habían tallado meticulosamente los signos cuneiformes) sólo porque se referían a la tierra.[9] Más adelante, recordarán que Ur-Utu, el sacerdote de las lamentaciones de Sippar que intentaba rescatar documentos de su casa en llamas, se centró en los que registraban sus derechos sobre bienes inmuebles. Y los contratos inmobiliarios también aparecen en cantidades desproporcionadas a partir de la Edad del Bronce Tardío. En la ciudad de Terqa, en la tierra de Hana, por ejemplo, los excavadores encontraron dos jarras que contenían registros de concesiones reales de tierras que se remontaban a unos 200 años.[10] Mucho después de que otros documentos de un archivo familiar hubieran sido desechados o reciclados, los que demostraban la propiedad o los derechos de uso de campos, huertos y casas necesitaban mantenerse a salvo.

Sin la impresión del sello del rey, las concesiones reales carecían de significado.[11] En Hatti, los reyes sellaban este tipo de contratos justo en el centro de la tablilla, utilizando sus impresionantes sellos redondos.[12] En la ciudad costera de Ugarit, el rey enrollaba su sello en la parte superior del anverso de la tablilla.[13] Los reyes de Mittani enrollaban el suyo en el centro del reverso de la tablilla.[14] Y en Hana, como hemos visto, el rey enrollaba su sello en el margen izquierdo. Independientemente de dónde apareciera la impresión del sello, era crucial y estaba solo. Nadie más necesitaba sellar la tablilla una vez que el rey lo había hecho.

En Babilonia, a partir del siglo XIV a.C.[15], algunos receptores de concesiones reales de tierras fueron un paso más allá en la preservación de los registros. Encargaron a talladores de piedra que reprodujeran el texto de la tablilla de arcilla sellada original en un canto rodado de piedra pulida,[16] añadiendo maldiciones a cualquiera que pudiera arrebatar los derechos relatados en el texto, junto con símbolos de los dioses que harían cumplir el acuerdo y las maldiciones. Estos pequeños monumentos se conocen como *kudurrus,* y en casi todos ellos se registraban donaciones reales de tierras agrícolas u otras fuentes de ingresos perpetuos.17 A continuación, el *kudurru se colocaba* en un templo.[18] Los templos se habían convertido en mucho más que lugares para rendir culto y proveer a los dioses; se habían convertido en depósitos de muchos tipos diferentes de objetos diseñados para recordar a los dioses las peticiones que se les habían hecho. Entre ellos se encontraban no sólo los *kudurrus,* sino también estatuas de la realeza y de otras personas que se habían colocado allí para recordar a los dioses que debían velar por ellos.

Así pues, Abi-hunni no fue el único beneficiario de la generosidad del rey, y es de suponer que se benefició de la casa que recibió. Los contratos y *kudurrus* muestran que los grandes reyes de Hatti, Mittani y Babilonia, junto con los reyes menores de Hana, Ugarit y Alalakh, y probablemente otros estados vasallos, se habían implicado mucho más personalmente con sus funcionarios y súbditos durante esta época, como se ve en la aparición de las impresiones del sello de los reyes en lo que de otro modo podrían haber parecido transacciones privadas, y en los numerosos documentos redactados en su presencia. También se habían arrogado el derecho de controlar más tierras, aunque también regalaban más. Las ventas de tierras se hicieron mucho menos comunes que en el periodo de la antigua Babilonia. Si uno recibía del rey la concesión de un campo o una casa, parece que no podía venderla. Es muy posible que las concesiones reales de tierras contribuyeran a la estabilidad interna de estos grandes reinos durante los siglos XV y XIV a.C. Se tiene la impresión de que fue una época marcada por menos rebeliones que en épocas anteriores.

El mismo énfasis en las relaciones personales impregnó la diplomacia internacional. Puede que los reyes nunca se conocieran, pero sus cartas demuestran que, de todos modos, sentían una profunda conexión personal entre ellos. Esto se debía en parte a que la visita de un enviado y traductor se convertía, en cierto modo, en un sustituto de la visita del propio rey. Los enviados acudían regularmente, leían las cartas de su soberano y explicaban sus ideas, recibían regalos y eran agasajados en banquetes. El rey podía jactarse de lo bien que trataba a un enviado, de que "le había hecho grandes honores".[19] Los mejores de estos embajadores también parecían ser muy apreciados y elogiados por el rey aliado, como en el caso del traductor Hane, al que conocimos en el capítulo anterior.[20] Hacían de la hermandad algo personal, no sólo algo que existía en palabras sin cuerpo sobre arcilla.

Pero quizá lo más importante es que los matrimonios entre las familias reales de todo Oriente Próximo crearon poderosos lazos entre los reyes. Sus alianzas no se basaban únicamente en tratados, confianza y regalos; las familias reales de tierras lejanas se convirtieron en verdaderos parientes. A lo largo de este libro he mencionado lo importante que era la familia como pilar fundamental en el que se basaba toda la sociedad, mucho más que la clase social, o la ciudadanía, o cualquier otra forma en la que las personas puedan estar divididas o unidas en identidad. Una vez que los reyes tenían familiares en otros estados, habían creado una obligación difícil de romper. Cuando Tushratta de Mittani declaró, después de que su hija se casara con el faraón egipcio, que "nosotros, entre nosotros, somos uno, la tierra hurrita y la tierra de Egipto... Yo soy el rey de Egipto y mi hermano es el rey de la tierra hurrita",[21] estaba expresando una percepción común. Sus familias y sus tierras estaban unidas. Y al igual que se suponía que las concesiones de tierras reales debían ser mantenidas a perpetuidad por los descendientes del receptor, también se suponía que las alianzas entre las casas reales debían ser para siempre.

Estos lazos seguros entre los grandes reyes hicieron que Amenhotep III de Egipto nunca tuviera que enviar tropas en campaña y, quizás como consecuencia, acumuló riquezas más allá de lo imaginable. Como sus reyes hermanos no se cansaban de recordarle (con envidia no demasiado velada): "En Egipto, el oro es más abundante que la tierra".[22] Pero sus aliados tampoco sufrían económicamente. Tushratta de Mittani (mediados del siglo XIV a.C.) y Burna-Buriash II de Babilonia (c. 1359-1333 a.C.) pudieron reunir dotes realmente enormes para sus hijas junto con regalos para el faraón cuando las princesas se casaron con reyes egipcios,[23] y sin duda hicieron lo mismo con otras hijas que se casaron con otros grandes reyes.

LOS HIJOS DE BURNA-BURIASH II DE BABILONIA: FORTALECIMIENTO DE LAS ALIANZAS

Veamos ahora un ejemplo notable de la red de matrimonios que unía a los reyes en el siglo XIV a.C.[24] Todo giraba en torno al rey babilonio llamado Burna-Buriash II. Siguió a su padre en el trono hacia 1359 a.C., como uno más en la larga línea de reyes con nombres casitas.[25] Aunque aún no se han encontrado sus propios archivos, han aparecido documentos que lo mencionan, o incluso escritos por él, en yacimientos de Egipto, Turquía, Irak, Irán e incluso Grecia.[26] Tenía familiares en casi todas partes (aunque hay que admitir que probablemente no se encontraban en Grecia).

Burna-Buriash II fue un hábil diplomático. Como resultado de sus esfuerzos en la negociación matrimonial, acabó emparentado con los reyes de cuatro grandes estados que dominaron este periodo, y cada uno de estos reyes tuvo un gran impacto en la historia de la Edad del Bronce Tardío. Burna-Buriash II se convirtió en suegro del rey Akenatón de Egipto (c. 1353-1336 a.C.), del rey Suppiluliuma I de Hatti (c. 1344-1322 a.C.) y del rey Untash-Napirisha de Elam (c. 1340-1300 a.C.), y en yerno del rey Ashur-uballit I de Asiria (c. 1363-1328 a.C.). Quizá hasta la época de la reina Victoria de Gran Bretaña, los hijos y nietos de un monarca no estuvieron tan entrelazados con las familias reales de otros estados.

Sin embargo, Burna-Buriash II excluyó notablemente a Mittani de su red. Al parecer, en el reinado de Burna-Buriash, el rey de Mittani, Tushratta, fue quedando gradualmente excluido de la hermandad de reyes. La hija de Tushratta se había casado con el faraón egipcio Amenhotep III cuando éste ya era anciano, como vimos en el último capítulo, y había sido tomada como esposa del siguiente faraón, Akenatón, pero Tushratta de Mittani no parece haber estado emparentado por matrimonio con ninguno de los otros grandes reyes de la época. Incluso Akenatón se mostró poco amistoso con él. Las cartas de Tushratta a Akenatón eran cada vez más alarmantes; Mittani parecía estar perdiendo su posición entre las grandes potencias y Tushratta temía por su futuro.

Para Burna-Burniash II de Babilonia era una gran ventaja tener hijas. Desde el periodo dinástico temprano, las hijas eran importantes para cualquier rey. Hipotéticamente sólo necesitaba un hijo varón para ocupar el trono tras su muerte, pero cada hija adulta podía casarse y crear un vínculo familiar con otro monarca. Parece probable que las hijas fueran educadas para prepararse para ese futuro. De hecho, parece que durante el reinado de Burna-Buriash II existió en la ciudad de Nippur, en Babilonia, una escuela para príncipes, princesas e hijos de funcionarios de la corte, en la que se educaba a los hijos de los hombres de alto rango de todo el reino27. La escuela fue mencionada en varias cartas de un médico en relación con un brote de enfermedad entre los estudiantes.[28] Mencionó a dos niñas cantantes que habían enfermado pero que ya se habían recuperado: "las hijas de Kuru y Ahuni están bien, su salud es buena. Si mi señor lo ordena, ambas pueden marcharse y asistir de nuevo a la escuela".[29] Entre las otras muchachas a las que había tratado se encontraba la hija del gobernador babilonio del estado vasallo de Dilmun.[30] Un segundo médico trató a una "princesa que sufría repetidos ataques de fiebre".[31] Tal vez se tratara de una de las hijas del propio Burna-Buriash. En cualquier caso, las princesas babilónicas que acabaron casadas con sus tres poderosos maridos parecen haber estado bien preparadas para afrontar sus nombramientos como reinas en cortes extranjeras.

No estaban solas cuando llegaron para casarse; cada una habría llevado consigo a cientos de asistentes y funcionarios desde casa. Sin duda, las mujeres escribían a su padre, quien a su vez les enviaba regalos y mensajes cada vez que le visitaban sus enviados. Burna-Buriash II también esperaba que le enviaran regalos a cambio. El anterior rey babilonio había escrito al faraón al respecto: "En cuanto a mis hijas casadas con reyes vecinos míos, si mis enviados [van] allí, conversan con ellas y me encuentran un regalo".[32] Sería fascinante saber si las mujeres también mantenían correspondencia entre ellas. De ser así, tal vez compararan notas sobre sus vidas.

LA ESPOSA BABILÓNICA DE AKENATÓN EN EGIPTO

Amenhotep III de Egipto aún vivía cuando Burna-Buriash II llegó al poder, por lo que una de las primeras prioridades del rey babilonio fue enviar al faraón una carta en la que confirmaba que seguiría manteniendo la alianza que su padre había disfrutado con Egipto. La carta era breve, y Burna-Buriash iba rápidamente al grano: "Al igual que antes tú y mi padre erais amigos el uno del otro, ahora tú y yo debemos ser amigos el uno del otro".[33] Por desgracia, Amenhotep III murió poco después, pero Burna-Buriash no se dejó intimidar. Estaba decidido a mantener la alianza de su familia con Egipto, por lo que siguió escribiendo con regularidad (aunque a menudo con bastante frialdad) al nuevo faraón, Akenatón. La hermana de Burna-

Buriash había estado casada con Amenhotep III,[34] y pronto envió un mensajero y un intérprete a Egipto, proponiendo un nuevo matrimonio para unir sus tierras.[35] Sugirió que una de sus hijas, cuyo nombre desgraciadamente desconocemos, podría casarse con Akenatón. El faraón accedió y envió a su propio mensajero e intérprete para formalizar el compromiso, ungiendo a la princesa con aceite.[36] La princesa escribió entonces al faraón -es la única de las hermanas de la que se conserva una carta-. Es posible que fuera una adolescente. No mencionó su nombre ni el de Akenatón, con quien se casaría. El rey era "mi señor" y ella sólo "la princesa".[37] La carta nos dice poco sobre ella, siendo su principal argumento su subordinación a él: "En pre[sencia de mi señor], de este modo, yo [me postro], diciendo: 'Ya que... mi enviado ha traído telas de colores, a vuestras ciudades y a vuestra casa, que os vaya bien. No murmures en tu corazón ni me impongas tinieblas'."[38] Hasta aquí, las cosas iban bien. No siguieron así.

Burna-Buriash II era algo así como un experto en matrimonios diplomáticos y se inclinaba a ver insultos por todas partes, incluso cuando podían no haber sido intencionados. Por eso, cuando la delegación egipcia llegó con sólo cinco carros para transportar a su hija a Egipto, no le hizo ninguna gracia. No era lo bastante grandioso para el gusto de Burna-Buriash. Escribió al faraón para protestar: su hermana había ido acompañada de 3.000 soldados cuando partió para casarse con Amenhotep III, según él, y esa había sido una escolta apropiada.[39] Pero sus sentimientos heridos se apaciguaron de algún modo, así que reunió una dote[40] y envió a su hija a casarse con Akenatón. A su vez, el faraón envió una gratificante y extravagante colección de regalos a Burna-Buriash.[41]

Si más tarde tuvo noticias de sus hermanas después de que éstas se hubieran casado con los reyes de Hatti y Elam, esta princesa babilónica podría haberse sentido decepcionada con su estatus en Egipto en comparación; formaba parte de un numeroso cuadro de esposas extranjeras, bastante carentes de poder, todas ellas completamente eclipsadas por la esposa principal de Akenatón, Nefertiti, que era prácticamente su co-gobernante.[42] La tía de la princesa babilónica se había encontrado en una situación similar una generación antes: esta mujer había pasado tan desapercibida entre las mujeres de palacio que el faraón no estaba seguro de qué esposa era. Ni siquiera estaba seguro de si seguía viva cuando Burna-Buriash II le escribió para preguntar por ella.[43]

La sobrina de esa mujer, la nueva esposa babilónica de Akenatón, no tuvo desde luego una vida aburrida. Es posible que la corte de Akenatón fuera la más internacional de todas las de esta época, dada la presencia de sus numerosas esposas extranjeras y el hecho de que cada una de ellas pudo haber traído consigo a más de 300 asistentes de su tierra nata.[144]

Durante el reinado de Akenatón, éste cambió la religión del estado, cerró la mayoría de los templos y construyó una nueva capital en Amarna (donde más tarde se encontraron las cartas diplomáticas), a la que trasladó a toda su corte, incluidas todas sus esposas y sus séquitos.[45] La hija de Burna-Buriash experimentó de primera mano esta extraordinaria época, aunque pudo haber sido traumático vivirla. Probablemente no tuvo más remedio que adorar al amado dios del sol de Akenatón, Atón, excluyendo a otras deidades, incluso a sus dioses de Mittani. Akenatón lo exigía.

TAWANANNA: LA ESPOSA BABILÓNICA DE SUPPILULIUMA EN HATTI

La siguiente hija de Burna-Buriash, que se casó con el rey hitita Suppiluliuma I, desempeñó un papel mucho más destacado en su patria adoptiva, pero tuvo un coste: no era nada popular. Su padre llevaba al menos catorce años gobernando en Babilonia cuando Suppiluliuma llegó al poder en Hatti hacia 1344 a.C. Burna-Buriash debió de reconocer la necesidad de tener al belicoso e impulsivo rey hitita de su lado, por lo que continuó con su programa de unir a todas las grandes potencias como miembros de su familia. En algún momento, Burna-Buriash consiguió convencer a Suppiluliuma para que aceptara un tratado de paz y un matrimonio diplomático entre sus dos tierras.

Lo que resulta casi increíble es que Suppiluliuma también accediera a degradar a su esposa principal, Henti, para que la princesa babilonia pudiera asumir su posición principal como reina.[46] Henti había sido más que una esposa para Suppiluliuma, parece que ella fue la razón por la que pudo reclamar el trono para empezar. Los historiadores han podido reconstruir lo que pudo ocurrir. El sello de Henti, cuando estaba casada con Suppiluliuma, llevaba la siguiente inscripción: "Sello de Henti, Gran Reina, hija del Gran Rey, Héroe "[47]. Así pues, Henti era hija del anterior rey hitita, Tudhaliya III, y quizá sólo por casarse con ella pudo Suppiluliuma reclamar el trono.[48] El sucesor elegido por el anterior rey había sido su hijo, llamado así por él, otro Tudhaliya. Este joven subió al trono tras la muerte de su padre, y los miembros de la familia real, todos los cortesanos y todo el ejército hitita juraron apoyarle. Suppiluliuma, su cuñado, hizo este juramento, junto con los demás.

Pero Suppiluliuma no se conformaba con su estatus. Aunque aparentemente no era un príncipe, sino sólo el marido de una princesa, quería ser rey. Como dijo su propio hijo más tarde: "[Pero cuando mi padre] maltrató a Tudhaliya, todos [los príncipes, los nobles], los comandantes de los miles y los oficiales de Hattusa [se acercaron] a mi [padre]".

Aunque le había juramento (a él), [se apoderaron] de Tudhaliya, y lo mataron [a él]. Además, mataron a sus hermanos que estaban a su lado ".[49] Aunque Suppiluliuma afirmó más tarde que era hijo de Tudhaliya III, es posible que utilizara el término "hijo" de forma muy imprecisa.

Podría pensarse que el apoyo de la reina Henti fue crucial para la aceptación de Suppiluliuma como rey. La pareja tuvo hijos poderosos, en particular el príncipe heredero Mursili, que también estaba profundamente unido a su madre. Pero parece que Suppiluliuma decidió que no necesitaba a Henti, y su degradación y exilio debieron de conmocionar a la corte hitita. La princesa babilonia llegó en medio de una vorágine política. Tuvo que enfrentarse de inmediato a la ira y la hostilidad de gente que ni siquiera conocía. No puede haber ayudado el hecho de que probablemente fuera más joven que muchos de los hijos de su marido real.

No conocemos su nombre original, pero se le dio el título de Tawananna, la designación tradicional utilizada para la gran reina en Hatti. El legado de Tawananna se ve un tanto empañado por el hecho de que la única persona que escribió sobre ella fue su hijastro, el sucesor de Suppiluliuma I, Mursili II (1321-1295 A.C.), y éste la despreció. Pero, leyendo entre líneas, está claro que no se dejó amedrentar por sus adversarios. Fue nombrada sacerdotisa,[50] y se le concedió un control considerable sobre los recursos.[51] Puede que sus enemigos se resintieran, pero no pudieron hacer nada al respecto mientras el rey vivía.

Mientras tanto, su marido, el rey Suppiluliuma, emprendió una carrera mucho más militarista que la de sus compañeros grandes reyes. Escribió al faraón de Egipto en términos amistosos sobre el mantenimiento de su alianza y el inicio de un nuevo matrimonio diplomático,[52] pero parece que le importaba poco la paz que sus reyes hermanos habían establecido y trabajado duro por mantener. Suppiluliuma hizo campaña con su ejército más allá de las fronteras hititas hacia Siria, destruyendo ciudades a su paso. Estaba claro que su objetivo era el rey Tushratta y apoderarse de las tierras controladas por Mittani.

Aunque Suppiluliuma no consiguió conquistar Mittani, el largo reinado de Tushratta llegó a su fin durante el reinado de Suppiluliuma. Trágicamente, el rey mittaniano fue asesinado por uno de sus propios hijos (aunque los registros no nos dicen cuál). En lo que había sido la mitad oriental de su reino, Asiria aprovechó la agitación subsiguiente para reclamar su independencia. La mitad occidental restante del Imperio mitanio fue reclamada por al menos dos hijos diferentes del rey asesinado. Uno de ellos, de nombre Shattiwaza, se dirigió, casi en solitario, a Babilonia para intentar ganarse el apoyo de su rey Burna-Buriash II, el hombre que ocupaba un lugar tan central en la red de grandes reyes. Seguramente ayudaría a restablecer la estabilidad en Mittani. Pero no, Burna-Buriash estaba completamente desinteresado en ayudar al futuro rey.[53] De hecho, el príncipe mittanio tuvo que huir para salvar su vida.

En su lugar, Shattiwaza pidió ayuda a Suppiluliuma en Hatti contra su hermano y contra los asirios. El rey hitita accedió y, finalmente, juntos obtuvieron la victoria. Pero a cambio de su ayuda, Suppiluliuma se aseguró de que Shattiwaza, como nuevo rey de Mittani, ya no pudiera contarse entre la hermandad de los grandes reyes. En su lugar, Mittani se convirtió en un estado dependiente de Hatti. Aunque su acuerdo terminó con un matrimonio diplomático, la princesa hitita se casaba con un rey menor, no con un igual de su padre.[54]

Suppiluliuma llegó a incursionar en territorio egipcio en el Levante durante la década de 1320 a.C., quizá durante el reinado del joven rey Tutankamón, tras la muerte de Akenatón. Al hacerlo, Suppiluliuma rompía los términos de su tratado con Egipto. También en este caso, como cuando mató a su cuñado para convertirse en rey de Hatti, no parece haberse sentido limitado por las reglas y tradiciones seguidas por sus colegas grandes reyes. Pero, a los ojos de sus contemporáneos, sufrió por su arrogancia. Los dioses se vengaron de él.

Tras la campaña de Suppiluliuma en territorio egipcio, una plaga mortal comenzó a extenderse por Hatti. Los eruditos creen que podría haber sido llevada allí por prisioneros de guerra egipcios, pero el hijo de Suppiluliuma estaba convencido de que era su padre quien había provocado este desastre en su tierra. Después de todo, el rey hitita había roto el juramento que había hecho de apoyar a su cuñado como rey hitita, y los dioses siempre castigaban a la gente que rompía los juramentos. Como prueba de ello, una de las primeras víctimas de la plaga, hacia 1322 a.C., fue el propio rey Suppiluliuma. En los años siguientes murieron muchas personas, y nadie sabía cómo evitar contagiarse. No se trataba de una enfermedad normal como las que habían preocupado a Zimri-Lim de Mari cuando surgieron en su palacio. Ésta era aterradora.

Pero la reina nacida en Babilonia, Tawananna, hija de Burna-Buriash II, parece que no se vio afectada; siguió viviendo. Según la tradición, la reina hitita tenía derecho a conservar su título y responsabilidades hasta su muerte, por lo que Tawananna continuó ejerciendo como sacerdotisa tras la muerte de Suppiluliuma. Pero esto fue demasiado para su hijo, el nuevo rey, Mursili II. Por supuesto, siempre había odiado a Tawananna por sustituir a su madre, pero eso no era todo. La acusó de despilfarrar riquezas, de introducir prácticas extranjeras babilónicas y, en general, de causar estragos en el ordenado mundo de la corte hitita. Escribió: "Algunas cosas las trajo de la tierra de Sanhara (Babilonia). Otras las entregó en Hatti [. . .] al pueblo (. . .). No dejó nada... destruyó la casa de mi padre "[55]. Más traumática para Mursili II fue su creencia de que Tawananna había matado a su propia esposa, a la que claramente quería mucho. Escribió que "mientras fue reina, siguió [maldiciendo] a [mi esposa] hasta que la mató".[56] ¿De verdad odiaba la reina nacida en Babilonia tanto a su nuera que invocó a los dioses para que la mataran? No tenemos ni idea, pero Mursili creía, profundamente, que esa fue la causa de la muerte de su esposa. Se lamentó: "Porque ella la mató, durante todos los días de la vida [mi alma] desciende al oscuro mundo de las tinieblas [por su culpa]... ¿Acaso los dioses [no reconocen] de quién es el castigo? "[57]

Mursili II consultó a los oráculos y se le dijo que podía, si lo deseaba, ejecutar a Tawananna. Es muy posible que ella lo supiera y sin duda temió por su seguridad. Pero el rey optó por destituirla de su cargo de sacerdotisa,[58] juzgarla y desterrarla de la capital.[59] Luego compuso una plegaria a los dioses para explicarse y argumentar que, sinceramente, la había tratado bien, teniendo en cuenta su comportamiento. Como escribió: "Le he dado una casa. Nada le falta a su deseo. Tiene comida y bebida. Todo está a su disposición. Nada le falta. Está viva. Contempla el sol del cielo con sus ojos".[60] Por tanto, argumentó, los dioses no deberían oponerse a lo que hizo. Al fin y al cabo, su castigo no había sido muy duro. Mursili II sólo había destituido a Tawananna de su cargo de sacerdotisa, y sólo después de que un oráculo le diera permiso para hacerlo.

Sin embargo, la plaga continuó. Mursili escribió, en una de varias plegarias a los dioses, que "Una plaga se desató en Hatti, y Hatti ha sido golpeada por la plaga... Este es el vigésimo año".[61] Rogó a los dioses que pusieran fin a la miseria del pueblo: "Oh dioses, señores míos. Enviad la plaga [lejos]... Que estéis bien dispuestos hacia Hatti. Que [la plaga] amaine una vez más". Veinte años es mucho tiempo para que un país sufra una plaga, pero finalmente se retiró. En cuanto a Tawananna, la hija de Burna-Buriash II, desgraciadamente no tenemos constancia de lo que le ocurrió tras su destierro.

NAPIR-ASU: LA ESPOSA BABILÓNICA DE UNTASH-NAPIRISHA EN ELAM

La tercera hija de Burna-Buriash II de Babilonia en casarse con un rey poderoso podría haberse creído en la mejor situación de cualquiera de sus hermanas. No desapareció entre una multitud de esposas extranjeras y no fue odiada cuando llegó a su nuevo palacio. De ella tenemos incluso un nombre en lugar de un título: se llamaba Napir-Asu.[62] Ése era su nombre elamita; una vez más, desconocemos el nombre que llevaba antes de casarse.

Elam, la tierra situada inmediatamente al este de Babilonia, se extendía desde la llanura aluvial del río Tigris hasta los montes Zagros, en lo que hoy es Irán.[63] Aunque había sido una gran potencia en siglos anteriores, ahora no era miembro de la hermandad de los grandes reyes, al menos no desde la perspectiva del rey de Egipto. No aparece ninguna carta del rey de Elam entre las cartas de Amarna. Pero es posible que Burna-Buriash II siguiera considerando a la vecina Elam una gran potencia; su rey era su aliado más cercano. Sorprendentemente, Burna-Buriash II ya estaba estrechamente relacionado con la familia real elamita, incluso antes de que su hija se casara con el rey de allí. Ese rey, Untash-Napirisha, era primo hermano de Burna-Buriash: ambos eran nietos de un rey babilonio llamado Kurigalzu I (principios del siglo XIV a.C.).[64] Durante generaciones, los reyes elamitas se habían casado con princesas babilónicas; Untash-Napirisha fue al menos el tercer rey elamita de su dinastía en hacerlo (y dos reyes más hicieron lo mismo después de él).[65] La mujer que eligió para casarse era una hija de su primo Burna-Buriash II.

Untash-Napirisha parece haber llegado al poder sólo siete años antes de la muerte de su aliado babilonio, alrededor de 1333 a.C.[66], pero la hija de Burna-Buriash, la reina Napir-Asu, pudo haber nacido cuando su padre ya llevaba muchos años en el trono. En cualquier caso, debió de ser de la misma generación que su marido, aunque se casara con él cuando su padre se acercaba al final de su reinado de veintisiete años.

El rey elamita probablemente hablaba acadio además de su lengua materna, ya que lo había aprendido de la princesa babilónica que era su madre, por lo que Napir-Asu pudo haber encontrado el palacio de su marido más familiar y acogedor de lo que habría sido el caso para sus hermanas de Egipto y Hatti. También tenía más prestigio que su hermana Tawananna; su hijo (a diferencia de los hijos de sus hermanas de Egipto y Hatti) llegó a ser rey, el rey de Elam.[67] La relación entre las tierras de Babilonia y Elam fue profunda y, durante mucho tiempo, inquebrantable.

Sin embargo, no se sabe casi nada de la vida de Napir-Asu en Elam, aparte de que fue reina y que su hijo acabó siendo rey. Su marido nunca parece haber mencionado sus actividades en ninguna de sus numerosas inscripciones. Sin embargo, aparece representada en una alta estela de piedra que Untash-Napirisha dedicó a los dioses, de pie detrás de él con los brazos cruzados. (Su nombre aparece en uno de sus brazos.)[68]

Sin embargo, Napir-Asu dejó algo que no tenemos de casi nadie más de su familia: una extraordinaria estatua exenta de sí misma que ella misma había encargado (véase la Fig. 15.1). Sorprendentemente, no se conserva ninguna imagen de su padre Burna-Buriash II, ni de ninguna de sus hermanas en Egipto y Hatti, ni siquiera de su engreído cuñado Suppiluliuma I de Hatti. La estatua de Napir-Asu es una de las figuras de bronce más grandes y pesadas que se conservan del antiguo Próximo Oriente, y se dice que es la obra de arte más conocida de Elam.[69] Mide 1,29 metros de altura (4,23 pies) y habría sido de tamaño natural si se hubiera conservado su cabeza, cosa que lamentablemente no ocurrió. La estatua pesa unos increíbles 1.750 kilogramos (casi dos toneladas) y fue descubierta en 1903 durante unas excavaciones en Susa, la antigua capital elamita.[70]

Los antiguos broncistas fundieron el exterior de la estatua en cobre casi puro utilizando la técnica de la cera perdida, pero falta el núcleo interior de arcilla sobre el que se fundió. Por una razón que se nos escapa, pero que tenía sentido para los broncistas, se eliminó la arcilla y se rellenó la estatua con bronce macizo (un 11% de estaño añadido al cobre).[71] Esto supuso un enorme esfuerzo y gasto para crear un núcleo macizo que no sólo era invisible para el espectador, sino que realmente no era necesario; la estatua podría haberse dejado hueca.[72] Es imposible saber cuántas otras estatuas de bronce macizo existieron, porque la mayoría de los objetos de metal se habían fundido mucho antes de que los arqueólogos modernos

Fig. 15.1 Estatua de bronce de la reina Napir-Asu de Elam, procedente de Susa, mediados o finales del siglo XIV a.C.. (Museo del Louvre. Wikipedia. Dominio público)

vinieran a buscarlos. Lo que está claro, sin embargo, es que Napir-Asu era una reina importante, merecedora de una escultura elaborada. Es posible que el exterior de cobre estuviera recubierto de oro o plata.[73] Al igual que otras estatuas reales que hemos encontrado tan a menudo, la suya se habría colocado en un templo para rezar a los dioses y recibir ofrendas. La inscripción estaba escrita en elamita, en primera persona, y Napir-Asu no se andaba con rodeos. Quería que esta estatua sobreviviera:

Yo, Napir-Asu, (soy) esposa de Untash-Napirisha. Aquel que se apodere de mi estatua, que la rompa, que destruya su inscripción, que borre mi nombre, que sea castigado con la maldición de (el dios) Napirisha, de (el dios) Kiririsha y de (el dios) Inshushinak, que su nombre se extinga, que su descendencia sea estéril, que las fuerzas de Beltiya, la gran diosa, se abatan sobre él. Esta es la ofrenda de Napir-Asu.[74]

La maldición no funcionó realmente, ya que la cabeza de su estatua había sido efectivamente "aplastada" y retirada mucho antes de que se encontrara la estatua. Pero al menos queda el cuerpo, y es regio. Napir-Asu está vestida con lo que debieron de ser algunas de las mejores ropas producidas en el palacio elamita. Llevaba tres prendas: un vestido de manga corta, compuesto por una parte superior bordada con pequeños círculos y una falda escalonada con flecos en la parte inferior; un chal alrededor de los hombros; y un volante con una elaborada decoración alrededor de la cintura. También llevaba joyas: cuatro brazaletes en cada brazo y un anillo en el cuarto dedo de la mano izquierda. Aunque nos falta su cabeza, cabe suponer que llevaba el pelo a la manera elamita de la época, en una espesa trenza alrededor de la cabeza.[75]

El rey Untash-Napirisha gobernaba Elam en un momento de gran fortaleza para su dinastía, cuando los antiguos reinos de Susa, en la llanura, y Anshan, en las tierras altas, se unieron bajo el gobierno de Elam.[76] Enviados y mensajeros debieron de viajar regularmente entre la corte babilónica de Burna-Buriash II y la de su yerno y primo Untash-Napirisha. Sólo unos 450 kilómetros (280 millas) separaban sus capitales: sólo se tardaba un mes en ir a pie de un lado a otro, y quizá la mitad en carro. Así que Burna-Buriash debió de oír hablar mucho de los proyectos de construcción del ambicioso rey elamita. Untash-Napirisha no se limitó a construir y reconstruir muchas estructuras en la tradicional capital elamita de Susa (aunque también lo hizo), sino que decidió construir una capital completamente nueva. Le puso su propio nombre: Al Untash-Napirisha, que significaba "Ciudad de Untash-Napirisha". Incluso parece que esperaba que la ciudad sustituyera a Susa, no sólo como capital política, sino también como centro de culto para los dioses elamitas tanto de las tierras altas de Anshan como de las tierras bajas de Susa.[77] La ciudad llegó a albergar veinticinco templos a diferentes dioses, todos ellos construidos casi simultáneamente por arquitectos y obreros durante la época de Untash-Napirisha. Debió de sentir muy fuerte su deseo de unir a las deidades de la tierra en un solo lugar y, al hacerlo, unir también a la tierra de Elam.

Compartía el deseo de una nueva capital política y religiosa no sólo con su contemporáneo egipcio, Akenatón (que había construido su capital en Amarna), sino también con su propio abuelo babilonio (y el de Burna-Buriash II), Kurigalzu I, que había construido una nueva e impresionante capital en Babilonia y también le había dado su nombre: Dur-Kurigalzu. Contaba con un enorme zigurat, cuyo núcleo sigue en pie cerca de la actual Bagdad.

Fig. 15.2 Pomo vidriado con el nombre del rey Untash-napirisha de Elam, procedente de Chogha Zanbil, 1340-1300 a.C. (Metropolitan Museum, Nueva York)

Untash-Napirisha eligió como emplazamiento para su nueva ciudad un lugar que ahora se llama Chogha Zanbil, a sólo 40 kilómetros (25 millas) al sureste de Susa. Era un lugar espectacular en una meseta elevada, con vistas a un amplio valle fluvial verde. Cuando un equipo arqueológico francés excavó la ciudad en los años 50 y principios de los 60, su estado de conservación era extraordinario. La mayoría de las ciudades antiguas estuvieron ocupadas de forma continuada durante siglos o milenios, por lo que resulta difícil extraer los detalles de una época concreta a partir de las numerosas capas de ocupación. Chogha Zanbil parece haber sido ideada por Untash-Napirisha,[78] construida con enormes gastos, pero prácticamente abandonada tras su muerte. Lo mismo ocurrió con la capital de Akenatón. Ambas están congeladas en el tiempo en el momento en que dejaron de interesar a los sucesores de los reyes. Por si quedaba alguna duda sobre quién era el responsable de las maravillas de su nueva ciudad, Untash-Napirisha insertó sutilmente su nombre por todas partes. En los edificios aparecen inscripciones de ladrillo que le identifican; los pomos de terracota vidriada en azul y verde que decoraban el santuario de la cima del zigurat llevaban su nombre (véase la Fig. 15.2).

Ese zigurat era extraordinario. Mientras que la mayoría de los zigurats mesopotámicos se han ido erosionando con el paso de los milenios hasta quedar sólo en su nivel más bajo (si es que eso ocurre), cuatro de las posibles cinco etapas del zigurat de Chogha Zanbil seguían en pie cuando se excavó, encajonadas dentro del montículo del centro del yacimiento, como un insecto conservado en ámbar. Los arqueólogos descubrieron escaleras por las que aún se podía subir, exteriores para los dos primeros niveles e interiores por encima, junto con los restos de una puerta decorada con un mosaico de vidrio blanco y negro,[79] e incluso una puerta con su arco aún intacto.[80] En la parte superior de la estructura, un santuario al gran dios de Susa, Inshushinak (su nombre significa literalmente "dios de Susa") habría brillado a la luz del sol, con ladrillos vidriados salpicados de plata y oro, y con esos brillantes pomos de terracota con el nombre del rey.

El zigurat tenía más de 51 metros de altura[81] y se había construido de forma sorprendente. Antes de levantar la torre, se construyó una gran estructura cuadrada de una sola planta alrededor de un gran patio. Incorporaba dos templos a Inshushinak y algunos almacenes.[82] El patio fue elegido posteriormente como emplazamiento del zigurat. Por lo tanto, todos los millones de ladrillos para la sólida torre escalonada[83] debieron ser transportados a través de las puertas y portales del edificio cuadrado de la base. Las puertas interiores del templo cuadrado, que antes daban al patio, ahora sólo conducían a la masa de ladrillos del zigurat, y muchas de estas puertas estaban bloqueadas.

Al igual que los zigurats mesopotámicos anteriores del periodo Ur III, el de Untash-Napirisha estaba hecho en gran parte de ladrillo secado al sol, pero con una fachada de 2 metros de grosor de ladrillos cocidos en horno. Los ladrillos de cada undécima capa tenían inscripciones que identificaban al rey y al dios Inshushinak.[84] Las esteras de junco colocadas entre las capas daban solidez a la estructura, y el arquitecto desconocido también incorporó treinta y ocho canales de drenaje para evitar los daños causados por la lluvia.[85] Era un edificio bellamente diseñado que resistió a los elementos hasta que acabó sepultado en un montículo de tierra.

Untash-Napirisha desempeñó el papel de rey constructor mejor que casi ningún otro rey de Oriente Próximo. Se conservan inscripciones que atestiguan su trabajo en más de cincuenta edificios, muchos de los cuales inició en Chogha Zanbil. Al igual que otros reyes de la época, parece haberse beneficiado de la escasez de conflictos militares; disponía de tiempo y dinero para crear edificios espectaculares. También controlaba la mano de obra necesaria. Como en todos los periodos de grandes proyectos de construcción, los hombres de todo el país debían ser llamados a filas y puestos a trabajar en todas las tareas necesarias para la construcción.

En un principio, los excavadores pensaron que la antigua ciudad de Chogha Zanbil era sólo un lugar de peregrinación, no un lugar donde viviera gente, pero ahora esa teoría está en entredicho. Los edificios residenciales parecen haber existido en las 100 hectáreas de extensión de la ciudad, por lo que la gente vivía allí. Pero parece que los administradores de Untash-Napirisha no compartían su entusiasmo por la nueva ciudad. Al parecer, en cuanto se supo que el rey había muerto, los materiales de construcción que se habían preparado para la nueva edificación fueron abandonados, sin ceremonias, justo donde estaban almacenados. Todavía estaban allí cuando llegaron los arqueólogos, miles de años después.

En el complejo ceremonial de Chogha Zanbil, los arqueólogos descubrieron cinco tumbas bien construidas y abovedadas a las que se accedía por escaleras.[86] Es posible que albergaran los enterramientos de la familia [real87.] Un aspecto extraño de los enterramientos es que ocho de los cuerpos fueron incinerados, lo que no parece haber sido una tradición elamita con anterioridad.[88] Sólo uno de los cuerpos estaba intacto, el de una mujer que tenía entre cuarenta y sesenta años en el momento de su muerte.[89] Había sido cuidadosamente colocada sobre una plataforma de ladrillo, tumbada sobre su lado izquierdo. Cerca de ella, en la misma plataforma, estaban los restos incinerados de otros dos individuos, acompañados de joyas y armas que parecen haber sido incluidas en sus incineraciones, con todo envuelto en tela roja.[90] Resulta tentador estar de acuerdo con la interpretación de los excavadores, que llegaron a la conclusión de que sólo se incineraba a los miembros de la familia real elamita, y que el cuerpo de la mujer era el de una princesa extranjera cuya cultura prohibía la incineración.[91] Dado que las princesas extranjeras de las que se sabe que se casaron con reyes elamitas eran babilonias, tal vez se tratara de la propia Napir-Asu, enterrada junto a los restos de su marido Untash-Napirisha. De ser así, fue enterrada con la familia que había adquirido por matrimonio y seguía siendo venerada en el momento de su muerte.

El edificio situado sobre las tumbas contenía muchas copas, platos y cucharas.[92] Tal vez se utilizaran durante los banquetes en honor de los miembros de la realeza que estaban enterrados debajo.[93] Es posible que en el patio del edificio se realizaran sacrificios de animales. En aquella época, en Elam, como había sucedido en Mesopotamia durante miles de años, no se olvidaba a los reyes del pasado. Se les seguía rindiendo culto, se les recordaba en los festivales y se les obsequiaba con regalos. Es posible que la estatua de bronce de Napir-Asu se erigiera sobre su tumba, junto a las estatuas de otros reyes y reinas muertos, para mantener vivos sus espíritus y recuerdos.

La época posterior a la muerte de Untash-Napirisha de Elam fue un tanto caótica, pero finalmente le sucedió su hijo Kidin-Hutran II (principios del siglo XIII a.C.). Parece que Kidin-Hutran debía de ser un niño cuando murió su padre, porque otros dos parientes gobernaron antes de que él ocupara el trono.[94] La madre del joven rey era Napir-Asu, por lo que era nieto de Burna-Buriash II por parte de madre, y bisnieto del rey Kurigalzu I por ambos lados de su familia. Aunque creció en Elam y hablaba elamita como lengua materna, la herencia genética de Kidin-Hutran II era babilónica en tres cuartas partes (o más).

Para entonces había hijos y nietos del rey babilonio Burna-Buriash II en casi todas las familias reales importantes de Oriente Próximo, tal y como él había querido.

No le sorprenderá saber que Kidin-Hutran II se casó con otra princesa babilónica. También puede haber sido el autor de una carta notable, escrita por un rey de Elam a un rey de Babilonia (ninguno de cuyos nombres aparece en la carta). Después de tantas generaciones de matrimonios mixtos con Babilonia, este rey elamita sintió que tenía derecho a gobernar no sólo su propia tierra, sino también la tierra de su esposa, madre y abuela: Babilonia. Se quejaba de que, como "descendiente de la hija mayor del poderoso rey (babilonio) Kurigalzu, (¿por qué) no me siento en el trono de la tierra de Babilonia?"[95] Las familias reales se habían entrelazado tanto, no sólo entre Babilonia y Elam, sino en todo Oriente Próximo, que el viejo tópico de que "mi casa es tu casa" (que tan a menudo se pronunciaba tras un matrimonio diplomático) había llegado a parecer una promesa. ¿Por qué un hombre como Kidin-Hutran II, con tantos reyes babilonios entre sus antepasados, no estaba en línea para el trono de Babilonia? ¿Por qué un detalle menor, como el hecho de que ya fuera rey de Elam, se interponía en su camino?

Este nuevo sentimiento de derecho al trono babilónico por parte de los reyes elamitas creó una brecha entre los antiguos aliados. En el siglo siguiente, condujo a la guerra

MUBALLITAT-SHERUA: LA ESPOSA ASIRIA DE BURNA-BURIASH II EN BABILONIA

Mientras las tres princesas babilónicas negociaban sus caminos a través de los mundos en los que se habían casado, su padre Burna-Buriash II había hecho un emparejamiento más con un líder extranjero, pero esta vez no implicaba a una de sus hijas. El propio Burna-Buriash, probablemente ya entrado en la madurez y habiendo enviado a sus hijas mayores a otras cortes, decidió casarse con una princesa extranjera. Se llamaba Muballitat-Sherua y era hija del rey asirio Ashur-uballit I (1365-1330 a.C.).[96]

Incluso antes de la desintegración de la tierra de Mittani, el rey asirio (que en aquella época seguía siendo vasallo de Mittani) había estado ansiando la independencia y haciendo campaña para unirse a la hermandad de los grandes reyes. Ashur-uballit había adoptado el título de "rey de Asiria" (fue el primer gobernante en hacerlo), al parecer mientras el rey Tushratta de Mittani aún vivía, e incluso había enviado mensajeros a Egipto con una breve carta tentativa y algunos regalos para el faraón Akenatón.[97] Burna-Buriash II de Babilonia, que era protector de los privilegios de que disfrutaban los grandes reyes, se molestó cuando se enteró de esto. Escribió al faraón diciéndole que echara a los asirios: "En cuanto a mis vasallos asirios, no fui yo quien te los envió. ¿Por qué con su propia autoridad han venido a tu país? Si me amas, no harán negocio alguno. Envíamelos con las manos vacías".[98] Según Burna-Buriash, Ashur-uballit no tenía por qué enviar embajadores a Egipto, no era lo bastante importante. Pero esa frase sobre "mis vasallos asirios" es extraña. Si los asirios eran vasallos de alguien en ese momento, era de Mittani. A menos que nos estemos perdiendo un episodio en el que el rey babilonio se apoderó de Asiria (lo que parece muy poco probable), Burna-Buriash II se estaba tirando un farol.

Pero tras el colapso de Mittani, cuando Asiria era realmente independiente, el faraón Akenatón aparentemente cedió y acogió a Asiria en la hermandad como una nueva gran potencia. En su siguiente carta de Amarna al faraón, Ashur-uballit I de Asiria se refirió a sí mismo como un "gran rey" y como el "hermano" de Akenatón.[99] También fue tan exigente como los otros grandes reyes, incluyendo incluso su observación común de que "el oro en tu tierra es tierra",[100] antes de pedir una gran cantidad del mismo.

En algún momento, quizá poco después de la muerte de Tushratta de Mittani, Ashur-uballit I también debió de enviar mensajeros a Babilonia para interesarse por una alianza y un matrimonio diplomático. Parece que Burna-Buriash II superó su enfado con el rey advenedizo y cedió. Ciertamente, buscaba alianzas con todas las demás grandes potencias, y Asiria se encontraba justo al otro lado de su frontera septentrional. No habría querido una relación hostil con un reino agresivo e independiente tan cercano. La princesa Muballitat-Sherua de Asiria se trasladó a Babilonia y más tarde tuvo al menos un hijo.

Cuando Burna-Buriash II murió hacia 1333 A.C., el príncipe que le sucedió fue Kara-hardash (1333 A.C.), su joven hijo con su esposa asiria, Muballitat-Sherua.[101] Tal vez este hijo se había adelantado en la línea sucesoria, por delante de sus hermanos mayores, porque el rey asirio había insistido en ello. No podemos saberlo con certeza porque sobreviven muy pocos documentos.

Sin embargo, a los babilonios no les gustó esta elección y no aceptaron al joven Kara-hardash como rey. Fue derrocado al cabo de un año y sustituido por un usurpador.[102] Sabemos esto por una crónica posterior llamada la Historia Sincronística, que también nos dice que Ashur-uballit I de Asiria estaba igualmente disgustado con la decisión de los babilonios de derrocar a su nieto. Decidió hacer algo al respecto: rápidamente envió tropas a Babilonia. Sus fuerzas asirias lograron deponer al usurpador y sustituirlo por otro hijo de Burna-Burias II. El reinado de este hijo fue un éxito; gobernó en Babilonia durante veinticinco años.[103] Estos acontecimientos se describen con unas pocas frases en la crónica, pero está claro que, en el plazo de un año, 1333 a.C., los babilonios fueron gobernados por tres reyes sucesivos y mutuamente antagónicos. Debió de ser una época angustiosa, muy diferente de los tranquilos años del reinado de Burna-Buriash II.

El caos del año también había sentado un nuevo precedente: Asiria había intervenido militarmente en la política babilónica. No era la última vez que esto sucedería. Los reyes asirios que sucedieron a Ashur-uballit I querían crear un imperio. El cortés sistema diplomático del anterior periodo de Amarna no iba a limitarles.

CAPÍTULO 16

NEGOCIADORES, COMERCIANTES MARÍTIMOS Y VÍCTIMAS DE LA HAMBRUNA

El ambiente en Oriente Próximo cambió un poco a mediados del siglo XIII a.C.. La estabilidad generalmente pacífica del periodo de Amarna perduró en algunos lugares, pero se tambaleó en otros. Sin Mittani, los antiguos aliados se gruñían unos a otros a través de fronteras disputadas, o escribían cartas angustiosas, preocupados por la agresión de enemigos sin nombre.

En Egipto, el faraón Ramsés II (1279-1213 a.C.) dominó casi todo el siglo XIII a.C. Nació probablemente hacia 1303 a.C. y vivió la friolera de noventa años; sus doce hijos mayores le precedieron. Devolvió a Egipto a la cima de la riqueza y el poder y se atribuyó más monumentos que ningún otro rey anterior. Muchos de ellos los había encargado él mismo, pero también se apropió de edificios de reyes anteriores sustituyendo sus nombres inscritos por los suyos. Colocó colosales estatuas de piedra de sí mismo por todo Egipto, que fueron veneradas por la población como intermediarias entre el pueblo y los dioses.[1] Los reyes egipcios siempre habían sido considerados, al menos en cierto modo, divinos, pero el culto a Ramsés II era más visible que el de la mayoría. Debió de llegar a parecer casi inmortal. A su muerte, casi nadie en Egipto recordaba un mundo en el que él no fuera faraón.

Pero al principio de su reinado, cuando nadie tenía ni idea de que su reinado sería tan largo y tan dominante, su relación con los hititas era tensa, ya que cada imperio intentaba expandir su control en el Levante. En 1274 a.C. se enfrentaron en la disputada ciudad de Kadesh, en Canaán. Al parecer, era la primera vez que los grandes reyes de Egipto y Hatti se encontraban en el mismo lugar, pero se enfrentaban como enemigos, con sus carros y su infantería dispuestos a matar. Ramsés II se adjudicó una gran victoria, pero la frontera no se movió. El resultado fue un punto muerto.

Mientras tanto, en Elam, los reyes se volvieron cada vez más antagónicos con Babilonia, pues seguían creyendo que la larga línea de reinas babilónicas en su ascendencia les daba derecho a intervenir allí, e incluso a gobernar. En Asiria, los reyes imperialistas ampliaron las fronteras de su imperio. Los asirios conquistaron lo que quedaba de Mittani -que ya era una sombra de lo que había sido- alrededor del año 1250 a.C. Crearon un nuevo reino vasallo. Allí crearon un nuevo reino vasallo, gobernado por el hijo del rey de Asiria y centrado en una ciudad llamada Dur-Katlimmu, a orillas del río Habur. Durante esta época, conocida como el periodo asirio medio, el gobierno comenzó a deportar a miles de personas conquistadas de una parte a otra del imperio. Las campañas militares se hicieron cada vez más frecuentes, y las otras grandes potencias empezaron a preocuparse; Asiria no estaba jugando según las viejas reglas.

Desde su centro en Anatolia, Hatti había extendido su control directo hacia el sur y el este hasta el Éufrates, con un virrey en la ciudad de Carquemis que controlaba la región en Siria, creando una frontera disputada entre Hatti y Asiria que a veces corría justo a lo largo del Éufrates.

En retrospectiva, tendemos a ver esta época como una carrera hacia la catástrofe, con cada uno de los grandes reinos dirigiéndose hacia el colapso que se produjo a principios del siglo XII a.C. Pero la gente de la época ignoraba felizmente el futuro. Vivían el día a día. Probablemente ignoraban que la vida había sido más pacífica un siglo antes. Nacieron en un mundo incierto y agitado, y era el único que conocían. En aquella época, algunas personas podían vivir vidas plenas y agradables, mientras que otras sufrían privaciones y vivían atemorizadas.

HATTUSILI III Y PUDUHEPA: UNA PAREJA REAL HITITA QUE CONTINÚA LA TRADICIÓN DIPLOMÁTICA

A pesar de estas hostilidades latentes de mediados del siglo XIII a.C., los enviados siguieron viajando entre las capitales, se siguieron forjando tratados de paz, se siguieron concertando matrimonios diplomáticos y se siguieron intercambiando regalos de lujo. Los hábitos internacionales que habían comenzado en el periodo de Amarna estaban ya muy arraigados y ayudaban a mantener la paz en algunas regiones, incluso cuando se libraban batallas en otros lugares.

Las cartas eran dictadas y enviadas por las nuevas generaciones de reyes y reinas, casi 200 años después de que se produjeran los primeros acercamientos diplomáticos entre los grandes reyes de Egipto, Mittani, Hatti y Babilonia. Los líderes seguían muchos de los antiguos patrones de dirección diplomática.[2] Una colección de estas cartas fue descubierta durante las excavaciones en la capital hitita de Hattusa, y algunas de ellas revelan las preocupaciones de un rey hitita del siglo XIII a.C. llamado Hattusili III (1267-1237 a.C.).

Hattusili III había llegado al poder sin escrúpulos, al igual que su predecesor Suppiluliuma I, usurpando el trono a un pariente que era el rey legítimo, aunque joven e inexperto.[3] En el caso de Hattusili III, se trataba de su sobrino, no de su cuñado, y el joven huyó al exilio, en lugar de ser asesinado. Pero Hattusili III, al igual que Suppiluliuma, parecía preocupado por su legitimidad y por posibles usurpadores, por lo que necesitaba todo el apoyo posible de sus aliados entre los otros grandes reyes.

A juzgar por las cartas, su esposa, la reina Puduhepa, tomó la iniciativa en gran parte del trabajo diplomático internacional. Hattusili III estaba a menudo enfermo y, al parecer, Puduhepa tenía una energía ilimitada y un gran interés por dirigir el imperio.[4] A diferencia de tantas reinas, no era princesa de nacimiento. Había sido sacerdotisa de la diosa Ishtar y vivía en la región de Kizzuwatna cuando Hattusili la conoció y se casó con ella. Su unión, a diferencia de la mayoría, parece haber sido por amor más que por ventajas políticas. Hattusili escribió que "nos unimos (en matrimonio), y la diosa (Ishtar) nos dio el amor de marido y mujer".[5]

Tras derrocar a su sobrino, Hattusili III no pudo convencer al rey asirio de que apoyara su tambaleante reclamación al trono, pero finalmente el rey babilonio sí lo hizo, al igual que el faraón egipcio Ramsés II. Esto supuso una mejora espectacular en las relaciones entre ambas tierras tras su violento enfrentamiento en Kadesh. En 1258 a.C., Hattusili y Ramsés negociaron y confirmaron un tratado de paz, que se conserva tanto en versión hitita como egipcia.[6] Hattusili debió de sentirse muy aliviado de tener un aliado tan poderoso de su lado, no sólo para asegurar su derecho al trono hitita, sino también porque ambos reyes parecen haber temido el creciente poder de Asiria.

A menudo se hace referencia al documento que redactaron como el "primer tratado de paz del mundo", pero esto es un poco engañoso. Antes de éste, ya existían muchos otros tratados de paz entre los antiguos estados del Próximo Oriente, y algunos de ellos han sobrevivido: desde el tratado entre Ebla y Abarsal, más de mil años antes, hasta el tratado entre Alalakh y Tunip, en el siglo XV a. C. También está claro que existieron tratados de paz entre todas las grandes potencias del periodo de Amarna, sólo que no se han encontrado.

Así que, por casualidad, éste entre Ramsés II y Hattusili III es el tratado de paz más antiguo que se conserva entre grandes potencias que se reconocían mutuamente como iguales (véase la Fig. 16.1). Sin embargo, el hecho de que no fuera el primero no le resta importancia. Es un documento poderoso e inspirador que establece claramente que una paz duradera era el objetivo de ambas tierras. Los reyes se comprometieron a "establecer una buena paz y una buena hermandad en [las relaciones] de Egipto con Hatti para siempre... Desde el principio de los tiempos y para siempre [mediante un tratado] el dios no ha permitido que se haga la guerra entre ellos".[7] Este compromiso de evitar la guerra deja sin aliento: lo presentaban como absoluto y eterno, y era lo que mandaban los dioses.

Las cláusulas específicas del tratado incluían el compromiso de los reyes de mantener una fraternidad pacífica, su acuerdo de no atacarse militarmente, sus promesas de apoyarse mutuamente si alguno de los dos era atacado por un enemigo o se enfrentaba a rebeliones internas, y su apoyo al sucesor designado por el otro si su posición se veía amenazada. Esto último es un poco falso; cuando el propio Hattusili III usurpó el trono, trató a su sobrino, el sucesor designado por su hermano el rey, de la misma forma que condenaba el tratado. Tal vez por eso temía por su propio hijo. La sucesión pacífica al trono había sido un problema constante en Hatti.

Aproximadamente la mitad del tratado estaba dedicada a las disposiciones sobre el tratamiento de los fugitivos y el compromiso de extraditarlos a sus países de origen. A juzgar por el nivel de detalle de las numerosas cláusulas, esta cuestión debió de ser especialmente complicada.

Al tratado de paz debía seguir, como siempre, un matrimonio diplomático. La reina hitita Puduhepa se hizo cargo de estas negociaciones. En las excavaciones de Hattusa se encontró el borrador de una notable carta escrita por Puduhepa a Ramsés II.[8] Puduhepa, que hablaba en hitita, había dictado sus ideas para la carta a un escriba, y éste es el borrador que se conserva; la versión final de la carta que se envió a Egipto se habría traducido al acadio. Está claro que, en el momento en que se escribió el

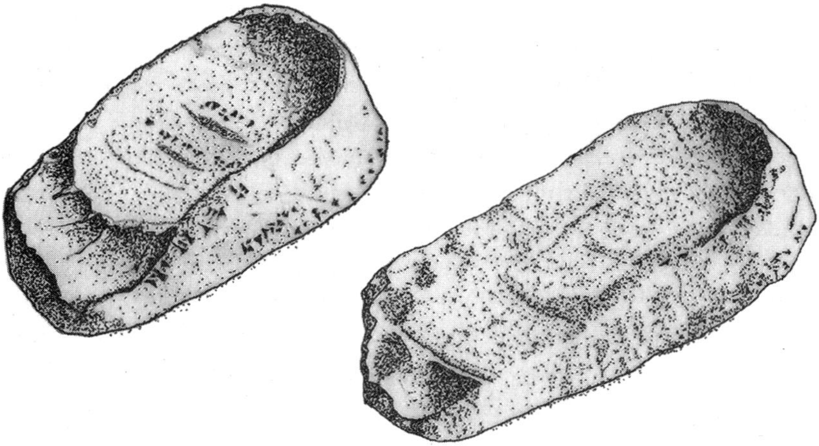

Fig. 16.1 Huellas de dos de los hijos de Ku'e prensadas en arcilla y selladas e inscritas por testigos, de Emar, principios del siglo XII a.C. (basado en el Museo Nacional de Alepo M10561, M8649 en Fortin 1999, 286)

borrador, ya se habían acordado los términos básicos del matrimonio entre Ramsés y la princesa hitita. Varias cartas entre Puduhepa y Ramsés habían precedido claramente a ésta. Sin embargo, el faraón egipcio y la reina hitita habían llegado a un punto de fricción.

Puduhepa intentaba aclarar las cosas. Señaló que en una carta anterior había escrito a Ramsés: "Te daré una hija".[9] Cuando, al cabo de un tiempo, no apareció ninguna princesa, Ramsés debió de escribir algo brusco como respuesta, tal vez para intentar acelerar el proceso, pero esto disgustó a la reina Puduhepa, que claramente le había respondido algo molesta. Así que Ramsés II lo intentó de nuevo: "Me la has ocultado. Y ahora incluso estás enfadado conmigo. ¿Por qué no me la has dado ahora? "[10]

El faraón estaba acostumbrado a conseguir lo que quería, y dudo que mucha gente de su propia corte se hubiera aventurado a discrepar con él en modo alguno, y mucho menos a enfadarse. Este era el rey que había construido tantos monumentos a sí mismo por todo Egipto. En aquel momento estaba construyendo el templo de Abu Simbel, en el Nilo, cuya entrada iba a estar decorada con cuatro esculturas colosales de sí mismo talladas en la roca viva. Cada estatua medía 20 metros (66 pies) de altura, por lo que tallar la fachada del templo representaba una hazaña de la escala del monumento del Monte Rushmore en Estados Unidos, pero dedicada sólo a él. Ramsés siempre obtenía lo que pedía, así que ¿por qué retrasaba Puduhepa la llegada de su nueva reina?

Parece que se exasperó por completo y señaló: "Le escribo a mi hermana (Puduhepa) que retener a la hija no está bien".[11] Ella, a su vez, respondió que estaría dispuesta a que las cosas fueran más rápidas ("¡Que me dé prisa!"), pero no estaba contenta con el tono de las cartas de Ramsés: "Pero mi hermano (Ramsés) no ha aceptado en su propia mente mi condición de hermana y mi dignidad". Pausa un momento para considerar esto; es una declaración notable. Rara vez una mujer exigía respeto e igualdad con un hombre (al menos por escrito), pero Puduhepa no tenía reparos. Quería que Ramsés la tratara como a su "hermana" -su igual- igual que Hattusili III era su "hermano", así que lo dijo sin rodeos.

Puduhepa explicó finalmente la razón del retraso en el envío de la princesa. Se debía a que, aunque estaba preparando una dote adecuada para su hija, corrían tiempos difíciles. "¿Qué cautivos civiles, ganado y ovejas debo dar (como dote) a mi hija? En mis tierras ni siquiera tengo cebada"[12]. La cebada que le faltaba era, presumiblemente, el forraje necesario para el ganado y las ovejas. Esto suponía un cambio con respecto a la vieja costumbre de la época de Amarna de no admitir nunca la debilidad. Parece que los bienes eran más difíciles de conseguir que antes. La escasez de cebada que mencionó Puduhepa presagiaba una hambruna que iba a paralizar gran parte del Próximo Oriente a finales del siglo XIII a.C.

Puduhepa prometió que reuniría una dote para su hija y que el faraón la aprobaría. Hubiera sido un error, dijo, haber enviado a su hija antes de que todo estuviera organizado: "Si hubiera enviado a la hija a mi hermano precipitadamente, o si no os hubiera dado (los regalos apropiados) para mi hermano <o para> su hermana, ¿qué habría dicho mi hermano?". Ella imaginaba (probablemente con razón) que Ramsés habría considerado una dote inadecuada como un desaire peor que una novia que llegaba tarde.

Hacia el final de la carta, Puduhepa aseguraba a Ramsés II que del matrimonio se derivarían los beneficios habituales: "Y ahora sé que Egipto y Hatti se convertirán en un solo país". Esto sucedería porque Ramsés II no tenía elección; los dioses lo habían querido. En tono autoritario escribió que "La reina sabe así cómo lo concluiréis (el matrimonio) por consideración a mi dignidad. La deidad que me instaló en este lugar no me niega nada... (La deidad) no me ha negado la felicidad. Tú, como yerno, tomarás a mi hija en matrimonio".[13] Uno no puede sino admirar su confianza en sí mismo. El gran Ramsés II haría lo que ella le ordenara.

Finalmente, la dote estuvo lista, momento en el que Ramsés II envió enviados para ungir a la princesa con aceite (y formalizar así el matrimonio). En 1246 a.C., la princesa partió con su séquito, sus guardias y su dote, como habían hecho tantas princesas durante tantos siglos, cada una siguiendo las órdenes de su padre o, en este caso, de su madre. Ramsés escribió tanto a Puduhepa como a Hattusili III que "¡El Dios Sol, el Dios Tormenta, los Dioses de la Tierra de Egipto, los Dioses de la Tierra de Hatti han concedido que nuestros dos grandes países se unan para siempre!"[14]

Una vez que la conoció, el faraón quedó completamente enamorado de la princesa hitita, que adoptó el nombre egipcio de Maat-Hor-Neferure. El matrimonio fue un éxito y la alianza entre Egipto y Hatti volvió a ser firme.[15]

Sin embargo, la sequía en Hatti era preocupante, y Hattusili III también estaba preocupado por la amenaza de Asiria y la hostilidad de un grupo de personas llamado los arameos. En un momento dado, escribió a su "hermano" rey en Babilonia, quejándose de los problemas que el rey babilonio estaba teniendo para hacer llegar sus mensajeros a Hatti. Sin nombrar al enemigo, le animó a "¡Ir a un país enemigo y golpear al enemigo!"[16] Ningún rey del periodo anterior de Amarna había promovido la agresión armada con tanta transparencia. Su mundo estaba cambiando.

El enemigo al que se refería Hattusili III bien podría haber sido los asirios y, en particular, el rey asirio medio Tukulti-Ninurta I (1243-1207 a.C.). Este rey demostró ser una amenaza real para sus vecinos; Tukulti-Ninurta I fue incluso capaz de hacerse con el control de Babilonia y de hacer cautivo al rey babilonio. Desde la época del rey asirio Ashur-uballit I, Babilonia había sido objetivo del interés y la agresión asirios, y siguió siéndolo durante cientos de años. La conquista de Tukulti-Ninurta desencadenó una serie de conflictos en Babilonia, que incluyeron ataques de los elamitas, rebeliones babilónicas contra el rey vasallo instalado por los asirios y un segundo ataque de Tukulti-Ninurta I. Esta vez copió la estrategia que los hititas habían utilizado 400 años antes: secuestró la estatua del dios de la ciudad, Marduk, y se la llevó a Asiria. Más tarde, otra rebelión liberó el sur de Babilonia (la región que antes había sido Sumer), mientras que los asirios seguían controlando el norte de Babilonia.[17]

EL REINO DE UGARIT

Tras la muerte de Hattusili III, su hijo ocupó el trono hitita, pero Puduhepa siguió ejerciendo como reina de Hatti, y mantuvo el mismo estilo imperturbable en su correspondencia. Como todas las reinas hititas, el título de Puduhepa no se vio afectado por la muerte de su marido,[18] y siguió estando a cargo de muchos aspectos de las relaciones exteriores del gobierno hitita. La esposa del nuevo rey tendría que esperar a la muerte de Puduhepa para convertirse en reina.

A finales de la década de 1220 a.C., Puduhepa se enfrentaba a un problema en el reino vasallo de Ugarit, en la costa mediterránea. A pesar de los tratados de paz del periodo de Amarna, Ugarit había sido arrebatada a Egipto por los hititas en torno al año 1350 a.C., y había sido una joya. La capital se extendía sobre 30 hectáreas[19], albergaba a unas 8.000 personas[20] y estaba situada en un lugar ideal para el comercio. Estaba justo donde la carretera del Éufrates llegaba al Mediterráneo, directamente en una carretera costera de Hatti a Egipto, y en el lugar perfecto para que los barcos de Egipto, Alashiya (Chipre) y el Egeo atracaran en Levante. De hecho, el reino de Ugarit, que se extendía más allá de la ciudad, contaba con ocho puertos.[21] Al norte, el verde valle de Ugarit estaba dominado por la montaña sagrada conocida actualmente como Jebel al-Aqra. Al oeste, el horizonte azul del Mediterráneo. Desde un punto de observación cercano a los templos de Baal y Dagan, en la elevada acrópolis de la ciudad, se podía observar el ir y venir de los barcos mercantes en el puerto.

Al igual que Alalakh, Ugarit era un lugar atractivo para vivir, en un valle de olivos, vides y campos de cebada, y había demostrado ser un imán para gentes de muchas tierras. Entre los siglos XIV y XII a.C., la diversa y multilingüe población de Ugarit produjo documentos en cinco escrituras (incluida la escritura cipro-minoica, que se utilizaba en la isla de Chipre y aún no se ha descifrado).[23] Estas escrituras registraban una gran cantidad de lenguas diferentes: el ugarítico local (una lengua semítica occidental), el acadio, el sumerio, el hitita, el hurrita, el egipcio e incluso el griego micénico. Los innovadores habitantes de Ugarit desarrollaron uno de los primeros alfabetos del mundo para registrar su lengua. Los signos se componían de las formas de cuña conocidas del cuneiforme, pero cada signo representaba una consonante o una vocal en lugar de una sílaba completa. Esto hacía que la escritura ugarítica fuera mucho más fácil de dominar que la cuneiforme convencional, ya que sólo tenía treinta signos, en lugar de cientos. Los alfabetos modernos latino, griego, árabe y hebreo tienen un antepasado diferente, una escritura creada en Canaán más o menos en la misma época, pero el principio alfabético era similar para ambos.

Al igual que Ashur en el periodo asirio antiguo, la economía de Ugarit estaba dominada por mercaderes que se dedicaban al comercio extensivo. Pero, a diferencia de Ashur, el rey local era un hombre poderoso. Como propietario ostensible de todos los bienes inmuebles, otorgaba concesiones de campos, huertos y casas a sus funcionarios y favoritos, imprimiendo cada vez su sello en la tablilla que registraba la escritura, como en Alalakh y muchos otros reinos de la Edad del Bronce Tardío.[24] El sistema funcionaba bien y la ciudad prosperaba. Había algo que parecía muy sólido y permanente en Ugarit. Los muros de las casas estaban construidos con piedra finamente tallada y con piedras toscas que encajaban como un rompecabezas, con tejados de vigas de madera. Muchos de estos muros seguían en pie a una altura considerable cuando fueron excavados, a pesar de que la ciudad había sido finalmente conquistada e incendiada por los invasores.[25] Tras la excavación de un barrio, los visitantes del yacimiento arqueológico podían pasear por las calles, observando los canales de alcantarillado de piedra bien construidos y las calles estrechas y pulcramente planificadas; incluso podían subir las escaleras de piedra de las casas (aunque, por supuesto, éstas ya no conducían a los segundos pisos).

El rey y la reina de Ugarit vivían en un palacio que ocupaba una hectárea[26] y estaba construido en torno a seis patios y un jardín amurallado. Contaba con noventa habitaciones sólo en la planta baja y era famoso entre los príncipes locales por su magnificencia. La ciudad se había enriquecido como intermediaria en el comercio entre muchas tierras y gracias a la explotación de las conchas de murex que se encontraban en el mar de la zona, de las que se obtenía un tinte azul a púrpura vivo y valioso. La familia real de Ugarit, como cabe imaginar, vivía a lo grande.

Durante el periodo de Amarna, el rey de Ugarit había escrito al faraón egipcio casi como si fueran iguales; era mucho más asertivo en su tono que otros príncipes cananeos. Parece que esta actitud no había cambiado entre los últimos reyes de Ugarit, y -volviendo a la reina Puduhepa- éste era el problema al que se enfrentaba en Ugarit. Quería que el rey Niqmaddu III de Ugarit (c. 1225-1215 a.C.) se comportara más como un vasallo. Al fin y al cabo, lo era.

Puduhepa (que ya debía de ser bastante anciana) desaprobaba profundamente el comportamiento del rey ugarítico y no dudó en decírselo en una carta.[27] Se suponía que los vasallos debían visitar al rey y la reina hititas con regularidad, pero, escribió, "a mí no has venido [...] a tu grupo de mensajeros no me has enviado".[28] No mencionó si Niqmaddu había visitado a su hijo, el rey hitita. Lo que preocupaba a Puduhepa era que Niqmaddu estaba obligado específicamente a *verla*, y no lo había hecho. Niqmaddu también estaba obligado por un tratado a enviar oro a sus señores, pero sólo el rey había recibido oro de él. ¿Dónde estaba el oro de Puduhepa? Escribió que "[no] me lo has remitido (el oro) a mí; [sólo] al Sol (el rey de Hatti) se lo has remitido [el oro]". Es posible que esto se convirtiera en un incidente diplomático; uno de los funcionarios de Niqmaddu fue capturado y encadenado por las autoridades hititas cuando viajaba a través de Kizzuwatna, "a causa de los regalos".[29] Estos, presumiblemente, eran los regalos que el rey de Ugarit no había enviado.

El resto de la carta de Puduhepa se refería a las caravanas procedentes de Egipto que pasaban por Ugarit, con detalles sobre las rutas que seguían. Los regalos de lujo seguían pasando regularmente entre las grandes potencias, como atestiguan numerosas cartas.

A juzgar por las cartas intercambiadas entre los reyes de Ugarit y los reyes y la reina de Hatti, los reyes de Ugarit tenían la costumbre de desairar a sus señores.[30] Niqmaddu III no sólo cometió el único error que tanto molestó a Puduhepa y provocó su carta. Hizo todo tipo de cosas que molestaron a los líderes hititas. Impidió que los funcionarios hititas regresaran a casa desde Ugarit, envió míseros regalos al rey y la reina de Hatti, faltó a sus citas para visitarlos y, en una ocasión, no envió 200 hombres a Alalakh para ayudar en un proyecto de construcción, como se le había ordenado. Niqmaddu III parece haber ignorado voluntariamente los protocolos habituales. Actuó más como un gran rey desencantado que como un vasallo servil. Sus sucesores hicieron lo mismo, y cada vez de forma más descarada.[31] Los gobernantes hititas amenazaban constantemente a estos reyes vasallos de Ugarit con castigos. Al final, sin embargo, no ocurrió nada; parece que decidieron no molestarse. Al menos los reyes de Ugarit no se rebelaban activamente, y el reino era un motor económico que beneficiaba a Hatti.

URTENU: UN COMERCIANTE MARÍTIMO

Sorprendentemente, algunas de las cartas enviadas y recibidas por los reyes y reinas de Ugarit no aparecieron en el palacio real, sino en una gran casa privada de Ugarit. La casa fue excavada entre 1986 y la década de 1990 y resultó pertenecer a un hombre con el nombre hurrita de Urtenu.[32] No está claro por qué el rey confió en él para guardar su correspondencia. Su archivo incluía algunas cartas de la reina de Ugarit a Urtenu, pero también cartas entre los gobernantes de Ugarit y los reyes de Hatti, Egipto y Alashiya.[33] ¿Por qué estaban en la casa de Urtenu? Ni siquiera era alcalde, comandante o gobernador; era comerciante.

Su casa tenía unas dimensiones impresionantes: más de 250 metros cuadrados de extensión en la planta baja,[34] con escaleras que conducían a más habitaciones en un segundo piso. Los antepasados de Urtenu habían sido enterrados en una tumba bien construida y pavimentada bajo una habitación de la planta baja.[35] Desgraciadamente, la tumba fue robada en algún momento de la antigüedad, pero los restos dejados por los ladrones atestiguaban la riqueza de la familia: fragmentos de vasijas importadas de Grecia y jarrones de alabastro y serpentina yacían esparcidos. En otro lugar de la casa, los arqueólogos encontraron más piezas de cerámica importada y jarrones de piedra, junto con objetos de metal,[36] y una impresión de un escarabajo de Ramsés II.[37] Urtenu poseía incluso un carro, que había sido desmontado para guardarlo en su casa. Al igual que en Alalakh, la posesión de un carro era señal de un estatus social elevado.[38] Y luego estaban las tablillas cuneiformes, más de 650, que incluían relatos, algunas obras literarias y eruditas (incluido un fragmento de la Epopeya de Gilgamesh),[39] y un gran número de cartas. El ochenta por ciento de ellas están escritas en acadio, pero muchas otras están en la lengua local ugarítica.[40] Demuestran que Urtenu estuvo activo a finales del siglo XIII y principios del XII, una época de crecientes dificultades en Siria y en todo Oriente Próximo.[41]

Las tablillas revelan que Urtenu era un poderoso comerciante, socio de un hombre de negocios igualmente poderoso llamado Shipti-Ba'al, yerno y agente de la reina de Ugarit.[42] Tal vez esta conexión explique por qué la correspondencia real acabó de algún modo en casa de Urtenu. De hecho, el propio Urtenu podría haber sido descendiente de la hija de un rey; en cualquier caso, estaba estrechamente relacionado con la familia real.[143]

En cierta ocasión, una reina de Ugarit escribió a Urtenu en la más estricta confidencialidad. Por alguna razón, le escribía desde un barco para informarle de su próximo destino. Uno puede imaginársela dictando la carta desde su camarote, o en cubierta, mientras el escriba se mantenía firme para que su letra fuera legible. "Estaba en el mar cuando le entregué este documento", le dijo.[44] A continuación le dijo dónde se había alojado la noche anterior y dónde lo haría las tres noches siguientes. "Ya está usted informado", escribió. El resto de la carta es un poco difícil de seguir, pero tenía algo que ver con una casa, y con una mujer que debía servir de garantía para Urtenu, y que luego viajaría hasta la reina. Quizá por eso la reina había incluido su itinerario, para que la mujer pudiera encontrarla. Este asunto era del máximo secreto. La reina advirtió a Urtenu: "En cuanto a ti, ni una palabra debe escapar de tu boca". ¿Y si la mujer anónima no acudía a la reina? Bueno, "ella (la mujer) enviará un mensaje al rey y podrás despedirte".

Se había añadido un segundo mensaje a la misma tablilla, de un hombre llamado Ilimilku; tal vez él había inscrito ambas cartas en la tablilla. Ciertamente, la reina confiaba en él, y llamaba a Urtenu "mi hermano". Le explicó lo que Urtenu debía hacer a continuación: "Lo que debes hacer es apoderarte de la casa para mí. Además, debes reconocer que la reina también se ha ido". Luego reiteró el mensaje de la reina: "debes guardar absoluto silencio (sobre todo esto) en Ugarit".[45] ¿Qué estaba pasando aquí? ¿Estaba escapando la reina? Estaba claro que no quería que el rey se enterara de su plan.

Quizá la princesa hitita divorciada fuera la reina que escribió la carta y confiara en Urtenu para poner en orden sus asuntos en Ugarit tras su huida.[47]

La reina de Ugarit (tal vez la misma, o una reina anterior o posterior) participaba activamente en el comercio; escribió y recibió muchas cartas encontradas en la casa de Urtenu. Desgraciadamente, en la correspondencia sólo se la identifica como "la reina", por lo que se desconoce su nombre. Una carta de un gobernador a "la reina" incluía un informe de las mercancías que le había enviado, entre ellas cebada, aceite para lámparas, vinagre, aceitunas y aceite perfumado con mirra.[48]

Urtenu y Shipti-Ba'al comerciaban, a menudo en nombre de la reina, por todo el Mediterráneo oriental, desde la ciudad de Emar, en el Éufrates, hasta la isla de Alashiya (Chipre), pasando por la capital provincial de Carquemis, al noreste de Ugarit, e incluso Egipto.[49] No parece que esto se considerara un conflicto de intereses.

Un tercer hombre, llamado Dagan-belu, realizaba gran parte de los viajes y el comercio para la empresa, manteniendo a Urtenu y Shipti-Ba'al informados de sus actividades por carta. Dagan-belu trabajaba a menudo en la ciudad de Emar, a unos 280 kilómetros tierra adentro a orillas del Éufrates. Los hijos de Dagan-belu, junto con el hijo y la hermana de Urtenu, también participaban en sus actividades comerciales.[51] Al igual que en Ashur siglos antes, el negocio de Urtenu era un asunto familiar, aunque en este caso también estaba estrechamente vinculado a la familia real.

Los productos que exportaban iban desde lana teñida de púrpura hasta alumbre y aceite. El aceite de oliva era un producto importante en Ugarit; en sus excavaciones se descubrió un taller de aceite que podría haber producido grandes cantidades, posiblemente para la exportación.[52] Un área particular de su pericia era la cría y el comercio de caballos, así como proporcionarlos para los intercambios de regalos de lujo instigados por la familia real. La casa de Urtenu lindaba con un establo, donde pudo haber alojado a los animales, y los documentos muestran que ayudó a gestionar los caballos para el palacio.[53] Además, las cartas muestran que los hombres se dedicaban a la exportación e importación de lingotes de cobre y estaño, madera,[54] vino, cerveza y cebada.[55] La casa de Urtenu debió de ser un lugar muy concurrido y, en tiempos de paz en Ugarit, debieron de pasar por allí mensajeros y comerciantes que hablaban diversas lenguas nativas, tal vez para ver cómo estaban los potros en el establo, dejar cartas o recoger telas púrpuras de un almacén.

Varias cartas del archivo de Urtenu se refieren a hombres y mercancías que habían viajado en barco. El tráfico marítimo había sido intenso en la época pacífica y estable entre mediados del siglo XV y mediados del siglo XIII a.C., dominada por barcos que transportaban todas las mercancías mencionadas en el archivo de Urtenu, además de otros materiales como el vidrio. Estos barcos navegaban regularmente por una red de puertos mediterráneos, en la que Ugarit era un centro neurálgico[56].

Los anteriores comerciantes de la antigua Babilonia en Ashur se habían ceñido a las rutas terrestres y a las mercancías transportadas en asnos, pero los mercaderes de finales de la Edad del Bronce se habían lanzado al Mediterráneo. Las tripulaciones de sus barcos desempeñaban un papel vital (aunque anónimo) en el mantenimiento de las relaciones comerciales y diplomáticas entre las grandes potencias y entre sus vasallos.

La reina de Ugarit no era, aparentemente, inusual al tener un agente comercial como Shipti-Ba'al trabajando directamente para ella. Los barcos parecen haber sido a menudo propiedad de las familias reales, y las transacciones a larga distancia caían bajo su competencia.[57]

Los barcos de esta época estaban construidos con robustez para viajar por mar. Aunque las tripulaciones y los capitanes no podían evitar peligros inesperados como el mal tiempo y el mar agitado, los marineros eran expertos en afrontar crisis y podían averiguar su ubicación incluso en mar abierto; no tenían que abrazar la costa.[58]

Sin embargo, no todos los barcos llegaban a su destino. Un naufragio podía representar la pérdida de una gran cantidad de riqueza. Cerca de un lugar llamado Ulu Burun, frente a la costa de Turquía, los arqueólogos subacuáticos descubrieron en las décadas de 1980 y 1990 los restos de un barco de cuarenta y cinco pies de eslora que había viajado desde Chipre, probablemente en ruta hacia el Egeo, alrededor del año 1300 a.C.[59] Su bodega estaba repleta de riquezas. En el fondo del mar, todavía alineados sobre las antiguas tablas de madera del casco, había más de 9.000 kilogramos (10 toneladas) de lingotes de cobre, más de 900 kilogramos (una tonelada) de lingotes de estaño, más de 300 kilogramos (700 libras) de lingotes de vidrio y docenas de jarras que habían contenido aceites y otras sustancias, junto con muchos artículos de lujo más pequeños.[60] A juzgar por sus posesiones, los tripulantes parecen haber sido cananeos (aunque no hay forma de saber de qué ciudad-estado), y también iban a bordo dos diplomáticos micénicos. La noticia del naufragio debió de afectar a mucha gente: a la empresa mercantil cananea y a la casa real que patrocinaban el barco, al rey de Alashiya, cuyos lingotes de cobre se perdieron antes de ser entregados, y a los muchos posibles destinatarios de las mercancías del cargamento. Si también se perdieron vidas, la tragedia representada por el desastre habría tenido un impacto de por vida en las familias de las víctimas.

Otro naufragio tuvo un desenlace más feliz. Varios barcos habían partido de Ugarit rumbo a Egipto, cargados de grano. Esto puede parecer un caso de transporte de carbón a Newcastle -Egipto era más rico en grano que casi cualquier otra tierra- pero, sea como fuere, los barcos "naufragaron cerca de Tiro cuando se encontraron atrapados en una fuerte tormenta "[61]. El puerto de Tiro estaba a unos 270 kilómetros (168 millas) al sur de Ugarit. Este mensaje vino del rey de Tiro en una carta al rey de Ugarit, su "hermano" y aliado. Sin duda, los barcos de Tiro habían sufrido crisis similares en el pasado. Afortunadamente, el puerto de Tiro contaba con expertos dispuestos a ayudar. El rey de Tiro escribió que "El capitán de salvamento, sin embargo, fue capaz de sacar el completo (cargamento de) grano en su posesión". El grano, "así como toda la gente y su comida", había sido recuperado, y los barcos "han podido atracar en Acco". Acco estaba unas millas más al sur. Esto debe haber sido un gran alivio para el rey de Ugarit. Sus barcos probablemente incluso podrían ser restaurados de nuevo a la navegabilidad. "Mi hermano no debe preocuparse" fue el mensaje final y reconfortante del rey de Tiro.

Un siglo más tarde, a finales del siglo XIII A.C., los barcos que transportaban grano no habrían partido de Ugarit con destino a Egipto. El grano escaseaba repentinamente; cualquier alimento producido se habría utilizado para alimentar a la población local. Una carta encontrada en la casa de Urtenu fue escrita al rey de Ugarit por alguien que necesitaba ayuda urgentemente: "no se pueden obtener de ti alimentos básicos. (Pero el rey de Ugarit no estaba en condiciones de ayudar. Desesperado, escribió al rey hitita, pero éste no se mostró receptivo y le contestó: "En cuanto al hecho de que has enviado una tablilla a tu Sol, tu señor" -éste era el término utilizado para el rey hitita, que se refería a sí mismo en tercera persona- "en relación con la comida, en el sentido de que no hay comida en tu tierra: (debes saber que) el Sol mismo está pereciendo".[63] Así que el rey de Ugarit intentó pedir ayuda al rey de Egipto en su lugar: "[En] la tierra de Ugarit hay mucha hambre: Que mi Señor salve [la tierra de Ugarit], y que el rey dé grano para salvar mi vida... y para salvar a los ciudadanos de la tierra de Ugarit".[64] Egipto tenía un suministro de grano más fiable que sus vecinos, porque no dependía de las lluvias de la zona mediterránea. El Nilo se desbordaba cada año como consecuencia de las lluvias del centro de África, por lo que los campos allí eran casi siempre productivos. Pero el rey egipcio no envió grano. Su carta llegaba con objetos de oro, tejidos y pescado seco.[65]

Fuera de Egipto, sin embargo, parece que todos los habitantes de la región sufrían. El rey y la reina hititas dejaron de acosar al rey de Ugarit para que visitara su palacio, enviara oro y se comportara más como un vasallo obediente. Tenían demasiadas otras preocupaciones, ya que luchaban por hacer frente a una hambruna creciente.[66] Los climatólogos modernos que investigan la antigua región mediterránea confirman la sensación que se desprende de los textos antiguos: "La totalidad del Mediterráneo oriental experimentó condiciones de aridez en 3000 ± 300 B.P. [antes del presente], que puede haber sido la época más seca de todo el Holoceno en esta zona "[67]. Esta sequía fue devastadora para zonas que dependían de la lluvia para regar sus cultivos, como Grecia, Anatolia y la costa de Siria. El lugar era un polvorín a punto de explotar.

EL REINO DE EMAR

La ciudad de Emar, donde parece que se encontraba Dagan-belu, el socio comercial de Urtenu, es una prueba más del ambiente de crisis de esta época. Como hemos visto, Emar estaba a una semana de viaje hacia el interior desde Ugarit, en el Éufrates. Ya había sido una ciudad importante mil años antes, cuando pertenecía al reino dinástico temprano de Ebla. Las excavaciones de Emar han sacado a la luz niveles datados entre los siglos XIV y principios del XII a.C., en los que se encontraron unas 800 tablillas cuneiformes y fragmentos.[68]

En el siglo XIII a.C., Emar albergaba una dinastía de reyes locales, pero no eran especialmente poderosos. El edificio relativamente pequeño que se ha identificado como su palacio apenas parece palaciego.[69] O bien no se encontró el palacio real, o los reyes vivían muy modestamente. Las tablillas mencionan a menudo un consejo de ancianos con un poder significativo. A veces, los ancianos parecen haber desempeñado funciones más importantes que las del rey, y éste aparece a menudo como testigo en documentos en los que el papel principal lo desempeñan estos ancianos del pueblo.

Uno de los descubrimientos más notables entre las tablillas de Emar fue el relato de un festival religioso vital para la vida de la población local. Las descripciones detalladas de festivales religiosos son raras en el Próximo Oriente antiguo, pero ésta nos da una idea de cómo la gente del pueblo tenía a veces la oportunidad de interactuar con los grandes dioses. El festival se conocía como *zukru* y se celebraba una vez al año, con una versión más larga y elaborada cada siete años. En el centro de la celebración estaba el gran dios de la región, Dagan, el dios del grano.[70]

El primer día de la versión larga del festival, los habitantes de Emar se habrían congregado en las calles con expectación. El momento de la aparición de Dagan debió de ser electrizante: allí estaba, entre su pueblo, probablemente como una estatua masculina de tamaño natural hecha de piedra pulida u oro con incrustaciones de gemas, y vestida con ropajes de colores. La lápida señala que "su rostro (estaba) descubierto"; el dios podía mirar a su pueblo, igual que ellos le miraban a él. Se invitó a los habitantes de Emar a seguirlo hasta un lugar fuera de la ciudad "en procesión... a la puerta de las piedras erguidas".[71] Estas piedras erguidas formaban una especie de santuario.

Una vez allí, los sacerdotes realizaban rituales y ofrecían sacrificios a Dagan y a otros dioses que (como estatuas) se habían unido a la celebración. El templo proporcionaba comida y bebida al pueblo; se trataba de una ocasión pública, una fiesta de dioses y ciudadanos. No se parecía en nada a la existencia cotidiana de los dioses, que era privada y estaba oculta dentro de los muros del templo. "Después de sacrificar, comer y beber, cubren su rostro (el del dios)",[72] señala el autor. "Justo antes del anochecer", cuando la luz se atenuaba en el cielo, el dios regresaba a la ciudad en "el carro de Dagan", que "pasa entre las piedras erguidas".[73] El término "carro" probablemente no hace justicia a lo que debió de ser un impresionante carruaje.

Esta entrada y salida de la ciudad para los rituales y sacrificios tenía lugar cuatro veces a lo largo de siete días, durante los cuales el rostro de la estatua se cubría a veces con un velo, pero en ocasiones volvía a descubrirse para que todos lo vieran, sobre todo en su último regreso a la ciudad, el séptimo día del festival.[74] Para el pueblo, como hemos visto tantas veces, la estatua *era* el dios y sus lazos con su pueblo se reforzaban cuando podían ver su rostro directamente.[75].

Rituales religiosos como éste reforzaban la idea de que la vida tenía un patrón, una previsibilidad, y que los dioses y los humanos trabajaban juntos para mantener el mundo en orden. El *zukru* también enfatizaba simbólicamente el poder de Dagan tanto sobre el campo (ya que salía para visitar el santuario de piedras) como sobre la ciudad.[76] Sin duda, los festivales de otras ciudades tenían características similares. Pero, a pesar de la celebración regular del festival del zukru, hacia 1200 a.C. la vida en Emar era cada vez más impredecible.

A finales del siglo XIII, Emar, al igual que Ugarit, era una provincia del Imperio hitita. El primer indicio de que su mundo estaba cambiando se produjo con la caída de la dinastía local, quizá debido a una revuelta de los habitantes de Emar contra su rey. Esta crisis no parece haber sido causada por los hititas, y Emar no era un lugar especialmente importante en el Imperio Hitita, pero como ahora carecía de una autoridad local, la administración imperial intervino.

En lugar del antiguo rey de Emar y del consejo de ancianos, se hizo cargo un hombre que ostentaba el título de Supervisor de la Tierra.[77]

Representaba al rey de la tierra de Carquemis, que era, a su vez, un virrey del propio rey hitita. La supervisión de los funcionarios hititas en los asuntos locales se hizo mucho más evidente en esta época, ya que sus sellos y nombres aparecían en muchos documentos.[78]

Por lo que los historiadores pueden deducir de los documentos, Emar atravesó una especie de maraña de crisis políticas y económicas. Las palabras de los habitantes de Emar nos hacen saber que vivieron tiempos difíciles. Un gran número de documentos se redactaron durante los años que los escritores denominaron "el año de la angustia" o "el año de la angustia y la guerra".[79] Las historias que cuentan reflejan una época caótica, a finales del siglo XIII y principios del XII a.C., en la que no sólo sufrían la misma hambruna en toda la región que afectó a Ugarit y Hatti, sino que además la ciudad era atacada en repetidas ocasiones, y algunos de los habitantes de Emar luchaban simplemente por sobrevivir.[80] En el siglo XIV a.C., Emar se encontraba a salvo en el corazón del reino de Mittani, pero a finales del siglo XIII, con la desaparición de Mittani, el Éufrates marcaba la frontera entre el Imperio hitita y la tierra de Asiria, y Emar estaba justo en el Éufrates, justo en esa frontera. Esos "años de angustia y guerra" se repitieron una y otra vez, y la angustia era muy real.

Muchas cosas sobre la vida en Emar son inciertas, pero las tablillas nos permiten adentrarnos en la vida de algunas de las personas que vivieron allí. En medio de todas las incertidumbres, siete tablillas ofrecen una historia clara, que capta vívidamente las penurias y las decisiones imposibles a las que se enfrentó una familia joven en particular en este momento tan difícil.

KU'E, ZADAMMA Y SUS HIJOS: UNA FAMILIA QUE SE ENFRENTA AL HAMBRE

La historia de la familia comenzó en una época más feliz, cuando un hombre llamado Zadamma y una mujer llamada Ku'e se casaron. No pertenecían a la élite de Emar; no conocemos sus profesiones, pero distaban mucho de ser ricos. El padre de Zadamma era de un lugar llamado Shatappa, pero la joven pareja no vivía allí; se habían establecido en Emar.[81]

Con el tiempo, Ku'e dio a luz a una niña. Los padres la llamaron Ba'labia.[82] Probablemente pasó por todas las etapas normales de la infancia, aprendiendo a gatear y luego a andar, sonriendo y balbuceando a sus padres, y empezando a hablar. Poco después de nacer, su madre volvió a quedarse embarazada. Debió de ser un embarazo difícil, porque esperaba gemelos. Los niños, llamados Ba'la-belu e Ishma'-Dagan, nacieron sanos y parecían tener poco más de un año menos que su hermana. Pero en ese momento, la vida de su madre Ku'e empezó a desmoronarse.[83]

No sabemos por qué, pero su marido abandonó a la familia, y Ku'e no tenía forma de mantenerse a sí misma y a sus hijos. Era uno de "los años de angustia", y la angustia afectaba a todos en Emar. Uno puede imaginarse la miseria de Ku'e, amamantando a sus hijos pequeños, cuidando de su hija que apenas empezaba a andar, sin dinero suficiente para comer. Si Ku'e estuviera endeudada y la pequeña Ba'la-bia fuera mayor, podría haber entregado a su hija a su acreedor para que trabajara para él hasta saldar la deuda. Si hubiera podido mantener a dos de sus hijos pero no a los tres, podría haber dado a uno de ellos en adopción. Pero Ba'la-bia era demasiado joven para trabajar y Ku'e necesitaba dinero simplemente para vivir. Tomó una decisión que debió de ser desgarradora: vendería a su hija. Ya nos habíamos encontrado con este fenómeno antes, en el periodo de Ur III, cuando una familia tenía que vender a un hijo como esclavo porque era la única forma de que el niño pudiera alimentarse y vivir, y de que los padres pudieran sobrevivir. Pero en Emar, en ese momento, casi todo el mundo sufría.

Una mujer llamada Anat-ummi aceptó comprar a la pequeña Ba'la-bia.[84] Se redactó un contrato, y en él, el escriba citó las palabras de la madre, Ku'e: "Mi marido se fue; [nuestros hijos] (eran todos) bebés [y yo no tenía (a nadie)] que pudiera alimentarlos (a ellos). Por eso vendí a mi hija Ba'la-bia para que fuera hija de Anat-ummi... y (así) pude alimentar a los (otros) hijos pequeños (míos) durante el año del hambre".[85]

El precio del bebé era de 30 shekels, lo que habría bastado a Ku'e para mantenerse a sí misma y a sus dos hijos gemelos durante bastante tiempo. Para Anat-ummi, comprar un bebé era una propuesta arriesgada, dado que al menos el 40% de los niños morían en la infancia (esto no sólo ocurría en la antigua Mesopotamia, sino en todo el mundo hasta mediados del siglo XVIII de nuestra era)[86]. Pero, como especifica el contrato, Anat-ummi planeaba que Ba'la-bia fuera su hija. Tal vez el pago representara una amabilidad hacia Ku'e; Anat-ummi podría haber adoptado a la niña sin pagar por ella. Por desgracia, Anat-ummi nunca llegó a reunir el dinero, por lo que Ku'e se quedó con Ba'la-bia.[87]

La siguiente noticia que tenemos de Ku'e es de un año después. Su marido Zadamma había vuelto a casa. Sin embargo, la situación económica de la joven familia de Ku'e no había mejorado. Había dado a luz a otro bebé, una niña llamada Ba'la-ummi, y eran tan pobres como antes. Ku'e y su marido, Zadamma, tomaron la desesperada decisión de vender a sus cuatro hijos. El contrato de venta lo explica todo de forma desapasionada:

Zadamma y Ku'e, su mujer, han vendido a sus dos hijos y a sus dos hijas -Ba'la-bia, Ba'la-belu, Ishma'-Dagan y Ba'la-ummi, una hija de pecho- como esclavos por 60 siclos de plata, el precio total, a Ba'lu-malik, el adivino. Si alguien demanda para recuperar a los cuatro hijos de Zadamma, deberá entregar a otras diez personas como compensación a Ba'lu-malik. Y ahora Zadamma, su padre, y Ku'e, su madre, han puesto los pies en el barro.[89]

Esta vez, la transacción se llevó a cabo. Sin embargo, el precio de 60 shekels no era mucho, teniendo en cuenta que sólo el pequeño Ba'la-bia debía venderse por 30 shekels. Al incluir una cláusula de rescate, el comprador admitía implícitamente que se trataba de un precio bajo. Cuando se compraban personas por lo que se consideraba un precio justo, el escriba no enumeraba una forma de que alguien pudiera "demandar para reclamarlas".[90]

Luego está esa cláusula de que los padres han "apretado los pies (de los hijos) contra el barro". No era una metáfora: lo habían hecho literalmente. Los arqueólogos encontraron las diminutas huellas de arcilla de los tres hijos mayores (véase la Fig. 16.1).[91]

Ba'la-bia, de dos años, Ba'la-belu e Ishma'-Dagan, de un año, debían de estar sostenidos por su madre Ku'e mientras cada niño colocaba su pie derecho sobre un trozo de arcilla y pisaba con fuerza. El bebé Ba'la-ummi era demasiado pequeño en este punto; no dejó huella en la arcilla. Los trozos de arcilla con las huellas se entregaban al escriba y a los testigos reunidos y se trataban como si fueran documentos. Se escribieron en ellos los nombres de los niños. En uno de ellos se leía: "El pie de Ba'la-belu, hijo de Zadamma, hijo de Karbu, el hombre de Shatappa", y se añadieron las inscripciones equivalentes para los otros dos niños en sus respectivas huellas.[92] Los testigos que estaban presentes en la transacción rodaron entonces sus sellos sobre la arcilla alrededor de las huellas.[93]

Uno de estos hombres era el supervisor hitita,[94] lo que parece sorprendente. ¿Por qué un hombre tan importante como el supervisor hitita iba a estar presente en la compra de cuatro niños pobres, el mayor de los cuales no tenía más de dos años?[95] Tal vez porque Ba'lu-malik, el comprador de los niños, era un hombre importante en Emar. Su familia, conocida como la familia Zu-Ba'la, por el nombre de un antepasado, vivía y trabajaba en un gran edificio llamado M-1 por los arqueólogos.[96] Un hombre de cada generación de la familia llevaba el título de "adivino de los dioses de Emar",[97] pero parece que servían principalmente como administradores.[98] Ba'lu-malik era maestro y lo bastante importante como para interesar a la corte de Carquemis.[99] Al parecer, incluso una transacción tan íntima como esta adopción justificaba la participación del supervisor.

Dado que la bebé Ba'la-ummi aún no había sido destetada, es de suponer que se le permitió permanecer con su madre unos meses más; su huella no se habría tomado hasta que fuera entregada a la casa de Ba›lu-malik.[100] Pero los hijos mayores debieron abandonar su hogar para siempre una vez completado el contrato.

¿Quién las crió? ¿Ba'lu-malik pretendía criarlos en su casa como familia (como al parecer había pretendido hacer Anat-ummi cuando le propuso comprar a la mayor), o iba a ponerlos a trabajar como esclavos? Llama la atención que ninguna cláusula del contrato indique qué trabajo realizarían los niños. En los contratos de adopción, los padres adoptivos solían comprometerse a enseñar a sus hijos una profesión, preparándolos así para vivir de forma independiente. ¿Tenía Ba'lu-malik la intención de que los niños se convirtieran en adivinos como él? Si no era así, ¿se les ponía a trabajar en cuanto podían ayudar en el hogar?

No lo sabemos. Tampoco sabemos si los niños volvieron a ver a sus padres Ku'e y Zadamma. No tenían ninguna esperanza de ser manumitidos. Reclamarlos habría costado a sus padres más de lo que jamás habrían podido acumular: según el contrato, habrían tenido que proporcionar diez personas (esclavizadas) a cambio de sus hijos. La venta de niños no se consideraba normal en Emar; de hecho, estaba condenada[101] y debía justificarse como causada por condiciones extraordinariamente difíciles.[102] Pero los tiempos eran extremadamente duros a finales de la Edad del Bronce.

EL FINAL DE LA EDAD DE BRONCE TARDÍA

Los gobernantes hititas parecen haber perdido el control de Emar durante los primeros años del siglo XII; el último supervisor fue un hombre con el nombre local de Ahi-malik que no parece haber respondido ante los funcionarios hititas.[103] Los "años de angustia y guerra" mencionados en las tablillas culminaron en la violenta destrucción de la ciudad alrededor de 1180 a.C.[104] y, evidentemente, no llegaron fuerzas hititas para luchar contra los invasores. Al final, la ciudad quedó devastada. La población huyó. Probablemente a los propios habitantes de Emar les importó poco quién les atacó. La tragedia fue simplemente que ocurrió. Emar no fue reocupada.

Ugarit sufrió el mismo destino más o menos en la misma época, entre 1190 y 1185 a.C. También allí ardió toda la ciudad. Aunque, como hemos visto, muchos textos mencionan el hambre y la escasez de grano en los últimos años antes del ataque, los habitantes de Ugarit parecen haber podido seguir comerciando y viviendo, aunque en circunstancias difíciles. Luego, algunas menciones a barcos enemigos sugieren que algo iba mal, seguidas de un mensaje urgente. El rey de Ugarit escribió a su señor en Carquemis: "Que mi señor sepa que ahora las fuerzas enemigas están estacionadas en Ra'shu (uno de los puertos de Ugarit) y sus fuerzas de vanguardia fueron enviadas a Ugarit".[105] Parece que la carta nunca se envió. Los enemigos, que habían llegado por mar, no le dieron tiempo. De repente, la ciudad de Ugarit fue atacada.

Los arqueólogos encontraron numerosas puntas de flecha en el nivel de destrucción, pero los habitantes de la ciudad habían abandonado sus hogares antes del final.[106] Al igual que Emar, la ciudad permaneció deshabitada durante siglos. Personas como Urtenu nunca se aventuraron a regresar a su devastada comunidad, ni siquiera para recuperar documentos importantes de sus casas. Cabe esperar que Urtenu y su familia, junto con la familia real de Ugarit y otros ciudadanos, se trasladaran a otro lugar y consiguieran reconstruir sus vidas. Los habitantes de Ugarit no estaban solos. Varias ciudades a lo largo de la costa del Mediterráneo fueron atacadas y destruidas, todas ellas pocos años después de la destrucción de Ugarit. Mucha gente debió de desplazarse en busca de un lugar seguro donde vivir.

He llegado hasta aquí en este capítulo sin mencionar a los Pueblos del Mar, y dudo en hacerlo incluso ahora. Durante décadas proporcionaron una explicación ordenada de las crisis del final de la Edad del Bronce Tardío. Más recientemente se ha debatido ampliamente su influencia, e incluso su propia existencia.

Los "Pueblos del Mar" es el nombre moderno de un grupo de invasores y colonos que aparecieron en Egipto durante el reinado de Ramsés

III (1186-1155 A.C.); llegaron a mediados del siglo XII a.C. Los egipcios no los llamaron Pueblos del Mar, sino que se limitaron a nombrar individualmente a los grupos que los componían; se les conocía como Denyen, Ekwesh, Shekelesh, Sherden y Weshesh. Todos estos pueblos eran descritos como "del mar" o "en sus islas". Otros, los Lukka, Peleset y Tjeker, aunque no eran específicamente "del mar", se agrupaban con ellos y se han incluido en la denominación "Pueblos del Mar". Después de que Egipto experimentara enredos iniciales con los Pueblos del Mar en el siglo XIII y principios del XII a.C., en los reinados de Ramsés II y su sucesor Merneptah, Ramsés III reclamó una gran victoria contra siete de estos grupos. Conmemoró esta victoria en detalle en esculturas en relieve en las paredes de su templo mortuorio en Medinet Habu. Se muestra a los invasores luchando (y perdiendo dramáticamente) contra los egipcios en el transcurso de una salvaje y claustrofóbica batalla naval. Una inscripción en Medinet Habu atribuye a los Pueblos del Mar la destrucción de muchas otras tierras durante el octavo año del reinado de Ramsés III: "Ninguna tierra pudo resistir ante sus brazos, desde Hatti, Kode, Carchemish, Arzawa y Alashiya en adelante, siendo cortadas [a la vez]... Pusieron sus manos sobre las tierras hasta el circuito de la tierra, sus corazones seguros y confiados: '¡Nuestros planes tendrán éxito!'"[107]

Así que parece probable que fuera algún contingente de los Pueblos del Mar el que atacó Ugarit,[108] y también Alashiya (Chipre), pero Emar y Hatti se enfrentaron a enemigos diferentes. En efecto, la capital Hattusa fue atacada y destruida hacia 1200 a.C., aunque no está claro quién fue el responsable. Hattusa estaba demasiado tierra adentro para ser víctima de los pueblos del mar. Probablemente fue atacada por pueblos situados al norte, aunque es posible que la ciudad estuviera abandonada antes de la llegada de los atacantes.

Incluso algunas ciudades micénicas, muy al oeste, se derrumbaron, y es posible que los griegos hayan evocado un lejano recuerdo popular de los trastornos de esta época caótica en las obras de Homero. Según Homero en su poema épico la Ilíada, la guerra de Troya se libró (en lo que para ellos era un pasado lejano) entre los heroicos griegos y los habitantes de Troya, que vivían en la costa de Anatolia. Al igual que en la Epopeya de Gilgamesh en Mesopotamia, Homero incluyó interacciones entre humanos y dioses, y muchos elementos míticos en su relato (si es que Homero fue una persona real, pero ese es otro tema). Pero puede que haya algo de verdad histórica en el relato, porque si hubo un momento en el que griegos y troyanos lucharon en la costa de Anatolia, fue durante los disturbios de finales de la Edad de Bronce, cuando los griegos probablemente se vieron envueltos en los acontecimientos.

Los eruditos han propuesto numerosas teorías para determinar quiénes eran los Pueblos del Mar y por qué se desplazaban[109], mientras que otros han postulado que en realidad nadie se desplazaba. Teorías recientes sugieren que lo que los egipcios describieron como una invasión en la época de Ramsés III fue en realidad una migración de muchos pueblos a muchos lugares de la orilla oriental del Mediterráneo que se prolongó hasta cincuenta años.[110] Para nuestro propósito, lo importante es que, en el contexto de una sequía y una hambruna devastadoras, el sistema internacional que había caracterizado dos siglos y medio de la Edad de Bronce Tardía llegó a un final dramático y desordenado.

Esto no sólo ocurrió en la región del Mediterráneo oriental. Todas las antiguas grandes potencias sufrieron. En Asiria, la suerte del rey Tukulti-Ninurta I no duró mucho. Tras construir el Imperio Medio asirio hasta su mayor extensión, apoderarse de Siria y conquistar Babilonia, decidió que necesitaba una nueva capital. En esto emulaba a los anteriores reyes de la Edad del Bronce Tardío Kurigalzu de Babilonia, Akenatón de Egipto y Untash-napirisha de Elam. Bautizó la ciudad con su propio nombre, Kar Tukulti-Ninurta, y, al igual que la capital de Untash-napirisha, pretendía que fuera "una morada para los dioses"[111]. Pero antes de que pudiera disfrutar de su ciudad durante mucho tiempo, el rey fue asesinado allí, como resultado de una conspiración de sus propios hijos. Su muerte en 1207 a.C. dio lugar a un periodo de caos y marcó el inicio de una era de decadencia para Asiria; los reyes posteriores se mostraron incapaces de mantener el imperio.

Babilonia y Elam también se vieron afectadas por la inestabilidad de esta época, ya que los reyes elamitas continuaron sus ataques contra Babilonia, especialmente dramáticos en 1158 a.C., cuando el rey elamita Shutruk-Nahhunte llevó consigo a Susa algunas de las estatuas y estelas más importantes de Mesopotamia[112]. Exhibió con orgullo su botín por toda la ciudadela: estatuas de reyes acadios, la estela de la ley de Hammurabi, la estela de la victoria de Naram-Sin, muchas piedras *kudurru* y otras estelas. En algunas de ellas hizo que los albañiles cincelaran la inscripción original y la sustituyeran por una de su autoría.[113] Las esculturas aún se encontraban en Susa cuando fueron descubiertas durante unas excavaciones realizadas allí a principios del siglo XX de nuestra era; los babilonios nunca las recuperaron. La dinastía casita perdió el poder en Babilonia poco después, siendo sustituida por una dinastía con sede en la ciudad de Isin.

En Babilonia, Elam, con su siguiente rey, Kutir-Nahhunte, llevó a cabo una destrucción aún peor, saqueando y quemando templos por todo el país. Para horror de los babilonios, incluso robó la estatua de Marduk, el mayor de todos los dioses, y se la llevó a Susa con él.[114] La estatua no había estado en casa mucho tiempo, desde su regreso de Asiria, donde había sido tomada por Tukulti-Ninurta I, y ahora el dios había desaparecido una vez más. Sólo fue recuperada cuando un rey babilonio llamado Nabucodonosor I asaltó Susa en 1110 a.C. y trajo a Marduk a casa.

Muchas ciudades de Babilonia fueron abandonadas a finales de los siglos XII y XI. Esto pudo deberse a que el Éufrates parece haber desviado su curso lejos de las ciudades. La llanura era tan plana en el sur que, tras una inundación, siempre existía la posibilidad de que el río no volviera a su cauce original. Legiones de trabajadores dedicados a mitigar las inundaciones habían trabajado en siglos anteriores para evitarlo, manteniendo diques, cortando canales de inundación y manteniendo embalses. Pero quizá en este periodo simplemente no existiera la mano de obra necesaria para mantener el río en su cauce normal, dejando a las antiguas ciudades privadas de agua y a los campos imposibles de regar.

Poco después de la muerte de Tukulti-Ninurta I, Asiria no sólo perdió el control de Babilonia, sino que regiones del centro y norte de Siria se independizaron y muchas de ellas se convirtieron en sede de estados arameos. Pero, en todo este desorden, el corazón asirio se benefició de una gran ventaja en comparación con el resto de Oriente Próximo. La misma dinastía permaneció en el trono, generación tras generación a lo largo de esta época. Los reyes asirios siguieron manteniendo una fuerza militar disciplinada que no tenía igual. Esto en última instancia dio a Asiria un beneficio incomparable, e incluso a través del siglo siguiente, cuando todas las grandes potencias se habían derrumbado, los reyes de Asiria nunca renunciaron a su objetivo de gobernar el mundo entero.

Parte VII

EL PRIMER MILENIO, 1000-323 A.C.

CAPÍTULO 17

CONSTRUCTORES DEL IMPERIO, ESCULTORES Y DEPORTADOS

Tradicionalmente se considera que el año 1200 a.C. es el inicio de la Edad de Hierro en Oriente Próximo, la tercera fase del patrón Piedra-Bronce-Edad de Hierro de la historia antigua inventado por los eruditos en el siglo XIX. Pero el momento de la división entre las Edades del Bronce y del Hierro es bastante arbitrario. Los primeros indicios conocidos de fundición de hierro se encontraron en Anatolia, en un yacimiento ocupado mucho antes, durante el periodo de las colonias asirias, pero no parece que tuvieran mucha repercusión y la tecnología no se extendió en esa época.[1] Hacia el año 1000 a.C., hay más indicios de fundición de hierro en Anatolia y en el Levante, pero, incluso entonces, no cambió casi nada de forma inmediata, ni siquiera para la gente que tenía acceso a ella. El hierro primitivo no era necesariamente superior al bronce en resistencia o disponibilidad, y no se adoptó de inmediato. Con el tiempo, el hierro sustituyó al bronce como metal preferido para armas y herramientas, pero este cambio llevó muchas generaciones.[2]

PEQUEÑOS REINOS EN LOS SIGLOS XI Y X A.C.

Durante los dos primeros siglos de la Edad del Hierro, tras la hambruna y la destrucción que marcaron el final de la Edad del Bronce Tardío, ninguna gran potencia dominó ninguna parte de la región, ni en el Levante, ni en Anatolia, ni en Siria, ni en Mesopotamia, ni en Elam (Mapa 4). Si la tecnología del hierro marcó alguna diferencia en la vida de la gente, es difícil de detectar. Siguieron existiendo pequeños reinos, pero pocos de

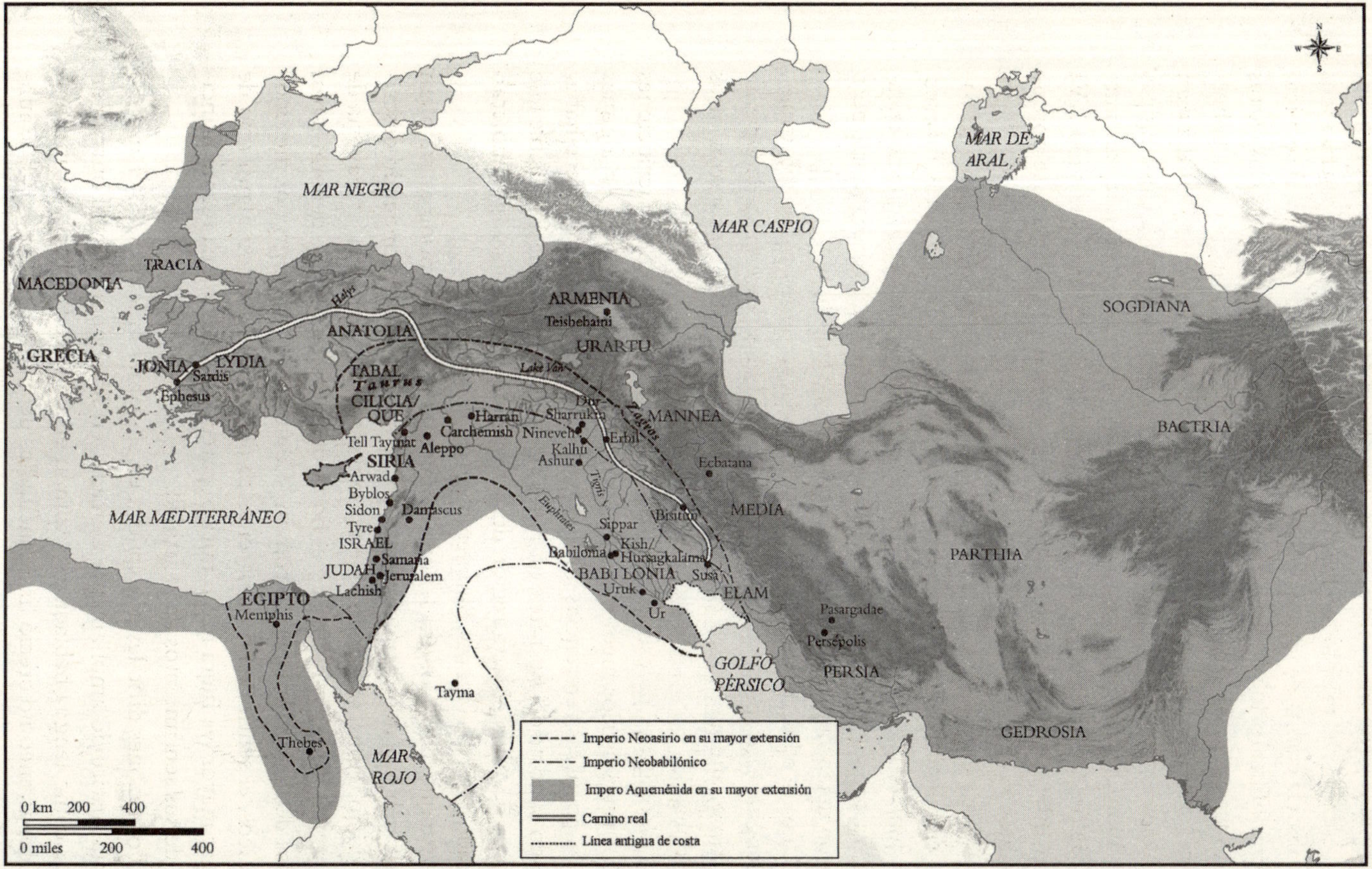

Mapa 4 *Oriente Próximo de 1000 a 323 a.C.*

ellos produjeron muchos registros. Probablemente no necesitaban registros escritos del mismo modo que antes, cuando vastas administraciones llevaban la cuenta de los impuestos, los trabajadores de corvea, el servicio militar obligatorio y la redistribución de los recursos, y cuando las cartas diplomáticas se escribían y entregaban a grandes distancias. Los gobernantes de los reinos más pequeños de los siglos XI y X a.C. utilizaban menos la escritura y apenas dejaron algunos documentos. Incluso Egipto entró en una época de desunión política y debilidad económica durante los siglos XI y la primera mitad del X a.C. Al igual que en el siglo XVI a.C., esta época suele denominarse "Edad Oscura" simplemente porque sabemos muy poco de ella.

Tres de los pueblos que florecieron entre los siglos XI y X a.C. acabaron ejerciendo una poderosa influencia en los acontecimientos futuros. Ninguno de ellos conservaba registros en cuneiforme, por lo que no encajan exactamente en el perfil de las culturas analizadas en este libro, pero fueron demasiado influyentes para dejarlos de lado aquí.

Uno de ellos fueron los arameos. A lo largo de los siglos siguientes, su lengua, el arameo, se convirtió en la más hablada y escrita de Oriente Próximo, aunque nunca gobernaron un imperio ni conquistaron otras regiones.

Los orígenes de este grupo son bastante oscuros. Las inscripciones de los reyes asirios medios de finales del siglo XII a.C. incluyen algunas de las primeras referencias a los arameos, cuya tierra natal parece haber estado al norte del Éufrates, entre los ríos Balikh y Habur.[3] Es posible que hubieran vivido en esta región durante siglos, o podría ser que hubieran llegado de otros lugares. Simplemente, no lo sabemos.

Aunque hablaban una lengua común, no eran, en sentido estricto, un solo pueblo. Varios grupos diferentes de habla aramea, a menudo descritos como tribus, se habían extendido por una amplia zona.[4] La mayoría de los reinos arameos de Siria y el norte de Mesopotamia se denominaban "Casa de" algún antepasado común.[5] Como tantos otros grupos mesopotámicos, el sentimiento de parentesco de los arameos con algún tipo de hogar mayor (ya fuera real o mítico) parece haber sido una fuente principal de sus sentimientos de identidad.

Por razones difíciles de explicar, en el primer milenio a.C., el arameo había sustituido ampliamente al acadio en Mesopotamia y al hurrita en Siria como lengua hablada más común en Oriente Próximo. La influencia del arameo no creció hasta mediados del primer milenio a.C. y, aunque posteriormente fue sustituido como lengua franca en la región por el griego y el árabe, todavía se habla en algunas comunidades.[6]

El arameo es una lengua semítica, como el acadio, y los hablantes de arameo y acadio probablemente podrían entenderse razonablemente bien sin necesidad de traducción. Sin embargo, el arameo tenía una ventaja: era mucho más fácil de escribir. Y eso fue gracias al segundo grupo de personas que floreció en esta época: los fenicios.

Los fenicios tienen un nombre familiar, pero en realidad no se les llamaba así en el siglo XI a.C. Ese término se empezó a utilizar para ellos mucho más tarde. Josephine Quinn, historiadora de la Universidad de Oxford, ha argumentado que los llamados fenicios ni siquiera tenían un sentido de identidad compartida como pueblo.[7] La zona identificada como Fenicia por los griegos y romanos posteriores era una franja de tierra en la costa de Canaán, sólo unos 240 kilómetros (150 millas) de norte a sur y apenas 50 kilómetros (30 millas) de oeste a este en su punto más ancho. No estaba unida bajo un único gobierno; en el siglo XI a.C., la zona albergaba cuatro reinos diminutos: Arwad, Biblos, Sidón y Tiro. Los habitantes de estas ciudades se especializaron en el comercio marítimo, al igual que sus emprendedores predecesores de Ugarit. Incluso comerciaban con los mismos productos que los ugaríticos, sobre todo tinte púrpura y cedro. Habían estado sometidos a Egipto durante la Edad del Bronce tardía, pero florecieron como pequeños reinos separados tras el colapso de las grandes potencias. Al igual que los habitantes de Ugarit, utilizaban una escritura alfabética, y la suya es la que se tomó prestada para escribir el arameo, y también dio origen a todos los alfabetos europeos y del Próximo Oriente posteriores.

Su alfabeto sólo constaba de veintidós letras, todas ellas consonantes, lo que lo convertía en una escritura más fácil de aprender que la cuneiforme acadia, para la que había que aprender al menos 200 signos. Los propios signos alfabéticos también eran más fáciles de escribir, ya que consistían en formas bastante sencillas que cualquiera podía dibujar, en contraste con las complicadas construcciones cuneiformes de numerosas cuñas, cada una impresa por separado con un estilete. Una vez desarrollado el alfabeto, fue adoptado en muchas de las regiones con las que entraron en contacto los fenicios. Y como eran comerciantes, acabaron entrando en contacto con un gran número de regiones de todo el Mediterráneo.

El tercer pueblo que floreció en la era de los pequeños reinos fueron los israelitas, vecinos meridionales de los fenicios, con quienes comerciaban. Conocemos su historia porque los israelitas desarrollaron una tradición de escritura sobre su pasado que dio lugar a la Biblia hebrea. Es una de las fuentes más notables de la historia antigua, escrita por muchos autores diferentes a lo largo de más de mil años. Es posible que algunos de los primeros pasajes de la Biblia se escribieran en esta época, el siglo XI a.C., cuando se fundó el reino de Israel.

Durante la mayor parte de la Edad de Bronce tardía, no se conocen referencias a israelitas (fuera de la Biblia) procedentes de Canaán o Egipto o de cualquier otro lugar. Las ciudades de la región, cuando se escribieron las cartas de Amarna, por ejemplo, estaban claramente ocupadas por cananeos. Pero el faraón egipcio Merneptah (1213-1204 a.C.) dejó constancia, en una lista de sus conquistas cananeas, de que "Israel ha sido asolado y su descendencia no existe".[8] Parece, por tanto, que los israelitas ya vivían en Canaán a finales del siglo XIII a.C. Según la Biblia, el reino de Israel se formó más tarde, bajo un rey llamado Saúl, y permaneció unificado bajo los reyes David y Salomón. Más tarde se dividió en dos reinos. Israel, en el norte, conservó el nombre original de la tierra, pero finalmente creó una nueva capital en una ciudad llamada Samaria, mientras que Judá, en el sur, mantuvo la capital israelita en Jerusalén. Esta división tuvo lugar alrededor del año 925 a.C., pocos años antes de que los asirios iniciaran una expansión militar sin precedentes, a la que volveremos.[9]

Los israelitas, al igual que los arameos, adoptaron la escritura alfabética de los fenicios para escribir su propia lengua, el hebreo. Los primeros años del reino israelita se conocen más por la Biblia que por documentos hallados en yacimientos arqueológicos. En Israel (como en los reinos arameo, cananeo y fenicio), los registros cotidianos, como los escritos en tablillas de arcilla en gran parte del resto de Oriente Próximo, se habrían escrito en materiales orgánicos perecederos como el papiro y no han sobrevivido. Israel y Judá eran pequeños reinos en su época, sobre todo en comparación con el gran poder de Asiria, que llegó a dominarlos. Pero han dejado un enorme legado: la propia Biblia, por supuesto, junto con su religión monoteísta que está en las raíces del judaísmo, el cristianismo y el islam modernos.

RENACIMIENTO ASIRIO

En cuanto a los asirios, se convirtieron en la mayor potencia que jamás había visto la región. Como todas las demás grandes potencias de la Edad del Bronce Tardío, el Imperio Medio Asirio había entrado en decadencia a principios del siglo XII A.C., y desde mediados del siglo XI hasta mediados del siglo X el reino de Asiria se limitó a su núcleo, la zona alrededor de Ashur. Los reyes siguieron manteniendo registros, y los escribas continuaron aprendiendo a escribir en cuneiforme (lo mismo ocurría en Babilonia), pero en mucho menor número que antes.

Cuando los reyes asirios empezaron a reforzar de nuevo su ejército, a finales del siglo X, el mundo que rodeaba a Asiria era muy diferente del de la Edad de Bronce tardía. Ningún otro Estado disponía de los recursos necesarios para hacerles frente. El antiguo equilibrio de poder que había mantenido la hermandad de los grandes reyes había desaparecido. Los asirios podían barrer y conquistar casi cualquier tierra que quisieran. Y así fue.

Los asirios habían perfeccionado y acentuado su destreza militar en la Edad del Bronce tardía y siguieron haciéndolo. Todos los reyes eran guerreros, al igual que todos sus funcionarios, independientemente de las demás funciones que desempeñaran. Incluso el barbero, el copero y la reina estaban al mando de las tropas. A los reyes asirios no les quedaba más remedio que dirigir al ejército en campaña con regularidad. Mientras que los reyes de la antigua Babilonia, por ejemplo, tenían muchos logros diferentes con los que marcar sus años -ofrendas a los dioses, construcción de canales, dedicación de sacerdotisas, renovación de edificios, etc.-, casi todos los años del reinado de un rey asirio se recordaban como la ocasión de una expedición militar en particular (o varias). Esta nueva era de agresión asiria se conoce como periodo neoasirio.

Los reyes neoasirios empezaron por "reclamar" tierras que consideraban pertenecientes a Asiria, tierras que habían estado en la órbita del Imperio Medio asirio más de un siglo antes, y que se encontraban en su mayoría al norte y al oeste del corazón asirio. Las regiones del norte, alrededor del lago Van, se encontraban en una tierra conocida como Urartu,[10] mientras que las del oeste, en Siria, habían sido colonizadas en gran parte por arameos. Más tarde, los asirios se expandieron más allá, a regiones que nunca habían estado sometidas a Asiria, y también reconquistaron a su venerable vecina del sur, Babilonia.

Para este periodo neoasirio (911-609 a.C.), las opciones de hombres y mujeres en las que podríamos centrarnos son casi infinitas. Entre las cartas, los documentos administrativos, las inscripciones reales y otros abundantes textos que se conservan, se presenta un mar absoluto de nombres. A diferencia de la mayoría de los periodos anteriores, se podría llenar un libro entero sólo con la historia de un rey en particular y su séquito (y los autores así lo han hecho)[11], porque se sabe mucho sobre ellos. Sus reinas, hijos, hijas, funcionarios, rivales, médicos, adivinos, escribas, sacerdotes, sacerdotisas... todos fueron nombrados y muchos de ellos escribieron cartas, como se verá en el próximo capítulo, sobre el rey Esarhaddón.

Para este capítulo, sin embargo, quiero ir en busca de dos categorías de personas cuyos nombres rara vez sobreviven, pero que son cruciales para nuestra comprensión de esta época. La primera categoría es la de los artistas y escultores que crearon notables esculturas en relieve de piedra que revestían las paredes de los palacios asirios. La segunda categoría es la de las gentes conquistadas por los ejércitos neoasirios, algunos de ellos miembros de las cortes extranjeras, pero la mayoría gente normal y corriente, muchos de los cuales fueron desarraigados de sus hogares y granjas y deportados cientos de kilómetros para empezar una nueva vida en otro lugar.

Estas dos categorías pueden parecer inconexas, pero no es así. Sólo gracias a los artistas conocemos realmente a los deportados. Estas personas son casi invisibles en la documentación escrita asiria, donde se reducen en gran medida a números y topónimos, pero los escultores de la corte asiria las representaban con todo lujo de detalles. Puede que no tengan nombres que conozcamos, pero detrás de las representaciones en los muros de los palacios se esconden personas reales.

Si uno recorre las galerías del Próximo Oriente antiguo del Museo de Iraq en Bagdad, el Museo Británico de Londres, el Louvre de París, el Museo Metropolitano de Nueva York o muchos otros museos de todo el mundo, no puede perderse la obra de los extraordinarios escultores asirios. Sus obras maestras eran tan abundantes en los palacios de las capitales asirias de Kalhu, Dur-Sharrukin y Nínive que pueden llegar a ser casi abrumadoras. Uno podría sentarse a contemplar un solo panel de relieve durante horas y no captar todos sus detalles, y había hectáreas de estos paneles recubriendo las paredes de los palacios. Un ejército de escultores debió de trabajar para esculpirlos. Pero estos hombres no firmaban su trabajo y nunca eran acreditados por los reyes, por lo que permanecen en el anonimato para nosotros.

Sin embargo, antes de buscar pruebas de ellos, debemos conocer a Asurnasirpal II, que fue el primer rey que empleó a este tipo de escultores para crear un relato visual de sus logros. También fue uno de los muchos reyes asirios que desplazaron a miles de personas de una parte a otra del imperio.

ASHURNASIRPAL II: UN REY MILITARISTA

El rey Ashurnasirpal II (883-859 a.C.) no era un hombre modesto, pero tampoco cabía esperar que lo fuera. Fue uno de los constructores más prolíficos de la historia asiria, así como uno de los reyes más responsables del desarrollo de lo que conocemos como Imperio neoasirio. Gobernó cerca del comienzo de esta nueva y dramática era para Asiria y para todo Oriente Próximo.

Creó un modelo de rey neoasirio militarista, intocable, divinamente designado y peligroso, un modelo que resonó durante casi 300 años en los reinados de sus sucesores. A lo largo de sus anales -los registros anuales de sus logros-, cuando describía lo que consideraba "sus" conquistas y "sus" proyectos de construcción, tendía a no dar crédito a nadie más, ni a su ejército, ni a sus arquitectos, constructores o artistas. Todo lo hacía él mismo. Sobre sus victorias escribió repetidamente: "Asedié la ciudad y la conquisté", o "Derribé a 600 de sus tropas de combate", etc., y sobre sus construcciones: "Yo reconstruí esta ciudad" y "Yo construí su muralla".[12] Por supuesto, esto había sido durante mucho tiempo una presunción común en las inscripciones reales. Desde el periodo dinástico temprano, los reyes habían utilizado la primera persona del singular para atribuirse el mérito de acciones que, en realidad, habían sido organizadas y ejecutadas por hordas de funcionarios y trabajadores. Pero en el caso de Ashurnasirpal II, los logros que se atribuía eran de una escala diferente, y la hipérbole de sus afirmaciones podía dejar sin aliento.

En su inscripción más larga, de un templo dedicado al dios Ninurta en la ciudad de Kalhu, utilizó veintiocho epítetos y títulos diferentes para presentarse, empezando por "(Yo,) Ashurnasirpal, rey fuerte", y pasando (trece epítetos después) a "hombre valiente que actúa con el apoyo de (el dios) Ashur, su señor y no tiene rival entre los príncipes de los cuatro barrios". Continuó el crescendo de la autoadulación con la descripción de sí mismo como una "poderosa marea que no tiene oponente... que pisa los cuellos de sus enemigos, pisoteador de todos los enemigos", y llegó a la declaración descaradamente falsa de que él "ha conquistado todas las tierras... el que es victorioso sobre todas las tierras".[13] Ashurnasirpal ciertamente era consciente de que había tierras más allá de Asiria que no había conquistado, pero esa no era la cuestión. El dios Ashur le había nombrado gobernante del mundo, así que podía afirmarlo como un hecho consumado. Era inevitable.

La letanía de autoelogios continuó durante docenas de líneas más, incluyendo: "Soy rey, soy señor, soy digno de alabanza, soy exaltado, soy importante, soy magnífico, soy el primero, soy un héroe, soy un guerrero, soy un león y soy viril". Y seguía y seguía, como si estuviera en tal frenesí de autoglorificación que le costaba parar.

Por último, llega al relato de sus primeros años en el trono, que constituyen un largo inventario de conquistas. Las implacables descripciones de victorias militares se prolongaron durante 300 líneas, antes de una breve pausa para la descripción en una línea de una cacería de animales salvajes ("Maté 40 toros salvajes fuertes en la otra orilla del Éufrates...") y otra línea sobre la fundación de dos nuevas ciudades, una en cada orilla del Éufrates, y una de ellas (no les sorprenderá oírlo) llamada Kar-Ashurnasirpal. A continuación, las historias de campañas militares, llenas de gloriosas conquistas, elaborados tributos ofrecidos por humildes vasallos y el apoyo incesante de los dioses, se reanudan durante otras ochenta y dos líneas.

Se calcula que Ashurnasirpal II dirigía un ejército de unos 20.000 soldados[15], aunque en su época eran en su mayoría campesinos llamados estacionalmente al servicio militar, como en todas las épocas anteriores de la historia de Mesopotamia. Probablemente tenían mucho éxito en la batalla, como afirmaba el rey, pero no podían hacer campaña todo el año.

Sólo al final de la inscripción menciona Ashurnasirpal uno de sus mayores y más costosos proyectos: el traslado de la capital. Se trataba de una idea especialmente radical en Asiria, ya que la capital original y muy antigua, Ashur, estaba íntimamente ligada al reino y al dios del Estado: todos compartían el mismo nombre. Como hemos visto, el dios Ashur estaba encarnado en el propio paisaje de la ciudad de Ashur como la fuerza divina de la meseta rocosa sobre la que estaba construida la ciudad.

Ashurnasirpal eligió para su nueva capital una ciudad que había caído en ruinas-Kalhu, que estaba al norte de Ashur y más céntrica en el reino. Escribió que "esta ciudad se había dilapidado; yacía inactiva (y) se había convertido en colinas en ruinas. Reconstruí esta ciudad" [16. Sin] embargo, no quiso construir sobre las ruinas anteriores, como había sido la norma cuando se habían reconstruido otras ciudades en el pasado. En su lugar, "despejé la antigua colina de ruinas (y) cavé hasta el nivel del agua; hundí (el pozo de los cimientos) hasta una profundidad de 120 capas de ladrillo". Imagínense la mano de obra necesaria para esto, antes incluso de que se empezara a construir la nueva ciudad. Y luego el rey encargó la construcción de una muralla, junto con edificios públicos, nueve templos[17] y un inmenso palacio. En su inscripción en el templo de Ninurta, en contraste con los detallados relatos de sus guerras, sólo incluyó unas pocas líneas sobre la nueva capital, un proyecto que tardó años en ser completado por decenas de miles de obreros, por no hablar de todos los ingenieros y supervisores.

Una vez construida la ciudad, como escribió, "tomé a la gente que había conquistado de las tierras sobre las que había obtenido dominio... [18] Este esfuerzo por crear una capital cosmopolita fue una innovación; Kalhu sería un microcosmos del imperio. Para celebrar la finalización de su nueva ciudad, Ashurnasirpal II organizó una fiesta de diez días, a la que asistieron 69.574 personas de todo su imperio y más allá. El rey describió el menú con todo lujo de detalles.[19] Alimentó a sus invitados con carne (se sacrificaron y cocinaron 18.300 bueyes, ovejas y ciervos) y aves (34.000 pájaros), además de grandes cantidades de pescado, huevos, pan, queso, cerveza, vino, frutas, frutos secos y verduras. Mimaba a sus invitados: "Les di de comer, les di de beber, les hice bañar, les hice ungir", escribió.[20] Estaba claro que esperaba que todos volvieran a casa asombrados por su riqueza y generosidad.

De todas las nuevas construcciones de Kalhu, Ashurnasirpal II estaba más orgulloso de su palacio. Los arqueólogos lo conocen como el Palacio del Noroeste. Relató sus maravillas en una inscripción diferente que había cincelado en muchas de las losas decorativas de alabastro que revestían los muros de adobe.[21] Se jactaba de los muchos tipos de madera que se habían utilizado en la construcción del palacio, presumiblemente para reforzar los muros de ladrillo, y para los techos y la decoración: cedro, ciprés, enebro, boj, terebinto y tamarisco.[22] Destacó las gigantescas esculturas de animales fantásticos que custodiaban sus puertas: "Hice (répli-

Fig. 17.1 Escultura lamassu de alabastro (león alado con cabeza humana) del palacio del rey Ashurnasirpal II de Asiria en Kalhu, 865-860 a.C. (Metropolitan Museum, Nueva York)

cas de) bestias de las montañas en piedra caliza blanca y... alabastro (y) las coloqué en sus puertas". Eran las llamadas figuras *lamassu* (véase la Fig. 17.1). Eran (y son) enormes, de entre 3 y 4,25 metros de altura, y se elevaban por encima de cualquiera que atravesara las puertas. Tenían cuerpo de toro o león, alas de águila y cabeza de hombre. En sus cabezas llevaban coronas con cuernos, lo que revelaba que eran dioses.

Dentro de los marcos de las puertas custodiadas por *el lámaso*, "sujeté con bandas de bronce puertas de cedro, ciprés, *dapranu- enebro*, boj (y) *mes-*

kannu-madera".[23] La madera que se utilizó para fabricar estas puertas hace tiempo que se ha desintegrado, pero las puertas debían de estar bellamente trabajadas para justificar que se mencionen en varias inscripciones. Se conservan algunas bandas de bronce de puertas que Ashurnasirpal encargó en otra ciudad; cada una de ellas estaba decorada con intrincadas escenas de los grandes logros de Ashurnasirpal.[24]

ESCULTORES TRABAJANDO PARA ASHURNASIRPAL II

En cuanto a los paneles de alabastro esculpido, que son los objetos más llamativos que se conservan del palacio, Ashurnasirpal se limitó a señalar que "representé en sus paredes, con esmalte verdoso, mis alabanzas heroicas, por haber atravesado tierras altas, (y) mares, (y) la conquista de todas las tierras".[25] ¿Quién diseñó estas esculturas? ¿Quién las esculpió? El rey no lo dijo. Los relieves de alabastro representaban, de forma visual, algunos de los mismos acontecimientos que se conmemoraban en las extensas inscripciones escritas de Ashurnasirpal. Representaban una innovación fascinante. Los anteriores relieves en piedra encargados por los reyes solían mostrar una sola escena, como la estela de la victoria de Naram-Sin, o como mucho unas pocas escenas, en registros sobre un único bloque, como la estela de Ur-Namma. Ashurnasirpal II quiso contar una historia en varios bloques que se alineaban en las paredes de una sala, como si se tratara de una novela gráfica gigante en piedra, avanzando de un punto argumental a otro a medida que se pasaba junto a ellos.

Aunque las de Ashurnasirpal fueron las primeras esculturas narrativas en relieve de este tipo, es posible que la idea que las inspiró no fuera totalmente nueva. Es posible que palacios anteriores contaran con imágenes narrativas similares, pero en forma de pinturas murales, que se han desintegrado. (Los frescos fragmentarios del anterior palacio Mari de Zimri-Lim sugieren que éste pudo haber sido el caso, aunque las suyas no eran imágenes de guerra, sino de procesiones ceremoniales). De ser así, Ashurnasirpal II hizo que tales registros visuales fueran más duraderos al hacerlos tallar y pintar sobre piedra en lugar de yeso mural. Y las técnicas y la escala de la talla en piedra representaban algo totalmente nuevo.

Las losas de piedra con los relieves debían tener 2 metros de altura, la mayoría con dos registros horizontales de imágenes en cada losa. Para hacer realidad el sueño del rey debieron de necesitarse muchos artesanos, y muchos de ellos debieron de ser formados en su día para realizar tallas en piedra a una escala diferente de la anterior. Cualquiera que aprendiera un oficio o profesión lo hacía como aprendiz de un maestro, y tales habilidades a menudo se transmitían de un hombre a sus hijos, o de una mujer a sus hijas. Todos los escultores anónimos de los relieves de Ashurnasirpal tenían una mano segura cuando se esculpieron las esculturas finales, pero debieron de pasar por muchas fases de formación para llegar a ese punto. Los aprendices de escultor aprendieron a utilizar los martillos, cinceles, puntas y taladros que necesitarían; aprendieron a alisar la piedra con abrasivos y a crear planos poco profundos en la piedra que creaban una ilusión de profundidad mucho mayor.

Las esculturas en relieve de escenas de batallas y asedios pretendían mostrar que Ashurnasirpal II y su ejército habían recorrido el mundo (o al menos el mundo que ellos conocían), superando todas las dificultades, incorporando fácilmente todas las ciudades al imperio. Ninguna montaña era demasiado alta, ningún río demasiado profundo o rápido para ser cruzado; el ejército seguía avanzando y seguía conquistando. Ninguna otra tierra tuvo oportunidad de resistirse.[26] Más que eso, los relieves (como las inscripciones reales) necesitaban mostrar que el mundo fuera de Asiria, que era visto como caótico y extraño, había sido llevado a un orden reconfortante al convertirse en asirio.[27] Otro mensaje que debía proyectarse en las esculturas era que Ashurnasirpal era la elección de los dioses para liderar a los asirios en esta inevitable (como él la veía) dominación del mundo conocido. Esto era mucha propaganda para los escultores.

El proceso de creación de los relieves debió de ser complejo e implicar a muchas personas. En primer lugar, el rey, en consulta con sus funcionarios, adivinos y sacerdotes, tuvo que decidir qué escenas quería y en qué lugar del palacio las quería, para lograr el máximo efecto en los espectadores y la participación más propicia de los dioses.[28] Las imágenes debían representar logros reales que habían tenido lugar, al tiempo que creaban el cuento moral de la inevitable dominación de Asiria, para edificación de los visitantes del palacio. Además de imágenes de guerra, Ashurnasirpal II decidió que necesitaba escenas de cacerías de leones y de la realización de rituales (ambas protagonizadas por él mismo, por supuesto).

Su inmenso salón del trono, de 45,5 metros de largo por 10,5 de ancho,[29] presentaba esculturas en relieve que cumplían una función distinta: representarse a sí mismo flanqueado por dioses, genios, árboles sagrados y otros símbolos que cobraban vida divina para protegerle. Las esculturas de este tipo acabaron siendo los relieves más comunes en el palacio; más de la mitad de las losas de piedra representan escenas religiosas de diversa índole.[30] Las esculturas debían colocarse cuidadosamente para que causaran el mayor efecto en los visitantes, teniendo en cuenta incluso la ubicación de las puertas y las líneas de visión.[31]

En la segunda etapa, tras la planificación, un artista (o varios) comenzaba a diseñar los relieves, abordando de forma visual todos los componentes del mensaje deseado por el rey. ¿Quiénes eran estos artistas? ¿Cómo se esbozaron los planos? ¿Qué medio se utilizó? Desgraciadamente, no hay respuestas fáciles a estas preguntas. Parece probable que, en las primeras fases de planificación, los artistas grabaran bocetos de las escenas propuestas en tablillas de cera montadas sobre tablas de [madera32].

Podemos hacernos una idea de este proceso gracias a las palabras de un artista llamado Nabu-ashared, a quien se encargó la creación de una estatua de un rey neoasirio posterior (aunque, al parecer, en este caso no se trataba de un relieve mural). Había estado trabajando en bocetos para la escultura con otros artistas, pero no se ponían de acuerdo en detalles concretos. Así que Nabu-ashared envió algunos bocetos y modelos al rey y le escribió sobre ellos: "Hemos enviado dos imágenes reales al rey. Yo mismo esbocé la imagen real, que es un esbozo. Ellos crearon la imagen real que es redonda. El rey debe examinarlas, y la que considere aceptable la ejecutaremos".[33] Ahora pasó a sus preocupaciones particulares: "Que el rey preste atención a las manos, la barbilla y el pelo". Nabu-ashared alertó al rey de los desacuerdos entre los artistas sobre cómo debían representarse el brazo y el cetro del rey. Hizo campaña (no demasiado sutilmente) a favor de su propio diseño y de algún apoyo real: "En cuanto a la imagen real que están haciendo, el cetro está sobre su brazo y el brazo descansa sobre sus muslos. Yo mismo no estoy de acuerdo y no lo haré. Podría hablar con ellos sobre los rasgos, sobre cualquier cosa, pero no me harían caso".[34] Sin duda, si el rey le daba su aprobación, los demás artistas harían lo que Nabu-ashared deseaba.

Es muy posible que los artistas de Ashurnasirpal tuvieran desacuerdos y dudas similares. Dado el gran número de losas de piedra que estaban diseñando, el proceso de consulta debió de ser largo y posiblemente polémico. Uno puede imaginarse a uno de los artistas de Ashurnasirpal inclinado sobre una lápida de cera, tratando de idear una manera de mostrar suficientes soldados, caballos y carros para indicar el poderío del ejército, junto con una imagen imponente del rey (que debía aparecer en muchos paneles) y una representación convincente de, por ejemplo, una ciudad asediada y sus defensores. Las personas y los animales debían parecer de pie unos detrás de otros, aunque los relieves no debían estar profundamente incisos. Tal vez el artista borrara muchas veces la imagen de su tabla antes de dar con la solución para cada composición.

En sus diseños, los artistas seguían las convenciones de la escultura en relieve asiria. Los cuerpos podían mostrarse de frente o de perfil; la musculatura bajo la piel debía observarse y representarse cuidadosamente, pero los rostros estaban siempre de perfil y carecían de expresión. Nadie sonreía ni fruncía el ceño, nadie tenía arrugas ni las mejillas hundidas, y nadie miraba al espectador. También era común al estilo asirio que los artistas incluyeran detalles minuciosos -representaciones exactas de las joyas y los bordados de la ropa, por ejemplo-, de modo que cuanto más de cerca se miraban las esculturas, más se veía.[35]

Los hombres que diseñaban las escenas religiosas -árboles sagrados, genios, escenas de libaciones, figuras divinas, etc.- probablemente no eran sólo artistas, sino también eruditos sacerdotales.[36] Necesitaban tener un gran conocimiento sobre el mundo divino para crear escenas que tuvieran el poder de proteger al rey.

Finalmente, el rey (junto con sus consejeros, adivinos y sacerdotes) debió de aprobar una serie de diseños para las esculturas, de modo que, en la tercera fase del proceso, se puso en marcha la fabricación propiamente dicha. Lo más importante era extraer los bloques de piedra y transportarlos al palacio. Las colosales figuras de toros *lamassu* que custodiaban las puertas se moldearon en la cantera antes de ser transportadas. Lo sabemos porque los relieves de piedra del palacio de un rey posterior, Senaquerib (705-681 a.C.), mostraban el (muy difícil) proceso de extracción y transporte de un *lamassu* inacabado.

En la primera escena, el alabastro estaba siendo cincelado en forma oblonga a partir de la roca viva, mientras decenas de prisioneros de guerra con cestas a la espalda subían y bajaban por las escarpadas laderas de la cantera. Las cestas de los hombres que subían con dificultad estaban llenas de escombros rocosos. Las cestas de los hombres que bajaban estaban vacías, ya que tropezaban y desprendían piedras sueltas en su prisa por volver al fondo a recoger más rocas. Sin duda, los guardias armados asirios apostados alrededor de su zona de trabajo influían en su velocidad.[37]

Una vez separada la forma básica del *lamassu* de la roca nativa, se sacaba de la cantera y se transportaba por el campo en un enorme trineo con forma de barco que rodaba sobre troncos. En la parte trasera del trineo, unos hombres manipulaban una palanca gigante para hacerlo avanzar gradualmente. En la parte delantera, docenas de prisioneros de guerra se inclinaban hacia delante, poniendo todo su peso y esfuerzo en tirar de las cuatro cuerdas unidas al trineo.[38] Los capataces con palos estaban preparados para azotar a cualquier trabajador que no tirara con suficiente fuerza. El proceso debió de ser caluroso, agotador y ruidoso, con hombres gritando a los trabajadores, y puntuado por los toques de dos hombres con trompetas que iban encima de la propia escultura.

Los toques finales del *lamassus* se añadieron más tarde. En una carta a un rey posterior, un funcionario escribió al respecto: "En cuanto a los colosos de toros sobre los que me escribió el rey mi señor, he calculado sus posiciones en los... palacios y los están desbastando". Asimismo, es probable que los paneles de piedra caliza se tallaran de forma rectangular en la cantera, pero se dejaran en blanco para terminarlos más tarde in situ. El transporte hasta el palacio se hizo en barco: "Que el rey, mi señor, mande traer (barcos) [a mí]... para que pueda llevar las losas de piedra "[40].

Una vez colocados los bloques, el maestro artista transfería sus dibujos de los bocetos preliminares a la superficie de la piedra,[41] tras lo cual todos los escultores, muchos de los cuales debieron de formarse sólo para el programa de construcción de Ashurnasirpal, empezaban a cincelar, presumiblemente siguiendo las líneas trazadas, para crear las esculturas en relieve. Las manos de los distintos artistas pueden distinguirse a veces entre sí, ya que algunos crearon versiones más gruesas o más finas de la misma imagen básica.[42]

Eran maestros en su arte, tallaban el fondo y creaban un fondo de alabastro liso y plano sobre el que destacaban sus figuras. Prestaban gran atención a los detalles, hasta el punto de que algunos estudios sobre los tejidos asirios se han basado únicamente en sus representaciones en esculturas en relieve.[43] Detalles como los rizos del cabello y los bordados de la ropa se añadían con una punta afilada, hacia el final del proceso.[44]

Los artistas trabajaban con escribas que trazaban inscripciones en cuneiforme que acompañaban a las imágenes, y cuyas palabras eran talladas en la piedra por los albañiles.[45] En el palacio de Ashurnasirpal, la inscripción se escribía entre las dos escenas horizontales de cada bloque, repitiéndose una y otra vez por todo el palacio. En otros edificios, la elección de las inscripciones variaba. En una ocasión, un funcionario no había recibido instrucciones sobre las inscripciones para el muro de un templo, pero sabía que debían estar allí. Escribió al rey, citando primero a otro hombre: "'¿De verdad no debemos poner inscripciones en las paredes del templo? Ahora escribo al rey, mi señor: que se escriba una inscripción y se me envíe (como modelo), y que se escriban las demás de acuerdo con ella y se coloquen en el muro del templo".[46]

Una vez tallados, los relieves se pintaban, presumiblemente por artesanos con conocimientos diferentes a los de los escultores. Los pintores utilizaron colores sorprendentemente vivos, de los que se conservan restos. Se pintaron árboles con troncos negros y hojas verdes.[47] Un asistente iba vestido completamente de rojo.[48] Se descubrió que el arnés de un caballo estaba pintado con brillantes rayas rojas y azules.[49] Las esculturas podrían haber parecido incluso llamativas a los ojos modernos, familiarizados como estamos con la piedra lisa de los relieves asirios, despojada de su antiguo color.

Cada escena es una ventana a la época. Es cierto que todas están llenas de propaganda, pero también lo están las inscripciones reales. Y, al contrario que en las inscripciones reales, las escenas de batalla no permiten a Ashurnasirpal II atribuirse el mérito exclusivo de todas las victorias. Representan a muchas otras personas que lucharon o ayudaron en las campañas. En algunas, el rey domina la imagen, pero en otras se funde con la multitud. Se le representa de estatura normal, pero siempre se le distingue por su característico tocado: un sombrero cónico de copa plana con una pequeña punta en la parte superior. Sólo el rey podía llevarlo. Las imágenes también incluyen detalles que el rey nunca pensó en incluir en una inscripción: los tipos de armas utilizados en campaña, las formas de los carros, las estrategias para socavar las murallas de las ciudades, y mucho más, incluyendo representaciones del trato que recibían los enemigos derrotados.

Tendemos a pensar que las guerras antiguas estaban llenas de batallas campales en campo abierto, miles de carros y caballería cargando unos contra otros, tierra volando de los cascos de los caballos, infantería enzarzada en luchas de espadas uno contra uno o lanzando lluvias de flechas contra el ejército contrario, un derroche de violencia que acababa en una llanura ensangrentada y sembrada de cadáveres. Pero tales batallas eran en realidad muy raras.[50] Eran lo suficientemente raras como para que los nombres de las batallas fueran recordados y los acontecimientos contados durante siglos. La batalla de Kadesh, como hemos visto, fue la única ocasión en la que dos de los grandes reyes de finales de la Edad del Bronce se enfrentaron en el mismo campo de batalla. E incluso cuando tales enfrentamientos tenían lugar, eran planeados con antelación, organizados por diplomáticos y programados en función de presagios propicios de los dioses. El resultado de una batalla de este tipo también solía considerarse definitivo. No hacía falta tener más.[51]

Dado el poder y el tamaño del ejército asirio, pocos adversarios de Asiria tenían deseos de enfrentarse a ellos en el campo de batalla. Cuando aparecía el ejército de Ashurnasirpal, era mucho más probable que la gente se replegara tras los altos muros fortificados de su ciudad e intentara defenderla. Los pueblos pequeños solían caer con facilidad, pero una ciudad importante con fuertes defensas podía resistir durante meses, incluso años.[52] Sin embargo, no todos los asedios desembocaban en una conquista violenta. Los asirios podían ser eficaces a la hora de persuadir a los habitantes de las ciudades para que se rindieran. Prometían amnistía y eran fieles a su palabra; las poblaciones que se rendían no eran asesinadas (aunque se exigían enormes cantidades de tributo al rey local y gran parte de la población seguía siendo a menudo deportada). Pero si la ciudad no se rendía, los asirios eran expertos en asedios, y era probable que tuvieran éxito. La guerra de asedio era mucho más común en los relieves de las murallas de los palacios que las batallas campales.

En un notable panel del palacio de Ashurnasirpal, el artista y los escultores consiguieron representar, en una animada escena de tropas luchando por el control de una ciudad, casi todas las tácticas que utilizaban los asirios durante un asedio.[53] Tres murallas, una dentro de la otra, protegían a los habitantes asediados. Las murallas estaban coronadas por almenas triangulares y perforadas por puertas arqueadas, con torres torreadas flanqueando la entrada principal. Desde detrás de las murallas, los soldados locales tensaban sus arcos, listos para lanzar una lluvia de flechas sobre los asirios invasores. Algunos habían lanzado antorchas encendidas. Un hombre, sin embargo, había bajado el arco y miraba nervioso a sus espaldas. Los arqueros asirios nunca soltaban sus arcos; este gesto demostraba que el enemigo no iba a ganar.[54] En el arte encargado para el palacio, como en las inscripciones del rey, el enemigo nunca ganaba.[55]

No todo iba bien para los defensores de la ciudad. Una mujer en lo alto de una torre levantó los brazos, tal vez en señal de rendición o de horror. Un soldado asirio estaba agazapado en el suelo, con el arco tensado, listo para disparar, mientras otro sostenía un gran escudo para proteger a ambos. El artista muestra sólo a los dos soldados en esta pose, pero representan a cualquier número de tropas. Era una convención habitual en las escenas de batalla. Por cada soldado y civil representado en el arte, cientos de personas reales habían vivido el acontecimiento, realizando las mismas acciones arriesgadas, y a menudo muriendo en el proceso.

En la escena, otros asirios se afanaban en abrir un agujero en el muro exterior: el artista mostraba los ladrillos cayendo. El muro apenas se mantenía en pie; se mostraba, congelado, justo antes de su derrumbe. Otro soldado había creado un túnel y ya se arrastraba por el muro exterior. A la derecha de la escena vemos que los asirios habían desplegado un enorme ariete, cubierto de armadura y preparado para atacar. Un arquero y su escudero estaban situados en su torreta, y el príncipe heredero y su escudero estaban detrás. El ariete llevaba incluso una placa decorativa en la parte delantera, que mostraba a un soldado con casco, o tal vez al propio rey, en miniatura, lanzándose hacia delante, con el arco tensado. A lo largo de la escena, el artista incluyó las figuras de soldados enemigos que caían desde las murallas, con los miembros agitados y el pelo alborotado.

Desde el periodo dinástico temprano, los soldados enemigos se representaban tendidos en el suelo bajo las ruedas de los carros y los cascos de los asnos o caballos de los vencedores. Lo mismo ocurría en las escenas del palacio de Ashurnasirpal, y la debilidad del enemigo en comparación con el ejército asirio era un tema constante. Los historiadores del arte han argumentado que cada detalle de los relieves estaba diseñado para mostrar a los asirios como inevitablemente victoriosos y divinamente ordenados a dominar a sus enemigos.[56]

Sea como fuere, y sin quebrantar la regla de no expresión facial que se aplicaba a todos los personajes de las escenas, los artistas consiguieron retratar a los enemigos de Asiria con humanidad. En una escena, un soldado, cuya espalda había sido atravesada por dos flechas asirias, luchaba por levantarse sobre manos y rodillas, con la pierna izquierda doblada y la derecha estirada hacia atrás, su cuerpo era un estudio de esfuerzo inútil, mientras los caballos que tiraban del carro del rey galopaban despreocupadamente sobre él.[57] ¿Qué quería el rey que pensara el espectador al incluir a individuos como éstos? ¿Que eran inferiores y merecían morir? Tal vez, pero al hacer hincapié en su sufrimiento, el artista parece haber dado permiso al espectador para sentir compasión por ellos, o tal vez para preocuparse por la posibilidad de *convertirse en* uno de ellos. Teme a este rey, dice la imagen; mata indiscriminadamente. Tú también podrías perder tu hogar y tu familia. Tú también podrías convertirte en comida para los buitres.

DEPORTADOS

Los paneles murales del palacio de Ashurnasirpal también revelan mucho sobre el destino de las personas que acabaron en el lado equivocado de todas esas flechas y puñales una vez terminadas las batallas asirias, el destino de los que murieron y de los que no murieron. Las numerosas imágenes de cuerpos decapitados, de soldados asirios llevando cabezas cortadas y de escribas contando montones de cabezas no podían ser ficticias. Eran realidades del campo de batalla, confirmadas por las propias inscripciones de Ashurnasirpal. Cuando sus tropas conquistaron una ciudad llamada Nishtun, por ejemplo, escribió que "derribé a 260 de sus tropas de combate con la espada. Lo mismo ocurrió en las descripciones de muchas otras conquistas asirias. También son ciertas las representaciones de cautivos y deportados. Ciertamente se incluyeron como propaganda, pero se basaban en personas reales y pueden interpretarse como cualquier fuente primaria.

Ashurnasirpal II, como muchos reyes antes que él, utilizó la deportación como medio para sofocar rebeliones. Los habitantes de las ciudades conquistadas eran reunidos y obligados a marchar a nuevas tierras donde comenzarían una nueva vida, lejos de su tierra natal. Los asirios podrían haber justificado la deportación de muchas maneras: tal vez había que castigar a la gente por su resistencia; o la nueva tierra necesitaba ser cultivada y el gobierno se beneficiaría de los impuestos sobre la tierra recién cultivada; o era menos probable que la gente se rebelara si estaba lejos de casa; o se convertirían culturalmente en asirios al verse obligados a vivir con otros. Podría ser simplemente que el dios Ashur hubiera querido que se trasladaran, pero, cualquiera que fuera la razón, las deportaciones causaban un gran sufrimiento a los que se veían obligados a trasladarse.

Los funcionarios elegían a qué individuos deportaban y a cuáles permitían permanecer; no sabemos cómo. A menudo se llevaban a miembros de la familia real y a funcionarios, así como a profesionales con conocimientos valiosos, como cantantes y médicos. Pero también se deportó a muchos trabajadores manuales y agricultores. Las esculturas en relieve muestran que guardias armados conducían a grupos separados de prisioneros de ambos sexos ante el rey Ashurnasirpal II, que se encontraba bajo un dosel, atendido por más hombres armados, junto con un importante sirviente que agitaba un abanico para ahuyentar las moscas[59]. Desde allí, los deportados eran enviados por todo el imperio, mientras que la gente que quedaba en la ciudad era obligada a pagar cantidades exorbitantes de tributo.

Pero el enfoque de Ashurnasirpal II para mantener su imperio, descrito en sus inscripciones y visto en sus relieves, no parece haber funcionado durante mucho tiempo. Sin una estructura imperial clara, el miedo fue lo único que mantuvo el pago de tributos. Pero al cabo de un tiempo, los siguientes reyes, menos temibles, vieron cómo se secaba el río de la riqueza procedente de las tierras conquistadas. A principios del siglo VIII a.C. Los gobernadores que supuestamente gobernaban en nombre de los reyes asirios heredaban sus cargos y se comportaban como gobernantes independientes. Algunos de ellos encargaron inscripciones que no dan ninguna pista de que tuvieran siquiera un señor. Muchas tierras que nominalmente estaban sometidas a Asiria dejaron de pagar tributo.

En ese momento, Asiria ya no era el gran monstruo que había creado Asurnasirpal II; ahora su poder se veía igualado por las tierras vecinas de Babilonia al sur, Elam al este y Urartu al norte, y por el más lejano Egipto al suroeste. Varios reinos más pequeños lograron incluso existir independientemente de estos grandes estados. Esta época, finales del siglo IX y principios del VIII a.C., se describe a menudo como un periodo de "decadencia asiria", casi como si fuera algo malo. Pero el respiro de los ataques asirios fue sin duda bienvenido por las tierras que habían estado en el extremo receptor de los asaltos y en el extremo dador de los metales preciosos, textiles, caballos y otras riquezas que los reyes asirios habían exigido. Los habitantes de estas tierras tal vez pensaron, aliviados, que lo peor de la agresión asiria había pasado. Pero se equivocaban.

Un rey llamado Tiglat-Pileser III (744-727 a.C.) reformó y reestructuró el gobierno asirio para poder no sólo reconquistar el imperio, sino mantenerlo. Sus reformas dieron nueva vida al imperio, que duraría más de 120 años. Tiglat-Pileser III sustituyó a todos aquellos gobernadores casi independientes por gobernadores nombrados por él mismo, en deuda con él por su poder. Dividió las grandes provincias para que los nuevos gobernadores controlaran menos territorio y tuvieran menos poder que sus predecesores. Dividió los altos cargos oficiales para que cada hombre tuviera la mitad de responsabilidades y autoridad que alguien que hubiera ocupado ese puesto en el pasado. Eligió eunucos para muchos puestos gubernamentales y militares; estos hombres no tenían hijos, nadie que pudiera heredar su puesto. Creó una red de espías, que viajaban por todo el imperio y le informaban de cualquier traición y de posibles rebeliones antes de que estallaran. Y ya no dependía de los campesinos llamados al servicio militar; parece que creó un vasto ejército permanente, reclutando y entrenando a hombres de todo el imperio para luchar por Asiria. Es posible que contara con 60.000 hombres.

El nuevo ejército era implacable; los soldados hicieron campaña durante todo su reinado, expandiendo las fronteras del imperio cada vez más lejos, más allá de las tierras que habían estado sometidas a Asiria durante la Edad del Bronce Tardío hasta regiones sin antecedentes de sumisión a Asiria. Al principio, un rey conquistado podía convertirse en vasallo. Si pagaba puntualmente el tributo exigido, podía conservar su trono. Si no, Tiglat-Pileser lo sustituía por un rey títere, que a menudo era reemplazado, a su vez, por un gobernador asirio. Un reino vasallo se había convertido en ese momento en una provincia asiria. Con todo ello, el rey asirio incrementó las deportaciones, trasladando a cientos de miles de personas de un extremo a otro del imperio. Las provincias ya no estaban ocupadas en su mayoría por gentes con siglos de vínculos ancestrales con su tierra, sino por grupos de deportados recién llegados, forzados allí desde otro lugar, o desde varios otros lugares.

Tiglat-Pileser III pudo incluso hacerse con el control de Babilonia. Al parecer, los babilonios lo consideraron inicialmente como un aliado en su lucha contra los arameos y un nuevo grupo de población conocido como los caldeos. Más tarde, Tiglat-Pileser III depuso a un caldeo que había ocupado el trono de Babilonia y, en el 728 a.C., el rey asirio se proclamó también rey de Babilonia. Esto fue una primicia. Marcó el comienzo de más de un siglo de relaciones turbulentas, a menudo antagónicas, entre Asiria y Babilonia. Desde el principio, Tiglat-Pileser III deportó a cientos de miles de caldeos de Babilonia, según las inscripciones del rey.

El sucesor de Tiglat-Pileser III, Sargón II (722-705 a.C.), continuó con sus mismas prácticas, especialmente en lo referente a la expansión imperial y la deportación. Pero también emuló al rey Ashurnasirpal II al decidir que necesitaba una nueva capital. Kalhu había sido la capital durante 150 años; Sargón quería vivir en un lugar propio, en un palacio decorado con esculturas en relieve de sus propios logros. Llamó a la nueva ciudad Dur-Sharrukin (Fuerte Sargón). Se trataba de un proyecto de construcción tan ambicioso como cualquier otro que hayamos visto antes: la ciudad se extendía sobre 288 hectáreas (712 acres) y estaba rodeada por una enorme muralla, con un complejo administrativo dominado por un inmenso palacio. Al igual que Ashurnasirpal II, Sargón II debió de contar con un gran número de artistas y escultores en su plantilla, que trabajaron con rapidez para satisfacer sus necesidades de esculturas en relieve y gigantescas figuras *lamassu*. Desgraciadamente, las esculturas de Dur-Sharrukin no se han conservado tan bien como las de Kalhu. Estaban en mal estado cuando las excavó un equipo francés a mediados del siglo XIX, y muchas de ellas (más de 200 cajas llenas) se perdieron para siempre en el río Tigris en 1855 cuando las enviaban a París.[61]

Sin embargo, sabemos que algunos de los relieves conmemoran la campaña de Sargón en el Levante en el año 721 a.C. para sofocar una rebelión de una coalición de reinos. Uno de ellos era Israel, que había dejado de pagar el tributo requerido a Asiria. En varias de las inscripciones colocadas en su palacio, Sargón II mencionó la conquista de la capital de Israel, Samaria (entre otras muchas ciudades levantinas), afirmando que "conquistó la ciudad de Samaria y toda la tierra Bit-Humria".[62] (Bit-Humria o "Casa de Omri" era el término asirio para designar a Israel, llamado así por un rey llamado Omri al que los asirios consideraban fundador de Israel). Con más detalle, Sargón II señaló que "rodeé y conquisté la ciudad de Samaria. Me llevé como botín a 27.290 de sus habitantes, les recluté cincuenta carros y permití que el resto practicara sus ocupaciones (normales)".[63] Esta conquista está corroborada en la Biblia (aunque se atribuye al breve reinado de Salmanasar V [727-722 a.C.], predecesor inmediato de Sargón que inició las acciones contra la rebelión levantina). Tras la derrota de Israel, según el autor del libro de 2 Reyes de la Biblia, "el rey de Asiria trajo gente de Babilonia, Cutá, Avva, Hamat y Sefarvaim y los asentó en las ciudades de Samaria para reemplazar a los israelitas".[64] Esto marcó el fin del reino septentrional de Israel; la tierra se había convertido en una provincia asiria. Judá y su capital, Jerusalén, se libraron de la conquista y la deportación, aunque Judá tuvo que pagar tributo al rey asirio.

Sargón II sólo había ocupado su nueva gran capital durante un año antes de dirigir a sus tropas en una desafortunada campaña a la tierra de Tabal, muy lejos, en el centro-sur de Anatolia. Tenía unos sesenta años. En el transcurso de la campaña, en el año 705 a.C., "el rey fue asesinado, el campamento del rey de Asiria fue arrasado".[65] Los reyes asirios rara vez morían en combate, y parece que los reyes posteriores se cuidaron de evitar el combate real.

El hijo de Sargón II, Senaquerib, subió al trono en 705 a.C. y decidió que la capital de su padre, Dur-Sharrukin -aunque había costado una fortuna, estaba recién ocupada y aún estaba incompleta- no satisfaría sus necesidades. Así que Senaquerib comenzó la construcción de otra capital, esta vez en Nínive, a sólo 20 kilómetros (12 millas) al sur de Dur-Sharrukin. Allí construyó otro palacio nuevo. También decoró las paredes con numerosos paneles de alabastro, tallados por sus artistas con escenas de sus victorias y otras pruebas de su designación divina para gobernar el mundo. Uno imagina que los escultores, aunque quizás contentos de tener el trabajo, se habrían sorprendido al ver que se les necesitaba de nuevo, tan poco tiempo después de haber creado tantos paneles en relieve y *lamassus* para Sargón II. Fue Senaquerib quien encargó los relieves que muestran la extracción y el transporte de una escultura *lamassu.*

Dedicó una sala de su palacio a la conmemoración de un asedio concreto, el de Laquis, en Judá, que tuvo lugar en el año 701 a.C. Las imágenes que encargó del acontecimiento se extendían a lo largo de 26,85 metros (88 pies) de las paredes de la sala.[66] Por lo que respecta a Senaquerib, su exitoso ataque a Judá fue uno de los momentos culminantes de su reinado.

Mientras Judá había estado pagando el tributo requerido, los reyes asirios habían dejado al país en paz, como era la práctica habitual.[67] Pero cuando los judíos decidieron retener el tributo, esperando el apoyo del reino vecino de Egipto, Senaquerib prestó atención. La región ya no estaba "sometida al pesado yugo de Ashur", por utilizar una expresión favorita de los reyes asirios. El ejército asirio marchó sobre Judá para aplastar sus tendencias rebeldes. Una vez más, muchos de sus habitantes serían enviados a otros lugares.

Senaquerib destacó la victoria no sólo en esculturas en relieve, sino también en sus inscripciones y anales, aunque, curiosamente, no mencionó la ciudad de Laquis por su nombre. Una de las inscripciones dice lo siguiente:

(En cuanto a) Ezequías, de la tierra de Judá, rodeé (y) conquisté cuarenta y seis de sus ciudades fortificadas amuralladas y pequeños(as) asentamientos en sus alrededores, que eran innumerables, haciendo hollar rampas y subir arietes, el asalto de soldados de infantería, zapadores, brechas y máquinas de asedio. Saqué de ellos 200.150 personas, jóvenes (y) viejos, hombres y mujeres, caballos, mulos, asnos, camellos, bueyes, ovejas y cabras, que eran innumerables, y los conté como botín.[68]

Judá no fue la única que sufrió. Los eruditos han calculado que es probable que hasta 4.500.000 personas fueran deportadas de regiones de todo el Imperio neoasirio durante los periodos en que las deportaciones masivas estuvieron en su apogeo, incluido el reinado de Senaquerib[69]. Para hacerse una idea de la escala de esa migración, obsérvese que unos 13,3 millones de sirios han sido desplazados durante su guerra civil, con efectos devastadores en la región.[70] La población moderna de Oriente Próximo es muchas veces superior a la que había en el primer milenio a.C., por lo que el impacto de las deportaciones asirias habría sido extremo. Los caminos y los ríos -amplias extensiones de campo- debían de estar abarrotados de familias y ganado en movimiento.

Y, como ocurría en todas partes, al mismo tiempo que se reunía a la gente y se la alejaba de Judá, se trasladaba a otras poblaciones para reemplazarla. Todos los implicados se habrían sentido trastornados por ello, arrojados a un limbo en el que se habían roto todos los lazos con la tierra, la tradición y los antepasados. Todo el mundo tenía que encontrar su camino en un lugar nuevo, con gente nueva, al tiempo que debía seguir pagando sus impuestos al Estado. No es de extrañar que el pueblo del estado septentrional de Israel, que había sido mucho más completamente conquistado y desplazado por los asirios que Judá, simplemente desapareciera de los registros, convirtiéndose en las "diez tribus perdidas de Israel".

La campaña asiria contra Judá en 701 a.C. también aparece en la Biblia, en uno de los pocos episodios de los que se conservan relatos asirios y bíblicos. Por esta razón, como es de suponer, ha sido objeto de numerosos estudios durante mucho tiempo. En cuanto al conflicto más amplio en Judá, más allá de Jerusalén, el escritor del libro bíblico de 2 Reyes simplemente afirmó que "el rey Senaquerib de Asiria subió contra todas las ciudades fortificadas de Judá y las capturó".[71] El autor de 2 Crónicas añadió que "mientras el rey Senaquerib de Asiria estaba en Laquis con todas sus fuerzas, envió a sus siervos a Jerusalén."[72] Ninguno de los dos autores registró nada acerca de los deportados de Judea que fueron contados en los anales de Senaquerib y representados en sus relieves, aunque los autores bíblicos sí reconocieron que los asedios asirios a las ciudades de Judea tuvieron éxito. Sólo Jerusalén se salvó milagrosamente, según la Biblia, y Ezequías, su rey, tuvo que seguir enviando grandes cantidades de tributo a Asiria.

El yacimiento de Laquis (la actual Tell ed-Duweir, en Israel) ha sido excavado, lo que ha permitido a los historiadores comparar los relatos históricos (las inscripciones de Senaquerib, las esculturas en relieve de su palacio y los relatos bíblicos de la campaña en Judá), con los restos físicos en el suelo.[73]

En la época del ataque asirio, la ciudad de Laquis tenía una extensión de 12,5 hectáreas y estaba rodeada por una fuerte muralla. Los arqueólogos descubrieron pruebas de una enorme rampa que los asirios habían construido contra la muralla para poder trasladar sus máquinas de asedio (es la única rampa de este tipo que se conserva). Se construyó con rocas pesadas y se remató con mortero para que los soldados y los vehículos de ruedas pudieran subir a ella con más facilidad. La rampa estaba formada por entre 13.000 y 19.000 toneladas de piedra.[74] Un gran asedio era, en muchos sentidos, tanto un proyecto de construcción como una batalla, aunque el proceso de construcción de la rampa debió de ser más peligroso que la mayoría, probablemente bajo una lluvia de flechas, piedras y antorchas encendidas lanzadas por los habitantes de la ciudad. Una rampa semejante aparece en las escenas del asedio de Laquis por Senaquerib (aunque el ángulo de la rampa en el relieve desafía la gravedad, ya que es mucho más empinada de lo que hubiera sido posible). Los artistas asirios representaron cinco máquinas de asedio atacando las murallas de la ciudad desde la rampa.

Las fuerzas asirias también habían construido un campamento armado para los soldados cerca de la ciudad. No se encontró en las excavaciones, pero aparecía en los relieves. Su recinto ovalado tenía torres y almenas, como una versión reducida de la muralla de una ciudad. En su interior, los artistas representaron las tiendas y chozas de los soldados asirios.

Los excavadores encontraron otras pistas sobre la violenta destrucción de la ciudad, como cientos de puntas de flecha de hierro, muchas piedras de honda y algunas escamas metálicas de armaduras. Es posible que los muertos descansaran en un enterramiento masivo de unas 1.500 personas que se encontró en unas cuevas cercanas.[75]

Muchos judíos se vieron obligados a abandonar Laquis y, entre todos esos millones de deportados anónimos a lo largo y ancho del Imperio asirio, podemos verlos vívidamente representados en los relieves de

Senaquerib. A las familias se les permitió llevarse bolsas con sus posesiones, junto con parte de su ganado. Aunque su situación era imposiblemente dura, al menos no habían muerto en el asedio, y al menos podían mantener la esperanza de que tal vez un nuevo hogar yacía al final de su marcha, si lograban sobrevivir a ella. Fueron retratados saliendo de la ciudad, más allá del final de la rampa de asedio, abandonando sus hogares para siempre. Los soldados asirios que llevaban el botín de la campaña se unieron a los deportados, y finalmente todos pasaron por delante del rey, que estaba sentado en un trono sobre una colina.[76] (En esta escultura y en casi todas las demás representaciones de él, el rostro de Senaquerib ha sido cincelado por los atacantes que conquistaron la propia Nínive casi un siglo después, en el 612 a.C.). El trato que dieron a la capital asiria fue tan violento como el que los asirios habían dado a Laquis, como se verá en el capítulo 19). La figura del rey estaba provista de una etiqueta: "Senaquerib, rey del mundo, rey de Asiria, tomó (su) lugar en el trono *nemedu*, y el botín de Laquis pasó ante él".[77]

El artista muestra a dos mujeres de Laquis caminando juntas, con el pelo cubierto por un chal, seguidas de dos niñas, todas ellas aparentemente con cantimploras de agua potable en la mano. Un niño pequeño alzaba la mano para coger la de su padre, pero el hombre llevaba sobre los hombros, con ambas manos, un gran saco que quizá contenía todas las pertenencias que la familia podía llevar consigo. Junto a ellos, una mujer estaba sentada sobre dos sacos llenos de pertenencias familiares en un carro. Uno de sus hijos estaba sentado detrás de ella con los brazos alrededor de su cintura, otro estaba sentado en su regazo, con la cara pegada a la de su madre como si estuviera a punto de besarla[78].

Algunos de los habitantes de Laquis fueron tratados de forma muy diferente a los deportados. Un grupo de hombres, probablemente los líderes de la rebelión, fueron seleccionados para ser torturados y ejecutados. Estos hombres no llevaban posesiones; no iban a vivir para necesitarlas. Los artistas mostraban su trato con horripilante detalle, mientras eran empalados en estacas, apuñalados o desollados por soldados asirios.[79] Todos los deportados parecen haber desfilado junto a estos hombres, personas a las que debían conocer y quizás seguir en vida. Senaquerib estaba enviando claramente un mensaje sobre lo que ocurriría a los líderes de las rebeliones contra su régimen.[80]

Los deportados de otra de las campañas de Senaquerib fueron captados con el mismo detalle por los artistas. En esta escultura vemos a una madre que se inclina para dar de beber a su hijo de un odre lleno de agua, mientras hacían una pausa a la sombra de una palmera datilera. El niño, sediento, corre hacia ella. Una mujer que estaba junto a la madre y el niño llevaba una cesta en la cabeza y otra, delante de ellos, una gran bolsa a la espalda. Estas dos tenían la espalda erguida, orgullosas, y continuaban su marcha con sus largas túnicas y los pies descalzos.[81] Según los registros asirios, el viaje a una nueva tierra no tenía por objeto matar a los deportados. El gobierno les proporcionaba provisiones, pues quería que sobrevivieran para que se establecieran en nuevos lugares. Fuera cual fuera la intención del rey asirio, los artistas asirios no mostraban a los deportados como enemigos odiados, sino como familias luchadoras que se dirigían a un futuro desconocido en una tierra que había sido elegida para ellos por sus conquistadores asirios.

Los asirios llevaban la cuenta de los deportados. En una tablilla se enumeran 977 personas procedentes de Que, la tierra situada en el extremo noreste del Mediterráneo que antes se llamaba Kizzuwatna[82]. No se daba el nombre de ninguno de los deportados, pero todos los niños habían sido contados en grupos en función de su estatura. Dado que los antiguos pueblos de Oriente Próximo nunca llevaban la cuenta de las edades ni de los cumpleaños, la estatura de un niño servía para determinar su grado de preparación para el trabajo. Detrás de las estadísticas de esta tablilla se esconde un proceso: alguien, o un grupo de personas, reunió a esta inmensa multitud, tal vez al principio de su caminata, tal vez al final, para contarlos y clasificarlos. ¿Era la multitud tranquila y nerviosa o clamorosa y revoltosa? ¿Los niños permanecían con sus padres o estaban separados? Las familias no se separaban en el curso de la deportación, por lo que los niños se habrían reunido con sus padres después de ser medidos. Los funcionarios debieron hacer que cada uno de los 293 niños (172 niños y 121 niñas) se pusiera frente a una especie de poste de medición, que estaba marcado con líneas a 3, 4 y 5 palmos, para clasificarlos aproximadamente por estatura. Los niños más altos se consideraban adultos. Entre los más pequeños, cuarenta y cinco eran niños pequeños, mientras que cincuenta bebés aún estaban mamando. Algunas de sus madres debieron de darlos a luz poco antes de emprender la penosa marcha hacia su nuevo hogar.

Una vez documentados y concluido su largo viaje, no todos los deportados recibían el mismo trato. Un número muy reducido de ellos se convirtieron en funcionarios del gobierno asirio, ostentando el título de "guía" o "traductor" y asignados para ayudar al rey a negociar su camino a través de sus tratos con su patria y su pueblo.[83] A otros se les proporcionaron granjas en zonas del imperio previamente no cultivadas, o en regiones que a su vez habían sido objeto de deportación. Otros fueron elegidos para vivir en Kalhu, la nueva ciudad de Ashurnasirpal, o, más tarde, en Nínive, la ciudad reconstruida por Senaquerib. Los reyes posteriores afirmaron que estos deportados eran libres, se les consideraba asirios y podían seguir trabajando en las mismas profesiones que habían ejercido en sus tierras de origen.[84] Es difícil saber si había algo de cierto en esto. Sí sabemos que algunos sirvieron en el ejército asirio como aurigas.[85] Pero otros, como hemos visto, trabajaron en las canteras bajo el látigo de los soldados asirios.

Los autores bíblicos lamentaron los ataques a Samaria e Israel y el desplazamiento de los israelitas por todo el imperio. El trato que recibieron a manos de los asirios tocó la fibra sensible de los lectores de la Biblia durante cientos de años. Pero, como hemos visto, los israelitas y los judíos no fueron los únicos, sino el único grupo que dejó constancia de su trato. La deportación se había convertido en una estrategia habitual de control imperial, que los reyes ensalzaban en sus inscripciones y representaban en sus relieves.

Desde los tiempos de Sargón de Acad, más de 1.500 años antes de Asurnasirpal II, la idea del imperio había existido como un sueño en las mentes de los ambiciosos líderes de Oriente Próximo, pero los reyes neoasirios, empezando por Tiglat-Pileser III, fueron los primeros en convertirla en una realidad duradera. Idearon un sistema que mantenía el control sobre regiones lejanas, así como sobre sus propias poblaciones. Construyeron carreteras para que los mensajes y las tropas pudieran viajar rápidamente. Estacionaron guarniciones en fuertes por todo el imperio. Nombraron gobernadores para las provincias. Mantenían un ejército profesional. Castigaron, torturaron y mataron a los líderes rebeldes de forma extrema para disuadir a posibles rebeldes de seguir su ejemplo. Imponían impuestos y tributos para que la riqueza inundara la capital y otras ciudades asirias. Y trasladaron a poblaciones enteras de una región a otra, no, como hemos visto, con el objetivo de matarlas (aunque muchas murieron)[86], sino, en cierto modo, para arrancarles el suelo de debajo de los pies. Los deportados tuvieron que construir vidas completamente nuevas; les quedaban pocas energías para la rebelión. Los artistas de palacio dieron un rostro humano a estas personas anónimas y nos mostraron sus trágicas situaciones de una forma que aún puede llegar a nuestros corazones, aunque hayan pasado siglos desde sus vidas.

Una vez inventado este sistema imperial, nunca desapareció. Cada uno de los imperios posteriores, en Oriente Próximo, Europa y el sur de Asia, adoptó muchas de las mismas prácticas, y para los habitantes de esas regiones, vivir bajo un imperio se convirtió en la norma. Dada la reputación de tiranos de los reyes neoasirios, resulta sorprendente recordar que sus lejanos predecesores habían sido los reyes de Ashur del segundo milenio, con sus colonias mercantiles y consejos municipales, que se contaban entre los gobernantes menos autocráticos de cualquier época de la historia del Próximo Oriente.

CAPÍTULO 18

CONSPIRADORES, ADIVINOS Y FUNCIONARIOS

Sería difícil imaginar una forma peor de llegar al trono que la que sufrió Esarhaddón (681-669 a.C.).[1] Estaba lejos de ser el sucesor obvio de su padre Senaquerib; era el más joven de los príncipes reales, con poco más de treinta años,[2] y acababa de ser nombrado príncipe heredero. Senaquerib, que había gobernado Asiria durante veinticuatro años, acababa de ser brutalmente asesinado a la edad de cincuenta y nueve o sesenta años.[3] En un giro horrible, este asesinato no había sido ejecutado por un usurpador, sino por uno de los propios hijos del rey, uno de los hermanos mayores de Esarhaddon. Esta desastrosa sucesión de acontecimientos persiguió a Esarhaddón durante todo su reinado, dando lugar a conspiraciones y planes de asesinato, y a un miedo casi debilitante a tales conspiraciones y planes de asesinato por parte del rey. La historia de sus preocupaciones no sólo involucra al propio rey, atormentado por la ansiedad, sino también a una serie de personas fascinantes: el adivino Bel-ushezib, una profetisa esclavizada, el intérprete de sueños Nabu-ushallim, el escriba babilonio capturado Kudurru, y varios hombres que conspiraron para sustituir a Esarhaddon como rey, entre ellos un alcalde llamado Abda, un poderoso eunuco y Sasi, el aparente cerebro detrás de varias conspiraciones. La búsqueda de respuestas por parte de Esarhaddon y sus reacciones ante lo que aprende nos guiarán en un recorrido por la forma en que los mesopotámicos intentaron, de muy diversas maneras, desentrañar la voluntad de los dioses.

ESARHADDON: UN IMPROBABLE HEREDERO AL TRONO

Pero primero tenemos que volver a la fuente del poder de Esarhaddón y también de su dolor: su nombramiento en el último momento como heredero al trono. En 683 a.C., sólo dos años antes de ser asesinado, el rey Senaquerib había cambiado de opinión sobre la sucesión real. Se decidió en contra de un príncipe mayor y de repente quiso que su hijo menor Esarhaddon fuera el próximo rey, y así, dijo, lo hicieron los dioses.

Más o menos al mismo tiempo, Senaquerib nombró a la madre de Esarhaddon, Naqi'a (que hasta entonces había sido una de las esposas secundarias del rey), para el poderoso cargo de *segallu*, o reina.[4] La anterior reina de Senaquerib (la madre del anterior príncipe heredero) había muerto o había sido depuesta. Sea como fuere, habría sido una gran pérdida para muchos en la corte. Senaquerib había escrito de ella, diez o doce años antes, que era "mi amada esposa, cuyos rasgos (la diosa) Belet-ili ha hecho perfectos por encima de todas las mujeres".[5] Tuvo una larga carrera en palacio y debió de ser amada por muchos otros miembros leales de la familia y sirvientes.

Obviamente, cuando el rey tomó estas dos grandes decisiones sobre Esarhaddon y Naqi'a, no tenía ni idea de que estaba a dos años de ser asesinado. Pero tenemos la ventaja de la retrospectiva y podemos ver por qué los príncipes mayores reaccionaron mal ante estos dos grandes cambios. Su madre ya no era reina, una antigua esposa menor la había sustituido abruptamente como la mujer más importante del país, y el hijo de esa mujer se había convertido inexplicablemente en el sucesor designado del rey. Todos los hijos mayores habían sido dejados de lado sin ceremonias para ocupar el puesto más poderoso de Asiria, que era posiblemente el puesto más poderoso de todo el mundo en aquella época. Asiria tenía sin duda el mayor imperio de la Tierra en el siglo VII a.C. (aunque, por supuesto, sus reyes no sabían nada de la mayoría de los reinos e imperios del resto del mundo). El príncipe vengativo que finalmente dirigió a los asesinos era el hombre que había sido el príncipe heredero original, hasta que fue derrocado del cargo por Esarhaddon, elegido por Senaquerib.[6]

Esarhaddon explicó la crisis de esta manera, en su inscripción más confesional: "Soy el hermano menor de mis hermanos mayores (y) por mandato de los dioses Ashur, Sin, Shamash, Bel y Nabu, Ishtar de Nínive (e) Ishtar de Arbela, (mi) padre, que me engendró, me elevó firmemente en la asamblea de mis hermanos, diciendo 'Éste es el hijo que me sucederá'." [7] Esarhaddon continuó describiendo cómo su padre había consultado a los dioses "y ellos le respondieron con un firme 'sí', diciendo: 'Él es tu sustituto'."

A lo largo de su relato sobre su elección para el trono y los acontecimientos que siguieron, Esarhaddon repitió una y otra vez que los dioses le habían dado ese voto de "sí firme", que estaban de su parte. Seguía consultando a los adivinos para estar seguro. Necesitaba desesperadamente que le aseguraran el apoyo de los dioses porque, justo desde ese momento en que fue elegido para ser el próximo rey, se ganó un montón de enemigos.

El rey Senaquerib debía saber que cambiar a su heredero sería una medida impopular. Para tratar de mantener la paz en su familia y en su reino, exigió a todos sus hijos, junto con "el pueblo de Asiria, jóvenes y viejos", que prestaran juramento de apoyar la sucesión de Esarhaddón. Senaquerib también consultó con los dioses cada paso de este proceso. En consecuencia, eligió "un mes favorable, en un día propicio" para que Esarhaddon pasara por la ceremonia en la que se convirtió en el heredero al trono. Esarhaddon escribe que "entró alegremente en la Casa de Sucesión, un lugar imponente en el que (tiene lugar) el nombramiento a la realeza". Uno sospecha que su alegría estaba teñida de algo más que una pizca de terror. Su destino había cambiado por completo y, a juzgar por su correspondencia posterior, pasó gran parte del resto de su vida en un estado de gran ansiedad.

Los príncipes mayores estaban claramente furiosos por el ascenso de Esarhaddon. "La persecución (y) los celos cayeron sobre mis hermanos y abandonaron (la voluntad) de los dioses", escribió Esarhaddon. "Confiaban en sus actos arrogantes y tramaban el mal". Este mal, escribió, incluía difundir rumores, calumnias y mentiras sobre él, e incluso poner a su padre en su contra. Pero, por supuesto, su peor acto de todos (que no mencionó específicamente) fue conspirar para matar a su padre el rey. Tal vez Senaquerib no sospechara que él mismo estaba en peligro, pero temía por su heredero y convenció a Esarhaddón para que huyera de la capital hacia el oeste.[8] Esarhaddón escribió que los dioses "me asentaron en un lugar secreto, lejos de las malas acciones" y lo mantuvieron a salvo en una torre, en algún lugar de Siria.

Una versión del asesinato cuenta que los príncipes apuñalaron a su padre, pero otra más gráfica dice que derribaron una de las enormes estatuas *lamassu* de piedra del palacio y lo aplastaron hasta la muerte. No está claro cuál fue la verdad. Tras el asesinato, la tierra se alborotó. Los consejeros leales encontraron la forma de informar a Esarhaddon, en su escondite, de que era el siguiente en la lista de asesinados de sus asesinos hermanos mayores, lo que sinceramente no podía sorprenderle. Pero Esarhaddon sabía que tenía que volver a la capital: sólo él tenía derecho a ser rey. Sólo tenía que superar las probabilidades aparentemente imposibles que tenía en su contra: el odio de sus hermanos hacia él, la antipatía de muchos en la corte y en todo el imperio, y las conspiraciones no especialmente secretas contra su vida.

Mientras tanto, no todas las noticias eran malas. Los hermanos de Esarhaddon descubrieron que eran menos populares de lo que habían previsto. Esarhaddon tenía sus defensores. Después de todo, el "pueblo de Asiria... juró por el aceite y el agua del tratado, un juramento vinculado por los grandes dioses "[9] para apoyar la sucesión de Esarhaddon. (Este era un punto importante; recordó al lector dos veces en su inscripción acerca de este juramento que el pueblo había hecho). Y la sangre de Senaquerib estaba en manos de los hermanos; matar a un rey relativamente popular no era una buena manera de ganar adeptos. Pero aunque Esarhaddon se complacía en afirmar que la población "no acudió en su ayuda", eso no era del todo cierto. Sus hermanos contaban ciertamente con cierto apoyo.

Mientras pasaba un tiempo escondido, Esarhaddon reunió un ejército propio y, cuando estuvo preparado, se abrió camino de vuelta a Nínive para tomar el trono. El día de su entrada victoriosa en la capital, dos meses después de la muerte de su padre,[10] escribió que "entré alegremente en Nínive. Había sobrevivido; ahora era el rey oficial. Y una vez más consultó a los adivinos: "Me llegaron oportunamente señales favorables en el cielo y en la tierra. Ellos (los dioses) me alentaban continua y regularmente con oráculos a través de extáticos, el(los) mensaje(s) de los dioses y diosas".

Los mesopotámicos creían que los dioses y diosas escondían esos mensajes en muchos lugares del cielo y de la tierra. Podían encontrarse en las acciones del sol, la luna, las estrellas y los planetas, en los sueños, en los comportamientos de los animales, en las plantas, en los mensajes de los profetas y en los órganos internos de los animales sacrificados.[12] Era como si los dioses hubieran inscrito sus planes para el futuro en todo el mundo natural, pero sólo los adivinos tenían la pericia para leer esta escritura sagrada. Esarhaddon hizo uso de casi todas las técnicas de adivinación mientras intentaba aferrarse a su poder y erradicar posteriores complots en su contra.

Para asegurarse de que los rebeldes y sus partidarios eran aplastados, Esarhaddon se deshizo de las fuerzas de seguridad que protegían los palacios de Nínive y de la antigua capital de Kalhu y las sustituyó por seguidores leales.[13] También buscó a los "soldados culpables que incitaron a mis hermanos". Señaló con calma que "les impuse un castigo doloroso: Exterminé a su descendencia "[14]. No dijo, sin embargo, si los propios soldados, o para el caso sus hermanos, fueron asesinados. De hecho, los asesinos habían escapado hacia el norte, exiliándose en la tierra de Urartu, enemigo de Asiria desde hacía mucho tiempo, y continuaron causando dificultades a Esarhaddon durante años.[15]

Urartu (llamada Biainili por sus habitantes) siempre había sido una región difícil de conquistar para los invasores, ya que se encontraba en territorios montañosos y sus comunidades se extendían por varios valles fértiles sin vías de comunicación evidentes con las tierras bajas. En invierno, cuando las tormentas de nieve eran feroces, incluso los valles de Urartu podían quedar incomunicados. Urartu se había convertido en una tierra unificada sólo durante el siglo IX, cuando los reyes asirios habían enviado repetidamente campañas militares a la región y el pueblo se había unido para defenderse. Una vez unificado el centro del país, los gobernantes de Urartu conquistaron muchas regiones vecinas, expandiendo su reino durante las campañas militares anuales para incorporar una vasta zona al norte de Asiria y al sur de las montañas del Cáucaso. Fue una de las únicas grandes potencias capaces de resistir a las ambiciones imperiales asirias, aunque los asirios consiguieron conquistar periódicamente partes de la región, sólo para perderlas de nuevo. Al igual que los hititas, los urartianos habían adoptado el cuneiforme y (también como los hititas) parecen haber sido formados por escribas asirios, ya que al principio no escribían en su propia lengua, sino en acadio. Más tarde adaptaron el cuneiforme para escribir en urartio, y los escribas compusieron inscripciones reales que atestiguaban los éxitos militares de los reyes.[16]

En tiempos de Esarhaddón, el gobernante de Urartia Rusa II (c. 673 a.C.) construyó algunas de las mayores fortalezas de la historia de Urartia. El centro administrativo de una ciudad fortaleza llamada Teishebaini era una enorme estructura de ladrillos de barro sobre cimientos de piedra que se extendía sobre 4 hectáreas (10 acres) e incorporaba 150 habitaciones.[17] Era más que un simple palacio para el gobernador: contenía almacenes, graneros, talleres y una fábrica de cerveza.

Un lugar así podría haber albergado con seguridad a un fugitivo de Asiria, como el príncipe que mató a Senaquerib.

BEL-USHEZIB Y SASI: UN ASTRÓNOMO Y UN PRESUNTO CONSPIRADOR

Uno de los adivinos que había levantado el ánimo de Esarhaddon durante su exilio se llamaba Bel-ushezib.[18] Más tarde, este hombre se atribuyó el mérito de haber leído las señales que habían predicho la exitosa sucesión de Esarhaddon al trono. Escribió a Esarhaddon para recordarle que había sido él quien había informado del "presagio de la realeza de mi señor, el príncipe heredero Esarhaddon".[19] Bel-ushezib había traído este mensaje edificante de los dioses cuando la moral de Esarhaddon podría haber estado en su punto más bajo, cuando vivía en el exilio, escondido temiendo por su vida. Bel-ushezib "[n]ecesitamos rendir homenaje al príncipe heredero, mi señor, que eludió la ejecución [huyendo] a la Torre, cuyo asesinato junto con el de tus siervos [se tramaba] todos los días".[20] Bel-ushezib no especificó aquí qué presagios observó, pero probablemente se tratara de observaciones astronómicas; ése era su campo de especialización. Sus otras cartas a Esarhaddon estaban llenas de observaciones de este tipo, y a menudo daba sugerencias increíblemente detalladas sobre lo que el rey debía hacer basándose en lo que había visto.

Por ejemplo, otra carta de Bel-ushezib, escrita más tarde, cuando Esarhaddon era rey, proporcionaba orientación en la planificación de una invasión de la tierra de Mannea, en lo que hoy es el noroeste de Irán. El adivino comenzó con dos observaciones astronómicas, ambas relativas a estrellas fugaces o meteoros. (La primera fue: "Si una estrella parpadea como una antorcha desde el este y se pone en el oeste: el ejército principal del enemigo caerá" [21]). A partir de ahí, hizo recomendaciones muy específicas y aparentemente bien informadas sobre la invasión, como "no debe invadir todo el ejército; (sólo) deben invadir la caballería y las tropas profesionales", y "[los carros] y las carretas deben permanecer uno al lado del otro [en] el paso". Aseguró a Esarhaddon que sus palabras procedían directamente del propio dios Marduk: el dios "[ha ordenado] la destrucción de los manneos y por segunda vez [los entrega] en manos del rey, mi señor. Si en este día 15 la luna [se ve] con el sol, será a causa de ellos".

A pesar de la especificidad de los mensajes de Marduk, Bel-ushezib era consciente de las limitaciones de sus propios conocimientos, en este caso de geografía. Reconoció que la campiña de Mannea le era desconocida, y que el rey necesitaba obtener consejos prácticos, además de los mensajes de los dioses. "El señor de los reyes debe preguntar a un experto del país, y el rey debe (entonces) escribir a su ejército como mejor le parezca", escribió. El último mensaje que Bel-ushezib recibió de Marduk fue que "Yo (Marduk) entregaré todos los países en sus manos". Pero el adivino también escribió, humildemente, al final de la carta, como hacía casi siempre que aconsejaba al rey: "El rey puede hacer felizmente lo que considere mejor".

Los adivinos especializados en astronomía, como Bel-ushezib, realizaban sus observaciones del cielo todas las noches, probablemente desde las plataformas más altas de los zigurats, muy por encima de los muros de las casas de la ciudad que habrían obstruido su visión. El cielo nocturno de la antigua Nínive era mucho más oscuro que el de las ciudades modernas; no tenían contaminación lumínica. Las estrellas eran innumerables, la Vía Láctea una cinta brillante a través de los cielos, los patrones de las constelaciones sorprendentemente claros. Por ejemplo, veían en el cielo una oveja (Aries), el Toro del Cielo (Tauro), gemelos (Géminis), un cangrejo (Cáncer), un león (Leo) y una serpiente (Hidra)[23] . Por ejemplo, ésta es "el Carro" (la Osa Mayor): "[4 s]tars se dibujan en su frente. Su polo (está) hacia el talón de Eru. A veces los astrónomos iban más allá de la simple descripción de las posiciones de las estrellas y añadían detalles imaginativos que les parecían reales, tal vez, cuando miraban fijamente el cielo nocturno, del mismo modo que a veces se pueden ver caras en las nubes. Uno de los gemelos de Géminis, por ejemplo, "lleva una... gran jarra en su mano derecha; [en] su [mano] izquierda lleva un látigo; sostiene un rayo con el látigo".[25]

Los planetas visibles, Mercurio, Venus, Marte, Júpiter y Saturno, destacaban entre las estrellas no sólo por su brillo, sino también por sus excéntricos desplazamientos por el cielo. Cada detalle astronómico revelaba algún mensaje de los dioses, si se sabía leer. Los adivinos vigilaban las estrellas fugaces y los eclipses de luna, observaban los movimientos de los planetas entre las constelaciones y alrededor del sol y la luna, y prestaban atención a la posición del sol y la luna con respecto a los demás y a las estrellas. También se observaba el tiempo: las nubes estaban en el cielo y eran controladas por los dioses.

A partir del siglo VIII a.C., los astrónomos empezaron a llevar registros diarios detallados de lo que veían y, por increíble que parezca, varias generaciones más siguieron haciendo lo mismo durante 700 años.[26] Junto a los aspectos más destacados del cielo nocturno, enumeraban acontecimientos políticos y sociales, así como brotes de enfermedades. Parece que buscaban patrones y correlaciones entre ellos: por ejemplo, ¿podían los eclipses o determinados movimientos de los planetas predecir con fiabilidad epidemias o hambrunas?[27] Aunque los adivinos tenían prioridades distintas de las de los astrónomos modernos -creían que sus observaciones proporcionaban mensajes de los dioses-, eran observadores e intérpretes astutos. Algunas de sus notas han permitido a los estudiosos modernos asignar fechas exactas a acontecimientos antiguos basándose, por ejemplo, en eclipses observados o en apariciones del planeta Venus que se sabe que ocurrieron en fechas concretas.

Bel-ushezib no sólo escribía al rey sobre presagios divinos, sino que también le advertía sobre planes traicioneros que se estaban gestando en el imperio. Para ello, no necesitaba consultar oráculos; simplemente observaba lo que ocurría, escuchaba lo que le decían los informantes y se lo comunicaba al rey. En especial, tenía el ojo puesto en un hombre llamado Sasi. En una carta, Bel-ushezib mencionaba a un poderoso rehén que había estado contrabandeando oro y lujos a este hombre, y señalaba que uno de los amigos de Sasi "puede haber sido inducido a unirse a la conspiración... El rey debería desconfiar de ellos".[29]

Sasi es un personaje desconcertante. Tuvo una carrera muy pública, sirviendo como alcalde de una ciudad en un momento dado,[30] y más tarde como superintendente del príncipe heredero de Esarhaddon, Ashurbanipal.[31] Sin duda estuvo profundamente involucrado en las conspiraciones contra Esarhaddon, pero no está claro para qué bando trabajaba. Su historia es fascinante.[32] Algunas cartas antiguas sugieren que Sasi había fomentado una amplia red de disidentes que planeaban derrocar a Esarhaddon, e incluso que Sasi creía que él mismo estaba destinado a gobernar Asiria, pero otras, curiosamente, sugieren que Sasi era leal a Esarhaddon.

UNA PROFETISA ESCLAVIZADA

El rey tuvo noticias de muchos informantes durante la primera década de su reinado, algunas de sus cartas más condenatorias que otras. Una de ellas es especialmente vívida. La escribió un funcionario leal al rey,[33] que comenzó su carta con una serie de imperativos alarmados que habrían sido marcados con signos de exclamación, es decir, si el cuneiforme tuviera puntuación. Este hombre escribió que había descubierto los nombres de los conspiradores. Sin embargo, antes de revelarlos, suplicó: "¡Destruye su [pueblo], su nombre y su semilla de tu palacio!" y repitió: "¡Deja [al pueblo] morir! [¡Rescata tu vida y la de tu familia!... No destruyas tu vida...!"[34]

La fuente de su información privilegiada era, sorprendentemente, una niña esclavizada en la ciudad siria de Harran, que había relatado un mensaje del dios Nusku. Desgraciadamente (aunque no sorprendentemente), el escritor no proporcionó su nombre, sólo el de su dueño, un hombre llamado Bel-ahu-usur. Observó que la niña pronunciaba directamente las palabras del dios, como si fuera su portavoz. En esto se diferenciaba la profecía de otros tipos de adivinación: creían que el dios se había apoderado de la niña y que las palabras que pronunciaba escapaban a su control. Pero el mensaje de esta muchacha era crucial para el rey. Llevaba tres meses "embelesada" de algún modo, lo que tal vez fuera un signo de posesión divina. ¿Su mensaje? Una traición, aunque fuera en palabras de un dios: "La realeza es para Sasi. Destruiré el nombre y la semilla de Senaquerib".

La gente confiaba en los profetas, hombres y mujeres, y sus palabras se tomaban en serio. Más tarde, Esarhaddon exigió específicamente que se le informara de cualquier palabra pronunciada por un profeta, un extático o alguien que cuestionara los oráculos. Incluyó esta cláusula en un juramento que la gente estaba obligada a prestar, a saber, que apoyarían a su hijo como sucesor.[35] Los profetas solían gritar sus mensajes en público, y a veces sus revelaciones expresaban el apoyo de los dioses al rey. Pero esta muchacha era diferente. Sí, gritaba un mensaje de un dios, pero no era una profeta profesional y denunciaba al rey. ¿Podría creerse en sus palabras? Es de suponer que Esarhaddon pensó que no, sobre todo porque la muchacha había afirmado que el dios Nusku planeaba destruirlo ("la semilla de Senaquerib") y colocar a otro hombre, Sasi, en el trono. Sasi, sin embargo, podría haber estado encantado con este mensaje y su promesa de gran poder.

El escritor de la carta reveló que la muchacha había sido llevada a casa del propio Sasi; el aspirante a usurpador debía de estar protegiéndola. El escritor de la carta sugirió a Esarhaddon que interrogara al dueño de la muchacha esclavizada, y que los guardias que la llevaron a casa de Sasi "la traigan aquí, y que el rey realice un ritual (extispícico) sobre ella (cuenta)". Así podrían comprobar la veracidad de su predicción.

La extispica era una de las pocas técnicas de que disponían los mesopotámicos para plantear preguntas a los dioses y recibir respuestas rápidas. La mayoría de los presagios aparecían espontáneamente y había que interpretarlos, como las señales del cielo nocturno, los nacimientos de animales deformes o los movimientos de los pájaros. Los dioses los enviaban cuando les apetecía, no a petición. Pero llegados a este punto, Esarhaddon tenía que preguntarles si la niña profeta hablaba realmente en nombre del dios Nusku. No todos los que decían tener un mensaje de los dioses decían la verdad.

Cuando la muchacha llegó al palacio para que el adivino comprobara la validez de su profecía, el proceso habría durado un día entero. Se consiguieron cuatro carneros jóvenes, por razones a las que me referiré en breve. A continuación, el adivino habría preguntado al dios del sol Shamash y al dios de la tormenta Adad si la profecía de la muchacha era falsa. Puede que se lo susurrara al oído a uno de los carneros o que escribiera la pregunta en una tablilla que colocaba delante de las estatuas de los dioses para que la leyeran.[36] Después de formular la pregunta, terminaba haciendo una petición estándar: "Hazte presente en este carnero; pon una respuesta afirmativa, favorable, presagios propicios de la carne de la pregunta por mandato de tu gran divinidad, para que yo pueda verlos".[37]

En ese momento se sacrificaron cuatro carneros a los dioses: dos para Shamash y Adad, uno para la diosa Aya (esposa divina de Shamash) y otro para el dios Bunene (visir divino de Shamash). El adivino cortó las venas del cuello de los carneros. Uno de los carneros sacrificados a Shamash y Adad fue destripado y sus órganos internos examinados minuciosamente. El más importante era el hígado, junto con, a veces, los pulmones y los intestinos. Escondida en las protuberancias naturales del hígado o los pulmones, o en los recodos del intestino, el experto encontraba la respuesta de los dioses a la pregunta que había formulado. A menudo, las formas incluso parecían signos cuneiformes, como si los dioses hubieran cogido un estilete y escrito en los órganos internos del carnero.[38] El adivino tenía que comprobar y enumerar cada parte de los órganos para obtener la respuesta afirmativa o negativa de los dioses. Un "sí firme" solía ser el resultado deseado. En este caso esperaba que los dioses dijeran que sí, que la muchacha había fingido su profecía. A veces, en la época de la antigua Babilonia, los escribas incluso habían creado y archivado copias de arcilla de hígados, con anotaciones sobre los significados de la topografía de la superficie del hígado.

El autor de la carta a Esarhaddon estaba seguro de que el extispicio revelaría que la niña profeta había mentido. Escribió con fervor: "¡Que perezcan el nombre y la descendencia de Sasi, Bel-ahi-usur (el esclavista) y sus cómplices, y que (los dioses) Bel y Nabu establezcan el nombre y la descendencia del rey, mi señor, hasta [días] lejanos!"[39].

Por último, el autor de la carta aconsejaba que se interrogara a un colega concreto de Sasi. Incluso sugirió una serie de preguntas para el interrogatorio: "¿Habló Sasi con usted... al día siguiente? ¿Por qué [no has informado] de lo que dijiste y oíste?". Y aconsejó al rey que "permaneciera seguro en su palacio". La conspiración que se había descubierto representaba una gran amenaza para el rey. Por desgracia, no conocemos el resultado de la lectura del hígado.

Una segunda carta a Esarhaddon del mismo escritor es más difícil de entender porque muchas pausas interrumpen el texto, pero está claramente llena de las mismas advertencias al rey y maldiciones a sus enemigos, y fue escrita en el mismo estado de agitación. En este caso, más que informar de los desvaríos de un profeta, el escritor quería hacer saber al rey que él mismo "había tenido una visión" relacionada con la conspiración,[40] aunque es un poco difícil descifrar el resto de su mensaje. Se volvió a mencionar a Sasi, esta vez en referencia, alarmantemente, a los preparativos de una emboscada. Al parecer, Sasi tenía planes concretos para matar a Esarhaddon.

NABU-USHALLIM: INTÉRPRETE DE SUEÑOS

Esarhaddon también recibió mensajes como éste de otras personas. Otro de sus leales seguidores, un hombre llamado Nabu-ushallim, escribió para decir que había estado cautivo durante los últimos tres meses en casa de un hombre como represalia por su apoyo a Esarhaddon.[41] Escribió que "por lo que veo y oigo y traiciono al rey mi señor, a causa de esto, mucha gente me odia y está tramando matarme". Está claro que no era su primer contacto con el rey; ya le había informado antes y había sufrido por ello. Sus enemigos incluso habían intentado impedir que sus cartas llegaran. Una vez más, el traicionero Sasi estaba implicado: "Todo esto se me ha hecho por orden del supervisor de la ciudad de... (Ashur) y por orden de

Sasi", pero, para frustración del escritor, Nabu-ushallim, se dio cuenta de que "el rey no lo sabe".

En esta ocasión, sin embargo, parece que no era Sasi quien quería convertirse en rey. Abda, el supervisor de la ciudad de Ashur, soñaba con derrocar a Esarhaddon, y esta vez eran, literalmente, sueños. Nabu-ushallim, el autor de la carta, tenía fama de intérprete de sueños, por lo que el supervisor Abda había consultado con él. En su carta, Nabu-ushallim describía detalladamente los sueños de Abda. En uno de ellos, un niño le entregaba un bastón a Abda y le decía: «Bajo la protección de este... bastón llegarás a ser poderoso". Los sueños siempre han tenido un gran significado para los mesopotámicos. Si un dios aparecía en un sueño y hablaba, al igual que cuando un profeta proclamaba una visión, el soñador o testigo tenía la obligación de hacérselo saber a alguien con poder: era otra forma en que los dioses enviaban mensajes a los humanos, y cualquiera podía ser el medio a través del cual hablaba una deidad. En este caso, el que hablaba en el sueño era un niño pequeño y no un dios, pero quizá Esarhaddon tenía claro a quién representaba el niño. En definitiva, el mensaje parecía indicar que un dios había elegido a Abda para el trono.

Nabu-ushallim estaba tratando con hombres poderosos y peligrosos. Abda había reclutado a su lado a 120 soldados de élite, todos los cuales le habían jurado lealtad en una ceremonia formal que había incluido el sacrificio de un buey. Algunos de los soldados incluso se habían acercado a Nabu-ushallim, pidiéndole que se uniera a ellos: "¡Ven y jura con nosotros!", le dijeron. Pero Nabu-ushallim permaneció leal al rey, a pesar de los peligros de hacerlo cuando estaba rodeado de rebeldes. Le dijo a Esarhaddon que "no había obedecido".

En ese momento, los conspiradores, Abda y Sasi, contrataron a dos hombres y los enviaron a Nínive para intentar convencer al rey Esarhaddón de que era Nabu-ushallim quien conspiraba contra él, y no los propios Abda y Sasi. Entonces, alguien que afirmaba estar del lado de Nabu-ushallim, un compañero leal al rey Esarhaddon, había pedido a Nabu-ushallim que escribiera una carta en la que exponía todo lo sucedido, como prueba contra Sasi y Abda. Nabu-ushallim lo hizo con confianza y se la entregó a su supuesto amigo. Pero este supuesto aliado se dio la vuelta y entregó la carta a Sasi en su lugar. Sasi sabía ahora todo lo que Nabu-ushallim había oído y, lo que era más condenatorio, todo lo que creía que el rey debía saber.

Cuando Nabu-ushallim escribió su carta a Esarhaddon, estaba desesperado y probablemente temía que Sasi lo mandara matar. Además, el golpe contra el rey podía producirse en cualquier momento, por lo que quería que Esarhaddon se diera cuenta de la gravedad de la situación. Por otra parte, como había sido difamado por los conspiradores, temía que Esarhaddon no creyera su versión. Podría ser confundido con un traidor. Se encontraba en una situación imposible y esperaba que su lealtad se reflejara en su carta.

KUDURRU Y EL JEFE EUNUCO: UN ADIVINO DEL ACEITE Y UN PRETENDIENTE AL TRONO

Sasi no sólo fue alcalde de la ciudad. También trabajaba en la biblioteca del rey Esarhaddon. Fue puesto a cargo de dos escribas capturados, hombres llamados Kudurru y Kunaya, que habían sido llevados (contra su voluntad) con un grupo de otros escribas de Babilonia a Nínive para copiar tablillas para la biblioteca real asiria.[42] Esta no era una situación colegial. A uno de sus colegas babilonios que había terminado su trabajo "lo habían puesto en grilletes... (porque) no hay trabajo para él por el momento".[43]

Dada la atmósfera general de sospecha que rodeaba a Sasi, no te sorprenderá saber que el rey Esarhaddon ordenó a su hijo, el príncipe heredero Ashurbanipal, lo siguiente: "Manda que interroguen a Sasi": "Pero, extrañamente, no se le interrogaba sobre sus propias actividades, sino sobre sus prisioneros en el departamento de copiado de tablillas, Kunaya y Kudurru. ¿Estaban ellos también implicados de algún modo en un complot contra el rey? Increíblemente, sí. Bueno, tal vez no Kunaya, pero Kudurru se había visto envuelto en la investigación de las aspiraciones de otro hombre para derrocar a Esarhaddon y gobernar Asiria. Este nuevo pretendiente al trono no era el jefe de Kudurru, Sasi, ni tampoco Abda, el supervisor de la ciudad de Ashur. Esta vez era el jefe de los eunucos, un hombre con amplios poderes.

Desde el reinado de Asurnasirpal II, más de 200 años antes, y especialmente desde el reinado de Tiglat-Pileser III, los eunucos -hombres que habían sido castrados, probablemente en la infancia- habían estado sirviendo en algunos de los puestos más altos de la administración y el ejército asirios. Tal vez los reyes confiaban en ellos porque no podían engendrar hijos y, por tanto, presumiblemente no tenían ambiciones dinásticas.

Hoy en día se tiende a suponer que los eunucos se empleaban sobre todo en las dependencias femeninas del palacio porque no suponían una amenaza sexual, pero en realidad se les nombraba para casi cualquier función administrativa que se pueda imaginar.

Aparecían en muchos relieves asirios, a menudo junto al rey, lo que indicaba su elevado estatus (véase la figura 18.1). Son fácilmente reconocibles -no llevaban barba, a diferencia de casi todos los demás hombres asirios- y, por lo general, se les mostraba con rasgos suaves y de estatura algo baja.[45] Muchas de las funciones de los eunucos eran tan tradicionalmente "masculinas" como las de los altos funcionarios a lo largo de la historia mesopotámica, incluyendo la lucha en la batalla y el liderazgo de las tropas. En muchas ocasiones durante su reinado, Esarhaddon pidió a los adivinos que realizaran extispicios para determinar si debía "enviar a Sha-Nabu-shu, jefe eunuco, y al ejército a su disposición" a luchar en diversas regiones o a asediar ciudades concretas.[46] Sha-Nabu-shu era uno de los generales de mayor confianza y más valorados de Esarhaddon.

El eunuco jefe de Esarhaddon, en la época en que se descubrió este complot para usurpar al rey, se llamaba Ashur-nasir.[47] Se trataba de un hombre que bien podría haber tenido la vista puesta en conseguir aún más poder, como descubriría el escriba babilonio capturado Kudurru.

Conocemos el papel del jefe de los eunucos en este complot porque Kudurru escribió una carta al rey Esarhaddon en la que relataba una espantosa experiencia por la que había pasado. Es una de las cartas más evocadoras que han sobrevivido de los archivos asirios, llena de detalles específicos y casi literarios sobre el incidente. Tal vez quería que el rey sintiera que había estado allí mismo, en la habitación, con él.

Tras la tradicional bendición para el rey que introducía cada carta, Kudurru comenzó su estremecedor relato. "Desde el día en que el rey, mi señor, me sacó (de Babilonia), he estado encerrado, rezando al rey, mi señor, [todos los días], hasta que... el copero mayor envió [a un comandante de la cohorte] a liberarme".[48] Parece que fue encarcelado en Nínive (donde había estado trabajando para Sasi en la biblioteca). ¿Le pusieron grilletes durante su reclusión, como a su desafortunado colega? La liberación debió de ser un alivio, pero ¿por qué se le buscaba?

Resulta que el copero mayor, un alto funcionario de palacio, necesitaba a Kudurru por su pericia. El comandante de la cohorte le preguntó, mientras caminaban juntos: "¿Eres un experto en [escribas]? [Alguien me ha dicho que eres un experto en la tradición de los escribas". Sin duda,

Fig. 18.1 Relieve de yeso con las figuras de tamaño natural del rey Ashurnasirpal II de Asiria y un cortesano, que era eunuco, del palacio del rey Ashurnasirpal II en Kalhu, 865-860 a.C. (Metropolitan Museum, Nueva York)

Kudurru le aseguró que sí, que ésa era su especialidad. Siguieron caminando hasta llegar al templo del dios Bel de Harran, donde alguien poderoso le esperaba para interrogarle. En la carta, Kudurru no nombraba a su interrogador. Permaneció de pie y esperó en el templo, hasta que "el comandante de la cohorte reapareció y me llevó a una sala superior a su presencia". Cinco hombres poderosos estaban en la sala con él, entre ellos el comandante de la cohorte que lo había escoltado, el jefe de los coperos que lo había convocado y su interrogador anónimo. Sin embargo, el jefe de los eunucos no estaba allí. "Además", escribió Kudurru, "el supervisor de la ciudad entraba y salía de su presencia". Resulta tentador pensar que se trata de Sasi; en efecto, era el supervisor de una ciudad.

Kudurru continuó: "Me tendieron un asiento y me senté, bebiendo vino hasta que se puso el sol. Al acercarme a mi asiento, él (el funcionario anónimo) empezó a hablarme... diciéndome: '¿Eres un experto en adivinación?" Uno puede imaginarse a los seis hombres, sentados en la sala superior del templo mientras la habitación se oscurecía con la llegada del crepúsculo, bebiendo vino juntos. Kudurru podría haberse sentido desorientado. Allí estaba, prisionero, de repente en compañía de algunos de los hombres más poderosos de Asiria, mareado por el vino, preguntándose por qué estaba allí. Y entonces su poderoso interlocutor le acercó y le pidió que realizara una adivinación para ellos. La parte inferior de la carta está desgraciadamente rota, pero cuando el texto se reanuda en el otro lado de la tablilla, el interrogador había llegado a su punto. Dijo a Kudurru: "Ve y realiza la (siguiente) adivinación ante Shamash: ¿Tomará el jefe de los eunucos el reinado?".

¡Vaya pregunta! ¿Y qué respuesta querían? ¿Eran estos altos funcionarios partidarios de Esarhaddon o no? Si hubieran sido leales al rey, seguramente habrían pedido a uno de los adivinos del templo que hiciera el trabajo. En lugar de eso, se lo pidieron a un prisionero cautivo de Babilonia que resultaba tener dotes adivinatorias. Sasi, el supervisor de Kudurru en la biblioteca, bien podría haberlo sugerido para el trabajo.

Kudurru continuó su carta: "Me lavé con agua en otra habitación superior, me puse ropa limpia y, habiendo traído el comandante de la cohorte para mí dos pieles de aceite, realicé (la adivinación)". La adivinación con aceite era una alternativa a la lectura de las entrañas de los animales que proporcionaba una respuesta más rápida de los dioses. Se vertía aceite sobre la superficie de un plato de agua y un adivino experto en la materia podía "leer" las formas que adoptaba.[49] Otras técnicas similares eran espolvorear harina sobre agua o quemar cedro e interpretar las formas que adoptaba el humo. Los dioses dejaban pistas sobre sus planes por todas partes.

Es interesante saber que el templo disponía de salas superiores donde se podía llevar a cabo el procedimiento, y que éste requería limpieza por parte del adivino. Las ropas limpias de Kudurru debieron obtenerse en el templo; sin duda no las habría traído consigo.

Kudurru examinó el aceite y discernió la respuesta de los dioses, anunciando: "Él asumirá el reinado". Así pues, otro pretendiente al trono parecía contar con el apoyo de los dioses. Afortunadamente para Kudurru, esta era la respuesta que sus interrogadores querían. El día siguiente fue una larga fiesta. Escribió que "se divirtieron hasta que el sol se ocultó". Esto, sin duda, implicaba más vino. Los oficiales incluso hicieron promesas extravagantes (probablemente borrachos) a Kudurru: que le devolverían a su hogar e incluso que le harían rey de Babilonia.

Pero hay una razón por la que este relato se encontró en una carta al rey Esarhaddon. Kudurru había estado representando una farsa. De hecho, no estaba del lado de los conspiradores y, al escribir al rey, había revelado su complot y los había identificado como traidores. Finalmente, confesó al rey que su "adivinación" había sido realizada bajo gran coacción. Kudurru escribió que todo había sido "¡un fraude colosal! (Lo único que) [me] decía era: 'Que no me mate'." La última parte de la carta que se puede distinguir es una súplica de clemencia: "Escribo al rey, no sea que [el rey mi señor] se entere y me mate". Es posible que Kudurru temiera que el copero y el jefe de los eunucos lo mataran si descubrían que los había identificado y divulgado su plan, pero parece que temía aún más que el rey lo matara si se enteraba de la adivinación que Kudurru había realizado y si, por lo tanto, creía que Kudurru era un conspirador.

ESARHADDON REACCIONA A LAS CONSPIRACIONES

Es muy posible que Esarhaddon, al recibir todas estas cartas, no estuviera seguro de a quién creer. El astrónomo y adivino Bel-ushezib, la muchacha profeta sin nombre, el intérprete de sueños Nabu-ushallim y el erudito Kudurru habían recibido o interpretado mensajes de los dioses, y no estaban de acuerdo. Todos los hombres que escribieron al rey afirmaban estar de su parte, pero informaban sobre oráculos y profecías que implicaban que los dioses podían estar en su contra.

¿Querían los dioses que Sasi fuera rey, como había proclamado el profeta? ¿O querían a Abda, como insinuaban los sueños de ese hombre? ¿O apoyaban al propio Esarhaddon, como sostenía Bel-ushezib? El rey podía ver que las adivinaciones podían ser falsas -Kudurru había admitido exactamente eso-. Y Nabu-ushallim, que había acusado a Abda y Sasi, ¿estaba realmente del lado del rey o sólo intentaba salvarse del castigo tras los intentos de Sasi de difamarlo ante el rey? ¿Cuánta gente allí mismo, en la corte del rey Esarhaddon, estaba en su contra? Si confiaba en Kudurru (que, hay que reconocerlo, estaba deseando que no lo mataran y podría haber sido menos leal de lo que parecía), entonces cinco o seis de sus consejeros más cercanos estaban apoyando las aspiraciones de su jefe eunuco.

Esarhaddon, que tenía espías en muchos lugares, parece que reunió a muchos de los conspiradores acusados y los llevó a Nínive. El médico jefe del rey le escribió una carta en la que aprobaba sus acciones. El médico escribió que "(el dios) Ashur y los grandes dioses ataron y entregaron al rey a estos criminales que conspiraban contra (la bondad del rey)".[50] Lo que más sorprendió al médico fue que los conspiradores habían roto el juramento sagrado que habían hecho de apoyar a Esarhaddon cuando fue nombrado príncipe heredero. Habían "concluido el tratado del rey junto con sus siervos ante Ashur y los grandes dioses, (pero) rompieron el tratado". Señaló, sin embargo, que los dioses prevalecieron: "La bondad del rey los atrapó".

Toda la corrupción y la traición que se habían extendido habían dejado un mal sabor de boca a Esarhaddon. ¿En quién podía confiar? Como dijo el médico, los conspiradores "hicieron odiosas a todas las demás personas a los ojos del rey, untándolas como un curtidor con aceite de pescado". Esta expresión es brillante: evoca maravillosamente cómo las conspiraciones pueden empezar a pegarse a todo, convirtiendo a cada persona en sospechosa.

Pero éste no era el motivo principal de la carta del médico. Enviaba un curandero al rey, y dos plantas que "son buenas para contrahechizos". Esarhaddon estaba a menudo enfermo, y necesitaba la atención de su médico. Su creciente temor a las personas cercanas no puede haber ayudado ni a su salud física ni mental.

ADAD-SHUMU-USUR: UN MÉDICO QUE TRATA LA ENFERMEDAD REAL Y LOS REYES SUSTITUTOS

La vida del rey Esarhaddon no fue fácil, y parece que sintió mucho sus pérdidas. En un solo año (673 a.C.) murieron su esposa y un hijo pequeño. Guardó un profundo luto por ellos, y desde entonces no volvió a promover a otra esposa para que se convirtiera en reina (*segallu*). En su lugar, su madre, Naqi'a, asumió las responsabilidades y el título de reina.[51] Parece que asumió el papel con energía, compensando las dudas de su hijo con su propia competencia. Recibía informes de todo el imperio, y a veces se dirigían a ella y a Esarhaddon como "mis señores".[52]

Las cartas del médico personal y exorcista de Esarhaddon, Adad-shumu-usur, revelan a un rey preocupado y frágil que prefería su propia compañía.[53] El médico enviaba a Esarhaddon varias medicinas y le decía qué conjuros eran eficaces contra cosas como los vómitos, los mareos y la "tos con flema".[54] También se preocupaba a veces de que el rey empeorara sus enfermedades aislándose. En una ocasión, Esarhaddon se encerró en una habitación oscura y se negó a comer durante dos días. El médico escribió, preocupado: "El rey, señor del mundo, es la imagen misma de (el dios del sol) Shamash. Y realmente necesitaba comer. "[Comer c]arne y [beber v]ino [pronto re]moverá [la enfermedad del rey]. Hay que tener en cuenta el buen consejo: la inquietud, el no comer y el no beber perturban la mente y aumentan la enfermedad".

La medicina y el exorcismo estaban entrelazados en Mesopotamia, porque creían que las enfermedades eran enviadas por los dioses como forma de castigo por las acciones que el enfermo había realizado o, en algunos casos, dejado de realizar. El médico no se limitaba a recetar medicamentos, sino que también era responsable de exorcizar a los demonios que pudieran estar causando la enfermedad recitando los conjuros prescritos. Aunque los adivinos podían determinar la voluntad de los dioses, no estaban capacitados para el exorcismo; para eso hacía falta un especialista. Un rey enfermo era vulnerable no sólo porque su enfermedad le debilitaba, sino porque podía interpretarse como una señal de que los dioses no le apoyaban. Una de las muchas enfermedades de Esarhaddon parece haber sido una afección cutánea en la cara que habría sido difícil de disimular, y que podría haber parecido a los demás como un claro voto de desconfianza de los dioses. No es de extrañar que a veces se retirara a una habitación donde no le vieran.

Adad-shumu-usur era miembro de un "círculo íntimo" de unos quince eruditos de los que dependía Esarhaddon: astrólogos, exorcistas, médicos, adivinos y sacerdotes de lamentación.[56] Todos ellos mantenían una relación sorprendentemente estrecha con el rey y todos sabían leer y escribir. Adad-shumu-usur, por ejemplo, tenía que ser capaz de consultar los numerosos textos médicos y religiosos que le indicarían las sustancias adecuadas para curar a su paciente, en su papel de médico (*asu en acadio*), junto con las acciones rituales y conjuros correctos a realizar en su papel de exorcista (*ashipu* en acadio).[57] Ambos tipos de tratamiento se consideraban necesarios y eficaces, y probablemente ambos funcionaban en muchos casos, gracias a los conocimientos de los médicos sobre hierbas, miel, minerales y otros productos naturales, muchos de los cuales eran realmente eficaces, y a la confianza de los pacientes en la capacidad de los exorcistas para curarlos. Sin duda, esto era el resultado de lo que ahora se reconoce como efecto placebo, que siempre ha ayudado a las personas a recuperarse si su estado lo permitía.

Como Esarhaddon estaba cada vez más preocupado por su propia seguridad, varias veces supuso que su propio fallecimiento era inminente; había sido predicho por los dioses. Sus adivinos y su médico no estaban necesariamente convencidos. En un momento dado, el rey creyó fervientemente que estaba a punto de producirse un eclipse de sol, lo que habría presagiado su muerte. En consecuencia, renunció y nombró a un campesino para que ocupara el trono en su lugar como rey sustituto. Durante cien días, Esarhaddón se convirtió en un "campesino" mientras el rey sustituto gobernaba en su lugar, viviendo en el palacio y siendo servido por los cortesanos. Adad-shumu-usur, en su papel de exorcista, se ocupó de los preparativos de este sustituto. Determinó que el sustituto debía tener no sólo "las ropas del rey, mi señor", sino el "collar [de o]ro, el cetro y el trono". Sorprendentemente, incluso se había creado una "estatua del rey sustituto", que necesitaba sus propias vestiduras.[58] Nada podía parecer menos que real. El rey sustituto debía gozar de todos los lujos y privilegios que Esarhaddon disfrutaba normalmente. Cuando todo estuvo listo, el médico escribió a Esarhaddon que "se diera la orden de entronizar (al rey sustituto)". Mientras tanto, el verdadero rey se sumió en la oscuridad durante un tiempo. Durante más de tres meses no tuvo que tomar decisiones, no tuvo que aparecer en público, pudo vivir tranquilo e invisible para que los dioses tuvieran claro qué rey tenía que morir. Parece que le sentó bien a Esarhaddon.

A pesar de todos los preparativos, Esarhaddon se preocupó de todos modos por el próximo eclipse, y escribió a su médico (utilizando cuidadosamente su identidad supuesta para que los dioses no supieran que era él): "Una orden del 'granjero' [a] Adad-shumu-usur...: Estoy bien. Habla de nuevo con el jefe [der-in] (como sigue): '¿Asumirás la responsabilidad del eclipse de sol?... ¿Seguro que habrá un eclipse de sol? Envíame un mensaje definitivo «[59]

Como recordarás, esta misma estrategia de nombrar un rey sustituto había sido utilizada por el rey Erra-imitti de Isin en el período de la Antigua Babilonia más de mil años antes, pero le había salido el tiro por la culata cuando murió de todos modos y el jardinero Enlil-bani, que había ocupado el puesto temporal de rey sustituto, se quedó en el trono. El sustituto de Esarhaddon no tuvo tanta suerte. Al final de los cien días, el rey sustituto fue asesinado y enterrado en una tumba adecuadamente adornada, de modo que la muerte predicha del rey se había producido y Esarhaddon pudo respirar un poco más tranquilo, al menos durante un tiempo. Dado que al menos cuatro reyes sustitutos "gobernaron" en diversos momentos de su reinado, el alivio no parece haber durado nunca mucho. Y uno se compadece de los hombres sacrificados por eclipses que nunca se produjeron o por otros presagios que normalmente nunca habrían justificado el gasto y las complicaciones de un rey sustituto.

Sin embargo, muchos más que cuatro hombres sufrieron por la paranoia de Esarhaddon. En 670 a.C., el rey purgó su corte. Nunca lo mencionó en sus inscripciones reales; sólo sabemos de ello porque los autores de una crónica babilónica posterior mencionan las ejecuciones en una sola frase: "Undécimo año: El rey en Asiria mató con las armas a sus muchos funcionarios".[60] Este fue el resultado final de todas esas cartas preocupadas de gente como el astrónomo Bel-ushezib, el escriba babilonio Kudurru y el leal Nabu-ushallim. No sabemos a quién se dirigió, pero parece probable que los informadores acabaran muertos, junto con los hombres y mujeres a los que habían acusado.[61] Todo el mundo parece haber sido sospechoso, a ojos de Esarhaddon.

Pero hubo un sorprendente sobreviviente de la purga de Esarhaddon: Sasi. Este hombre -identificado por muchos como el conspirador definitivo, el cerebro de varios planes contra el rey- seguía vivo, sorprendentemente, en el reinado del siguiente gobernante, el hijo de Esarhaddon, Ashurbanipal. Algunos estudiosos han propuesto que Sasi podría haber sido un agente doble, un espía de Esarhaddon que se infiltró en los círculos clandestinos de conspiradores e informó a su rey, dando nombres y manteniéndose a salvo del miedo y la furia reales.[62] O tal vez sobrevivió a la purga cambiando de bando, acusando a otros y fingiendo haber sido leal a Esarhaddon todo el tiempo.

EL TRATADO DE SUCESIÓN Y LA EXPANSIÓN IMPERIAL: EL APOYO DE LOS DIOSES

El reinado de Esarhaddon duró sólo doce años, pero en ese breve periodo él y su gobierno consiguieron mucho más de lo que cabría esperar, sobre todo teniendo en cuenta su desconfianza hacia casi todo el mundo. Se construyó un palacio fortificado (quizá a prueba de golpes) en Nínive y reforzó las defensas del palacio de Kalhu. Pero no se limitó a encerrarse en sus torres; también miró hacia el exterior, a través del amplio imperio.

Incluso fue capaz de expandir sus límites hasta su máxima extensión, y de llegar finalmente a un acuerdo de tratado con Elam.

El rey engendró al menos dieciocho hijos y eligió a su hijo Asurbanipal para sucederle como rey de Asiria. Otro hijo sería rey de Babilonia tras la muerte de Esarhaddon. En 672 a.C. redactó un "tratado" entre él y el pueblo del imperio sobre la futura sucesión. Decidió celebrar una rara reunión de sus vasallos para poder verlos en persona y presenciar sus juramentos de apoyar su plan para la sucesión de Ashurbanipal, al igual que habían jurado apoyar a Esarhaddon cuando había sido nombrado príncipe heredero once años antes.

Se han encontrado tablillas con este tratado en varios yacimientos de Oriente Próximo, desde Turquía hasta Irán. Al parecer, cada vasallo se llevaba una copia a casa y supervisaba el juramento de su pueblo de regirse por él. El tratado tenía una extensión épica: 670 líneas.[63] Habría llevado mucho tiempo leerlo en voz alta, lo que debió de ocurrir para que las poblaciones comprendieran sus obligaciones. Aprendiendo de los errores de su padre, Esarhaddon incluyó cláusulas para tratar de evitar el tipo de conspiraciones traicioneras y complots de asesinato que habían plagado su propio reinado. También añadió casi cien líneas de complejas maldiciones a cualquiera que dañara la tablilla en la que estaba escrito el tratado, seguidas de más de 150 líneas de maldiciones aún más (y más feroces) a cualquiera que rompiera el juramento. Muchas de ellas preveían desastres vívidos y horribles para el que rompiera el juramento y su familia. Pero parece que al escritor de maldiciones se le agotó la paciencia en algún momento y se le ocurrió este deseo ligeramente nihilista: "Igual que el interior de un agujero está vacío, que tu interior esté vacío".[64]

El texto era tan largo que las tablillas de arcilla en las que se escribió son más grandes que casi cualquier otra tablilla cuneiforme de cualquier época. Una copia descubierta recientemente en un yacimiento llamado Tell Tayinat, en Turquía, tiene un tamaño típico: mide 40 × 28 centímetros.[65] Cada copia del tratado tenía cuatro columnas de texto en cada lado y estaba sellada en la parte superior del anverso con tres sellos pertenecientes al dios Ashur. Las tablillas fueron diseñadas para ser expuestas en los templos de todo el imperio,[66] y, de hecho, fueron encontradas en templos por arqueólogos modernos. Esarhaddon incluso parece haber convertido el propio documento del juramento en un objeto divino, para que la tablilla de cada templo pudiera ser venerada como si fuera un dios.[67]

Estaba claramente preocupado, incluso obsesionado, con la idea de que se respetara su elección de sucesores.

Con la sucesión resuelta, Esarhaddon volvió a luchar para expandir el imperio. Le interesaba especialmente lo que debía de parecer un objetivo casi imposible: la conquista de Egipto. Egipto había sido la estrella de su propio universo (al menos en la mente de los egipcios) durante casi tres milenios, no muy lejos de Mesopotamia, pero nunca antes ni remotamente vulnerable a un ataque militar mesopotámico. Ningún ejército mesopotámico anterior había sido lo bastante fuerte.

Egipto estaba ahora controlado por la Vigesimoquinta Dinastía, cuyos reyes eran originarios de Nubia (actual Sudán). Habían unificado Egipto por primera vez desde el final de la Edad de Bronce Tardía e incluso habían intentado recuperar el control del Levante. Fue un rey de la dinastía XXV, Taharqa, quien acudió en ayuda de los judíos cuando intentaron rebelarse contra Asiria durante el reinado de Senaquerib.

El primer intento de Esarhaddon de tomar Egipto no fue un éxito; de hecho, su ejército fracasó por completo aquella vez en su intento de incorporar Egipto al Imperio neoasirio. Esto marcó la primera gran derrota del ejército asirio en cientos de años. La Crónica Babilónica comenta desapasionadamente: "Séptimo año. El quinto día del mes de Adar, el ejército de Asiria fue derrotado en la tierra de Egipto".[68] Detrás de esa frase se escondían meses de preparativos; un número incalculable de tropas que marcharon durante cientos de millas cargadas con pesadas armaduras y suministros, y que lucharon duramente en una tierra muy calurosa, lejana y desconocida; las muchas muertes que se produjeron; y un ignominioso regreso a Asiria de los que sobrevivieron, sin el habitual botín de guerra para enriquecer el tesoro asirio. Fue una guerra costosa y un resultado humillante.

Pero Esarhaddon no se dejó intimidar. Estaba decidido a conquistar Egipto. Tres años más tarde, en 671 a.C., sus tropas marchaban de nuevo a través de Siria con la vista puesta en la capital egipcia de Menfis. Durante este viaje, Esarhaddon recibió otro mensaje de los dioses. A diferencia de todas las profecías funestas que había recibido por carta, ésta era totalmente positiva.

El rey se había detenido en la ciudad siria de Harran, que había ido creciendo en importancia e influencia. Era una de las ciudades donde el dios de la luna, Sin, tenía un gran templo. Durante el tiempo que Esarhaddon estuvo allí, por alguna razón, "se construyó un templo de cedro fuera de la ciudad de Harran". Esto suena como si se tratara de una estructura temporal, no como los monumentales templos de adobe y piedra donde residían normalmente los dioses. En su interior se colocaron las estatuas de dos dioses: Sin, el dios de la luna, con dos coronas, y, frente a él, Nusku, el dios del fuego y la luz. Esarhaddon entró en el templo de cedro y "se colocó [la(s) corona(s)] sobre (su) cabeza, (y se le dijo) 'Irás y conquistarás el mundo con ella'."[69] ¿Quién pronunció estas palabras? Parece una profecía pronunciada por el propio dios Sin, pero, dado que las estatuas en realidad no hablan, alguien -un sacerdote o sacerdotisa tal vez- debió transmitir el mensaje.

Una vez más, los dioses habían proporcionado al rey una visión de su futuro, y puede que ello le motivara a proseguir su sorprendentemente agresiva política de expansión. Le habían prometido el mundo entero.

Cuando las fuerzas asirias llegaron a Egipto, esta vez consiguieron hacerse con el control de la capital septentrional, Menfis. "Menfis fue convertida en botín", escribió el autor de la Crónica, "sus gentes fueron tomadas como botín y sus propiedades se llevaron "[70]. Aunque Esarhaddon se jactó de su victoria, la destrucción debió de representar una tragedia indecible para los egipcios que fueron capturados y enviados a vivir a algún lugar del Imperio asirio. Como todos los pueblos deportados por los asirios, los egipcios exiliados se vieron obligados a establecerse en una tierra extraña para ellos, lejos, en su caso, del ancho Nilo y su rico y oscuro suelo, lejos de las antiguas pirámides que se alzaban cerca de Menfis, ya con casi 2.000 años de antigüedad, perpetuos recordatorios del poder de sus primeros reyes.

Sin embargo, la verdad de esta campaña desmintió la imagen que Esarhaddon tenía de sí mismo dirigiendo valientemente a sus tropas hacia Menfis. Durante este periodo, estaba pasando por una de sus muchas fases de rey sustituto; durante meses en esta época, fue "el granjero" que no estaba realmente en el poder y no podía aparecer en público. Su jefe eunuco probablemente dirigió el exitoso ataque a Egipto.[71]

Fue a raíz de esta victoria en Egipto, una vez que el ejército hubo regresado a casa, cuando Esarhaddon se volvió contra sus funcionarios y ejecutó a muchos de ellos. Pero Egipto volvió a captar su atención, muy pronto. Los egipcios estaban descontentos con los gobernadores asirios y sus exigencias, y su pueblo volvió a rebelarse. Por tercera vez en seis años, el ejército asirio reunió armas, suministros y armaduras y se dirigió de nuevo a Egipto.

Esarhaddon no regresó con vida. "El rey de Asiria se dirigió a la tierra de Egipto. Enfermó durante la campaña y el décimo día del mes de Arahsamni murió "[72]. Tras toda una vida temiendo complots de asesinato, Esarhaddon parece haber muerto de causas naturales.

CAPÍTULO 19

JARDINEROS, ARTESANOS Y UNA SACERDOTISA CENTENARIA

A mediados del siglo VII a.C., Harran en Siria, era un lugar importante desde hacía mucho tiempo. Sin duda, la gente que vivía allí a veces se encontraba con tablillas de casi 2.000 años antes, cuando Harran había estado dentro del reino de Ebla, o de 1.200 años antes, cuando había servido de parada para las caravanas de comerciantes y asnos que viajaban de Ashur a Kanesh, en Anatolia, con sus cargas de tejidos y estaño.

El templo principal de la ciudad, el Ehulhul (que significa "la casa que da alegría"), había permanecido en el mismo lugar al menos desde la época de Hammurabi de Babilonia, mil años antes, y probablemente mucho antes. El templo estaba dedicado al dios de la luna Sin, que era la deidad patrona de Harran y era venerado junto con su familia divina: su esposa, la diosa Ningal (también llamada Nikkal), su hijo Nusku y su nuera Sadarnunna. El otro gran templo de Sin estaba, por supuesto, en Ur, cerca del golfo Pérsico, donde las sacerdotisas habían cuidado del dios de la luna y de sus propiedades durante miles de años. Pero Ur estaba muy lejos de Harran, a más de 1.100 kilómetros al sureste. Para viajar de Harran a Ur, había que seguir primero el río Balikh hacia el sur hasta el Éufrates, y luego el río Éufrates río abajo casi hasta su desembocadura. Para los asirios, Harran era el hogar de Sin. Durante el reinado de Esarhaddón, el dios lunar de Harrán se había convertido en una de las deidades más importantes de Asiria, y esto siguió siendo así en el reinado de su hijo Asurbanipal.[1]

Una de las principales vías de comunicación entre la capital asiria de Nínive y Carquemis, en Siria, pasaba justo por Harrán, y otra llevaba de Harrán a Damasco en dirección suroeste. Harrán servía de enlace entre las principales ciudades del Imperio neoasirio y, aunque se encontraba a

500 kilómetros de Nínive, se consideraba una ciudad completamente asiria. Había formado parte del imperio durante la mayor parte del periodo asirio medio, en la Edad del Bronce Tardío, y había sido reincorporada al Imperio neoasirio en el siglo IX a.C.[2] Tal vez recuerden que allí se había fraguado una conspiración contra Esarhaddon cuando una niña profeta afirmó hablar en nombre del dios Nusku, y Harran era también donde Esarhaddon había recibido su profecía de dominación mundial. Más tarde, de hecho, Esarhaddon había muerto allí cuando se dirigía a Egipto. En última instancia, Harran resultó ser uno de los bastiones finales del Imperio Neoasirio, incluso después de la pérdida de Nínive. Volveremos sobre ello más adelante en este capítulo.

En cualquier caso, Harran, como Alepo, Damasco y otras ciudades de la región, ha estado ocupada durante tantos miles de años que los restos de la antigüedad están profundamente enterrados y no se han recuperado. En algún lugar bajo las calles y edificios modernos yace la ciudad neoasiria. Pero los arqueólogos no han llegado hasta ella.

PRIMEROS AÑOS DE ADAD-GUPPI

En Harran, en el año 649 a.C., el vigésimo año del reinado del rey Asurbanipal de Asiria (668-630/627 a.C.), nació una persona que cambiaría la historia, alguien que vivió hasta la vejez y experimentó, y provocó, cambios increíbles en Oriente Próximo. Se trataba de una niña llamada Adad-guppi. En un mundo en el que la esperanza de vida al nacer era de unos treinta y cinco años, acabó viviendo la asombrosa cifra de 102 años, muriendo en 547 a.C. Casi al final de su vida, escribió una breve autobiografía (o, lo que es más probable, su hijo la escribió para ella después de su muerte), que es como sabemos de ella.[3] Este capítulo abarcará su tumultuoso siglo. La mayor parte no trata directamente de Adad-guppi, pero a lo largo de su vida tuvo un sorprendente número de conexiones con los principales acontecimientos que tuvieron lugar.

Parece ser que Adad-guppi fue nombrada suma sacerdotisa del dios lunar Sin en su templo de Harran. No está claro por qué fue elegida para este cargo, pero en su autobiografía se describe a sí misma como "adoradora de Sin, Ningal, Nusku y Sadarnunna, mis dioses, por cuya divinidad me he preocupado desde mi juventud".[4] Siglos después de que la poetisa Enheduana dedicara su vida al dios de la luna (entonces llamado Nanna), las sacerdotisas seguían asumiendo algunas de las responsabilidades más vitales en lo que respecta a las relaciones humanas con los dioses. La joven Adad-guppi asumía un papel venerable, del que dependía su comunidad. Habrían confiado en ella para que mantuviera a los dioses abastecidos.

Adad-guppi tenía treinta y nueve años antes de que le ocurriera nada dramático, según su autobiografía. Pasó las primeras décadas de su vida dedicada a los dioses, no sólo al dios de la Luna y su familia, sino a todos los grandes dioses. Escribió: "Yo... me he dedicado piadosamente durante toda mi vida a Sin, Shamash, Ishtar y Adad, que están en el cielo y en el mundo inferior "[5]. En algún momento se casó con un alto funcionario asirio o un príncipe, del que sabemos muy poco,[6] y tuvo un hijo, un varón llamado Nabu-na'id.

Harran era un lugar sagrado para los reyes asirios; en cuanto a los dioses, sólo era superado por Ashur, y sus sacerdotisas y sacerdotes formaban parte de la élite del imperio. Los habitantes de Harran habían estado exentos de impuestos en otro tiempo, pero en algún momento se les había retirado ese privilegio. Unos sesenta años antes del nacimiento de Adad-guppi, el rey Sargón II (722-705 a.C., padre de Senaquerib) había decidido restablecerlo. Escribió en una inscripción que "restauré la exención (de obligaciones) de (la ciudad) Baltil (es decir, Ashur) y la ciudad Harran, [que] habían caído en el olvido [en el pasado lejano], y su estatus privilegiado que había trans[currido]".[7]

Para asegurarse de aplicar esta política de forma justa, el rey Sargón II, con la minuciosidad típica de Mesopotamia, encargó un censo para enumerar todas las propiedades y familias de Harran que, a partir de entonces, estarían exentas del pago de impuestos y otras obligaciones.[8] Los arqueólogos encontraron quince tablillas de este censo en la capital de Nínive, en las que se enumeraban 101 familias, casi todas ellas agricultores arrendatarios.[9] Originalmente, el censo completo habría incluido a muchas más personas. Como una versión del antiguo Cercano Oriente del Domesday Book británico, el censo revela detalles sobre estos trabajadores y sus familias que de otro modo serían invisibles.[10] La vida de los campesinos arrendatarios habría cambiado poco en la época de Adad-guppi. Así que nos detendremos un momento en las granjas y viñedos de los alrededores de Harran para conocer mejor el mundo en el que vivió.

SE'-IDRI Y SU FAMILIA: VIÑADORES ARRENDATARIOS

Uno de los hombres entrevistados para el censo se llamaba Se'-idri.[11] Trabajaba como jardinero y vivía con su familia en una casa a las afueras de Harran,[12] donde cuidaban una parcela de tierra plantada con 5.000 vides. La casa era de adobe, de modestas dimensiones, y probablemente estaba situada en una zona montañosa, rodeada por el viñedo que la familia administraba. Como casi todos los agricultores y jardineros censados, sus tierras no le pertenecían. Se'-idri y su familia la trabajaban por cuenta de un terrateniente. La familia pagaba cada año una parte de la cosecha al terrateniente, pero el resto era suyo para conservarlo, comerciar con él o venderlo, para poder hacer frente a todos los demás gastos de su vida. Su situación era muy diferente de la de los agricultores que pagaban un alquiler fijo. Es cierto que en un año de buena cosecha, la familia de Se'-idri tenía que pagar al terrateniente más de lo habitual, pero en un año malo, pagar ese mismo porcentaje se traducía en un alquiler mucho menor. Podían sobrevivir sin tener que endeudarse para pagar al terrateniente su parte. Propietario y arrendatario se apretaban el cinturón si la cosecha era mala, pero cuando las cosas iban bien, ambos se beneficiaban del esmerado mantenimiento de las viñas y del tratamiento de las uvas por parte de Se'-idri.

La familia figuraba en el censo de la siguiente manera: "Se'-idri, jardinero, Nashuh-idri, su hijo, adolescente; 1 mujer; 1 hija, adolescente: un total de 4 personas "[13.] A diferencia de lo que ocurría en épocas anteriores, las mujeres y las niñas rara vez eran nombradas en los censos neoasirios. Por lo general, los nombres de hombres y adolescentes varones eran los únicos que se consideraban lo bastante importantes como para escribirlos. Nashuh-idri era el único varón de la familia que vivía en casa durante el censo, pero es posible que tuviera hermanos mayores.

Un erudito llamado Galil Gershon ha utilizado el censo de Harran para examinar la vida de las familias en el estrato inferior de la sociedad asiria, y señala que la mayoría de los hijos probablemente abandonaron el hogar de sus padres y las tierras que habían estado trabajando cuando llegaron a la edad adulta para convertirse en arrendatarios de otras tierras y asumir sus propias obligaciones de jardinería o agricultura.14 Una vez que un hombre tenía su propia tenencia de tierras, podía permitirse casarse y tener hijos. En aquella época no había escasez de tierras; en todo caso, el gobierno asirio se enfrentaba a una escasez de agricultores para las tierras disponibles para cultivar.[15] (Esta fue otra de las fuerzas motrices de las deportaciones masivas: un vivo deseo por parte del gobierno de conseguir cultivar las posibles tierras de labranza y extraer impuestos de los agricultores). Así que Se'-idri y su esposa bien podrían haber tenido otros hijos que vivieran y trabajaran en tierras cercanas. Como el censo no menciona los nombres de los padres de casi ninguno de los residentes, no hay forma de saberlo.

Asimismo, es posible que la pareja también tuviera hijas mayores que ya hubieran abandonado el hogar para casarse. Una mujer del censo se identificaba por el nombre de su marido (ni siquiera por su propio nombre, y mucho menos por el de sus padres), por lo que no habría forma de saber si alguna de las otras mujeres del censo era hija de Se'-idri y su esposa. La hija que seguía en casa era adolescente, como su hermano Nashuh-idri, y sus padres probablemente ya estaban haciendo planes para su futuro matrimonio. Los varones figuraban con más frecuencia que las niñas en los hogares censados. De hecho, sólo el 40% de los niños censados eran niñas. Esto no se debía a ningún motivo desagradable, como el infanticidio femenino. En general, hombres y mujeres estaban representados por igual en el censo. El menor número de chicas adolescentes que de chicos en los hogares individuales se debía probablemente a que las mujeres solían casarse a una edad más temprana que los hombres.[16] Un chico al final de la adolescencia podía seguir viviendo en casa de sus padres, pero una chica de la misma edad probablemente se había casado y se había marchado.

Sorprendentemente, la familia de Se'-idri, compuesta por cuatro personas, no era pequeña. Cuatro era el tamaño medio de un hogar de campesinos arrendatarios en el censo de Harran.[17] Su familia también era típica por el hecho de que Se'-idri tenía una sola esposa. Parece que ninguno de los campesinos arrendatarios de Harran estaba casado con más de una mujer.[18] A lo largo de la historia del Próximo Oriente, la poligamia era poco frecuente, excepto entre las clases altas. Incluso entonces, un hombre sólo solía casarse con una segunda esposa si su primera mujer no había podido tener hijos. Los reyes podían tener varias esposas secundarias, pero incluso un rey sólo tenía una reina.

Se podría suponer que los antiguos pueblos del Próximo Oriente vivían en familias extensas llenas de tíos, tías, abuelos, sobrinas y sobrinos; al fin y al cabo, el concepto de familia era tan omnipresente y elemental en su mundo. Los reyes aliados eran "hermanos" (incluso cuando no lo eran), los hermanos adultos eran testigos de los contratos legales de los demás y esperaban el apoyo mutuo, e incluso los dioses estaban relacionados entre sí por complicados lazos familiares. Pero sólo uno de cada veinte hogares del estrato inferior de esta época incluía a alguien ajeno al núcleo familiar, tal vez una tía soltera o una abuela.[19] Es de suponer que si los ancianos padres de Se'-idri o su esposa hubieran seguido vivos, habrían vivido con alguno de sus hijos adultos. Por ejemplo, en una familia que aparece unas líneas antes de la de Se'-idri en la misma tablilla figuraba "Ahunu, jardinero; su madre: un total de 2 personas".[20] Pero la madre de Ahunu era inusual. La mayoría de los pobres morían mucho antes de alcanzar la vejez; muy pocos vivían para ver a sus nietos.[21] Sólo una fracción del (ya minúsculo) número de familias extensas que vivían juntas incluía a más de dos generaciones: los adultos y sus hijos. Aunque parece que las personas más ricas vivían más (si sobrevivían a las enfermedades infantiles), la esperanza de vida de Adad-guppi, 102 años, debía parecer tan larga que resultaba casi incomprensible.

La propiedad ocupada por la familia de Se'-idri se describe de la siguiente manera: "5.000 tallos (de vid); 1 casa; 1 huerto": "5.000 tallos de vid; 1 casa; 1 huerto "[22]. El huerto era una característica común de muchas casas; la familia lo habría utilizado para cultivar las verduras que disfrutaban en sus comidas.

Los mesopotámicos eran aficionados a todo tipo de cebollas y ajos, y sus comidas también se condimentaban con hierbas como el cilantro y la mostaza. Estas hierbas crecían bien en el huerto, junto con verduras como la rúcula, la lechuga y el berro; tubérculos como rábanos, remolachas y nabos; y legumbres como alubias, garbanzos, guisantes y [lentejas23]. La antigua receta es la siguiente "Se utiliza carne de pierna (probablemente cordero o cabra). Se prepara agua. Se añade grasa. Se chamusca. Se añade sal, cerveza, cebolla, rúcula, cilantro, chalota persa, comino y remolacha roja, y se machacan el puerro y el ajo. Se espolvorea cilantro por encima. [Se añade kurrat (un tipo de puerro) y cilantro fresco".[24] Obviamente, se esperaba que el cocinero conociera las cantidades y los tiempos de cocción, pero los chefs modernos han experimentado y creado una excelente versión de este plato, que recomiendan servir con bulgur al vapor, garbanzos y pan naan (muy similar al pan plano mesopotámico).[25] La receta es igual de deliciosa sin carne. De hecho, es probable que la familia de

Se'-idri no comiera mucha carne, ya que no parece que tuvieran ovejas ni cabras (y aunque las tuvieran, los animales habrían sido más útiles vivos que comidos).

La cocina era responsabilidad de las mujeres y las niñas; la esposa y la hija anónimas de Se'-idri bien podrían haber cocinado aves silvestres y pescado para obtener proteínas. La familia no gestionaba ningún campo de cebada, por lo que las grandes cantidades de grano que consumía cada familia, en forma de pan, cerveza y gachas, debían de ser suministradas por otro agricultor o miembro de la familia, a cambio, tal vez, de las uvas o el vino de su viñedo.

El viñedo de Se'-idri, con sus 5.000 cepas, era relativamente pequeño. El número medio de cepas en un viñedo en los registros del censo era de 11.000. La mayor parte de las uvas que cosechaba la familia probablemente se destinaba a la elaboración de vino.

Los mesopotámicos llevaban milenios bebiendo vino, pero no se podía producir en Babilonia, donde el clima era demasiado caluroso y seco para las vides. Allí, el vino representaba una importación cara.[26] Ya en el siglo XVIII a.C., el rey de Mari se jactaba de su casa de hielo y del vino helado que servía a los invitados, y, por la misma época, el vino mezclado con miel se utilizaba como tratamiento para la tos fuerte.[27] Pero la gran mayoría de las referencias a bebidas alcohólicas en aquella época se referían a la cerveza.

En el primer milenio a.C., los gobernantes asirios, que habían adquirido el gusto por el vino, habían extendido la región vinícola de su imperio por las estribaciones que rodeaban el norte de Mesopotamia, desde Irán hasta el norte de Siria y el sur de Turquía, incluidas las zonas cercanas a Harran donde la familia de Se'-idri explotaba sus viñedos. Parte del vino se destinaba al consumo local, no sólo de la gente, sino también de los dioses en los templos. No cabe duda de que Adad-guppi ofrecía vinos locales en sus libaciones al dios Sin.

Pero mucho vino llegó a la capital, Nínive. En algún momento entre 645 y 635 a.C., al mismo tiempo que Adad-guppi era un niño en Harran, el rey Asurbanipal de Asiria encargó una escultura en relieve para su palacio en la que aparecía sentado con su esposa, la reina Liballi-sharrat, bajo un parral. Se les representaba bebiendo lo que debía de ser vino, en copas poco profundas, con el acompañamiento de música interpretada por un arpista.[28] (De forma un tanto alarmante, la cabeza del recientemente derrotado enemigo de Ashurbanipal, el rey de Elam, aparecía colgando de la rama de un árbol cercano, rompiendo un poco el ambiente sereno).

Así que la familia de Se'-idri y los demás viticultores de los alrededores de Harran probablemente encontraron un buen mercado para las uvas que cultivaban. Y gracias a la proclamación de Sargón II y al censo, ninguno de ellos tuvo que pagar impuestos.

ASURBANIPAL DE ASIRIA: ERUDITO Y CAUDILLO

El rey Ashurbanipal, a mediados de cuyo reinado había nacido Adad-guppi, era hijo del perpetuamente preocupado Esarhaddon. Cabe señalar aquí que el nombre de Ashurbanipal es tan parecido al de Ashurnasirpal II que ambos reyes se confunden fácilmente. Pero eran hombres muy diferentes. Sus reinados estuvieron separados por más de 200 años, tan distantes entre sí como las administraciones de los presidentes estadounidenses George Washington y George H. W. Bush.

A diferencia de muchos de sus predecesores, Ashurbanipal tenía una faceta erudita y contemplativa. Se jactaba no sólo de saber leer y escribir, sino también de participar en debates académicos con adivinos y escribas y de saber leer escrituras antiguas. A veces se hacía representar en esculturas en relieve con un estilete metido en el cinturón. Esto era cierto incluso en una escena de caza de leones, como si, después de matar al león, se hubiera sentido inspirado para sentarse y escribir unas líneas sobre ello.[29] Su esposa Libbali-sharrat también sabía leer y escribir. En cierta ocasión, antes de que su marido se convirtiera en rey, recibió una carta de su cuñada (una hija del rey Esarhaddon) en la que la reprendía por descuidar sus estudios: "¿Por qué no escribes en tu tablilla y haces los deberes?"[30] No era habitual que un rey se declarara erudito, y aún menos que una pareja real mostrara interés por dominar el cuneiforme. A Ashurbanipal le apasionaba.

Su padre Esarhaddon había empleado (u obligado) a varios escribas, como el cautivo babilonio Kudurru, a copiar tablillas para su colección, y Ashurbanipal fue un paso más allá. Quería una copia de cada obra literaria importante producida en el imperio para su biblioteca, y sus escribas se dedicaron a cumplir este objetivo con meticuloso cuidado. Cuando el excavador británico Austin Henry Layard y el erudito iraquí Hormuzd Rassam descubrieron el palacio de Ashurbanipal en Nínive a mediados del siglo XIX, encontraron miles de estas tablillas. La mayoría de ellas estaban bellamente escritas en tablillas de arcilla muy fina, a menudo con una caligrafía extraordinariamente minuciosa y precisa. Los escribas a menudo firmaban las tablillas e incluso incluían notas sobre dónde habían encontrado roturas en el original del que estaban copiando.

En cuanto a las obras incluidas en la biblioteca, parece que la principal preocupación de Asurbanipal eran los textos que él y otros podían consultar para ayudarse a comprender la voluntad de los dioses mientras dirigía el imperio. En algunos casos, la biblioteca incluía varios ejemplares de la misma obra. Las estanterías estaban repletas de mitos, poemas épicos, himnos, textos médicos, programas rituales y registros de adivinación, junto con largos textos léxicos y diccionarios del tipo que los estudiantes de escribanía aprendían en la escuela. Se conservaba y copiaba un gran número de oráculos en los que se enumeraban las preguntas que se habían planteado a los dioses, junto con las respuestas de éstos (que se veían, por ejemplo, en los hígados de los animales sacrificados o en patrones de humo o aceite). Junto a ellas había registros de acontecimientos naturales que se habían interpretado como presagios, y lo que cada uno representaba como mensaje de los dioses. La biblioteca también incluía tablillas de archivo, como cartas, contratos y documentos administrativos.[31] Se trataba de la mayor biblioteca acumulada hasta la fecha y, sorprendentemente, era una de las primeras colecciones de tablillas cuneiformes jamás encontradas. Era como si unos futuros arqueólogos descubrieran la Biblioteca del Congreso de los Estados Unidos durante sus primeras excavaciones en Norteamérica. Ashurbanipal no creó su biblioteca para nosotros, pero ha sido enormemente útil para los historiadores.

Por otra parte, no te sorprenderá saber que Asurbanipal también era un líder guerrero, como su padre Esarhaddon y prácticamente todos los reyes neoasirios que le precedieron. La cabeza decapitada del rey elamita que colgaba de un árbol durante la fiesta del vino de Asurbanipal no era el tipo de decoración de jardín que cabría esperar de un hombre interesado únicamente en su biblioteca.

Había heredado una relación complicada tanto con Elam como con Babilonia. Su padre Esarhaddon y su abuelo Senaquerib tuvieron más dificultades en esas regiones que en ninguna otra. Tenemos que retroceder un momento en el tiempo para comprender a qué se enfrentaba Asurbanipal con respecto a su provincia meridional. A principios del siglo VII a.C., el rey Senaquerib se había enfrentado a repetidas rebeliones en Babilonia y había hecho campaña allí seis veces diferentes, nombrando finalmente a su hijo mayor para gobernar como rey de Babilonia. Esto no impresionó a los babilonios, que secuestraron al príncipe asirio y lo entregaron a los elamitas, que casi con toda seguridad lo ejecutaron. Un babilonio reclamó entonces el trono, denunciando el dominio asirio. Senaquerib montó en cólera; en su afán de venganza por la muerte de su hijo, acabó ignorando la larga tradición de respeto de Asiria hacia Babilonia y descargó su ira contra todo el país.

Tras una guerra contra los elamitas y los babilonios, Senaquerib sitió la ciudad de Babilonia durante quince largos meses, durante los cuales los babilonios debieron darse cuenta cada vez más de que se les habían acabado las opciones. En 689 a.C. la ciudad cayó finalmente, tras lo cual las tropas asirias se lanzaron al asesinato y la destrucción, matando a gente, ricos y pobres, la mayoría de los cuales no tenían nada que ver con la rebelión contra Asiria. Murió un número incalculable de babilonios. Los asirios desafiaron la norma sagrada habitual de respetar los templos y dioses de otras tierras. Como dijo Senaquerib: "Las manos de mi pueblo se apoderaron de los dioses que allí moraban y los destrozaron; se apoderaron de sus propiedades y bienes". Léanlo otra vez. Los asirios habían *destrozado las estatuas* de los dioses babilonios, las mismas imágenes en las que vivían los dioses. Estos también eran los dioses de los asirios. El frenesí de violencia incitó a las tropas a acciones que nadie en ninguno de los bandos podría justificar más tarde. Es interesante observar que aquí, por una vez, Senaquerib no afirmó que él mismo había cometido la destrucción. Tal vez reconociendo lo atroz que había sido el crimen, afirmó que fue su pueblo el que destrozó a los dioses, no él.[32] Dudo que esto hubiera supuesto ninguna diferencia para los babilonios; seguirían culpando al rey de la imperdonable profanación.

Continuó: "Destruí la ciudad y sus casas, desde los cimientos hasta el parapeto; las devasté e incendié. Arrasé los ladrillos y la mampostería de la muralla exterior e interior (de la ciudad), de los templos y del zigurat; y los arrojé al canal de Arahtu". Peor aún, intentó hacer inhabitable la ciudad inundándola de agua: "Cavé canales en medio de la ciudad, la inundé con agua, hice desaparecer sus cimientos y la destruí más que una inundación devastadora "[33].

Los asirios incluso capturaron la estatua de Marduk, el dios estatal de Babilonia, de su hogar en el templo de Esagil, y, al igual que Tukulti-Ninurta I siglos antes, al parecer se lo llevaron a la ciudad de Ashur.[34]

Todo esto, por decirlo suavemente, no hizo que los babilonios se hicieran querer por sus señores asirios.

Más tarde, tras el asesinato de Senaquerib, su hijo Esarhaddon heredó una situación tóxica en el sur. Intentó apaciguar los sentimientos de los babilonios reconstruyendo muchas de las estructuras que el ejército de su padre había destruido en Babilonia, pero Marduk seguía desaparecido de su hogar, y muchos festivales, sobre todo el de Año Nuevo, no podían celebrarse hasta que el dios regresara.

Esarhaddón decidió resolver el problema babilónico dividiendo su imperio en dos, de modo que, tras su muerte, su hijo Asurbanipal asumiera el trono como rey de Asiria, y otro hijo, mayor que él, llamado Shamash-shumu-ukin, ejerciera como rey de Babilonia. Pero este plan, en última instancia, no funcionó. Aunque Shamash-shumu-ukin devolvió finalmente la estatua de Marduk a Babilonia, y los primeros años del reinado conjunto de los hermanos fueron tranquilos, nunca fueron realmente iguales. Asurbanipal controlaba muchas más tierras y se aseguró de que Shamash-shumu-ukin tuviera menos poder que él. Las manos de Shamash-shumu-ukin estaban cada vez más atadas: necesitaba el permiso de su hermano para hacer cualquier cosa, y Ashurbanipal se hizo cargo de varios proyectos de construcción que deberían haber sido dirigidos por su hermano.

Siguiendo el espíritu de Sasi y de los otros hombres que habían conspirado contra Esarhaddon, Shamash-shumu-ukin conspiró en secreto contra su hermano Ashurbanipal. Su complot obtuvo un amplio apoyo. Convenció a líderes de todo el Imperio neoasirio y más allá para que se pusieran de su lado, desde Amurru en el oeste, hasta Gutium y Elam en el este, y Arabia en el sur.[35] En 652 a.C., la guerra civil había estallado entre los hermanos y sus respectivos aliados, y en 650 la exhausta ciudad de Babilonia estaba de nuevo sitiada, esta vez por las fuerzas de Asurbanipal. Tal vez los hambrientos y desesperados babilonios se preguntaban por qué las batallas, los asedios y la destrucción siempre tenían lugar en su tierra y nunca en Asiria. El asedio de Babilonia continuó durante dos años, hasta el 648 a.C., cuando Shamash-shumu-ukin murió en un incendio y el ejército de Ashurbanipal entró en Babilonia sin oposición. Esto ocurrió un año después del nacimiento de Adad-guppi en Harran.

Durante los veinte años siguientes, las relaciones entre Asiria y Babilonia finalmente se calmaron, aunque los babilonios ciertamente no estaban dispuestos a olvidar cómo habían sido tratados. Y no pueden haber pasado por alto el hecho de que, después de casi tres siglos, el Imperio neoasirio estaba empezando a mostrar signos de debilidad. Puede que Asurbanipal hubiera triunfado sobre Babilonia, así como sobre los elamitas y los árabes, pero había sido incapaz de mantener el control en Egipto. La gente debió darse cuenta de que, por lo tanto, al menos era posible rebelarse con éxito contra Asiria; el dios Ashur no era siempre, inevitablemente victorioso. Es muy posible que entre los pueblos sometidos a la dominación asiria se despertara la esperanza.

Por alguna razón, los documentos se agotan hacia el final del reinado de Asurbanipal, y no está claro cómo ni cuándo murió exactamente. Le sucedió un hijo, Ashur-etel-ilani, que gobernó durante unos cuatro años, y luego otro, Sin-shar-ishkun, que subió al trono en el 624 a.C. y que, en el transcurso de su malogrado reinado, fue testigo del colapso del Imperio neoasirio.

EL FIN DEL IMPERIO ASIRIO

En el año 626 a.C., durante el breve reinado de Ashur-etel-ilani, un antiguo general del ejército asirio llamado Nabopolasar (626-605 a.C.) se hizo con el poder en Babilonia y dirigió otra revuelta babilónica contra [Asiria.36] En ese momento, Adad-guppi tenía veintidós años y seguramente ya ejercía como devota o sacerdotisa de Sin en Harran. Su ciudad seguía perteneciendo al Imperio asirio, pero quizá algunos de sus habitantes apoyaban a Nabopolasar, cuya rebelión se estaba produciendo muy al sur. En su autobiografía menciona que vivió durante el reinado del rey asirio Ashur-etel-ilani, pero no menciona en absoluto a su hermano Sin-shar-ishkun. En cambio, señaló que, tras el reinado de Asur-etel-ilani, vivió veintiún años bajo el reinado de Nabopolasar de Babilonia. Tal vez su lealtad ya había cambiado para apoyar a los babilonios, o tal vez, cuando se escribió la autobiografía, se sintió obligada a mencionar al conquistador babilonio desde el principio de su reinado, mucho antes de que controlara Harran.

Adad-guppi habría oído historias sobre las constantes batallas y asedios que tenían lugar en Babilonia y se habría dado cuenta de que el rey asirio Sin-shar-ishkun, a diferencia de su padre y bisabuelo, se estaba mostrando incapaz de detener las rebeliones. Catorce años después del inicio de la guerra civil, una noticia tan esperada y casi increíble se extendió por las tierras del Imperio neoasirio: Nínive había caído. Nabopolasar había podido, por fin, trasladar las batallas y los asedios fuera de Babilonia y dentro de la propia Asiria. Un grupo de personas llamado los medos, que vivía en el oeste de Irán, se había unido al ataque contra Asiria un par de años antes. Fueron los medos quienes lograron conquistar la ciudad de Ashur en el 614 a.C., y la alianza que formaron con Babilonia resultó fatal para Asiria. Tras un asedio de apenas tres meses, los ejércitos combinados lograron conquistar Nínive en el 612 a.C. La capital asiria no había sido construida para ser defendida; tal vez cuando Senaquerib amplió y reconstruyó Nínive como su capital nadie había previsto que llegaría un momento en que necesitaría ser defendida. Asiria había librado innumerables guerras ofensivas y agresivas, pero casi nunca defensivas. Durante cientos de años ninguna guerra había alcanzado el centro de Asiria, porque su ejército había sido incomparable.

Las excavaciones realizadas en toda Asiria han revelado la violencia con la que los invasores atacaron las principales ciudades. Los palacios asirios ardieron, las tumbas fueron saqueadas y otros edificios derribados. Fue entonces cuando el rostro de Senaquerib fue cincelado de las esculturas en relieve de su antiguo palacio. Las copias del tratado de sucesión de Esarhaddon, supuestamente divino, que identificaba a sus hijos como sus herederos, fueron hechas pedazos. Los tratados habían sido colocados en templos, donde el rey asirio había exigido a sus súbditos que los adoraran como objetos divinos; ahora yacían en el suelo, nada más que montones de arcilla rota. A los medos incluso se les había ocurrido traer las copias del tratado de sus propios templos para que fueran destruidas vengativamente en el templo de Nabu en la ciudad de Kalhu.[37] El tratado no tenía ningún poder como objeto divino una vez que había sido destrozado. Las maldiciones que Esarhaddon había incluido ya no funcionarían.[38]

Según un texto posterior del rey babilonio Nabonido, fueron las fuerzas medas, y no las de los babilonios, las que causaron todos los daños importantes, especialmente en los templos asirios:

> El rey de los umman-manda (medos), que era impúdico (es decir, sin reverencia por lo sagrado) destruyó sus santuarios. También profanó los ritos de culto de todos los dioses de Asiria y de las ciudades del territorio de la tierra de Acad (Babilonia) que se habían rebelado contra el rey de la tierra de Acad y no habían acudido en su ayuda. No perdonó a nadie. Asoló por completo sus centros de culto.[39]

El rey de Babilonia nunca habría hecho estas cosas sacrílegas, según Nabonido: "El rey de Babilonia, creación de Marduk, para quien la blasfemia es aborrecible, no puso la mano en el culto de ninguno de los dioses, (más bien) llevaba el pelo sin peinar (de luto), dormía en el suelo."

El rey asirio Sin-shar-ishkun murió con la caída de Nínive y podría haber parecido, en el 612 a.C., que el Imperio neoasirio había terminado. Pero un último hombre, probablemente un hijo de Sin-shar-ishkun, reclamó el trono asirio.[40] Eligió como capital la ciudad de Adad-guppi, Harran, y estableció allí un gobierno asirio en el exilio. Al hacerlo, en cierto modo puso a Harrán en el punto de mira. Los babilonios y los medos llegaron dos años más tarde y en 609 a.C. ya habían tomado el control. El Imperio neoasirio había llegado a su fin. Adad-guppi escribió que "Sin, el rey de los dioses, se enfadó con su ciudad (es decir, Harrán) y su templo y subió al cielo; la ciudad y la gente que había en ella se convirtieron en ruinas".[41] La estatua de Sin, junto con las de Ningal, Nusku y Sadarnunna, debieron de ser sacadas de sus templos en Harrán en ese momento y llevadas a Babilonia o, lo que es más probable, destruidas por los atacantes medos.[42] "Subieron al cielo", como dijo Adad-guppi.

Para los mesopotámicos, se trataba de un acto similar al asesinato. Los dioses eran inmortales, pero necesitaban sus estatuas originales para habitar en la Tierra. No se podía crear una nueva estatua, colocarla en el templo y convertirla en dios. Los cuerpos de los dioses habían desaparecido y no podían recuperarse. Sólo se podía hacer una nueva estatua si existía una imagen de la antigua y se podía reproducir,[43] tras lo cual debían celebrarse rituales específicos para que la presencia del dios volviera a su nueva imagen.

Después de esto, un silencio espeluznante se apoderó de Asiria. De repente, nadie escribía nada allí. Al menos, nadie escribía en cuneiforme.[44] Es posible que algunos documentos se escribieran en arameo, en papiro, pero no han dejado rastro. Los excavadores casi no encuentran pruebas de que hubiera gente viviendo en las otrora grandes ciudades, que se convirtieron en pueblos fantasma. Los esqueletos de las personas asesinadas defendiendo Nínive quedaron bajo los escombros, insepultos. Las ciudades del corazón de Asiria parecen haber sido abandonadas y casi nadie las lloró. Los babilonios tomaron el control de la ciudad,[45] pero ya no opusieron resistencia.

Cuando el Imperio neoasirio cayó en 609 a.C., Adad-guppi tenía unos treinta y nueve años. Su hijo Nabu-na'id debía de ser todavía un niño.[46]

Madre e hijo se enfrentaron al mismo destino que habían sufrido tantos dirigentes y funcionarios conquistados durante el Imperio neoasirio: fueron expulsados de su hogar y llevados como cautivos a la ciudad de sus conquistadores. En este caso, su destino era Babilonia, capital del nuevo imperio, conocido por nosotros como Imperio neobabilónico, y hogar de su rey Nabopolasar.

En su autobiografía, Adad-guppi describe una época difícil, durante la cual intentó convencer al dios de la luna de que regresara a Harran. Visitó los santuarios de sus amados dioses en Babilonia, donde "buscaba constantemente a Sin, Ningal, Nusku y Sadarnunna, adorando a sus deidades".[47] Está claro que no fue encarcelada en Babilonia y que se le permitió el acceso a los santuarios. Su condición de sacerdotisa del dios Sin debió de ser reconocida por las autoridades babilónicas. Uno puede imaginársela, en la quietud del santuario del dios de la luna (según sus palabras), "suplicando continuamente a Sin. Contemplándolo en oración y con humildad, me arrodillé ante ellos. Así (dije): 'Que se produzca tu regreso a tu ciudad. Que el pueblo de cabeza negra adore tu gran divinidad'."[48] El "pueblo de cabeza negra" era un término común para referirse a toda la humanidad.

NABUCODONOSOR II DE BABILONIA: EL REY Y SU CAPITAL

La ciudad de Babilonia, mientras tanto, encontró un nuevo aliciente. Nabopolasar había ganado, las autoridades asirias habían desaparecido y el rey babilonio gobernaba ahora más de la mitad de lo que había sido el Imperio neoasirio. La parte septentrional del imperio, incluida la ciudad natal de Adad-guppi, Harran, estaba ahora gobernada por los medos.[49] Los habitantes de las provincias podían haber esperado que se independizarían tras la caída de Nínive, pero descubrieron que no iba a ser así; habían cambiado un poder imperial por otro. Y así fue durante siglos. Un enorme imperio tras otro gobernaron todo Oriente Próximo (y a menudo también gran parte del resto de Eurasia). Durante gran parte del siglo VI a.C., el imperio dominante fue el de los babilonios.

Apenas cuatro años después del final del Imperio neoasirio, en el 605 a.C., el rey babilonio Nabopolasar murió y el trono pasó a su hijo, Nabucodonosor II (604-562 a.C.). El nuevo rey ya era bien conocido como un general popular y respetado, y pasó a disfrutar de un largo reinado de cuarenta y tres años, un período que resultó ser el apogeo del Imperio neobabilónico. En sentido estricto, probablemente deberíamos llamarle Nabucodonosor; no había una segunda "n" en su nombre acadio, Nabukudurru-usur. Pero Nabucodonosor es su nombre en la Biblia y, como todos los nombres de reyes asirios y babilonios, es sólo una aproximación a lo que oyeron los autores de Judea y no su nombre real.

Probablemente, Nabucodonosor II se imaginaba gobernando el inicio de un largo periodo de dominio babilónico en Oriente Próximo, y quería una capital a la altura de la grandeza de su imperio. En muchos sentidos, Nabucodonosor modeló su reino, y su propio sentido de lo que significaba ser rey, incluso de lo que podía ser un estado, no en los neoasirios, sino en sus predecesores de su propia región: los babilonios de la época de Hammurabi y los sumerios del periodo dinástico temprano, en lo que ya era un pasado muy lejano. Hammurabi había vivido 1.200 años antes que Nabucodonosor. A diferencia de los reyes neoasirios, Nabucodonosor no tenía ningún interés en glorificar sus hazañas militares en inscripciones y esculturas en relieve.[50] No utilizó los títulos bélicos de los reyes asirios. En su lugar, enfatizó su reverencia a los dioses, su humildad y el orden que trajo a su reino.[51] "Puso orden en la tierra e hizo prosperar al pueblo". También, como Hammurabi, promovió la justicia: "Expulsé del pueblo a los criminales y villanos "[52].

Su padre Nabopolasar había comenzado a embellecer Babilonia, y Nabucodonosor estaba decidido no sólo a completar los proyectos de su padre, sino a ir mucho más allá de lo planeado. Se iba a desarrollar todo un nuevo programa de construcción, que abarcaría toda la ciudad. Hemos visto esto muy a menudo, desde los templos de Eanna en Uruk 3.000 años antes, a los zigurats construidos por los reyes de la dinastía Ur III, a la nueva capital de Untash-Napirisha en Elam, a tres nuevas capitales diferentes en Asiria durante el Imperio Neoasirio. En todas ellas, el reino correspondiente dedicó cantidades ingentes de riqueza, recursos naturales, mano de obra y conocimientos de ingeniería para crear las estructuras más impresionantes que se puedan imaginar.

Nabucodonosor hizo todo lo posible. En el transcurso de su largo reinado, él (o, mejor dicho, miles de trabajadores bajo su dirección) duplicó el tamaño de la ciudad hasta 800 hectáreas (1.977 acres), de modo que era incluso más grande que Nínive (véase la Fig. 19.1). Por lo que sabemos, era la ciudad más grande del mundo en aquella época (aunque es difícil esti-

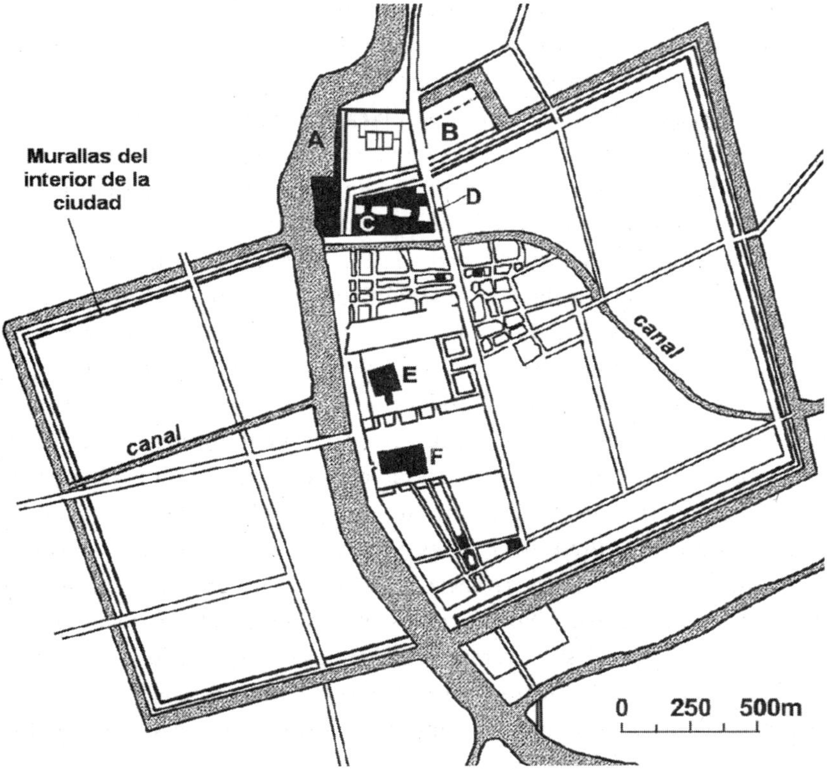

Fig. 19.1 Plano de Babilonia en tiempos del rey Nabucodonosor II, principios del siglo VI a.C. Clave: A - Éufrates; B - Puerta de Ishtar; C - Palacio; D - Vía procesional; E y F - Complejo del templo de Esagila de Marduk (E - zigurat, F - templo) (basado en Oates 1979, 148, Fig. 100)

mar su población porque gran parte de la zona intramuros sigue sin excavar)[53.] La rodeó con una doble muralla de 18 kilómetros de largo, con una calle entre la muralla interior y la exterior. Esta doble muralla fue considerada posteriormente una de las maravillas del mundo por los autores griegos. Más allá, mandó construir un foso de 80 metros de [ancho54.]

Otra de las supuestas maravillas del mundo antiguo era el Jardín Colgante de Babilonia, pero no existen pruebas contemporáneas de su existencia; el historiador griego Heródoto no lo mencionó cuando lo visitó ni, lamentablemente, se encontró durante las excavaciones en Babilonia (aunque no por falta de intentos). La historiadora Stephanie Dalley ha propuesto que esto podría deberse a una confusión dramática: tal vez los escritores griegos y romanos posteriores confundieron Babilonia y Asiria (lo que no era infrecuente en ellos) y el Jardín Colgante había estado en realidad en Nínive, donde los ingenieros de Senaquerib habían construido y desarrollado un sistema de riego para jardines notables en terrazas artificiales, que representó con orgullo en relieves en los muros de su palacio.[55] Habrían sido una auténtica maravilla tecnológica en una época en la que las plantas sólo crecían en el suelo, no varios pisos más arriba, en lo alto de un edificio.

A pesar de la ausencia del Jardín Colgante, todo en la ciudad de Babilonia inspiraba superlativos. Nabucodonosor II mandó reconstruir por completo el inmenso palacio real en ladrillo cocido (marcado como C en la Fig. 19.1), con más de 250 habitaciones dispuestas alrededor de cinco patios. Al final de su reinado, la puerta principal de Babilonia, la Puerta de Ishtar (B en Fig. 19.1), medía 15 metros de altura. Con su nueva fachada de ladrillos azules vidriados, parecía casi construida de lapislázuli macizo, una brillante visión azul. A lo largo de las paredes de la procesión principal (D en la Fig. 19.1) se alzaban leones brillantes, creados con ladrillos vidriados y moldeados en relieve, de vivos colores y aparentemente listos para salir de las paredes. El templo de Esagila (E y F en la Fig. 19.1), hogar de Marduk, estaba dominado por su zigurat reconstruido (E en la Fig. 19.1), cuya base se extendía unos 91,5 metros por cada lado. Se elevaba en seis escalones gigantescos, con un santuario a Marduk en la cima que estaba cubierto de ladrillos azules vidriados.[56]

Un siglo más tarde, Heródoto proclamó que Babilonia, tal como había sido transformada por Nabucodonosor, era la ciudad más impresionante que había visto jamás. Escribió que "en magnificencia no hay otra ciudad que se le acerque "[57]. Este lugar extraordinario era donde Adad-guppi y su joven hijo Nabu-na'id habían sido llevados a vivir. Durante cuatro décadas, obreros corveos, deportados y esclavos debieron de estar trabajando en todas las partes de la ciudad casi todo el tiempo para hacer realidad el sueño de Nabucodonosor. ¿Cómo no dejarse llevar por la emoción?

LAVANDEROS, TEJEDORES, ORFEBRES Y PERFUMISTAS

Adad-guppi, sin embargo, no parece haber tenido ningún placer en este renacimiento para Babilonia. Estaba de luto. La imagen de Sin había desaparecido del templo Ehulhul de Harran, que había sido trágicamente destruido en los combates. No parece haber culpado a los medos por destruir la imagen del dios, ni a los asirios por convertir a Harran en objetivo de los atacantes al establecer allí su capital. En cambio, atribuyó la desaparición de Sin a la propia ira del dios de la luna. Su trabajo, tal y como ella lo veía, consistía en calmarlo y encontrar la forma de convencerlo a él y a su divina esposa de que regresaran. Empezó por privarse de lujos. "Para apaciguar el corazón de mi dios y mi diosa, no me puse un vestido de excelente lana, plata, oro, una prenda fresca", escribió. "Para mostrar su devoción, iba a vivir como una asceta. "Me vestí con un vestido rasgado. Mi tela era arpillera". Se dedicó enteramente a las divinidades, aparentemente en las formas de sus estatuas babilónicas: "Proclamé sus alabanzas... Les servía la comida". Les servía comida".

La lista de los lujos a los que renunció Adad-guppi revela mucho sobre cómo había vivido en Harran antes de que su mundo cambiara: vistiendo ropas finas hechas de "excelente lana", adornándose con joyas y usando perfume y aceite fino para la piel. Dado que era una gran sacerdotisa, su vestimenta puede haberse parecido a la de la reina de Ashurbanipal, Liballi-sharrat, que se puede ver en el relieve de la pareja real sentada bajo el parral, sorbiendo vino.

Su túnica estaba hecha de una tela ancha que se enrollaba alrededor de ella, como un sari; los bordes estaban decorados con cuatro tiras de delicados bordados y flecos. El vestido de Libbali-sharrat estaba decorado con pequeños círculos, probablemente discos de oro. Había paralelos para esto. Afortunadamente para nosotros, las tropas saqueadoras que acabaron con las ciudades neoasirias no encontraron cuatro tumbas reales cuando saqueaban todo lo que tenían a la vista. Estas tumbas yacían ocultas bajo el suelo del palacio de Kalhu.[60] Fueron excavadas por arqueólogos iraquíes entre 1985 y 2001 y resultaron ser los lugares de enterramiento de varias reinas de Asiria, todavía con sus tesoros intactos. Algunas de las mujeres vestían ropas que habrían brillado con pequeños apliques de oro.[61]

Libbali-sharrat llevaba un vestido con mangas de tres cuartos (también decorado con muchas hileras de dibujos, probablemente de colores vivos) debajo de la prenda envolvente y, en los pies, zapatillas que le cubrían los dedos. Elaboradas joyas adornaban sus muñecas, cuello y orejas. La reina llevaba el pelo largo hasta los hombros y cuidadosamente peinado, y en la cabeza lucía una corona "mural" en forma de muralla. Esta corona probablemente no habría sido una opción para una sacerdotisa como Adad-guppi; parece que estaba reservada para la realeza.[62] Curiosamente, la pequeña corona mural acabó transformándose en la estereotipada corona puntiaguda, el tipo que los niños dibujan ahora para indicar que se trata de un rey. Adad-guppi probablemente llevaba algún tipo de diadema, en lugar de corona; casi todos los asirios de alto rango lo hacían.

Detrás del atuendo formal de reinas y mujeres eminentes, que ayudaban a crearlo, hay que imaginar a innumerables artesanos, artífices y obreros, muchos de ellos empleados directamente por el palacio o el templo. En los registros administrativos y jurídicos neoasirios y neobabilonios podemos incluso conocer algunos de sus nombres y la naturaleza de su trabajo.

La fabricación de tejidos y prendas de vestir siguió siendo un arte mesopotámico definitorio en los periodos neoasirio y neobabilónico. Casi 2.000 años y unas ochenta generaciones después de que las tejedoras de Lagash y Ebla perfeccionaran sus tejidos de lana, sus sucesoras seguían estando a la altura de sus elevados estándares. Las tejedoras, junto con los hombres, siempre habían figurado en los registros como productoras de tales prendas.[63] Se practicaban muchos de los mismos procedimientos que encontramos entre los primeros trabajadores textiles, pero también se habían introducido algunos cambios. Por lo general, la lana se seguía arrancando de las ovejas y el pelo de las cabras, en lugar de esquilarlo.[64] Se hilaba y teñía, pero los colores podían ser más vivos que en el pasado; los escribas neoasirios utilizaban palabras para designar lanas teñidas en muchos tonos de azul, morado, verde, amarillo y rojo; la lana roja es la que se menciona con más frecuencia y parece haber sido la más popular. Los tintoreros utilizaban alumbre para fijar los colores.[65] Los trabajadores textiles también tenían un nuevo tipo de tejido, además del lino y la lana. Se trataba del algodón, aunque parece que era poco frecuente. Se encontró un fragmento en las tumbas de las reinas de Kalhu[66] y, al relatar las maravillas de sus jardines y proyectos agrícolas, el rey Senaquerib afirmó que los trabajadores "recogían árboles que daban lana (y) tejían (con ella) ropa "[67]. Dado que el algodón no era autóctono de la región, debió de ser importado del sur de Asia o de Sudán. Probablemente también se introdujeron nuevos estilos de tejido; los tejedores reales procedían de todo el imperio, incluso de lugares tan lejanos como Egipto.[68]

En la época de Senaquerib, uno de estos "comandantes" era un hombre llamado Nabuti.[70] En realidad, conocemos los nombres de varios tejedores y "jefes de tejedores", y casi todos eran hombres. Se les mencionaba no en relación con su trabajo, sino a menudo porque servían de testigos en contratos legales. Una de las pocas mujeres nombradas de los talleres textiles era una supervisora llamada Damqa.[71]

Los tejedores reales tenían acceso a lanas y tintes de muchas tierras diferentes de todo el imperio, y se entendía que eran expertos en las mejores materias primas. En una carta escrita por Senaquerib (antes de convertirse en rey), mencionaba que había llegado un cargamento de lana roja de una de las provincias. Algunos mercaderes locales examinaron la lana y escogieron siete talentos (190 kilogramos o 420 libras) que les parecieron buenos, pero los emisarios de la provincia replicaron: "¿Quiénes os creéis que sois? Ustedes no deben hacer la selección. Las tejedoras sabían claramente más sobre la calidad de la lana que los mercaderes.

Uno de ellos, Urdaya, fue testigo de un contrato de venta de una casa y figuró en primer lugar entre algunos testigos muy eminentes, como el hermano del alcalde y el pastor jefe.[74] Evidentemente, era una persona importante.

La ropa tenía que lavarse, por supuesto, y, para satisfacer esta necesidad, los lavanderos tenían negocios prósperos, que servían a la gente más rica de las ciudades babilónicas.[75] La ropa que adornaba las estatuas sagradas de las propias deidades se lavaba en los templos,[76] pero la gente que trabajaba en los templos (como otros en la ciudad) también habría necesitado que se limpiara su ropa. En un principio, Adad-guppi se comprometió a no comprar ropa nueva, pero es de suponer que, por muy sencilla que fuera su vida, seguía necesitando que la lavaran.[77]

Sorprendentemente, los esclavos domésticos de los ricos no lavaban la ropa de los hogares en los que trabajaban. Lavar la ropa parece haber sido un proceso complicado y especializado que era mejor dejar en manos de profesionales.[78] Así pues, Adad-guppi habría contratado a un lavandero (al parecer, todos eran hombres) y habría establecido con él un acuerdo por un año. Una vez establecido el acuerdo, habría seguido la milenaria práctica legal mesopotámica y habría contratado a un escriba, traído a algunos testigos fiables y se habría asegurado de que todo quedara por escrito. Después, conservó el contrato por si el lavandero no completaba el trabajo. Es de suponer que él también tenía una copia del contrato, por si ella no le pagaba. Cualquiera de los dos podía llevar al otro a los tribunales, y algunos contratos especificaban la multa que habría que pagar en ese caso.

Por ejemplo, a finales de la vida de Adad-guppi, un hombre llamado Ina-teshi-etir tenía un negocio en el que "limpiaba y blanqueaba la ropa blanca" de una familia babilónica por un siclo de plata al año.[79] Varios contratos especificaban esta misma cantidad, que parece haber sido la tarifa vigente para los lavanderos, y así fue durante décadas,[80] aunque algunos estaban dispuestos no sólo a limpiar la ropa blanca, sino "toda la colada y la ropa blanca" por el mismo precio.[81] Otros clientes pagaban a los lavanderos en cebada o dátiles, en lugar de plata. Algunos contratos especificaban también el plazo de entrega de la colada. Un sastre que también hacía la colada escribió que "limpiaré la ropa sucia antes del día 10 del mes... y la devolveré".[82] El trato con la "ropa blanca" era una gran preocupación. Un contrato exigía que el lavandero "dejara la ropa blanca muy blanca "[83].

Los lavanderos pertenecían a diferentes clases sociales: esclavizados, libres pero sin apellidos y libres con apellidos (sólo las personas de estatus superior utilizaban apellidos). El lavandero Ina-teshi-etir tenía apellido: "hijo de Iddina, de la familia Hulamishu".[84] Todos los lavanderos, independientemente de su estatus, se relacionaban con sus clientes de forma muy parecida, firmaban contratos similares y cobraban más o menos lo mismo, pero sus negocios podían variar en tamaño.[85] Un lavandero necesitaba al menos 12 siclos de plata al año para mantener a una familia, por lo que cada hombre debía de tener al menos 12 clientes.[86]

Las joyas de Adad-guppi, cuando vivía en Harran, también podrían haberse parecido a las de la reina Libbali-sharrat. La joyería del periodo neoasirio era asombrosa por su artesanía. A las mujeres de la realeza enterradas en Kalhu se les habían proporcionado joyas de extraordinaria calidad para su uso en la otra vida: collares, pendientes, fíbulas, anillos para los dedos, brazaletes, collares, colgantes, tobilleras y coronas. Los orfebres incorporaban patrones de granulación, micromosaicos, cestería de oro, cadenas, calados y otras técnicas diversas, todo ello a escala miniatura, para crear sus obras maestras.

Algunos de los pendientes que llevaban las reinas estaban compuestos por formas de media luna de oro con objetos cónicos colgantes que se parecían un poco a piñas de pino.[87] Son exactamente iguales a los que llevaba Libbali-sharrat cuando estaba sentada bajo el emparrado. Aunque las joyas de las tumbas de Kalhu se fabricaron un par de siglos antes de la época de Adad-guppi, como sacerdotisa de alto rango es muy posible que poseyera objetos similares.

En la época neoasiria, los orfebres solían trabajar profesionalmente para un templo o un palacio, pero también podían ser contratados de forma privada para fabricar joyas para clientes de élite.[89] Cuando era sacerdotisa en Harran, Adad-guppi probablemente habría recibido joyas de los orfebres del templo, que se consideraban consagrados al dios.[90] En los palacios neoasirios, los orfebres también estaban al servicio directo de la familia real· También en los palacios neoasirios, los orfebres eran señalados en los registros como servidores directos de la familia real; se les consideraba unos de los artesanos más importantes.[91]

Los "perfumes" y el "aceite fino" que Adad-guppi dejó de usar en Babilonia eran probablemente la misma cosa: los perfumes de la época eran a base de aceite. Los aceites estaban perfumados con sustancias como lavanda, romero, pino, anís, cilantro, enebro y canela.[92] Eran elaborados principalmente por mujeres,[93] y su fabricación podría haber estado controlada por el palacio babilónico.[94]

Varios años después de la llegada de Adad-guppi a Babilonia, durante el reinado de Nabucodonosor II, un escriba elaboró una lista de personas que recibían raciones de aceite de sésamo de palacio. En ella figuraban las raciones proporcionadas a seis mujeres descritas como perfumistas.[95] El aceite se asignaba a su supervisor, un hombre llamado Nabu-dur-maki. Junto a las perfumistas aparecen en la misma tablilla personas de todo el mundo conocido, al parecer porque todas recibían raciones del palacio. Había carpinteros y patrulleros del desierto de Jonia (Asia Menor griega), mensajeros "de Daradani", un cortesano de Egipto, cautivos de Elam y Cilicia, 126 personas de Tiro, un jardinero, un escriba alfabético e incluso un "guardián de monos".[96] Es probable que los perfumistas también fueran extranjeros de Mesopotamia, aunque el texto no lo diga específicamente.[97] De hecho, se conoce a un perfumista egipcio por otro documento anterior.[98]

Para Adad-guppi, los lujos personales formaban parte de su pasado. Había renunciado a tales cosas y se presentaba ante el dios vestida de saco, sin adornos.

JOAQUÍN DE JUDÁ: EXILIADOS EN BABILONIA

Esa lista de raciones de aceite que incluía a los perfumistas es interesante por otra razón, porque refleja otra cosa que estaba ocurriendo en Babilonia: la ciudad se había vuelto increíblemente cosmopolita. Todas aquellas gentes de Elam, Egipto, Tiro, Jonia, etc. convivían en la ciudad. Habían llegado como deportados (como Adad-guppi), o inmigrantes, mercenarios o comerciantes, algunos de ellos empleados o apoyados por la corte del rey, otros no. Es de suponer que se encontraban en los pasillos y las calles, hablaban entre ellos y, de paso, conocían sus respectivas culturas. Curiosamente, en sus estructuras físicas, Babilonia seguía siendo obstinadamente babilónica. Los arqueólogos encontraron pocas pruebas de influencias externas. No parece que se construyeran templos a dioses de otras tierras.[99]

Varias personas de la lista de racionamiento de petróleo se describían como "Ya'uda", que era la grafía acadia de "judío". Ocho de los judíos no tenían nombre, uno se llamaba Ur-milki, y uno era en realidad su rey, Ya'u-kinu, que era la grafía acadia del rey bíblico Joaquín. Este no es el único documento que enumera raciones de aceite para él; también se han encontrado otros tres. En uno se lee: "1 *seah* (de aceite) a Joaquín, rey de J[udah]. 2½ *qu a 5 hijos* del rey de Judá. 4 *qu* para 8 judíos "[100.] Esto representaba una cantidad considerable de aceite y probablemente significaba que Joaquín utilizaba sus raciones para mantener a su familia y a sí mismo. La fecha se conservó en una de las tablillas; fue escrita durante el decimotercer año de Nabucodonosor II.[101 En] cada ocasión, las mujeres perfumistas figuraban en las mismas tablillas. Parece que pertenecían a la misma unidad administrativa del palacio que los judíos exiliados.

Encontrar referencias a Joaquín y otros judíos viviendo en Babilonia durante el reinado de Nabucodonosor II no es una sorpresa. Tanto las Crónicas Babilónicas como el libro bíblico de 2 Reyes explican cómo llegaron allí los judíos. Al principio de su reinado, Nabucodonosor II tuvo dificultades con las provincias situadas en el extremo occidental de su imperio, a lo largo de la costa mediterránea. En tiempos anteriores, estas tierras se habían rebelado contra sus antiguos señores, los reyes neoasirios, y, al verse obligados de nuevo a pagar tributo a un emperador muy lejano, volvieron a rebelarse. ¿Recuerdas cómo el pueblo de Judá había anticipado la ayuda de Egipto durante el reinado de Senaquerib, cuando los asirios sitiaron Laquis? Esta vez hicieron lo mismo. Al principio, Egipto acudió en su ayuda. En 601 a.C., el cuarto año de Nabucodonosor en el trono, según los registros babilónicos, condujo sus tropas hacia el oeste donde "marcharon hacia Egipto". El rey de Egipto se enteró (de ello) y envió a su ejército; se enfrentaron en una batalla abierta y se infligieron grandes pérdidas mutuamente".[102] Esto no suena mucho como una victoria para Babilonia; los reyes levantinos podían seguir esperando poder cambiar con éxito de lealtad.

Nabucodonosor II realizó la misma marcha con sus tropas dos años más tarde, durante su sexto año en el trono, y esta vez luchó en Arabia además de en el Levante. El ejército parece haber tenido más éxito que antes. De nuevo, citando los registros babilónicos, "tomaron mucho botín de la tierra de los árabes, (también) sus rebaños e imágenes divinas en gran número".[103] Pero Egipto no volvió a mencionarse; al parecer, los faraones habían desistido en su intento de hacerse con el control en el Levante.

El séptimo año de Nabucodonosor, según los registros babilónicos, fue el momento decisivo para Judá. En diciembre de 598 a.C., "El rey de Acad trasladó su ejército a la tierra de Hatti" -Hatti era ya el nombre utilizado para el Levante, en lugar de Anatolia- "sitió la ciudad de Judá (Jerusalén) y el rey tomó la ciudad el segundo día del mes Addaru". Esto fue el 16 de marzo de 597 a.C. "Para los babilonios, Judá no era más que otro reino occidental al que había que volver a convertir en vasallo obediente. Dos frases de la crónica se encargaron de ello.

Para los judíos, sin embargo, la experiencia fue mucho más traumática de lo que sugieren esas lacónicas palabras. Como dice el autor de 2 Reyes: "Nabucodonosor en persona subió a la ciudad mientras sus oficiales la asediaban. Joaquín, rey de Judá, su madre, sus asistentes, sus nobles y sus funcionarios se rindieron ante él"[105]. Tras rendirse, Joaquín y los miembros de su corte fueron hechos prisioneros. Junto con gran parte de la población de Judá -10.000 personas en total- fueron deportados a Babilonia.[106] El autor bíblico señaló que "sólo quedaron los más pobres de la tierra".[107] El autor también enumeró el "cuantioso botín" que se había mencionado en los registros babilónicos: Se apoderaron de "todos los tesoros del templo del Señor y del palacio real", junto con "todos los artículos de oro que Salomón, rey de Israel, hizo para el templo del Señor".[108] Estas pérdidas debieron de ser devastadoras para los judíos.

Así fue como Joaquín y sus hijos acabaron en Babilonia, recibiendo raciones del rey junto a otros extranjeros de la corte. Sin embargo, el encarcelamiento de la corte de Judea parece haber sido relativamente benigno. Estaban bien provistos.

La Biblia y las Crónicas Babilónicas coinciden en que, mientras tanto, otro rey había sido nombrado para tomar el relevo de Joaquín como rey vasallo de Judá: su nombre era Sedequías, según la Biblia. Nueve años más tarde, Sedequías también se rebeló y una vez más Nabucodonosor y sus tropas se presentaron en Judá. Esta vez, su ejército sitió Jerusalén durante dieciocho meses (aunque esto no se menciona en las Crónicas Babilónicas). Cuando los babilonios finalmente lograron tomar Jerusalén, ejecutaron a los hijos de Sedequías delante de él, tras lo cual los comandantes babilonios cegaron y encarcelaron al rey de Judea. El ejército babilónico saqueó todos los objetos de metal que quedaban en el templo y luego incendió todos los edificios importantes de Jerusalén, incluido el templo. En el verano de 587 a.C., Judá "fue llevada al exilio, lejos de su tierra "[110].

Una secuencia similar de acontecimientos ocurrió probablemente a cualquier número de ciudades y reinos en el Imperio neobabilónico, y lo mismo había sido cierto durante el Imperio neoasirio. Sin embargo, esta conquista en particular tuvo un impacto duradero en el mundo. El pueblo de Judea practicaba una religión singular que se centraba en la adoración de un dios, y que era distinta de las creencias de los demás pueblos de la bulliciosa ciudad en la que se encontraban. Durante su exilio en Babilonia, los judíos no adoptaron el culto de Marduk o Nabu o cualquiera de los otros dioses de Mesopotamia, sino que se aferraron a su creencia en un dios, y trataron de entender su historia reuniendo los libros que se convirtieron en la Biblia hebrea (el Antiguo Testamento cristiano). Al final, por supuesto, la fe judía se convirtió en una de las principales religiones del mundo y la primera de las creencias abrahámicas, dando lugar más tarde al cristianismo y al islam.

Los relatos bíblicos sobre los reyes neoasirios y neobabilonios proporcionaron la mayor parte de lo que se supo sobre el antiguo Oriente Próximo durante miles de años, porque los antiguos registros cuneiformes habían desaparecido en la tierra, e incluso los que aún eran visibles no podían leerse. Por eso seguimos refiriéndonos a estos reyes por sus nombres bíblicos: Sargón en lugar de Sharru-ukin, Senaquerib en lugar de Sin-ahhe-eriba, Nabucodonosor en lugar de Nabu-kudurri-usur, etcétera. Aunque los nombres reales de los reyes se descifraron a partir de la escritura cuneiforme hace más de siglo y medio, la tradición de utilizar las versiones bíblicas más familiares continúa.

Joaquín vivió en Babilonia el resto de su vida, al igual que los demás exiliados de Judá. Incluso el autor del libro de 2 Reyes reconoció que al final se trató bien a Joaquín, aunque la cronología de los hechos del autor difiere de las pruebas aportadas por las tablillas encontradas en

Babilonia. El autor bíblico escribió que Joaquín fue finalmente liberado de la prisión, y que el rey de Babilonia "le habló amablemente y le dio un asiento de honor", que Joaquín "durante el resto de su vida comió regularmente en la mesa del rey", y que "el rey dio a Joaquín una asignación regular mientras vivió."[111] La diferencia es que la Biblia sitúa esta liberación en el año treinta y siete del exilio de Joaquín, después de la muerte de Nabucodonosor, mientras que los textos de ración sugieren que la "asignación regular" de Joaquín había sido proporcionada por Nabucodonosor todo el tiempo.

NABU-NA'ID: UN FUNCIONARIO SE CONVIERTE EN REY

A pesar de todo, Adad-guppi continuó rezando al dios lunar Sin, aunque tal vez relajó sus restricciones ascéticas después de un tiempo. Mientras tanto, su hijo Nabu-na'id recibió una educación y se formó para servir como funcionario.[112] El historiador Paul-Alain Beaulieu ha sacado algunas conclusiones fascinantes sobre cómo su educación pudo haber tenido un impacto en la carrera posterior de Nabu-na'id.[113] El plan de estudios no había cambiado mucho desde el período de la antigua Babilonia, cuando los estudiantes habían estudiado en escuelas como la de la Casa F en Nippur. Nabu-na'id habría copiado muchas listas -listas léxicas, listas de nombres personales y silabarios, entre otras cosas- y habría aprendido algo de matemáticas básicas.[114] Luego pasó a copiar proverbios y, lo más importante, un canon de cinco obras literarias específicas, que todos los aprendices de escriba de este periodo parecen haber estudiado.[115] Incluían una leyenda de nacimiento sobre Sargón de Acad, una leyenda sobre Naram-Sin y dos cartas que pretendían ser históricas pero que en realidad fueron escritas mucho más tarde. Todas ellas reforzaban la idea de que los reyes experimentaban sus éxitos y sus fracasos como resultado directo del grado en que obedecían los mandatos de los dioses, y varias de ellas lo hacían en forma de reyes que instruían a otros sobre la mejor manera de gobernar.[116] Éste fue también un tema del último de los clásicos que estudiaron los alumnos, uno que nos resulta mucho más familiar: la Epopeya de Gilgamesh, la historia del antiguo rey de Uruk que emprendió un viaje en busca de la inmortalidad. Él, como los demás reyes de los textos escolares canónicos, acabó reconociendo su dependencia del poder de los dioses y la inutilidad de ir en contra de sus deseos.

La Epopeya de Gilgamesh que leyó era similar a la que ya hemos conocido, que fue estudiada por estudiantes escribas en el periodo de la Antigua Babilonia.[117] En algún momento entre el 1300 y el 1000 a.C., se había compilado una nueva versión del poema épico, una que, incluso hoy, sigue siendo asombrosa por su sutileza y sabiduría. Se atribuye a un escriba llamado Sin-leqi-unnini el refinamiento de esta versión clásica babilónica estándar de la epopeya, pero, al igual que su colega poeta Homero, sabemos poco de él. La epopeya fue estudiada, copiada y traducida a diferentes lenguas. Escribir partes de ella se convirtió en una tarea común en las escuelas de escribas.[118]

Tras terminar su educación, Nabu-na'id empezó a trabajar en la administración de Nabucodonosor y se convirtió en funcionario de carrera, continuando en su puesto durante los reinados de los reyes que sucedieron a Nabucodonosor. Adad-guppi se atribuyó el éxito de su hijo en la obtención del cargo. Escribió: "Hice que Nabu-na'id, el hijo que tuve, sirviera a Nabucodonosor, hijo de Nabopolasar, y a Neriglissar, rey de Babilonia, y cumplió su deber para con ellos día y noche haciendo siempre lo que a ellos les placía".[119] Nabu-na'id, a su vez, encontró algún tipo de función oficial para su madre, como ella misma reconoció: "Adad-guppi tenía ochenta y seis años cuando murió el rey Nabucodonosor II en 562 a.C., pero aún seguía con fuerzas y se convirtió en su esposa. Pero seguía con fuerzas, y durante todo ese tiempo había estado rezando al dios lunar Sin para que "se reconciliara con el templo Ehulhul, el templo de Sin en Harran "[121] y regresara.

Los tres reyes que siguieron a la muerte de Nabucodonosor II tuvieron reinados cortos. El hijo de Nabucodonosor, Amel-Marduk, gobernó durante dos años (561-560 a.C.) antes de ser derrocado por su cuñado Neriglissar (un general de una tribu aramea, casado con una princesa, 559-556 a.C.).[122] Murió tras cuatro años en el trono y a su vez fue sucedido por su hijo Labashi-Marduk (556 a.C.), que gobernó, como mucho, tres meses. Labashi-Marduk fue asesinado en un golpe de estado, dirigido por un hombre llamado Bel-shar-usur. Tras cuarenta y tres años de estabilidad, el Imperio neobabilónico llevaba más de seis años sumido en la confusión.

Y aquí es donde la historia política de este capítulo se encuentra con la historia de Adad-guppi, porque Bel-shar-usur, el líder del golpe, era su nieto. No se benefició personalmente del derrocamiento y ejecución de Labashi-Marduk, sino que puso en el trono a su padre Nabu-na'id. Puede que reconozcas mejor a este rey por el nombre que le dieron más tarde los griegos: Nabonido (556-539 a.C.). Su madre, Adad-guppi, tenía ahora noventa y cinco años, según sus propios cálculos. Tras toda una vida al servicio de los dioses, de repente era la reina madre y por fin estaba en condiciones de hacer realidad su sueño: su hijo podría autorizar la creación de nuevas estatuas de Sin y su familia divina, y podría encargar la restauración del templo de Ehulhul en Harran.

El rey Nabónido debía de tener al menos sesenta años. Es sorprendente que su hijo Bel-shar-usur (más conocido como el bíblico Belsasar) no ocupara él mismo el trono. Probablemente tenía unos treinta años, una edad mucho más razonable para un nuevo rey. Pero Nabónido afirmó haber experimentado un sueño vívido en el que Sin le revelaba que él era el que los dioses querían que fuera rey. Los sueños proporcionaban mensajes directos de los dioses, como hemos visto. "Sin me llamó a la realeza", escribió en una inscripción encontrada en Harran. El reinado vino con una orden: "A medianoche (Sin) me hizo tener un sueño y me dijo (en el sueño) lo siguiente: 'Reconstruye pronto Ehulhul, el templo de Sin en Harran, y te entregaré todos los países'."[123] Su madre tuvo una revelación similar, pero en su relato, el anciano Nabonido debía su posición exclusivamente a *ella* y a *s*u firme devoción al dios Sin. Ella escribió que "Sin, el rey de los dioses, me miró con buenos ojos y llamó a Nabonido, mi único hijo, a quien di a luz, a la realeza y le confió la realeza de Sumer y Acad, (también de) todos los países desde la frontera de Egipto, en el Mar Superior, hasta el Mar Inferior".[124]

Una vez que fue rey, Nabónido centró gran parte de su atención en los dioses, y especialmente en el dios patrón de Adad-guppi, Sin, tal y como ella deseaba. Emprendió la reconstrucción del templo de Ehulhul en Harran y la recreación de estatuas de los dioses. Beaulieu ha hecho la interesante observación de que el curso del reinado de Nabonido guardaba un asombroso parecido con la imagen ideal de un rey que habría encontrado en las cinco obras canónicas del currículo escolar.[125] Parece que siguió los consejos de las versiones literarias de los reyes, desde Gilgamesh a Naram-Sin y Samsu-iluna, el supuesto autor de una de las cartas que estudiaron los escribas. Naram-Sin aconsejaba en el texto mítico evitar la guerra y llevar una vida contemplativa; Nabonido hizo lo mismo. Respondía a las peticiones de los dioses enviadas a través de los sueños, como en una de las supuestas cartas entre reyes. Y, como había pedido Samsu-iluna en una de las cartas falsas, Nabónido devolvió las imágenes de los dioses a sus lugares legítimos y acusó a otros (en su caso, a los babilonios) de mal comportamiento y profanación de los dioses (en su caso, el dios lunar Sin).[126] Sus acciones fueron a menudo impopulares, pero puede que pensara que eran totalmente acordes con el comportamiento de los reyes del pasado porque había aprendido estas historias en la escuela.

FUNERAL DE ADAD-GUPPI

Cuando Nabonido llevaba nueve años en el trono, Adad-guppi murió finalmente, a la edad de 102 años. Antes de su muerte, otro sueño de Sin le había asegurado que la misión de su vida se cumpliría. "En un sueño, Sin, el rey de todos los dioses, puso sus manos sobre mí, diciendo: '¡Los dioses volverán gracias a ti! Confiaré a tu hijo Nabónido la residencia divina de Harrán; ¡él restaurará y hará que Harrán sea más (bella) de lo que era antes! Llevará a Sin, Ningal, Nusku y Sadarnunna en procesión solemne al templo de Ehulhul'."[127]

Qué vida había vivido. Desde sus días como sacerdotisa en Harrán, viviendo con estilo y vistiendo las mejores ropas, hasta ser testigo de la destrucción de su ciudad y de los dioses que amaba, ser deportada a Babilonia, vivir como una asceta en su nueva ciudad, asumir un cargo oficial y, finalmente, ver a su hijo convertirse en rey, fue una historia de valor y devoción. ¿Era cierto que Nabonido se convirtió en rey gracias a ella? Podría ser. Desde luego, se sintió absolutamente obligado a restaurar el templo de Ehulhul y sus dioses. Y le dio un funeral digno de una mujer de su poder e influencia. Un epílogo a su autobiografía lo describe. Nabónido "veló su cuerpo [envuelto en] finas [vestiduras de lana y] lino blanco brillante. Depositó su cuerpo en una tumba oculta con espléndidos [ornamentos] de oro [engastados con] hermosas piedras. En los últimos años de su vida, sin duda había disfrutado de todos estos lujos, los mismos a los que había renunciado por los dioses durante sus primeros años en Babilonia. También seguiría disfrutando de ellos en la otra vida, satisfecha de saber que Sin, "el rey de los dioses" (al menos en su opinión), recibiría el reconocimiento y la veneración que le correspondían.

Su funeral duró días. Nabonido invitó a huéspedes de todo el imperio. Durante los primeros siete días guardaron luto, "con la cabeza gacha".

Pero después, a todos los presentes se les proporcionó comida y bebida, aceite fino, "cofres con (nuevos) atavíos" y provisiones para sus viajes de vuelta a casa. Todo parecía ir como los dioses habían querido.

CAPÍTULO 20

CERVECEROS, REBELDES Y EXORCISTAS

Mucho de lo que se escribió sobre Nabónido fue escrito por sus enemigos, por lo que a menudo sale mal parado en las historias. Más tarde se le culpó del fin del Imperio neobabilónico y se le describió como hereje o incluso como loco. Creo que le habría sorprendido y quizá entristecido saberlo. En sus propias inscripciones aparece como un hombre serio y piadoso, alguien que se sentía en una misión del dios que le había elegido -el dios de la luna Sin- para asegurar el lugar de Sin a la cabeza del panteón. Nabónido no era monoteísta; creía en todos los dioses. Se mostró en una imagen en una estela de piedra venerando los símbolos de tres deidades: Sin, Ishtar y Shamash. Sin embargo, parecía considerar que Sin encarnaba las características de varios dioses. No se consideraba un revolucionario, sino un tradicionalista que se inspiraba en prácticas muy antiguas. Simplemente creía profundamente que Sin era el rey de todos los dioses. Si hubiera logrado persuadir a sus compatriotas babilonios de ello, tal vez habría sido alabado en las crónicas y descrito como un profeta que había recibido y transmitido el verdadero mensaje del dios de la luna. El problema de Nabónido era que, en Babilonia, Marduk tenía una reivindicación muy antigua del título de rey de los dioses, y los babilonios no estaban dispuestos a cambiar siglos de creencia basándose en los sueños visionarios de un rey anciano (que ni siquiera era miembro de la familia real existente) y su madre aún más anciana.

NABONIDO DE BABILONIA: EL REY Y EL DIOS DE LA LUNA

Uno de los primeros actos de Nabónido fue nombrar una *sacerdotisa-en*, la gran sacerdotisa del dios de la luna, en la ciudad de Ur. Al hacerlo, siguió los pasos de Sargón de Akkad, sólo que el nombramiento de Enheduana por parte de Sargón para esa misma función había tenido lugar unos 1.750 años antes. Al igual que Sargón (y tras varias consultas con adivinos), Nabónido eligió a una de sus hijas para el cargo y le dio un nombre sumerio: En-nigaldi-Nanna, que significa "la gran sacerdotisa solicitada por Nanna" (Nanna es el nombre sumerio del dios de la luna, Sin). Imaginemos que un dirigente de hoy nombrara a alguien Virgen Vestal en Roma o Gran Preceptora en China, resucitando un cargo que no existía desde hacía siglos. Imagina que también le diera a esa persona un nombre en una lengua antigua y muerta y excavara el antiguo palacio que era el hogar tradicional de alguien con ese cargo. Podrías pensar que este líder era bastante excéntrico. Pero Nabonidus creía que era la voluntad del dios de la luna. Un texto llamado *Enuma Anu Enlil*, que ya era muy antiguo en su época, incluía el siguiente presagio: "Si se produce un eclipse de luna en el mes de Ululu, el dios Sin solicita una suma sacerdotisa "[1]. En efecto, se produjo un eclipse de luna -en el mes de Ululu- durante el segundo año de Nabónido en el trono. Un milagro. Nabonido no tenía elección; el nombramiento tenía que producirse. Creía que el dios de la luna le estaba enviando señales que confirmaban su misión divinamente ordenada.

En una inscripción sobre este nombramiento escribió que "estuve atento a la palabra del dios Sin, el señor supremo, el dios que me creó, (y) a la(s) orden(es) de los dioses Shamash y Adad, los señores de la adivinación, y elevé a (mi) hija, mi propia descendencia, al cargo de *entu-sacerdotisa* y (entonces) la nombré En-nigaldi-Nanna, como su (nuevo, oficial) nombre."[2] En-nigaldi-Nanna no tuvo elección en este asunto, pero aprovechó al máximo su nuevo papel.

No podía vivir en el tradicional palacio Gipar de la *sacerdotisa:* era inhabitable. Como dijo Nabonido, "su emplazamiento estaba en ruinas y se había convertido en escombros. En su interior crecían palmeras datileras y huertos frutales "[3]. Uno puede imaginarse a Nabónido abriéndose paso entre las palmeras y los árboles frutales, escudriñando el suelo con la mirada, en busca de los restos de los antiguos muros del palacio. Como resultado del amor por la antigüedad que compartía con su predecesor Nabucodonosor, Nabonido expresaba a menudo su entusiasmo por encontrar objetos antiguos durante los proyectos de reconstrucción.

Al reconstruir el templo de Ebabbar en Sippar, escribió que "descubrió en su interior una inscripción de Hammurabi, un rey del pasado que me precedió, <quien> para el dios Shamash había construido Ebabbar y el zigurat (precisamente) sobre los cimientos originales 700 años antes que Burna-Buriash."[4] Nabonido se veía a sí mismo como el sucesor de estos reyes babilonios del pasado -Hammurabi, cuyas leyes aún se estudiaban, y Burna-Buriash, uno de los grandes reyes de la hermandad de la Edad de Bronce Tardía. ¿Haber encontrado una inscripción real de Hammurabi? Fue emocionante. Escribió: "Entonces, mi corazón se alegró (y) mi rostro resplandeció". Mostrando un inmenso respeto por la arquitectura antigua y los reyes que la habían encargado, se aseguró de que sus propios arquitectos siguieran exactamente la huella de las antiguas murallas. Hizo construir las nuevas murallas "ni un palmo fuera ni dentro" de los cimientos construidos por Hammurabi.

Mientras buscaba los muros del antiguo palacio de Gipar, sin duda también buscaba allí inscripciones y objetos antiguos. Para su deleite, los encontró. "Descubrí en su interior inscripciones de antiguos reyes del pasado. Descubrí (también) un antiguo objeto con la inscripción de Enanedu, *sacerdotisa entu* de Ur, hija de Kudur-mabuk, hermana de Rim-Sin, rey de Ur, que había renovado el palacio de Gipar y lo había restaurado».[5] Este objeto confirmaba que las sacerdotisas habían vivido efectivamente aquí y, de hecho, que la propia Enanedu (y no su hermano, sorprendentemente) había restaurado el palacio en tiempos del rey Rim-Sin I de Larsa, a principios del siglo XVIII a.C. "Entonces", escribió con orgullo, "reconstruí de nuevo el palacio de Gipar como (había sido) en la antigüedad".

Cuando Woolley excavaba en Ur, encontró aún más pruebas de las pasiones anticuarias de Nabonido y su familia. En un edificio que parece haber sido el nuevo Gipar, construido por Nabonido para su hija En-nigaldi-Nanna, Woolley descubrió algunos objetos sorprendentes, todos juntos: un *kudurru de* piedra del periodo casita, un brazo de una estatua con una inscripción del rey Shulgi del periodo Ur III, un cono de cimentación del periodo de la antigua Babilonia y una cabeza de maza de piedra muy antigua.

Cerca de ellos había un pequeño cilindro de arcilla, de 10,8 centímetros (4,25 pulgadas) de altura, inscrito con copias de una inscripción del periodo antiguo babilónico escrita en sumerio seguida de una explicación neobabilónica escrita en acadio: "Copia de un ladrillo cocido de los escombros de Ur, escritura de Amar-Suen, rey de Ur"[6]. Continuaba explicando que el ladrillo copiado había sido encontrado "en la búsqueda de la planta del Ekishnugal (templo) por Sin-balassu-iqbi, gobernador de Ur". Después de que Sin-balassu-iqbi encontrara el ladrillo, se lo había dado a un sacerdote lamentador del dios de la luna, que "lo ha inspeccionado y escrito (en él) para su observación". Woolley llegó a la conclusión de que estos objetos habían sido conservados por la sacerdotisa En-nigaldi-Nanna como una especie de exposición de museo antiguo.[7] Si se busca el nombre de En-nigaldi-Nanna en Internet, se encontrará que aparece en varios sitios como la fundadora del "primer museo". Sin embargo, si estos objetos se reunieron para ser expuestos, no se trataba de un museo abierto al público. Se trataba de una colección privada de objetos antiguos encontrados durante la renovación del templo de Ekishnugal, el templo del dios Sin. Era más un "gabinete de curiosidades" que un museo en el sentido moderno.

Aunque no fuera exactamente un museo, su existencia encaja bien con el entusiasmo de Nabónido por los objetos antiguos. Le habría encantado tener la oportunidad de contemplar los artefactos y reflexionar sobre su conexión con sus ancestrales creadores. Fue Nabónido quien conservó la estatua de Enmetena, el rey de Lagash de la Dinastía Temprana, que vimos en el capítulo 3. Los mesopotámicos siempre habían conservado la estatua de Enmetena. Los mesopotámicos siempre habían querido que los objetos antiguos se conservaran y exhibieran, sobre todo cuando se trataba de estatuas de antiguos reyes. Por ejemplo, Zimri-Lim en Mari había estado acompañado en su sala del trono por estatuas de reyes de cientos de años de antigüedad. Y los escribas habían copiado inscripciones de estelas y tablillas antiguas al menos desde la época de Sargón de Akkad, añadiendo notas sobre dónde se encontraban las inscripciones originales (como la etiqueta de la inscripción en ladrillo de Amar-Suen en el Gipar) y guardando las copias de arcilla que habían hecho. Sus esfuerzos, como hemos visto repetidamente en este libro, fueron responsables en gran medida de la conservación de numerosos textos que, de otro modo, se habrían perdido.

En la misma inscripción en la que Nabónido describía el nombramiento de En-nigaldi-Nanna como sacerdotisa y la restauración del palacio de Gipar, también enumeraba al personal del templo del dios de la luna en Ur (y de otros templos de la ciudad) y se jactaba de haber liberado a estos trabajadores de las obligaciones laborales y de servicio corvea.[8] Serían libres para centrarse en cuidar del dios de la luna. En su opinión, se lo merecían, ya que Sin era el mayor de todos los dioses. La lista de trabajadores ofrece una ventana fascinante al personal de un templo, las personas que estaban presentes en el edificio diariamente al servicio de la deidad.

Una serie de diferentes tipos de sacerdotes encabezan la lista: los *sacerdotes ramku*, el *sacerdote enu*, el sacerdote de purificación y el funcionario *zabarbaddu*. (Este último ostentaba un título arcaico que no se utilizaba desde la época de la antigua Babilonia; incluso al nombrar los cargos de los administradores de su templo, Nabónido se inspiraba en el pasado)[9]. Ayudaban en el funcionamiento diario del templo y en el abastecimiento de los dioses "el cervecero, el cocinero, el molinero, ... el constructor, el barrendero del patio, el portero principal".[10] Estos hombres preparaban la comida y la bebida para el templo, mantenían la propiedad y se encargaban de la seguridad. La lista también incluía a "los cantores que complacen el corazón de los dioses". Al igual que en el periodo dinástico temprano y en el reino de Mari, donde hemos encontrado cantantes de este tipo con anterioridad (y, para el caso, en todas las épocas de la historia del Próximo Oriente antiguo), la música era tan importante para la felicidad de los dioses como la comida y la bebida.

Esos preparadores de alimentos y bebidas -el cervecero, el cocinero, el molinero- ejercían profesiones culinarias que, en tiempos de Nabonido, tenían un pedigrí de al menos 2.500 años, si no más. Tal vez recuerden a Kushim, el controlador del almacén de cebada en Uruk, allá por el 3100 a.C., cuando se desarrolló la escritura silábica.[11] También él trabajaba para un templo, gestionando los ingredientes para la fabricación de cerveza y distribuyendo jarras de cerveza.

La cerveza siempre había sido esencial para la vida en esta región. En el periodo neobabilónico, una lista de las necesidades básicas de la vida consistía en "pan, cerveza, sal, berro, aceite y ropa".[12 En la] época de Nabónido, la cerveza de cebada, del tipo que había sido un alimento básico en épocas anteriores, era consumida principalmente por las deidades (y el personal de sus templos). En ese momento, la mayoría de la gente fuera de los templos bebía cerveza hecha de dátiles fermentados.[13] Bebían en casa y en el trabajo, porque la cerveza seguía siendo una parte vital de la dieta babilónica, pero también bebían en posadas y tabernas. Se esperaba que un adulto consumiera mucha cerveza: de uno a tres litros al día.[14] Aunque a veces se mencionaba la embriaguez, no era habitual; su cerveza no debía tener un alto contenido de alcohol.

LOS SAHIT-GINES Y LOS EGIBIS: LAS FAMILIAS RICAS DE LOS TEMPLOS DE SIPPAR Y BABILONIA

En el siglo VI a.C., una persona poderosa en Babilonia solía tener el equivalente a un apellido, que normalmente era el nombre de un antiguo fundador de la familia. Al igual que detrás de cada O'Reilly moderno había un hombre original llamado "Reilly", y detrás de cada "Fernández" un "Fernando" original, mucha gente en Babilonia tenía, por ejemplo, el apellido Egibi, porque compartían un antepasado que llevaba ese nombre. Había muchas otras familias de este tipo. Estas poderosas familias dominaban los altos cargos de los templos y, a cambio de sus ingresos, poseían "prebendas", es decir, derechos a determinadas funciones dentro de un templo que les aseguraban unos ingresos y una asociación continuos con ese templo. A menudo, una familia concreta monopolizaba las prebendas para una función, como la de los panaderos o los cerveceros, o para una función superior, como la de jefe de los panaderos o jefe de los cerveceros. Se elaboraban listas de las personas que poseían determinadas prebendas y de los derechos a las rentas que de ellas se derivaban. Pero, con el tiempo, la prebenda se había convertido en algo que se podía vender, prestar, subarrendar o intercambiar, de modo que se podía ganar dinero con una prebenda sin tener que realizar realmente el trabajo asociado a ella.[15] Este sistema también proporcionaba a estas familias de élite aún más oportunidades de enriquecerse.

Las familias del templo solían tener nombres babilonios y estaban orgullosas de sus raíces locales. Parece que se resistieron a adoptar el arameo, que se estaba convirtiendo rápidamente en la principal lengua hablada y escrita de gran parte de Oriente Próximo. En su lugar, es probable que hablaran acadio y siguieran escribiendo en esta lengua utilizando el cuneiforme en tablillas de arcilla. De ahí que se conserven muchos de sus documentos.

Las personas que trabajaban fuera de los templos y que no participaban en las vastas empresas de las propiedades de los dioses no solían tener apellidos, procedían de muchos lugares diferentes y casi con toda seguridad utilizaban el arameo como lengua franca, independientemente de cuál fuera su lengua materna. Aunque probablemente escribieron muchos documentos en papiro o cuero, que se han desintegrado, muchos de sus contratos y otros documentos se escribieron a la manera tradicional, en acadio sobre arcilla (aunque a veces añadían notas en arameo en los bordes).[16]

He mencionado a la familia Egibi porque sus miembros se dedicaron a los negocios y acabaron dominando el comercio de la cerveza (junto con otras empresas). La cerveza era rentable y constituía uno de los principales negocios de la época, tanto para el consumo local como, probablemente, para el comercio exterior.[17] Otra poderosa familia, ésta de Sippar, no llevaba el nombre de un antepasado, sino el de su vocación tradicional. Se trataba de la familia Sahit-gine; Sahit-gine significaba "prensador de aceite de las ofrendas regulares".[18] Como su nombre indica, eran los propietarios de las prebendas para prensar el aceite que se utilizaba en las ofrendas del templo de Ebabbar.[19] La familia había emigrado a Sippar desde Babilonia, pero mantenía estrechos lazos con su ciudad natal ancestral.[20] Eran inusuales en el sentido de que pudieron ascender a un nivel de élite de la jerarquía del templo sin perder sus vínculos con el distrito comercial de Sippar. Al igual que los egibíes, se dedicaron a la fabricación y venta de cerveza.

Un hombre poderoso solía tener tres nombres: un nombre personal, un patronímico (el nombre de su padre) y un apellido, cada uno de los cuales era (como siempre) una frase o cláusula corta. Uno de los hombres que conoceremos era conocido como Bel-uballit, hijo de Iqisha, de la familia Sahit-gine (prensadores de aceite). El otro era Itti-Marduk-balatu, hijo de Nab-ahhe-iddin, de la familia Egibi. Ambos empezaron su carrera empresarial durante el reinado de Nabónido y ganaron dinero con la cerveza. Parece que estos dos hombres se conocían, aunque vivían en ciudades diferentes y pertenecían a familias distintas.[21]

BEL-UBALLIT: PRENSADOR DE ACEITE, CERVECERO Y FUNCIONARIO DEL TEMPLO

Poco después de casarse con una mujer llamada Bu'itu, los negocios de Bel-uballit prosperaron en la ciudad adoptiva de su familia, Sippar, y en ese momento parece que se dedicaba sobre todo a las industrias petrolera y textil.[22] Era mediados del reinado de Nabonido. Sippar, como se recordará, estaba río arriba de Babilonia, en el camino hacia el norte desde Ur y otras ciudades del sur. Los comerciantes de textiles habían pasado por allí de camino a Ashur más de mil años antes, cuando Sippar había sido el hogar de las emprendedoras mujeres *naditum*, con sus conexiones comerciales con Susa en Irán. En tiempos de Nabónido seguía siendo un centro de comercio entre Mesopotamia y el resto de Oriente Próximo.

El puerto fluvial de Sippar bullía de actividad; allí vivían y trabajaban mercaderes de todo el Imperio neobabilónico y más allá. Había gentes de Irán, Judá, Siria y Egipto, así como de Mesopotamia, algunos de ellos viajeros, otros comerciantes, cerveceros y empresarios, muchos de los cuales almacenaban y vendían sus mercancías en almacenes cercanos al río[23]. Se podía ver una caravana de burros cargando un cargamento de gorros de tela para el ejército, listos para ser transportados a la ciudad de Humadeshu (cerca de Persépolis), en Irán,[24] o un barco que regresaba con un lote de viejas cubas de cerveza (descritas con orgullo como "sin daños ni fugas") para un cervecero.[25] Cada transacción requería testigos, cuyos nombres figuraban en las tablillas que los escribas redactaban por centenares. La comunidad estaba claramente unida. Realizaban el mismo tipo de transacciones, eran testigos de los contratos de los demás y compartían los lugares donde guardaban sus archivos.[26] Por lo general, sus nombres no incluían apellido; la mayoría de los mercaderes y comerciantes no pertenecían a las familias de la élite.[27]

Bel-uballit y los miembros de su familia eran vistos con frecuencia en el puerto, haciendo negocios, pero también poseían importantes propiedades inmobiliarias y pertenecían al enrarecido mundo del templo de Ebabbar.[28] Bel-uballit pudo ascender en la sociedad de Sippar, en parte gracias a su prebenda como prensador de aceite para el templo, y en parte porque se casó con una mujer de una familia influyente. Su esposa Bu'itu había nacido en las filas más altas de la comunidad del templo de Sippar: los hombres de su familia ostentaban el prestigioso cargo de "jefe de los entrantes del templo".[29] Un hijo del matrimonio de Bel-uballit con Bu'itu heredó más tarde una prebenda de su abuela materna: él también se convirtió en "entrante del templo". Inusualmente para alguien con tal función, este hijo continuó participando activamente en el comercio del puerto de Sippar.[30]

Pero mucho antes, en 547 y 546 a.C. (los años noveno y décimo del reinado de Nabónido), Bel-uballit gastó una fortuna en lana. En una ocasión compró unos 900 kilogramos de lana por 4 minas 33⅓ siclos de plata.[31] Habría contratado a mujeres, que trabajaban en sus casas, para hilar y tejer la lana en tejidos que luego vendía. Sabemos que la esposa de uno de los parientes de Bel-uballit dirigía este tipo de operaciones, por lo que es muy posible que las mujeres de la familia de Bel-uballit hicieran lo mismo.[32] (Unas décadas más tarde, en 520 a.C., Bel-uballit poseía su propio rebaño de ovejas y cabras, por lo que en ese momento probablemente no necesitó comprar la lana para sus operaciones textiles.)[33]

Es posible que Bel-uballit ya estuviera explorando oportunidades en el negocio de la elaboración de cerveza, incluso durante el reinado de Nabónido. Sabemos que comerciaba con grandes cantidades de dátiles, y la principal razón para comprar o vender dátiles en ese momento era la fabricación de cerveza.[34] Más adelante en su vida, se dedicó definitivamente al negocio de la cerveza: se asoció con otros dos hombres para dirigir una fábrica de cerveza. Un hombre, comerciante profesional, proporcionó una casa en la que el negocio tendría su sede, como cervecería y almacén, y quizá también como taberna o posada. Un segundo hombre aportó docenas de cubas de cerveza e invirtió cinco minas de plata, una suma considerable. También comprometió a las mujeres de su familia a ser empleadas de la empresa: su mujer, sus hijas y sus esclavas. Bel-uballit aportó 100 cubas de cerveza más que su socio, junto con otras cinco minas de plata.[35] Tenían lo que necesitaban para que la empresa fuera un éxito. La cerveza podía dar mucho dinero. Todo el mundo la bebía.

NABU-UTIRRI, MIZATU E ITTI-MARDUK-BALATU: CERVECEROS Y UN EMPRESARIO

Para conocer mejor el mundo social que rodeaba a la cerveza, debemos trasladarnos al sur, a la capital, Babilonia. Por la época en que Bel-uballit iniciaba su carrera empresarial, a partir del año decimocuarto del reinado de Nabonido, dos esclavos pertenecientes al empresario Itti-Marduk-balatu (de la familia Egibi) se dedicaban a montar un lucrativo negocio, la elaboración y venta de cerveza en Babilonia.[36]

Estos esclavos eran un matrimonio: el marido, Nabu-utirri, asumía muchas responsabilidades como agente de Itti-Marduk-balatu: trataba con los socios comerciales de su amo y también realizaba sus propias transacciones.[37] Su mujer, Mizatu, trabajaba con él en la fábrica de cerveza, pero las mujeres esclavizadas como ella casi nunca trabajaban como agentes de sus dueños en esta época.[38] En los documentos se hace referencia a Nabu-utirri y Mizatu como esclavos, pero tenían una autonomía considerable. Vivían en su propia casa, por la que pagaban un alquiler, y controlaban la mayor parte de los beneficios de su negocio cervecero. Es posible que la pareja produjera tanto cerveza de dátiles para los clientes como cerveza de cebada con fines religiosos.

La cerveza de dátiles babilónica probablemente tenía un sabor muy diferente al de la cerveza moderna. No sólo no se elaboraba con cereales, sino que tampoco se aromatizaba con lúpulo (que no se introdujo en la cerveza hasta la Edad Media en Europa). De hecho, aunque los babilonios utilizaban el mismo término para referirse tanto a la cerveza de cebada como a la de dátiles, la versión elaborada con dátiles era probablemente más parecida a la sidra.[39]

Lo más parecido que se conserva a una receta de cerveza mesopotámica es un himno a Ninkasi, la diosa de la cerveza. Al igual que la cerveza era uno de los inventos más antiguos de los sumerios, Ninkasi era una de las diosas más antiguas.[40] Como siempre, estamos en deuda con los escribas por hacer copias del himno en la escuela. No fueron especialmente reverentes al escribir: en sus ejercicios, emparejaron el himno con una canción para beber dedicada a una posadera.[41] El himno se escribió cientos de años antes de que Nabu-utirri y Mizatu abrieran su cervecería, y trata sobre la elaboración de la cerveza de cebada. (Varios cerveceros modernos han intentado reproducir la cerveza mesopotámica a partir de la descripción del himno)[42].

El himno enumera las etapas de la elaboración de la cerveza de cebada, señalando en cada una de ellas que "(la diosa) Ninkasi eres la que" se encarga de cada paso. Primero se hacía la masa (*bappir)* y se mezclaba "en un pozo... con aromáticos dulces".[43] Los aromáticos eran hierbas de varios tipos.[44] Luego se cocía la masa "en un gran horno".

Mientras tanto, se creaban "montones de grano descascarillado", se cubrían de tierra y se regaban para hacerlos germinar. A continuación, se remojaban en una tinaja y, presumiblemente, se calentaban (aunque esto no se menciona en el himno como un paso específico). El "mosto cocido" resultante se extendía "sobre grandes esteras de juncos" para ser enfriado y secado. Era la malta.

A continuación, el mosto se elaboraba "con miel (y) vino" y se fermentaba en una cuba de fermentación. "La cuba de fermentación... hace un ruido agradable; se coloca adecuadamente sobre una gran cuba colectora". Esto sugiere que el líquido de la cuba de fermentación podía filtrarse hasta la cuba colectora; la cuba de fermentación debía tener agujeros en su base. Finalmente, la cerveza estaba lista. El autor del himno escribió, agradecido, que cuando "la cerveza filtrada... (sale) de la cuba colectora, es (como) el torrente del Tigris y el Éufrates". La cerveza debía de ser mucho más dulce que la moderna, dada la miel que se incorporaba a la receta.

La cerveza de dátiles habría sido más sencilla. Los estudiosos que probaron a hacerla, siguiendo una receta griega posterior del siglo I d.C., no utilizaron más que agua y dátiles. Descubrieron que la bebida resultante tenía un agradable sabor ácido y, sorprendentemente, no era dulce.[45]

En 541 a.C., Nabu-utirri y Mizatu pudieron ganar 5,5 minas de plata gracias a su cervecería, un beneficio muy saludable del que pagaron una sexta parte a su amo.[46] Nabu-utirri utilizó el resto de los beneficios para financiar otras operaciones, como prestar plata, dátiles y cebada a otros esclavos y a personas libres y, en una ocasión, alquilar un barco y contratar un piloto para él.[47] Los barcos casi siempre estaban asociados al comercio, por lo que tal vez necesitaba el barco para enviar parte de su cerveza a otra ciudad y venderla allí. El propio Nabu-utirri, que era esclavo, llegó a comprar dos esclavos durante el decimotercer año de Nabónido: una mujer y su hijo.[48] No sabemos nada más de ellos, pero tal vez también participaran en el negocio de la cerveza. La mayoría de las tablillas relativas a Nabu-utirri lo muestran actuando de forma casi totalmente independiente. No era legalmente libre, pero tenía el tipo de responsabilidades que asumen los hombres de negocios libres y también la oportunidad de ganar y conservar su propio dinero. A veces, sin embargo, necesitaba la ayuda de su amo, por ejemplo, cuando moría un hombre que aún le debía dinero. Itti-Marduk-balatu imponía así cierto control, poniendo límites a lo que Nabu-utirri podía hacer.[49]

Nabu-utirri también alquiló varias propiedades.[50] Una de estas casas, quizás aquella en la que él y su esposa dirigían su negocio de cerveza, era propiedad de un hombre y dos mujeres de una familia adinerada. Según el contrato, Nabu-utirri debía "construir una cabaña de cañas delante de la puerta, junto con una salida, y esparcir arcilla en el tejado "[51]. Se consideraba que su trabajo de construcción valía cuatro siclos y se incluía en el alquiler del año. Resulta tentador pensar que la cabaña de juncos frente a la puerta de la casa era un lugar donde vendían cerveza, aunque es sólo una suposición.

En este contrato los estudiosos han encontrado una conexión lejana entre Bel-uballit en Sippar e Itti-Marduk-balatu en Babilonia: los propietarios de la casa que los esclavos de Itti-Marduk-balatu alquilaban en Babilonia eran miembros de la familia siparí de Bel-uballit (los Sahitgines). Cabe preguntarse si los dos hombres se conocían, si, tal vez a través de amigos comunes, sabían que ambos se estaban aventurando en el comercio de la cerveza, en ciudades diferentes: Bel-uballit por su cuenta en Sippar, Itti-Marduk-balatu, a través de los esfuerzos de Nabu-utirri y Mizatu, en Babilonia.

INA-QATE-NABU-BULTU: UN PANADERO

Itti-Marduk-balatu podría haber tenido problemas para llevar la cuenta de todas sus empresas e inversiones. Era un hombre muy rico. Dirigía muchos negocios y poseía dieciséis casas y unos cien esclavos, que constituían hasta dieciocho familias diferentes.[52] La mayoría de sus esclavos probablemente habían nacido en la esclavitud, y concretamente en su casa.[53] Generaciones de personas esclavizadas trabajaban para generaciones de la misma familia. Pero Itti-Marduk-balatu también había comprado esclavos en ocasiones, a veces familias enteras de individuos, que a menudo habían sido capturados como prisioneros de guerra. En una ocasión, otro hombre adinerado "vendió a Itti-Marduk-balatu... a su esclava Nana-ittiya y a su hija de tres meses, una egipcia del botín de la proa, por dos minas de plata como precio total"[54]. Nana-ittiya y su hija pequeña, ya tan lejos de su hogar en Egipto, se unían ahora a un nuevo hogar. Es casi seguro que nunca volvieron a ver su tierra natal.

Itti-Marduk-balatu no sólo compraba esclavos, sino que también comerciaba con ellos. Hay pocas pruebas de que existieran tratantes de esclavos profesionales en esta época,[55] pero un hombre rico como Itti-Marduk-balatu a veces utilizaba a sus esclavos del mismo modo que utilizaba algunas de sus otras posesiones, y en un momento dado pagó a un vendedor por una casa no con plata, sino con una familia esclavizada formada por una mujer y sus dos hijas.[56] La mujer egipcia Nana-ittiya y su bebé podrían haber estado en esta situación, pasando de un hogar a otro, como tantas fanegas de cebada.

¿Cómo era la vida de los esclavos? Es un poco difícil saberlo, porque no escribían sobre ello y las experiencias habrían variado considerablemente de una persona a otra. Pero podemos reconstruir algunos detalles a partir de los contratos que se conservan.

Un bebé nacido de una pareja esclavizada perteneciente a Itti-Marduk-balatu (o a cualquier otro hombre rico como él) creció sin conocer otra vida. El bebé probablemente tenía hermanos, y vivía en una casa en Babilonia, tal vez una casa alquilada por sus padres (como la alquilada por los cerveceros Nabu-utirri y Mizatu). Es poco probable que viera a menudo a su dueño mientras crecía: toda una jerarquía de miembros de la comunidad esclavizada le separaba de la familia que controlaba su destino. Entre los dos y los cuatro años, sus padres decidieron un nombre para él. A uno de estos niños le pusieron el nombre de Ina-qate-Nabu-bultu (era un nombre bastante largo; probablemente tenía un apodo).[57] En algún momento, pasó por el (presumiblemente doloroso) proceso de que le tatuaran el nombre de su dueño en la mano.[58] Ina-qate-Nabu-bultu era propiedad de alguien, eso era algo que nunca podría olvidar; estaba justo ahí, en su piel. Habría vivido con su madre hasta que hubiera alcanzado una edad en la que se le pudiera poner a trabajar[59].

En los dieciséis hogares de Itti-Marduk-balatu debía de haber un sinfín de tareas. Había que preparar la comida y la bebida, coser la ropa y limpiar las habitaciones (aunque, al parecer, la colada se enviaba a los lavanderos). Aunque la familia poseía campos y huertos de dátiles, pocos de los esclavos se dedicaban a la agricultura. Ése seguía siendo el reino de los campesinos arrendatarios, como lo había sido durante el Imperio neoasirio.[60] Se decidió que Ina-qate-Nabu-bultu debía formarse para una profesión específica. Algunos de sus amigos y parientes de la casa podrían haber sido aprendices de tejedores, zapateros u otros artesanos.[61] Ina-qate-Nabu-bultu se convertiría en panadero. La esclavitud estaba tan extendida en la sociedad que el experimentado panadero bajo cuya dirección se formó también era esclavo. El contrato de aprendizaje se redactó en el año 534 a.C.: "Ina-qate-Nabu-bultu, esclavo de Itti-Marduk-balatu, ha sido puesto a disposición de Reheti, esclavo de Basya, para que le enseñe el oficio de panadero... Debe enseñarle el oficio de panadero en su totalidad antes del mes de Arahsamnu".[62] Si Reheti no lograba adiestrar al muchacho en el plazo de quince meses, debía pagar una multa.

Y, a partir de entonces, Ina-qate-Nabu-bultu tuvo una profesión. Probablemente horneó pan durante toda su vida y es posible que periódicamente lo alquilara a otras familias.[63] A diferencia de la cerveza elaborada por los cerveceros Nabu-utirri y Mizatu, los panes de Ina-qate-Nabu-bultu no se vendían. La mayoría de las personas que trabajaban como esclavos producían bienes sólo para el hogar en el que trabajaban.[64]

¿Eran infelices? El hecho de que los esclavos huyeran, al igual que en el periodo Ur III, sugiere que siempre se prefirió la libertad. Pero, sorprendentemente, hay pocas pruebas de que los esclavos se rebelaran en esta época,[65] y no hay indicios de que se castigara a los esclavos fugitivos, ni de que se restringiera físicamente a ningún esclavo.[66] Los trabajadores esclavizados eran contratados por su trabajo y se beneficiaban hasta cierto punto de los beneficios que obtenían, lo que puede haber hecho la vida más llevadera.[67] Por supuesto, podría ser que los registros de malos tratos simplemente no sobrevivieran. Pero, a falta de pruebas, cabe esperar que recibieran un trato humano.

ISHUNNATU: UNA POSADERA

En el año 524 a.C., una década después de que Ina-qate-Nabu-bultu iniciara su aprendizaje como panadero, una mujer esclava de su misma casa fue puesta al frente de una nueva empresa por su dueño Itti-Marduk-balatu. Se llamaba Ishunnatu. Me pregunto qué tenía que la hacía destacar del resto de la familia, que la convertía en la persona ideal para que Itti-Marduk-balatu invirtiera en ella. Fuera lo que fuese, ella le dio la razón.

Su familia, los Egibis, llevaba algún tiempo expandiendo sus operaciones en Kish, la antigua ciudad situada a sólo 15 kilómetros (9 millas) al este de Babilonia. Kish se había beneficiado de la campaña de embellecimiento urbano de Nabucodonosor II: muchos edificios habían sido restaurados y mejorados al mismo tiempo que el rey se centraba en Babilonia. La ciudad tenía dos tells principales. Uno se conocía como Kish propiamente dicha; el otro, adyacente, era Hursagkalama. En esta última fue donde la familia Egibi comenzó a invertir. Itti-Marduk-balatu poseía una casa allí, y en el decimosexto año de Nabonido (540 a.C.) se la alquiló a su hermano, que la utilizó como base para sus negocios.[68] Dieciséis años más tarde, la mujer esclavizada Ishunnatu se trasladó a Hursagkalama para abrir una cervecería y una posada.

La posada no era nueva. Otro hombre la había estado regentando y, para ayudar en la transición de la propiedad, prestó todo el mobiliario y el equipo a Ishunnatu durante dos meses y medio. El undécimo día del mes de Kislimu (finales de noviembre para nosotros), Ishunnatu se reunió con el anterior posadero allí mismo, en la posada de Hursagkalama, junto con tres testigos varones (todos de familias influyentes) y un escriba llamado Kalbaia, que redactó el contrato entre ambos. Estaba a nombre de Ishunnatu; ni siquiera se menciona a su dueño, Itti-Marduk-balatu, aunque parece que estuvo presente.[69]

La posada constaba de tres partes, y en cada una de ellas se enumeraba el contenido. Tal vez el grupo paseara de una habitación a otra mientras ella inspeccionaba los objetos que utilizaría, y el escriba los anotaba todos. En el bar, un lugar íntimo con capacidad para pocas personas, había tres mesas, diez sillas y un candelabro. Allí se reunían los clientes para beber cerveza y conversar. A mediados del siglo VI a.C., a juzgar por los documentos que se conservan, los bares no parecían ser más peligrosos o notorios de lo que son hoy los pubs en Gran Bretaña o las cafeterías en todo el mundo. Eran lugares de reunión social.

En la segunda parte del establecimiento, la cervecería, el anterior posadero dejó a Ishunnatu una cuba de fermentación, un soporte para recipientes y una cuba de decantación.[70] Aquí elaboraría la cerveza para sus clientes. Los dátiles, el agua y el aromatizante *kasu se dejaban* reposar durante unos once días en la cuba de fermentación,[71] tras lo cual se filtraba a la cuba de decantación. También recibió una azada de hierro, probablemente para su huerto,[72] junto con una tetera, un hacha y tres cuchillos, tal vez para cocinar.

Y en la tercera parte, la posada, el antiguo propietario le deja utilizar sus cinco camas para sus huéspedes. No está claro qué aspecto tenía una cama en aquella época. A finales del siglo VI, los reyes tenían camas de madera, pero una "cama" para alguien ajeno al palacio podía ser simplemente una alfombra.[73]

Se han inventado muchas historias a partir de la mención de estas cinco camas. Algunos estudiosos llegaron a la conclusión de que Ishunnatu regentaba un burdel e incluso que ella misma era prostituta. Pero no hay nada en la documentación que lo confirme. Si hubiera sido una trabajadora sexual, se habría utilizado un término para describirla, y el escriba lo habría empleado. No lo hizo. No hay más razón para suponer que una posada era un burdel que la que habría para un pequeño hotel hoy en día.[74] Los viajeros necesitaban lugares donde alojarse; esto siempre había sido así. Y una posada que ofrecía comida y cerveza era un lugar ideal para proporcionar también camas para que los viajeros pasaran la noche. Los posaderos eran a veces mujeres y a veces hombres. No hay razón para proyectar estereotipos modernos sobre el pasado en la empresa de Ishunattu.

Además del mobiliario y el equipo prestados por el posadero anterior, ese mismo día, ante los mismos testigos y registrado por el mismo escriba, Ishunnatu también recibió un valioso regalo de Itti-Marduk-balatu: "50 cubas de cerveza fina", "10.800 litros de dátiles" para elaborar más cerveza y "720 litros de *kasu*" para aromatizarla. *Kasu* sólo se utilizaba en la fabricación de cerveza y probablemente se refería a un tipo de hierba llamada cuscuta, que crecía silvestre, arrastrándose como una mala hierba alrededor de otras plantas.[75] También le regaló teteras de bronce, tazas y cuencos para servir.[76] Cada cuba contenía 180 litros de cerveza, por lo que podría haber abierto su posada ese mismo día si hubiera querido. Ya tenía 9.000 litros de cerveza listos para los clientes antes incluso de empezar a fermentar los dátiles para hacer más.[77]

Después de los primeros meses, tuvo que devolverle los muebles y el equipo del anterior posadero. Es de suponer que para entonces ya había ganado lo suficiente con su propia empresa como para poder permitirse comprar otros. Pero tal vez algunos de sus amigos o clientes echaron una mano. Un tercer contrato, sin fecha, enumera los artículos que se "pusieron a disposición de Ishunnatu" (aunque no se menciona al donante) en presencia de diferentes testigos. Eran justo lo que necesitaba: camas, sillas, una mesa, una cuba para la cerveza, una cuba para el agua, una cuba de fermentación y un estante, tal vez para sostener los tarros.[78]

En cualquier caso, Ishunnatu tenía experiencia en la elaboración de cerveza y estaba preparada para servirla a sus clientes, alojarlos por la noche si necesitaban un lugar donde quedarse, y quizás también servir comidas sencillas. Tuvo que pagar a Itti-Marduk-balatu parte de sus beneficios, pero parece que él la dejó en paz con su éxito empresarial. Y después de su muerte, Ishunnatu continuó dirigiendo su negocio, ahora supervisado por el hijo de Itti-Marduk-balatu, que tenía un nombre típicamente largo babilónico, pero que recibió el sobrenombre de Shirku.[79] En 520 a.C., Ishunnatu recibió un pago de 1.800 litros de dátiles que utilizó, a su vez, para pagar una nueva cuba de decantación80, y en otra ocasión pidió prestados 10.800 litros de dátiles por algún motivo no especificado que debían ser devueltos, tal vez a Babilonia "por el canal "[81].

La posada de Ishunnatu parece haber sido un éxito. Al igual que Nabuutirri y Mizatu, varias décadas antes, su condición de esclava parece haber tenido poco impacto en su negocio o en su capacidad para gestionarlo de forma independiente. Itti-Marduk-balatu dio mucha libertad a los propietarios de estos dos establecimientos cerveceros, contentándose con llevarse parte de los beneficios.

CIRO DE PERSIA: CONSTRUCTOR DEL IMPERIO Y PROPAGANDISTA

Uno tiene la impresión de que la vida siguió siendo muy parecida en Babilonia, Kish y Sippar entre 545 y 520 a.C. aproximadamente. Los archivos de Itti-Marduk-balatu y Bel-uballit continuaron a lo largo de las décadas a medida que sus negocios crecían. A veces sufrían pequeños reveses y se recuperaban, y poco a poco sus hijos se hacían cargo de más trabajo, pero, a juzgar por los archivos que conservaban de sus actividades comerciales, su mundo no había cambiado.

Excepto que, de hecho, así fue. Justo en medio de esos años en los que se fabricaba cerveza, se concedían préstamos, se atendía a los clientes y se alquilaban casas, se produjo uno de los Grandes Años de la historia mundial: 539 a.C. Fue entonces cuando el Imperio persa conquistó Babilonia, el Imperio neobabilónico llegó a su fin, y Mesopotamia, por primera vez en la historia, comenzó a ser gobernada por un rey que no había nacido allí, que ni siquiera vivía allí. Se trataba de Ciro II, uno de los grandes nombres de la historia universal. Su historia se cuenta en casi todos los estudios de historia antigua. Era el rey de una dinastía conocida como los aqueménidas (del nombre del fundador, Aquemenes), que empezó a construir el Imperio Persa, que se convirtió en el mayor imperio que se había conocido en la Tierra. Ciro se presentaba a sí mismo como un hombre amable y tolerante y establecía contrastes entre él y el rey de Babilonia que le había precedido, Nabonido, supuestamente extremista. Ciro apareció en el libro sobre las guerras persas escrito por Heródoto, el "padre de la historia" griega, y fue visto con buenos ojos por los escritores de la Biblia, que afirmaban que Ciro había sido elegido por Dios. Fue la única persona ajena a la comunidad de Judea que recibió el título de "mesías" de algún autor bíblico. Invirtió la práctica de deportar a los pueblos conquistados y permitió a los antiguos deportados regresar a sus tierras. Entre ellos se encontraban los judíos, a quienes permitió abandonar Babilonia y regresar a Jerusalén para reconstruir su templo. Una inscripción que encargó Ciro, conocida como el Cilindro de Ciro, se ha descrito a veces como la primera declaración de derechos humanos (aunque el concepto abstracto de derechos humanos no se desarrolló hasta mucho tiempo después).[82] Una réplica del Cilindro se exhibe en la sede de las Naciones Unidas.

Pero, para Itti-Marduk-balatu, Ciro parece haber sido un rey más, otra razón para que el sistema de datación se remonte al año uno; en los documentos comerciales escritos en Babilonia y Cis, "Ciro año 1" seguía a "Nabonido año 17» sin siquiera un comentario. En el pasado, los colapsos de algunos estados antiguos de Oriente Próximo habían dejado grandes franjas de devastación que afectaban a casi todo el mundo. Así ocurrió cuando las potencias de la Edad de Bronce Tardía llegaron a su fin en el siglo XII a.C. y cuando el Imperio Neoasirio fue conquistado en el año 609 a.C. Pero cuando la Tercera Dinastía de Ur fue sustituida por la Primera Dinastía de Isin, por ejemplo, se podría haber perdonado que la gente que vivía bajo su dominio no se hubiera dado cuenta en absoluto. Lo mismo parece haber sucedido, al menos al principio, con el paso del gobierno de los reyes neobabilonios al de los reyes persas. Para el habitante medio de Babilonia, Ur o Sippar, la toma del poder por parte de Ciro podía parecer incluso una vuelta a la estabilidad tras las incertidumbres del régimen un tanto errático de Nabónido.

Debemos retroceder en el tiempo para comprender por qué esto pudo ser cierto. Como es sabido, Nabónido estaba obsesionado con la restauración del templo de Harrán, su ciudad natal. En 556 a.C., una vez convertido en rey, sólo un obstáculo se interponía en su camino para completar este proyecto, pero era uno grande. En realidad, no controlaba Harran. Estaba en la región del antiguo Imperio Asirio, ahora gobernado por los medos. No podía enviar equipos de construcción a una ciudad de otro estado, ni ordenar al rey de los medos que siguiera sus instrucciones. El templo quedaría sin restaurar a menos que él obtuviera el control de Harran.

Está claro que los medos eran una gran potencia -después de todo, habían contribuido de forma importante a la caída de Asiria-, pero sólo podemos verlos a través de los textos escritos por otros; nunca se ha recuperado ni un solo documento medo. Siempre parecen estar fuera de foco, más allá de nuestra línea de visión. Hablaban una lengua indoeuropea y se les menciona en los documentos asirios desde el siglo IX a.C. Su capital estaba en Ecanabat. Su capital estaba en Ecbatana, la actual Hamadán, en una región montañosa del oeste de Irán. Pero, ¿qué tamaño tenía su imperio durante el reinado de Nabonido? ¿Cuán poderoso era su ejército? ¿Habría sido difícil para Nabonido enfrentarse a ellos? No lo sabemos. Y, de todos modos, no estaba de humor para atacar a los medos.

Sucedió que un joven y ambicioso rey llamado Ciro (559-530 a.C.) había llegado recientemente al trono de Persia. Esta tierra lindaba con las costas orientales del golfo Pérsico y comprendía lo que antes se había llamado Anshan en Elam, al sur y al este de Mesopotamia. Al igual que los medos, los persas hablaban una lengua indoeuropea. Acabaron desempeñando un papel tan importante en la historia que resulta difícil recordar que en torno al año 550 a.C. Persia no era en absoluto un reino poderoso. Los persas, aparentemente nómadas, habían llegado a Anshan apenas un siglo antes, y no desplazaron a la población local. La mayoría de la gente que vivía en Persia seguía hablando su propia lengua, el elamita, aunque el arameo iba ganando hablantes, como había ocurrido en todo el Imperio neoasirio. La tierra ni siquiera se llamó Persia desde el principio, Ciro era "rey de Anshan".[83]

Cuando Ciro se convirtió en rey, su tierra, al igual que Harran, estaba sometida a los medos, y quizá Nabonido envió enviados a su corte para animarle a dirigir una fuerza contra sus señores. Puede que incluso se estableciera una alianza entre el anciano rey babilonio y el advenedizo persa.[84] Inspirado o no por Nabónido, Ciro se rebeló y, en 550 a.C., había sustituido al rey de los medos como gobernante de su imperio, momento en el que Harrán cayó en manos de Nabónido, y ambos hombres se mostraron presumiblemente satisfechos con el resultado. Nabónido ordenó que se iniciara la construcción del templo del dios lunar Sin. Ciro, por su parte, gobernaba ahora todas las tierras que habían estado sometidas a los medos, incluidas las tierras septentrionales de Urartu y Anatolia central.

Cuando Creso, el rey de Lidia, en Anatolia occidental, intentó reclamar algunas tierras más allá del río Halys, Ciro envió sus tropas allí, a su frontera más occidental, para contraatacar. Tuvieron éxito y, en 547 a.C., los persas se hicieron también con el control de Lidia. Lidia era un lugar rico, con minas de oro y una opulenta capital llamada Sardis. Lidia también destaca por ser el lugar donde se acuñaron las primeras monedas. Una vez que se desarrolló la acuñación de moneda, se extendió ampliamente, sobre todo a través del Imperio Persa que estaba construyendo Ciro.[85] La gente había pagado por los bienes con plata durante más de mil años antes de esto, pero la plata tenía que ser pesada cada vez. Una moneda acuñada era mucho más fácil de manejar. Aunque las tropas de Ciro tardaron varios años en dominar por completo las rebeliones de Lidia, la región se convirtió en una fuente de riqueza considerable para el creciente imperio.

Se podría pensar que todo esto habría preocupado a Nabonido. Su imperio neobabilónico se encontraba justo al sur del creciente imperio de Ciro, y éste no daba muestras de sentir que ya había hecho suficiente expansión.

Aquí está lo extraño, sin embargo. Durante todo esto, Nabonido estaba lejos de Babilonia. No estaba en campaña; simplemente vivía en otro lugar. Llevaba fuera desde 553 a.C., apenas tres años de reinado. Estaba fuera cuando hizo el acuerdo con Ciro (si es que eso fue lo que ocurrió), fuera cuando Ciro conquistó a los medos, fuera cuando él mismo autorizó la construcción de un nuevo templo en Harran (al parecer ni siquiera fue allí a visitar la querida ciudad natal de su madre), fuera cuando su madre Adad-guppi murió durante su noveno año en el trono, fuera cuando tuvo lugar su elaborado entierro, fuera cuando Ciro conquistó Lidia.

Esto no era algo que los reyes babilonios tuvieran por costumbre hacer. Normalmente vivían en Babilonia, manteniendo allí sus administraciones en el palacio con aspecto de fortaleza, cerca de Marduk, su dios, y disponibles para participar en todos los rituales que marcaban las estaciones. El festival Akitu, que tenía lugar en primavera con motivo de la celebración del año nuevo, era especialmente importante. Los babilonios creían que su celebración ayudaba a garantizar el orden continuo del universo. Sin embargo, año tras año, en ausencia de Nabonido, las Crónicas Babilónicas señalaban que el festival Akitu no tenía lugar. Nabonido había dejado a su muy competente hijo Belsasar a cargo en Babilonia cuando se fue, pero Belsasar no era el rey. Podía dirigir el gobierno, pero no podía promulgar el festival de Akitu. Y, dada la cantidad de actividad militar que se desarrollaba más allá de las fronteras babilónicas, Nabónido tenía aún más motivos para estar presente y visible en su ciudad.

Entonces, ¿dónde estuvo Nabónido todo este tiempo? En sus inscripciones escribió que se encontraba en el norte de Arabia, principalmente en una ciudad llamada Tayma. Las excavaciones arqueológicas realizadas allí han corroborado su afirmación; el gran rey del Imperio neobabilónico decidió realmente pasar toda una década en una lejana ciudad del desierto de Arabia. Hay muchas teorías sobre por qué lo hizo. El hecho de que Tayma fuera una ciudad consagrada al dios de la luna no le perjudicó. Tal vez Nabonido se sintiera incómodo en la Babilonia centrada en Marduk y quisiera vivir en un lugar donde pudiera expresar sin restricciones su pasión por el dios de la luna. También podía evitar las tensiones que habían estallado en su corte. También era anciano; no sabía cuánto tiempo iba a vivir. Tal vez pensó que Belsasar pronto heredaría el trono de todos modos y haría un mejor trabajo, incluso ahora, en la gestión del imperio. En Oriente Próximo no existía la tradición de la abdicación; un rey dejaba el trono al morir o al ser derrocado. Nabónido había creado un limbo para sí mismo: no exactamente fuera del cargo real, no muerto, no obligado a postrarse y acobardarse ante Marduk en el festival de Akitu, no a una distancia fácil de sus enemigos.

Como se puede imaginar, una facción anti-Nabonidus bastante vocal comenzó a crecer en Babilonia. ¿Qué le pasaba a este rey? Marduk no podía estar contento de haber sido tan groseramente ignorado por él. Los escritores posteriores, incluido el propio Ciro, amontonaron las recriminaciones, haciendo difícil discernir al hombre Nabonido del hereje retratado por sus enemigos. Incluso el autor del libro bíblico de Daniel, que escribió mucho más tarde, en el siglo II a.C., relató historias sobre la locura del rey. Escribió que un rey babilonio, el padre de Belsasar, "fue alejado de su pueblo y comió hierba como el ganado "[86] durante siete años. Sólo más tarde, después de su exilio, "recobró la cordura".[87] (En los siglos intermedios se había confundido el nombre del rey: el autor de Daniel llamó a este rey Nabucodonosor, pero fue Nabonido el padre de Belsasar, que se exilió y adquirió fama de loco).

En efecto, Nabónido regresó de Tayma a Babilonia hacia 543 a.C., al parecer preocupado por fin por la amenaza que Ciro suponía para la autonomía babilónica. Tres años más tarde, por razones que debían tener sentido para él, pero que no aumentaron su popularidad, convocó a los dioses de gran parte de Mesopotamia en Babilonia. De hecho, las estatuas reales de muchos dioses partieron de sus ciudades de origen para vivir durante un tiempo en el exilio en la capital. Puede que Nabónido protegiera a los dioses en caso de ataque persa, o que esperara que su poder combinado protegiera el imperio (o al menos su capital), pero parece que fue una medida totalmente impopular. Los habitantes de otras ciudades ya no podían celebrar sus rituales y festivales habituales y debieron de sentir que sus deidades locales ya no les protegían. Más tarde, Ciro escribió que "los dioses que vivían en su interior abandonaron sus santuarios, enfadados porque él (Nabónido) los había hecho entrar en Shuanna (Babilonia)".[88]

Al final, Ciro pudo apoderarse de Babilonia con muy poca destrucción o perturbación de las rutinas habituales del país. Llegó tan rápidamente que algunas ciudades del norte aún no habían enviado a los dioses que habían sido convocados por Nabónido, aunque al parecer habían hecho planes para hacerlo.[89] A finales de septiembre de 539 a.C. tuvo lugar una batalla entre las fuerzas persas y babilonias en Opis, al norte de Babilonia, cerca del río Tigris, que resultó ser una victoria para los persas. Pocos días después, Sippar, donde vivían Bel-uballit y su familia, se rindió a Ciro sin lucha, sin ni siquiera un asedio.[90] Según Ciro, lo mismo ocurrió poco después en la propia Babilonia, y nada menos que con la bendición del dios de la ciudad, Marduk:

> Sin luchar, él (Marduk) le permitió (a Ciro) entrar en Shuanna (Babilonia... El pueblo de Babilonia, todos ellos, la totalidad de la tierra de Sumer y Acad, (así como) los nobles y gobernador(es), se inclinaron ante él (y) besaron sus pies. Estaban felices de que fuera rey (y) sus rostros brillaban.[91]

Esto suena un poco exagerado, pero tal vez la implacable propaganda contra Nabónido lanzada por sus enemigos en Babilonia y magnificada por Ciro en su propia campaña por los corazones de los babilonios había funcionado. Se habían convencido de que estarían mejor con un gobernante persa que afirmaba haber sido elegido por Marduk que con un usurpador de Harran que continuaba en su misión de demostrar que el dios de la luna era el mayor poder. Nabónido fue arrestado y exiliado lejos de la ciudad sobre la que parece haber sido tan ambivalente.

REBELIONES Y CAMBIOS EN BABILONIA

Al principio, la vida en Babilonia era cómoda bajo los reyes persas aqueménidas. Ciro no permitió que sus tropas saquearan las ciudades. Devolvió a los dioses a sus ciudades de origen, permitió a sus nuevos súbditos mucha autonomía y libertad de movimientos, proclamó su amor por Marduk, reconstruyó los santuarios dañados y construyó nuevos edificios en Babilonia,[92] e incluso participó en el festival de Akitu. Publicó una declaración, en el Cilindro de Ciro, sobre su relación con Babilonia. Estaba escrita en acadio, en cuneiforme, y era tan parecida a una inscripción real mesopotámica tradicional, y tan reverente hacia Marduk, que a uno le costaría decir, leyéndola, que Ciro era persa.[93] Sin embargo, no eligió vivir en Babilonia. Ciro encargó una nueva capital, Pasargadae -un lugar de salones con columnas y exuberantes jardines-, pero la hizo construir en su tierra natal, Persia.[94]

A la muerte de Ciro, nueve años después de hacerse con el control de Mesopotamia, le sucedió su hijo Cambises II (530-522 a.C.). Pero ahora en Babilonia había quejas sobre el gobierno persa. Los babilonios tenían poca experiencia en ser gobernados desde fuera. Los reyes asirios habían dejado una muy mala impresión, y ahora los reyes persas parecían menos atractivos que antes. Cuando Cambises murió en 522 a.C., algunos babilonios se rebelaron, apoyando primero a un aspirante a rey local (que se hacía llamar, con optimismo, Nabucodonosor III) y luego a otro (Nabucodonosor IV).

No tuvieron éxito. El siguiente rey persa, Darío I (522-486 a.C.), no sólo ejecutó a los dos Nabucodonosores rebeldes, sino que se jactó de ello en monumentos públicos. El monumento más ostentoso de Darío (aunque también el más difícil de leer, ya que se encontraba a mitad de camino de una montaña en un escarpado acantilado) estaba en Bisitun, en Irán. Bajo una enorme imagen de sí mismo, victorioso sobre una serie de rebeldes, hizo inscribir el relato en tres idiomas diferentes: el alamita, el persa antiguo (ahora escrito en un nuevo alfabeto cuneiforme que no tenía ninguna relación real con el cuneiforme acadio) y un acadio bastante tosco. Ningún ser humano habría podido leer la diminuta escritura a tal distancia, por lo que presumiblemente se escribió para los dioses y para el futuro. El futuro -nuestra era moderna- hizo un buen uso de ella, pero no de la forma que Darío podría haber pretendido o incluso imaginado. Dado que la versión persa podía entenderse sin demasiada dificultad una vez descifrado el código alfabético básico, la inscripción de Bisitun proporcionó la clave para el desciframiento del acadio a principios del siglo XIX de nuestra era, algo parecido a lo que ocurrió con la Piedra de Rosetta para los jeroglíficos egipcios.

En Sippar, la suerte de la familia de Bel-uballit empezó a cambiar en ese momento. Las crisis políticas empezaron por fin a repercutir en la vida cotidiana del puerto y del templo de Ebabbar. Los dos pretendientes, los Nabucodonosores rebeldes, habían sido populares en Sippar y contaban con el apoyo de la familia que controlaba allí el cargo de sumo sacerdote, por lo que Darío castigó a la ciudad colocando a su propio nominado en el cargo de sumo sacerdote del templo de Ebabbar.[95] Bel-uballit había muerto poco antes de esto, pero su hijo todavía se las arreglaba para sacar provecho de sus negocios, a pesar del cambio de humor de la ciudad. Incluso llegó a ser lo que se llamaba escriba colegial del templo de Ebabbar, una de las personas más importantes de la comunidad.[96]

La vida en Babilonia empeoró bajo el reinado de Jerjes, hijo de Darío (485-465 a.C.). Los babilonios estaban completamente hartos de la dominación persa, pero los persas no estaban ni siquiera vagamente inclinados a liberarlos del imperio. Babilonia estaba demostrando ser una valiosa fuente de ingresos. Jerjes ya no hacía ninguna pretensión de ser un rey babilonio. No adoraba a Marduk, ni participaba en el festival de Akitu. Darío había construido otra nueva y hermosa capital en Persépolis, en el corazón de Persia, y Jerjes tenía toda la intención de vivir allí mientras la embellecía aún más.

Su única razón para venir a Babilonia era aplastar otra rebelión, que estalló en su segundo año, con otros dos pretendientes locales que reclamaban el trono. Jerjes dejó claro que este tipo de comportamiento era inaceptable. Babilonia era una provincia persa, no un estado independiente.

¿Recuerdas el hermoso zigurat para Marduk que Nabucodonosor II había restaurado con tanto cuidado en el corazón de Babilonia, con su reluciente santuario azul en lo alto? Jerjes hizo que sus tropas destruyeran sus escaleras.[97] Ahora nadie podía subir para alcanzar el santuario. Marduk fue desairado, deshonrado; ya no era el rey de todos los dioses, era, a los ojos del rey persa, una nulidad.

Las antiguas familias comerciales como los Egibis quebraron; sus archivos llegaron a su fin. Hasta el reinado de Darío siguieron comerciando, prestando dinero, yendo a la corte, invirtiendo en negocios, etc. La posada de Ishunnatu seguía funcionando en 520 a.C., durante los primeros años del reinado de Darío. La posada de Ishunnatu seguía funcionando en 520 a.C., durante los primeros años del reinado de Darío. Pero el poder de aquellas antiguas familias llegó a su fin. El cuneiforme dejó de usarse en gran medida en los alrededores de Babilonia, un acontecimiento conocido por los eruditos como el "fin de los archivos". El comercio, junto con las posiciones de poder en los templos, pasó a manos de nuevos individuos que apoyarían más a Persépolis. Sólo en el sur, en las zonas más cercanas al Golfo Pérsico, como Uruk, que no se había rebelado, se siguió utilizando en cierta medida el cuneiforme.

A lo largo de este período, Darío y Jerjes habían estado preocupados por muchos detalles de su imperio, además de hacer frente a las rebeliones en Babilonia. Darío había enviado sus ejércitos a través de miles de kilómetros mientras continuaba expandiendo las fronteras del Imperio Persa en todas direcciones. Egipto ya había sido conquistado por Persia en el reinado de Cambises, pero Darío fue más al sur, de modo que Nubia estaba ahora bajo control persa. Sus fuerzas se dirigieron hacia el este, hasta el oeste de la India, y hacia el oeste, hasta Libia, en África, y Tracia, en Europa. Los persas deben haber parecido imparable. Su imperio era ahora salvajemente más grande que cualquier cosa que los asirios habían logrado. Más de dos docenas de países modernos se encuentran, al menos en parte, dentro de sus antiguas fronteras en su mayor extensión. En 490 a.C., los persas se enfrentaron a los griegos en la batalla de Maratón. La derrota de su ejército debió de ser un duro golpe para Darío y una gran inyección de moral para los griegos. Sus ciudades-estado no estaban unificadas bajo un gobierno único y la idea de que pudieran enfrentarse al temible ejército persa debía parecer quijotesca de antemano.

Es difícil saber si a Darío le importó mucho esta pérdida. Estaba ocupado con muchas otras cosas. Construía su nueva capital en Persépolis y reconstruía la antigua ciudad de Susa; organizaba el imperio en provincias, todas las cuales pagaban tributo al rey; creaba guarniciones militares para responder a las rebeliones; construía carreteras por todo el imperio (sobre todo la Vía Real, que cubría 2.500 kilómetros [1.550 millas] de Susa a Sardis); recopilaba información de una red de espías; y mantenía relaciones diplomáticas con innumerables líderes dentro y fuera de las fronteras del imperio. Darío debía de estar inundado de cartas; sin duda, sus escribas trabajaban constantemente para mantener al día su correspondencia. Tomó el modelo de imperio creado por los asirios y lo hizo más eficiente y, al menos al principio, menos aterrador para sus súbditos.

Durante el reinado de Jerjes, los persas volvieron a intentar conquistar Grecia e incorporarla a su imperio, y de nuevo fracasaron. Esto parece haber impresionado mucho más a los griegos que a los persas. Heródoto dedicó sus extensas "Historias" a la Guerra Persa y a todo lo que condujo a ella, con el resultado de que la guerra ha sido estudiada en Occidente desde entonces. Los persas no siguieron enviando tropas a Grecia; tal vez no les pareció que mereciera la pena el gasto.

Tal vez se pregunte por el destino del cuneiforme y de los escribas, cuyas carreras hemos seguido, en todo esto. Los persas habían escrito algunos documentos en cuneiforme tras conquistar Babilonia, pero a partir del reinado de Jerjes sus reyes tomaron la decisión de adoptar el arameo como lengua franca. Después de todo, ya se hablaba en gran parte del imperio. Y el arameo no se escribía en arcilla, sino sobre todo en cuero y papiro.[98] Nadie contempló entonces el hecho de que los documentos cuneiformes, incluso los escritos miles de años antes, sobrevivirían en milenios a los nuevos en arameo. Hoy no miramos las inscripciones en piedra y pensamos que estarán aquí para siempre, mientras que los libros de nuestras bibliotecas se desintegrarán y los archivos digitales simplemente desaparecerán cuando cambie la tecnología. A la mayoría de nosotros no nos entran unas ganas locas de escribir ensayos en tablillas de arcilla o estelas de piedra sólo para que el futuro tenga algún registro de nosotros. Ni ellos tampoco. La escritura cuneiforme era más difícil de aprender y requería más tiempo que la aramea, y registraba lenguas que ya no se hablaban. Los reyes aqueménidas posteriores no tenían ningún interés en apoyar la erudición cuneiforme.[99]

El Imperio persa siguió prosperando tras el reinado de Jerjes, pero las fuentes que se conservan son mucho menos abundantes tras el cambio al uso del arameo. Mientras tanto, los griegos se dedicaron a luchar entre sí, mirando siempre por encima del hombro a Persia y, a veces, incluso pidiéndole ayuda.

El hombre que puso fin al Imperio Persa Aqueménida y las etapas de su conquista parecen inevitables en retrospectiva. Alejandro de Macedonia - "Alejandro Magno" (336-323 a.C.)- recorrió el imperio con sus ejércitos y grabó su nombre en las tierras conquistadas y en la historia. Siguiendo los pasos de muchos reyes de Oriente Próximo que habían construido ciudades a las que dieron su nombre, Alejandro fundó (o al menos rebautizó) más de veinte ciudades, a todas las cuales llamó Alejandría. Algunas de estas ciudades -Alejandría en Egipto, Kandahar en Afganistán, Iskandariya en Irak- aún llevan su nombre. (Kandahar deriva de Iskander, la pronunciación local de Alejandro). Pero debió de ser una época extraña, y su victoria no parecía inevitable al principio.

Fue el padre de Alejandro, Filipo II de Macedonia (359-336 a.C.), quien concibió la idea de conquistar Persia. Consiguió unificar Grecia -una tarea nada fácil, dadas las guerras perpetuas que la habían dividido-, pero fue asesinado en 336 a.C., antes de que pudiera aventurarse hacia el este. Su hijo Alejandro, de veinte años, subió al trono y se lanzó a cumplir los planes de su padre. A la edad de treinta y dos años, Alejandro había muerto en Babilonia, tras haber sometido a su control todo el Imperio Persa en el transcurso de diez años de campañas militares casi constantes.

A partir de aquí, este libro podría respirar hondo y embarcarse en el descubrimiento de todo este mundo transformado que se había desarrollado entre la época de Darío y la conquista de la región por Alejandro. Podríamos detenernos a llamar a las puertas de muchos más individuos y escuchar a hurtadillas sus vidas. Pero no vamos a hacerlo. Este libro se ha mantenido unido por registros cuneiformes. Comenzamos con la invención de la escritura protocuneiforme en el período de Uruk, y ahora nos estamos acercando al final del uso del cuneiforme, salvo para fines académicos esotéricos.

Una vez que los persas perdieron el interés por utilizar el cuneiforme para la administración, los únicos que seguían utilizando la escritura se encontraban en Mesopotamia, y no eran muchos. Pero parece que algunos escribas muy dedicados estaban decididos a no dejar morir el antiguo sistema de escritura. Generación tras generación de estudiantes de escribanía aprendieron a escribir los complicados signos para registrar textos en lenguas que ya nadie hablaba de forma nativa.

Con las conquistas de Alejandro y el dominio macedonio sobre Oriente Próximo, se introdujo el griego como nueva lengua de administración, mientras que el arameo seguía hablándose en las calles. Pero aún en el año 61 a.C., los eruditos, sorprendentemente, seguían mirando el cielo nocturno y registrando sus observaciones astronómicas en acadio, en cuneiforme, continuando añadiendo a la serie de textos que había comenzado 700 años antes. Además de anotaciones sobre la ubicación de los planetas, la luna, etc., registraban los acontecimientos políticos del momento. Seguían buscando mensajes de los dioses, los mismos dioses que habían sido venerados durante miles de años. Pero vivían en una época en la que Mesopotamia estaba bajo dominio parto y el Imperio Romano era la gran potencia de Occidente. Vivían en una época mucho más allá del mundo de este libro, mucho más allá del mundo que estaba unido por el uso del cuneiforme para la comunicación y la memoria compartida.

Viajemos, pues, de vuelta a Uruk, donde comenzamos este viaje. Había sido abandonada un par de veces cuando la vida empeoró en el sur de Mesopotamia, pero siempre fue reasentada. Incluso cuando Alejandro conquistó Mesopotamia, Uruk se mantuvo exactamente en el mismo lugar donde había sido fundada, en lo alto del tell que incluía los restos de la ciudad de todas las épocas anteriores.

Había cambiado mucho a lo largo de 3.000 años. Después de las rebeliones durante el reinado de Jerjes, en el siglo V a.C., y tras el "fin de los archivos" en el norte, el gran complejo de Eanna ya no estaba dedicado a la diosa Ishtar (Inana). El templo principal de Uruk había pasado a llamarse Bit-Resh y estaba dedicado por entero al dios de los cielos, Anu. Por supuesto, Anu había estado allí todo el tiempo -había sido el residente de un templo importante en el período de Uruk también- pero ahora era el único gran dios de Uruk. Los dioses Marduk y Nabu, introducidos por los reyes neobabilonios e incluso venerados en los magníficos santuarios de los dioses de la ciudad, habían sido eliminados. Las familias babilónicas prominentes que habían estado viviendo allí también perdieron su influencia. Uruk miraba hacia atrás, hacia sus orígenes, y Marduk no tenía cabida allí.[100 De] hecho, al igual que Nabónido había creído que Sin era el mayor de los dioses, los sacerdotes de Uruk podían haber creído lo mismo sobre Anu, incluso que Anu encarnaba a dioses que antes se habían considerado deidades distintas. Los persas adoraban a un gran dios llamado Ahuramazda que englobaba a todos los dioses virtuosos. Los judíos adoraban a un único dios llamado Yahvé. Sus ideas circulaban por todo Oriente Próximo y es muy posible que también influyeran en las nuevas ideas sobre los dioses mesopotámicos.

Ha llegado el momento de llamar a una última puerta. Se trata de una casa de escribas. En los siglos VI y V a.C., una familia de escribas vivía en una casa en un barrio residencial al sureste del templo de Anu en Uruk. Se trataba de la familia Shangu-Ninurta.[101] La sección de su casa que los arqueólogos pudieron excavar incluía tres habitaciones agrupadas alrededor de un gran patio, y el tamaño del patio sugiere que había mucho más en la casa que se extendía más allá de la zona que los arqueólogos descubrieron. Los Shangu-Ninurta no fueron la única familia de eruditos que vivió en la casa; una familia posterior de profesionales de la escritura cuneiforme la ocupó a finales del siglo IV a.C., después de que Alejandro conquistara el Imperio persa.[102]

La familia Shangu-Ninurta probablemente se llevó muchas de sus tablillas cuneiformes cuando se mudaron, alrededor del año 420 a.C., pero unas 160 de sus tablillas permanecieron en la casa para que los arqueólogos las encontraran con el tiempo. Algunas de ellas habían sido abandonadas o esparcidas por residentes posteriores, pero otras habían sido puestas en jarras de arcilla por los Shangu-Ninurta y enterradas cuidadosamente, como si la familia tuviera intención de volver a por ellas (aunque nunca lo hicieron). Al leer sus tablillas, nos encontramos de nuevo en compañía de una familia y de un grupo de escribas que copiaron conscientemente documentos que consideraban importantes de conservar, importantes de estudiar, importantes de transmitir al futuro. No podían imaginarse hasta qué punto sus esfuerzos repercutirían en el futuro. Escribas como los de la familia Shangu-Ninurta han sido nuestros guías para conocer gran parte de su mundo. Pero ahora había menos escribas de este tipo, y cada vez estaban más aislados en el uso del cuneiforme. Los tipos de contratos, listas administrativas, cartas y memorandos en los que se ha basado gran parte de este libro seguían escribiéndose, pero, como hemos visto, normalmente en las escrituras alfabéticas más sencillas, en lenguas que la gente hablaba realmente y en materiales más efímeros.

Tres generaciones de hombres en la familia sirvieron como sacerdotes conocidos como *ashipus*, o "exorcistas". Tal vez recuerdes que nos encontramos con un *ashipu* que trabajaba para Esarhaddon. Eran eruditos que se dedicaban a curar a la gente, sobre todo mediante encantamientos, oraciones y rituales, aunque también podían utilizar la medicina.[103] Los hombres de la familia eran muy cultos y respetados, continuando una tradición que se remontaba a eones. Uno de ellos se llamaba Rimut-Anu. Pertenecía a la generación intermedia, era hijo del patriarca Shamash-iddin, hermano de un tercer *ashipu* y tío de un cuarto.[104] Parece que todos vivían y trabajaban en la casa. También debió de haber mujeres en la familia, pero desgraciadamente no se mencionan en las tablillas. Dada la cantidad de mujeres que hemos conocido por el camino, esperaba terminar el libro con una familia que incluyera a mujeres destacadas, pero no fue así. Pero no pudo ser. Tal vez sea apropiado, ya que el papel de la mujer fuera del hogar se había ido limitando con el tiempo.

La biblioteca de los shangu-ninurtas incluía, como era de esperar, gran cantidad de conjuros, junto con prescripciones y rituales que los hombres utilizaban en su trabajo, pero también poseían textos de presagios, listas léxicas, himnos e incluso documentos astronómicos y matemáticos, el tipo de documentos que los escribas habían aprendido en la escuela desde que existen las escuelas. La biblioteca también incluía un puñado de tablillas que habían llegado de Babilonia.[105] Recibían documentos que circulaban entre una red de eruditos; a pesar del declive de la erudición cuneiforme en el norte, los escribas de Uruk no estaban solos.

Uno de los documentos se conoce como el "Manual *del Ashipu*", y la versión que se conserva en la biblioteca de la casa había sido copiada por Rimut-Anu. Se trataba de una obra muy conocida en la época entre *los ashipus, que* incluía un catálogo de unos 200 textos importantes para su trabajo. Rimut-Anu tenía acceso a unos cincuenta de ellos, a juzgar por lo que se encontró en la casa. Es posible, sin embargo, que hubiera más de ellos guardados en tablas de madera cubiertas de cera,[106] y que otros se los llevara la familia cuando se marchó. El manual exponía los rituales y responsabilidades del *ashipu*, incluida "la totalidad de la sabiduría (y) el secreto del exorcismo".[107] Señalaba que un exorcista realizaba tratamientos contra diez dolencias específicas, incluidas las denominadas "enfermedad de la caída... Mano de un dios... Espíritu maligno, Mano de una maldición y Mano de la humanidad". Rimut-Anu estaba familiarizado con todas ellas. Reconocía sus síntomas y conocía las formas secretas de devolver la salud a la persona. Pero su formación iba mucho más allá. Un *ashipu sabía* cómo tratar "toda la gama de aflicciones de una persona enferma, contra los ataques de fiebre y contra las aflicciones de las mujeres". Si una persona estaba enferma, un *ashipu sabía* cómo devolverle la salud, cómo manejar a los mismos dioses o demonios que causaban la enfermedad. Esto seguía siendo absolutamente real para los mesopotámicos. No se trataba de una superstición ridícula ni de magia. Eran personas inteligentes y habían visto a pacientes curarse gracias a los cuidados *del ashipu*. Para ellos, los dioses lo controlaban todo; habría sido una tontería no traer al hombre que conocía las palabras adecuadas y las acciones correctas para llamar la atención de los dioses y dar al paciente la mejor oportunidad de recuperarse.

Los conocimientos de Rimut-Anu, su padre, su hermano y su sobrino iban más allá de lo que necesitaban para su profesión. Copiaban y estudiaban textos clásicos para dominar conocimientos antiguos, algunos de ellos nada prácticos. El manual así lo reconocía, señalando que "interpretarás los comentarios, las glosas y las composiciones en emesal, aprenderás a investigar los rituales en sumerio y acadio".[108] El sumerio era una lengua muerta desde hacía unos 1.500 años, y el emesal era un dialecto del sumerio, uno que hacía tiempo que utilizaban los sacerdotes de las lamentaciones. Dado que el acadio también estaba en desuso, estos eruditos del conocimiento antiguo podrían haber sentido que estaban luchando contra una marea de ignorancia, aferrándose a la sabiduría antigua en una era moderna que estaba perdiendo el rastro de estas importantes ideas. El manual aseguraba al *ashipu que* sería "sabio, erudito" y que "los dioses del exorcismo darán inteligencia expandida". El mundo en el que vivía Rimut-Anu estaba lleno de nuevas ideas que se estaban escribiendo en otras lenguas y otras escrituras, mientras que el estudio de la antigua sabiduría cuneiforme era un arte en extinción, practicado por cada vez menos eruditos que cada vez tenían menos acceso entre sí y a sus textos clásicos.[109]

Las últimas líneas de la tablilla del manual son conmovedoras. Rimut-Anu estaba terminando su cuidadosa copia, llegando a la bendición, la bendición sobre sí mismo, de hecho, que había sido escrita por un erudito anterior. "¡Que... su dios tutelar, sea bueno! Su nombre será pronunciado hasta días lejanos". ¿Se refería al nombre del dios tutelar o al del exorcista? Puede que Rimut-Anu esperara que fuera su propio nombre el que se mantuviera vivo en un futuro desconocido, como resultado de sus cuidadosos esfuerzos. No se equivocaba.

Sentado en la habitación de su casa de Uruk, repasó la tablilla original que estaba copiando y la colocó junto a su nueva y limpia versión. ¿Estaba todo correcto? ¿Se le había escapado alguna señal? Tenía buena pinta. Cogió el lápiz y añadió el colofón, las únicas líneas que no había copiado del documento original. Escribió: "De acuerdo con la tablilla (original). Duplicado redactado y comprobado y debidamente ejecutado". Cualquiera que utilizara la tablilla en su trabajo como *ashipu,* y cualquiera que se encontrara con esta tablilla en el futuro, podría estar seguro de que lo había hecho cuidadosamente. Luego firmó con su nombre: "Rimut-Anu, [hijo de] Shamash-iddin, descendiente de Shangu-Ninurta".

Todo lo que quedaba era la fecha y el lugar. "Uruk", escribió. Debía saber que vivía en la ciudad más antigua de la Tierra. Su educación se lo había enseñado. Los arqueólogos modernos lo han confirmado. Ciertamente no pensaba que vivía en el mundo antiguo. Conocía el mundo antiguo, lo estudiaba a diario. Su mundo, su vida, estaban en la nueva era moderna de los reyes persas. Para bien o para mal, parecían estar en Mesopotamia para quedarse. Él no habría soñado que un siglo más tarde su ciudad sería gobernada por una dinastía de Grecia. ¡Grecia! Imposible, ni siquiera imaginable. Grecia era un lugar diminuto, sin importancia, al borde del poderoso Imperio Persa, una tierra ni siquiera gobernada por un solo gobierno. Uruk, sus dioses, su lengua y su literatura vivirían para siempre. Rimut-Anu dejó su lápiz.

ELENCO DE PERSONAJES PRINCIPALES

Nombre	Profesión y ubicación	Fecha (todas a.C.)	Capítulo
Abi-eshuh	rey de Babilonia	1711-1684	13
Abi-hunni	destinatario de una casa en Terqa (m)	finales del siglo XV o principios del XIV	15
Adad-guppi	sacerdotisa de Sin en Harran, oficial, y madre del rey en Babilonia	648-552	19
Adad-shumu-usur	médico y exorcista en Asiria (m)	principios del siglo VII	18
Akenatón	rey de Egipto	1353-1336	15
Alexander	rey de Macedonia	336-323	20
Amat-Shamash	naditum en Sippar (f)	mediados del siglo XVIII	12
Ashur-idi	comerciante en Ashur (m)	Siglos XX-XIX	9
Ashur-nada	comerciante en Ashur y Anatolia (m)	Siglos XX-XIX	9
Ashur-uballit I	rey de Asiria	1363-1328	15
Ashurbanipal	rey de Asiria	668-630/628	19
Ashurnasirpal II	rey de Asiria	883-859	17
Awat-Aya	naditum iniciar en Sippar (f)	mediados del siglo XVIII	12
Ba'la-bia	niño en Emar (f)	finales del siglo XIII	16
Ba'la-belu	niño en Emar (m)	finales del siglo XIII	16
Ba'la-ummi	niño en Emar (f)	finales del siglo XIII	16
Baranamtara	reina de Lagash	c. 2400	4
Bazatum	músico en Mari (f)	mediados del siglo XVIII	10

Nombre	Profesión y ubicación	Fecha (todas a.C.)	Capítulo
Bel-uballit	prensador de aceite, cervecero y funcionario del templo de Sippar (m)	mediados del siglo vi	20
Bel-ushezib	adivino y astrónomo en Asiria (m)	principios del siglo VII	18
Beltum	princesa de Qatna, reina en Mari	principios del siglo XVIII	10
Burna-Buriash II	rey de Babilonia	1359-1333	15
Cyrus	rey de Persia	559-530	20
Dimtur	reina madre en Lagash	c. 2400	4
Dusigu	reina madre en Ebla	c. 2300	5
Eannatum	rey de Lagash	Siglo XXV	3
Elletum	estudiante de escribanía en Nippur (m)	mediados del siglo XVIII	12
Emete	jefe de las sirvientas reales en Lagash (f)	mediados del siglo xiv	4
Enar-Lim	mercader y enviado en Ebla (m)	c. 2300	5
Enheduana	Sacerdotisa-en de Nanna en Ur	c. 2300-2250	6
Enlil-bani	jardinero, rey sustituto y rey de Isin	1860-1837	8
Enlil-mansum	funcionario del templo y comerciante de esclavos en Dur-Abi-eshuh (m)	finales del siglo XVII	13
Enmetena	rey de Lagash	c. 2450	3
Erra-imitti	rey de Isin	1868-1861	8
Esarhaddon	rey de Asiria	681-669	18
Geme-Suen	prestamista en Umma (f)	mediados del siglo xxi	7
Gimil-Ninkarrak	barbero jefe en Terqa (m)	c. 1710-1680	13
Gudea	rey de Lagash	2144-2124	7
Hammurabi	rey de Babilonia	1792-1750	11
Hane	traductor en Egipto y Mittani (m)	mediados del siglo XIV	14
Hattusili I	rey de Hatti	1650-1620	13
Hattusili III	rey de Hatti	1267-1237	16
Ibni-Sin	comandante en Babilonia	principios del siglo XVII	13

Nombre	Profesión y ubicación	Fecha (todas a.C.)	Capítulo
Igi-bar	supervisora de tejido en Lagash (f)	mediados del siglo xiv	4
Ilim-ilimma	auriga, prestamista en Alalakh (m)	principios del siglo XV	14
Ina-qate-Na-bu-bultu	panadero esclavizado en Babilonia (m)	mediados del siglo vi	20
Ishar-damu	rey de Ebla	c. 2300	5
Ishar-Lim	rey de Hana	finales del siglo XV o principios del XIV	15
Ishbi-Erra	rey de Isin	2017-1985	8
Ishma'-Dagan	niño en Emar (m)	finales del siglo XIII	16
Ishunnatu	posadero esclavizado en Kish (f)	mediados del siglo vi	20
Itti-Marduk-ba-latu	hombre de negocios en Babilonia	mediados del siglo vi	20
Joaquín	rey de Judá, exilio en Babilonia	mediados del siglo vi	19
Kitushdu	escriba en Ur (m)	c. 2300	6
Ku'e	mujer en Emar	finales del siglo XIII	16
Kudurru	escriba en Babilonia y Asi-ria y adivino del aceite (m)	principios del siglo VII	18
Kushim	sanga y controlador del almacén de cebada en Uruk (m)	finales del 4º milenio	2
Lu-Nanna	esclavo fugado en Umma (m)	Siglo XXI	7
Lugalanda	rey de Lagash	c. 2400	4
Lugalzagesi	rey de Uruk	finales del siglo XXIV	6
Marduk-lamas-sashu	visir en Babilonia	principios del siglo XVII	13
Mashum	soldado y agricultor en Larsa (m)	mediados del siglo XVIII	11
Mizatu	esclava cervecera, esposa de Nabu-utirri en Babi-lonia	mediados del siglo vi	20
Muballit-Sherua	princesa de Asiria, reina de Babilonia, esposa de Burna-Buriash II	mediados del siglo XIV	15

Nombre	Profesión y ubicación	Fecha (todas a.C.)	Capítulo
Nabu-naid/Nabónido	estudiante escriba, funcionario y rey de Babilonia	gobernado 556-539	19 y 20
Nabu-utirri	cervecero esclavizado, marido de Mizatu en Babilonia	mediados del siglo vi	20
Nabu-ushallim	intérprete de sueños en Asiria (m)	principios del siglo VII	18
Napir-Asu	princesa de Babilonia, reina de Elam, esposa de Untash-Napirisha	mediados del siglo XIV	15
Naram-Sin	rey de Acad	2254-2218	6
Nabucodonosor II	rey de Babilonia	604-562	19
Nefertiti	reina de Egipto	mediados del siglo XIV	15
Pihatni-ipiq	posible gobernador en Larsa	mediados del siglo XIX	8
Puabi	reina de Ur	c. 2500	3
Puduhepa	reina de Hatti	mediados del siglo XIII	16
Rimut-Anu	escriba y exorcista en Uruk (m)	Siglo V	20
Rishiya	músico jefe en Mari (m)	mediados del siglo XVIII	10
Ruzi-mali	mercader y enviado en Ebla (m)	c. 2300	5
Samsu-ditana	rey de Babilonia	1625-1595	13
Samsu-iluna	rey de Babilonia	1749-1712	13
Sargon	rey de Acad	2334-2279	6
Sasi	funcionario y posible conspirador en Asiria (m)	principios del siglo VII	18
Se'-idri	viñador arrendatario en Asiria (m)	finales del siglo VIII	19
Shamash-hazir	supervisor de tierras en Larsa	mediados del siglo XVIII	11
Shamshi-Adad	rey de la Alta Mesopotamia	1807-1776	10
Shara-igizi-Abzu	esh-a en Umma, hija de Ushumgal	principios del 3er milenio	3
Shulgi	rey de Ur	2094-2046	7

Nombre	Profesión y ubicación	Fecha (todas a.C.)	Capítulo
Sin-idinnam	gobernador general de Larsa	mediados del siglo XVIII	11
Sumu-El	rey de Larsa	1894-1866	8
Sumu-la-El	rey de Babilonia	1880-1845	8
Suppiluliuma I	rey de Hatti	1344-1322	15
Tabur-damu	reina de Ebla	c. 2300	5
Tawananna	princesa de Babilonia, reina de Hatti, esposa de Suppiluliuma I	mediados del siglo XIV	15
Tushratta	rey de Mittani	mediados del siglo XIV	14 y 15
Princesa babilónica sin nombre	princesa de Babilonia, esposa de Akenatón	mediados del siglo XIV	15
Ladrillero sin nombre	ladrillero en Ur (m)	principios del siglo xxi	7
Niños sin nombre	niños obreros que trabajaban para el templo en Girsu (m, f)	Siglo XXI	7
Deportados anónimos	deportados en el Imperio asirio (m, f)	Siglos IX y VIII	17
Eunuco sin nombre	jefe eunuco y conspirador en Asiria	principios del siglo VII	18
Chica sin nombre	niña esclavizada y profeta en Harran	principios del siglo VII	18
Orfebres sin nombre	orfebres en Asiria (m)	Siglos IX-VII	19
Perfumistas anónimos	perfumistas en Babilonia (f)	mediados del siglo vi	19
Sacerdote anónimo/es	líder de Uruk	finales del 4º milenio	1 y 2
Escultores anónimos	escultores en Asiria (m)	principios del siglo IX	17
Viajero anónimo	Visitante del Templo del Cono de Piedra, Uruk	mediados del cuarto milenio	1
Untash-Napirisha	rey de Elam	1340-1300	15
Ur-Namma	rey de Ur	2112-2095	7
Ur-Nanshe	rey de Lagash	mediados del 3er milenio	3
Urtenu	mercader en Ugarit (m)	finales del siglo XIII	16

Nombre	Profesión y ubicación	Fecha (todas a.C.)	Capítulo
Urukagina	rey de Lagash	mediados del siglo xiv	4
Ushumgal	sacerdote pab-shesh en Umma, padre de Shara-igizi-Abzu	principios del 3er milenio	3
Varios naditums	naditums en Sippar (f)	mediados del siglo XVIII	12
Varios lavanderos	lavanderos en Babilonia	mediados del siglo vi	19
Varios tejedores	tejedores en Asiria (m, f)	Siglos IX-VII	19
Esposa de Ur-lu-gal	prestatario en Umma (f)	mediados del siglo xxi	7
Yasmah-Addu	virrey en mari	principios del siglo XVIII	10
Zadamma	hombre en Emar	finales del siglo XIII	16
Zimri-Lim	rey de Mari	1774-1762	10
En	supervisora de tejido en Lagash (f)	mediados del siglo xiv	4

CRONOLOGÍA

Las fechas son a.C. y son todas aproximadas.
Los nombres de los reyes figuran en años de reinado.

Período de Uruk	4000-2900
Primera ciudad de Uruk	3500
Comienzan las colonias de Uruk	3500
Construcción del Templo del Cono de Piedra	3500
Inicio del protocuneiforme	3300
Primer periodo dinástico	2900-2300
El cuneiforme se desarrolla a partir del protocuneiforme	2900
Comienzo de la realeza	2900
Ur-Nanshe, rey de Lagash	mediados del 3er milenio
Tumbas reales de Ur	mediados del 3er milenio
Primeros reyes de Ebla	2525
Conflicto fronterizo Lagash-Umma	2500-2350
Eannatum, rey de Lagash	Siglo XXV
Enmetena, rey de Lagash	2450
Primera prueba de diplomacia en Sumeria	2450
Baranamtara, reina de Lagash	2400
Urukagina, rey de Lagash	2350
Archivos de Ebla	2350-2300
Tabur-damu e Ishar-damu de Ebla	2300
Período acadio	2300-2200
Sargón, rey de Acad	2316-2277
Enhuduana, sacerdotisa-en en Ur, hija de Sargón	2300-2250
Naram-Sin, rey de Acad	2253-2218

Naram-Sin divinizado tras sofocar rebeliones	2230
Fin del Imperio Acadio	2150
Gudea, rey de Lagash	2144-2124
Período Ur III	2112-2000
Ur-Namma, rey de Ur	2112-2095
Construcción de zigurats	principios del siglo xxi
Shulgi, rey de Ur	2094-2046
Creación del sistema bala por Shulgi	2070
Ibbi-Sin, rey de Ur	2028-2004
Fin del periodo Ur III	2004
Período Isin-Larsa/Período asirio antiguo	2017-1792
Ishbi-Erra rey de Isin	2017-1985
Mercaderes asirios que comerciaban en Anatolia	2000-1775
Erishum, rey de Ashur	1974-1935
Gungunum, rey de Larsa	1932-1906
Sumu-El, rey de Larsa	1894-1866
Sumu-la-El, rey de Babilonia	1880-1845
Erra-imitti, rey de Isin	1868-1861
Sumu-El lucha contra Erra-imitti	1860s
Enlil-bani, jardinero y rey de Isin	1860-1837
Sin-magir rey de Isin	1827-1817
Rim-Sin, rey de Larsa	1822-1763
Antiguo periodo babilónico	1800-1595
Shamshi-Adad, rey de la Alta Mesopotamia	1807-1776
Shamshi-Adad une la Alta Mesopotamia	1792
Siruk-tuh, rey de Elam	principios del siglo XVIII
Hammurabi, rey de Babilonia	1792-1750
Zimri-Lim, rey de Mari	1774-1762
Hammurabi une Mesopotamia	1766-1761
Hammurabi promulga leyes	1755
Naditums en Sippar	mediados del siglo XVIII
Escuela en la Casa F de Nippur	mediados del siglo XVIII
Samsu-iluna, rey de Babilonia	1749-1712

Rebeliones contra Babilonia en el sur de Mesopotamia	finales del siglo XVIII
Comienza la primera dinastía de los Sealand	finales del siglo XVIII
Abi-eshuh, rey de Babilonia	1711-1684
Ili-ma-ilu, rey de los Sealand	principios del siglo XVII
Ammi-ditana, rey de Babilonia	1683-1647
Expansión del Imperio Hitita	mediados del siglo XVII
Hattusili I, rey de Hatti	1650-1620
Ammi-saduqa, rey de Babilonia	1646-1626
Samsu-ditana, rey de Babilonia	1625-1595
Mursili I, rey de Hatti	1620-1590
Fin de la Primera Dinastía de Babilonia	1595
Edad Oscura	1595-1500
Finales de la Edad del Bronce	1550-1000
Agum, rey de Babilonia	mediados del siglo XVI
Fundación de Mittani en Siria	1500
Batallas por el noroeste de Siria entre Egipto, Hatti y Mittani	1500-1418
Idrimi, rey de Alalakh	principios del siglo XV
Conquista babilónica de Sealand	1475
Comienza el Reino de Hana en Siria	finales del siglo XV
Saushtatar, rey de Mittani	finales del siglo XV
Comienzan las relaciones diplomáticas entre grandes potencias	1418
Amenhotep III, rey de Egipto	1386-1349
Kurigalzu I, rey de Babilonia	principios del siglo XIV
Cartas de Amarna	mediados del siglo XIV
Tushratta, rey de Mittani	mediados del siglo XIV
Ashur-uballit I, rey de Asiria	1363-1328
Burna-Buriash II, rey de Babilonia	1359-1333
Akenatón, rey de Egipto	1353-1336

Suppilulima I, rey de Hatti	1344-1322
Untash-Napirisha, rey de Elam	1340-1300
Shattiwaza, rey de Mittani	finales del siglo XIV
Disolución de Mittani e independencia de Asiria	1335
Peste en Hatti	finales del siglo XIV
Kara-hardash, rey de Babilonia	1333
Mursili II, rey de Hatti	1321-1295
Pecio de Ulu Burun	1300
Sin-leqi-unnini compone la Epopeya de Gilgamesh	¿Siglo XIII?
Kidin-Hutran II, rey de Elam	principios del siglo XIII
Ramsés II, rey de Egipto	1279-1213
Batalla de Kadesh entre Egipto y Hatti	1274
Hattusili III, rey de Hatti	1267-1237
Puduhepa, reina de Hatti	mediados del siglo XIII
Tratado de paz entre Egipto y Hatti	1259
Final definitivo de Mittani	1250
Crecimiento del Imperio Asirio Medio	mediados del siglo XIII
Tukulti-Ninurta I, rey de Asiria	1243-1207
Niqmaddu III, rey de Ugarit	1225-1215
Sequía y hambruna generalizadas	finales del siglo XIII/principios del XII
Ramsés III, rey de Egipto	1186-1155
Destrucción de Ugarit	1185
Destrucción de Emar	1180
Ataques de los pueblos del mar a Egipto	principios del siglo XII
Reinos arameos fundados en Siria	Siglo XII
Shutruk-Nahhunte, rey de Elam	1160
Ataque elamita a Babilonia, captura de objetos babilónicos	1158
Fin de la dinastía Kasita en Babilonia	1155
Kutir-Nahhunte, rey de Elam	mediados del siglo XII

Nabucodonosor I, rey de Babilonia	1126-1105
Nabucodonosor I asalta Susa	1110
Fundación del reino israelita	Siglo XI
Se inventa el alfabeto fenicio	Siglo XI
La tecnología del hierro se extiende	Siglo XI
Primer milenio	1000-323
Comienza la expansión del Imperio Neoasirio	911
Ashurnasirpal II, rey de Asiria	883-859
Unificación de Urartu	mediados del siglo IX
Tiglat-Pileser III, rey de Asiria	744-727
Salmanasar V, rey de Asiria	727-722
Derrota asiria de Israel	722-720
Sargón II, rey de Asiria	722-705
Senaquerib, rey de Asiria	705-681
Taharqa, rey nubio de Egipto	690-664
Senaquerib saquea Babilonia	689
Ezequías, rey de Judá	principios del siglo VII
Esarhaddon, rey de Asiria	681-669
Rusa II, rey de Urartu	673
El ataque de Esarhaddon a Egipto	671
Asurbanipal, rey de Asiria	668-630 ó 627
Adad-guppi, sacerdotisa de Sin en Harran	649-547
Shamash-shumu-ukin, rey asirio de Babilonia	668-648
Guerra civil entre Ashurbanipal y Shamash-shumu-ukin	652-648
Ashurbanipal saquea Susa	647
Ashur-etel-ilani, rey de Asiria	630/627-625
Nabopolasar, rey de Babilonia	626-605
Comienza el periodo neobabilónico	626
Sin-shar-ishkun, rey de Asiria	624-612
Guerra civil entre Asiria y Babilonia	624-609
Conquista de Nínive	612
Conquista de Harran, fin del Imperio neoasirio	609
Nabucodonosor II, rey de Babilonia	604-562
Nabucodonosor II conquista Judá	587

Joaquín, rey de Judá, y los exiliados de Judá que viven en Babilonia	principios a mediados del siglo VI
Amel-Marduk, rey de Babilonia	561-560
Neriglissar, rey de Babilonia	559-556
Ciro II, rey de Persia	559-530
Comienza el Imperio Persa Aqueménida	559
Labashi-Marduk, rey de Babilonia	556
Nabu-na'id/Nabonido, rey de Babilonia	556-539
La conquista de Babilonia por Ciro	539
Cambises II, rey de Persia	530-522
Nabucodonosor III, rey rebelde de Babilonia	finales del siglo VI
Nabucodonosor IV, rey rebelde de Babilonia	finales del siglo VI
Darío I, rey de Persia	522-486
Los griegos derrotan a los persas en la batalla de Maratón	490
Jerjes, rey de Persia	485-465
Jerjes sofoca la rebelión babilónica	484
Heródoto, historiador griego	484-425
Los griegos derrotan a las fuerzas persas de Darío I	480-479
Filipo II, rey de Macedonia	359-336
Alejandro, rey de Macedonia	336-323
Alejandro conquista el Imperio Persa	331

AGRADECIMIENTOS

Empecé a escribir este libro un caluroso día de julio de 2019. Estaba en Nueva York al comienzo de un año sabático, y me había instalado al final de una larga mesa en una sala de lectura de la Biblioteca Bobst de la Universidad de Nueva York, sentado junto a grandes ventanales que daban a Washington Square. Estaba completamente satisfecho. Los libros apilados frente a mí estaban llenos de documentos de reciente publicación poblados de individuos antiguos, junto con estudios de vidas antiguas. Ese mismo día empezaron a surgir fragmentos de lo que se convertiría en el capítulo 8. Terminé de escribir el libro un día igual de caluroso, casi dos años después, en una casa de Houston donde me alojaba con la familia de mi hija, a la espera de la inminente llegada de sus gemelos. Esos dos años fueron testigos de todo un viaje, tanto personal para mí mientras escribía, como para todos nosotros mientras experimentábamos la agitación de la pandemia mundial.

A lo largo de la redacción de este libro he sido muy consciente de los sufrimientos de la población de muchas regiones de Oriente Próximo en los últimos años, personas cuyas vidas han dado un vuelco a causa de la invasión, la guerra civil y el terrorismo. Frente al increíble peligro, la valentía y determinación de tantos no sólo para defenderse y salvar las vidas de otros, sino también para proteger y salvar el patrimonio cultural de sus tierras, es verdaderamente inspiradora. Sus antepasados dieron al mundo la justicia, la diplomacia, la escritura y tantos otros dones extraordinarios; la suya es una civilización de poder profundo y duradero.

La realización de este libro no habría sido posible sin la ayuda de muchas personas. Agradezco la licencia sabática que me concedió mi universidad, Cal Poly Pomona, gracias al amable apoyo de Eileen Wallis, mi jefa de departamento, Iris Levine, mi decana, el comité de licencias profesionales y Sylvia Alva, la rectora. También agradezco profundamente el apoyo de mis maravillosos colegas del departamento de Historia.

Daniel Fleming, de la NYU, patrocinó generosamente mi puesto como investigador visitante en la NYU, Alexander Jones me permitió utilizar los recursos del Instituto para el Estudio del Mundo Antiguo, y David Ratzen y Gabriel McKee me hicieron sentir muy bienvenido en la biblioteca del ISAW, donde realicé la mayor parte de mi investigación en 2019. La biblioteca fue un recurso extraordinario. Durante mi estancia en Nueva York aprecié la comunidad de estudiosos, entre ellos Joan Aruz, Anastasia Amrhein, Lorenzo d'Alfonso, Dan Fleming, Aure Ben-Zvi Goldblum, Elizabeth Knott, Liat Naeh, Beate Pongratz-Leisten, Marc Van De Mieroop, y muchos otros con los que mantuve conversaciones fascinantes que estimularon mi pensamiento sobre este libro.

Poco después de regresar a Los Ángeles, la pandemia lo paralizó todo y me pregunté cómo podría seguir investigando sin tener acceso a una biblioteca física. En ese momento, mis días en la biblioteca del ISAW parecían mundos lejanos. Pero los bibliotecarios de Cal Poly Pomona y de las bibliotecas conectadas a través de Document Delivery me proporcionaron acceso en línea y archivos digitales de diversos materiales e imágenes que necesitaba, al igual que muchos colegas generosos, entre ellos Yigal Bloch, Yoram Cohen, Janine Pibal, Samantha Rainford, Osama Shukir Muhammed Amin, Giorgio Buccellati, Sebastian Hageneuer, Luma Juda, Jean-Michel Margot, Paolo Matthiae y Davide Nadali. Jack M. Sasson es un héroe por sus constantes y generosos esfuerzos para mantener a la comunidad asiriológica en contacto con los últimos avances en el campo a través de su lista de correo Agade. Las bases de datos cuneiformes, Oracc, CDLI, Archibab y ETCSL, han transformado por completo la forma de investigar en este campo, y sé que cada una de ellas es un trabajo de amor para sus administradores.

Estoy especialmente agradecido a Eleanor Robson, Steven Garfinkle, Seth Richardson y Sidney Babcock, que leyeron y criticaron algunos capítulos del libro, y a los revisores externos anónimos de la propuesta de libro y del manuscrito completo por sus útiles sugerencias. Muchas gracias también a mi editor, Stefan Vranka, de OUP, por su apoyo durante todo este proceso. No obstante, les aseguro que si encuentran errores, son todos míos.

Los estudiantes de mis clases de la división superior sobre el antiguo Cercano Oriente fueron de gran ayuda cuando leyeron y comentaron los borradores de algunos de los capítulos, primero Historia 3310 en la primavera de 2020 y luego Historia 3312 en la primavera de 2022. Les prometí que les daría las gracias por escrito, así que ¡gracias a todos! Historia 3310 fue la última clase que impartí en un aula en marzo de 2020 antes de que todo pasara a estar en línea. Eché de menos las amistosas bromas de mis alumnos cuando pasamos al aprendizaje virtual -cargado como estaba de botones de "silencio" y pantallas llenas de cuadrados-, aunque los estudiantes han seguido inspirándome.

Para escribir este libro he recurrido a la investigación y los conocimientos de muchos estudiosos, con los que estoy en deuda y a los que admiro. Todos ellos figuran en las notas y la bibliografía, y les animo a leer sus trabajos.

Mis compañeros de la junta asesora de Oracc y los miembros del comité directivo de Oracc me ayudaron a mantener la cordura durante la pandemia, ya que nuestras conferencias telefónicas mensuales -aunque en el fondo seguían siendo asiriológicas- se convirtieron en un grupo de apoyo amistoso. Muchas gracias, Steve Tinney, Eleanor Robson, Niek Veldhuis, Jamie Novotny, Matthew Rutz, Enrique Jiménez y Miller Prosser. Otros amigos no asiriológicos -especialmente Vicki Peterson, Rachel Van, Georgia Mickey y Jill Watts- hicieron menos solitario mi proceso de escritura, aislado por la pandemia, y me hicieron reír, ya que nos reuníamos a menudo por teléfono y en videoconferencias.

Mi familia ha sido extraordinaria. Los quiero a todos y les estoy muy agradecida. Mi hijo Nick estuvo en casa durante varios meses de la pandemia y, como escribí, me mantuvo abastecida con cafés con leche de la cafetería local, además de apoyo moral. (También me convenció para que actuara como actor de doblaje en su serie unipersonal de YouTube, pero esa es otra historia). Mi hija Emily y su yerno Nate tuvieron su primer hijo justo antes de que empezara a escribir este libro, y sus gemelos nacieron días después de que lo terminara. Durante todo ese tiempo (mientras Emily completaba su residencia médica, nada menos), ella y yo hablábamos a diario. Mi marido Jerry escuchaba cada capítulo (varios de ellos varias veces) mientras yo los leía en voz alta para detectar errores que ya no podía ver en la pantalla del ordenador. Fue una gran fuente de consejos y preparó botellas de champán en varios momentos importantes del libro. También redactó los planos de los edificios de Babilonia, Mari, Sippar, Kanesh y Nippur que he utilizado como ilustraciones (aunque debo señalar que el dibujo de los pies de barro es mío). Sin él no habría podido escribir este libro.

Por último, mi madre, Margaret Hills, de 93 años, leyó todo el manuscrito dos veces, con el ojo avizor de un corrector. Su copia corregida está a mi lado mientras escribo. Tras una temprana carrera en la Royal Ballet School, enseñó ballet hasta los 90 años y, en su bien merecida jubilación, sigue siendo una alegría para todos sus amigos y familiares. Cada vez que leía una sección que le gustaba especialmente, me llamaba para decírmelo. Le dedico el libro con todo mi cariño y agradecimiento; ha sido una compañera fabulosa en este viaje, al igual que toda mi familia.

ABREVIATURAS

A	Números de registro de los textos que se encuentran en Mari
AbB	*Altbabylonische Briefe in Umschrift und Übersetzung* (Leiden, 1964 y ss.)
ActaSum	*Acta Sumerologica*
AfO	*Archiv für Orientforschung*
AHK	Edel, E. *Die ägyptisch-hethitische Korrespondenz aus Boghazköi in babylonischer und hethitischer Sprache* (Opladen, 1994).
AJA	*American Journal of Archaeology*
AlT	Wiseman, D. J. *Las Tablas de Alalakh* (Londres, 1953)
AnOr	*Analecta Orientalia* (Roma 1931 y ss.)
AO	Museo Números de antigüedades orientales del Louvre
AOAT	*Alter Orient und Altes Testament* (Kevelaer/Neukirchen-Vluyn, 1969 y ss.)
Archibab	Archives babyloniennes (XXe-XVIIe siècles av. J.-C.): https://www .archibab.fr/
ARET	*Archivi Reali di Ebla, Testi* (Roma, 1985 y ss.)
ARET XI	Fronzaroli, Pelio. *Testi rituali della regalità* (ARET XI), 1993
ARET XX	Archi, A. *Administrative Texts: Allotments of Clothing for the Palace Personnel (Archive L. 2769). With the Collaboration of Gabriella Spada. (Wiesbaden: Harrassowitz, 2018)*
ARM	*Archives reales de Mari*
AuOr	*Aula Orientalis* (Barcelona, 1983 y ss.)
AUWE	*Ausgrabungen in Uruk-Warka. Endberichte* (Maguncia, 1987 y ss.)
B	Números del Museo Penn
Bab	*Babyloniaca: Études de philologie assyrobabylonienne* (París, 1906-1937)
BASOR	*Bulletin of the American Schools of Oriental Research*
BCT	Watson, Philip J. *Catalogue of Cuneiform Tablets in Birmingham City Museum*, 2 vols. (Warminster: Aris and Phillips 1986, 1993).
BE	*The Babylonian Expedition of the University of Pennsylvania* (Filadelfia, 1893 y ss.)
BM	Museum números del Museo Británico de Londres
BM	*Biblioteca Mesopotámica* (Malibú)
BOQ	Lambert, W. G. *Babylonian Oracle Questions. Mesopotamian Civilizations 13 (Winona Lake, IN: Eisenbrauns, 2007)*
BPOA	*Biblioteca del Próximo Oriente Antiguo* (Madrid, 2006 y ss.)
CAD	*The Assyrian Dictionary of the University of Chicago* (Chicago, 1956 y ss.)
Camb.	Strassmaier, J. N. *Inschriften von Cambyses, König von Babylon* (1890)
CANE	Sasson, Jack M. (ed.) *Civilizations of the Ancient Near East*, 4 vols. (Nueva York: Charles Scribner's Sons, 1995)

CCT	*Cuneiform Texts from Cappadocian Tablets in the British Museum* (Londres, 1921-1975)
CDLI	Cuneiform Digital Library Initiative: http:// cdli.ucla.edu/
CH	Leyes de Hammurabi
CRRAI	*Compte rendu de la Rencontre Assyriologique Internationale*
CTH	Laroche, L. *Catalogue des textes hittites* (París, 1966; repr. 1971)
CTMMA	Corpus de textos cuneiformes en el Museo Metropolitano de Arte
CUNES	*Estudios sobre Oriente Próximo de la Universidad de Cornell*
CUSAS	*Cornell University Studies in Assyriology and Sumerology* (Bethesda, MD, 2007 y ss.)
Cyr.	Strassmaier, J. N. *Inschriften von Cyrus, König von Babylon*, 1890
DP	Allotte de la Fuÿe, M. F. *Documents présargoniques* (París, 1908-1920)
EA	Knudtzon, J. A. *Die El-Amarna-Tafeln* (Leipzig, 1915)
EKI	König, F. W. *Die elamischen Königsinschriften*, AfO 16 (Graz, 1965).
Emar	Arnaud, D. *Recherches au pays d'Astata: Emar 6/1-4, Textes sumeriens et accadiens* (París, 1986)
ETCSL	El Corpus Textual Electrónico de la Literatura Sumeria: https://etcsl .orinst.ox.ac.uk/
FAOS	*Freiburger Altorientalische Studien* (Friburgo, 1975 y ss.)
FM	*Florilegium Marianum*
HCCT	Colección Hirayama de Textos cuneiformes (Japón)
HDT	Beckman, Gary M. *Hittite Diplomatic Texts*, 2ª ed. (Atlanta: Scholars Press, 1999)
ICAANE	*International Congress on the Archaeology of the Ancient Near East*
IM	Números Museum del Museo de Iraq en Bagdad
ITT	Inventario de tabletas de Tello
JANEH	*Journal of Ancient Near Eastern History*
JANEH	*Journal of Ancient Near Eastern History*
JAOS	*Journal of the American Oriental Society*
JCS	*Journal of Cuneiform Studies*
JESHO	*Journal of the Economic and Social History of the Orient*
JNES	*Journal of Near Eastern Studies*
KBo	*Keilschrifttexte aus Boghazköi* (Bd. 1-22 en WVDOG, Leipzig/Berlín, 1916 y ss.)
KUB	*Keilschrifturkunden aus Boghazköi* (Berlín, 1921 y ss.)
LAPO	*Littératures anciennes du Proche- Orient*
LH	Podany, Amanda H. *Tierra de Hana: Kings, Chronology, and Scribal Tradition* (2002).
M	Número de registro de textos encontrados en Mari
MEE	*Materiali epigrafici di Ebla* (Nápoles, 1979 y ss.)
MHEM	*Mesopotamian History and Environment, Memoirs*
MLC	Morgan Library Collection, números de tablillas de la Colección Babilónica de Yale, New Haven
MSL	*Materialien zum sumerischen Lexikon/ Materials for the Sumerian Lexicon (Rom 1937 ff.); SS = Supplementary Series (1, 1986)*
MSVO	*Materialien zu den frühen Schriftzeugnissen des Vorderen Orients* (Berlín, 1991 y ss.)
NABU	*Nouvelles assyriologiques brèves et utilitaires* (París, 1987 y ss.)

Nbn.	Strassmaier, J. N. *Inschriften von Nabonidus, König von Babylon* (Leipzig, 1889)
NEA	*Near Eastern Archaeology*
NINO	Nederlands Instituut voor het Nabije Oosten
OEANE	Meyers, Eric M., ed. *The Oxford Encyclopedia of Archaeology in the Near East*, 5 vols. (Oxford y Nueva York: Oxford University Press, 1997).
OECT	*Oxford Editions of Cuneiform Texts* (Oxford, 1923 y ss.)
OIMP	*Oriental Institute Museum Publications*
OIS 6	Frahm, Eckart. "Reading the Tablet, the Exta, and the Body: The Hermeneutics of Cuneiform Signs in Babylonian and Assyrian Text Commentaries and Divinatory Texts". En *Divination and Interpretation of Signs in the Ancient World*, Oriental Institute Studies 6, editado por Amar Annus, 93-141 (Chicago: Oriental Institute of the University of Chicago, 2010).
OLA	*Orientalia Lovaniensia analecta* (Lovaina, 1975 y ss.)
Oracc	Corpus cuneiforme abierto ricamente anotado: http://oracc.museum.upenn.edu/
PBS	*University of Pennsylvania, Publications of the Babylonian Section* (Filadelfia, 1911 y ss.)
PG	Número de excavación de tumbas en Ur
RA	*Revue d'assyriologie et d'archeologie orientale*
RAI	Rencontre Assyriologique Internationale
RIMA	*The Royal Inscriptions of Mesopotamia, Assyrian Periods* (Toronto, 1987 y ss.)
RIMB	*The Royal Inscriptions of Mesopotamia, Babylonian Periods*
RIME	*The Royal Inscriptions of Mesopotamia, Early Periods* (Toronto, 1990 y ss.)
RINAP	*The Royal Inscriptions of the Neo- Assyrian Period*
RLA	*Reallexikon der Assyriologie und vorderasiatischen Archäologie* (Berlín: de Gruyter)
RS	Números de museo del Louvre y Damasco (Ras Shamra)
RTC	Thureau-Dangin, F. *Recueil des tablettes chaldéennes* (París, 1903)
SAA	*State Archives of Assyria* (Helsinki, 1987 y ss.)
SAA 1	Parpola, S. *The Correspondence of Sargon II. Part I: Letters from Assyria and the West.* State Archives of Assyria 1. (Helsinki, 1987)
SAA 2	Parpola, S., y K. Watanabe, *Neo-Assyrian Treaties and Loyalty Oaths.* Archivos Estatales de Asiria 2. (Helsinki, 1988)
SAA 4	Starr, I. *Queries to the Sungod: Divination and Politics in Sargonid Assyria.* State Archives of Assyria 4. (Helsinki, 1990)
SAA 6	Kwasman, T., y S. Parpola. *Legal Transactions of the Royal Court of Nineveh. Part I: Tiglath-Pileser III through Esarhaddon.* State Archives of Assyria 6. (Helsinki, 1991).
SAA 8	Hunger, H. *Astrological Reports to Assyrian Kings.* State Archives of Assyria 8. (Helsinki, 1992)
SAA 10	Parpola, S. *Letters from Assyrian and Babylonian Scholars.* State Archives of Assyria 10. (Helsinki, 1993)
SAA 11	Fales, F. M., y J. N. Postgate. *Imperial Administrative Records. Part II: Provincial and Military Administration.* State Archives of Assyria 11. (Helsinki, 1995)
SAA 13	Cole, S., and P. Machinist. *Letters from Priests to Kings Esarhaddon and Assurbanipal.* State Archives of Assyria 13. (Helsinki, 1999)
SAA 14	Mattila, R. *Legal Transactions of the Royal Court of Nineveh. Part II: Assurbanipal through Sin- šarru- iškun.* State Archives of Assyria 14. (Helsinki, 2002)

SAA 15	Fuchs, A., and S. Parpola. *The Correspondence of Sargon II. Part III: Letters from Babylonia and the Eastern Provinces.* State Archives of Assyria 15. (Helsinki, 2001)
SAA 16	Luukko, M., and G. Van Buylaere, *The Political Correspondence of Esarhaddon.* State Archives of Assyria 16. (Helsinki, 2002)
SAA 18	Reynolds, F. *The Babylonian Correspondence of Esarhaddon.* State Archives of Assyria 18. (Helsinki, 2003)
SAAB	*State Archives of Assyria. Bulletin* (Padua, 1987 ff.)
SAAS	*State Archives of Assyria Studies* SANER *Studies in Ancient Near Eastern Records* (De Gruyter 2012 y ss.)
SARI	*Sumerian and Akkadian Royal Inscriptions*, I (= American Oriental Society. Translation Series, I): J. Cooper, Presargonic Inscriptions (New Haven, 1986)
SCCNH	*Studies on the Civilization and Culture of Nuzi and the Hurrians* (Winona Lake, IN, 1981 y ss.)
SMEA	*Studi Micenei ed Egeo-Anatolici* (Roma, 1966 y ss.)
SpTU 5	von Weiher, E. *Spätbabylonische Texte aus Uruk*, V: (= AUWE 13, 1998)
Tab	Números Tablillas de Tell Taban
TC	Contenau, G. *Tablettes Cappadociennes* (París, 1920) = TCL 4
TCL	*Textes cunéiformes, Museo del Louvre* (París, 1910 y ss.)
TFR	Números de tablillas de los *Terqa Final Reports* (Malibú)
Números	TMObject de Tell Mardikh/Ebla
TMH NF	*Texte und Materialien der Frau Professor Hilprecht Collection, Neue Folge* (Leipzig, 1937; Berlín, 1961 y ss.)
VAT	Números del museo del Vorderasiatisches Museum de Berlín (Vorderasiatische Abteilung. Tontafeln)
VS	*Vorderasiatische Schriftdenkmäler der (Königlichen) Museen zu Berlin* (Berlín, 1907 y ss.)
YBC	Números de Tablillas de la Colección Babilónica de Yale (New Haven)
YPM BC	Tablillas de la colección babilónica del Museo Peabody de Yale (New Haven)
ZA	*Zeitschrift für Assyriologie und vorderasiatische Archäologie*

NOTAS

Introducción

1. Killgrove 2018.
2. Killgrove 2018.
3. Thomsen 1931.
4. Oppenheim 1967, 82-83.
5. Woolley 1929.
6. Kramer 1959.
7. Jacobsen 1976.
8. En la literatura académica sobre el Próximo Oriente antiguo es habitual utilizar la cursiva al escribir palabras en acadio, pero no en sumerio. Todas las palabras antiguas no traducidas aparecen en cursiva.
9. Esta red de interconexiones desde aproximadamente 2300 hasta 1300 a.C. fue el tema de uno de mis libros anteriores: Podany 2010.

Capítulo 1

1. http://www.catalhoyuk.com/site/rise_and_fall_of_a_neolithic_town.
2. Jotheri et al. 2018, 66.
3. Se conocen como crevasse splays: Jotheri et al. 2018, 67.
4. Jotheri et al. 2018, 67.
5. Nissen 2003, 12.
6. Selz 2020, 167.
7. Charvát 2002, 128.
8. Algaze 2013, 68.
9. Charvát 2002, 119.
10. Boehmer 1997, "Uruk-Warka", 294.
11. Véase, por ejemplo, el plano de la contemporánea Habuba Kabira, que era una ciudad del periodo Uruk: Kohlmeyer 1997, 446.
12. Sołtysiak 2017.
13. Eichmann 2019, 97-99.
14. Eichmann 2019, 102.
15. El mosaico del muro del recinto estaba hecho de conos de arcilla con los extremos vidriados, mientras que los conos del propio templo eran de piedra: Boehmer 1990, 64.
16. Charvát 2002, 121.
17. Charvát 2002, 121, 146-147.
18. Este periodo de construcción se denominó Nivel VI; Charvát 2002, 121. Puede verse un vídeo 3D detallado y cuidadosamente investigado sobre la construcción del Templo del Cono de Piedra en "(Re-)Constructing the Stone-Cone building in Uruk-Exhibition Version": https://vimeo.com/54015188. Fue creado por la empresa Artefacts, bajo la dirección de R. Eichmann.

19. Véase Eichmann 2007 para detalles arquitectónicos sobre el Eanna durante este periodo.
20. Las vasijas de yeso se conocen como "loza blanca" y se fabricaron a partir del octavo milenio a.C., en el Levante: Akkermans y Schwartz 2003, 81. Las esculturas de yeso de figuras humanas de los milenios VIII y VII son especialmente conocidas en el yacimiento de 'Ain Ghazal, en Jordania: Tubb 2001; Bahrani 2017, 33.
21. Selz 2020, 172; Charvát 2002, 121; Eichmann 2019, 102.
22. Hageneuer y Schmidt 2019, 295.
23. Sebastian Hageneuer y Sophie C. Schmidt realizaron un análisis detallado de los materiales de construcción de los templos del periodo de Uruk: Hageneuer y Schmidt 2019.
24. Hageneuer y Schmidt 2019, 295.
25. Hageneuer y Schmidt 2019, 303.
26. Boehmer 1990, 64.
27. Boehmer 1990, 65.
28. Estas observaciones sobre el uso del agua en el templo, y los posibles rituales en él, fueron realizadas por Rainer Michael Boehmer: Boehmer 1990.
29. Boehmer 1990, 64-65.
30. Boehmer 1990, 61.
31. Boehmer 1990, 54-59.
32. Eichmann 2019, 102.
33. Boehmer 1990, 64 y láminas 6a-c.
34. Selz 2020, 173.
35. Charvát 2002, 123-124.
36. Se conoce como edificio Riemchen, del término alemán que designa los ladrillos utilizados en su construcción: Selz 2020, 173.
37. Se puede ver una reconstrucción del edificio en "The Riemchen-Building" del Proyecto de Visualización de Uruk: http://www.artefacts-berlin.de/portfolio-item/the-riemchen-building/.
38. Charvát 2002, 123.
39. Hageneuer y Schmidt 2019, 300.
40. Estos cálculos fueron realizados por Hageneuer y Schmidt: Hageneuer y Schmidt 2019.
41. Hageneuer y Schmidt 2019, 300.
42. Selz 2020, 173.
43. Hageneuer y Schmidt 2019, 293.
44. Steinkeller 2017, 347.
45. Charvát 2002, 121.
46. Selz 2020, 196.
47. Charvát 2002, 175.
48. Notablemente, se encontraron sellos por centenares en la capa de la Aldea Quemada que data de alrededor de 6000 a.C. en Tell Sabi Abyat: Bennison-Chapman 2018, 311.
49. Selz 2020, 180.
50. Selz 2020, 170.
51. Pollock 2017, 209-210.
52. Selz 2020, 170.
53. Wright, Miller y Redding 1981, 273-274.
54. Damerow y Englund 1987, 153-154.
55. Charvát 2002, 148.
56. Selz, 2020, 170.
57. Charvát 2002, 120.
58. Charvát 2002, 147.
59. Aunque en Ur se encontraron algunos bloques de un hormigón similar: Charvát 2002, 147.
60. Selz 2020, 180; Topçuoğlu 2010, 30.
61. Topçuoğlu 2010, 32.
62. McMahon 2007, 29.
63. BM 116722: https://www.britishmuseum.org/collection/object/W_1925-0110-20.

64. YPM BC 005552.
65. Topçuoğlu 2010, 30.
66. Steinkeller 2017, 88. Por ejemplo, BM 116721, https://www.britishmuseum.org/collection/object/W_1925-0110-19.
67. Steinkeller 2017, 82.
68. Topçuoğlu 2010, 31.
69. Piotr Steinkeller ha sido particularmente responsable de aumentar nuestra comprensión de este individuo en la sombra: Steinkeller 2017, 82-104.
70. Miller et al. 2017, 57.
71. Miller et al. defienden convincentemente estas identificaciones: Miller et al. 2017, 57-65.
72. Steinkeller 2017, 86-87.
73. Esta teoría fue propuesta por Jason Ur: Ur 2014, 264.

Capítulo 2

1. Kohlmeyer 1997, 446-448.
2. Selz 2020, 175.
3. Collins 2016, 28.
4. Algaze 1993, 15, Fig. 3.
5. Por ejemplo, en Hacinebi, en el sureste de Turquía: Stein 1999, 16-19.
6. Lawler 2006.
7. Lawler 2006, 1458.
8. Midant-Reynes 2000b, 219.
9. Midant-Reynes 2000a, 66-67.
10. Van de Mieroop 2016, 40.
11. Collins 2016.
12. Este es ahora el nivel IV. Las fechas ^{C14} sugieren que comenzó alrededor del 3500 a.C: Boehmer 1997, 295.
13. Nissen 2013, 90.
14. Boehmer 1997, 294.
15. Véanse las figuras 2.1 y 2.2B en Salje 2019, 16-17.
16. Damerow 1999.
17. Woods 2010, 34.
18. Schmandt-Besserat 1992.
19. Bennison-Chapman 2018, 335.
20. Englund 2004, 26.
21. Englund 2004, 28-30.
22. Véase especialmente Nissen, Damerow y Englund 1993.
23. Friberg 1999, 119-122; 134-135.
24. Friberg 1999, 125-126.
25. Johnson 2019.
26. Völling 2019, 242.
27. Pollock 2017, 217.
28. Pollock 2017, 217.
29. Engelbert Kämpfer: https://www.britishmuseum.org/collection/term/BIOG11220.
30. Woods 2010, 43.
31. Damerow 1999.
32. Damerow 1999.
33. Englund 2004, 32.
34. Englund 2004, 32-33.
35. Nissen, Damerow y Englund 1993, 36-46.
36. Paulette 2020, 66.

37. Damerow 2012, 4.
38. Paulette 2020, 67.
39. Mittelman 2008, 9.
40. Damerow 2012, 18.
41. Paulette 2020, 68.
42. MSVO 3 29: Nissen, Damerow y Englund 1993, 36.
43. Nissen, Damerow y Englund 1993, 43.
44. Nissen, Damerow y Englund 1993, 46.
45. Nissen 2019, 150-151.
46. Englund 2004, 28.
47. IVA 15003: Woods 2010, objeto 46, p. 74.
48. Woods 2010, 42.
49. Englund 2004, 28.
50. "Los 10 objetos cuneiformes más importantes": https://cdli.ox.ac.uk/wiki/doku.php?id=objects1to10.
51. Liverani 1996, 12.
52. MSVO 1, 2: https://cdli.ucla.edu/search/archival_view.php?ObjectID=P005069.
53. Pedde 2019, 270-271.
54. Frayne y Stuckey 2021, 143.
55. Steinkeller 2017, 92.
56. Véase, por ejemplo, el debate en Potts 2020.
57. Véase el capítulo 18.
58. Potts 2020, 20.

Capítulo 3

1. Bartash 2020, 539.
2. Jotheri et al. 2018, 67.
3. Hansen 2003, 22.
4. Woods 2010, 43.
5. Bartash 2020, 535.
6. Kingsbury 1963, 7-8, n. 28.
7. Estela de Ushumgal en el Museo Metropolitano de Arte, objeto 58.29, https://www.metmuseum.org/art/collection/search/329079.
8. Gelb 1991, 44.
9. Gelb 1991, 46.
10. Esta sugerencia fue realizada por Irene Winter: Gelb 1991, 46.
11. Balke 2016, 90.
12. Aruz 2003, 78.
13. Las ciudades de Umma eran Gesha, Zabalam y Umma: Bartash 2020, 540.
14. La "Figure aux Plumes" en el Louvre: AO 221, http://cartelfr.louvre.fr/cartelfr/visite?srv=car_not_frame&idNotice=11372.
15. Bartash 2020, 548.
16. La inscripción fue publicada y analizada por Piotr Steinkeller: Steinkeller 2013a.
17. Steinkeller 2013a, 133. La inscripción puede verse en https://cdli.ucla.edu/dl/photo/P453401.jpg.
18. Para un análisis de la disputa entre Umma y Lagash, véase Cooper 1981.
19. Frayne 2008, RIME 1, 81.
20. Orthmann 1975, pl. 85.
21. Frayne 2008, RIME 1, 84.
22. Frayne 2008, RIME 1, 84.
23. Frayne 2008, RIME 1: 1.9.1.20, p. 107.

24. Frayne 2008, RIME 1: 1.9.1.17, p. 104.
25. Frayne 2008, RIME 1: E1.9.1.6b, p. 92.
26. Frayne 2008, RIME 1, 82.
27. Bartash 2020, 545.
28. Jerry Cooper fue responsable de un influyente análisis de las batallas entre Umma y Lagash: Cooper 1981.
29. Bartash 2020, 566.
30. "Sumerian King List" traducido por Piotr Michalowski, en Chavalas 2006, 82.
31. "Sumerian King List" traducido por Piotr Michalowski, en Chavalas 2006, 83.
32. Véase el capítulo 12.
33. Frayne 2008, RIME 1: E1.9.1.6a, pp. 87-89.
34. Frayne 2008, 125.
35. Estela de los buitres: Frayne 2008, RIME 1: E1.9.3. 1, p. 129.
36. Estela de los buitres: Frayne 2008, RIME 1: E1.9.3. 1, p. 133.
37. "Enmetena" traducido por Glenn Magid, en Chavalas 2006, 14.
38. "Enmetena" traducido por Glenn Magid, en Chavalas 2006, 14.
39. "Enmetena" traducido por Glenn Magid, en Chavalas 2006, 14.
40. Frayne 2008, RIME 1: E1.9.5.3, p. 200.
41. Frayne 2008, RIME 1: E1.9.5.4, p. 204.
42. Bartash 2020, 579.
43. Frayne 2008, RIME 1: E1.9.5.12, pp. 213-215.
44. Frayne 2008, RIME 1: E1.9.5.17, pp. 220-221. 45.Para un relato del descubrimiento y la historia moderna de la estatua, véase Collins 2021, 70.
45. Frayne 2008, RIME 1: E1.9.5.17, pp. 220-221. Para la lectura del nombre de Shul-utul, véase Ragavan 2010, 2-3.
46. Véase el capítulo 20.
47. Museo de Iraq IM 5; Evans 2012. La estatua fue saqueada del Museo de Iraq en Bagdad en 2003, descubierta en el aeropuerto Kennedy de Nueva York y devuelta a Iraq desde Estados Unidos en 2006.
48. Zettler y Horne 1998, 22.
49. Zettler y Horne 1998, 22.
50. Véase Marchesi 2004 para argumentos convincentes a favor de la naturaleza real de las tumbas. También incluye un análisis de las propuestas alternativas.
51. Zettler y Horne 1998, 30-31.
52. Tumbas PG 779 y PG 1236. Woolley 1934, 58; Marchesi 2004, 181.
53. Este era el edificio PG 779.
54. "Estándar de Ur": Aruz 2003, 97-100.
55. Sala A: Woolley 1934, 59.
56. Sala C: Woolley 1934, 59.
57. Woolley 1934, 59.
58, Cámara C: Woolley 1934, 60.
59. Cámara D: Woolley 1934, 60.
60. Dietrich Sürenhagen señaló las similitudes con los enterramientos de Ur: Sürenhagen 2002.
61. Sürenhagen 2002, 331.
62. Sürenhagen 2002, 332.
63. PG 777, 789, 800, 1054, 1618, 1631, 1648, 1050.
64. El equipo de investigadores estuvo dirigido por Aubrey Baadsgaard, del Museo de la Universidad de Pensilvania: Baadsgaard et al. 2011.
65. Baadsgaard et al. 2011, 38.
66. PG 337, 580, 1232, 1237, 1332: Marchesi 2004, 154.
67. Por ejemplo, PG 1237 en Ur Online: http://www.ur-online.org/location/931/.
68. Este era el PG 1237.
69. Hafford 2019a, 218.

70. Hafford 2019a, 218.
71. Min-bara-Abzu está representado en una estela del reinado de Ur-Nanshe: Romano 2014, 185.El estrato que sellaba las tumbas reales incluía impresiones de sellos de Mesannepada, que probablemente fue contemporáneo de Eannatum de Lagash: Zettler y Horne 1998, 21. Puabi, por tanto, vivió antes que Eannatum.
72. Zettler y Horne 1998, 30.
73. PG 755: Zettler y Horne 1998, 24-25; Woolley 1934, 155-160. Marchesi lee su nombre como Mes-uge-idu y señala que puede haber sido nieto de un rey más conocido con el mismo nombre:. Marchesi 2004, 183-185. Ur en línea: http://www.ur-online.org/location/1089/.
74. Woolley 1934, 156.
75. Woolley 1934, 158.

Capítulo 4

1. Frayne 2008, 237.
2. Frayne 2008, 239.
3. Por ejemplo, la tablilla VS 14 núm. 30 fue escrita en el primer año en que Lugalanda fue rey, pero Dimtur seguía siendo la reina activa: Lambert 1953, 60-61.
4. SARI 8.3; Louvre AO 13222.
5. Van de Mieroop 1989, 55.
6. Van de Mieroop 1989, 55.
7. Bartash 2020, 568-569.
8. Bartash 2020, 568-569.
9. Van de Mieroop 1989, 63.
10. Maekawa 1996, 171.
11. Véase Frayne 2008, 241.
12. Emelianov 2017, 292.
13. Emelianov 2017.
14. Estas relaciones diplomáticas han sido estudiadas por Rosemary Prentice: Prentice 2010.
15. Prentice 2010, 163. Su nombre era Aneda-numea. Su nombre nunca aparece en el corpus de Lagash, excepto en este contexto.
16. Uno de estos momentos de entrega de regalos quedó registrado en una tablilla de arcilla que pudo proceder originalmente del archivo del palacio del rey y no del E-Mi: Prentice 2010, 171.
17. RTC 19, Lambert 1953, 58-59. Para un análisis detallado de esta tablilla, véase Prentice 2010, 162-164.
18. Prentice 2010, 162-163.
19. Su nombre era Malga-sud o Malga, que era un nombre bastante común en Lagash.
20. Publicado en Marchesi 2011.
21. Prentice 2010, 164; Marchesi 2011, 194-195.
22. RTC 26.
23. VS 14 30; VS 14 194; VS 14 38. En DP 518 un mercader diferente llevó mercancías para Baranamtara a Dilmun: Lambert 1953, 62-63.
24. Tablillas que mencionan el comercio realizado por Urenki: RTC 26; VS 14 nº 30; VS 14 nº 194: Lambert 1953, 60-61.
25. Boucharlat 1995, 1341.
26. Evans 2012, 146-178.
27. Evans 2012, 158.
28. DP 53, XIX, traducido en Kobayashi 1983, 43.
29. Kobayashi 1984, 45; A. C. Cohen 2005, 109.
30. Esta descripción del festival se basa en un análisis de 1983 de Toshiko Kobayashi: Kobayashi 1983.
31. DP 53 incluye los detalles sobre el festival: Kobayashi 1983, 45-47.

32. A. C. Cohen 2005, 110.
33. El yacimiento de Tell Zurghul, recientemente excavado, era el emplazamiento de la antigua Nigin: Nadali y Verderame 2021.
34. DP 53 II, 13, en Kobayashi 1984, 45.
35. DP 54, XV 3-7, en Kobayashi 1984, 46.
36. A. C. Cohen 2005, 109.
37. A. C. Cohen 2005, 110.
38. Estos documentos han sido estudiados por Andrew C. Cohen: A. C. Cohen 2005.
39. A. C. Cohen 2005, 54-55.
40. A. C. Cohen 2005, 54-55.
41. Cooper 1986, 88.
42. Feldman 2007, 313.
43. A. C. Cohen 2005, 56.
44. Véanse los capítulos 7 y 20.
45. A. C. Cohen 2005, 58.
46. DP 75, véase la traducción de A. C. Cohen 2005, 164-166.
47. Las tres primeras son bastante comunes. Erekagina: Bartash 2020, 553; Eri'enimgennak: Marchesi 2011, 193.
48. Frayne 2008, 246.
49. Hallo y Younger 2003, 2:408.
50. Hallo y Younger 2003, 2:408.
51. Tres estudiosos que han dedicado considerable atención a las mujeres tejedoras de Lagash son Rosemary Prentice (Prentice 2010), y Fumi Karahashi y Agnès Garcia-Ventura (Karahashi y Garcia-Ventura 2016).
52. Larsen 2015, 196. Los telares verticales que requerían pesas de telar se introdujeron más tarde: Peyronel 2014: 130-132.
53. Prentice 2010, 57.
54. Prentice 2010, 68.
55. Postrel 2020, 49.
56. Este puede haber sido el primer año de la reina Shasha al frente del palacio.
57. Karahashi y García-Ventura 2016, 10.
58. Texto DP 442: Karahashi y Garcia-Ventura 2016, 10.
59. Karahashi y García-Ventura 2016, 11.
60. Prentice 2010, 63.
61. Bartash 2020, 569.
62. Se llamaba Shasha: Prentice 2010, 55.
63. Se trataba de Shesh-eanak: Prentice 2010, 55.
64. Karahashi y García-Ventura 2016, 7.
65. Prentice 2010, 56; Karahashi y Garcia-Ventura 2016, 7.
66. Ocupó este cargo desde el tercer año del rey Lugalanda hasta el sexto de Urukagina: Karahashi y García-Ventura 2016, 9.
67. Karahashi y García-Ventura 2016, 9; Karahashi 2016a, 67.
68. Karahashi y García-Ventura 2016, 9.
69. Bartash 2020, 575.
70. Prentice 2010, 60-62.
71. Prentice 2010, 62.
72. Bartash 2015.
73. Bartash 2020, 578.
74. Hallo y Younger 2003, 2:407.
75. Hallo y Younger 2003, 2:408.
76. Todos ellos están atestiguados entre el personal del E-Mi: Karahashi 2016b.

Capítulo 5

1. Las excavaciones fueron dirigidas por Paolo Matthiae, de la Universidad La Sapienza de Roma.
2. Sala L 2769.
3. Matthiae 1997.
4. Archi 2012.
5. Bartash 2020, 541.
6. Biga 2011.
7. Maria Giovanna Biga y Alfonso Archi han dedicado sus carreras al estudio de los textos de Ebla. Me baso en gran medida en sus análisis.
8. Archi 2017, 299.
9. Matthiae 1997.
10. Archi 2017, 304.
11. Archi 2017, 301, para el nombre de la reina.
12. Archi 2018, ARET XX 6, p. 33.
13. Biga 2016, 74.
14. Biga 2016, 82.
15. Biga 2016, 74.
16. Biga 2016, 75.
17. Archi 2017, 304.
18. Biga 2016, 75.
19. Biga 2016, 77.
20. Biga 2016, 74.
21. Biga 2016, 75-76; Archi 2002, 177.
22. ARET XI 1.
23. ARET XI 2.
24. Ristvet 2011, 9.
25. Biga 2016, 72.
26. Biga 2016, 85.
27. Tonietti 2005, 246.
28. Biga 2016, 85; Archi 2018, 33.
29. Las pruebas relativas a la boda han sido analizadas por Mario Bonechi: Bonechi 2016.
30. Bonechi 2016, 55-56.
31. Biga y Steinkeller 2021, 38.
32. Biga y Steinkeller 2021, 30.
33. ARET XX 16; Archi 2018, 116.
34. Archi 2018, 179.
35. ARET XX 24.
36. Bonechi 2016, 55.
37. Pasquali 2005, 175.
38. Bonechi 2016, 56; Pasquali 2005, 171-172.
39. Bonechi 2016, 56.
40. Bonechi 2016, 64.
41. Bonechi 2016, 57. Ristvet cree que era la puerta sureste: Ristvet 2011, 9.
42. Bonechi 2016, 59.
43. Archi 2017, 304.
44. Esto se llamaba *mashdabum mariatum*: Archi 2017, 301.
45. Paréntesis y corchetes suprimidos; 1939+=XI2, obv IV:4-V:6, en Bonechi 2016, 58.
46. Pasquali 2005, 173.
47. Bonechi 2016, 59.
48. Ristvet 2011, 9; Bonechi 2016, 57.
49. Biga 2014, 99.

50. Biga 2016, 83.
51. Biga 1998, 20.
52. Biga 1998, 20, Archi 1993, texto 4: TM.84.G.201.
53. Peyronel et al. 2014, 35.
54. Biga 1998, 19, Archi 2002, 172.
55. Ristvet 2011, 9.
56. Archi 2005, 82, 96; Matthiae 2009.
57. Ristvet 2011, 12.
58. Ristvet 2011, 9.
59. Posiblemente Nenash-no está muy claro cómo se pronunciaba el primer signo del nombre: Ristvet 2011, 9.
60. Archi 2017, 301.
61. Archi 2017, 301.
62. TM 74.G.120; Archi 2001; Matthiae 1997.
63. Biga 2010, 148; Biga 2016, 71.
64. Ristvet 2011, 9.
65. Archi 2001, 5.
66. Biga 2010, 148.
67. Archi 2002, 184.
68. ARET XI 1, en Ristvet 2011, 10.
69. Archi 2001, 5; Ristvet 2011, 10.
70. Paréntesis y corchetes omitidos, Archi 2005, 91 n. 34, de ARET XI 2.
71. TM.75.G.1730 (+) en Archi 2005, 91.
72. Ristvet 2011, 10.
73. Bonechi 2016, 69.
74. Archi 2017, 301.
75. MEE 7.34 en Archi 2017, 301.
76. Ristvet 2011, 11.
77. Archi 2001, 5.
78. ARET XX, Archi 2018, 164; ARET XI 2.
79. Biga 2016, 74.
80. Archi 2018, 45.
81. Matthiae 2009, 308.
82. Archi 2002, 174-184.
83. Archi 2017, 294.
84. Matthiae 2009.
85. Matthiae 2009, 311.
86. Pinnock 2015, 21.
87. Archi 2017, 304.
88. Biga 2010, 149.
89. Biga 2010, 152.
90. Biga 2010, 151, 152; Peyronel 2014, 128.
91. 75.G/1741: Biga 2010, 152.
92. Breniquet 2010, 55.
93. Biga 2010, 55.
94. Biga 2010, 153.
95. "La carta de Hamazi", Michalowski 1993, 13-14.
96. "La carta de Hamazi", Michalowski 1993, 13-14.
97. TM 75.G.2040, Milán 1995, 1228.
98. Biga 2014, 98; Biga y Steinkeller 2021.
99. Biga y Steinkeller 2021, 31-45.
100. Biga 2014, 99.
101. Dugurasu puede haber estado incluso más lejos que Egipto. Thomas Schneider ha argumenta-

do que el nombre podría ser una variación del nombre egipcio de Kerma, que fue un poderoso reino al *sur* de Egipto durante la Sexta Dinastía: Schneider 2015, 447.

102. Biga 2014, 99.
103. Schneider 2015, 440.
104. ARET XX, texto 21, Archi 2018, 150, 154.
105. Biga y Steinkeller 2021, 14.
106. Biga y Steinkeller 2021, 13.
107. Biga y Steinkeller 2021, 15.
108. Archi 2018, 150, 154; Biga y Steinkeller 2021, 18.
109. Biga y Steinkeller 2021, 18.
110. Biga y Steinkeller 2021, 16.
111. Biga y Steinkeller 2021, 19.
112. Archi 2017, 305.
113. Biga 2010, 164.
114. Biga 2016, 73.
115. Archi 2017, 299.
116. Archi 2018, 45; Biga 2016, 79.
117. Archi 2017, 302, lista en 75.2022.
118. Archi 2017, 299, 303.
119. Ristvet 2011, 11.
120. Archi 2017, 302.
121. Biga 2016, 76.

Capítulo 6

1. Su nombre real era más largo que éste: faltan uno o dos signos al principio de la línea donde estaba escrito su nombre. El nombre era inusual; un hombre con un nombre similar vivió en el último periodo de Ur III y se conoce por una tablilla administrativa. Su nombre empezaba con el de la ciudad de Ur; era Ur-kitushdu: Marcel Sigrist, *Documents from Tablet Collections in Rochester, New York* (Bethesda, MD: CDL Press, 1991). N.º 91, obv 3: PN Uri5ki-ki-tuš-du_{10}; https://cdli.ucla.edu/search/archival_view.php?ObjectID=P128196.
2 .https://www.britishmuseum.org/collection/image/1613190825.
3. CDLI, Sellos 021025 (compuesto), https://cdli.ucla.edu/search/search_results .php?CompositeNumber=Q001411.
4. Michalowski 1993, 19.
5. "La leyenda del nacimiento de Sargón de Akkad", trad. Benjamin R. Foster, en Hallo y Younger, vol. I, 2003, 461.
6. "La leyenda del nacimiento de Sargón de Akkad", 461.
7. "La leyenda del nacimiento de Sargón de Akkad", 461.
8. Uno de los últimos sargones apareció en la Biblia (aunque no como héroe: era uno de los reyes asirios más odiados por los pueblos de Israel y Judá) y, por eso, su nombre es incorrecto. En su propia lengua, el acadio, ambos reyes se llamaban Sharru-ukin. Los escritores de la Biblia lo llamaron Sargón. En acadio no existía el sonido "o", por lo que su nombre no se pronunciaba Sargón. Pero se ha mantenido y por eso seguimos usándolo, incluso para el anterior Sharru-ukin, que no se menciona en la Biblia en absoluto.
9. Foster 2016, 245.
10. Este era Nabonido; volveremos sobre él y su fascinación por los objetos antiguos en el capítulo 20. Foster 2016, 271-272.
11. Wagensonner 2020, 40-41; https://www.britishmuseum.org/collection/object/W_1928-1009-55; Frayne 1993, RIME 2.1.1.2003, 38: http://oracc.museum.upenn.edu/etcsri/corpus.

12. Westenholz 1989, 546; Wagensonner 2020, 41; Frayne 1993, RIME 2.1.1.2004, 38-39: http://oracc.museum.upenn.edu/etcsri/corpus.
13. Frayne 1993, RIME 2.1.1.2001, 36-37: http://oracc.museum.upenn.edu/etcsri/corpus.
14. Frayne 1993, RIME 2.01.01.2006 y RIME 2.01.01.2007.
15. Foster 2016, 317; Frayne 1993, 26-27.
16. Louvre, Sb 1: https://collections.louvre.fr/en/ark:/53355/cl010123451; Michalowski 2020, 708-709.
17. Véase el capítulo 12.
18. Studevent-Hickman y Morgan 2006, 18, texto 14.
19. ABW II, Luzag. 1 en Maeda 2005, 5-9.
20. ABW II, Luzag. 1 en Maeda 2005, 5-9.
21. Maeda 2005, 11-12.
22. Inscripciones de Sargón 1, 2 y 8, en Foster 2016, 321-322; Frayne 1993, RIME 2.1.1.1, 9-12; RIME 2.1.1.2; 13-15; RIME 2.1.1.13, 32.
23. Inscripción 1 de Sargón, en Foster 2016, 321; Frayne 1993, RIME 2.1.1.1, 9-12.
24. Inscripción 1 de Sargón, en Foster 2016, 321; Frayne 1993, RIME 2.1.1.1, 9-12.
25. Schrakamp 2020, 614.
26. Inscripción 2 de Sargón, en Foster 2016, 321; Frayne 1993, RIME 2.1.1.2, 13-15.
27. Inscripción 2 de Sargón, en Foster 2016, 321; Frayne 1993, RIME 2.1.1.2, 13-15.
28. Inscripción 7 de Sargón, en Foster 2016, 322; Frayne 1993, RIME 2.1.1.10, 27-29.
29. Inscripción 2 de Sargón, en Foster 2016, 322; Frayne 1993, RIME 2.1.1.2, 13-15.
30. Benjamin R. Foster presenta un buen argumento en este sentido: Foster 2016, 3-6.
31. Inscripciones 8 y 9 de de Sargón, en Foster 2016, 322; Frayne 1993, RIME 2.1.1.13 y RIME 2.1.1.15, 32-34.
32. Inscripción 1 de Sargón, en Foster 2016, 321; Frayne 1993, RIME 2.1.1.1, 9-12.
33. Inscripción 7 de Sargón, en Foster 2016, 322; Frayne 1993, RIME 2.1.1.10, 27-29.
34. Inscripción 2 de Sargón, en Foster 2016, 321; Frayne 1993, RIME 2.1.1.2, 9-12.
35. "La maldición de Agade", en Foster 2016, 351, de ETCSL 2.1.5.
36. "La maldición de Agade", en Foster 2016, 351, de ETCSL 2.1.5.
37. Reade 2002, 269.
38 .https://www.britishmuseum.org/collection/object/W_1903-1012-7.
39. Reade 2002, 265.
40. Véase Bahrani 2017, 133, fig. 5.18, para una representación similar de un búfalo de agua de época acadia posterior, también en un sello cilíndrico perteneciente a un escriba.
41. Collon 1987, 32.
42. Herrmann y Moorey 1980, 490.
43. Inscripción 7 de Sargón, en Foster 2016, 322; Frayne 1993, RIME 2.1.1.10, 27-29.
44. Nombres anuales de Sargón: https://cdli.ox.ac.uk/wiki/doku.php?id=sargon_year-names.
45. Año e: Año-nombres de Naram-Sin: https://cdli.ox.ac.uk/wiki/doku.php?id=naram-sin_year-names.
46. Año s: Nombres de años de Naram-Sin: https://cdli.ox.ac.uk/wiki/doku.php?id=naram-sin_year-names.
47. YBC 02191: Frayne 1993, RIME 2.01.01.2001, ex. 01: https://cdli.ucla.edu/search/archival_view.php?ObjectID=P217642.
48. Por ejemplo, "Biografía de Sargón", https://cdli.ox.ac.uk/wiki/doku.php?id=biography_sargon, de Joannès 2001, 755.
49. "Creación del imperio acadio", Studevent-Hickman y Morgan (trad.), en Chavalas 2006, 18.
50. Año s, Año-nombres de Naram-Sin, https://cdli.ox.ac.uk/wiki/doku.php?id=naram-sin_year-names.
51. Véase el capítulo 18.
52. Westenholz 1989, 544.
53. Westenholz 1989, 545.
54. Hafford 2019a, 218.

55. Konstantopoulos 2021, 58, basado en Frayne 1993, 35, RIME 2.1.1.16, y Westenholz 1989, 540; Gadotti 2011, 197, escribe: "La inscripción del disco está dañada, pero se ha reconstruido a partir de paralelos babilonios antiguos"; Frayne 1993, RIME 2, 35 s.
56. Westenholz 1989, 544; Konstantopoulos 2021, 59.
57. Stol 2016, 558.
58. Invierno 2009, 69.
59. Ninmeshara 120, citado en Stol 2016, 572.
60. Stol 2016, 564.
61. Por ejemplo, Gibson y McMahon 1997, 11.
62. Westenholz 1989, 545-546.
63. Gina Konstantopoulos señala que la aclamación popular de Enheduana sólo surgió tras la publicación en 1978 de un artículo de la folclorista Marta Weigle: Weigle 1978. Véase Konstantopoulos 2021, 63-65.
64. Enheduana es, por ejemplo, la única mujer mesopotámica mencionada en el número especial de National Geographic sobre "Las figuras más influyentes de la Historia Antigua" (aunque hay que reconocer que sólo en una barra lateral de un artículo sobre su padre, Sargón): National Geographic 2021, 12.
65. Westenholz 1989, 540.
66. Wagensonner 2020, 42.
67. Wagensonner 2020, 42.
68. Véase Zgoll 1997; Glassner 2009, 224.
69. YBC 4656, YBC 7169, YBC 7167: Wagensonner 2019, 58-59.
70. Konstantopoulos 2021, 62.
71. La exaltación de Inana: https://etcsl.orinst.ox.ac.uk/section4/tr4072.htm.
72. La Gran Revuelta se registró en una inscripción de la época de Naram-Sin (Frayne 1993, RIME 2.1.4.6) y se elaboró en relatos literarios de siglos posteriores. Véase Tinney 1995 para una interpretación de estos relatos literarios posteriores de la antigua Babilonia.
73. Los reyes rebeldes fueron Iphur-Kish de Kish y Amar-Girid de Uruk: Frayne 1993, 84. Véase también Foster 2016, 12; Schrakamp 2020, 632.
74. Frayne 1993 RIME 2.1.4.7; Foster 2016, 207.
75. La exaltación de Inana: http://etcsl.orinst.ox.ac.uk/section4/b4072.htm.
76. Wagensonner 2020, 44; Haul 2009, 38.
77. La exaltación de Inana: http://etcsl.orinst.ox.ac.uk/section4/b4072.htm.
78. Westbrook 2008, 318.
79. La exaltación de Inana: http://etcsl.orinst.ox.ac.uk/section4/b4072.htm.
80. Schrakamp 2020, 632-633.
81. Frayne 1993 RIME 2.1.4.7; Foster 2016, 207.
82. Schrakamp 2020, 624.
83. Lassen 2020, 30-31.
84. Lassen 2020, 31.
85. Michalowski 2008, 34.
86. Michalowski 2008, 34; Schrakamp 2020, 633.
87. Schrakamp 2020, 667.
88. Feldman 2007, 315-317; https://www.louvre.fr/en/oeuvre-notices/victory-stele-naram-sin.
89. Kerr 1998.

Capítulo 7

1. "Lista de reyes sumerios", líneas 266-296: https://etcsl.orinst.ox.ac.uk/section2/tr211.htm.
2. Edzard 1997, RIME 3/1.1.7.StB, líneas vii 49-54, p. 36.
3. Edzard 1997, RIME 3/1.1.7.StB, líneas 56-57, p. 36.
4. Edzard 1997, RIME 3/1.1.7.StB líneas vi 64-69, p. 35.

5. Edzard 1997, 26.
6. Edzard 1997, RIME 3/1.1.7.StB, p. 32.
7. Flückiger-Hawker 1999, 4.
8. Ur-Namma, año-nombre k: https://cdli.ox.ac.uk/wiki/doku.php?id=year_names_ur-namma.
9. Véase Canby 2001 para un análisis detallado de la estela.
10. Hafford 2019b, 93; Bahrani 2017, 164.
11. Bahrani 2017, 164.
12. Invierno 2003, 404.
13. Bahrani 2017, 165.
14. Sauvage 1998, 49.
15. TMH NF I/II 311, citado por Sauvage 1998, 60.
16. Estos detalles proceden de textos de un lugar diferente, Garshana, que también han sido analizados por Sauvage, en Sauvage 2011, 3.1.2 "Ladrillos."
17. Véase Richardson 2015, 305-311 para un desglose detallado de las etapas de la fabricación de ladrillos y la construcción.
18. Sauvage 2011, 3.1.2 "Ladrillos".
19. Sauvage 1998, 55.
20. Sauvage 1998, 56. Robson señala que los problemas matemáticos relativos a los ladrillos también distinguen entre ladrillos cuadrados cocidos y ladrillos rectangulares secados al sol: Robson 1996, 182.
21. Inscripción en ladrillo de Ur-Namma: Frayne 1997, RIME 3/2.1.1.2, p. 24.
22. Inscripción en ladrillo de Ur-Namma: Frayne 1997, RIME 3/2.1.1.4, p. 26.
23. Driscoll et al. 2009, 9972.
24. B16461: Tinney 2019, Fig. 4.8, p. 97.
25. Estos cálculos representan el trabajo de Martin Sauvage: Sauvage 1998, 56.
26. Kleinerman y Owen 2009; Heimpel 2009.
27. Kleinerman y Owen 2009, 423, 486, 551.
28. Adams 2010, 3; Heimpel 2009, 46-47.
29. Adams 2010, 3-4; Heimpel 2009, 67-70, 121.
30. Sauvage 1998, 60.
31. Adams 2010, 3-4.
32. Robson 1996.
33. Sauvage 1998, 60-61.
34. Sharlach 2017, 214.
35. Frayne 1997, notas a RIME 3/2.1.1.4, p. 26.
36. Lafont y Westbrook 2003, 183.
37. Civil 2011.
38. Leyes de Ur-Namma, Roth 1997, 16.
39. Leyes de Ur-Namma, Roth 1997, 15-16.
40. Leyes de Ur-Namma, Roth 1997, 16.
41. Van de Mieroop 2013, 287.
42. Civil 2011, 246-252.
43. Civil 2011, 247.
44. Ley 20 de Ur-Namma: Civil 2011, 247.
45. Ley de Ur-Namma 18: Civil 2011, 247.
46. Leyes de Ur-Namma 1, 2, 6 y 34: Civil 2011, 246, 248.
47. Respectivamente, las leyes E5, E6 y C6 de Ur-Namma: Civil 2011, 252, 250.
48. Yang 1991, 243-244.
49. Van de Mieroop 2013, 278.
50. BM 106451: Molina 2010, texto 1, pp. 201-203; Culbertson 2009, texto 308, pp. 206-207.
51. Muchos de estos registros de Umma han sido estudiados por Laura Culbertson (2009) y Manuel Molina (2010).
52 .https://www.britishmuseum.org/collection/object/W_1913-0416-1283.

53. Englund 2012, 443.
54. Steinkeller 2013b, 370.
55. Lafont y Westbrook 2003, 213.
56. Molina 2010, 202.
57. Culbertson 2009, 129.
58. Culbertson 2009, 236.
59. Culbertson 2009, 130.
60. Molina 2010, 202.
61. Lafont y Westbrook 2003, 193; Van de Mieroop 2013, 279.
62. Molina 2010, 202.
63. Estas cláusulas están en orden incorrecto en el texto original, tal vez porque el juramento tenía que ser el último.
64. Lafont y Westbrook 2003, 194.
65. Lafont y Westbrook 2003, 194.
66. Van de Mieroop 2013, 279.
67. Van de Mieroop 2013, 279.
68. Ley 38 de Ur-Namma: Civil 2011, 248.
69. Lafont y Westbrook 2003, 194.
70. Ley de Ur-Namma 14: Civil 2011, 247.
71. Lafont y Westbrook 2003, 196.
72. NG 205: 27-42: Lafont y Westbrook 2003, 196.
73. John Nicholas Reid ha estudiado a los esclavos fugitivos de Ur III, incluido el registro correspondiente a Lu-Nanna: Reid 2015.
74. BM 110379: Reid 2015, 585.
75. Lafont y Westbrook 2003, 199.
76. Lafont y Westbrook 2003, 199.
77. Sin embargo, en los documentos aparecen sorprendentemente pocas fugas de este tipo, quizá porque no se registraron y no porque fueran raras: Snell 2001, 48, 54.
78. Los esclavos locales eran probablemente más propensos a huir: Adams 2010, 2.
79. Reid 2015, 585.
80. Reid 2015, 584.
81. Ley de Ur-Namma 16: Civil 2011, 247.
82. Reid 2018, 84.
83. Reid 2015, 589, 600.
84. Leyes de Ur-Namma 3: Civil 2011, 246; Reid 2015, 595.
85. Véase la entrada correspondiente a "Manun-gal, Nun-gal, Magala, Manuna": Frayne y Stuckey 2021, 200.
86. Sjöberg 1973, 19.
87. Miguel Civil publicó y analizó este himno: Civil 1993.
88. Himno de Nungal, línea 44: Civil 1993, 73.
89. Himno de Nungal, línea 52: Civil 1993, 73.
90. Himno de Nungal, línea 55: Civil 1993, 73.
91. Himno de Nungal, versos 50-51: Civil 1993, 73.
92. Himno de Nungal, línea 56: Civil 1993, 73.
93. Himno de Nungal, líneas 104-105: Civil 1993, 74.
94. Himno de Nungal, línea 106: Civil 1993, 74.
95. Himno de Nungal, línea 109-111: Civil 1993, 74.
96. Reid 2015, 585.
97. Reid 2015, 585.
98. Adams 2010, 6.
99. Lafont y Westbrook 2003, 198.
100. Englund 1991, 257.
101. Reid 2015, 600.

102. Heimpel 2010, 159.
103. Wolfgang Heimpel analizó los "waifs" en estos textos: Heimpel 2010.
104. Heimpel 2010, 160.
105. Heimpel 2010, 160.
106. Heimpel 2010, 160.
107. BM 26191: Maekawa 1998, 81-88.
108. Klein 1995, 843; Flückiger-Hawker 1999, 7.
109. "Ur-Namma A", líneas 18-21: Flückiger-Hawker 1999, 104.
110. Melville 2007, 240.
111. Klein 1995, 846.
112. "Acerca del CDLI": https://cdli.ucla.edu/?q=about. Michael P. Streck calcula que se han encontrado 533.800 objetos con inscripciones cuneiformes: Streck 2010, 58.
113 .https://cdli.ucla.edu/.
114. Las transliteraciones representan los valores de los signos sumerios y acadios escritos en nuestra escritura.
115. "Acerca de CDLI": https://cdli.ucla.edu/?q=about.
116. Por ejemplo, 308 tablillas del reinado de Shulgi mencionan a un funcionario llamado Ur-e'e en Umma. Estas tablillas han contribuido a numerosos estudios, relativos, por ejemplo, al arrendamiento de campos (Steinkeller 1981), la estructura y el tamaño de la agricultura arable institucional (Van Driel 1999/2000, 88) y la productividad lechera (Englund 1995, véase especialmente 402, n. 52).
117. Diakonoff 1971, 20.
118. Cripps 2014, 206.
119. Esta investigación fue realizada por Xiaoli Ouyang: Ouyang 2013, 94.
120. Garfinkle 2008, 56.
121. Garfinkle 2008, 60.

Capítulo 8

1. "Un poema de alabanza de Shulgi (Shulgi A)": https://etcsl.orinst.ox.ac.uk/section2/tr24201.htm.
2. Banks 1904, 143.
3. Seri 2006, 33-34.
4. Nombres de años de Ishbi-Erra: https://cdli.ox.ac.uk/wiki/doku.php?id=year_names_ishbi-erra. Años de Ishbi-Erra en los que se instalaron sacerdotisas y deidades a las que estaban dedicadas 7: Ninurta; 11: Ishkur; 13: Inana; 22: An; 23a: Lugal-marda; 24a: Enlil; 30: Nin-kilim; 32: Lugal-girra.
5. Ishbi-Erra año 22: https://cdli.ox.ac.uk/wiki/doku.php?id=year_names_ishbi-erra.
6. Cohen 2019, 246.
7. Estos eran Eshnunna y Der.
8. Liverani 2014, 187.
9. "Leyes de Lipit-Ishtar": Roth 1997, 23-35.
10. Beaulieu 2018, 63.
11. Abî-sarê año-nombres: https://cdli.ox.ac.uk/wiki/doku.php?id=year_names_abi-sare.
12. De Boer 2019a, 244.
13. "Kisurra", en Bryce 2009, 391.
14. Véanse los textos publicados en Goddeeris 2009 y Kienast 1978, junto con el análisis de Goddeeris 2007.
15. Goddeeris 2009, 72.
16. Tyborowski 2012; Goddeeris 2009, 72.
17. Charpin 1982, 157.
18. Goddeeris 2009, 72.

19. De Boer 2019a, 242
20. George 2018, CUSAS 36 texto 1, p. 11.
21. George 2018, CUSAS 36 texto 1, p. 11.
22. George 2018, CUSAS 36, textos 7, 11, 12, pp. 17, 21, 22.
23. George 2018, CUSAS 36, texto 7, p. 17.
24. George 2018, CUSAS 36, texto 11, p. 21.
25. George 2018, CUSAS 36, texto 12, p. 22.
26. George 2018 CUSAS 36, texto 26, p. 32.
27. George 2018, CUSAS 36, texto 24, pp. 30-31.
28. George 2018, CUSAS 36, texto 25, pp. 31-32
29. George 2018, CUSAS 36, texto 6, p. 16.
30. Puzur-Numushda fue uno de los destinatarios de las cartas 22 (p. 29), 23 (p. 30), 24 (pp. 30-31) y 25 (pp. 31-32). También se le menciona en las cartas 7 (p. 17), 10 (p. 20) y 12 (p. 22): George 2018, CUSAS 36.
31. Por ejemplo, George 2018, CUSAS 36, carta 7, p. 17.
32. De Boer 2019b, 313.
33. George 2018, CUSAS 36, texto 8, p. 18.
34. De Boer 2019b, 310.
35. De Boer 2019b, 311.
36. Rost 2017, 11.
37. De Boer 2019b, 312.
38. George 2018, CUSAS 36, texto 29, p. 34.
39. Charpin NABU 2002/39, 42. El sello se encuentra en dos tablillas, OECT 13: 7 y 12: https://cdli.ucla.edu/search/archival_view.php?ObjectID=P385537; https://cdli.ucla.edu/search/archival_view.php?ObjectID=P385542.
40. FAOS 2, 148: Goddeeris 2007, 60-61.
41. De Boer 2019a, 242.
42. Fitzgerald 2002, 64.
43. Frayne RIME 4, 107-109.
44. Fitzgerald 2002, 31.
45. Frayne RIME 4, 130-137.
46. Nombres anuales de Sûmû-El: https://cdli.ox.ac.uk/wiki/doku.php?id=year_names_sumu-el.
47. Sumu-el, año 23: https://cdli.ox.ac.uk/wiki/doku.php?id=year_names_sumu-el.
48. Erra-imitti año-nombres: https://cdli.ox.ac.uk/wiki/doku.php?id=year_names_erra-imitti.
49. Goddeeris 2002, 316.
50. Goddeeris 2002, 317.
51. Sumulael año-nombres: http://cdli.ox.ac.uk/wiki/doku.php?id=sumulael.
52. Grayson 1975, 155, líneas 31-36.
53. Grayson 1975, 155.
54. Todas las citas de esta inscripción: Frayne RIME 4, E4.1.10.1, p. 78.
55. Enlil-bani nombres anuales aa y ab: https://cdli.ox.ac.uk/wiki/doku.php?id=year_names_enlil-bani.
56. Enlil-bani años m y p: https://cdli.ox.ac.uk/wiki/doku.php?id=year_names_enlil-bani.
57. "Un poema de alabanza de Enlil-bani (Enlil-bani A): https://etcsl.orinst.ox.ac.uk/section2/tr2581.htm.
58. Frayne 1990, RIME 4.1.10.9, y E4.1.10.10, p. 85.
59. Frayne 1990, RIME 4.1.10.11, p. 86.
60. Sumu-El y el último rey de Larsa, Rim-Sin (1822-1763).
61. Michalowski, en Chavalas 2006, 81.

Capítulo 9

1. Hallo 1964.
2. Hallo 1964, 64.
3. Larsen 2015, 197-199.
4. Frayne y Stuckey 2021, 34.
5. Palmisano 2018, 19.
6. Michel 2008, 78.
7. Palmisano 2018, 17.
8. Larsen 2002, xiii.
9. Michel 2008, 73.
10. "Ilu-šumma 2": http://oracc.org/riao/Q005620/.
11. Michel 2008, 74.
12. Marchesi y Marchetti 2019, 15-16.
13. Larsen 2015, 196.
14. Derckson 2004, 26.
15. Palmisano 2018, 31.
16. LAPO 19 2: Michel 2008, 78.
17. Özgüç 1997, 266.
18. Özgüç 1997, 266.
19. Larsen 2015, 138.
20. Palmisano 2018, 20.
21. Larsen 2015, 137.
22. Larsen 2015, 141-145.
23. Waal 2012.
24. Larsen 2002, xv.
25. Larsen 2002.
26. Larsen 2002.
27. Hertel 2014, 37-38.
28. Sus nombres eran Ili-alum y Ashur-taklaku.
29. Larsen 2002, xxi.
30. Larsen 2002, xix.
31. Larsen pecó de precavido y sólo incluyó en su estudio documentos que se referían muy claramente a la misma familia: Larsen 2002. Véase también Larsen 2015 para un relato detallado de Kanesh y los mercaderes asirios que vivían y trabajaban allí.
32. Michel 2010, 130, citando a Michel 2001, no. 303.
33. Larsen 2002, xxv.
34. CCT 3, 6b: Larsen 2002, texto 22, pp. 35-36.
35. Larsen 2002, 147.
36. TC 3, 88: Larsen 2002, texto 40, pp. 56-57.
37. Derckson 2004, 278.
38. Derckson 2004, 283.
39. Larsen 2002, xxi-xxii.
40. Véase el capítulo 13.
41. Günbatti 2004.
42. Günbatti 2004.
43. Larsen, 2002, xxv.
44. Michel 2010, 125.
45. TC 1, 15: Larsen 2002, texto 48, pp. 68-69.
46. Larsen 2002, 52.
47. Larsen 2002, xxii.

Capítulo 10

1. Hallo 1964, 72; Villard 2013.
2. Hallo 1964, 86: Hallo propone una fecha en el reinado de Zimri-Lim de Mari.
3. El nombre de Shamshi-Adad podría haberse leído en la lengua amorita, en cuyo caso habría sido Samsi-Addu, pero se le conoce mejor por la lectura acadia, como Shamshi-Adad, por lo que la utilizaré aquí.
4. Westenholz 2004, 12 y n. 76.
5. Westenholz 2004, 12-13 y n. 76.
6. Veenhof 2017, 58-59.
7. Liverani 2014, 225-226.
8. Esta observación fue realizada por Mario Liverani: Liverani 2014, 224.
9. Hallo 1964, mapa en 71.
10. Ristvet 2012, 37.
11. Se trata del emplazamiento moderno de Tell Leilan: Weiss 1997, 345.
12. Las excavaciones fueron dirigidas por Harvey Weiss, profesor de la Universidad de Yale. Tamaño del tell: Weiss et al. 1990, 581.
13. Weiss 1985.
14. Grayson 1987 RIMA A.0.39.5, p. 57.
15. Las tablillas de Mari se han publicado en la serie *Archives royales de Mari*. Dominique Charpin y Jean-Marie Durand, del equipo francés de especialistas en Mari, han escrito extensamente sobre los archivos de Mari, al igual que Jack M. Sasson, que ha hecho más accesibles cientos de las cartas de Mari a los lectores en general publicándolas en un solo volumen titulado *From the Mari Archives*: Sasson 2015.
16. ARM 1 77: Sasson 2015, 104 n. 196; Charpin 2019, 226.
17. ARM 1 46: Sasson 2015, 104.
18. ARM 1 46: Sasson 2015, 104.
19. A. 3158: Sasson 2015, 104.
20. ARM 5 15: Sasson 2015, 105.
21. Uerpmann y Uerpmann 2002.
22. Sasson 2008, 97.
23. Sasson 2015, 105.
24. Sasson 2015, 106 n. 207.
25. ARM 26 298: Sasson 2015, 106.
26. ARM 26 298: Sasson 2015, 106.
27. Stol 2007; Sasson 2019, 935.
28. ARM 10 92: Sasson 2015, 320.
29. Margueron 1997, 415.
30. Parrot 1945, 158-159.
31. Esta descripción se basa en el plano y la narración de Kohlmeyer 1985, 195-197 y Fig. 41.
32. Matthiae et al. 1995, 173.
33. Parrot 1945, 156.
34. Bahrani 2017, 188-189.
35. Parrot 1945, 164.
36. M. 10337: Sasson 2015, 306-307 n. 31.
37. ARM 5 13: Dalley 1984, 34.
38. Ziegler 2011, 295.
39. Por ejemplo, Grayson 1987 RIMA A.0.39.1
40. Zimri-Lim se hacía llamar hijo de Yahdun-Lim, pero su padre era en realidad hermano de Yahdun-Lim: Ziegler 1999, 68.
41. Ziegler 2011, 292.
42. Ziegler 2011, 295.
43. Se llamaba Dam-hurasi.

44. Véase especialmente Ziegler 1999 y Ziegler 2007.
45. Ziegler 1999, 75 n. 488.
46. Ziegler 2016, 306.
47. Ziegler 1999, 6.
48. Ziegler 1999, 73.
49. El número total de mujeres del palacio que participaban de algún modo en la creación musical pasó de unas 175 al principio del reinado de Zimri-Lim a unas 200 al final: Ziegler 2011, 289-290.
50. Ziegler 1999, 94.
51. FM 4 3, comentado en Ziegler 1999, 94.
52. Ziegler 1999, 69.
53. Ziegler 1999, 58-59.
54. Stol 2016, 353
55. Stol 2016, 357.
56. Ziegler 2011, 290.
57. Se llamaba "*mummu*" en acadio.
58. Todas las citas de ARM 10 125 proceden de Sasson 2015, 44.
59. Ziegler 1999, 69.
60. ARM 10 129: Sasson 2015, 331.
61. ARM 10 130: Sasson 2015, 331 n. 112.
62. ARM 1 115: Sasson 2015, 330.
63. Diálogo entre Enkihegal y Enkitalu, líneas 94-99: Michalowski 2010, 201.
64. Se trataba de un ejercicio escolar, no de un contrato real, pero Michalowski señala que probablemente representaba algunos aspectos reales de la educación musical: Michalowski 2010, 204-205.
65. Michalowski 2010, 223.
66. Frayne 1990, RIME E4.6.12.3, p. 625.
67. Sasson 2015, 309-310.
68. Bahrani 2017, 165, Fig. 7. 9.
69. Esto fue cierto en los reinados de los reyes de la antigua Babilonia del rey Yawium en Kish y el rey Manana en Sippar: Shehata 2014, 110.
70. Shehata 2014, 109.
71. Antiguos reyes babilonios de Isin, Kish, Kisurra y Sippar, todos nombrados años después de la dedicación de timbales, llamados tambores *lilissum*: Shehata 2014, 115-116.
72. A. 3165, traducido en Sasson 2015, 243-245; comentado en Ziegler 2011, 300-301.
73. El instrumento se llamaba "*balag*". Sasson 2015, 243, llama a Ninigizibara "la diosa de la lira", al igual que Ziegler 2011, 300, pero Shehata 2014, 121, describe el *balag como* un membranófono.
74. Por ejemplo, Tuttul, Sippar, Isin y Larsa: Shehata 2014, 118.
75. A. 3165. Todas las citas del ritual proceden de la traducción de Sasson 2015, 243-254. Los dioses Dingirgubbu parece que sólo se conocen por este ritual; su nombre significa "deidades de la izquierda": Frayne y Stuckey 2021, 73.
76. Sasson 2015, 244 n. 26.
77. Ziegler 2011, 299.
78. Ziegler 1999, 58-59.
79. Ziegler 1999, 75 n. 488.
80. Sasson 2012, 530.
81. Sasson 2012, 530 n. 13.
82. Sasson 1993, 43.
83. Van Koppen 2002, 295.
84. La ciudad en la que vivían se llamaba Zurubban.
85. ARM 9 97: Van Koppen 2002, 296; Michel 2016, 6-7.
86. Reculeau 2010, 205.
87. Stol 2016, 165.

88. M. 8555, BRAZO 25, 748; BRAZO 32, 467-468. Transliteración disponible en Archibab: http://www.archibab.fr/4DCGI/recherche1.htm.
89. Ziegler 1999, 75 n. 488.
90. El archivo de Mari no conservaba las cartas enviadas a las esposas de rango inferior del rey.
91. ARM 25 353: Ziegler 1999, 75; Van Koppen 2002, 296.
92. ARM 26 276: Van Koppen 2002, 296.
93. ARM 26 277: Sasson 2015, 336.
94. Van Koppen 2002, 303-305.
95. Van Koppen 2002, 313.
96. Van Koppen 2002, 296, 302.
97. Van Koppen 2002, 312.
98. Van Koppen 2002, 307-308.
99. Ziegler 1999, 56.
100. ARM 10 137: Sasson 2015, 311.
101. ARMT 13 22: Sasson 2015, 158-159.

Capítulo 11

1. CH 196, 197, 200: Roth 1997, 121.
2. "The Kaiser Right in Lauding Hammurabi", *New York Times*, 26 de abril de 1903.
3. Van De Mieroop 1993, 55.
4. De Graef 2018, 136.
5. Potts 2012, 43-44; Charpin 2012a, 352.
6. Son de Marc Van De Mieroop (Van De Mieroop 2005) y Dominique Charpin (Charpin 2012b).
7. Sasson 1998, 461.
8. ARM 2 87.
9. Van De Mieroop 1993, 58.
10 .https://cdli.ucla.edu/tools/yearnames/HTML/T12K6.htm.
11. Las tierras y los nombres de años en los que se mencionan son los siguientes: Uruk (7), Isin (7), Malgium (10, 30, 33, 35), Rapiqum (11), Shalibi (11), Elam (30), Subartu (30, 33, 37, 39, 43), Gutium (30, 32, 37), Eshnunna (30, 32, 38), Emutbal (Larsa) (31), Eshnunna (32), Mankisum (32), Mari (33, 35), Sutum (37), Turukkum (37), Kakmum (37), Cutha (39), Ekallatum (43), Burunda (43) y Zamlash (43): Horsnell 1999, 112-166 y CDLI year-names, https://cdli.ucla.edu/tools/yearnames/HTML/T12K6.htm.
12. Sasson 1998, 461.
13. CDLI año nombres: Hammurabi año 33: https://cdli.ucla.edu/tools/yearnames/HTML/T12K6.htm.
14. Sasson 1998, 461.
15. Este fue el nombre posterior del reino en esta región: Podany 2002, 32-56.
16. Fiette 2018, 323.
17. Ishikida 1998, 66, 75.
18. Baptiste Fiette ha analizado su correspondencia, especialmente la de Shamash-hazir, centrándose en su papel y relación con Hammurabi: Fiette 2018.
19. Yokoyama 1997, 4.
20. Fiette 2018, 48.
21. AbB 13 8: van Soldt 1994, p. 13; Fiette 2018, 49.
22. Breckwoldt 1995/96, 72 n. 23.
23. Rothman y Brumfiel 1994, 153.
24. Stol 1982, 141.
25. Stol 1982, 141.
26. Rothman y Brumfiel 1994, 153.

27. Renger 1995, 296.
28. Renger 1995, 296.
29. Charpin 1987, 113. 30.Fiette 2018, capítulo 2, 101-238.
30. Fiette 2018, 14.
31. De Boer 2016, 140.
32. De Boer 2016, 139.
33. Charpin 1987, 114-115.
34. Charpin 1987, 116.
35. Charpin 2012b, 186.
36. TCL 7, 16, AbB 4 16: Kraus 1968, pp. 10-11.
37. AbB 9 198: Stol 1981, pp. 128-129.
38. Véase Fiette 2018, capítulo 2, para una exposición detallada de las responsabilidades de Shamash-hazir.
39. Fiette 2018, 323.
40. De Boer 2016, 148.
41. Rost 2017, 2.
42. Rost 2017, 13.
43. Rost 2017, 13: AbB 9 194.
44. AbB 4 85; AbB 4 109: Kraus 1968; Rost 2017, 13.
45. AbB 4 19: Kraus 1968; Wu 1998, 94.
46. AbB 4 19: Kraus 1968; Wu 1998, 94.
47. AbB 9 190: Stol 1981, pp. 122-123.
48. Van de Mieroop 2005, 90.
49. Fiette 2018, 237.
50. Brenquiet 2010, 55.
51. Yokoyama 1997, 2.
52. Charpin 2012b, 187.
53. AbB 9 195: Stol 1981, pp. 124-127.
54. Yokoyama 1997, 5.
55 .https://www.louvre.fr/en/oeuvre-notices/law-code-hammurabi-king-babylon#:~:text=El%20Código%20de%20Leyes%20de%20Hammurabi,anterior%20a%20las%20leyes%20bíblicas.
56. "Leyes de Hammurabi": Roth 1997, 76-142.
57. Roth 1997, 77.
58. Roth 1997, 77-80.
59. Roth 1997, 80-81.
60. CH 266: Roth 1997, 130.
61. Ishikida 1998, 64.
62. AbB 4 89: Kraus 1968, p. 61; discutido por Ishikida 1998, 67.
63. Widell 2013, 60.
64. El otro es AbB 4 94: Kraus 1968. Los otros dos soldados eran Ṣilli-ishum y Ahu-kinum.
65. CH 26: Roth 1997, 85-86.
66. CH 36: Roth 1997, 88.
67. CH 34, Roth 1997, 87.
68. CH 28: Roth 1997, 86.
69. CH 29: Roth 1997, 86.
70. CH 32, Roth 1997, 87.
71. CH 32, Roth 1997, 87.
72. CH 32, Roth 1997, 87.
73. CH 32, Roth 1997, 87.
74. Ishikida 1998, 67.
75. Por ejemplo, un reciente número especial de la revista National Geographic incluía la afirmación de que "El código (de Hammurabi) favorecía sin duda a las personas de riqueza y rango,

que sólo debían pagar una multa si lesionaban a plebeyos": "Hammurabi", en National *Geographic* 2021, 14.

76. CH 196-198: Roth 197, 121.
77. CH 274: Roth 131.
78. CH 221, 222: Roth 1997, 124.
79. Por ejemplo, CH 175, 176a, 176b: Roth 1997, 115-116.
80. Epílogo a "Leyes de Hammurabi", en Roth 1997, 133.

Capítulo 12

1. Veldhuis 2011, 71.
2. Veldhuis 2011, 72.
3. Charpin 2010, 66-67.
4. Van de Mieroop 1999, 166; Mahmood 2006. Sippar-Yahrurum es la moderna Abu Habbah, Sippar-Amnanum es la moderna Tell ed-Der.
5. Mahmood 2006, 17.
6. Al-Rawi y Dalley 2000, 18.
7. Al-Rawi y Dalley 2000, 19.
8. Todos los nombres anuales de Hammurabi: https://cdli.ucla.edu/tools/yearnames/HTML/T12K6.htm.
9. Frayne 1990, RIME 4.5.6.1.
10. ARM 10 43 = LAPO 18 1202: citado en Harris 1989, 155.
11. Rassam 1897.
12. Gasche y Janssen, 1997.
13. Al-Jadir 1986, 52.
14. Al-Rawi y Dalley 2000, 3.
15. De Graef 2018, 102.
16. LH 110: Roth 1997, 101.
17. Katrien De Graef, de la Universidad de Gante, llegó a esta nueva interpretación de la ley: De Graef 2018, 99.
18. De Graef 2018, 110.
19. Área V108, véase Al-Rawi y Dalley 2000, iv, Fig. 4.
20. Al-Jadir 1986, 54.
21. Farouk Al-Rawi, de la Escuela de Estudios Orientales y Africanos de Londres, y Stephanie Dalley, de la Universidad de Oxford, publicaron y analizaron este material: Al-Rawi y Dalley 2000, 3-4.
22. Al-Rawi y Dalley 2000, textos 117-130. Cuatro de ellos proceden definitivamente de este barrio -textos 118, 119, 121 y 125- y todos los demás tienen números de excavación cercanos a éstos en secuencia, lo que sugiere una procedencia cercana.
23. Al-Rawi y Dalley 2000, textos 117, 126, 129.
24. Al-Rawi y Dalley 2000, texto 118.
25. Al-Rawi y Dalley 2000, texto 130.
26. Al-Rawi y Dalley 2000, textos 119, 120.
27. Al-Rawi y Dalley 2000, texto 128.
28. Al-Rawi y Dalley 2000, textos 121, 125.
29. Al-Rawi y Dalley 2000, texto 121, encontrado en la sala 164.
30. Esta zona fue bautizada como U 106 por los excavadores.
31. Al-Rawi y Dalley 2000, 15.
32. Al-Rawi y Dalley 2000, 15-16; aunque en el n. 62 Al-Rawi discrepa y opina que las zonas excavadas estaban cerca pero no en el *gagum*.
33. Harris 1989, 155.
34. De Graef 2018, 101.

35. De Graef 2018.
36. Al-Rawi y Dalley 2000, 20.
37. De Graef 2018, 88.
38. Esta teoría fue propuesta por Elizabeth Stone, de la Universidad de Stony Brook: Stone 1962, 65.
39. Stol 2016, 601.
40. Harris 1964, 110-116.
41. Rivkah Harris analizó el texto PBS 8/2 183 para recrear los acontecimientos. Las citas del texto proceden de Harris 1964, 111-115.
42. PBS 8/2 183, en Harris 1964, 111.
43. Harris 1989, 154; Harris 1964, 115.
44. Kraus 1985, AbB 10 4:7-12, citado en Stol 2016, 591.
45. Harris 1989, 153.
46. Harris 1964, 114.
47. León 2018, 159-160.
48. Al-Rawi y Dalley 2000, 16-17.
49. House 11, véase Al-Rawi y Dalley 2000, iv Fig. 3.
50. Al-Rawi y Dalley 2000, 16.
51. Todas las citas de esta carta: Dalley et al. 1976, texto 134, pp. 108-109, traducción de Stol 2016, 596.
52. Nótese que esta Amat-Shamash era hija de Sumu-Addu, e Iltani también era hija de Sumu-Addu, según su sello, por lo que eran hermanas-véase Stol 2000, 461 n. 27.
53. Stol 2016, 598.
54. Dalley et al. 1976, texto 134, pp. 108-109, traducción de Stol 2016, 596.
55. Stol 2016, 154.
56. Stone 1987, 24.
57. Stone 1987, 129.
58. Robson 2001, 40.
59. Robson 2001, 44; plano de la ciudad en las figuras 2 y 3, Robson 2011, 41; Proust 2014, 73.
60. Stone 1987, 56-59. Robson 2001, 40.
61. Robson 2001, 41-42.
62. Eleanor Robson ha publicado sobre las tablillas de la Casa F en varias ocasiones: por ejemplo, Robson 2001; Robson 2008, 85-124; Robson 2009.
63. Robson 2001, 44.
64. Himno E de Shulgi, en Charpin 2010, 25.
65. Charpin 2010, 33.
66. George 2001, 5.
67. Robson 2001, 62-63.
68. MSL 12 157: http://oracc.museum.upenn.edu/dcclt/corpus. Mi agradecimiento a Eleanor Robson por avisarme de la existencia de este texto y del colofón que nombra a Elletum (comunicación personal).
69. Stone 1987, 125.
70. "Schooldays": Kramer 1963, 238.
71. Stone 1987, 57.
72. Robson 2009, 202, Fig. 3.1.2.
73. "Schooldays": Kramer 1963, 238.
74. El plan de estudios de primaria fue reconstruido por Veldhuis 1997, 63.
75. Charpin 2010, 33; Veldhuis 2011, 83.
76. Robson 2009, 206, Tabla 3.1.1, proporciona las etapas de las listas de sustantivos estudiadas.
77. Robson 2001, 48.
78. Proust 2014, 86.
79. Veldhuis 2000, 387.
80. Veldhuis 2011, 77.
81. La lista se llamaba Lu-azlag: Gadotti y Kleinerman 2021, 51.

82. Charpin 2010, 30, y Fig. 7.
83. "Schooldays", traducido en George 2001, 1.
84. Robson 2009, 206-208.
85. Robson 2009, 203.
86. Robson 2001, 49.
87. Proust 2014, 86.
88. Robson 2008, 85.
89. Véase el capítulo 2.
90. Robson 2008, 16.
91. Robson 2008, 123-124.
92. Robson 2008, 274-284.
93. Robson 2008, 284-288.
94. Tinney 2011, 584.
95. Veldhuis 2000, 385; Tinney 2011, 583.
96. Proust 2014, 75.
97. Veldhuis 2011, 83.
98. Charpin 2010, 43.
99. Veldhuis 2011, 85; Robson 2011, 562.
100. Stone 1987, texto 74. Gracias a Eleanor Robson por esta observación (comunicación privada).
101. Tinney 2011, 579.
102. Tinney 2011, 582.
103. Proust 2014, 72.
104. Robson 2001, 53.
105. Robson 2001, 53, 54, 56, 60.
106. "Bilgames y Huwawa": George 1999, 149-166; cita en 151.
107. "Bilgames y el Toro del Cielo": George 1999, 166-175.
108. Robson 2001, 60.
109. George 1999, xxi.
110. George 1999, 111.
111. Parte de la sección sobre Huwawa estaba en el segmento de la epopeya que se encuentra en la Casa F: George 1999, 116-118.
112. George 1999, 124.
113. Veldhuis 2011, 79-80.
114. Veldhuis 2011, 71.
115. Veldhuis 2011, 72.

Capítulo 13

1. Todos de Boivin 2018, 86.
2. Boivin 2018, 87.
3. Frayne 1990, RIME 4.3.7.3, pp. 376-377.
4. Frayne 1990, RIME 4.3.7.7, p. 387.
5. Boivin 2018, 88.
6. Charpin 2004, 360.
7. Van Lerberghe et al. 2017 sobre la privación de agua, sección 20.
8. Van Lerberghe et al. 2017 sobre la privación de agua, sección 20.
9. Van Lerberghe et al 2017 sobre la privación de agua, sección 20.
10. CDLI año nombres https://cdli.ucla.edu/tools/yearnames/HTML/T12K7.htm.
11. En la región donde gobernaba Yadih-Abum, la "m" al final de su nombre era opcional.
12. CDLI nombres del año: https://cdli.ucla.edu/tools/yearnames/HTML/T12K7.htm.
13. Buccellati 1984.
14. Rouault 2006; Podany 2019a.

15. Podany 2019a, 130-131.
16. Podany 2019a, 127.
17. Estas afirmaciones sobre los barberos se basan en el trabajo de Alexandra Kleinerman, que ha estudiado a los barberos del periodo Ur III. Sus conclusiones sobre esa época son casi con toda seguridad válidas también para el periodo de la antigua Babilonia: Kleinerman 2013.
18. Kleinerman 2013, 306-307.
19. Adamson 1991, 431.
20. LH 226-227; Roth 1997, 124.
21. Geller 2018, 260; Kleinerman 2013, 303.
22. Kleinerman 2013, 304.
23. Kleinerman 2013, 306.
24. TFR2 5-17: Rouault 2011, 19.
25. TFR2 5-6, discutido en Podany 2019a.
26. Podany 2019a, 130, 132.
27. Abraham y Van Lerberghe 2017, CUSAS 29, 5-6.
28. CDLI año-nombres: https://cdli.ucla.edu/tools/yearnames/HTML/T12K6.htm.
29. CDLI año-nombres: https://cdli.ucla.edu/tools/yearnames/HTML/T12K6.htm.
30. George 2013, CUSAS 18, 15. Richardson 2019a argumenta a favor de la fiabilidad histórica básica de estas fuentes, BOQ 3 y OQ 1 (Lambert 2007), a pesar de su distancia en el tiempo del período babilónico antiguo tardío.
31. George 2013, CUSAS 18, 15.
32. Abraham y Van Lerberghe 2017, CUSAS 29, 5.
33. Véase el capítulo 18.
34. George 2013, CUSAS 18, 14.
35. George 2013, CUSAS 18, 14.
36. Abraham y Van Lerberghe 2017, CUSAS 29, 1.
37. Boivin 2018, 99.
38. Abraham y Van Lerberghe 2017, CUSAS 29, 7.
39. Richardson 2019b, 32.
40. Karel Van Lerberghe, Gabriella Voet y Kathleen Abraham, de la Universidad de Lovaina, publicaron y analizaron estos documentos en CUSAS 8 (Van Lerberghe y Voet 2009) y CUSAS 29 (Abraham y Van Lerberghe 2017).
41. Abraham y Van Lerberghe 2017, CUSAS 29, 7.
42. CUNES 51-03-290, Abraham y Van Lerberghe 2017, CUSAS 29, texto 27, p. 52.
43. Richardson 2019a, 226.
44. Abraham y Van Lerberghe 2017, CUSAS 29, 7; por ejemplo, texto 39, pp. 9-73.
45. Esta investigación es de Seth Richardson: Richardson 2005, 284; Richardson 2019a, 232-233; Richardson 2019b, n.º 21.
46. Abraham y Van Lerberghe 2017, CUSAS 29, textos 6, 7, 14, 15, 16, 20.
47. CUNES 51-03-155, Abraham y Van Lerberghe 2017, CUSAS 29, texto 13.
48. Abraham y Van Lerberghe 2017, CUSAS 29, texto 38.
49. BM 96152, Grayson 1975, 156, citado en George 2013, CUSAS 18, 15.
50. Van Lerberghe y Voet 2009, CUSAS 8, 1.
51. CUNES 51-02-138, Abraham y Van Lerberghe 2017, CUSAS 29, texto 205, pp. 166-167.
52. CUNES 51-02-138, Abraham y Van Lerberghe 2017, CUSAS 29, texto 205, pp. 166-167.
53. CUNES 51-02-138, Abraham y Van Lerberghe 2017, CUSAS 29, texto 205, pp. 166-167.
54. Van Lerberghe y Voet 2009, CUSAS 8, 1.
55. Van Lerberghe y Voet 2009 , CUSAS 8. Texto 16, inscripción del sello en Van Lerberghe y Voet 2009, p. 189; traducción en Van Lerberghe et al. 2017, sección 14.
56. CAD, N vol. 2, pp. 190-191: la mayoría de las personas con este título estaban asociadas con Enlil en Nippur en el periodo de la antigua Babilonia.
57. Su carrera duró desde el año 5 de Ammi-saduqa hasta el año 4 de Samsu-ditana.
58. Van Lerberghe y Voet 2009, CUSAS 8, 1-2.

59. Richardson 2019a, 225.
60. CTMMA I 69: Richardson 2019a, 225.
61. Van Lerberghe y Voet 2009, CUSAS 8: 9, pp. 26-27.
62. Van Lerberghe y Voet 2009, CUSAS 8, 15.
63. Westbrook 1994, 1663.
64. Van Lerberghe y Voet 2009, CUSAS 8, 2.
65. Richardson 2020, 56-57.
66. Van Lerberghe y Voet 2009, CUSAS 8, 20.
67. Richardson 2005, 283.
68. Van Lerberghe y Voet 2009, CUSAS 8, 20.
69. Van Lerberghe y Voet 2009, CUSAS 8, 50.
70. Van Lerberghe y Voet 2009, CUSAS 8, 53.
71. Bryce 2005, 69.
72. Kloekhorst 2021, 572-573.
73, KBo x 2: Bryce 2005, 76.
74. Bryce 2005, 83.
75. KUB xxix 1: Bryce 2005, 85.
76. Weeden 2016, 158.
77. Bryce 2002, 98-118.
78. Richardson 2016 enumera trece documentos que proporcionan pistas sobre la destrucción de Babilonia.
79. Landsberger 1954, 64-65; Richardson 2016, 108.
80. YBC 2242: Paulus 2014, 296-304; traducción de Richardson 2016, 111.
81. Esta teoría fue propuesta por Seth Richardson: Richardson 2005.
82. Richardson 2005, 284.
83. Janssen 1996, 245.
84. Van Lerberghe y Voet 1991.
85. Janssen 1996, 246.
86. Gasche 1989, 44.
87. Por supuesto, podría no haber sido el propio Ur-Utu quien dejara caer las tabletas, pero la elección de qué tabletas tomar debe haberla hecho alguien alfabetizado, y él parece el candidato más probable.
88. Esta es también una teoría propuesta por Seth Richardson: Richardson 2005, 286.
89. Boivin 2018, 117-118.
90. Richardson 2016, 125.
91. Boivin 2018, 122-123; Dalley 2009.
92. Podany 2002, 57-60.
93. Paulus ha demostrado de forma decisiva que la inscripción posterior fue copiada de un documento kassita real: Paulus 2018.

Capítulo 14

1. Fue contemporáneo del rey Niqmepa de Alalakh, quien a su vez fue contemporáneo de Saushtatar de Mittani. Las fechas de estos reyes proceden de Maidman 2018, 22.
2. Este análisis de Ilim-ilimma se basa en gran medida en las investigaciones de Eva von Dassow y Guy Bunnens: von Dassow 2008; von Dassow 2014; Bunnens 1978.
3. Bunnens 1978, 5-6.
4. Bunnens 1978, 2.
5. AlT 330: Rowe 2002, 13 n. 41; von Dassow 2008, 297, 444.
6. Darnell y Manassa 2007, 63-65.
7. Woolley 1953, 17, 19.
8. Woolley 1953, 20.

9. von Dassow 2008, 12-13.
10. Este rey de Mittani fue Parattarna I (c. 1500-1480 a.C.). Autobiografía de Idrimi: Oller 1977.
11. Las grafías utilizadas por los reyes eran "Maitani", del sello del rey Saushtatar: Grayson, 1987, *RIMA* 1, N.O.1001, p. 333; "Mittanni", utilizada en cartas del rey Tushratta EA 17, Rainey 134-135; EA 19, Rainey 2014, 140-141; EA 24, Rainey 2014, 274-275; EA 28, Rainey 2014, 296-297; y "Mitanni", también utilizada en cartas del rey Tushratta: EA 21, Rainey 2014, 156-157; EA 22, Rainey 2014, 182-183; EA 23, Rainey 2014, 184-185.
12. "Mittani": por ejemplo, EA 75, Rainey 2014, 460-461; y "Mitana": por ejemplo, EA 76, Rainey 2014, 462-463.
13. Es probable que la capital se encuentre en un yacimiento de Habur llamado Tell Fakhariyah, pero las excavaciones llevan años paralizadas allí a causa de la guerra civil siria.
14. von Dassow 2014, 12.
15. von Dassow 2014, 13.
16. Potts 2006, 116.
17. Esta teoría de la implantación consciente de un sistema formal de clases en Alalakh y en otros lugares de Mittani fue desarrollada por Eva von Dassow: von Dassow 2014, 26-28.
18. AlT 128: Wiseman 1953, 11; Bunnens 1978, 4; von Dassow 2008, 148.
19. Von Dassow 2014, 27. Véase también von Dassow 2008, 233-366, para un extenso análisis de la clase social en Alalakh durante este periodo.
20. von Dassow 2014, 27.
21. La palabra *ilku era la misma* que la anterior *ilkum*; en esta época, el sonido "m" al final de los sustantivos en acadio se había eliminado en gran medida.
22. Von Dassow 2014, 26.
23. von Dassow 2014, 26-28.
24. AlT 2: Wiseman 1953, 26-31; von Dassow 2008, 53.
25. AlT 47: un hombre y una mujer pidieron prestados 60 siclos y le servirían en su casa hasta pagar la deuda; AlT 49: otro hombre pidió prestados 30 siclos y también se convirtió en su sirviente.
26. AlT 70: Bunnens 1978, 11-12.
27. AlT 66.
28. Bunnens 1978, 8.
29. AlT 16; véase von Dassow 2008, 295 y n. 91.
30. Bunnens 1978, 7.
31. Bunnens 1978, 4.
32. AlT 13, AlT 14.
33. AlT 48: Bunnens 1978, 10-11; y véase von Dassow 2008, 296 y n. 92.
34. AlT 48: Bunnens 1978, 11.
35. von Dassow 2008, 62.
36. von Dassow 2008, 61.
37. Para un análisis de la creación del sistema internacional, véase Podany 2010, 163-187.
38. "Las estelas de Menfis y Karnak de Amenhotep II": Hallo y Younger 2003, vol. 2, 22.
39. EA 7: Moran 1992, 13.
40. EA 4: Moran 1992, 8.
41. Fischer 2001, 37.
42. EA 21: Rainey 2014, 156-159; Moran 1992, 50.
43. Todos ellos figuraban en diversos documentos que se enviaron con ella. Véase Podany 2010, 217-231 para las etapas del matrimonio de Tadu-Hepa y un análisis de los regalos nupciales.
44. EA 21: Moran 1992, 50.
45. EA 21: Rainey 2014, 157.
46. EA 21: Moran 1992, 50.
47. EA 21: Moran 1992, 50.
48. Por ejemplo, EA 1, en el que Amenhotep III acusa a los mensajeros del rey babilonio de ser deshonestos y mentir a su rey: Moran 1992, 1-3; Rainey 2014, 58-65.

49. EA 21: Rainey 2014, 159.
50. Los significados de *nahra* y *maninnu* son inciertos.
51. EA 21: Rainey 2014, 159.
52. Meier 1988, 196, 198.
53. Meier 1988, 198.
54. Meier 1988, 165.
55. EA 24 II: 101-105, citado en Meier 1988, 172.
56. EA 24: Rainey 2014, 188-241.
57. Cohen 2009, 47.
58. Izre'el 1997, 2, 12.
59. Van Soldt 2000, 105.
60. Tarawneh 2011, 276. Los mitos incluían Adapa y el Viento del Sur (EA 356); Nergal y Ereshkigal (EA 357); y la Epopeya del Rey de la Batalla (EA 359).
61. Van Soldt 2000, 105.
62. Izre'el 1997, 12.
63. Izre'el 1997, 79.
64. EA 368: Izre'el 1997, 77-78.
65. Izre'el 1997, 81, notas en la línea 16.
66. EA 21: Moran 1992, 50.
67. Podany en preparación.
68. EA 17: Rainey 2014, 134-135.
69. Podany en preparación.
70. CAD Vol. R, 136-145.
71. Esto era bastante común en la época de la antigua Babilonia, véase, por ejemplo, *Sumer* 14, n.º 18 (IM 51238A), Pl. 11
72. EA 9, Moran 1992, 18.
73. Podany, de próxima publicación.
74. EA 32: Hoffner 2009, 270.
75. EA 32: Hoffner 2009, 272.
76. En EA 1, Amenhotep III cita al rey babilonio sugiriendo que entre las esposas del faraón había una Kaskan.
77. EA 31: Hoffner 2009, 273-277.
78. Hoffner 2009, 270.

Capítulo 15

1. LH 10: Podany 2002, 122-125.
2. Thureau-Dangin 1897.
3. Podany 2014, 54-55.
4. LH 10: Podany 2002, 124.
5. Las concesiones reales hititas a menudo indicaban el lugar donde se habían redactado; no todas se encontraban en la capital, por lo que los funcionarios habrían recorrido cierta distancia para presenciar los contratos: Beal 2016, 176.
6. Fuente de esta cita y de la siguiente: Speiser 1929, 270-271.
7. Por ejemplo, en la región de Hana, un documento de la época de la antigua Babilonia encontrado en Tell Taban registra que un rey dio dos campos y una pequeña casa a un hombre llamado Yasim-Mahar: Tab T06-4: Yamada 2008, 156-160. Véase Podany 1997 para los paralelismos entre las concesiones de tierras de Hana y casitas.
8. Slanski 2003, 115.
9. Tinney y Sonik 2019, 45 (imagen de una lápida), 46 (pie de foto).
10. Rouault 1992; Podany 2014, 54-55: las tablillas en cuestión figuran en "Textos de Terqa" y sus números comienzan con la designación TQ12.

11. Slanski 2003, 116.
12. Easton 1981; para un estudio de las concesiones de tierras reales hititas, véase Rüster y Wilhelm 2012.
13. Por ejemplo, RS 16.250, Nougayrol 1955, plancha 13.
14. Por ejemplo, Bazi 1 y Bazi 2: Sallaberger et al. 2006, 78-79, 81-82.
15. Slanski 2003, 287.
16. Slanski 2003, 118-121.
17. Slanski 2003, 288.
18. Slanski 2003, 288.
19. EA 20: Moran 1992, 48.
20. Véase, por ejemplo, EA 21: Moran 1992, 50.
21. EA 24: Moran 1992, 65.
22. Por ejemplo, EA 20: Moran 1992, 48.
23. Regalos de Tushratta a Amenhotep III cuando su hija se casó con el faraón: EA 22: Moran 1992, 51-61; dote para la hija de Tushratta: EA 25: Moran 1992, 72-81; dote para la hija de Burna-Buriash: EA 13: Moran 1992, 24-27. Discutido en Podany 2010, 219-224.
24. Las relaciones internacionales entre los grandes reyes de la Edad del Bronce Tardío se han tratado en varios libros, entre ellos Cohen y Westbrook 2000, Liverani 2001, Bryce 2003 y Podany 2010.
25. Para entonces, los reyes con nombres kasitas habían gobernado la región del sur y centro de Mesopotamia durante más de 200 años. La relación de Burna-Buriash II con los orígenes kasitas de su dinastía era tan tenue como la de Hammurabi con sus antepasados amorreos. Los reyes y sus familias habían adoptado por completo la cultura mesopotámica y ya ni siquiera parecían hablar casita. No se ha encontrado ningún documento en lengua casita. Los reyes eran tan babilonios como los demás, a pesar de sus nombres. Aunque su dinastía era de origen casita, podemos llamarlos simplemente babilonios.
26. El objeto griego es un sello cilíndrico hallado en Tebas, propiedad de un hombre llamado Kidin-Marduk que era funcionario de Burna-Buriash II: Brinkman 1976, E.2.23, p. 111.
27. Potts 1986, 170; Ritter 1965, 317-318.
28. El médico se llamaba Shumu-libshi. Para la lectura de su nombre (que originalmente se leía como Mukallim) y un análisis de estas cartas, véase Plantholt 2014.
29. BE 17 47: Oppenheim 1967, 118.
30. BE 17 47: Oppenheim 1967, 118; Potts 1986.
31. PBS I 2 Ritter 1965, nº 72, p. 318.
32. EA 1: Rainey 2014, 60-63. Esta carta es de la época del padre de Burna-Buriash II, Kadashman-Enlil I.
33. EA 6: Moran 1992, 12.
34. EA 1: Moran 1992, 1-5.
35. EA 11: Moran 1992, 21.
36. Este intérprete era un hombre llamado Mihuni, que desempeñaba el mismo papel que Hane en Mittani.
37. EA 12: Rainey, 106-107.
38. EA 12: Rainey, 106-107.
39. EA 11: Moran 1992, 21.
40. Los objetos de la dote se enumeran en EA 13: Moran 1992, 24-26.
41. EA 14: Moran 1992, 27-37.
42. Nefertiti es famosa por su escultura, ahora en el Museo de Berlín: https://www.smb.museum/en/museums-institutions/aegyptisches-museum-und-papyrussammlung/collection-research/bust-of-nefertiti/the-bust/.
43. EA 1: Moran 1992, 1-5.
44. La princesa de Mittani, Tadu-Hepa, tenía una "dote personal" de 270 mujeres y 30 hombres: EA 25: Moran 1992, 81. Su tía Kilu-Hepa había traído 317 asistentes a Egipto, según un escarabeo distribuido por Amenhotep III: "Matrimonio con Kirgipa": Breasted 1906, vol. 2: 347-348.

45. La nueva capital, Akhetaten, estaba situada en el emplazamiento moderno de Amarna, donde se encontraron las cartas diplomáticas.
46. Bryce 2003, 103.
47. Stavi 2011, 229.
48. Stavi 2011, 229-230; Mladjov 2016, 23.
49. Primera oración de plaga de Mursili II: Hallo y Younger 2003, vol. 1, 156.
50. Su cargo era el de sacerdotisa *shiwanzanni*.
51. Hoffner 1983, 191.
52. EA 41: Moran 1992, 114-115; Rainey 358-361.
53. El príncipe se llamaba Shattiwaza. Para su posterior tratado con los hititas, en el que se relata esta historia, véase HDT 6B: Beckman 1999, 48-54.
54. Para un relato más detallado de estos acontecimientos, véase Podany 2010, 293-301.
55. KUB 14.4 ii 3-12: Hoffner 1983, 191.
56. KBo 4.8: Hoffner 1983, 189.
57. Kbo 4.8: Hoffner 1983, 188.
58. Bryce 2002, 21.
59. Beckman 2012, 489.
60. Kbo 4.8: Hoffner 1983, 188.
61. "Plegarias contra la peste de Muršili II": Hallo y Younger, vol. 1 2003, 156.
62. Se sabe que Untash-Napirisha se casó con una princesa babilónica como esposa principal, y la inscripción de la estatua de Napir-Asu la llama esposa de Untash-Napirisha, por lo que parece casi seguro que se trataba de la misma persona: Potts 2016, 212.
63. Estos avances son analizados por Daniel T. Potts en un completo libro titulado *The Archaeology of Elam*: Potts 2016.
64. Potts 2016, 198.
65. Potts 2016, 198.
66. Harper et al. 1992, 121.
67. Potts 2016, 223. Se trata del rey Kidin-Hutran II.
68. Harper et al. 1992, 127-130.
69. Potts 2016, 212.
70. Potts 2016, 211.
71. Meyers 2000; Harper et al. 1992, 134.
72. Harper et al. 1992, 134.
73. Harper et al. 1992, 134.
74. EKI §16: Harper et al. 1992, 132.
75. Por ejemplo, Harper et al. 1992, objeto 84, p. 136.
76. Harper et al. 1992, 121.
77. Harper et al. 1992, 121.
78. Potts 2016, 214.
79. Ghirshman 1961, 72.
80. Ghirshman 1961, 71-72.
81. Algunos estudiosos han sugerido que tenía 200 pies de altura, por ejemplo, Harper et al. 1992, 121.
82. Mofidi-Nasrabadi 2015, 38.
83. Para los "millones de ladrillos": Potts 2016, 215.
84. Ghirshman 1961, 71.
85. Mofidi-Nasrabadi 2015, 50.
86. Carter 2011, 53-56.
87. Esto se basa en el análisis de Elizabeth Carter de las tumbas y la estructura que se había construido sobre ellas: Carter 2011.
88. Véase, por ejemplo, Carter 2011.
89. Carter 2011, 56.
90. Carter 2011, 56.
91. Ghirshman et al. 1968, 73-74.

92. Carter 2011, 54.
93. Carter 2011, 56.
94. Potts 2016, 223.
95. Potts 2016, 223.
96. Melville 2007, 241. Algunos estudiosos han propuesto que fue el hijo de Burna-Buriash, y no el propio rey, quien se casó con la princesa asiria.
97. EA 15: Moran 1992, 37-38; Rainey 2014, 128-129.
98. EA 9: Moran 1992, 18.
99. EA 16: Moran 1992, 39-41; Rainey 2014, 130-133.
100. EA 16: Rainey 2014, 130-131.
101. Brinkman 1976, 167 n. 3.
102. Brinkman 1976, 166.
103. Se trataba de Kurigalzu II: Brinkman 1976, 31.

Capítulo 16

1. Precio 2011.
2. Véase Mynářová 2007 para un análisis del lenguaje diplomático utilizado en las cartas de Amarna, y en particular 147-164 para las fórmulas introductorias.
3. El joven rey se llamaba Urhi-Teshub.
4. Plata 2010.
5. "La Apología de Ḫattušili III", traducción de Harry A. Hoffner Jr. en Chavalas 2006, 268.
6. Versión hitita del tratado: CTH 91: Beckman 1999, nº 15, pp. 96-100.
7. CTH 91: Beckman 1999, nº 19, 97.
8. KUB 21.38: Hoffner 2009, texto 98, 282-289. Esta carta también se cita ampliamente y se analiza en Van de Mieroop 2007, 223-226.
9. KUB 21.38: Hoffner 2009, texto 98, 282.
10. KUB 21.38: Hoffner 2009, texto 98, 282.
11. Esta fue una cita de Ramsés en la carta de Puduhepa: KUB 21.38: Hoffner 2009, texto 98, 285.
12. KUB 21.38: Hoffner 2009, texto 98, 283.
13. KUB 21.38: Hoffner 2009, texto 98, 289.
14. AHK 51, traducción de Bryce 2003, 109.
15. Para un relato detallado del matrimonio, véase Bryce 2003, 106-111.
16. "Carta del rey hitita Hattušili III a Kadašman-Enlil II, rey de Babilonia", traducida por Kathleen R. Mineck en Chavalas 2006, 275-279.
17. Yamada 2003, 166-168.
18. van Soldt 2010, 250.
19. Akkermans y Schwartz 2003, 336.
20. Cline 2014, 109.
21. Sauvage 2012, 41, 83.
22. Yon 1997, 258.
23. Atwood 2021.
24. van Soldt 2010, 249.
25. Se han realizado excavaciones en Ugarit, de forma bastante continuada, desde 1929.
26. Akkermans y Schwartz 2003, 337. Véase Yon 2006, 37 Fig. 20 para un plano del palacio.
27. RS 17.434+: Pardee 2003, texto 10, pp. 96-97. Véase el debate en Devecchi 2019, 125-126.
28. RS 17.434+: Pardee 2003, texto 10, pp. 96-97.
29. RS 34.136: Devecchi 2019, 126. Se trata de una carta posterior, en la que se reflexiona sobre los acontecimientos del reinado de Niqmaddu III.
30. Este es un argumento de Elena Devecchi: Devecchi 2019.
31. Devecchi 2019, 127-133.
32. La propiedad de la casa por parte de Urtenu no es del todo segura (véase Lackenbacher y

Malbran-Labat 2016), pero no cabe duda de que estuvo estrechamente vinculado a ella por los numerosos documentos y cartas encontrados en ella que le fueron escritos.

33. Cline 2014, 106-107.
34. Álvarez García 2021, 24.
35. Calvet 2000, 210.
36. Calvet 2000, 210.
37. Y. Cohen 2021, 50; Álvarez García 2021, 24.
38. Yon 2006, objeto 53, p. 161.
39. Calvet 2000, 211.
40. Yon 2006, 87; Y. Cohen 2021, 50.
41. Y. Cohen 2021, 51.
42. Bordreuil y Malbran-Labat 1995, 444; Malbran-Labat 1999, 240.
43. Bordreuil y Malbran-Labat 1995, 448.
44. Todas las citas de esta carta: RS 94.2406: Pardee 2003, texto 18, pp. 102-103.
45. RS 94.2406: Pardee 2003, texto 18, pp. 102-103.
46. Esta sección se basa en el análisis de las cartas de Dennis Pardee (Pardee 2003) y Gary Beckman (Beckman 2007).
47. Pardee 2003, 102 n. 107.
48. RS 94.2479: Pardee 2003, texto 26, p. 107.
49. Beckman 2007, 167-168.
50. Beckman 2007, 168-170.
51. La hermana de Urtenu: RS 94.2284: Pardee 2002, texto 38, pp. 113-114; hijo de Urtenu: RS 31.134: Beckman 2007, 169; hijo de Dagan-belu: RS 31.141: Beckman 2007, 170.
52. Sauvage 2012, 130.
53. Álvarez García 2021, 25-26.
54. Atwood 2021.
55. Bordreuil y Malbran-Labat 1995, 445; Calvet 2000, 211. Malbran-Labat 1999, 238-239.
56. Sauvage 2012, capítulo 2, 85-138.
57. Este es el argumento de la arqueóloga Caroline Sauvage: Sauvage 2012, 156.
58. Sauvage 2012, 292-293.
59. Pulak 2008.
60. Véase Podany 2010, 255-258, para una reconstrucción del viaje y naufragio del barco Ulu Burun.
61. RS 18.031: Pardee 2003, texto 8, pp. 93-94.
62. RSO 23: 184-185, nº 107: traducción de Y. Cohen 2021, 53.
63. RS 18.038: Devecchi 2019, 131.
64. Devecchi 2019, 131; Atwood 2021; Y. Cohen 2021, 54.
65. Y. Cohen 2021, 55.
66. Devecchi 2019, 133.
67. Finné et al. 2019, 859.
68. Huehnergard 1997, 240.
69. Fleming 2000, 4.
70. Este festival fue descrito en los textos Emar 373 y 375 y ha sido ampliamente analizado por Daniel E. Fleming: Fleming 2000, 48-140; Fleming 2015. Véase también Michel 2014 y Támesis 2020.
71. Fleming 2015, 201.
72. Fleming 2015, 201.
73. Fleming 2015, 201.
74. Fleming 2015, 204.
75. Fleming señala que la inauguración proporcionó "un intercambio bidireccional, un encuentro de miradas" proporcionando "un mundo de comunicación no verbal": Fleming 2015, 209.
76. Fleming 2000, 139.
77. Démare-Lafont y Fleming 2015, 68.

78. Y. Cohen 2012, 14.
79. Adamthwaite 2001, 133, 229.
80. Adamthwaite 2001, 232.
81. La primera parte de esta historia fue reconstruida por Carlo Zaccagnini (Zaccagnini 1994) y Lena Fijałkowska (Fijałkowska 2014).
82. El nombre del bebé incluye el nombre de un dios, escrito con los signos cuneiformes ^{dIM}. Éste representaba siempre al dios de la tormenta en cuneiforme. El nombre o título divino que pretendía este signo variaba según las regiones y parece que se leía como Ba'la o Ba'lu, que significa "señor" en emar.
83 .Fijałkowska 2014, 390.
84. Emar 216: Fijałkowska 2014, 390.
85. Emar 216: Zaccagnini 1994, 1.
86. Johnson 2021, 16.
87. Zaccagnini 1994, 2.
88. Fijałkowska 2014, 390 n. 54.
89. Emar 217, Arnaud 1986, traducción de Wells 2007, 207.
90. Fijałkowska 2014, 391.
91. Emar 218 y 219, que se encuentran en el edificio M-1 y Emar 220, que se encuentra en el edificio M-2: Támesis 2020, 11.
92. Emar 219 y 220: Y. Cohen 2005, 166.
93. Zaccagnini 1994, 3.
94. Támesis 2020, 263 n. 124.
95. Para las edades de los bebés: Zaccagnini 1994, 4.
96. Fleming 2000, 6.
97. Fleming 2000, 34.
98. Fleming 2000, 35.
99. Támesis 2020, 264.
100. Zaccagnini 1994, 3.
101. Fijałkowska 2014, 394.
102. Fijałkowska 2014, 396.
103. Y. Cohen 2012, 21.
104. Fleming 2015, 199.
105. RSO 23: 33-35, nº 12: traducción de Y. Cohen 2021, 58.
106. Cline 2014, 109.
107. "La guerra contra los pueblos del mar", traducido por John A. Wilson: Pritchard 1969, 262.
108. Y. Cohen 2021, 58-59.
109. Véase Cline 2014 para un extenso debate sobre estas cuestiones.
110. Cline 2014, 158.
111. Grayson 1972, 117.
112. Potts 2016, 225.
113. Potts 2016, 226-227.
114. Potts 2016, 229.

Capítulo 17

1. Erb-Satullo 2019, 564, 574, Fig. 6. El yacimiento era Kaman-Kalehöyük IIIb.
2. Erb-Satullo 2019, 566-572.
3. Younger 2016, 37.
4. Younger 2016,
5. Younger 2016, 45. Esto no era cierto en el sur de Mesopotamia, donde las tribus arameas no se llamaban "Casa de" alguien.
6. Younger 2016, 33.

7. Quinn 2017, 201.
8. Pritchard 1969, 378.
9. Véase Miller y Hayes 1986, 220-221, Tabla IX, para una cronología de los reyes de Israel y Judá.
10. Urartu era el nombre que los asirios daban a la tierra; parece ser que la gente que vivía allí la llamaba Biainili.
11. Véase, por ejemplo, Melville 2016 sobre Sargón II y Elayi 2018 sobre Senaquerib. El Museo Británico creó una exposición y un catálogo enteros dedicados a Ashurbanipal en 2018: Brereton 2018.
12. Ashurnasirpal II 001: http://oracc.museum.upenn.edu/riao/Q004455/.
13. Ashurnasirpal II 001: http://oracc.org/riao/Q004455/.
14. Ashurnasirpal II 001: http://oracc.org/riao/Q004455/.
15. Liverani 2017, 131.
16. Ésta y otras citas posteriores de esta inscripción: Ashurnasirpal II 001: http://oracc.museum.upenn.edu/riao/Q004455/.
17. Estos templos se enumeran en la Inscripción del Banquete en las líneas 55-59: Ashurnasirpal II 030: http://oracc.museum.upenn.edu/riao/Q004484/.
18. Ashurnasirpal II 001, iii 110-113: http://oracc.museum.upenn.edu/riao/Q004455/.
19 .http://oracc.museum.upenn.edu/nimrud/livesofobjects/standardinscription/.
20. Ashurnasirpal II 030, "Inscripción del banquete": http://oracc.museum.upenn .edu/riao/Q004484/.
21. Se conoce como "Inscripción estándar": http://oracc.org/riao/Q004477/.
22. Ashurnasirpal II 023, "Inscripción estándar": http://oracc.org/riao/Q004477/.
23. Ashurnasirpal II 030, "Inscripción del banquete": http://oracc.museum.upenn .edu/riao/Q004484/.
24. Curtis y Tallis 2008.
25. Ashurnasirpal II 030, "Inscripción del banquete": http://oracc.museum.upenn .edu/riao/Q004484/.
26. Collins 2016, 44.
27. Feldman 2014, 100.
28. Bahrani 2017, 232.
29. Winter 1981, 6.
30. Collins 2010, 181.
31. Winter 1981. Véase el análisis de otros estudios en Fales 2009, 244-246.
32. Estas tablillas de cera eran de uso común, pero los paneles de madera rara vez sobreviven y la cera nunca.
33. SAA 13 34: http://oracc.org/saao/P313456/.
34. SAA 13 34: http://oracc.org/saao/P313456/.
35. Feldman 2014, 82.
36. Collins 2010, 186.
37. BM 124821: https://www.britishmuseum.org/collection/object/W_1851-0902-5.
38. BM 124820: https://www.britishmuseum.org/collection/object/W_1851-0902-6; y BM 124822: https://www.britishmuseum.org/collection/object/W_1851-0902-4. Véase Collins 2016, 46, en relación con el uso de prisioneros de guerra para esta obra.
39. SAA 1 110: http://oracc.org/saao/P224487/.
40. SAA 1 139: http://oracc.org/saao/P334912/.
41. Bahrani 2017, 232.
42. Bahrani 2017, 232.
43. Por ejemplo, Canby 1971 sobre las vestimentas en las esculturas en relieve de Ashurnasirpal.
44. Albenda y Guralnick 1986, 240.
45. Bahrani 2017, 232.
46. SAA 15 4: http://oracc.org/saao/P334103/.
47. Albenda y Guralnick 1986, 240.

48. Albenda y Guralnick 1986, 233-234.
49. Verri et al. 2009.
50. Esto fue observado por Mario Liverani: Liverani 2017, 125-126.
51. Liverani 2017, 125.
52. Liverani 2017, 126.
53. BM 124554: https://www.britishmuseum.org/collection/object/W_1849-1222-23. Véanse también las excelentes fotografías de Amin 2017. Las imágenes de los paneles correspondientes corresponden a los paneles….
54. Cifarelli 1998, 224.
55. Cifarelli 1998, 223.
56. Fales 2009, 245.
57. "Enemigo caído de los asirios": Amin 2017. BM 124540: https://www.britishmuseum.org/collection/object/W_1849-1222-16.
58. Ashurnasirpal II 1: http://oracc.museum.upenn.edu/riao/Q004455/.
59. Visto en BM 124685 y 124687, descrito en Curtis y Tallis 2008, 35, Figs. 17 y 18, y 38, Figs. 23 y 24.
60. Melville 2016, 16.
61. Melville 2016, 16.
62. Sargón II 013: http://oracc.museum.upenn.edu/rinap/rinap2/corpus/.
63. Sargón II 007: http://oracc.museum.upenn.edu/rinap/rinap2/corpus/#rinap/rinap2:Q006488_project-en.1.
64. 2 Reyes 17:24.
65. Millard 1994, 60, citado en Melville 2016, 187.
66. Ussishkin 1997, 321.
67. Véase Liverani 2017, 188-190, para más detalles sobre el tributo en el Imperio asirio.
68. Prisma de Senaquerib: Sennacherib 004, http://oracc.org/rinap/Q003478/.
69. Liverani 2017, 192.
70. ACNUR, "Syria Emergency": https://www.unhcr.org/en-us/syria-emergency.html.
71. 2 Reyes 18:13. Un relato casi idéntico se encuentra en Isaías 36:1.
72. 2 Crónicas 32:9.
73. Uelinger 2003, 223.
74. Ussishkin 1997, 321.
75. Ussishkin 1997, 321.
76. Ussishkin 2003, 207.
77. Uelinger 2003, 240.
78. BM 124907: https://www.britishmuseum.org/collection/object/W_1856-0909-14_3.
79. Ussishkin 2003, 209.
80. Ussishkin 2003, 210.
81. BM 124954: https://www.britishmuseum.org/collection/object/W_1856-0909-1_6.
82. SAA 11 167: http://oracc.org/saao/P335907/.
83. Dalley 2017, 528.
84. Dalley 2017, 528.
85. Dalley 2017, 531.
86. Oded 1979.

Capítulo 18

1. El nombre de Esarhaddon en acadio era Ashur-ah-iddin. Los escritores de la Biblia lo llamaron Esarhaddon.
2. Esarhaddon nació entre 715 y 710 a.C: Frahm 2014, 191.
3. Senaquerib nació alrededor del 740 a.C: Frahm 2014, 176.
4. Svärd 2015, 43. Nótese, sin embargo, que es posible que Naqi'a tomara el título de reina de

Senaquerib sólo después de la muerte de su marido, aunque ese argumento me parece menos persuasivo: Svärd 2015, 46.

5. Svärd 2015, 187: Apéndice A, texto 44. Fecha del texto: Frahm 2014, 190.
6. El hijo que asesinó a Senaquerib se llamaba Arda-mullissi o Urdu-Mullisu, véase Parpola 1980 y Brereton 2018, 14. Probablemente contó con la ayuda de uno de sus hermanos. Probablemente contó con la ayuda de alguno de sus hermanos. Otros estudiosos han propuesto que Esarhaddon podría haber estado detrás del asesinato en persona: Dalley y Siddall 2021.
7. Esta y el resto de citas de este texto se encuentran en Esarhaddon 1: Leichty 2011, 11.
8. Eph'al-Jaruzelska 2016, 133.
9. Esarhaddon 1: Leichty 2011, 13.
10. Eph'al-Jaruzelska 2016, 133.
11. Esarhaddon 1: Leichty 2011, 14.
12. Frahm 2010b, 98.
13. Radner 2003b, 167.
14. Esarhaddon 1: Leichty 2011, 14.
15. Radner 2003b, 167; Ef'al-Jaruzelska 2016, 134.
16. Zimansky 2006, 263.
17. Piotrovsky 1974-1977, 50.
18. A veces se describe a Bel-ushezib como "erudito" más que como adivino, por ejemplo, Ef'al-Jaruzelska 2016, 128, pero es evidente que se dedicaba a leer presagios y oráculos y a interpretarlos para el rey.
19. SAA 10 109: http://oracc.org/saao/P334798/.
20. SAA 10 109: http://oracc.org/saao/P334798/.
21. Todas las citas de la carta de Bel-ushezib sobre la campaña de Mannean proceden de SAA 10 111: http://oracc.org/saao/P237234/.
22. Beaulieu et al. 2017, 1.
23. Beaulieu et al. 2017, 71-76.
24. Beaulieu et al. 2017, 9.
25. MLC 1866, Sección C: Beaulieu et al. 2017, 40.
26. Rochberg 2011, 621. Estos son los llamados Diarios Astronómicos Babilónicos: Sachs y Hambre 1988.
27. Rochberg 2011, 631.
28. Rochberg 2011, 622.
29. SAA 10 112: http://oracc.org/saao/P238052/.
30. Frahm 2010a, 121.
31. SAA 16 69: http://oracc.org/saao/P334309/.
32. Tres estudiosos en particular han intentado resolver el enigma de Sasi: Karen Radner (2003b); Martti Nissinen (1998, 109-153); y Eckart Frahm (2010a, 120-126; 2015, 9-10).
33. Su nombre era Nabu-rehtu-usur.
34. SAA 16 59: http://oracc.org/saao/P313533/; todas las citas de esta carta se encuentran en este enlace. Stökl 2012, 105.
35. Jean 2010, 270.
36. Koch 2011, 462-463.
37. Koch 2011, 462.
38. Frahm 2010a, 100-101.
39. SAA 16 59: http://oracc.org/saao/P313533/.
40. SAA 16 60: http://oracc.org/saao/P313432/.
41. Todas las citas de esta carta proceden de YBC 11382, YPM BC 025176: Frahm 2015, 9-10. Comentario en la misma cita, también en Podany 2019b, 69-71; Lassen et al. 2019, objeto n.º 40, pp. 225-226.
42. Frahm 2010a, 121. La tablilla que los enumera es SAA 11 156: http://oracc.org/saao/P334311/.
43. SAA 11 156: http://oracc.org/saao/P334311/.

44. SAA 16 18: http://oracc.org/saao/P334819/.
45. N'Shea 2016, 215.
46. Véase, por ejemplo, SAA 4, textos 9, 63, 78, 79, 80, 88. Todos en http://oracc.museum.upenn .edu/saao/corpus.
47. N'Shea 2016, 219.
48. Esta cita y otras de esta carta: http://oracc.org/saao/P237270/. Frahm 2010a, 121-122, incluye un análisis de esta carta.
49. Veldhuis 2010, 78; Winitzer 2010, 186-189.
50. Esta cita y otras de esta carta: SAA 10 316: http://oracc.org/saao/P313436/.
51. Svärd 2015, 46.
52. Por ejemplo, SAA 18 10: http://oracc.org/saao/P237817/; Svärd 2015, 204.
53. Sobre la estrecha relación de Adad-shumu-usur con Esarhaddon: Šašková 2018, 61.
54. SAA 10 229: http://oracc.org/saao/P333960/.
55. Esta cita y la siguiente: SAA 10 196: http://oracc.org/saao/P333957/.
56. Šašková 2018, 55.
57. Biggs 1995, 1918-1921; Šašková 2018, 64.
58. Esta cita y la siguiente: SAA 10 189: http://oracc.org/saao/P334453/.
59. SAA 10 216: http://oracc.org/saao/P334906/.
60. Crónica 1, traducida por Bill T. Arnold y Piotr Michalowski: Chavalas 2006, 411.
61. Véase Frahm 2010a, 113-123, para un análisis detallado al respecto.
62. Frahm 2010a, 124-126; Nissinen 1998, 144-150. Obsérvese que Radner, escribiendo en 2003, creía que Sasi probablemente fue ejecutado con los demás altos funcionarios. El Sasi posterior no sería, en ese caso, el mismo hombre: Radner 2003b, 176.
63. SAA 2 6: http://oracc.org/saao/Q009186/.
64. AEA 2 6: párrafo 98: http://oracc.org/saao/Q009186/.
65. Lauinger 2012, 90.
66. Taylor 2015.
67. Fales 2012.
68. Crónica 1, traducida por Bill T. Arnold y Piotr Michalowski: Chavalas 2006, 411.
69. SAA 10 174: http://oracc.org/saao/P334626/. Véase también Fales 2009, 257.
70. Crónica 1, traducida por Bill T. Arnold y Piotr Michalowski: Chavalas 2006, 411.
71. Radner 2003b, 172.
72. Crónica 1, traducida por Bill T. Arnold y Piotr Michalowski: Chavalas 2006, 411.

Capítulo 19

1. Beaulieu 2007, 139.
2. Radner 2003a, 228.
3. Beaulieu 1995, 972.
4. "The Adad-guppi Autobiography", traducción de Tremper Longman III, en Hallo y Younger 2003, vol. 1, 477-478.
5. "La madre de Nabonido", traducción de A. Leo Oppenheim: Pritchard 1969, 560-562.
6. Beaulieu 1995, 972; Melville 2006, 390; Razmjou 2013, 105. El marido de Adad-guppi se llamaba Nabu-balatsu-iqbi.
7. Sargón II 84: http://oracc.museum.upenn.edu/rinap/corpus/#Q006565.2.
8. Postgate 1974.
9. Gershon 2007, 14, 345. Las tablillas pueden consultarse en http://oracc .museum .upenn.edu/saao/saa11/corpus en el capítulo 9 (Censo de Harrán).
10. Gershon 2007.
11. SAA 11 201: http://oracc.org/saao/P334934/.
12. Su casa estaba en la ciudad de Hamede, que por lo demás es casi completamente desconocida.
13. SAA 11 201: http://oracc.org/saao/P334934/. La traducción describe a la chica como "núbil",

pero el término utilizado para ella en el censo, *batussu*, es sólo la versión femenina del término general para "adolescente".

14. Gershon 2007, 347-348.
15. Gershon 2007, 348.
16. Gershon 2007, 351.
17. La media exacta fue de 4,08 personas: Gershon 2007, 346.
18. Gershon 2007, 350. Entre todas las familias de estrato inferior estudiadas por Gershon, sólo el 1,5% eran polígamas.
19. Gershon 2007, 351.
20. SAA 11 201: http://oracc.org/saao/P334934/.
21. Gershon 2007, 352.
22. SAA 11 201: http://oracc.org/saao/P334934/.
23. Barjamovic et al. 2019, 111.
24. Barjamovic et al. 2019, 124.
25. Se puede encontrar en una versión en Barjamovic et al. 2019, 125, y otra en https://www.biblicalarchaeology.org/daily/ancient-cultures/daily-life-and-practice/bar-test-kitchen-tahu-stew/.
26. Renfrew 2003, 58.
27. Norrie 2003, 22.
28. Escena del banquete: https://www.britishmuseum.org/collection/object/W_1856-0909-53.
29. Por ejemplo, BM 124872-124878: https://www.britishmuseum.org/collection/object/W_1856-0909-47.
30. SAA 16 28: http://oracc.org/saao/P334196/. Discutido en Taylor 2018, 94-95.
31. Finkel 2018, 80-82.
32. Brinkman 1973, 94-95.
33. OIP 2 83: Brinkman 1973, 94.
34. Brinkman 1973, 95 y n. 31.
35. Novotny 2018, 203.
36. Su verdadero nombre era Nabu-aplu-usur.
37. Scurlock 2012.
38. Scurlock 2012, 182.
39. Nab. 8, traducción de Thomas G. Lee: Lee 1993, 133-134.
40. Este era Ashur-uballit II.
41. "Estela funeraria de Adad-guppi", traducción de Paul-Alain Beaulieu: Beaulieu 2007, 146.
42. Melville cree que las estatuas fueron llevadas a Babilonia: Melville 2006, 390.
43. Lee 1993, 132.
44. Beaulieu 2017, 550.
45. Beaulieu 2017, 551.
46. Adad-guppi pudo haber dado a luz a su hijo en la treintena, porque vivió otros setenta años, hasta 539 a.C., y es poco probable que sobreviviera más de unos ochenta años.
47. Autobiografía de Adad-guppi, traducción de Thomas G. Lee: Lee 1993, 134.
48. "The Adad-guppi Autobiography", traducción de Tremper Longman III, en Hallo y Younger 2003, vol. 1, 477-478.
49. Beaulieu 1995, 976.
50. Beaulieu 2008, 9.
51. Beaulieu 2008, 9.
52. Nabucodonosor II 2: http://oracc.org/ribo/Q005473/.
53. Pedersén 2011, 20.
54. Pedersén 2011, 13.
55. Dalley 2015.
56. Las estadísticas proceden de Klengel-Brandt 1997 y Pedersén 2011.
57. Heródoto, *Historia de las guerras persas*, I.178.
58. "The Adad-guppi Autobiography", traducción de Tremper Longman III, en Hallo y Younger

2003, vol. 1, 477-478.

59. "The Adad-guppi Autobiography", traducción de Tremper Longman III, en Hallo y Younger 2003, vol. 1, 477-478.
60. Hussein 2016.
61. Álvarez-Mon 2009, 153-154.
62. Álvarez-Mon 2009, 148, 152.
63. Gross y García-Ventura 2018, 381.
64. Salvatore Gaspa hizo un estudio sobre el tejido en el periodo neoasirio: Gaspa 2013, 226.
65. Gaspa 2013, 226-227.
66. Álvarez-Mon 2009, 153.
67. Senaquerib 17: http://oracc.museum.upenn.edu/rinap/rinap3/corpus/#rinap/rinap3:Q003491_project-en.68.
68. Gaspa 2013, 231-232.
69. Gaspa 2013, 235.
70. SAA 6 91: http://oracc.org/saao/P335011/.
71. SAA 8 305: http://oracc.org/saao/P238716/.
72. SAA 1 33: http://oracc.org/saao/P334141/, comentado por Gaspa 2013, 230.
73. Gaspa 2013, 232.
74. SAA 6 42: http://oracc.org/saao/P335270/.
75. Waerzeggers 2006, 95.
76. Bongenaar 1997, 305-307.
77. Caroline Waerzeggers ha reconstruido el funcionamiento del negocio de la lavandería en Babilonia a partir de una serie de contratos escritos durante el siglo VI y principios del V a.C: Waerzeggers 2006.
78. Waerzeggers 2006, 95.
79. BM 29228: Waerzeggers 2006, 83-84.
80. Waerzeggers 2006, 94.
81. Por ejemplo, BE 8 119: Waerzeggers 2006, 91-92.
82. BM 96390: Waerzeggers 2006, 85-86.
83, VS 6 86: Waerzeggers 2006, 90-91.
84. BM 29228: Waerzeggers 2006, 83-84.
85. Waerzeggers 2006, 94.
86. Waerzeggers 2006, 95.
87. Hussein 2016, 7-8, y Lámina 16a.
88. Gross y García-Ventura 2018, 383.
89. Radner 2007, 192-193.
90. Gross y García-Ventura 2018, 379.
91. Gross y García-Ventura 2018, 378.
92. Cousin 2016, 521.
93. Primo 2016.
94. Cousin 2016, 520.
95. Bab 28122, Melanges Dussaud A: http://oracc.museum.upenn.edu/ctij/corpus; discutido en Cousin 2016, 518.
96. Bab 28122, Melanges Dussaud A: http://oracc.museum.upenn.edu/ctij/corpus. Véase Beaulieu 2008, 6-7, para un análisis de los extranjeros que figuran en estas tablillas.
97. Cousin 2016, 521-522.
98. SAA 14 161: http://oracc.org/saao/P335252/; discutido en Cousin 2016, 522.
99. Beaulieu 2008, 10-11.
100. Melanges Dussaud B: http://oracc.museum.upenn.edu/ctij/corpus.
101 .http://cojs.org/cojswiki/Babylonian_Ration_List:_King_Jehoiakhin_in_Exile,_592/1_BCE.
102. BM 21946, traducido por A. Leo Oppenheim: Pritchard 1969, 563-564.
103. BM 21946, traducido por A. Leo Oppenheim: Pritchard 1969, 563-564.
104. BM 21946, traducido por A. Leo Oppenheim: Pritchard 1969, 563-564.

105. 2 Reyes 24:11-12.
106. 2 Reyes 24:15.
107. 2 Reyes 24:14.
108. 2 Reyes 24:13.
109. 2 Reyes 25:1-17.
110. 2 Reyes 25:21.
111. 2 Reyes 25:27-30.
112. Beaulieu 2007, 142.
113. Beaulieu 2007.
114. Beaulieu 2007, 140.
115. Beaulieu 2007, 140.
116. Beaulieu 2007, 142.
117. Véase el capítulo 12.
118. Existen excelentes traducciones de la Epopeya, como las de Andrew George (1999, 1-100), Stephanie Dalley (2009, 39-135); y Benjamin Foster (2019, 3-100).
119. "La madre de Nabonido", traducción de A. Leo Oppenheim: Pritchard 1969, 561.
120. "La madre de Nabonido", traducción de A. Leo Oppenheim: Pritchard 1969, 561.
121. "La madre de Nabonido", traducción de A. Leo Oppenheim: Pritchard 1969, 561.
122. Su verdadero nombre era Nergal-sharru-usur.
123. "Nabonido y su Dios", traducción de A. Leo Oppenheim: Pritchard 1969, 562-563.
124. "La madre de Nabonido", traducción de A. Leo Oppenheim: Pritchard 1969, 561.
125. Beaulieu 2007, 140-148.
126. Beaulieu 2007, 140-144.
127. "La madre de Nabonido", traducción de A. Leo Oppenheim: Pritchard 1969, 561.
128. "La madre de Nabonido", traducción de A. Leo Oppenheim: Pritchard 1969, 561.

Capítulo 20

1. Beaulieu 2018b, 239.
2. Nabonidus 34: http://oracc.org/ribo/Q005431/.
3. Nabonidus 34: http://oracc.org/ribo/Q005431/.
4. Esta cita y las siguientes sobre el Ebabbar proceden de Nabonido 27: http://oracc.org/ribo/Q005424/.
5. Esta cita y la siguiente: Nabonidus 34: http://oracc.org/ribo/Q005431.
6. Esta cita y las dos siguientes: BM 119014: https://www.britishmuseum.org/collection/object/W_1927-1003-9.
7. Moorey 1982, 251-252.
8. Nabonidus 34: http://oracc.org/ribo/Q005431/.
9. CAD Z, 6.
10. Esta cita y la siguiente: Nabonidus 34: http://oracc.org/ribo/Q005431/.
11. Véase el capítulo 2.
12. AnOr 8 14, comentado en Stol 1994, 180.
13. Still y Sonnevelt 2020, 105 n. 33.
14. Stol 1994, 180.
15. Bongenaar 2000, 82.
16. Still y Sonnevelt 2020.
17. Still y Sonnevelt 2020, 105.
18. Bongenaar 2000, 84; Pirngruber y Waerzeggers 2011.
19. Waerzeggers 2014, 32.
20. Waerzeggers 2014, 119.
21. Caroline Waerzeggers ha realizado una amplia investigación sobre el mundo de Bel-uballit y su familia, especialmente su hijo Marduk-remanni: Waerzeggers 2014.

22. Waerzeggers 2014, 41.
23. Still y Sonnevelt 2020, 107.
24. Jursa 2010, 220.
25. LB 1743: Still y Sonnevelt 2020, 103.
26. Waerzeggers 2014, 91.
27. Still y Sonnevelt 2020, 108.
28. Waerzeggers 2014, 33.
29. Bongenaar 2000, 84-85.
30. El hijo se llamaba Marduk-remanni.: Waerzeggers 2014.
31. BM 63940: discutido en Waerzeggers 2014, 77 y n. 12.
32. NBC 6189: Jursa 2010, 221.
33. MR 18: Waerzeggers 2014, 77.
34. MR 6: Waerzeggers 2014, 76.
35. Waerzeggers 2014, 76-77.
36. Jursa 2010, 223; Dromard 2017, 231-237.
37. Muchos estudiosos han escrito sobre Itti-Marduk-balatu y sus esclavos, pero aquí me baso especialmente en los trabajos de Muhammad A. Dandamaev (1984), Michael Jursa (2010), Gauthier Tolini (2013) y Benjamin Dromard (2017).
38. Tolini 2013, 2.
39. Alstola 2017.
40. "Ninkasi": Frayne y Stuckey 2021, 259-260.
41. Damerow 2012, 15.
42. Véanse, por ejemplo, los esfuerzos de Patrick McGovern y la cervecera Dogfish Head por recrear cervezas antiguas: McGovern 2017.
43. Las citas del Himno a Ninkasi son todas de Civil 1964.
44. Damerow 2012, 15.
45. Alstola 2017.
46. Dandamaev 1984, 323.
47. Nbn. 1019: Dandamaev 1984, 324.
48. Nbn. 681: Dandamaev 1984, 322; Dromard 2017, 234.
49. Dromard 2017, 237.
50. Dromard 2017, 236.
51. Nbn. 845: Dandamaev 1984, 323; discutido en Dromard 2017, 232.
52. Baker 2001, 20.
53. Jursa 2010, 225.
54. Camb. 334: Dandamaev 1984, 107.
55. Jursa 2010, 226.
56. Dandamaev 1984, 197.
57. Cyr. 248: Dandamaev 1984, 282.
58. Baker 2001, 22.
59. Wunsch 2012, 50.
60. Baker 2001, 23.
61. Dandamaev 1984, 117, 120.
62. Cyr. 248: Dandamaev 1984, 282.
63. Wunsch 2012, 50.
64. Baker 2001, 25.
65. Wunsch 2012, 51.
66. Baker 2001, 24.
67. Wunsch 2012, 51.
68. Tolini 2013, 9.
69. Camb. 330: Joannès 1992a; Tolini 2013, 3.
70. Véase Stol 1994, 170-174, para un análisis de los utensilios de elaboración de la cerveza.
71. Alstola 2017: este fue el tiempo que los becarios fermentaron su cerveza de dátiles experimental.

72. Tolini 2013, 6.
73. Abouali et al. 2019, 51, 53.
74. Tolini 2013, 7-8.
75. Stol 1994, 176; Alstola 2017.
76. Camb. 331: Joannès 1992b; Tolini 2013, 4.
77. Tolini 2013, 6.
78. OECT 10, 239: Tolini 2013, 4-5.
79. Su nombre completo era Marduk-nasir-apli.
80. CTMMA 3, 65: Tolini 2013, 5.
81. BM 30948: Tolini 2013, 6.
82. Razmjou 2013, 122.
83. Razmjou 2013, 111.
84. Beaulieu 2018a, 241-242.
85. Davies 2002, 66.
86. Daniel 4:33.
87. Daniel 4:34.
88. Cilindro de Ciro, traducción de Irving Finkel: http://oracc.org/ribo/Q006653/.
89. Sandowicz 2015.
90. Razmjou 2013, 116.
91. Cilindro de Ciro, traducción de Irving Finkel: http://oracc.org/ribo/Q006653/.
92. Razmjou 2013, 117.
93. Cilindro de Ciro, traducción de Irving Finkel: http://oracc.org/ribo/Q006653/.
94. Razmjou 2013, 112-113.
95. Waerzeggers 2014, 116.

BIBLIOGRAFÍA

Aboualil, Ladan, Jianlin Ni, and Jake Kaner. 2019. "A Study of the Interior Furniture and Decorative Motifs of Achaemenid and Sassanid." *American Journal of Art and Design* 4 (4): 48– 57.

Abraham, Kathleen, and Karel Van Lerberghe. 2017. *A Late Old Babylonian Temple Archive from Dūr-Abiešuḫ, The Sequel.* CUSAS 29. Bethesda, MD: CDL Press.

Adams, Robert McC. 2010. "Slavery and Freedom in the Third Dynasty of Ur: Implications of the Garshana Archives." *Cuneiform Digital Library Journal* 2: 1– 8.

Adamson, P. B. 1991. "Surgery in Ancient Mesopotamia." *Medical History* 35 (4): 428– 435.

Adamthwaite, Murray R. 2001. *Late Hittite Emar: The Chronology, Synchronisms, and Socio- Political Aspects of a Late Bronze Age Fortress Town.* London: Peeters.

Akkermans, Peter M. M. G., and Glenn M. Schwartz. 2003. *The Archaeology of Syria: From Complex Hunter- Gatherers to Early Urban Societies (c. 16,000– 300 bc).* Cambridge and New York: Cambridge University Press.

Albenda, Pauline, and Eleanor Guralnick. 1986. "Some Fragments of Stone Reliefs from Khorsabad." *JNES* 45 (3): 231– 242.

Algaze, Guillermo. 1993. *The Uruk World System: The Dynamics of Expansion of Early Mesopotamian Civilization.* Chicago: University of Chicago Press.

Algaze, Guillermo. 2013. "The End of Prehistory and the Uruk Period." In *The Sumerian World,* edited by Harriet Crawford, 68– 94. London and New York: Routledge.

Al- Jadir, Walid. 1986. "Sippar: Ville du dieu soleil." *Dossiers histoire et archéologie* 103: 52– 54.

Al- Rawi, Farouk N. H., and Stephanie Dalley. 2000. *Old Babylonian Texts from Private Houses at Abu Habbah Ancient Sippir.* É- DUB- BA- A 7. London: Nabu Publications.

Alstola, Tero. 2017. "Date Beer: Brew It Like the Ancient Babylonians." Academy of Finland Centre of Excellence: Changes in Sacred Texts and Traditions. https:// blogs.helsi nki.fi/ sacr edte xts/ 2017/ 12/ 22/ date- beer- brew- it- like- the- anci ent- baby loni ans/ .

Álvarez García, Juan. 2021. "La Maison d'Urtenu. A Functional Study of a 'Great House' from Ugarit." In *Bridging the Gap: Disciplines, Times, and Spaces in Dialogue– Volume 1: Sessions 1, 2, and 5 from the Conference Broadening Horizons 6 Held at the Freie Universität Berlin, 24– 28 June 2019,* edited by Christian W. Hess and Federico Manuelli, 22– 36. Oxford: Archaeopress Publishing Ltd.

Álvarez- Mon, Javier. 2009. "Ashurbanipal's Feast: A View from Elam." *Iranica Antiqua* 44: 131– 180.

Amin, Osama Shukir Muhammed. 2017. "Wall Reliefs: Ashurnasirpal II's War Scenes at the British Museum." *World History Encyclopedia.* Last modified September 13, 2017. https:// www.world hist ory.org/ arti cle/ 1118/ wall- reli efs- ashurn asir pal- iis- war- sce nes- at- the- b/ .

Arbøll, Troels Pank. 2021. *Medicine in Ancient Assur: A Microhistorical Study of the Neo- Assyrian Healer Kiṣir- Aššur.* Leiden: Brill.614 Bibliography

Archi, Alfonso. 1993. "Trade and Administrative Practice: The Case of Ebla." *Altorientalische Forschungen* 20 (2): 43– 58.

Archi, Alfonso. 2001. *The King Lists from Ebla.* Bethesda, MD: CDL Press.

Archi, Alfonso. 2002. "Jewels for the Ladies of Ebla." *ZA* 92 (2): 161– 199.

Archi, Alfonso. 2005. "The Head of Kura— The Head of Adabal." *JNES* 64 (2): 81– 100.

Archi, Alfonso. 2012. "Ebla." In *The Encyclopedia of Ancient History*. https:// doi.org/ 10.1002/ 978144 4338 386.wbe ah01 051.

Archi, Alfonso. 2017. "Religious Duties for a Royal Family: Basing the Ideology of Social Power at Ebla." *JNES* 76 (2): 293– 306.

Archi, A. 2018. *Administrative Texts: Allotments of Clothing for the Palace Personnel (Archive L. 2769). With the Collaboration of Gabriella Spada. ARET* XX. Wiesbaden: Harrassowitz.

Archibab. N.d. http:// www.archi bab.fr/ Accu eil.htm.

Arnaud, Daniel. 1986. *Emar: Recherches au pays d'Aštata. VI.3, Les textes sumériens et accadiens*. Paris: Éditions Recherche sur les Civilisations.

Aruz, Joan. 2003.*Art of the First Cities: The Third Millennium bc from the Mediterranean to the Indus*. New York: Metropolitan Museum of Art, 2003.

Atwood, Roger. 2021. "The Ugarit Archives." *Archaeology*, July/ August 2021. https:// www. arch aeol ogy.org/ iss ues/ 430- 2107/ featu res/ 9752- uga rit- bro nze- age- arch ive.

Baadsgaard, Aubrey, Janet Monge, Samantha Cox, and Richard L. Zettler. 2011. "Human Sacrifice and Intentional Corpse Preservation in the Royal Cemetery of Ur." *Antiquity* 85 (327): 27– 42.

Bahrani, Zainab. 2017. *Art of Mesopotamia*. New York: Thames and Hudson.

Baker, Heather D. 2001. "Degrees of Freedom: Slavery in Mid- First Millennium BC Babylonia." *World Archaeology* 33 (1): 18– 26.

Balke, Thomas E. 2016. "The Interplay of Material, Text, and Iconography in Some of the Oldest 'Legal' Documents." *Materiality of Writing in Early Mesopotamia* 13: 73– 94.

Banks, E. J. 1904. "Impressions from the Excavations by the Germans at Fara and Abu Hatab." *Biblical World* 24: 138– 146.

Barjamovic, Gojko, P. Jurado Gonzalez, Chelsea Graham, Agnete W. Lassen, Nawal Nasrallah, and Pia M. Sörensen. 2019. "Food in Ancient Mesopotamia. Cooking the Yale Babylonian Culinary Recipes." In *Ancient Mesopotamia Speaks: Highlights from the Yale Babylonian Collection*, edited by A. W. Lassen, E. Frahm, and K. Wagensonner, 108– 125. New Haven: Yale University Press.

Bartash, Vitali. 2015. "Children in Ancient Sumer: How Much Do We Know?" *The Ancient Near East Today* III, no. 6 (June): http:// www.asor.org/ aneto day/ 2015/ 06/ child ren- in-anci ent-sumer- how- much- do- we- know/ .

Bartash, Vitali. 2020. "The Early Dynastic Near East." In *Oxford History of the Ancient Near East*, vol. 1, edited by Karen Radner, Nadine Moeller, and D. T. Potts, 531– 611. Oxford and New York: Oxford University Press.

Beal, Richard H. 2016. Review of *Landschenkungsurkunden hethitischer Könige* by Christel Rüster and Gernot Wilhelm. *JAOS* 136 (1): 174– 177.

Beaulieu, Paul- Alain. 1995. "King Nabonidus and the Neo- Babylonian Empire." In *CANE*, 2:969– 979.

Beaulieu, Paul- Alain. 2007. "Nabonidus the Mad King: A Reconsideration of His Stelas from Harran and Babylon." In *Representations of Political Power: Case Histories from Times of Change and Dissolving Order in the Ancient Near East*, edited by Marlies Heinz and Marian H. Feldman, 137– 168. Winona Lake, IN: Eisenbrauns.Bibliography 615

Beaulieu, Paul- Alain. 2008. "Nebuchadnezzar's Babylon as World Capital." *Canadian Society for Mesopotamian Studies Journal* 3: 5– 12.

Beaulieu, Paul- Alain. 2017. "Assyria in Late Babylonian Sources." In *A Companion to Assyria*, edited by Eckart Frahm, 547– 555. Malden, MA: John Wiley & Sons.

Beaulieu, Paul- Alain. 2018a. *A History of Babylon, 2200 bc– ad 75*. Malden, MA: John Wiley and Sons.

Beaulieu, Paul- Alain. 2018b. "Uruk before and after Xerxes: The Onomastic and Institutional Rise

of the God Anu." In *Xerxes and Babylonia: The Cuneiform Evidence*, edited by Caroline Waerzeggers and Maarja Seire, 189– 206. Leuven: Peeters.
Beaulieu, Paul- Alain, Eckart Frahm, Wayne Horowitz, and John Steele. 2017. "The Cuneiform Uranology Texts: Drawing the Constellations." *Transactions of the American Philosophical Society, n.s.*, 107 (2): 1– 121.
Beckman, Gary M. 1999. *Hittite Diplomatic Texts.* 2nd ed. Atlanta: Scholars Press.
Beckman, Gary M. 2007. "Ugarit and Inner Syria during the Late Bronze Age." In *La royaume d'Ougarit de la Crète á l'Euphrate: Nouveaux axes de recherche*, edited by Jean- Marc Michaud, 163– 174. Sherbrooke: Éditions GGC.
Beckman, Gary M. 2012. "Tawan(n)anna." *RLA* 13 (5/ 6): 488– 490.
Bennison- Chapman, Lucy E. 2018. "Clay Objects as 'Tokens'? Evidence for Early Counting and Administration at Late Neolithic Tell Sabi Abyad, Mesopotamia." *Levant* 50 (3): 305– 337.
Biga, Maria Giovanna. 1998. "The Marriage of Eblaite Princess Tagriš- Damu with a Son of Nagar's King." In *About Subartu: Studies Devoted to Upper Mesopotamia, Subartu IV/ 2*, edited by Marc Lebeau, 17– 22. Turnhout: Brepols.
Biga, Maria Giovanna. 2007. "Buried among the Living at Ebla? Funerary Practices and Rites in a XXIV Cent. b.c. Syrian Kingdom." *Scienze dell'Antichitá* 14: 125– 151.
Biga, Maria Giovanna. 2010. "Textiles in the Administrative Texts of the Royal Archives of Ebla (Syria, 24th Century BC) with Particular Emphasis on Coloured Textiles." In *Textile Terminologies in the Ancient Near East and Mediterranean from the Third to the First Millennia bc*, edited by C. Michel and M.- L. Nosch, 146– 172. Ancient Textiles Series 8. Oxford and Oakville: Oxbow.
Biga, Maria Giovanna. 2011. "An Angry Scribe of the Third Millennium BC." *Scienze dell'Antichità* 17: 281– 282.
Biga, Maria Giovanna. 2014. "Inherited Space— Third Millennium Political and Cultural Landscape." In *Constituent, Confederate, and Conquered Space. The Emergence of the Mittani State*, edited by E. Cancik- Kirschbaum, N. Brisch, and J. Eidem, 93– 110. Berlin: De Gruyter.
Biga, Maria Giovanna. 2016. "The Role of Women in Work and Society in the Ebla Kingdom (Syria, 24th century bc)." In *The Role of Women in Work and Society in the Ancient Near East* (*SANER* 13), edited by Brigitte Lion and Cécile Michel, 71– 89. Berlin: De Gruyter.
Biga, Maria Giovanna, and Piotr Steinkeller. 2021. "In Search of Dugurasu." *JCS* 73: 9– 70.
Biggs, Robert D. 1995. "Medicine, Surgery, and Public Health in Mesopotamia." In *CANE*, 3:1911– 1924.
Boehmer, R. M. 1990. "Zur Funktion des Steinstifttempels in Uruk nach Befunden der Kampagne 39." *Baghdader Mitteilungen* 21: 49– 65.
Boehmer, R. M. 1997. "Uruk- Warka." In *OEANE*, 5:294– 298.
Boivin, Odette. 2018. *The First Dynasty of the Sealand in Mesopotamia.* Berlin: de Gruyter.
Bonechi, Marco. 2016. "A Passive, and Therefore Prized, Bride: New Proposals for the Queen's Wedding in the Ebla Royal Rituals." *RA* 110 (1): 53– 78.616 Bibliography
Bongenaar, Arminius Cornelius Valentinus Maria. 1997. *The Neo- Babylonian Ebabbar Temple at Sippar: Its Administration and Its Prosopography.* Istanbul: Nederlands Historisch- Archaeologisch Instituut.
Bongenaar, Arminius Cornelius Valentinus Maria. 2000. "Private Archives in Neo- Babylonian Sippar and Their Institutional Connections." In *Interdependency of Institutions and Private Entrepreneurs: Proceedings of the Second MOS Symposium (Leiden 1998)*, edited by A. C. V. M. Bongenaar, 73– 94. Leiden: Nederlands Historisch- Archaeologisch Instituut te Istanbul.
Bordreuil, Pierre, and Florence Malbran- Labat. 1995. "Les archives de la maison d'Ourtenou." *Comptes rendus des séances de l'Académie des Inscriptions et Belles- Lettres* 139 (2): 443– 451.
Boucharlat, Rémy. 1995. "Archaeology and Artifacts of the Arabian Peninsula." In *CANE*, 2:1335– 1353.
Breasted, James Henry. 1906. *Ancient Records of Egypt.* 5 vols. New York: Russell and Russell.

Breckwoldt, Tina. 1995/ 1996. "Management of Grain Storage in Old Babylonian Larsa." *AfO* 42/ 43: 64– 88.

Breniquet, Catherine. 2010. "Weaving in Mesopotamia during the Bronze Age: Archaeology, Techniques, Iconography." In *Textile Terminologies in the Ancient Near East and Mediterranean from the Third to the First Millennia bc*, edited by C. Michel and M.- L. Nosch, 52– 67. Ancient Textiles Series 8. Oxford and Oakville: Oxbow.

Brereton, Gareth, ed. 2018. *I Am Ashurbanipal: King of the World, King of Assyria*. London: Thames & Hudson.

Brinkman, John Anthony. 1973. "Sennacherib's Babylonian Problem: An Interpretation." *JCS* 25 (2): 89– 95.

Brinkman, John. 1976. *Materials and Studies for Kassite History*. Vol. 1: *A Catalogue of Cuneiform Sources Pertaining to Specific Monarchs of the Kassite Dynasty*. Chicago: Oriental Institute of the University of Chicago.

Bryce, Trevor. 2002. *Life and Society in the Hittite World*. New York and Oxford: Oxford University Press.

Bryce, Trevor. 2003. *Letters of the Great Kings of the Ancient Near East: The Royal Correspondence of the Late Bronze Age*. London and New York: Routledge.

Bryce, Trevor. 2005. *The Kingdom of the Hittites*. New ed. New York and London: Oxford University Press.

Bryce, Trevor. 2009. *The Routledge Handbook of the Peoples and Places of Ancient Western Asia: The Near East from the Early Bronze Age to the Fall of the Persian Empire*. London and New York: Routledge.

Buccellati, Giorgio. 1984. *Terqa Preliminary Reports*. 10: *The Fourth Season: Introduction and the Stratigraphic Record*. *BM* 10. Malibu: Undena Publications.

Bunnens, Guy. 1978. "Ilim- ilimma, fils de Tuttu 'bourgeois- gentilhomme' d'Alalakh au XVe s. av. n.e." *Akkadica* 10: 2– 15.

Calvet, Yves. 2000. "The House of Urtenu." *NEA* 63 (4): 210– 213.

Canby, Jeanny Vorys. 1971. "Decorated Garments in Ashurnasirpal's Sculpture." *Iraq* 33 (1): 31– 53.

Canby, Jeanny Vorys. 2001. *The "Ur- Nammu" Stela*. University Museum Monograph 110. Philadelphia: University of Pennsylvania Museum.

Carter, Elizabeth. 2011. "Landscapes of Death in Susiana during the Last Half of the 2nd Millennium b.c." In *Elam and Persia*, edited by Javier Álvarez- Mon and Mark B. Garrison, 45– 58. University Park: Penn State University Press.

CDLI year names. N.d. https:// cdli.ox.ac.uk/ wiki/ doku.php?id= yea r_ na mes. Bibliography 617

Charpin, Dominique. 1982. Review of *Die Altbabylonischen Briefe und Urkunden aus Kisurra*, by Burkhart Kienast. *JAOS* 102 (1): 156– 160.

Charpin, Dominique. 1987. "Le rôle économique du palais en Babylonie sous Hammurabi et ses successeurs." In *Le système palatial en Orient, en Grèce et a Rome*, edited by Edmond Lévy, 111– 126. Strasbourg: Université des sciences humaines de Strasbourg.

Charpin, Dominique. 2002. "Ibni- šadûm, roi de Kisurra, fils de Manna- balti- El et gendre de Sûmû- El de Larsa." *NABU* 2002 (2): 41– 42.

Charpin, Dominique. 2004. "Histoire politique du Proche- Orient amorrite (2002– 1595)." In *Mesopotamien: Die altbabylonische Zeit*, edited by D. Charpin, O. E. Dietz, and S. Marten, 25– 480. Orbis Biblicus et Orientalis 160/ 4. Fribourg: Academic Press; Göttingen: Vandenhoeck & Ruprecht.

Charpin, Dominique. 2010. *Reading and Writing in Babylon*. Cambridge, MA: Harvard University Press.

Charpin, Dominique. 2012a. "'Ainsi parle l'empereur' à propos de la correspondance des sukkalmah." In *Susa and Elam. Archaeological, Philological, Historical and Geographical Perspectives: Proceedings of the International Congress Held at Ghent University, December 14– 17, 2009*, edited by Katrien De Graef and Jan Tavernier, 341– 353. Leiden: Brill.

Charpin, Dominique. 2012b. *Hammurabi of Babylon.* London and New York: I. B. Tauris.
Charpin, Dominique. 2019.*"Tu es de mon sang": Les alliances dans le Proche- Orient ancien.* Paris: Les Belles Lettres.
Charvát, Petr. 2002. *Mesopotamia before History.* New York: Routledge.
Chavalas, Mark W., ed. 2006. *Ancient Near East: Historical Sources in Translation.* Oxford and Malden, MA: Wiley- Blackwell.
Cifarelli, Megan. 1998. "Gesture and Alterity in the Art of Ashurnasirpal II of Assyria." *The Art Bulletin* 80 (2): 210– 228.
Civil, Miguel. 1964. "A Hymn to the Beer Goddess and a Drinking Song." In *From the Workshop of the Chicago Assyrian Dictionary: Studies Presented to A. Leo Oppenheim,* edited by Martha T. Roth, Walter Farber, Matthew W. Stolper, and Paula von Bechtolsheim, 67– 89. *AS* 27. Chicago: University of Chicago Press.
Civil, Miguel. 1993. "On Mesopotamian Jails and Their Lady Warden." In *The Tablet and the Scroll: Near Eastern Studies in Honor of William W. Hallo,* edited by Mark E. Cohen, Daniel C. Snell, and David B. Weisberg, 72– 78. Bethesda, MD: CDL Press.
Clancier, Philippe. 2011. "Cuneiform Culture's Last Guardians: The Old Urban Notability of Hellenistic Uruk." In *The Oxford Handbook of Cuneiform Culture,* edited by Karen Radner and Eleanor Robson, 752– 773. Oxford: Oxford University Press.
Cline, Eric H. 2014. *1177 bc: The Year Civilization Collapsed.* Princeton: Princeton University Press.
Cohen, Andrew C. 2005. *Death Rituals, Ideology, and the Development of Early Mesopotamian Kingship: Toward a New Understanding of Iraq's Royal Cemetery of Ur.* Leiden: Brill.
Cohen, Raymond, and Raymond Westbrook, eds. 2000. *Amarna Diplomacy: The Beginnings of International Relations.* Baltimore: Johns Hopkins University Press.
Cohen, Yoram. 2005. "Feet of Clay at Emar: A Happy End?" *Orientalia* 74 (2): 165– 170.
Cohen, Yoram. 2009. *The Scribes and Scholars of the City of Emar in the Late Bronze Age.* Winona Lake, IN: Eisenbrauns.
Cohen, Yoram. 2012. "Aḫi- malik: The Last 'Overseer of the Land' in the City of Emar." In *Looking at the Ancient Near East and the Bible through the Same Eyes. Minha LeAhron, A Tribute to Aaron Skaist,* edited by Kathleen Abraham and Joseph Fleishman, 13– 23. Bethesda, MD: CDL Press.618 Bibliography
Cohen, Yoram. 2016. "The Scribal Traditions of Late Bronze Age Emar." In *Cultures and Societies in the Middle Euphrates and Habur Areas in the Second Millennium bc, I: Scribal Education and Scribal Traditions,* edited by Shigeo Yamada and Daisuke Shibata, 119– 131. Wiesbaden: Harrassowitz, 2016.
Cohen, Yoram. 2019. "Cuneiform Writing in Bronze Age Canaan." In *The Social Archaeology of the Levant: From Prehistory to the Present,* edited by A. Yasur- Landau, E. H. Cline, and Y. M. Rowan, 245– 264. Cambridge: Cambridge University Press.
Cohen, Yoram. 2021. "The 'Hunger Years' and the 'Sea Peoples': Preliminary Observations on the Recently Published Letters from the 'House of Urtenu' Archive at Ugarit." In *Ve- 'Ed Ya'aleh (Gen. 2:6): Essays in Biblical and Ancient Near Eastern Studies Presented to Edward L. Greenstein,* edited by Peter Machinist et al., 47– 61. Atlanta: SBL.
Collins, Paul. 2010. "Attending the King in the Assyrian Reliefs." In *Assyrian Reliefs from the Palace of Ashurnasirpal II: A Cultural Biography,* edited by Ada Cohen and Steven E. Kangas, 181– 197. Hanover, NH: Hood Museum of Art.
Collins, Paul T. 2016. "The Face of the Assyrian Empire: Mythology and the Heroic King." In *Assyria to Iberia: Art and Culture in the Iron Age,* edited by Joan Aruz and Michael Seymour, 42– 53. New York: Metropolitan Museum of Art.
Collins, Paul. 2021. *The Sumerians: Lost Civilizations.* London: Reaktion Books.
Collon, Dominique. 1987. *First Impressions: Cylinder Seals in the Ancient Near East.* London: British Museum Publications.

Cooper, Jerrold S. 1981. *Reconstructing History from Ancient Inscriptions: The Lagash- Umma Border Conflict,* Malibu: Undena.

Cooper, Jerrold S. 1986. *Sumerian and Akkadian Royal Inscriptions.* New Haven: American Oriental Society.

Cousin, Laura. 2016. "Beauty Experts: Female Perfume- Makers in the 1st Millennium BC." In *The Role of Women in Work and Society in the Ancient Near East,* edited by Brigitte Lion and Cécile Michel, 512– 525. Berlin: Walter de Gruyter.

Cripps, Eric L. 2014. "Money and Prices in the Ur III Economy of Umma." Review of *Monetary Role of Silver and Its Administration in Mesopotamia during the Ur III Period (c. 2112– 2004 bce). A Case Study of the Umma Province,* by Xiaoli Ouyang. *Wiener Zeitschrift für die Kunde des Morgenlandes* 104: 205– 232.

Crüsemann, Nicola, Margarete van Ess, Markus Hilgert, and Beate Salje, eds. 2019. *Uruk: First City of the Ancient World.* Translated by Timothy Potts. Los Angeles: Getty Publications.

Culbertson, Laura E. 2009. "Dispute Resolution in the Provincial Courts of the Third Dynasty of Ur." PhD diss., University of Michigan.

Curtis, John, and Nigel Tallis, eds. 2008. *The Balawat Gates of Ashurnasirpal II.* London: British Museum Press.

Dalley, Stephanie. 1984. *Mari and Karana: Two Old Babylonian Cities.* Piscataway, NJ: Gorgias Press.

Dalley, Stephanie, trans. 1989. *Myths from Mesopotamia: Creation, the Flood, Gilgamesh, and Others,* Rev. ed. Oxford and New York: Oxford University Press.

Dalley, Stephanie. 2009. *Babylonian Tablets from the First Sealand Dynasty in the Schøyen Collection.* CUSAS 9. Bethesda, MD: CDL Press.

Dalley, Stephanie. 2015. *The Mystery of the Hanging Garden of Babylon: An Elusive World Wonder Traced.* New York and Oxford: Oxford University Press.

Dalley, Stephanie. 2017. "Assyrian Warfare." In *A Companion to Assyria,* edited by Eckart Frahm, 525– 533. Malden, MA: John Wiley & Sons.Bibliography 619

Dalley, Stephanie, and Luis R. Siddall. 2021. "A Conspiracy to Murder Sennacherib? A Revision of SAA 18 100 in the Light of a Recent Join." *Iraq* 83: 45– 56.

Dalley, Stephanie, C. B. F. Walker, and J. D. Hawkins. 1976. *The Old Babylonian Tablets from Tell Rimah.* London: British School of Archaeology in Iraq.

Damerow, Peter. 1999. "The Origins of Writing as a Problem of Historical Epistemology." Invited lecture at the symposium "The Multiple Origins of Writing: Image, Symbol, and Script." University of Pennsylvania, Center for Ancient Studies. March 26– 27, 1999. https:// pure.mpg.de/ rest/ items/ item_ 2273 744/ compon ent/ file_ 2273 742/ cont ent.

Damerow, Peter. 2012. "Sumerian Beer: The Origins of Brewing Technology in Ancient Mesopotamia." *Cuneiform Digital Library Journal* 2012 (2). http:// www .cdli.ucla.edu/ pubs/ cdlj/ 2012/ cdlj2 012_ 002.html.

Damerow, Peter, and Robert Englund. 1987. "Die Zahlzeichensysteme der Archäischen Texte aus Uruk." In *Zeichenliste der Archäischen Texte aus Uruk,* edited by Margaret W. Green and Hans J. Nissen, 117– 166. Archäische Texte aus Uruk 2. Berlin: Gebr. Mann Verlag.

Dandamaev, Muhammad A. 1984. *Slavery in Babylonia: From Nabopolassar to Alexander the Great (626– 331 bc).* DeKalb: Northern Illinois University Press.

Darnell, John Coleman, and Colleen Manassa. 2007. *Tutankhamun's Armies: Battle and Conquest during Ancient Egypt's Late Eighteenth Dynasty.* Hoboken, NJ: John Wiley & Sons.

Davies, Glyn. 2002. *A History of Money.* Cardiff: University of Wales Press.

De Boer, Rients. 2016. "From the Yaḫrūrum Šaplûm Archives: The Administration of Harvest Labor Undertaken by Soldiers from Uruk and Malgium." *ZA* 106 (2): 138– 174.

De Boer, Rients. 2019a. "New Insights from the Early Babylonian Period, Especially Concerning the Isin- Larsa Wars between Erra- Imittī and Sumu- El (ca. 1870– 1865 BCE)." *Bibliotheca Orientalis* 76 (3– 4): 241– 251.

De Boer, Rients. 2019b. "Pīhatni- ipiq, an Official in the Service of King Sumu- El of Larsa." In *De l'argile au numérique: Mélanges assyriologiques en l'honneur de Dominique Charpin*, Vol. 1, edited by Grégory Chambon, Michaël Guichard, and Anne- Isabelle Langlois, 307– 314. Leuven: Peeters.

De Graef, Katrien. 2018. "*In Taberna Quando Sumus*: On Taverns, *Nadītum* Women, and the *Gagûm* in Old Babylonian Sippar." In *Gender and Methodology in the Ancient Near East: Approaches from Assyriology and Beyond*, edited by Stephanie Lynn Budin et al., 77– 115. Barcino monographica orientalia 10. Barcelona: University of Barcelona.

Démare- Lafont, Sophie, and Daniel Fleming. 2015. "Emar Chronology and Scribal Streams: Cosmopolitanism and Legal Diversity." *RA* 109 (1): 45– 77.

Dercksen, J. G. 2004. *Old Assyrian Institutions*. MOS Studies 4. Leiden: Nederlands Instituut voor het Nabije Oosten.

Devecchi, Elena. 2019. "A Reluctant Servant: Ugarit under Foreign Rule during the Late Bronze Age." In *The Crossroads III— A Stranger in the House. Foreigners in Ancient Egyptian and Near Eastern Societies of the Bronze Age*, edited by Jana Mynářová, Marwan Kilani, and Sergio Alivernini, 121– 136. Prague: Charles University, Faculty of Arts.

Diakonoff, I. M. 1971. "On the Structure of Old Babylonian Society." In *Beiträge zur sozialen Struktur des alten Vorderasien*, edited by H. Klengel, 15– 32. Berlin: Akademie- Verlag.

Driscoll, Carlos A., David W. Macdonald, and Stephen J. O'Brien. 2009. "From Wild Animals to Domestic Pets, an Evolutionary View of Domestication." *Proceedings of the National Academy of Sciences* 106 (S1): 9971– 9978.

Dromard, Benjamin. 2017. "Esclaves, dépendants, deportés: Les frontières de l'esclavage en Babylonie au premier millénaire avant J.- C." PhD diss., Université Panthéon- Sorbonne- Paris I.620 Bibliography

Easton, Donald F. 1981. "Hittite Land Donations and Tabarna Seals." *JCS* 33 (1): 3– 43.

Edzard, Dietz Otto. 1997. *Gudea and His Dynasty. RIME* 3/ 1. Toronto: University of Toronto Press.

Eichmann, Ricardo. 2007. *Uruk. Architektur I. Von den Anfängen bis zur frühdynastischen Zeit. AUWE* 14. Rahden/ Westf: Marie Leidorf.

Eichmann, Ricardo. 2019. "Uruk's Early Monumental Architecture." In *Uruk: First City of the Ancient World*, edited by Nicola Crüsemann et al., 97– 107. Los Angeles: Getty Publications.

Elayi, Josette. 2018. *Sennacherib, King of Assyria*. Atlanta: SBL Press.

Emelianov V. V. 2017. "First Account of a Birthday in Human History." *Asian and African Studies* 9 (3): 281– 294.

Englund, Robert K. 1991. "Hard Work— Where Will It Get You? Labor Management in Ur III Mesopotamia." *JNES* 50 (4): 255– 280.

Englund, Robert K. 1995. "Regulating Dairy Productivity in the Ur III Period." *Orientalia*, n.s., 64 (4): 377– 429.

Englund, Robert K. 2004. "Proto- Cuneiform Account- Books and Journals." In *Creating Economic Order: Record- keeping, Standardization and the Development of Accounting in the Ancient Near* East, edited by Michael Hudson and Cornelia Wunsch, 23– 46. Bethesda, MD: CDL Press.

Englund, Robert K. 2012. "Equivalency Values and the Command Economy of the Ur III Period in Mesopotamia." In *The Construction of Value in the Ancient World*, edited by John K. Papadopoulos and Gary Urton, 427– 458. Los Angeles: Cotsen Institute of Archaeology Press.

Eph'al- Jaruzelska, Izabela. 2016. "Esarhaddon's Claim of Legitimacy in an Hour of Crisis: Sociological Observations." *Orient* 51: 123– 142.

Erb- Satullo, Nathaniel L. 2019. "The Innovation and Adoption of Iron in the Ancient Near East." *Journal of Archaeological Research* 27 (4): 557– 607.

Evans, Jean M. 2012. *The Lives of Sumerian Sculpture: An Archaeology of the Early Dynastic Temple*. Cambridge and New York: Cambridge University Press.

Fales, Frederik M. 2009. "Art, Performativity, Mimesis, Narrative, Ideology, and Audience: Reflections on Assyrian Palace Reliefs in the Light of Recent Studies." *KASKAL Rivista di storia, ambienti e culture del Vicino Oriente Antico* 6: 237– 295.

Fales, Frederick Mario. 2012. "After Ta'yinat: The New Status of Esarhaddon's *adê* for Assyrian Political History." *RA* 106 (1): 133– 158.

Fales F. M., and J. N. Postgate. 1985. *Imperial Administrative Records, Part II: Provincial and Military Administration. SAA* 11. Helsinki: Helsinki University Press.

Feigin, Samuel I. 1934. "The Captives in Cuneiform Inscriptions." *American Journal of Semitic Languages and Literatures* 50 (4): 217– 245.

Feldman, Marian H. 2007. "Mesopotamian Art." In *A Companion to the Ancient Near East*, edited by Daniel C. Snell, 304– 324. Malden, MA: Blackwell.

Feldman, Marian H. 2014. *Communities of Style: Portable Luxury Arts, Identity, and Collective Memory in the Iron Age Levant.* Chicago and London: University of Chicago Press.

Fiette, Baptiste. 2018. *Le palais, la terre et les hommes: La gestion du domaine royal de Larsa d'après les archives de Šamaš- hazir.* Archibab 3. Memoires de NABU 20. Paris: Sepoa.

Fijałkowska, Lena. 2014. "Family in Crisis in Late Bronze Age Syria: Protection of Family Ties in the Legal Texts from Emar." In *La famille dans le Proche- Orient ancien: réalités, symbolismes et images: Proceedings of the 55e Rencontre Assyriologique Internationale, Paris*, edited by Lionel Marti, 383– 396. Winona Lake, IN: Eisenbrauns.Bibliography 621

Finkel, Irving. 2018. "Ashurbanipal's Library: Contents and Significance." In *I Am Ashurbanipal: King of the World, King of Assyria*, edited by Gareth Brereton, 80– 87. London: Thames & Hudson.

Finné, Martin, Jessie Woodbridge, Inga Labuhn, and C. Neil Roberts. 2019. "Holocene Hydro-Climatic Variability in the Mediterranean: A Synthetic Multi- Proxy Reconstruction." *The Holocene* 29 (5): 847– 863.

Fischer, Steven R. 2001. *A History of Language.* London: Reaktion Books.

Fitzgerald, Madeleine André. 2002. "The Rulers of Larsa." PhD diss., Yale University.

Fleming, Daniel E. 1992. *The Installation of Baal's High Priestess at Emar: A Window on Ancient Syrian Religion.* Atlanta: Scholars Press.

Fleming, Daniel E. 2000. *Time at Emar: The Cultic Calendar and the Rituals from the Diviner's Archive.* Winona Lake, IN: Eisenbrauns.

Fleming, Daniel E. 2015. "Seeing and Socializing with Dagan at Emar's *zukru* Festival." In *The Materiality of Divine Agency*, edited by Beate Pongratz- Leisten and Karen Sonik, 197– 210. Berlin: De Gruyter.

Flückiger- Hawker, Esther. 1999. *Urnamma of Ur in Sumerian Literary Tradition.* Fribourg: University Press; Göttingen: Vandenhoeck und Ruprecht.

Fortin, Michel. 1999. *Syria: Land of Civilizations.* Quebec: Musée de la civilization.

Foster, Benjamin R. 2016. *The Age of Agade: Inventing Empire in Ancient Mesopotamia.* London and New York: Routledge.

Foster, Benjamin R., trans. 2019. *The Epic of Gilgamesh.* 2nd ed. New York and London: W. W. Norton.

Frahm, Eckart. 2010a. "Hochverrat in Assur." In *Assur- Forschungen. Arbeiten aus der Forschungsstelle "Edition literarischer Keilschrifttexte aus Assur" der Heidelberger Akademie der Wissenschaften*, edited by S. M. Maul and N. P. Heeßel, 89– 138. Wiesbaden: Harrassowitz.

Frahm, Eckart. 2010b. "Reading the Tablet, the Exta, and the Body: The Hermeneutics of Cuneiform Signs in Babylonian and Assyrian Text Commentaries and Divinatory Texts." In *Divination and Interpretation of Signs in the Ancient World*, edited by Amar Annus, 93– 141. Chicago: Oriental Institute of the University of Chicago.

Frahm, Eckart. 2014. "Family Matters: Psychohistorical Reflections on Sennacherib and His Times." In *Sennacherib at the Gates of Jerusalem: Story, History, and Historiography*, edited by I. Kalimi and S. Richardson, 163– 222. Leiden and Boston: Brill.

Frahm, Eckart. 2015. "Some Like It Hot: Reflections on the Historical 'Temperature' of Letters from Mesopotamian Royal Archives." In *Official Epistolography and the Language(s) of Power, Proceedings of the First International Conference of the Research Network Imperium and Officium,* edited by Stefan Procházka, Lucian Reinfandt, and Sven Tost, 3– 14. Papyrologica Vindobonensia 8. Vienna: Verlag der Österreichischen Akademie der Wissenschaften.

Frahm, Eckart. 2019. "Cuneiform- Savvy Princesses and Literate Brewers: Three Millennia of Intellectual Life in Uruk." In *Uruk: First City of the Ancient World,* edited by Nicola Crüsemann et al., 290– 297. Los Angeles: Getty Publications.

Frayne, Douglas R. 1990. *Old Babylonian Period (2003– 1595 bc). RIME* 4. Toronto: University of Toronto Press.

Frayne, Douglas R. 1993. *Sargonic and Gutian Periods (2234– 2113 bc). RIME* 2. Toronto: University of Toronto Press.

Frayne, Douglas R. 1997. *Ur III Period (2112– 2004 bc). RIME* 3/ 2. Toronto: Toronto University Press.

Frayne, Douglas R. 2008. *Pre- Sargonic Period (2700– 2350* bc). *RIME* 1. Toronto: University of Toronto Press.622 Bibliography

Frayne, Douglas R., and Johanna H. Stuckey. 2021. *A Handbook of Gods and Goddesses of the Ancient Near East: Three Thousand Deities of Anatolia, Syria, Israel, Sumer, Babylonia, Assyria, and Elam.* University Park: Penn State University Press.

Friberg, Jöran. 2011. "Counting and Accounting in the Proto- Literate Middle East: Examples from Two New Volumes of Proto- Cuneiform Texts." *JCS* 51 (1): 107– 137.

Gadotti, Alhena. 2011. "Portraits of the Feminine in Sumerian Literature." *JAOS* 131 (2): 195– 206.

Gadotti, A., and A. Kleinerman. 2021. *Elementary Education in Early Second Millennium bce Babylonia.* CUSAS 42. University Park: Penn State University Press.

Garfinkle, Steven J. 2008. "Was the Ur III State Bureaucratic?" In *The Growth of an Early State in Mesopotamia: Studies in Ur III Administration: Proceedings of the First and Second Ur III Workshops at the 49th and 51st Rencontre Assyriologique Internationale, London July 10, 2003 and Chicago July 19, 2005,* edited by Steven J. Garfinkel and J. Cale Johnson, 55– 61. *BPOA* 5. Madrid: Editorial CSIC- CSIC Press.

Gasche, H. 1989. *La Babylonie au 17e siècle avant notre ère: approche archéologique, problèmes et perspectives. MHEM* II/ 1. Ghent: University of Ghent.

Gasche, Hermann, and Caroline Janssen. 1997. "Sippar." in *OEANE,* Vol. 5. https:// www. oxfo rdre fere nce.com/ view/ 10.1093/ acref/ 978019 5065 121.001.0001/ acref- 978019 5065 121- e-990?rskey= 5Q8 0FG&res ult= 1.

Gaspa, Salvatore. 2013. "Textile Production and Consumption in the Neo- Assyrian Empire." In *Textile Production and Consumption in the Ancient Near East: Archaeology, Epigraphy, Iconography,* edited by M.- L Nosch, H. Koefoed, and Strand E. Andersson, 224– 248. Oxford and Oakville: Oxbow Books.

Gelb, Ignace J., Piotr Steinkeller, and Robert M. Whiting Jr. 1991. *Earliest Land Tenure Systems in the Near East: Ancient Kudurrus.* Chicago: Oriental Institute Publications.

Geller, M. J. 2018. Review of *Sourcebook for Ancient Mesopotamian Medicine,* by JoAnn Scurlock. *Journal of Semitic Studies* 63 (1): 259– 264.

George, Andrew R., trans. 1999. *The Epic of Gilgamesh.* London: Penguin.

George, Andrew. R. 2001. "In Search of the é.dub.ba.a: The Ancient Mesopotamian School in Literature and Reality." Transcript of paper given at the conference on the Fifth Millennium of the Invention of Writing, Baghdad. https:// epri nts.soas.ac.uk/ 1618/ 1/ George Edub baa.pdf.

George, Andrew R. 2010. "Xerxes and the Tower of Babel." In *The World of Achaemenid Persia: History, Art and Society in Iran and the Ancient Near East,* edited by J. Curtis and S. Simpson, 471– 480. London: I. B. Tauris.

George, Andrew R. 2013. *Babylonian Divinatory Texts Chiefly in the Schoyen Collection.* CUSAS 18. Bethesda, MD: CDL Press.

George, Andrew R. 2018. *Old Babylonian Texts in the Schøyen Collection, Part One, Selected Letters.* CUSAS 36. Bethesda, MD: CDL Press.

Gershon, Galil. 2007. *The Lower Stratum Families in the Neo- Assyrian Period.* Leiden and Boston: Brill.

Ghirshman, Roman. 1961. "The Ziggurat of Tchoga- Zanbil." *Scientific American* 204 (1): 68– 77.

Ghirshman, Roman, Paul Auberson, and T. Ghirshman. 1968. *Tchoga Zanbil (Dur- Untash).* Vol. 2: *Temenos, temples, palais, tombes.* Paris: P. Geuthner.

Gibson, McGuire, and Augusta McMahon. 1997. "The Early Dynastic- Akkadian Transition Part II: The Authors' Response." *Iraq* 59: 9– 14.

Glassner, Jean- Jacques. 2009. "En- hedu- Ana, une femme auteure en pays de Sumer au IIIe millénaire?" *Topoi. Orient- Occident* 10 (1): 219– 231.Bibliography 623

Goddeeris, Anne. 2002. *Economy and Society in the Early Old Babylonian Period (ca. 2000– 1800 bc). OLA* 109. Leuven: Peters.

Goddeeris, Anne. 2007. "The Economic Basis of the Local Palace of Kisurra." *ZA* 97 (1): 47– 85.

Goddeeris, Anne. 2009. *Tablets from Kisurra in the Collections of the British Museum.* Wiesbaden: Harrassowitz.

Grayson, A. Kirk. 1972. *Assyrian Royal Inscriptions.* Vol. I. Wiesbaden: Harrassowitz.

Grayson, A. Kirk. 1975. *Assyrian and Babylonian Chronicles.* Texts from Cuneiform Sources V. Locust Valley, NY: J. J. Augustin.

Grayson, A. Kirk. 1987. *Assyrian Rulers of the Third and Second Millennia bc (to 1115 bc). RIMA* 1. Toronto: University of Toronto Press.

Gross, M. M., and A. Garcia- Ventura. 2018. "Craftsmen in the Neo- Assyrian Empire." In *What's in a Name? Terminology Related to the Work Force and Job Categories in the Ancient Near East,* edited by Agnès Garcia- Ventura, 369– 395. *AOAT* 440. Münster: Ugarit Verlag.

Günbatti, Cahit. 2004. "Two Treaty Texts Found at Kültepe." In *Assyria and Beyond: Studies Presented to Mogens Trolle Larsen,* edited by Jan Gerrit Dercksen, 249– 268. Leiden: NINO.

Hafford, William B. 2019a. "The Royal Cemetery of Ur." In *Journey to the City: A Companion to the Middle East Galleries at the Penn Museum,* edited by Steve Tinney and Karen Sonik, 196– 234. Philadelphia: University of Pennsylvania Museum of Archaeology and Anthropology.

Hafford, William B. 2019b. "The Ur- Namma Stele." In *Journey to the City: A Companion to the Middle East Galleries at the Penn Museum,* edited by Steve Tinney and Karen Sonik, 93– 96. Philadelphia: University of Pennsylvania Museum of Archaeology and Anthropology.

Hageneuer, Sebastian, and Sophie C. Schmidt. 2019. "Monumentality by Numbers." In *Size Matters: Understanding Monumentality across Ancient Civilizations,* edited by Federico Buccellati et al., 291– 308. Berlin: De Gruyter.

Hallo, William W. 1964. "The Road to Emar." *JCS* 18: 57– 88.

Hallo, William W., and K. Lawson Younger Jr. 2003. *The Context of Scripture.* 3 vols. Leiden and Boston: Brill.

Halvgaard, Christian, and Christina Johansen. 2004. "Ur III Texts in the Danish National Museum." *RA* 98: 1– 12.

Hansen, Donald P. 2003. "Art of the Early City- States." In *Art of the First Cities: The Third Millennium b.c. from the Mediterranean to the Indus,* edited by Joan Aruz and Ronald Wallenfels, 21– 37. New Haven and London: Yale University Press.

Harper, Prudence Oliver, Joan Aruz, and Françoise Tallon, eds. 1992. *The Royal City of Susa: Ancient Near Eastern Treasures in the Louvre.* New York: Metropolitan Museum of Art.

Harris, Rivka. 1964. "The *nadītu* Woman." In *From the Workshop of the Chicago Assyrian Dictionary: Studies Presented to A. Leo Oppenheim,* edited by Martha T. Roth, Walter Farber, Matthew W. Stolper, and Paula von Bechtolsheim, 106– 135. *AS* 27. Chicago: University of Chicago Press.

Harris, Rivka. 1989. "Independent Women in Ancient Mesopotamia?" In *Women's Earliest Records from Ancient Egypt and Western Asia,* edited by Barbara S. Lesko, 145– 156. Atlanta: Scholars Press.

Haul, M. 2009. *Stele und Legende, Untersuchungen zu den keilschriftlichen Erzählwerken über die Könige von Akkade.* Göttinger Beiträge zum Alten Orient 4. Göttingen: Universitätsverlag Göttingen.
Heimpel, Wolfgang. 2009. *Workers and Construction Work at Garšana.* CUSAS 5. Bethesda, MD: CDL Press.624 Bibliography
Heimpel, Wolfgang. 2010. "Left to Themselves. Waifs in the Time of the Third Dynasty of Ur." *Why Should Someone Who Knows Something Conceal It: Cuneiform Studies in Honor of David I. Owen on His 70th Birthday,* edited by A. Kleinerman and Jack M. Sasson, 159– 166. Bethesda, MD: CDL Press.
Herrmann, G., and P. R. S. Moorey. 1980. "Lapislazuli.B.Archäologisch." *RLA* 6: 489– 492.
Hertel, Thomas Klitgaard. 2014. "The Lower Town of Kültepe: Urban Layout and Population." In *Current Research at Kültepe- Kanesh: An Interdisciplinary and Integrative Approach to Trade Networks, Internationalism, and Identity,* edited by Levent Atici et al., 25– 54. *JCS* supplemental series number 4. Atlanta: Lockwood Press.
Hoffner, Harry A., Jr. 1983. "A Prayer of Muršili II about His Stepmother." *JAOS* 103: 187– 192.
Hoffner, Harry A., Jr. 2009. *Letters from the Hittite Kingdom.* Atlanta: Society of Biblical Literature.
Horsnell, Malcolm John Albert. 1999. *The Year- Names of the First Dynasty of Babylon.* Vol. 2. Hamilton, ON: McMaster University Press.
Huehnergard, John. 1997. "Emar Texts." In *OEANE,* 2:239– 240.
Hussein, Muzahim Mahmoud. 2016. *Nimrud: The Queens' Tombs.* Translated by Mark Altaweel. Baghdad: Iraqi State Board of Antiquities and Heritage.
Ishikida, Miki Yokoyama. 1998. "The Structure and Function of Dispute Management in the Public Administration of Larsa under Hammurapi." *Orient* 33: 66– 78.
Izre□el, Shlomo. 1997. *The Amarna Scholarly Tablets.* Groningen: Brill.
Jacobsen, Thorkild. 1976. *Treasures of Darkness: A History of Mesopotamian Religion.* New Haven: Yale University Press.
Janssen, Caroline. 1996. "When the House Is on Fire and the Children Are Gone." In *Houses and Households in Ancient Mesopotamia. Papers Read at the 40th Rencontre Assyriologique Internationale,* July 5– 8, 1993, edited by K. R. Veenhof, 237– 246. Leiden and Istanbul: Nederlands Historisch- Archaeologisch Instituut te Istanbul.
Jean, Cynthia. 2010. "Divination and Oracles at the Neo- Assyrian Palace: The Importance of Signs in Royal Ideology." In *Divination and Interpretation of Signs in the Ancient World,* edited by Amar Annus, 267– 275. Chicago: Oriental Institute of the University of Chicago.
Joannès, F. 1992a. "Inventaire d'un cabaret." *NABU,* item no. 64: 48– 50.
Joannès, F. 1992b. "Inventaire d'un cabaret (suite)." *NABU,* item no. 89: 69.
Joannès, F. 2001. "Sargon Ier (d'Akkad)." In *Dictionnaire de la civilisation mésopotamienne,* 755. Paris: Bouquins.
Johnson, J. Cale. 2019. "Meat Distribution in Late Uruk Diacritical Feasts: Second- Order Bookkeeping Techniques and their Institutional Context in Late Fourth Millennium bce Mesopotamia." In *Culture and Cognition: Essays in Honor of Peter Damerow,* edited by Jürgen Renn and Matthias Schemmel, 75– 86. Berlin: Max Planck Institute for the History of Science. Online version at http:// mprl- ser ies.mpg.de/ proc eedi ngs/ 11/ .
Johnson, Steven. 2021. "The Living Century." *New York Times Magazine,* May 2, 2021.
Jotheri, Jaafar, Mark Altaweel, Akihiro Tuji, Ryo Anma, Benjamin Pennington, Stephanie Rost, and Chikako Watanabe. 2018. "Holocene Fluvial and Anthropogenic Processes in the Region of Uruk in Southern Mesopotamia." *Quaternary International* 483: 57– 69.
Jursa, M. 2010. *Aspects of the Economic History of Babylonia in the First Millennium bc: Economic Geography, Economic Mentalities, Agriculture, the Use of Money and the Problem of Economic Growth. AOAT* 377. Münster: Ugarit Verlag.Bibliography 625
Karahashi, Fumi. 2016a. "Women and Land in the Presargonic Lagaš Corpus." In *The Role of Women in Work and Society in the Ancient Near East.* SANER 13, edited by Brigitte Lion and Cecile Michel, 57– 70. Berlin: De Gruyter.

Karahashi, Fumi. 2016b. "Some Professions with Both Male and Female Members in the Presargonic E2- MI2 Corpus." *Orient* 51: 47– 62.

Karahashi, Fumi, and Agnès Garcia- Ventura. 2016. "Overseers of Textile Workers in Presargonic Lagash." *Kaskal* 13: 1– 19.

Kerr, Richard A. 1998. "Sea- Floor Dust Shows Drought Felled Akkadian Empire." *Science* 279, no. 5349 (January 16, 1998): 325– 326.

Kienast, Burkhart. 1978. *Die altbabylonischen Briefe und Urkunden aus Kisurra.* Vols. I and II. Wiesbaden: Franz Steiner Verlag.

Kingsbury, Edwin C. 1963. "A Seven Day Ritual in the Old Babylonian Cult at Larsa." *Hebrew Union College Annual* 34: 1– 34.

Klein, Jacob. 1995. "Shulgi of Ur: King of a Neo- Sumerian Empire." In *CANE*, 2:842– 857.

Kleinerman, Alexandra. 2013. "The Barbers of Iri- Saĝrig." In *From the 21st Century b.c. to the 21st Century a.d.: Proceedings of the International Conference on Sumerian Studies Held in Madrid, 22– 24 July 2010*, edited by Steven Garfinkle and Manuel Molina, 301– 312. Winona Lake, IN: Eisenbrauns.

Kleinerman, Alexandra, and David I. Owen. 2009. *Analytical Concordance to the Garšana Archives.* CUSAS 4. Bethesda, MD: CDL Press.

Klengel- Brandt, Evelyn. 1997. "Babylon." In *OEANE*, 1:251– 256.

Kloekhorst, Alwin. 2021. "A New Interpretation of the Old Hittite Zalpa- Text (CTH 3.1): Neša as the Capital under Ḫizziia I, Labarna I, and Ḫattušili I." *JAOS* 141 (3): 557– 575.

Kobayashi, Toshiko. 1983. "Miscellanea of dlugal- é- muš." *Orient* 19: 29– 50.

Kobayashi, Toshiko. 1984. "On the Meaning of the Offerings for the Statue of Entemena." *Orient* 20: 43– 65.

Koch, Ulla Susanne. 2011. "Sheep and Sky: Systems of Divinatory Interpretation." In *The Oxford Handbook of Cuneiform Culture*, edited by Karen Radner and Eleanor Robson, 447– 469. Oxford and New York: Oxford University Press.

Kohlmeyer, Kay. 1985. "Mari (Tell Hariri)." In *Ebla to Damascus, Art and Archaeology of Ancient Syria*, edited by Harvey Weiss, 194– 197. Seattle and London: University of Washington Press.

Kohlmeyer, Kay. 1997. "Habuba Kabira." In *OEANE*, 2:446– 448.

Konstantopoulos, Gina. 2021. "The Many Lives of Enheduana: Identity, Authorship, and the 'World's First Poet.'" In *Powerful Women in the Ancient World: Perception and (Self)Presentation. Proceedings of the 8th Melammu Workshop, Kassel, 30 January– 1 February 2019*, edited by Kerstin Droß- Krüpe and Sebastian Fink, 57– 76. Münster: Zaphon.

Kramer, Samuel Noah. 1959. *History Begins at Sumer.* Garden City, NY: Doubleday.

Kramer, Samuel Noah. 1963. *The Sumerians.* Chicago: University of Chicago Press.

Kraus, F. R. 1968. *Breife aus dem Archive des Šamaš- □azir in Paris und Oxford (TCL 7 und OECT 3). AbB* 4. Leiden: Brill.

Kraus, F. R. 1985. *Briefe aus kleineren westeuropäischen Sammlungen. AbB* 10. Leiden: Brill.

Lackenbacher, S., and F. Malbran- Labat. 2016. *Lettres en Akkadien de la "Maison d'Urtenu." Fouilles de 1994*, Ras Shamra Ougarit 23. Paris: Peeters.

Lafont, Bertrand, and Raymond Westbrook. 2003. "Mesopotamia: Neo- Sumerian Period (Ur III)." In *A History of Ancient Near Eastern Law*, edited by Raymond Westbrook, 183– 226. Leiden: Brill.626 Bibliography

Lambert, W. G. 1953. "Textes commerciaux de Lagash (époque présargonique)." *RA* 47: 57– 69.

Lambert, Wilfred. 2007. *Babylonian Oracle Questions.* Mesopotamian Civilizations 13. Winona Lake, IN: Eisenbrauns.

Landsberger, B. 1954. "Assyrische Königsliste und 'Dunkles Zeitalter' (Continued)." *JCS* 8 (2): 47– 73.

Larsen, Mogens Trolle. 2002. *The Aššur- nādā Archive.* Leiden: Nederlands Instituut voor het Nabije Oosten.

Larsen, Mogens Trolle. 2015. *Ancient Kanesh: A Merchant Colony in Bronze Age Anatolia.* Cambridge and New York: Cambridge University Press.

Lassen, Agnete W. 2020. "Women and Seals in the Ancient Near East." In *Women at the Dawn of History*, edited by Agnete W. Lassen and Klaus Wagensonner, 25– 37. New Haven: Yale Babylonian Collection.

Lassen, Agnete W., Eckart Frahm, and Klaus Wagensonner, eds. 2019. *Ancient Mesopotamia Speaks: Highlights of the Yale Babylonian Collection*. New Haven: Yale University Press.

Lauinger, Jacob. 2012. "Esarhaddon's Succession Treaty at Tell Tayinat: Text and Commentary." *JCS* 64: 87– 123.

Lawler, A. 2006. "North versus South, Mesopotamian Style." *Science* 312: 1458– 1463.

Lee, Thomas G. 1993. "The Jasper Cylinder Seal of Aššurbanipal and Nabonidus' Making of Sîn's Statue." *RA* 87 (2): 131– 136.

Leichty, Erle. 2011. *The Royal Inscriptions of Esarhaddon, King of Assyria (680– 669 bc)*. *RINAP* 4. University Park: Penn State University Press.

Lion, Brigitte. 2018. "Une (ou quatre?) tablette(s) rédigée(s) par une *nadītum*." *NABU* 2018 (101): 159– 160.

Liverani, Mario. 1996. "Reconstructing the Rural Landscape of the Ancient Near East." *JESHO* 39 (1): 1– 41.

Liverani, Mario. 2001. *International Relations in the Ancient Near East, 1600– 1100 bc*. Basingstoke: Palgrave.

Liverani, Mario. 2014. *The Ancient Near East: History, Society and Economy*. London: Routledge.

Liverani, Mario. 2017. *Assyria: The Imperial Mission*. Winona Lake, IN: Eisenbrauns.

Luukko, M., and G. Van Buylaere. 2002. *The Political Correspondence of Esarhaddon*. *SAA* 16. Helsinki: Helsinki University Press.

Maeda, Tohru. 2005. "Royal Inscriptions of Lugalzagesi and Sargon." *Orient* 40: 3– 30.

Maekawa, Kazuya. 1996. "The Governor's Family and the 'Temple Households' in Ur III Girsu." In *Houses and Households in Ancient Mesopotamia, Papers Read at the 40e Rencontre Assyriologique Internationale, Leiden, July 5– 8, 1993*, edited by Klaas R. Veenhof, 171– 179. *CRRAI* 40. Istanbul: Nederlands Historisch- Archaeologisch Instituut.

Maekawa, Kazuya. 1998. "Ur III Records of Labor Forces in the British Museum (1)." *Acta Sumerologica* 20: 63– 110.

Mahmood, Lina. 2006. "Two Cities of Sippar: Tell Abu- Habbah and Tell ed- Der." MA thesis, Stony Brook University.

Maidman, Maynard L. 2018. "Mittanni Royalty and Empire: How Far Back?" *Canadian Society for Mesopotamian Studies* 11/ 12: 15– 28.

Malbran- Labat, F. 1999. "Les textes akkadiens découverts à Ougarit en 1994." In *Languages and Cultures in Contact: At the Crossroads of Civilizations in the Syro- Mesopotamian Realm; Proceedings of the 42th [sic] RAI*, edited by Karel Van Lerberghe and Gabriela Voet, 237– 244. Leuven: Peeters.Bibliography 627

Marchesi, Gianni. 2004. "Who Was Buried in the Royal Tombs of Ur? The Epigraphic and Textual Data." *Orientalia* 73 (2): 153– 197.

Marchesi, Gianni. 2011. "Goods from the Queen of Tilmun." In *Akkade Is King— A Collection of Papers by Friends and Colleagues Presented to Aage Westenholz on the Occasion of His 70th Birthday 15th of May 2009*, edited by J. G. Dercksen, J. Eidem, K. van der Toorn, and K. R. Veenhof, 189– 200. Leuven: Peeters.

Marchesi, Gianni, and Nicolò Marchetti. 2019. "A Babylonian Official at Tilmen Höyük in the Time of King Sumu- la- el of Babylon (Tab. I–XII)." *Orientalia* 88 (1): 1– 36.

Margueron, Jean- Claude. 1997. "Mari." In *OEANE*, 3:413– 417.

Matthiae, Paolo. 1997. "Ebla." In *OEANE*, 2:180– 183.

Matthiae, Paolo. 2009. "The Standard of the *maliktum* of Ebla in the Royal Archives Period." *ZA* 99 (2): 270– 311.

Matthiae, Paolo, Frances Pinnock, and Gabriella Scandone Matthiae, eds. 1995. *Ebla: Alle origini della civiltà urbana*. Milan: Electra.

McGovern, Patrick E. 2017. *Ancient Brews: Rediscovered and Re- created.* New York: W. W. Norton.
McMahon, Augusta. 2007. "From Sedentism to States, 10,000- 3000 BCE." In *A Companion to the Ancient Near East,* edited by Daniel C. Snell, 20- 33. Malden, MA: John Wiley & Sons, 2007.
Meier, Samuel A. 1988. *The Messenger in the Ancient Semitic World.* Atlanta: Scholars Press.
Melville, Sarah C. 2006. "The Autobiography of Adad- guppi." In *The Ancient Near East,* edited by Mark Chavalas, 389- 393. Malden, MA: Blackwell.
Melville, Sarah C. 2007. "Royal Women and the Exercise of Power in the Ancient Near East." In *A Companion to the Ancient Near East,* edited by Daniel C. Snell, 235- 244. Malden, MA: John Wiley & Sons.
Melville, Sarah C. 2016. *The Campaigns of Sargon II, King of Assyria, 721- 705 bc.* Norman: University of Oklahoma Press.
Meyers, Pieter. 2000. "The Casting Process of the Statue of Queen Napir- Asu in the Louvre." In *From the Parts to the Whole: Acta of the 13th International Bronze Congress, Cambridge, Massachusetts, May 28- June 1, 1996,* edited by Carol C. Mattusch, Amy Brauer, and Sandra E. Knudsen, 11- 18. Portsmouth, RI: Journal of Roman Archaeology.
Michalowski, Piotr. 1993. *Letters from Early Mesopotamia.* Atlanta: Scholars Press.
Michalowski, Piotr. 2008. "The Mortal Kings of Ur: A Short Century of Divine Rule in Ancient Mesopotamia." In *Religion and Power: Divine Kingship in the Ancient World and Beyond,* edited by N. M. Brisch, 33- 45. University of Chicago Oriental Institute Seminars 4. Chicago: Oriental Institute of the University of Chicago.
Michalowski, Piotr. 2010. "Learning Music: Schooling, Apprenticeship and Gender in Early Mesopotamia." In *Musiker und Tradierung: Studien zur Rolle von Musikern bei der Verschriftlichung und Tradierung von literarischen Werken,* edited by Regine Pruzsinszky and Dahlia Shehata, 199- 240. Vienna: LIT Verlag.
Michalowksi, Piotr. 2020. "The Kingdom of Akkad in Contact with the World." In *Oxford History of the Ancient Near East,* edited by Karen Radner, Nadine Moeller, and D. T. Potts, 1:686- 764. Oxford and New York: Oxford University Press.
Michel, Cécile. 2001. *Correspondance des marchands de Kanish.* Paris: Les éditions du Cerf.
Michel, Cécile. 2008. "The Old Assyrian Trade in the Light of Recent Kültepe Archives." *Journal of the Canadian Society for Mesopotamian Studies* 3: 71- 82.628 Bibliography
Michel, Cécile. 2010. "Women of Aššur and Kaniš." In *Anatolia's Prologue, Kültepe Kanesh Karum, Assyrians in Istanbul,* edited by F. Kulakoğlu and S. Kangal, 124- 133. Kayseri: Avrupa Kültür Baskent.
Michel, Cécile. 2016. "Textile Workers in the Royal Archives of Mari (Syria, 18th Century bc)." *10th ICAANE*: 127- 138. https:// hal shs.archi ves- ouver tes.fr/ hal shs- 02995 804/ docum ent.
Michel, C. , and M.- L. Nosch, eds. 2010. *Textile Terminologies in the Ancient Near East and Mediterranean from the Third to the First Millennia bc.* Ancient Textiles Series 8. Oxford and Oakville: Oxbow.
Michel, Patrick Maxime. 2014. *Le culte des pierres à Emar à l'époque Hittite,* Orbis Biblicus Orientalis No. 266. Fribourg, Göttingen: Academic Press.
Midant- Reynes, Béatrix. 2000a. "The Naqada Period." In *The Oxford History of Ancient Egypt,* edited by Ian Shaw, 44- 60. Oxford and New York: Oxford University Press.
Midant- Reynes, Béatrix. 2000b. *The Prehistory of Egypt.* Oxford and Malden, MA: Blackwell Publishers.
Milano, Lucio. 1995. "Ebla: A Third- Millennium City- State in Ancient Syria." In *CANE,* 3:1219- 1230.
Millard, Allan. 1994. *The Eponyms of the Assyrian Empire 910- 612 b.c. SAAS* 2. Helsinki: Helsinki University Press.
Miller, J. Maxwell, and John H. Hayes. 1986. *A History of Ancient Israel and Judah.* Philadelphia: Westminster Press.

Miller, Naomi F., Philip Jones, and Holly Pittman. 2017. "Sign and Image: Representations of Plants on the Warka Vase of Early Mesopotamia." *Origini* 39: 53– 73.

Mittelman, Amy. 2008. *Brewing Battles: A History of American Beer.* New York: Algora.

Mladjov, Ian. 2016. "Ammuna, Ḫuzziya, and Telipinu Reconsidered." *NABU* 2016 (1): 21– 24.

Mofidi- Nasrabadi, Behzad. 2015. "Reconstruction of the Ziqqurrat of Chogha Zanbil." *Elamica* 5: 37– 51.

Molina, Manuel. 2010. "Court Records from Umma." In *Why Should Someone Who Knows Something Conceal It: Cuneiform Studies in Honor of David I. Owen on His 70th Birthday,* edited by A. Kleinerman and Jack M. Sasson, 201– 218. Bethesda, MD: CDL Press.

Moorey, P. R. S. 1982. *Ur "of the Chaldees": A Revised and Updated Edition of Sir Leonard Woolley's Excavations at Ur.* Ithaca, NY: Cornell University Press.

Moran, William L. 1992. *The Amarna Letters.* Baltimore: Johns Hopkins University Press.

Mynářová, Jana. 2007. *Language of Amarna— Language of Diplomacy: Perspectives on the Amarna Letters.* Prague: Czech Institute of Egyptology.

Nadali, D., and L. Verderame. 2021. "Fragments of the Third Millennium bc from Nigin." *Iraq* 83: 105– 118.

National Geographic. 2021. *The Most Influential Figures of Ancient History.* Reissue.

Nissen, Hans J. 2003. "Uruk and the Formation of the City." In *Art of the First Cities: The Third Millennium bc from the Mediterranean to the Indus,* edited by Joan Aruz, 11– 20. New York: Metropolitan Museum of Art.

Nissen, Hans J. 2013. "Uruk." In *The Encyclopedia of Ancient History.* https:// doi.org/ 10.1002/ 978144 4338 386.wbe ah01 203.pub2.

Nissen, Hans J. 2019. "Uruk's Beginnings and Early Development." In *Uruk: First City of the Ancient World,* edited by Nicola Crüsemann et al., 87– 93. Los Angeles: Getty Publications.

Nissen, Hans, Peter Damerow, and Robert Englund. 1993. *Archaic Bookkeeping: Writing and Techniques of Economic Administration in the Ancient Near East.* Chicago: University of Chicago Press. Bibliography 629

Nissinen, M. 1998. *References to Prophecy in Neo- Assyrian Sources. SAAS* 7. Helsinki: Neo- Assyrian Text Corpus Project.

Norrie, P. A. 2003. "The History of Wine as Medicine." In *Wine: A Scientific Exploration,* edited by Merton Sandler and Roger Pinder, 21– 55. London and New York: Taylor and Francis.

Nougayrol, J. 1955. *Le palais royal d'Ugarit III: Textes accadiens et hourrites des archives est, ouest et centrales.* Paris: Imprimerie Nationale.

Novotny, Jamie. 2018. "A Previously Unrecognized Version of Esarhaddon's 'Annals.'" *ZA* 108 (2): 203– 208.

N'Shea, Omar. 2016. "Royal Eunuchs and Elite Masculinity in the Neo- Assyrian Empire." *NEA* 79 (3): 214– 221.

Oates, Joan. 1979. *Babylon.* London: Thames and Hudson.

Oded, Bustenay. 1979. *Mass Deportations and Deportees in the Neo- Assyrian Empire.* Wiesbaden: Harrassowitz.

Oller, Gary Howard. 1977. "The Autobiography of Idrimi: A New Text Edition with Philological and Historical Commentary." PhD diss., University of Pennsylvania. Ann Arbor, MI: University Microfilms.

Oppenheim, A. Leo. 1967. *Letters from Mesopotamia: Official, Business, and Private Letters on Clay Tablets from Two Millennia.* Chicago and London: University of Chicago Press.

Orthmann, Winfried. 1975. *Der alte Orient.* Berlin: Propyläen Verlag.

Ouyang, Xiaoli. 2013. *Monetary Role of Silver and Its Administration in Mesopotamia during the Ur III Period, c. 2112– 2004 bce: A Case Study of the Umma Province.* Madrid: Consejo Superior de Investigaciones Cientifícas.

Özgüç, Tahsin. 1997. "Kaneš." In *OEANE,* 3:266– 268.

Palmisano, Alessio. 2018. *The Geography of Trade: Landscapes of Competition and Long- Distance Contacts in Mesopotamia and Anatolia in the Old Assyrian Colony Period.* Oxford: Archaeopress Archaeology.

Pardee, D., 2003. "Ugaritic Letters." In *The Context of Scripture.* Vol. III: *Archival Documents from the Biblical World,* edited by W. W. Hallo and K. Lawson Younger, 88– 114. Leiden: Brill.

Parpola, Simo. 1980. "The Murderer of Sennacherib." In *Death in Mesopotamia: Papers Read at the XXVIe Rencontre assyriologique internationale.* Mesopotamia: Copenhagen Studies in Assyriology 8, edited by B. Alster, 171– 182. Copenhagen: Akademisk Forlag.

Parrot, Andre. 1945. *Mari: Une ville perdue.* Paris: Société Commerciale d'Edition et de Librairie.

Pasquali, Jacopo. 2005. "Remarques comparatives sur la symbolique du vêtement à Ébla." In *Memoriae Igor M. Diakonoff,* edited by L. Kogan et al., 165– 185. Babel und Bibel 2. Winona Lake, IN: Eisenbrauns.

Paulette, Tate. 2020. "Archaeological Perspectives on Beer in Mesopotamia: Brewing Ingredients." In *After the Harvest: Storage Practices and Food Processing in Bronze Age Mesopotamia,* edited by Noemi Borrelli and Giulia Scazzosi, 65– 89. Turnhout: Brepols.

Paulus, Susanne. 2014. *Die babylonischen Kudurru- Inschriften von der kassitischen bis zur frühneubabylonischen Zeit.* AOAT 51. Münster: Ugarit- Verlag.

Paulus, Susanne. 2018. "Fraud, Forgery, and Fiction: Is There Still Hope for Agum- Kakrime?" *JCS* 70: 115– 166.

Pedde, Friedhelm. 2019. "Metals in Uruk." In *Uruk: First City of the Ancient World,* edited by Nicola Crüsemann et al., 270– 271. Los Angeles: Getty Publications.

Pedersén, Olof. 2011. "Work on a Digital Model of Babylon Using Archaeological and Textual Evidence." *Mesopotamia: Rivista di archeologia, epigrafia e storia orientale antica* 46: 9– 22.630 Bibliography

Peyronel, Luca. 2014. "From Weighing Wool to Weaving Tools. Textile Manufacture at Ebla during the Early Syrian Period in the Light of Archaeological Evidence." In *Wool Economy in the Ancient Near East and the Aegean: From the Beginning of Sheep Husbandry to Institutional Textile Industry,* edited by Catherine Breniquet and Cécile Michel, 124– 138. Oxford and Philadelphia: Oxbox Books.

Peyronel, Luca, Agnese Vacca, and Claudia Wachter- Sarkady. 2014. "Food and Drink Preparation at Ebla, Syria. New Data from the Royal Palace G (c. 2450– 2300 BC)." *Food and History* 12 (3): 3– 38.

Pinnock, Frances. 2015. "The King's Standard from Ebla Palace G." *JCS* 67 (1): 3– 22.

Piotrovsky, Boris. 1974– 1977. "Excavations of Kamir- Blur, Armenian SSR Gouv. Eriwan." *IPEK* 24: 50– 53.

Pirngruber, Reinhard, and Caroline Waerzeggers. 2011. "Prebend Prices in First- Millennium b.c. Babylonia." *JCS* 63: 111– 144.

Plantholt, Irene Sibbing. 2014. "A New Look at the Kassite Medical Letters, and an Edition of Šumu- libši Letter N 969." *ZA* 104 (2): 171– 181.

Podany, Amanda H. 1997. "Some Shared Traditions between Ḫana and the Kassites." In *Crossing Boundaries and Linking Horizons: Studies in Honor of Michael C. Astour on His 80th Birthday,* edited by Gordon D. Young, Mark W. Chavalas, and Richard E. Averbeck, 417– 432. Bethesda, MD: CDL Press.

Podany, Amanda H. 2002. *The Land of Hana: Kings, Chronology, and Scribal Tradition.* Bethesda, MD: CDL Press.

Podany, Amanda H. 2010. *Brotherhood of Kings: How International Relations Shaped the Ancient Near East.* New York and Oxford: Oxford University Press.

Podany, Amanda H. 2014. "Hana and the Low Chronology." *JNES* 73 (1): 49– 71.

Podany, Amanda H. 2019a. "Family Members, Neighbors, and a Local Shrine in Terqa, Syria, in the Late Old Babylonian Period." In *Ina dmarri u qan uppi. Par la bêche et le stylet! Cultures et sociétés syro- mésopotamiennes. Mélanges offerts à Olivier Rouault*, edited by P. Abrahami and L. Battini, 125– 134. Oxford: Archaeopress.

Podany, Amanda H. 2019b. "Kings and Conflict." In *Ancient Mesopotamia Speaks: Highlights of the Yale Babylonian Collection*, edited by A. W. Lassen, E. Frahm, and K. Wagensonner, 56– 71. New Haven: Yale University Press.

Podany, Amanda H. forthcoming. "Affection among the Brotherhood of Kings in the Amarna Letters." In *Handbook of Emotions in the Ancient Near East*, edited by Karen Sonik and Ulrike Steinert. Milton Park: Routledge / Taylor & Francis (in press, forthcoming).

Pollock, Susan. 2017. "Working Lives in an Age of Mechanical Reproduction: Uruk- Period Mesopotamia." In *The Interplay of People and Technologies. Archaeological Case Studies on Innovations*, edited by Stefan Burmeister and Reinhard Bernbeck, 205– 224. Berlin Studies of the Ancient World 43. Berlin: Edition Topoi.

Postgate, J. Nicholas. 1974. "Some Remarks on Conditions in the Assyrian Countryside." *JESHO* 17: 225– 243.

Postrel, Virginia. 2020. *The Fabric of Civilization: How Textiles Made the World*. New York: Basic Books.

Potts, Daniel T. 1986. "Nippur and Dilmun in the 14th Century bc." In *Proceedings of the Seminar for Arabian Studies* 16: 169– 174.

Potts, Daniel T. 2006. "Elamites and Kassites in the Persian Gulf." *JNES* 65 (2): 111– 119.

Potts, Daniel T. 2012. "The Elamites." In *The Oxford Handbook of Iranian History*, edited by Touraj Daryaee and Tūraǧ Daryāyī, 43– 44. New York and Oxford: Oxford University Press.Bibliography 631

Potts, Daniel T. 2016. *The Archaeology of Elam: Formation and Transformation of an Ancient Iranian State*. New York and Cambridge: Cambridge University Press.

Potts, Daniel T. 2020. "Accounting for Religion: Uruk and the Origins of the Sacred Economy." In *Religion: Perspectives from the Engelsberg Seminar 2014*, edited by Kurt Almqvist, 17– 24. Stockholm: Stolpe.

Prentice, Rosemary. 2010. *The Exchange of Goods and Services in Presargonic Lagash*. Münster: Ugarit Verlag.

Price, Campbell. 2011. "Ramesses, 'King of Kings': On the Context and Interpretation of Royal Colossi." In *Ramesside Studies in Honour of K. A. Kitchen*, edited by Mark Collier and Steven R. Snape, 403– 411. Bollton: Rutherford Press.

Pritchard, James B., ed. 1969. *Ancient Near Eastern Texts Relating to the Old Testament*. Princeton: Princeton University Press.

Proust, Christine. 2014. "Does a Master Always Write for His Students? Some Evidence from Old Babylonian Scribal Schools." In *Scientific Sources and Teaching Contexts throughout History: Problems and Perspectives*, edited by Alain Bernard and Christine Proust, 69– 94. Heidelberg: Springer Dordrecht.

Pulak, Cemal. 2008. "The Uluburun Shipwreck and Late Bronze Age Trade." In *Beyond Babylon: Art, Trade, and Diplomacy in the Second Millennium b.c.*, edited by Joan Aruz, 289– 305. New York: Metropolitan Museum of Art, 2008.

Quinn, Jennifer Crawley. 2017. *In Search of the Phoenicians*. Princeton and Oxford: Princeton University Press.

Radner, Karen. 2003a. Review of *Aššur Is King! Aššur Is King! Religion in the Exercise of Power in the Neo- Assyrian Empire*, by Steven W. Holloway. *JESHO* 46 (2): 226– 230.

Radner, Karen. 2003b. "The Trials of Esarhaddon: The Conspiracy of 670 bc." *Isimu: Revista sobre Oriente Proximo y Egipto en la antiguedad* 6: 165– 184.

Radner, Karen. 2007. "Hired Labour in the Neo- Assyrian Empire." *SAAB* 16: 185– 226.

Ragavan, Deena. 2010. "Cuneiform Texts and Fragments in the Harvard Art Museum/ Arthur M. Sackler Museum." *Cuneiform Digital Library Journal* 1: 1– 17.

Rainey, Anson F. 2014. *The El- Amarna Correspondence: A New Edition of the Cuneiform Letters from the Site of El- Amarna Based on Collations of All Extant Tablets.* 2 vols. Boston: Brill.

Rassam, Hormuzd. 1897. *Asshur and the Land of Nimrod.* Cincinnati: Curts and Jennings.

Razmjou, Shahrokh. 2013. "The Cyrus Cylinder: A Persian Perspective." In *The Cyrus Cylinder: The King of Persia's Proclamation from Ancient Babylon,* edited by Irving Finkel, 104– 126. London: I.B. Tauris.

Reade, Julian. 2002. "Early Monuments in Gulf Stone at the British Museum, with Observations on some Gudea Statues and the Location of Agade." *ZA* 92: 258– 295.

Reculeau, Hervé. 2010. "The Lower Ḫābūr before the Assyrians: Settlement and Land Use in the First Half of the Second Millennium bce." In *Dūr- Katlimmu 2008 and Beyond,* edited by Hartmut Kühne, 187– 215. Wiesbaden: Harrassowitz.

Reid, John Nicholas. 2015. "Runaways and Fugitive- Catchers during the Third Dynasty of Ur." *JESHO* 58 (4): 576– 605.

Reid, John Nicholas. 2018. "The Birth of the Prison: The Functions of Imprisonment in Early Mesopotamia." *JANEH* 3 (2): 81– 115.

Renfrew, J. M. 2003. "Archaeology and Origins of Wine Production." In *Wine: A Scientific Exploration,* edited by Merton Sandler and Roger Pinder, 56– 69. London and New York: Taylor and Francis.632 Bibliography

Renger, Johannes M. 1995. "Institutional, Communal, and Individual Ownership or Possession of Arable Land in Ancient Mesopotamia from the End of the Fourth to the End of the First Millennium b.c." *Chicago- Kent Law Review* 71 (1): 269– 320.

Richardson, Seth. 2005. "Trouble in the Countryside *ana tarṣi* Samsuditana: Militarism, Kassites, and the Fall of Babylon I." In *Ethnicity in Ancient Mesopotamia, 48th Rencontre Assyriologique Internationale,* edited by W. H. van Soldt, 273– 289. Leiden: NINO.

Richardson, Seth. 2015. "Building Larsa: Labor- Value, Scale and Scope- of- Economy in Ancient Mesopotamia." In *Labor in the Ancient World,* edited by Piotr Steinkeller and Michael Craig Hudson, 237– 328. Dresden: Islet.

Richardson, Seth. 2016. "The Many Falls of Babylon and the Shape of Forgetting." In *Envisioning the Past through Memories: How Memory Shaped Ancient Near East Societies,* edited by Davide Nadali and Martin Bommas, 101– 142. New York: Bloomsbury.

Richardson, Seth. 2019a. "The Oracle BOQ 1, 'Trouble,' and the Dūr- Abiešuḫ Texts: The End of Babylon I." *JNES* 78 (2): 215– 237.

Richardson, Seth. 2019b. "Updating the List of Late OB Babylonian Fortresses." *NABU* 2019/ I (March): 32.

Richardson, Seth. 2020. "The Origin of Foreign Slaves in the Late Old Babylonian Period." *Kaskal* 17: 53– 73.

Ristvet, Lauren. 2011. "Travel and the Making of North Mesopotamian Polities." *BASOR* 361 (1): 1– 31.

Ristvet, Lauren. 2012. "Resettling Apum: Tribalism and Tribal States in the Tell Leilan Region, Syria." In *Looking North: The Socioeconomic Dynamics of the Northern Mesopotamian and Anatolian Regions during the Late Third and Early Second Millennium bc,* edited by Nicola Laneri, 37– 50. Wiesbaden: Harrassowitz.

Ritter, Edith K. 1965. "Magical- Expert (= *Āšipu*) and Physician (= *Asû*): Notes on Two Complementary Professions in Babylonian Medicine." In *Studies in Honor of Benno Landsberger on His Seventy- fifth Birthday, April 21, 1965,* edited by Hans G. Güterbock and Benno Landsberger, 299– 321. Assyriological Studies 16. Chicago: University of Chicago Press, 1965.

Robson, Eleanor. 1996. "Building with Bricks and Mortar: Quantity Surveying in the Ur III and Old Babylonian Periods." In *Houses and Households in Ancient Mesopotamia. Papers Read at the 40th Rencontre Assyriologique Internationale, July 5– 8, 1993,* edited by K. R. Veenhof, 181– 190. Leiden and Istanbul: Nederlands Historisch- Archaeologisch Instituut te Istanbul.

Robson, Eleanor. 2001. "The Tablet House: A Scribal School in Old Babylonian Nippur." *RA* 93 (1): 39– 66.
Robson, Eleanor. 2008. *Mathematics in Ancient Iraq: A Social History*. Princeton and Oxford: Princeton University Press.
Robson, Eleanor. 2009. "Mathematics Education in an Old Babylonian Scribal School." In *The Oxford Handbook of the History of Mathematics*, edited by Eleanor Robson and Jacqueline Stedall, 199– 227. Oxford and New York: Oxford University Press.
Robson, Eleanor. 2011. "The Production and Dissemination of Scholarly Knowledge." In *The Oxford Handbook of Cuneiform Culture*, edited by Karen Radner and Eleanor Robson, 557– 576. Oxford, New York: Oxford University Press.
Robson, Eleanor. 2018. "Scholars of the Šangu- Ninurta Family and Their Associates in Late Achaemenid Uruk." *Ancient Knowledge Networks Online*. http:// oracc.mus eum.upenn. edu/ cams/ akno/ bab ylon ians chol ars/ b8angu ninu rtaf amil yofu ruk/ .Bibliography 633
Robson, Eleanor. 2019. *Ancient Knowledge Networks: A Social Geography of Cuneiform Scholarship in First- Millennium Assyria and Babylonia*. London: UCL Press. https:// libr ary.oapen.org/ han dle/ 20.500.12657/ 23632.
Rochberg, Francesca. 2011. "Observing and Describing the World through Divination and Astronomy." In *The Oxford Handbook of Cuneiform Culture*, edited by Karen Radner and Eleanor Robson, 618– 636. Oxford and New York: Oxford University Press.
Romano, Lisa. 2014. "Urnanshe's Family and the Evolution of Its Inside Relationships as Shown by Images." In *La famille dans le Proche- Orient ancien: Réalités, symbolismes, et images: Proceedings of the 55th Rencontre assyriologique internationale at Paris, 6– 9 July 2009*, edited by Lionel Marti, 183– 192. Winona Lake, IN: Eisenbrauns.
Rost, Stephanie. 2017. "Water Management in Mesopotamia from the Sixth till the First Millennium bc." *Wiley Interdisciplinary Reviews: Water* 4 (5): e1230.
Roth, Martha T. 1997. *Law Collections from Mesopotamia and Asia Minor.* 2nd ed. Atlanta: Scholars Press.
Rothman, M., and E. Brumfiel. 1994. "Palace and Private Agricultural Decision- Making in the Early 2nd Millennium bc City- State of Larsa, Iraq." In *The Economic Anthropology of the State*, No. 11, edited by Elizabeth M. Brumfiel, 149– 167. Lanham, MD: University Press of America.
Rouault, Olivier. 1992. "Cultures locales et influences extérieures: Le cas de Terqa." *SMEA* 30: 247– 256.
Rouault, Olivier. 2006. "Le barbier de Terqa et ses voisins." In *Les espaces syro- mésopotamiens: Dimensions de l'expérience humaine au Proche- Orient ancient. Volume d'hommage offert à Jean- Claude Margueron*, Subartu XVII, edited by P. Butterlin et al., 473– 475. Brepols: Turnhout.
Rouault, Olivier. 2011. *Terqa Final Reports 2: Les texts des saisons.... BM* 29. Malibu: Undena Publications.
Rowe, Ignacia Márquez. 2002. "The King's Men in Ugarit and Society in Late Bronze Age Syria." *JESHO* 45 (1): 1– 19.
Rüster, Christel, and Gernot Wilhelm. 2012. *Landschenkungsurkunden hethitischer Könige*. Studien zu den Boğazköy- Texten 4. Wiesbaden: Harrassowitz.
Rutz, Matthew. 2013. *Bodies of Knowledge in Ancient Mesopotamia: The Diviners of Late Bronze Age Emar and Their Tablet Collection*. Leiden: Brill.
Sachs, Abraham J., and Hermann Hunger. 1988. *Astronomical Diaries and Related Texts from Babylonia*, Vol. 1. Vienna: Verlag der Österreichischen Akademie der Wissenschaften.
Salje, Beate. 2019. "Uruk and the Vorderasiatisches Museum." In *Uruk: First City of the Ancient World*, edited by Nicola Crüsemann et al., 16– 17. Los Angeles: Getty Publications.
Sallaberger, W., et al. 2006. "Schenkungen von Mittani- Königen an die Einwohner von Basiru. Die zwei Urkunden aus Tall Bazi am Mittleren Euphrat." *ZA* 96: 69– 104.
Sandowicz, Małgorzata. 2015. "More on the End of the Neo- Babylonian Empire." *JNES* 74, no. 2: 197– 210.

Šašková, Kateřina. 2018. "'Place in My Hands the Inexhaustible Craft of Medicine!' Physicians and Healing at the Royal Court of Esarhaddon." *Chatreššar* 2: 51– 73.

Sasson, Jack M. 1993. "Mariage entre grandes familles." *NABU* 1993 (2): 43– 44.

Sasson, Jack M. 1998. "The King and I: A Mari King in Changing Perceptions." *JAOS* 118 (4): 453– 470.

Sasson, Jack M. 2008. "Texts, Trade, and Travelers." In *Beyond Babylon: Art, Trade, and Diplomacy in the Second Millennium b.c.*, edited by Joan Aruz, 95– 100. New York: Metropolitan Museum of Art.634 Bibliography

Sasson, Jack M. 2012. "'Nothing So Swift as Calumny': Slander and Justification at the Mari Court." In *The Ancient Near East, A Life! Festschrift Karel Van Lerberghe*, edited by Tom Boiy et al., 525– 542. Leuven: Peeters.

Sasson, Jack M. 2015. *From the Mari Archives*. University Park: Penn State University Press.

Sasson, Jack M. 2019. "Vile Threat: Rhetoric of a Marital Spat." In *De l'argile au numérique: Mélanges assyriologiques en l'honneur de Dominique Charpin*, edited by Grégory Chambon, Michaël Guichard, and Anne- Isabelle Langlois, 923– 941. Leuven: Peeters.

Sauvage, Caroline. 2012. *Routes maritimes et systèmes d'échanges internationaux au Bronze récent en Méditerranée orientale*. Lyon: Maison de l'Orient et de la Méditerranée Jean Pouilloux.

Sauvage, Martin. 1998. "La construction des ziggurats sous la troisième dynastie d'Ur." *Iraq* 60: 45– 63.

Sauvage, Martin. 2011. "Construction Work in Mesopotamia in the Time of the Third Dynasty of Ur (End of the Third Millennium bc): Archaeological and Textual Evidence." In *TerrAsia 2011. 2011 International Conference on Earthen Architecture in Asia*, edited by Heyzoo Hwan, Soowun Kim, Hubert Guillaud, and David Gandreau, 55– 65. Seoul: TERRAKorea.

Schmandt- Besserat, Denise. 1992. *Before Writing*. Vol. I: *From Counting to Cuneiform*. Austin: University of Texas Press.

Schmidt, Michael. 2019. *Gilgamesh: The Life of a Poem*. Princeton and Oxford: Princeton University Press.

Schneider, Thomas. 2015. "The Old Kingdom Abroad: An Epistemological Perspective: With Remarks on the Biography of Iny and the Kingdom of Dugurasu." In *Towards a New History for the Egyptian Old Kingdom*, edited by Peter Der Manuelian and Thomas Schneider, 429– 455. Leiden: Brill.

Schrakamp, Ingo. 2020. "The Kingdom of Akkad: A View from Within." In *Oxford History of the Ancient Near East*, edited by Karen Radner, Nadine Moeller, and D. T. Potts, 1:612– 685. Oxford and New York: Oxford University Press.

Scurlock, JoAnn. 2012. "Getting Smashed at the Victory Celebration, or What Happened to Esarhaddon's So- Called Vassal Treaties and Why." In *Iconoclasm and Text Destruction in the Ancient Near East and Beyond*, edited by Natalie Naomi May, 175– 186. Chicago: Oriental Institute of the University of Chicago.

Selz, Gebhard J. 2020. "The Uruk Phenomenon." In *Oxford History of the Ancient Near East*, edited by Karen Radner, Nadine Moeller, and D. T. Potts, 1:163– 244. Oxford and New York: Oxford University Press.

Seri, Andrea. 2006. *Local Power in Old Babylonian Mesopotamia*. London: Equinox.

Sharlach, Tonia. 2017. "Šulgi, Mighty Man, King of Ur." *Fortune and Misfortune in the Ancient Near East: Proceedings of the 60th Rencontre Assyriologique Internationale Warsaw*, 21– 25 July 2014, edited by Olga Drewnowska and Małgorzata Sandowicz, 211– 220. University Park: Penn State University Press.

Shehata, Dahlia. 2014. "Sounds from the Divine: Religious Musical Instruments in the Ancient Near East." In *Music in Antiquity: The Near East and the Mediterranean (Yuval 8)*, edited by Joan Goodnick Westenholz, Yossi Maurey, and Edwin Seroussi, 102– 128. Berlin: Walter de Gruyter.

Sigrist, Marcel. 1991. *Documents from Tablet Collections in Rochester*, New York. Bethesda, MD: CDL Press.

Silver, Carly. 2010. "From Priestess to Princess." *Archaeology Archive*. archive.archaeology.org/ online/ features/ iron_ ladies/ puduhepa.html.
Sjöberg, Åke W. 1973. "Nungal in the Ekur." *AfO* 24: 19– 46. Bibliography 635
Slanski, Kathryn E. 2003. *The Babylonian Entitlement narûs (kudurrus): A Study in Their Form and Function*. Boston: American Schools of Oriental Research.
Snell, Daniel C. 2001. *Flight and Freedom in the Ancient Near East*. Leiden: Brill.
Sołtysiak, Arkadiusz. 2017. "Antemortem Cranial Trauma in Ancient Mesopotamia." *International Journal of Osteoarchaeology* 27 (1): 119– 128.
Speiser, E. A. 1929. "A Letter of Saushshatar and the Date of the Kirkuk Tablets." *JAOS* 49: 269– 275.
Stavi, Boaz. 2011. "The Genealogy of Suppiluliuma I." *Altorientalische Forschungen* 38 (2): 226– 239.
Stein, G. J. 1999. "Material Culture and Social Identity: The Evidence for a 4th Millennium bc Mesopotamian Uruk Colony at Hacinebi, Turkey." *Paléorient* 25 (1): 11– 22.
Steinkeller, Piotr. 1981. "The Renting of Fields in Early Mesopotamia and the Development of the Concept of 'Interest' in Sumerian." *JESHO* 24 (1): 113– 145.
Steinkeller, Piotr. 2013a. "An Archaic 'Prisoner Plaque' from Kiš." *RA* 107: 131– 157.
Steinkeller, Piotr. 2013b. "Corvée Labor in Ur III Times." In *From the 21st Century b.c. to the 21st Century a.d.: Proceedings of the International Conference on Sumerian Studies Held in Madrid 22– 24 July 2010*, edited by Steven Garfinkle and Manuel Molina, 347– 424. Winona Lake, IN: Eisenbrauns.
Steinkeller, Piotr. 2017. "Appendix 1: The Priest- King of Uruk Times." In *History, Texts and Art in Early Babylonia: Three Essays by Piotr Steinkeller*, 82– 104. Berlin: De Gruyter.
Still, Bastian, and Rieneke Sonnevelt. 2020. "On Sippar's Quay: Cuneiform Tablets with Aramaic Inscriptions from the Böhl Collection in Leiden." *ZA* 110 (1): 94– 110.
Stökl, Jonathan. 2012. *Prophecy in the Ancient Near East: A Philological and Sociological Comparison*. Leiden: Brill.
Stol, Marten. 1981. *Letters from Yale. AbB* 9. Leiden: Brill.
Stol, Marten. 1982. "State and Private Business in the Land of Larsa." *JCS* 34: 127– 230.
Stol, Marten. 1994. "Beer in Neo- Babylonian Times." In *Drinking in Ancient Societies: History and Culture of Drinks in the Ancient Near East*, edited by Lucio Milano, 155– 183. Padua: Sargon.
Stol, Marten. 2000. "Titel altbabylonischer Klosterfrauen." In *Assyriologica et Semitica: Festschrift für Joachim Oelsner anläßlich seines 65. Geburtstages am 18. Februar 1997*, edited by Joachim Marzahn and Hans Neumann, 457– 512. *AOAT* 252. Munich: Ugarit- Verlag.
Stol, M. 2007. "Suicide in Akkadian." *NABU* 2007 (1): 13.
Stol, Marten. 2016. *Women in the Ancient Near East*. Translated by Helen Richardson and Mervyn Richardson. Berlin and Boston: De Gruyter.
Stone, Elizabeth C. 1962. "The Social Role of the *Nadītu* Women in Old Babylonian Nippur." *JESHO* 25 (1): 50– 70.
Stone, Elizabeth C. 1987. *Nippur Neighborhoods. SAOC* 44. Chicago: Oriental Institute of the University of Chicago.
Streck, Michael P. 2010. "Großes Fach Altorientalistik: Der Umfang des keilschriftlichen Textkorpus." *Mitteilungen der Deutschen Orient- Gesellschaft zu Berlin* 42: 35– 58.
Studevent- Hickman, Benjamin, and Christopher Morgan. 2006. "Old Akkadian Period Texts." In *The Ancient Near East*, edited by Mark Chavalas, 17– 44. Malden, MA: Blackwell.
Sürenhagen, Dietrich. 2002. "Death in Mesopotamia: The 'Royal Tombs' of Ur Revisited." In *Of Pots and Plans. Papers of the Archaeology and History of Mesopotamia and Syria presented to David Oates in Honour of his 75th Birthday*, edited by Lamia Al- Gallani Werr, 324– 338. London: Nabu Publications.
Svärd, Saana. 2015. *Women and Power in Neo- Assyrian Palaces. SAAS* 23. Helsinki: Neo- Assyrian Text Corpus Project.636 Bibliography
Tanret, Michel. 2011. "Learned, Rich, Famous, and Unhappy: Ur- Utu of Sippar." In *The Oxford*

Handbook of Cuneiform Culture, edited by Karen Radner and Eleanor Robson, 270– 287. Oxford and New York: Oxford University Press.

Tarawneh, Hanadah. 2011. "Amarna Letters: Two Languages, Two Dialogues." In *Egypt and the Near East— the Crossroads: Proceedings of an International Conference on the Relations of Egypt and the Near East in the Bronze Age Prague, September 1– 3, 2010*, edited by Jana Mynářová, 271– 284. Prague: Czech University, Czech Institute of Egyptology.

Taylor, Jonathan. 2015. "The Succession Treaty in Detail." *Nimrud: Materialities of Assyrian Knowledge Production*. The Nimrud Project at Oracc.org. http:// oracc.mus eum.upenn. edu/ nim rud/ liv esof obje cts/ suc cess iont reat ies/ tre atyi ndet ail/ .

Taylor, Jon. 2018. "Knowledge: The Key to Assyrian Power." In *I Am Ashurbanipal: King of the World, King of Assyria*, edited by Gareth Brereton, 88– 97. London: Thames & Hudson.

Thames, John Tracy, Jr. 2020. *The Politics of Ritual Change: The Zukru Festival in the Political History of Late Bronze Age Emar*. Leiden: Brill.

Thomsen, Peter. 1931. "Ausgrabungen und Forschungsreisen." *Archiv für Orientforschung* 7: 129– 143.

Thureau- Dangin, F. 1897. "Tablettes chaldéennes inédites." *RA* 4 (3): 69– 78, Pl. XXXII.

Tinney, Steve. 1995. "A New Look at Naram- Sin and the 'Great Rebellion.'" *JCS* 47: 1– 14.

Tinney, Steve. 2011. "Tablets of Schools and Scholars: A Portrait of the Old Babylonian Corpus." In *The Oxford Handbook of Cuneiform Culture*, edited by Karen Radner and Eleanor Robson, 577– 596. Oxford and New York: Oxford University Press.

Tinney, Steve. 2019. "Religion and the Gods." In *Journey to the City*, edited by Steve Tinney and Karen Sonik, 75– 100. Philadelphia: University of Pennsylvania Press.

Tinney, Steve, and Karen Sonik, eds. 2019. *Journey to the City: A Companion to the Middle East Galleries at the Penn Museum*. Philadelphia: University of Pennsylvania Museum of Archaeology and Anthropology.

Tolini, Gauthier. 2013. "Between Babylon and Kiš: The Economic Activities of Isḫunnatu, a Slave Woman of the Egibi family (Sixth Century bc)." Paper given at REFEMA— "The Economic Role of Women in the Public Sphere in Mesopotamia," 24– 25 June 2013, Chuo University (Tokyo). https:// ref ema.hyp othe ses.org/ 766.

Tonietti, Maria Vittoria. 2005. "Symbolisme et mariage à Ebla. Aspects du rituel pour l'intronisation du roi." In *Memoriae Igor M. Diakonoff*, edited by L. Kogan et al., 245– 261. Babel und Bibel 2. Winona Lake, IN: Eisenbrauns.

Topçuoğlu, Oya. 2010. "Iconography of Protoliterate Seals." In *Visible Language: Inventions of Writing in the Ancient Middle East and Beyond*, edited by Christopher Woods, 29– 32. OIMP 32. Chicago: Oriental Institute of the University of Chicago.

Tubb, K. W. 2001. "The Statues of 'Ain Ghazal: Discovery, Recovery and Reconstruction." *Archaeology International* 5: 47– 50.

Tyborowski, Witold. 2012. "New Tablets from Kisurra and the Chronology of Central Babylonia in the Early Old Babylonian Period." *ZA* 102: 245– 269.

Uehlinger, Christoph. 2003. "Clio in a World of Pictures: Another Look at the Lachish Reliefs from Sennacherib's Southwest Palace at Nineveh." In *Like a Bird in a Cage: The Invasion of Sennacherib in 701 bce*, edited by Lester L. Grabbe, 221– 305. New York: Bloomsbury.

Uerpmann, Hans- Peter, and Margarethe Uerpmann. 2002. "The Appearance of the Domestic Camel in South- East Arabia." *Journal of Oman Studies* 12: 235– 260.

Ur, Jason. 2014. "Households and the Emergence of Cities in Ancient Mesopotamia." *Cambridge Archaeological Journal* 24 (2) (June): 249– 268.

Ur Online. N.d. http:// www.ur- onl ine.org.Bibliography 637

Ussishkin, David. 1997. "Lachish." In *OEANE*, 3:317– 323.

Ussishkin, David. 2003. "Symbols of Conquest in Sennacherib's Reliefs of Lachish: Impaled Prisoners and Booty." In *Culture through Objects: Ancient Near Eastern Studies in Honour of P. R. S.*

Moorey, edited by Timothy Potts, Michael Roaf, and Diana Stein, 207– 217. Oxford: Griffith Institute.

Van De Mieroop, Marc. 1989. "Women in the Economy of Sumer." In *Women's Earliest Records: From Ancient Egypt and Western Asia: Proceedings of the Conference on Women in the Ancient Near East; Brown University, Providence, Rhode Island, November 5– 7, 1987*, edited by Barbara S. Lesko, 53– 66. Atlanta: Scholars Press.

Van De Mieroop, Marc. 1993. "The Reign of Rim- Sin." *RA* 87 (1): 47– 69.

Van De Mieroop, Marc. 1999. *Cuneiform Texts and the Writing of History*. London: Routledge.

Van De Mieroop, Marc. 2005. *King Hammurabi of Babylon: A Biography*. Oxford: Blackwell.

Van De Mieroop, Marc. 2007. *The Eastern Mediterranean in the Age of Ramesses II*. Malden, MA: Blackwell.

Van De Mieroop, Marc. 2013. "Democracy and the Rule of Law, the Assembly and the First Law Code." In *The Sumerian World*, edited by Harriet Crawford, 277– 289. London and New York: Routledge.

Van De Mieroop, Marc. 2016. *A History of the Ancient Near East, ca. 3000– 323 bc*. 3rd ed. Oxford and Malden, MA: Wiley Blackwell.

Van Driel, Govert. 1999/ 2000. "The Size of Institutional Umma." *AfO* 46/ 47: 80– 91.

van Koppen, Frans. 2002. "Seized by Royal Order. The Households of Sammêtar and Other Magnates at Mari." In *Florilegium marianum VI: Recueil d'études à la mémoire d'Andre´ Parrot*, edited by Dominique Charpin and Jean- Marie Durand, 289– 372. Paris: SEPOA.

Van Lerberghe, Karel, David Kaniewski, Kathleen Abraham, Joël Guiot, and Elise Van Campo. 2017. "Water Deprivation as Military Strategy in the Middle East, 3.700 Years Ago." *Méditerranée*. https:// journ als.open edit ion.org/ medit erra nee/ 8000#text.

Van Lerberghe, Karel, and Gabriella Voet. 1991. *Sippar- Amnānum: The Ur- Utu Archive. MHET* III/ 1. Ghent: University of Ghent.

Van Lerberghe, Karel, and Gabriella Voet. 2009. *A Late Old Babylonian Temple Archive from Dur- Abieshuh*. CUSAS 8. Bethesda, MD: CDL Press.

van Soldt, W. H. 1994. *Letters in the British Museum*, Part 2. *AbB* 13. Leiden: Brill.

van Soldt, Wilfred. 2000. Review of *The Amarna Scholarly Tablets* by Shlomo Izre'el. *JAOS* 120 (1): 105– 106.

van Soldt, Wilfred. 2010. "The City Administration of Ugarit." In *City Administration of the Ancient Near East, Proceedings of the 53e Rencontre Assyriologique Internationale*, Part 2, edited by L. Kogan et al., 247– 261. Winona Lake, IN: Eisenbrauns.

Veenhof, Klaas R. 2017. "The Old Assyrian Period (20th– 18th Century BCE)." In *A Companion to Assyria*, edited by Eckart Frahm, 57– 79. Malden, MA: John Wiley & Sons.

Veldhuis, Niek. 1997. "Elementary Education at Nippur: The Lists of Trees and Wooden Objects." PhD diss., Rijksuniversiteit Groningen.

Veldhuis, Niek. 2000. "Sumerian Proverbs in Their Curricular Context." *JAOS* 120: 383– 399.

Veldhuis, Niek. 2010. "The Theory of Knowledge and the Practice of Celestial Divination." In *Divination and Interpretation of Signs in the Ancient World*, edited by Amar Annus, 77– 91. Chicago: Oriental Institute of the University of Chicago.

Veldhuis, Niek. 2011. "Levels of Literacy." In *The Oxford Handbook of Cuneiform Culture*, edited by Karen Radner and Eleanor Robson, 68– 89. Oxford and New York: Oxford University Press.638 Bibliography

Verri, Giovanni, Paul Collins, Janet Ambers, Tracey Sweek, and St. John Simpson. 2009. "Assyrian Colours: Pigments on a Neo- Assyrian Relief of a Parade Horse." *Technical Research Bulletin* 3: 57– 62.

Villard, Pierre. 2013. "Ekallatum." In *The Encyclopedia of Ancient History*. Wiley Online Library. https:// online libr ary.wiley.com/ doi/ epdf/ 10.1002/ 978144 4338 386.wbe ah24 065.

Völling, Elisabeth. 2019. "Sheep, Wool, and Textiles in the Sumerian Economy." In *Uruk: First City of the Ancient World*, edited by Nicola Crüsemann et al., 242– 243. Los Angeles: Getty Publications.

von Dassow, Eva. 2008. *State and Society in the Late Bronze Age: Alalaḫ under the Mittani Empire. SCCNH* 17. Bethesda, MD: CDL Press.

von Dassow, Eva. 2014. "Levantine Polities under Mittanian Hegemony." In *Constituent, Confederate, and Conquered Space. The Emergence of the Mittani State*, edited by Eva Cancik- Kirschbaum, Nicole Brisch, and Jesper Eidem, 11– 32. Topoi 17. Berlin: Walter de Gruyter.

Waal, Willemijn. 2012. "Writing in Anatolia: The Origins of the Anatolian Hieroglyphs and the Introductions of the Cuneiform Script." *Altorientalische Forschungen* 39 (2): 287– 315.

Waerzeggers, Caroline. 2006. "Neo- Babylonian Laundry." *RA* 100 (1): 83– 96.

Waerzeggers C. 2014. Marduk- rēmanni. *Local Networks and Imperial Politics in Achaemenid Babylonia*. Ghent: Peeters.

Wagensonner, Klaus. 2019. "Larsa Schools: A Palaeographic Journey." In *Current Research in Cuneiform Palaeography*, edited by Elena Devecchi, Jana Mynářová, and Gerfrid G. W. Müller, 2:41– 86. Gladbeck: PeWe Verlag.

Wagensonner, Klaus. 2020. "Between History and Fiction— Enheduana, the First Poet in World Literature." In *Women at the Dawn of History*, edited by Agnete W. Lassen and Klaus Wagensonner, 38– 45. New Haven: Yale Babylonian Collection. W

Weeden, Mark. 2016. "Hittite Scribal Culture and Syria: Palaeography and Cuneiform Transmission." In *Cultures and Societies in the Middle Euphrates and Habur Areas in the Second Millennium bc*. Vol. I: *Scribal Education and Scribal Traditions*, edited by Shigeo Yamada and Daisuke Shibata, 157– 191. Wiesbaden: Harrassowitz, 2016.

Weigle, Marta. 1978. "Women as Verbal Artists: Reclaiming the Sisters of Enheduanna." *Frontiers: A Journal of Women Studies* 3 (3): 1– 9.

Weiss, Harvey, ed. 1985. *Ebla to Damascus: Art and Archaeology of Ancient Syria*. Seattle and London: University of Washington Press.

Weiss, Harvey. 1997. "Leilan, Tell." In *OEANE*, 3:341– 347.

Weiss, Harvey, Peter Akkermans, Gil J. Stein, Dominique Parayre, and Robert Whiting. 1990. "1985 Excavations at Tell Leilan, Syria." *AJA* 94: 529– 581.

Wells, Bruce. 2007. "Law and Practice." In *A Companion to the Ancient Near* East, edited by Daniel C. Snell, 199– 211. Malden, MA: John Wiley & Sons.

Werner, Peter. 1994. *Die Entwicklung der Sakralarchitektur in Nordsyrien und Südostkleiasien*. Munich and Vienna: Profil Verlag.

Westbrook, Raymond. 1994. "Slave and Master in Ancient Near Eastern Law." *Chicago- Kent Law Review* 70: 1631– 1676.

Westbrook, Raymond. 2008. "Personal Exile in the Ancient Near East." *JAOS* 128 (2): 317– 323.

Westenholz, Joan Goodnick. 1983. Review of *Die Altbabylonischen Briefe und Urkunden aus Kisurra*, by Burkhart Kienast. *JNES* 42 (3): 219– 228.

Westenholz, Joan Goodnick. 1989. "Enheduana, En- Priestess, Hen of Nanna, Spouse of Nanna." In *Dumu é. dub. ba. a.: Studies in Honor of A. Sjöberg*, edited by H. Behrens, D. Loding, and M. Roth, 539– 556. Occasional Publications of the Samuel Noah Kramer Fund 11. Philadelphia: University Museum of Archaeology and Anthropology.Bibliography 639

Westenholz, Joan Goodnick. 2004. "The Old Akkadian Presence in Nineveh: Fact or Fiction." *Iraq* 66: 7– 18.

Widell, Magnus. 2013. "Sumerian Agriculture and Land Management." In *The Sumerian World*, edited by Harriet Crawford, 55– 67. London: Routledge.

Winitzer, Abraham. 2010. "The Divine Presence and Its Interpretation in Early Mesopotamian Divination." In *Divination and Interpretation of Signs in the Ancient World*, edited by Amar Annus, 177– 197. Chicago: Oriental Institute of the University of Chicago.

Winter, Irene J. 1981. "Royal Rhetoric and the Development of Historical Narrative in Neo- Assyrian Reliefs." *Studies in Visual Communication* 7 (2): 2– 38.
Winter, Irene J. 2003. Review of *The "Ur- Nammu" Stele,* by Jeanny Vorys Canby. *JAOS* 123 (2): 402–406.
Winter, Irene J. 2009. "Women in Public: The Disk of Enheduana, the Beginning of the Office of En- Priestess, and the Weight of Visual Evidence." In *On Art in the Ancient Near East.* Vol. II: *From the Third Millennium bce,* edited by Irene J. Winter, 65– 83. Leiden: Brill.
Wiseman, D. J. 1953. *The Alalakh Tablets.* London: British Institute of Archaeology at Ankara.
Woods, Christopher. 2010. "Visible Language: The Earliest Writing Systems." In *Visible Language: Inventions of Writing in the Ancient Middle East and Beyond,* edited by Christopher Woods, 15–25. OIMP 32. Chicago: Oriental Institute of the University of Chicago.
Woolley, Charles Leonard. 1929. *Ur of the Chaldees.* Harmondsworth: Penguin Books.
Woolley, Charles Leonard. 1934. *Ur Excavations.* Vol. 2: *The Royal Cemetery.* Oxford: Oxford University Press.
Woolley, Charles Leonard. 1953. *A Forgotten Kingdom: Being a Record of the Results Obtained from the Excavations of Two Mounds, Atchana and Al Mina in the Turkish Hatay.* Harmondsworth: Penguin.
Wright, H. T., N. F. Miller, and R. Redding. 1981. "Time and Process in an Uruk Rural Center." In *L'archéologie de l'Iraq: Perspectives et limites de l'interpretation anthropologique des documents,* 265– 284. Colloques Internationaux du C.N.R.S. 580. Paris: Centre national de la recherche scientifique.
Wu, Yuhong. 1998. "The Earliest War for Water in Mesopotamia: Gilgamesh and Agga." *NABU* 1998, no. 4 (December): 93– 95.
Wunsch, Cornelia. 2012. "Neo- Babylonian Entrepreneurs." In *The Invention of Enterprise: Entrepreneurship from Ancient Mesopotamia to Modern Times,* edited by David S. Landes, Joel Mokyr, and William J. Baumol, 40– 61. Princeton: Princeton University Press.
Yamada, Shigeo. 2003. "Tukulti- Ninurta I's Rule over Babylonia and Its Aftermath: A Historical Reconstruction." *Orient* 38: 153– 177.
Yamada, Shigeo. 2008. "A Preliminary Report on the Old Babylonian Texts from the Excavation of Tell Taban in the 2005 and 2006 Seasons: The Middle Euphrates and Habur Areas in the Post- Hammurabi Period." *al- Rāfidān* 29: 153– 168.
Yang, Zhi. 1991. "King of Justice." *AuOr* 9: 243– 249.
Yokohama, Miki. 1997. "The Administration of Public Herding in the First Dynasty of Babylon during the Reigns of Hammurapi and His Successors (1792– 1595 b.c.)." *Orient* 32: 1– 8.
Yon, Marguerite. 1997. "Ugarit." In *OEANE,* 5: 255– 262.
Yon, Marguerite. 2006. *The City of Ugarit at Tell Ras Shamra.* Winona Lake, IN: Eisenbrauns.
Younger, K. Lawson, Jr. 2016. *A Political History of the Arameans: From Their Origins to the End of Their Polities.* ABS 13. Atlanta: Society of Biblical Literature.
Yuhong, Wu. 1998. "The Earliest War for the Water in Mesopotamia: Gilgamesh and Agga." *NABU* 1998 (4): 93– 95.
Zaccagnini, C. 1994. "Feet of Clay at Emar and Elsewhere." *Orientalia* 63: 1– 4.640 Bibliography
Zettler, Richard L., and Lee Horne. 1998. *Treasures from the Royal Tombs of Ur.* Philadelphia: University of Pennsylvania Museum of Archaeology.
Zgoll, Annette. 1997. *Rechtsfall der En- ḫedu- Ana im Lied nin- me- šara.* AOAT 246. Münster: Ugarit Verlag.
Ziegler, Nele. 1999. *Le harem de Zimrî- Lîm. FM IV.* Mémoires de NABU V. Paris: SEPOA.
Ziegler, Nele. 2007. *Les musiciens et la musique d'après les archives de Mari. FM* IX. Paris: SEPOA.
Ziegler, Nele. 2011. "Music, the Work of Professionals." In *The Oxford Handbook of Cuneiform Culture,* edited by Karen Radner and Eleanor Robson, 288– 312. Oxford and New York: Oxford University Press.

Ziegler, Nele. 2016. "Economic Activities of Women According to Mari Texts (18th Century BC)." In *The Role of Women in Work and Society in the Ancient Near East,* edited by Brigitte Lion and Cécile Michel, 269– 309. *SANER* 13. Berlin: De Gruyter.

Zimansky, Paul. 2006. "Writing, Writers, and Reading in the Kingdom of Van." In *Margins of Writing, Origins of Cultures,* edited by Seth L. Sanders, 263– 282. Chicago: Oriental Institute of the University of Chicago.